MEINE
SCHWANGERSCHAFT
WOCHE FÜR WOCHE

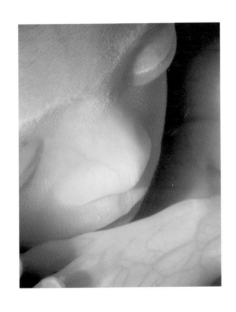

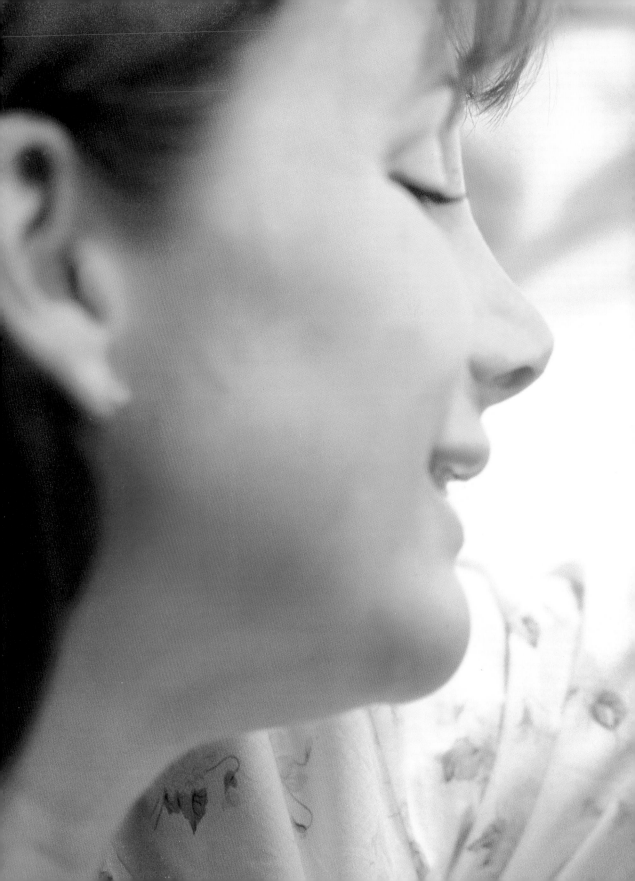

MEINE SCHWANGERSCHAFT
WOCHE FÜR WOCHE

MEDIZINISCHER
HINTERGRUND UND
PRAKTISCHER RAT

PROF. LESLEY REGAN

DORLING KINDERSLEY

DORLING KINDERSLEY
London, New York, Melbourne, München und Dehli

Projektbetreuung Esther Ripley, Angela Baynham
Bildbetreuung Nicola Rodway
Gestaltung Briony Chappell, Alison Gardner
DTP-Design Karen Constanti, Jackie Plant
Bildrecherche Sarah Duncan, Anna Bedewell
Illustrationen Philip Wilson
Herstellung Shwe Zin Win
Cheflektorat Liz Coghill
Chefbildlektorat Glenda Fisher, Emma Forge
Art Director Carole Ash
Projektkoordination Anna Davidson
Programmleitung Corinne Roberts

Für die deutsche Ausgabe:
Programmleitung Monika Schlitzer
Projektbetreuung Kerstin Uhl
Herstellungsleitung Dorothee Whittaker
Herstellung und Covergestaltung Verena Salm

Bibliografische Information Der Deutschen Bibliothek
Die Deutsche Bibliothek verzeichnet diese Publikation in
der Deutschen Nationalbibliografie;
detaillierte bibliografische Daten sind im Internet über
http://dnb.ddb.de abrufbar.

Titel der englischen Originalausgabe:
Your Pregnancy Week by Week

© Dorling Kindersley Limited, London, 2005
Ein Unternehmen der Penguin-Gruppe
Text © Professor Lesley Regan, 2005

© der deutschsprachigen Ausgabe by Dorling Kindersley
Verlag GmbH, Starnberg, 2006
Alle deutschsprachigen Rechte vorbehalten

Übersetzung Lorelies Singerhoff, Feryal Kanbay
Redaktion Jeanette Stark-Städele

ISBN: 978-3-8310-0857-5

Colour reproduction by Colourscan, Singapore
Printed and bound in Singapore by Star Standard

Besuchen Sie uns im Internet
www.dk.com

INHALT

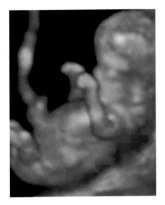
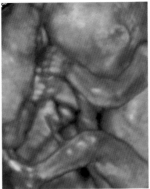
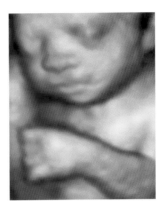

EINFÜHRUNG

»Eine Schwangerschaft ist eine der aufregendsten Reisen, auf die Sie jemals gehen werden.«

Es sind so viele Bücher zum Thema Schwangerschaft auf dem Markt erhältlich – warum also noch ein weiteres? Die Antwort ist einfach: Viele der Frauen, die ich als Ärztin betreut habe, sagten mir, dass sie sich ausführlichere Antworten auf ihre Fragen rund um Schwangerschaft und Geburt wünschen würden. Sie wünschen sich ein Buch, das sie verständlich und umfassend informiert, ohne ihnen Vorschriften zu machen oder zu persönlich zu sein.

Seit ich selbst mit Zwillingen schwanger war, verstehe ich diesen Wunsch nur allzu gut. Auch ich war überrascht, wie viele Bücher es gibt, die den Eindruck erwecken, es gäbe während Schwangerschaft und Geburt »richtige« und »falsche« Wege.

Ich habe nichts gegen verschiedene Geburtsphilosophien, aber ich wehre mich dagegen, dass bestimmte Vorstellungen schwangeren Frauen Schuldgefühle vermitteln, wenn sie sich nicht an entsprechende Ratschläge halten oder wenn ihre Schwangerschaft nicht bilderbuchmäßig verläuft.

Mein Anliegen ist es, Ihnen möglichst viele Informationen über die Zeit vor der Geburt zu vermitteln, damit Sie über die wunderbare Entwicklung Ihres Babys und die erstaunlichen Veränderungen Ihres Körpers Bescheid wissen.

Nur wenn Sie verstehen, was in einer Schwangerschaft alles auf Sie zukommen kann, können Sie fundierte Entscheidungen, die sich Ihnen in dieser Zeit immer wieder stellen, treffen. Auf diese Weise werden Sie Ihre Schwangerschaft zu einem glücklichen Ende bringen – Sie werden sich selbst bester Gesundheit erfreuen und ein wunderbares Baby bekommen.

Lesley Ryan

ÜBER DIESES BUCH

Die Schwangerschaft ist eines der wichtigsten Ereignisse in Ihrem Leben – gleichsam ein Weg, eine Reise in einen neuen Lebensabschnitt. Damit Sie diese aufregende Phase Ihres Lebens möglichst gut nachvollziehen können, ist dieses Buch chronologisch angeordnet. Es nimmt Sie mit auf diesen Weg vom Augenblick der Empfängnis, begleitet Sie durch jede einzelne Schwangerschaftswoche bis zur Geburt und versorgt Sie mit allen nötigen Informationen, die für die gesunde Entwicklung Ihres Babys, für die Geburt und die Zeit danach, aber auch für Ihr eigenes Wohlbefinden erforderlich sind. Der chronologische Aufbau erleichtert es Ihnen, schnell den richtigen Abschnitt im Buch zu finden, je nachdem, in welcher Schwangerschaftswoche Sie sich befinden. Ich hoffe, dass Sie möglichst viele – wenn nicht sogar alle – Antworten auf Ihre Fragen finden. Vor allem möchte ich Ihnen umfassende und aktuelle Informationen bieten, damit Sie sowohl die medizinische Fachsprache verstehen als auch die vielfältigen Erfahrungen, die Sie in den nächsten Monaten sammeln werden, einordnen können.

Das Buch ist nach den drei Trimestern der Schwangerschaft gegliedert. Dabei gibt es gelegentlich Überschneidungen. Wichtig ist aber, dass Sie die Entwicklungsschritte Ihres Babys klar den einzelnen Stadien zuordnen können. Am Anfang jedes Schwangerschaftsdrittels finden Sie einen Überblick über die wichtigsten Veränderungen. Danach erhalten Sie ausführliche Informationen zu den einzelnen Wochen. Sie erfahren, was während der Schwangerschaft geschieht, wie sich Ihr Baby entwickelt, wie sich Ihr eigener Körper verändert, welche körperlichen und seelischen Veränderungen auftreten können, welche Vorsorgeuntersuchungen anstehen und welche Probleme auftreten können.

»Das erste Trimester ist die entscheidende Phase, in der sich alle Organe, Muskeln und Knochen Ihres Babys ausbilden.«

Der Einfachheit halber wird in diesem Buch die Dauer der Schwangerschaft und der Entwicklung des Babys nach der Anzahl der Wochen seit der letzten Periode berechnet. Auf diese Weise rechnet auch Ihr Frauenarzt, da die genaue Schwangerschaftsdauer von dem – meist nicht bekannten – Zeitpunkt der Empfängnis und auch vom Menstruationszyklus abhängt. Kleine Abweichungen in der Entwicklung sind daher normal und kein Grund zur Besorgnis.

Das erste Schwangerschaftsdrittel wird als die Phase zwischen der 0. und der 13. Woche definiert. In dieser Zeit wird die Schwangerschaft auch vom Frauenarzt bestätigt und die erste Vorsorgeuntersuchung findet statt. Das erste Trimester ist die entscheidende Phase, in der sich alle Organe, die Muskeln und die Knochen Ihres Babys ausbilden.

Während der ersten acht Wochen wird das Baby als Embryo (griechisch für »neugeboren«) bezeichnet, weil sich in dieser Phase der Organismus des Babys ausbildet. Von der achten bzw. neunten Woche an spricht man vom Fetus (»der Jüngste«); die Bildung der Organe ist nun abgeschlossen. Im zweiten Schwangerschaftsdrittel wächst der Fetus sehr schnell. Eine erste Mimik wird erkennbar, der Fetus schluckt, er kann Geräusche hören und man kann fühlen, wie er im Bauch seiner Mutter mit den Füßen tritt. Durch die Fortschritte der Neonatologie, d.h. der Neugeborenenmedizin, haben heute

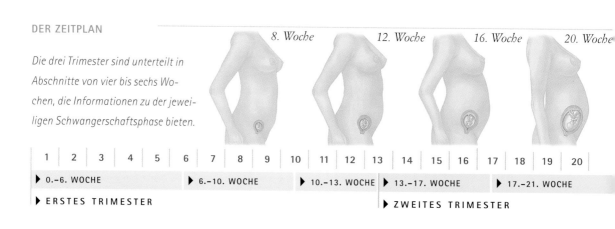

DER ZEITPLAN

Die drei Trimester sind unterteilt in Abschnitte von vier bis sechs Wochen, die Informationen zu der jeweiligen Schwangerschaftsphase bieten.

8. Woche *12. Woche* *16. Woche* *20. Woche*

| 1 | 2 | 3 | 4 | 5 | 6 | 7 | 8 | 9 | 10 | 11 | 12 | 13 | 14 | 15 | 16 | 17 | 18 | 19 | 20 |

▶ 0.–6. WOCHE ▶ 6.–10. WOCHE ▶ 10.–13. WOCHE ▶ 13.–17. WOCHE ▶ 17.–21. WOCHE

▶ ERSTES TRIMESTER ▶ ZWEITES TRIMESTER

bereits Babys, die in der 25. oder 26. Schwangerschaftswoche geboren werden, große Überlebenschancen. Daher habe ich das Ende des zweiten Schwangerschaftsdrittels auf diesen Zeitpunkt datiert. Im dritten Trimester vollendet der Fetus sein Wachstum: Die Organfunktionen reifen aus. Alles, was nun geschieht, baut auf den Grundlagen auf, die in den vergangenen Monaten gelegt wurden. Während der letzten Wochen wird Ihr Baby sein Gewicht verdoppeln und die Reife entwickeln, die es für seine Reise in die Welt benötigt.

Auch wenn die meisten Schwangerschaften verhältnismäßig problemlos verlaufen, so bleibt doch nicht jede Schwangerschaft beschwerdefrei. Wenn bei Ihnen Probleme auftreten, lesen Sie im letzten Teil dieses Buches unter »Krankheiten und Komplikationen« nach, wo Sie ausführlichere Informationen finden.

Jede Geburt verläuft anders. Im Kapitel »Wehen und Geburt« werden Sie auf viele Möglichkeiten vorbereitet. Der Überblick über den normalen Geburtsverlauf und die Ausführungen zu verschiedenen Schmerzmitteln sind in den meisten Fällen ausreichend. Wenn spezielle Maßnahmen erforderlich werden, z.B. ein Kaiserschnitt oder eine Intensivbetreuung nach einer Frühgeburt, erhalten Sie auch dazu ausführlichere Informationen. Sie sollten auch auf ungeplante Ereignisse vorbereitet sein und wissen, welche Möglichkeiten zur Wahl stehen.

Das Kapitel über die Zeit nach der Geburt beschäftigt sich mit der möglichen Euphorie, aber auch den Stimmungstiefs in dieser Phase, die stark von Emotionen geprägt ist. Freude über Ihr Baby wechselt sich ab mit Ängsten und Sorgen. Sie müssen sich erst noch in Ihre neue Rolle hineinfinden. Ich hoffe, meine Ratschläge werden Ihnen und Ihrem Baby diese ersten wichtigen gemeinsamen Wochen erleichtern.

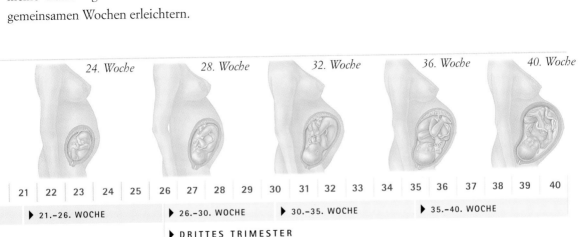

24. Woche   28. Woche   32. Woche   36. Woche   40. Woche

| 21 | 22 | 23 | 24 | 25 | 26 | 27 | 28 | 29 | 30 | 31 | 32 | 33 | 34 | 35 | 36 | 37 | 38 | 39 | 40 |

▶ 21.–26. WOCHE   ▶ 26.–30. WOCHE   ▶ 30.–35. WOCHE   ▶ 35.–40. WOCHE

▶ DRITTES TRIMESTER

DIE SCHWANGER-SCHAFT

DER ANFANG

Egal, ob Sie bereits schwanger sind oder gerade erst entschieden haben, dass Sie ein Kind haben möchten – dieser Moment ist der Beginn einer aufregenden, großartigen Erfahrung. In diesem Kapitel erhalten Sie grundlegende Informationen zu allen Fragen rund um die Themen Empfängnis und sicheres Verhalten in der Schwangerschaft, richtige Ernährung und Fitness. Zudem erfahren Sie, welche Rechte und Vergünstigungen Ihnen als Eltern zustehen. Dies ist der Leitfaden für die Reise, die vor Ihnen liegt ...

INHALT

DER URSPRUNG DES LEBENS

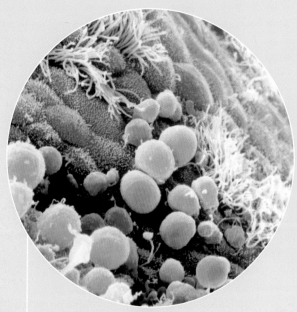

IM INNEREN DER GEBÄRMUTTER

DIE GEBÄRMUTTER IST FÜR DEN BEGINN NEUEN LEBENS PERFEKT VORBEREITET. DIE BLÄSCHEN DER SCHLEIMHAUT (GELB) VERSORGEN DAS BEFRUCHTETE EI MIT NÄHRSTOFFEN.

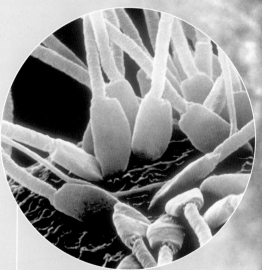

REIFES SPERMA

DAS SPERMA WANDERT LANGSAM DURCH DEN NEBENHODEN, EINE GEWUNDENE RÖHRE, DIE HINTER DEN HODEN SITZT. HIER REIFT ES HERAN, BIS ES AUSGESTOSSEN WIRD.

DAS ENDE DER REISE

EIN SCHWARM ÜBERLEBENDER SPERMIEN DRINGT, NACH EINER LANGEN REISE DURCH DEN EILEITER, IN DIE DICKE HÜLLE DER EIZELLE EIN.

»Ein reifes Ei wandert durch den Eileiter ... beste Voraussetzungen für eine Befruchtung.«

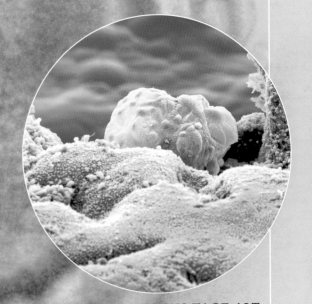

DER SIEGER

NUR EIN EINZIGES SPERMIUM DRINGT IN DIE DICKE AUSSENHÜLLE DER EIZELLE EIN – ES KOMMT ZUR BEFRUCHTUNG.

SECHS TAGE ALT

EINE WINZIGE ZELLKUGEL, BLASTOZYSTE GENANNT, NISTET SICH IN DER GEBÄRMUTTERWAND EIN – DIE SCHWANGER-SCHAFT BEGINNT.

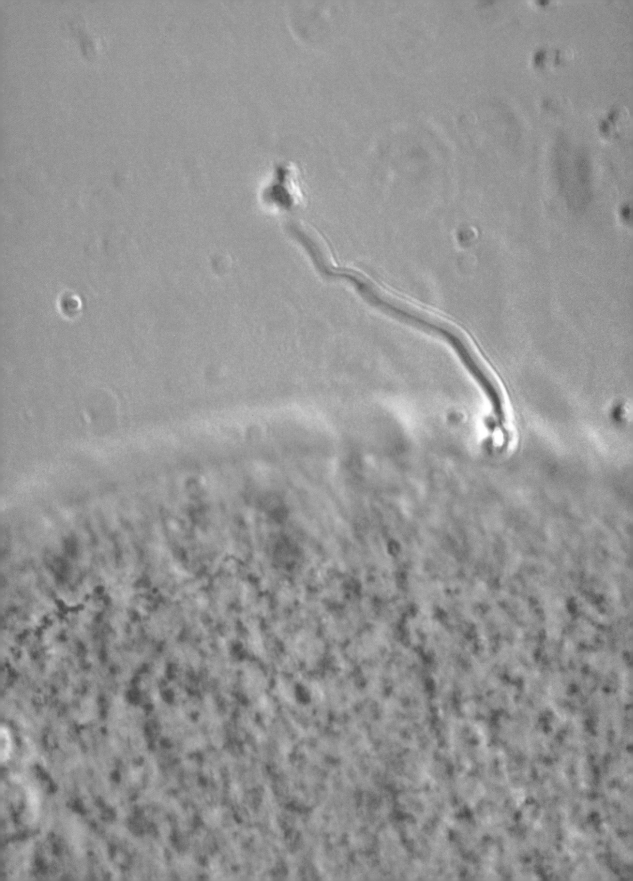

DIE EMPFÄNGNIS

Wenn Sie bedenken, welche komplexen hormonellen Abläufe notwendig sind, damit Sie schwanger werden können, und welchen Weg das Sperma Ihres Partners zurücklegen muss, um ein Ei zu befruchten, verstehen Sie, dass die Bezeichnung »das Wunder der Empfängnis« keine Übertreibung ist.

Die vielfältigen Abläufe während des Monatszyklus müssen sorgfältig aufeinander abgestimmt werden, damit es zu einer Schwangerschaft kommen kann. Eine Empfängnis ist wie ein Puzzle – wenn nur ein einziges Stück fehlt, wird das Puzzle niemals fertig. Sobald die Menstruation vorüber ist, gelangt das Follikel stimulierende Hormon (FSH) über die Hirnanhangdrüse in die Blutbahn. Die Hirnanhangdrüse (Hypophyse) ist eine kirschgroße Drüse im Gehirn. Dieses Hormon regt die Funktion der Eierstöcke an, die sich am Ende der Eileiter befinden und Tausende von Eizellen enthalten. Bei der Geburt enthalten die Eierstöcke etwa drei Millionen Eizellen, aber bis zur Pubertät sind es nur noch etwa 400 000. Durch das Hormon FSH wird Monat für Monat die Heranreifung einer Eizelle ausgelöst. Während der fruchtbaren Lebenszeit einer Frau entwickeln sich so durchschnittlich bis zu 400 reife Eier.

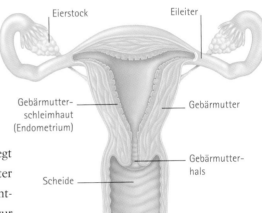

Eierstock — Eileiter — Gebärmutterschleimhaut (Endometrium) — Gebärmutter — Scheide — Gebärmutterhals

FORTPFLANZUNGSORGANE DER FRAU *Die Eizellen gelangen aus den Eierstöcken über den Eileiter in die Gebärmutter. Der enge Gebärmutterhals verbindet Gebärmutter und Scheide.*

EISPRUNG

Jeder Eierstock bildet während des Zyklus abwechselnd ein Ei aus (manchmal auch mehr), sodass der Eisprung jeweils nur von einem Eierstock aus erfolgt. Eizellen, die reif für die Befruchtung sind, befinden sich in einem mit Flüssigkeit gefüllten Bläschen, dem Follikel. Unter dem Einfluss des Hormons FSH beginnt es zu wachsen. Jeden Monat beginnen etwa 20 dieser Follikel auszureifen, aber normalerweise reift nur ein Follikel vollständig aus. Die anderen Follikel verkümmern. Das Ei wächst im Follikel und ist umgeben von Granulosazellen, die es mit Nährstoffen versorgen und Östrogen produzieren. Östrogen aktiviert das Wachstum der Gebärmutterschleimhaut (Endometrium) und des Brustgewebes. Empfindliche Brüste sind ein häufiges prämenstruelles Symptom.

◄ *Ein Spermium dringt in die äußere Hülle der vergleichsweise großen Eizelle ein.*

»Eine
Empfängnis
ist wie ein
Puzzle –
wenn nur ein
einziges
Stück fehlt,
wird das
Puzzle nie
fertig.«

Wenn der Östrogenspiegel im Blut steigt, erhält der Hypothalamus (ein Kontrollzentrum im Gehirn) die Rückmeldung, dass der Follikel befruchtungsfähig ist und ausgestoßen werden kann. Daraufhin informiert der Hypothalamus die Hypophyse, die das Luteinisierende Hormon (LH) ausstößt, das die Freisetzung der Eizelle innerhalb von 36 Stunden auslösen wird. Der Follikel platzt und das Ei wird herausgestoßen. Dies nennt man Eisprung oder Ovulation. Der Eisprung erfolgt normalerweise um den 14. Tag des Zyklus herum.

Die reife Eizelle enthält Chromosome (die das Erbgut tragen) und die sich noch weiterentwickeln können. Und sie ist fähig, ein einziges Spermium aufzunehmen, während sie sich für alle anderen verschließt. Die Eizelle wird von feinen, stabähnlichen Fransen des Eileiters, die Fimbrien, weiter in den Eileiter befördert. Winzige Flimmerhärchen, Zilien genannt, kleiden den Eileiter aus und helfen der Eizelle bei ihrem Weg durch den Eileiter in die Gebärmutter.

Inzwischen entwickeln sich die übrig gebliebenen Zellen des gesprungenen Follikels im Eierstock zum Gelbkörper (Corpus luteum), der mit der Produktion von Progesteron beginnt. Wie Östrogen beeinflusst auch Progesteron die Gebärmutter, die Brüste und den Hypothalamus sowie die Hypophyse im Gehirn. In der Gebärmutter sorgt Progesteron dafür, dass alle notwendigen Nährstoffe, die der Embryo zu seiner Entwicklung benötigt, zur Verfügung stehen. Die Gebärmutterschleimhaut verdickt sich.

Wird die Eizelle nach dem Eisprung nicht befruchtet, wird die Hormonproduktion eingestellt und der Gelbkörper trocknet ein. Wenn die Östrogen- und Progesteronspiegel so weit abfallen, dass die Gebärmutter nicht mehr aufnahme-

DER WETTLAUF ZUM EI

Der Eisprung findet in der Zyklusmitte statt, wenn die reife Eizelle aus dem Follikel freigesetzt wird.

Ein Schwarm Spermien strömt durch den engen Gebärmutterhals in die Gebärmutter.

fähig für die Einnistung der befruchteten Eizelle bleibt, beginnt sich die stark durchblutete Gebärmutterschleimhaut zu lösen – die Periode setzt ein. Bei einem normalen Zyklus geschieht dies etwa 14 Tage nach dem Eisprung. Der Beginn der Periode signalisiert, dass neue Follikel heranwachsen werden.

DIE ROLLE DES PARTNERS BEI DER EMPFÄNGNIS

Die statistische Wahrscheinlichkeit, dass das Sperma des Partners auf die Eizelle trifft, ist verblüffend gering. Die durchschnittliche Samenmenge beträgt 5 ml (ein Teelöffel) und enthält 100 bis 300 Millionen Spermien. Weniger als 100 000 gelangen durch den Gebärmutterhals, etwa 200 überleben auf dem Weg zu den Eileitern – und nur eines kann das Ei befruchten.

Das Sperma ist bei der Geburt noch nicht ausgebildet. Die Produktion beginnt in der Pubertät. Nun wird Sperma regelmäßig in den Hoden produziert, etwa 1500 Spermien pro Sekunde. Jedes Spermium hat eine Lebensdauer von etwa 72 Tagen. Von den Hoden gelangt das Sperma in die Nebenhoden (eine gewundene Röhre am oberen Ende der Hoden). Dort reifen die Spermien während der nächsten zwei bis drei Wochen aus und sind dann fähig, sich selbst zu bewegen und eine Eizelle zu befruchten. Von hier wandern sie in die Samenleiter. Diese Röhren ziehen sich beim Orgasmus zusammen, befördern das Sperma aus dem Hodensack, durch Samenblase und Prostata (dort nimmt es Samenflüssigkeit auf) bis in die Harnröhre, die zwischen Blase und Penis verläuft. Während der Ejakulation ist die Öffnung zur Blase hin verschlossen, sodass das Sperma blitzschnell in den Penis gelangt, bereit für seine Reise in die Scheide der Frau.

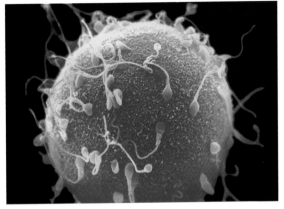

Ein Spermium überwindet die farnartige Struktur im Inneren des Eileiters auf dem Weg zur Eizelle.

Auftrag erfüllt – die überlebenden Spermien drängen sich um die reife Eizelle.

»Noch bevor Sie wissen, dass Sie schwanger sind,
ist der Plan für den Körper Ihres Babys bereits gestaltet.«

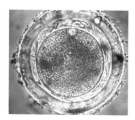

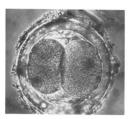

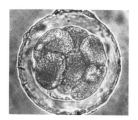

ERSTE TEILUNG *Nach der Befruchtung teilt sich die Zygote sehr schnell. Nach 36 Stunden besteht sie aus zwölf getrennten Zellen.*

Doch das Sperma muss noch eine beträchtliche Strecke zurücklegen, ehe es die Gelegenheit hat, die Eizelle zu befruchten. Das Scheidensekret ist säurehaltig, um Bakterien und andere Organismen von Gebärmutter und Eileiter fern zu halten und so Infektionen zu verhindern. Doch der Samen gerinnt in der Scheide sehr schnell. Das bietet Schutz vor dem säurehaltigen Milieu und ermöglicht ein besseres Vorankommen.

Etwa fünf bis zehn Minuten nach dem Samenerguss haben einige Spermien die Gebärmutter erreicht und schwimmen in Richtung Eileiter. Das Sperma erreicht nun seine volle Befruchtungsfähigkeit, sodass es, wenn es zur Eizelle gelangt ist, seine Kappe (Akrosom) abwerfen und mit dem Ei verschmelzen kann. In den nächsten 72 Stunden versuchen weitere Spermien vom Gebärmutterhals aus in die Gebärmutter zu gelangen. Sind sie im Eileiter angelangt, schwimmen die noch verbliebenen Spermien (jetzt noch ungefähr 200) nach oben, unterstützt durch Muskelkontraktionen von Gebärmutter und Eileiter. Zur gleichen Zeit wird die Eizelle nach unten, in die Gebärmutterhöhle, befördert.

BEFRUCHTUNG

Etwa 24 Stunden nach dem Eindringen des Spermiums in die Eizelle und der Verschmelzung von Spermium und Eizelle kommt es zur ersten Zellteilung, meist auf dem Weg der befruchteten Eizelle durch den Eileiter zur Gebärmutter.

Nur die stärksten Spermien erreichen das Ei. Mehrere Spermien bohren sich auf der Oberfläche des Eies fest. Mit Hilfe eines spitzen Dorns, der aus dem Kopf des Spermiums herausragt, beginnen sie die drei Schichten der Eizelle zu durchbohren. Sobald das erste Spermium durch die letzte Hülle gelangt, sendet die Eizelle die Botschaft, dass die drei Schichten abgedichtet werden sollen, damit kein weiteres Spermium durchkommt. Das ist der Moment der Befruchtung (Konzeption). Der Schwanz des Spermiums, der es zu seinem Ziel gebracht hat, bleibt draußen und löst sich auf. Die nun entstandene befruchtete Zelle nennt man Zygote. Die Schwangerschaft hat begonnen!

Die Zygote beginnt sich weiter zu teilen, aus den Zellteilungen entstehen immer neue Blastomeren. Am dritten Tag werden es etwa ein Dutzend sein. Diese kleine Zellkugel neuen Lebens braucht etwa 60 Stunden für ihren Weg in die Gebärmutter. Zu dieser Zeit besteht sie aus 50 bis 60 Zellen und wird als Blastozyste, Keimbläschen, bezeichnet.

Es gibt jetzt zwei verschiedene Zelltypen: die äußere Schicht der Trophoblast-Zellen, die sich zur Plazenta hin entwickeln, und die inneren Zellen, die den Fetus bilden werden. Etwa eine Woche nach der Befruchtung nistet sich die Blastozyste in der Gebärmutterschleimhaut ein. Sie hat sich nun in etwa 100 Zellen geteilt und beginnt das Hormon HCG (humanes Choriongonadotropin) zu produzieren, das ein Signal an den Gelbkörper sendet, mit der Produktion von Progesteron fortzufahren. Würde dieses Hormon nicht gebildet, würde sich die Gebärmutterschleimhaut auflösen und die Monatsblutung würde einsetzen.

In der zweiten Woche nach der Empfängnis nisten sich die Trophoblast-Zellen weiter in die Gebärmutterschleimhaut ein und die inneren Zellen entwickeln sich zu einem Embryo. Er ist nur ein kleiner Punkt, bildet aber bereits drei verschiedene Zellschichten aus, die so genannten Keimblätter. Jede Schicht entwickelt sich später zu einem anderen Teil des Körpers. Noch bevor Sie wissen, dass Sie schwanger sind, ist der Plan für den Körper Ihres Babys bereits gestaltet.

DIE EMPFÄNGNIS VON ZWILLINGEN

Zwillinge und Drillinge können auf zweierlei Weise empfangen werden:

▶ Wenn zwei oder mehr Eier befruchtet werden, entstehen zweieiige, nicht-identische Zwillinge.

▶ Wenn ein Ei von einem Spermium befruchtet wird und sich in zwei separate Zygoten teilt, entstehen zwei Embryos. Sie besitzen die gleichen genetischen Strukturen und sind somit identische (eineiige) Zwillinge.

Bei beiden Formen entwickelt sich das Baby in seiner eigenen Fruchtblase, von Fruchtwasser umgeben. Weil zweieiige Zwillinge aus zwei verschiedenen Eizellen entstehen, hat jeder seine eigene Plazenta. Identische Zwillinge teilen sich eine Plazenta, aber jedes Kind hat eine eigene Nabelschnur. Zwillingsgeburten sind

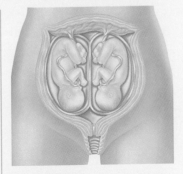

EINEIIGE ZWILLINGE *teilen eine Plazenta.*

  Eine befruchtete Eizelle teilt sich

heute häufiger als früher. Sie machen etwa zwei Prozent aller Schwangerschaften aus. Ein Grund dafür sind moderne Befruchtungsmethoden, wie In-vitro-Fertilisation (IVF) oder Hormongaben (beides erhöht die Wahrscheinlichkeit einer Mehrlingsschwangerschaft), ein weiterer, dass

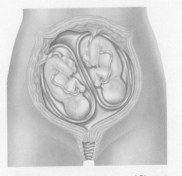

ZWEIEIIGE ZWILLINGE *haben zwei Plazentas.*

  Zwei separate Eizellen werden befruchtet

Frauen heute später Kinder bekommen als früher. Frauen über 35 haben eine größere Chance, zweieiige Zwillinge zu bekommen, denn bei ihnen reift häufiger mehr als ein Ei pro Zyklus heran. Es gibt auch eine erbliche Veranlagung für zweieiige Zwillingsschwangerschaften.

GENE UND VERERBUNG

DIE GENE BESTIMMEN WACHSTUM UND ERHALT UNSERES KÖRPERS UND SIND DER SCHLÜSSEL ZUR WEITERGABE KÖRPERLICHER UND GEISTIGER CHARAKTERISTIKA AN UNSERE KINDER. BEI DER EMPFÄNGNIS ERBT IHR BABY GENE, DIE ES VON ALLEN ANDEREN MENSCHEN UNTERSCHEIDEN WERDEN.

Ein Mensch besitzt etwa 40 000 Gene, die paarweise auf den Chromosomen angeordnet sind. Die Stränge des genetischen Materials sind im Kern einer jeden Körperzelle zu finden. Gene enthalten kleine Abschnitte der DNA (dem genetischen Bauplan), in denen die Schlüssel für spezifische Merkmale, z. B. die Blutgruppe, enthalten sind und die die Funktion der Zellen festlegen. In manchen Fällen kann das Vorhandensein oder das Fehlen eines Gens eine Krankheit oder Behinderung auslösen oder davor schützen. Gene sind dominant oder rezessiv. Bei einem Paar mit einem dominanten und einem rezessiven Gen setzt sich das dominante durch, was Auswirkungen auf vererbte Merkmale hat, z. B. blaue Augen (*siehe* rechte Seite), oder auf den Ausbruch genetisch bedingter Erbkrankheiten (*siehe* S. 144).

Sowohl die mütterliche Eizelle als auch die väterliche Samenzelle steuern einen Satz von je 23 Chromosomen bei, sodass ein Gesamtsatz von 46 Chromosomen entsteht. Jedes Ei und jedes Spermium tragen in sich einen unterschiedlichen Satz an Genen. Aus diesem Grunde verfügt jedes Baby über eine einzigartige Mischung, mit Ausnahme von eineiigen Zwillingen (*siehe* S. 21). Weil sich alle weiteren Zellen aus der befruchteten Eizelle entwickeln, tragen alle Körperzellen des Babys das gleiche genetische Material.

JUNGE ODER MÄDCHEN?

Ein Embryo verfügt über 23 Chromosomenpaare. Das Geschlecht des Babys wird durch die Chromosomen 45 und 46 festgelegt. Das sind die Geschlechtschromosomen.

▶ **Die Geschlechtschromosomen** heißen X- (weiblich) und Y- (männlich) Chromosom. Alle Eizellen enthalten ein X-Chromosom, während im Samen ein X- oder ein Y-Chromosom enthalten ist. Das Geschlecht des Kindes wird also durch die Samenzelle festgelegt.

▶ **Wenn eine Samenzelle** mit einem X-Chromosom eine Eizelle befruchtet, entsteht ein Paar XX-Chromosomen und das Baby wird ein Mädchen.

▶ **Wenn eine Samenzelle** mit einem Y-Chromosom eine Eizelle befruchtet, entsteht ein Chromosomen-Paar XY und es wird ein Junge.

▶ **Behandlungsmethoden, die für sich beanspruchen,** das Geschlecht beeinflussen zu können, berufen sich darauf, dass das Y-Spermium schneller schwimmt als das X-Spermium, wobei das letztere länger überlebt. Durch den Zeitpunkt der Befruchtung soll ein Junge oder ein Mädchen gezeugt werden. Das Geburtenverhältnis Jungen: Mädchen bleibt aber weitgehend normal.

BRAUNE ODER BLAUE AUGEN?

EIN BEISPIEL FÜR DEN EINFLUSS DOMINANTER UND REZESSIVER GENE AUF DIE ERERBTEN MERK-

MALE IST DIE VERERBUNG DER AUGENFARBE. WEIL DAS GEN FÜR BRAUNE AUGEN DOMINANT IST

UND DAS GEN FÜR BLAUE AUGEN REZESSIV, SETZT SICH STETS DAS BRAUNE GEN DURCH.

Sie und Ihr Partner tragen jeweils ein Paar Gene für die Augenfarbe. Das bietet für Ihre Kinder vier verschiedene Kombinationsmöglichkeiten. Um herauszufinden, welche Augenfarbe Ihr Baby haben wird, müssen Sie feststellen, welche Gene Sie von Ihren Eltern geerbt haben. Selbst wenn Sie und Ihr Partner beide braune Augen haben, hat eventuell einer Ihrer Elternteile blaue Augen. Sie tragen ein entsprechendes rezessives Gen. Wenn dieses mit einem weiteren rezessiven Gen für blaue Augen kombiniert wird, bekommt Ihr Baby blaue Augen. Wenn Sie beide blaue Augen haben und keiner ein dominantes Gen für braune Augen, wird Ihr Kind blaue Augen bekommen. Das Gen für Braun gilt auch für Hellbraun, das Gen für Blau für Grau und Hellgrün.

Beide Eltern haben braune Augen Das dominante Gen für braune Augen überdeckt das rezessive für blaue Augen, sodass alle Kinder braune Augen haben werden.

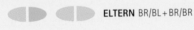 **ELTERN** BR/BL + BR/BR

KIND

BR+BR *Kind wird braune Augen haben*
BR+BR *Kind wird braune Augen haben*
BL+BR *Kind wird braune Augen haben*
BL+BR *Kind wird braune Augen haben*

Ein Elternteil hat braune, einer blaue Augen Das dominante Gen für Braun setzt sich durch oder zwei rezessive Gene für Blau werden kombiniert: Blau.

 **ELTERN** BR/BL + BL/BL

KIND

BR+BL *Kind wird braune Augen haben*
BR+BL *Kind wird braune Augen haben*
BL+BL *Kind wird blaue Augen haben*
BL+BL *Kind wird blaue Augen haben*

Beide Eltern haben braune Augen Beide Eltern tragen ein rezessives Gen für Blau. Mit einer Wahrscheinlichkeit von 1 zu 4 wird das Kind blaue Augen bekommen.

 **ELTERN** BR/BL + BR/BL

KIND

BR+BR *Kind wird braune Augen haben*
BR+BL *Kind wird braune Augen haben*
BL+BR *Kind wird braune Augen haben*
BL+BL *Kind wird blaue Augen haben*

Beide Eltern haben blaue Augen Sie besitzen jeweils zwei rezessive Gene für blaue Augen, deshalb können ihre Kinder keine braunen Augen bekommen.

 ELTERN BL/BL + BL/BL

KIND

BL+BL *Kind wird blaue Augen haben*
BL+BL *Kind wird blaue Augen haben*
BL+BL *Kind wird blaue Augen haben*
BL+BL *Kind wird blaue Augen haben*

SCHWANGERSCHAFTSTEST

Die meisten Tests sind zuverlässig und einfach durchzuführen.

ES IST GEWISS – SIE SIND SCHWANGER

WENN SIE VERMUTEN, SCHWANGER ZU SEIN, KÖNNEN SIE SICH GEWISSHEIT VERSCHAFFEN, INDEM SIE EINEN SCHWANGERSCHAFTSTEST MACHEN. DIESE TESTS SIND EINFACH DURCHZUFÜHREN UND SIE BEKOMMEN NACH AUSBLEIBEN DER PERIODE IN KURZER ZEIT EINE VERLÄSSLICHE ANTWORT.

Die meisten Frauen wählen einen Urintest, der den Spiegel des Hormons HCG (humanes Choriongonadotropin) misst, das von der Blastozyste etwa eine Woche nach der Befruchtung produziert wird. Sie können den Test in der Apotheke oder beim Arzt durchführen lassen. Sie können ihn aber auch zu Hause machen. Entsprechende Tests sind in der Apotheke erhältlich. Zum Test gehört ein Messstäbchen, das in den Urinstrahl gehalten wird. Achten Sie auf das Verfallsdatum und lesen Sie vor Gebrauch sorgfältig die Anleitung. Die meisten Tests können wenige Tage nach Ausbleiben der Periode durchgeführt werden. Wenn Sie den Test zu früh durchführen, könnte er fälschlicherweise negativ sein, weil sich noch zu wenig HCG in Ihrem Urin befindet.

EINEN SCHWANGERSCHAFTSTEST DURCHFÜHREN

Setzen Sie sich auf die Toilette und halten Sie den Streifen in den Urinstrahl. Die Konzentration von HCG ist in den frühen Morgenstunden am höchsten. Später am Tag ist das Ergebnis weniger eindeutig. Enthält der Urin HCG, verändert sich die Farbe des Teststreifens. Zunächst erscheint eine – meist rote – Linie im Kontrollfeld, um anzuzeigen, dass der Test funktioniert. Nach wenigen Minuten erscheint im Testfeld ebenfalls eine Linie oder ein Plus, die anzeigt, dass Sie schwanger sind. Um sicherzugehen, können Sie etwa eine Woche später einen zweiten Test zur Bestätigung durchführen. Leider ist das Ergebnis beim zweiten Test manchmal negativ, weil es dem Embryo nicht gelungen ist, sich erfolgreich in die Gebärmutterschleimhaut einzunisten. Nach kurzer Verzögerung setzt dann die Periode ein.

ANDERE TESTVERFAHREN

Unter besonderen Umständen kann eine Blutuntersuchung notwendig werden, um den genauen Spiegel von HCG im Körper zu ermitteln. Wenn Sie z.B. mit Hormonen zur Unterstützung der Fruchtbarkeit behandelt wurden, wollen Sie vielleicht schon vor Ausbleiben der Periode wissen, ob die Behandlung erfolgreich war. Eine genaue Messung des Hormons HCG ist auch notwendig, wenn der Verdacht auf eine ektope Schwangerschaft besteht (bei der sich der Embryo außerhalb der Gebärmutter eingenistet hat, meist im Eileiter, *siehe* S. 81).

Eine weitere Methode ist die Ultraschalluntersuchung. Ultraschalluntersuchungen werden normalerweise in den frühen Stadien nicht durchgeführt, sie können aber sinnvoll sein, wenn die Daten der letzten Periode unsicher sind, wenn bereits eine Fehlgeburt vorlag oder wenn es Symptome für eine ektope Schwangerschaft gibt. Erst etwa zehn Tage nach Ausbleiben der Periode ist es möglich, die Fruchtblase in der Gebärmutter zu erkennen.

Bevor es üblich war, zu Hause selbst einen Schwangerschaftstest durchzuführen, ließen sich die meisten Frauen ihre Schwangerschaft nach einer gründlichen Untersuchung von ihrem Frauenarzt bestätigen, nachdem ihre Regel ein- bis zweimal ausgeblieben war. Ein Gynäkologe kann aufgrund der bläulichen Färbung der Scheidenschleimhaut und des Gebärmutterhalses eine Schwangerschaft diagnostizieren. Gebärmutter und Gebärmutterhals sind weicher als normal. Nach sechs Wochen ist die Gebärmutter deutlich vergrößert. Diese Veränderungen gehen darauf zurück, dass die Beckenorgane nun viel stärker durchblutet werden.

EMOTIONALE REAKTIONEN

Ich habe viele Gespräche mit Frauen geführt, die gerade festgestellt hatten, dass sie schwanger waren. Ihre Reaktionen reichten von Freude bis Panik. Folgende Gefühle wurden am häufigsten genannt:

▸ Ich glaube es nicht.

▸ Es ist wunderbar.

▸ Ich bin außer mir vor Freude.

▸ O je – ich dachte nicht, dass es so schnell gehen würde.

▸ Worauf habe ich mich da nur eingelassen?

▸ Kann ich mir ein Baby leisten?

▸ Ich hätte nach der Arbeit den Wein nicht trinken sollen.

▸ Werde ich meinen Job behalten?

▸ Warum habe ich nicht, wie geplant, mit dem Rauchen aufgehört?

▸ Wo soll ich mein Baby bekommen?

▸ Was kann ich für mein Baby tun?

▸ Wird mein Baby gesund sein?

Nicht alle diese Reaktionen sind positiv. Das ist völlig normal. Fühlen Sie sich nicht schuldig, wenn Sie negative Gedanken haben. Selbst wenn Sie Ihre Schwangerschaft geplant haben, könnte es sein, dass Sie nun vor den Konsequenzen erschrecken. Bei Ihren Reaktionen gilt es auch zu bedenken, dass inzwischen ein ganzer Cocktail an Schwangerschaftshormonen durch Ihr Blut fließt, der für Stimmungsschwankungen anfällig macht. Zweifelsohne sind Schwangerschaft und Geburt eine der folgenreichsten und am wenigsten kalkulierbaren Ereignisse in Ihrem Leben. Es wird Zeiten geben, in denen das Ausmaß dieses Ereignisses Sie überwältigt.

Wie bei jedem anderen wichtigen Ereignis können Sie die Schwangerschaft mehr genießen, wenn Sie sich nicht überfordert fühlen. Das kann nur gelingen, wenn Sie optimal informiert sind. Ich hoffe, dieses Buch wird Ihnen dabei helfen.

SICHERHEIT

Bestimmt fühlen Sie sich jetzt von jeder beunruhigenden Schwanger-schaftsstatistik und jedem Medienbericht angesprochen. Außerdem müssen Sie vieles in Ihrem Alltag neu überdenken. Dieses Kapitel spricht einige häufige Sorgen an und soll Ihnen helfen, Mythen und Schauergeschichten von vernünftigen Vorsorgemaßnahmen zu unterscheiden.

Natürlich ist es unmöglich, alle Risiken im Leben auszuschließen – eine Schwangerschaft bildet da keine Ausnahme. Falls Sie sich Sorgen machen, lassen Sie uns die Dinge einmal aus dem richtigen Blickwinkel betrachten. Bei etwa vier von 100 Babys besteht bei der Geburt eine Fehlbildung (angeborene Anomalie). Die meisten beruhen auf genetischen Ursachen (*siehe* S. 144 ff. und 415ff.) und nur wenige gehen auf Umweltfaktoren, Medikamente oder Infektionen zurück. Selbst wenn Sie meinen, Ihr ungeborenes Baby sei einem schädlichen Einfluss ausgesetzt gewesen, denken Sie daran, dass die Wahrscheinlichkeit, von einem Bus überfahren zu werden, höher ist als das Risiko, dass Ihr Baby durch einen solchen Einfluss in der Schwangerschaft geschädigt worden ist.

UNERWARTET SCHWANGER

Wenn Sie unerwartet schwanger geworden sind oder sich nicht so darauf vorbereitet haben, wie ursprünglich geplant, empfinden Sie vielleicht eine Mischung aus Schock und Ungläubigkeit, verbunden mit der Sorge, dass Sie zu Beginn Ihrer Schwangerschaft noch gar nicht wussten, was in Ihnen vorgeht, und sich daher nicht vorsichtig genug verhalten haben.

Zuallererst: Hören Sie auf, sich Sorgen zu machen. Denken Sie nicht andauernd darüber nach, was Sie alles getan oder nicht getan haben, um sich auf die Schwangerschaft vorzubereiten, sondern konzentrieren Sie sich nun auf eine gesündere Lebensweise. Ernähren Sie sich ausgewogen (*siehe* S. 43 ff.). Reduzieren Sie Ihren Alkohol- und Koffeinkonsum auf ein Minimum und hören Sie sofort auf zu rauchen.

Wenn Sie noch im ersten Trimester Ihrer Schwangerschaft sind, beginnen Sie mit der Einnahme eines Folsäurepräparats (*siehe* S. 51), das Neuralrohrdefekten beim Baby, z. B. Spina bifida, vorbeugt (*siehe* S. 146 und S. 418). Es

»... es ist unmöglich, alle Risiken im Leben auszuschließen – eine Schwangerschaft bildet da keine Ausnahme.«

wird zwar empfohlen, mit der Einnahme zu beginnen, sobald eine Schwangerschaft geplant wird, doch auch jetzt ist es noch nicht zu spät. Nehmen Sie bis zur 13. Schwangerschaftswoche ein entsprechendes Präparat ein.

Eine weitere mögliche Sorge mag sein, dass dieses ungeplante Baby Gefährdungen ausgesetzt war, ehe Sie die Schwangerschaft festgestellt haben. Vielleicht haben Sie auf einer Party zu viel getrunken oder eine Zeit lang Medikamente eingenommen. Die Erfahrung zeigt, dass die am häufigsten verschriebenen Medikamente Antibiotika sind, und es gibt nur sehr wenige, die einem sich entwickelnden Embryo schaden können (*siehe* S. 35). Möglicherweise haben Sie auch noch Empfängnisverhütungsmittel eingenommen, als Sie schon schwanger waren, und fragen sich, ob diese dem Baby schaden können. Doch seien Sie beruhigt: Die

VERHÜTUNGSPANNE

Wenn Sie trotz der Einnahme von Verhütungsmitteln ein Baby empfangen haben, machen Sie sich vielleicht Sorgen, dass das Baby behindert sein könnte. In den meisten Fällen sind diese Sorgen unbegründet.

▶ **Sie verwenden hormonelle Verhütungsmittel,** z. B. die Pille oder die Minipille. Beenden Sie die Einnahme. Die Pille enthält Östrogen zur Unterbindung des Eisprungs und Gestagen, das den Gebärmutterhalsschleim weniger durchdringbar für das Sperma und die Gebärmutterschleimhaut weniger empfänglich für die Einnistung des winzigen Embryos macht. Gestagen bzw. Progesteron enthaltende Verhütungsmittel, wie die Minipille oder die Dreimonatsspritze, haben eine ähnliche Wirkung auf die Schleimhaut von Gebärmutterhals und Gebärmutter. Da Sie schwanger sind, ist diese Wirkung ohne Bedeu-

tung. Es gibt keine Belege dafür, dass moderne Hormonpräparate Probleme für die Entwicklung von Embryo und Fetus mit sich bringen.

▶ **Barrieremethoden,** wie Diaphragma oder Portiokappe, sind für den sich entwickelnden Embryo ungefährlich.

▶ Wenn Sie nach einem ungeschützten Geschlechtsverkehr mit der **»Pille danach«** verhüten wollten, aber dennoch schwanger geworden sind, sind Sie vielleicht bekümmert, weil die Methode versagt hat, aber auch dabei besteht keine Gefährdung für das sich entwickelnde Baby.

▶ **Kommt es trotz eines Intrauterinpessars** (IUP, Spirale) zu einer Schwangerschaft, steigt das Risiko einer Fehlgeburt an. Aufgrund des Fremdkörpers in der Gebärmutter kann es zu einer Entzündung kommen. Auch in der Scheide besteht ein erhöhtes Infektionsrisiko. Ist das Pessar bei einer

Untersuchung sichtbar, ist es am besten, es zu entfernen. Das aktuelle Risiko einer Fehlgeburt wird dadurch nicht erhöht, wohl aber das Risiko einer Fehlgeburt aufgrund einer Infektion in einem späteren Stadium gesenkt.

Ist kein Teil des Intrauterinpessars sichtbar, sollte es in der Gebärmutter belassen werden. Normalerweise verursacht es dem in der mit Fruchtwasser gefüllten Fruchtblase geschützten Baby keine Probleme. Das IUP befindet sich außerhalb der Fruchtblase und wird gewöhnlich mit der Plazenta ausgestoßen.

▶ **Haben Sie sich sterilisieren lassen** und sind trotzdem schwanger geworden, sollten Sie sofort Ihren Arzt aufsuchen. Die Eileiter sind bei der Sterilisation durchtrennt worden und es besteht das Risiko einer ektopen Schwangerschaft (*siehe* S. 81 und S. 422).

winzigen Embryos, die sich während der Schwangerschaft zu einem lebendigen und aufgeweckten Baby entwickeln werden, sind sehr widerstandfähig.

Rauchen

Das Rauchen während der ersten drei Monate der Schwangerschaft kann die Einnistung der Plazenta in die Gebärmutterschleimhaut sowie ihr Wachstum stark beeinträchtigen. In der weiteren Schwangerschaft vermindert das Rauchen die Versorgung des Babys mit Sauerstoff und Nährstoffen und erhöht das Risiko einer Frühgeburt, einer Plazentalösung (*siehe* S. 427) und einer Wachstumsretardierung beim Fetus (*siehe* S. 428). Geben Sie das Rauchen umgehend auf. Ihr Arzt wird Ihnen dabei helfen. Auch wenn Sie regelmäßig Tabakrauch ausgesetzt sind, schaden Sie der Gesundheit Ihres Babys. Wenn Ihr Partner raucht, bitten Sie ihn aufzuhören. Meiden Sie verrauchte Orte, wie z. B. Gaststätten.

Alkohol

Bei einer Schwangeren, die regelmäßig viel Alkohol konsumiert, besteht ein erhöhtes Risiko für Schwangerschaftskomplikationen. Der übermäßige Konsum von Alkohol während der ersten Monate führt zu charakteristischen Anomalien beim Baby, dem so genannten »Fetalen Alkoholsyndrom« (*siehe* S. 434). Dazu gehören Gedeihstörungen nach der Geburt, Nervenschädigungen und verzögertes Wachstum in der Kindheit. Regelmäßiger schwerer Alkoholkonsum während der gesamten Schwangerschaft kann auf den Fetus eine toxische Wirkung haben. Während der Schwangerschaft sollte eigentlich überhaupt kein Alkohol konsumiert werden. Wenn Sie ein- oder zweimal ein wenig zu viel getrunken haben, bevor Sie von Ihrer Schwangerschaft erfahren haben, müssen Sie sich keine Sorgen machen. Verzichten Sie aber zukünftig auf Alkohol.

Drogen

Hier sollen nur einige wichtige Fakten zum Thema Drogen angeführt werden: Drogen wie Kokain, Heroin und Ecstasy können zu schwer wiegenden Problemen in der Entwicklung des Fetus führen. Sie alle gelangen durch die Plazenta in die Blutbahn des Babys, erhöhen das Risiko einer Fehlgeburt (*siehe* S. 430), einer Plazentalösung und einer Frühgeburt eines ohnehin im Wachstum zurückgebliebenen Babys (*siehe* S. 428). Nach der Geburt leidet das Baby an Entzugserscheinungen und möglicherweise an Hirnschäden. Es wird daher mehrere Wochen auf der Intensivstation bleiben müssen. Wenn Sie sich also eine problemlose Schwangerschaft und ein gesundes Baby wünschen, dann verzichten Sie auf jegliche Drogen.

»Die winzigen Embryos, die sich während der Schwangerschaft zu einem lebendigen, aufgeweckten Baby entwickeln werden, sind sehr widerstandsfähig.«

UMWELTGEFAHREN

GEFAHREN AUS DER UMWELT SIND IN DER FRÜHEN SCHWANGERSCHAFT SEHR ERNST ZU NEHMEN,
DENN IN DIESER PHASE ENTWICKELN SICH DIE WICHTIGSTEN ORGANE UND KÖRPERSYSTEME.
DOCH VIELES, WAS SIE DAZU HÖREN, IST VIELLEICHT SEHR VAGE ODER ÜBERTRIEBEN, DAHER
WERDEN HIER KLARE FAKTEN ZU BEFÜRCHTUNGEN ANGEFÜHRT.

Auch wenn viele Umweltfaktoren immer wieder für Fehlgeburten und Anomalien verantwortlich gemacht werden, so sind die meisten Fälle nicht nachgewiesen. Die folgenden Gefahren gilt es jedoch zu bedenken.

KONTAKT ZU CHEMIKALIEN

Es ist beinahe unmöglich, im täglichen Leben den Kontakt zu Chemikalien ganz zu vermeiden. Sie sollten jedoch versuchen, ihn möglichst gering zu halten.

▶ **Zu Hause** Vermeiden Sie das Einatmen der Dämpfe von Benzin, Leim, Reinigungsmitteln, Lackfarben, Haushaltssprays und Ofenreinigern. Lesen Sie die Anweisungen sämtlicher Chemikalien, die Sie benutzen wollen. Im Zweifelsfall verzichten Sie darauf. Wenn Sie alte Farbe entfernen und Ihre Wohnung neu streichen, sorgen Sie für gute Durchlüftung. Wenn die Farbe, die Sie entfernen wollen, so alt ist, dass sie Blei enthalten könnte, überlassen Sie die Arbeit Fachleuten.

▶ **Am Arbeitsplatz** Viele industriell eingesetzte Lösungsmittel sind bei täglichem Umgang in der Schwangerschaft bedenklich. Fettlösliche, orga-

GEFAHRLOS RENOVIEREN *Geruchsarme Farben verwenden und gut lüften.*

nische Lösungsmittel, enthalten in Farben, Pestiziden, Klebern, Lacken und Reinigungsmitteln, können in die Plazenta gelangen. Das Einatmen dieser Produkte ist gefährlich. Frauen, die z.B. in Apotheken, Labors oder Tischlereien arbeiten, sind besonders gefährdet. Eine neue Studie belegt, dass Schädigungen vermieden werden können, wenn Arbeitgeber für gut durchlüftete Räume sorgen und schwangere Frauen konsequent

Schutzkleidung tragen und dunstreiche Zonen meiden. Und noch ein letzter Punkt: Wenn Ihr Partner beruflich mit einer der genannten Chemikalien und/oder Vinylchlorid (im Verputz enthalten) zu tun hat, vermeiden Sie den Kontakt mit seiner Arbeitskleidung. Das Gleiche gilt für Kleidung, die mit Pestiziden in Berührung kam.

RÖNTGENSTRAHLEN

Hohe Strahlendosen können Schädigungen des Fetus verursachen. Aus diesem Grund achten Ärzte sehr auf die Anwendung von Röntgenstrahlen in der Schwangerschaft. Es ist jedoch wichtig zu wissen, dass moderne Röntgengeräte weit weniger Strahlung abgeben als alte Apparate und genau auf den zu untersuchenden Körperteil ausgerichtet werden können. Ein Risiko für den Fetus besteht nur bei einer ganzen Serie von Röntgenaufnahmen des Beckens, d.h. mindestens acht Aufnahmen vor der achten Woche; aber auch dabei beträgt das Risiko nur 0,1 Prozent (1 von 1000 Fällen). Eine einmalige Brust- oder Bauchaufnahme verursacht keine Schädigung. Auch wenn Sie geröntgt worden sind, als Sie noch gar nicht wussten, dass Sie schwanger sind, so seien Sie versichert, dass es Ihrem Baby nicht geschadet haben wird. Manchmal treten im Verlauf einer Schwangerschaft allerdings Probleme auf, die Röntgenaufnahmen unumgänglich machen. Spätere Schädigungen sind jedoch kaum jemals zu erwarten. Wenn Sie in einem Krankenhaus arbeiten, sollten Sie nur mit Schutzkleidung an einem Röntgengerät arbeiten. Röntgentechnikerinnen bekommen während der Schwangerschaft meist andere Aufgaben zugewiesen. Auch wenn die Risiken für das Baby kaum von Bedeutung sind, so sind die Sicherheitsbestimmungen sehr streng.

BILDSCHIRMARBEIT

Selbst wenn Sie beruflich jeden Tag viele Stunden vor dem Bildschirm sitzen, besteht für Ihr Baby keine Gefährdung. Geräte, die ultraviolette und infrarote Strahlung erzeugen, wie z.B. Laserdrucker, Fotokopierer oder die Mikrowelle in der Küche, können unbedenklich benutzt werden. Auch Behauptungen, dass Fehlgeburten und Probleme vermehrt bei Frauen auftreten würden, die nahe an Transformationsstationen, elektromagnetischen Feldern, Radiostationen oder Telefonmasten wohnen, werden durch keinerlei Beweise gestützt.

SICHERER ULTRASCHALL

Besonders häufig fragen mich meine Patientinnen, ob die Ultraschalluntersuchungen auch wirklich ungefährlich sind – vor allem, wenn es zu Beginn der Schwangerschaft Probleme gibt, die wiederholte Untersuchungen erforderlich machen. Ich kann Ihnen versichern, dass Ultraschall weder Mutter noch Baby schadet. Verschiedene sorgfältig durchgeführte Studien haben das eindeutig erwiesen.

Auch wenn man gelegentlich hört, dass die Ultraschallwellen angeblich die Zellmembrane verändern sollen und die Entwicklung des Embryos und später das Wachstum des Fetus beeinflussen würden, so gibt es dafür keinen wissenschaftlichen Nachweis. Eine aktuelle schwedische Studie konnte keinen Zusammenhang zwischen wiederholten Ultraschallaufnahmen und kindlicher Leukämie feststellen. Andere breit angelegte Studien untersuchten Babys, bei deren Müttern während der Schwangerschaft viele Male Ultraschalluntersuchungen durchgeführt worden waren. Es wurden keinerlei Entwicklungsanomalien festgestellt. Bei vaginalen Ultraschalluntersuchungen in der frühen Schwangerschaft besteht keine Gefahr, dass die Sonde Blutungen auslösen oder die Gefahr einer Fehlgeburt verstärken könnte. Vielmehr liefert eine solche Untersuchung lebenswichtige Informationen über die Schwangerschaft.

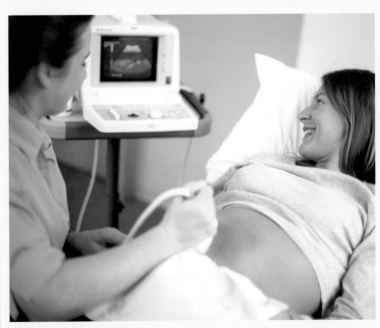

ULTRASCHALL Mehrfache Untersuchungen schaden Ihrem Baby nicht.

KRANKHEITEN

ES LIEGT NATÜRLICH NICHT ALLEIN IN IHRER HAND, DASS SIE GESUND BLEIBEN. HÜTEN SIE SICH WÄHREND DER SCHWANGERSCHAFT JEDOCH MÖGLICHST VOR INFEKTIONEN – BESONDERS IN DEN ERSTEN DREI MONATEN.

Eine von 20 schwangeren Frauen zieht sich während der Schwangerschaft auch eine Infektion zu. Das klingt alarmierend, doch der größte Teil dieser Infektionen ist vollkommen harmlos. Nur sehr wenige können dem Fetus oder dem neugeborenen Baby schaden. Kleine Kinder sind am häufigsten Überträger von Infektionen, deshalb ist es vernünftig, den Kontakt zu Kindern, die plötzlich an unerklärlichen Fieber erkranken, so gering als möglich zu halten. Wenn Sie beruflich mit kleinen Kindern zu tun haben (z.B. als Kindergärtnerin), sollten Sie dafür sorgen, dass fiebernde Kinder nach Hause geschickt werden.

INFEKTIONEN VERMEIDEN
Wenn Sie bereits Kinder haben, ist es kaum möglich, jeglichen Kontakt zu kranken Personen zu vermeiden.

KINDERKRANKHEITEN

Die beiden für Schwangere gefährlichsten Viruserkrankungen sind Windpocken (*siehe* S. 411) und Röteln (*siehe* S. 411). Windpocken erhöhen in den ersten acht Wochen der Schwangerschaft das Risiko einer Fehlgeburt. Bei einer Erkrankung zwischen der achten und 20. Woche besteht ein Risiko von ein bis zwei Prozent, dass das Varicella-Syndrom auftritt, das beim Fetus zu einer Anomalie der Gliedmaßen, der Augen, der Haut und des Gehirns führen kann sowie zu Wachstumsproblemen in der späteren Schwangerschaft. Wenn Sie sich während der frühen Schwangerschaft erstmalig mit Rötelnviren infizieren, steigt das Risiko einer Fehlgeburt. Wenn die Schwangerschaft fortschreitet, kann es zu schweren Schädigungen des Fetus kommen, wie Taubheit, Blindheit, Missbildungen des Herzens und geistige Retardierung. Glücklicherweise kommt das selten vor, denn die meisten Frauen im gebärfähigen Alter haben diese Infektion entweder schon selbst gehabt oder sind dagegen geimpft. Trotzdem ist der Röteln-Antikörpertest einer der ersten Bluttests bei den Vorsorgeuntersuchungen. Besteht keine Immunität, wird dringend empfohlen, sich nach der Geburt des Babys gegen Röteln impfen zu lassen. In der Zwischenzeit sollten Sie besonders vorsichtig sein, um eine Ansteckung zu vermeiden.

Obwohl die Rötelnimpfung eine Lebendimpfung und für alle Frauen mit Kinderwunsch vor der Schwangerschaft empfehlenswert ist, habe ich mehrere Patientinnen erlebt, die sofort nach der Impfung schwanger wurden. Anomalien bei ihren
Babys wurden nicht festgestellt. Doch auch geimpfte Frauen sollten zur Sicherheit einen Bluttest auf Antikörper durchführen lassen. Mumps, Masern und Polio
stellen heute, dank konsequenter Impfprogramme, keine Gefahr für Schwangere
mehr dar. Heute wird schon im Babyalter eine kombinierte Mumps-Masern-
Röteln-Impfung empfohlen, die später aufgefrischt wird.

RÖTELN *Viruspartikel sind
als rosafarbene Punkte in
dieser Blutprobe sichtbar.*

ERKÄLTUNG, GRIPPE UND MAGENBESCHWERDEN

Sich bei den Arbeitskollegen mit Husten, Erkältung oder Grippe anzustecken
ist zwar lästig, schadet aber Ihrem Baby nicht. Bedenklich ist das Auftreten von
hohem Fieber, das ein häufiger Grund für eine Fehlgeburt zu Beginn der
Schwangerschaft ist. Alle paar Jahre wird Mitteleuropa regelmäßig von einer
schweren Grippewelle überrollt. Diese Epidemien fordern viele Todesfälle,
sowohl bei Erwachsenen als auch bei Ungeborenen. Wenn Sie während einer
Grippe oder Erkältung hohes Fieber bekommen, verschreibt der Arzt Ihnen
unbedenkliche Medikamente, die das Fieber schnell senken. Unterstützend
wirken fiebersenkende Wickel oder Waschungen mit lauwarmem Wasser.
Wenn Sie zu einer Hoch-Risiko-Gruppe für Grippe gehören, vielleicht weil Sie
Diabetes oder ein Herzleiden haben, sollten Sie mit Ihrem Arzt besprechen, ob
eine Grippeimpfung sinnvoll wäre. Auch wenn diese normalerweise während
einer Schwangerschaft nicht vorgenommen wird, kann das Risiko einer Grippe
noch schwer wiegender sein. Magenbeschwerden oder ein Magen-Darm-
Katarrh werden am besten mit viel Ruhe und hoher Flüssigkeitszufuhr aus-
kuriert. Sie stellen für die Schwangerschaft keine Gefahr dar.

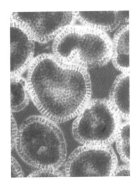

GRIPPE *Die Ränder um den
Virenkern verbinden sich
mit der Wirtszelle.*

TOXOPLASMOSE UND BRUCELLOSE

Sorgfältige Hygiene im Umgang mit Haustieren und anderen Tieren ist – vor
allem im ersten Schwangerschaftsdrittel – sehr wichtig. Ein sehr ernstes Problem ist die Toxoplasmose, eine Infektion durch Parasiten, die im Kot von
befallenen Tieren, meist Katzen, leben. Etwa 80 Prozent aller Menschen haben
sich unbemerkt irgendwann einmal angesteckt, denn die grippeähnlichen
Symptome verlaufen meist sehr leicht. Daher besitzen die meisten Frauen eine
Immunität, die auch den Fetus schützt. Bei einer Erstinfektion während der
Schwangerschaft besteht jedoch das Risiko einer Fehlgeburt oder einer Erblin-
dung und geistiger Retardierung des Babys. Eine Ansteckung erfolgt meist
durch das Einatmen von Eiern aus Katzenkot, den Verzehr von ungewasche-

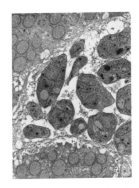

TOXOPLASMOSE *Der einzel-
lige, grüne Parasit dringt
in die Leber ein (rosa).*

nem, infiziertem Gemüse oder Salat oder von nicht durchgegartem, infiziertem Fleisch (*siehe* S. 50). Waschen Sie sich nach jedem Kontakt mit einem Haustier sorgfältig die Hände und vermeiden Sie den Kontakt zu herumstreunenden Tieren. Entwurmen Sie Ihre Katze regelmäßig und kommen Sie nicht in Berührung mit dem Katzenklo. Wenn Sie es selbst sauber machen müssen, tragen Sie dabei Gummihandschuhe und waschen Handschuhe und Hände nach der Arbeit. Tragen Sie bei der Gartenarbeit Handschuhe, um sich vor verseuchter Erde zu schützen. Wenn Sie auf einem Bauernhof oder in einer Tierarztpraxis arbeiten, schützen Sie sich vor einer Infektion mit Brucellose, einer bakteriellen Erkrankung, die eine Fehlgeburt verursachen kann. Leisten Sie keine Geburtshilfe bei Lämmern und Kälbern und melken Sie keine Tiere, die gerade geboren haben. Waschen Sie regelmäßig Ihre Hände.

WEITERE ERKRANKUNGEN

Wenn bei Ihnen eine chronische Erkrankung vorliegt (*siehe* S. 408ff.), z.B. ein Herzproblem oder Diabetes, ist eine besonders intensive Schwangerschaftsvorsorge erforderlich. Gehen Sie zum Arzt, sobald Sie wissen, dass Sie schwanger sind. Ideal wäre es, schon den Kinderwunsch mit dem Arzt zu besprechen. Setzen Sie nicht ohne Rücksprache mit dem Arzt die verordneten Medikamente ab.

Wurde eine Operation durchgeführt, ehe Sie von Ihrer Schwangerschaft wussten, stellen Sie sich vielleicht die Frage, ob Narkose und Eingriff dem Baby geschadet haben können. In den ersten Wochen ist das Risiko einer Fehlgeburt etwas erhöht, vor allem nach einer Bauchspiegelung oder einem ähnlichen Eingriff, bei dem Instrumente in die Gebärmutter oder den Bauch eingeführt wurden. Aus diesem Grunde klären Mediziner erst ab, ob eine Frau schwanger ist, bevor sie Untersuchungen oder Tests vornehmen. Auch eine Blinddarmoperation erhöht das Risiko einer Fehlgeburt. Ich habe jedoch sehr viele Patientinnen erlebt, die erst nach einem chirurgischen Eingriff festgestellt haben, dass sie schwanger waren. In keinem Fall traten Probleme auf. Seien Sie unbesorgt. Ihr Baby hat auch durch die Anästhesie keinen Schaden genommen.

ALTERNATIVE THERAPIEN

Viele dieser Therapien sind wissenschaftlich nicht erprobt – ihre Wirksamkeit ist nicht nachgewiesen. Es ist unmöglich, ein klares Bild über ihre Erfolge und ihre Grenzen zu gewinnen. Ein pflanzliches Präparat, auf dem »natürlich« steht, ist nicht immer ungefährlich. Wenn Sie sich für eine alternative Therapie entscheiden, vertrauen Sie sich einem qualifizierten Praktiker an (*siehe* S. 436 »Nützliche Adressen«) und informieren Sie Arzt oder Hebamme über die Behandlung.

MEDIKAMENTE IN DER SCHWANGERSCHAFT

Die Liste der Medikamente, die einer Schwangeren und ihrem ungeborenen Baby schaden können, ist lang. Diese Tatsache ist Ärzten und Patientinnen bekannt. Die folgenden Informationen dienen als Leitfaden zur Behandlung kleinerer Beschwerden. Nehmen Sie nur eine geringe Dosis ein und suchen Sie Ihren Arzt auf, wenn die Beschwerden nicht auf die Behandlung ansprechen.

ANTIEMETIKA Wenn die morgendliche Übelkeit so schlimm ist, dass Sie Antiemetika (Mittel gegen Erbrechen) nehmen müssen, wird Ihr Arzt Ihnen ein unbedenkliches Präparat verordnen.

ANTIHISTAMINIKUM Bestimmte Präparate sind in der Schwangerschaft ungeeignet. Wenn Sie an Heuschnupfen oder einer anderen Allergie leiden, sprechen Sie mit Ihrem Arzt, bevor Sie ein Antihistaminikum nehmen.

SCHMERZMITTEL Der Wirkstoff Paracetamol ist während der Schwangerschaft geeignet. Nehmen Sie keine Acetylsalicylsäure (Aspirin) – außer der Arzt hat es verordnet –, kein Ibuprofen und Ergotamin (Migränemittel).

ANTIBIOTIKA Präparate mit dem Wirkstoff Penicillin sind ungefährlich für das Baby. Bei einer Penicillin-Allergie ist Erythromycin eine gute Alternative. Auf folgende Antibiotika sollte möglichst verzichtet werden, da sie Nebenwirkungen haben können:

▶ **Tetracyclin** kann zur Verfärbung und Missbildung von Zähnen und Knochen des Babys führen.

▶ **Chloramphenicol** wird heute meist nur noch zur Behandlung von Typhus eingesetzt. Es kann zu Bluterkrankungen des Babys führen. In Augentropfen ist der Wirkstoff auch in der Schwangerschaft ungefährlich.

▶ **Streptomycin** sollten Schwangere nicht einnehmen. Es kann Hörschäden beim Fetus verursachen.

▶ **Sulfonamide** sind Breitband-Antibiotika, die beim Neugeborenen Gelbsucht auslösen und zu allergischen Reaktionen der Mutter führen können.

ABFÜHRMITTEL Verstopfung kann mit ballaststoffreicher Nahrung und hoher Flüssigkeitszufuhr behandelt werden (*siehe* S. 187). Wenn Sie ein Abführmittel nehmen müssen, wählen Sie eines mit hohem Zelluloseanteil. Meiden Sie Mittel mit Sennesblättern; sie reizen den Darm, was zu Gebärmutterkontraktionen führen kann.

ANTAZIDA Die meisten Antazida können unbedenklich bei Sodbrennen und Verdauungsstörungen eingesetzt werden (*siehe* S. 187). Nehmen Sie Antazida nicht gleichzeitig mit Eisentabletten (*siehe* S. 48) ein, denn sie hemmen die Eisenaufnahme.

DIURETIKA Wasseransammlungen sind in der Schwangerschaft normal. Nehmen Sie aber keine Diuretika, auch keine scheinbar harmlosen »natürlichen«, pflanzlichen Mittel ein. Wenn Beine, Füße oder Finger stark anschwellen, kann dies Anzeichen einer Präeklampsie sein (*siehe* S. 425). Gehen Sie sofort zum Arzt.

ERKÄLTUNGS- UND GRIPPEMITTEL Lesen Sie die Beipackzettel von Grippemitteln sorgfältig. Viele enthalten Substanzen, die in der Schwangerschaft gemieden werden sollten, wie Antihistamine und Koffein. Paracetamol und heiße Getränke sind bei Erkältung geeignet.

KORTISON Salben gegen Ekzeme und andere Hautprobleme enthalten Kortison und sollten in der Schwangerschaft sparsam angewandt werden, auch wenn sie meist unproblematisch sind. Auch Kortison enthaltende Inhaliermittel gegen Asthma (*siehe* S. 409) sind unbedenklich. Wenn Sie Kortison oral einnehmen, z. B. bei Morbus Crohn (*siehe* S. 409), besprechen Sie sich mit dem Arzt. Anabole Steroide zum Muskelaufbau sollten in der Schwangerschaft nicht eingenommen werden.

GEFAHRLOS REISEN

DAS THEMA SICHERES REISEN IN DER SCHWANGERSCHAFT IST FÜR VIELE FRAUEN VON GROSSEM INTERESSE. ES GIBT KEINE HINWEISE DARAUF, DASS REISEN MIT EINEM ERHÖHTEN RISIKO FÜR MUTTER ODER UNGEBORENEM BABY EINHERGEHT. KOMPLIKATIONEN TRETEN NICHT HÄUFIGER ALS SONST AUF.

In jedem Fall gilt es aber, die Reise sorgfältig zu planen. Lange Autofahrten sind ermüdend. Legen Sie regelmäßig Pausen ein, um die Beine zu strecken und frische Luft zu tanken.

Autofahren ist unbedenklich, solange Sie sich gut fühlen und bequem hinter dem Steuerrad sitzen. Der Sicherheitsgurt schnürt Ihr Baby nicht ein – legen Sie ihn unbedingt an. Die Fahrten zu und von der Arbeit können manchmal sehr stressig sein. Das gilt auch für die Benutzung öffentlicher Transportmittel. Wenn Sie lange in Bus oder Bahn stehen müssen, bitten Sie einen Mitfahrenden, Ihnen seinen Sitzplatz zu überlassen. Schon in der ersten Zeit der Schwangerschaft sind Sie vielleicht müde, Ihnen ist übel und Sie würden sich gerne hinsetzen.

FLUGREISEN

Flugreisen stellen in einer normal verlaufenden Schwangerschaft keine Gefahr dar. Gelegentlich hört man Behauptungen, dass sich der verminderte Druck in der Kabine bei langen Flugreisen ungünstig auf den Fetus auswirken würde. Diese Theorie ist wissenschaftlich aber kaum zu belegen. Ihr Baby ist in der Gebärmutter von einer dicken Wand aus Muskelgewebe umgeben und schwimmt in Fruchtwasser, das es vor äußeren Einwirkungen schützt. Außerdem passen sich Blutkreislauf- und Atmungssystem der Mutter an die veränderten Bedingungen an und sorgen dafür, dass das Baby genug Sauerstoff und Nährstoffe erhält, auch wenn die Sauerstoffdichte in der Umgebung etwas geringer ist als normal.

Wenn Sie schon einmal eine Fehlgeburt hatten, sollten Sie allerdings überlegen, ob die Reise unbedingt nötig ist. Das gilt insbesondere für Flugreisen. Es gilt zwar als sicher, dass Flugreisen keine Fehlgeburten auslösen, doch Sie möchten sicherlich nicht in eine Situation geraten, in der Sie sich fragen müssen, ob Sie nicht doch etwas falsch gemacht haben. Und eine problematische Geburt auf einem Langstreckenflug oder in einem fremden Land, dessen Sprache man nicht spricht, möchten Sie bestimmt nicht erleben.

OBST KAUFEN *Früchte sollten geschält oder gewaschen werden.*

Manche Fluglinien befördern Frauen nach der 34. Schwangerschaftswoche nicht mehr. Aber nicht, wie oft vermutet, weil der niedrigere Sauerstoffspiegel Wehen auslösen könnte, sondern weil es bei zehn Prozent aller Frauen zu einer Frühgeburt kommt. Die Fluggesellschaften wollen dieses Risiko vermeiden. (Weitere Informationen zum Thema Reisen im dritten Trimester finden Sie auf S. 251.)

AUSLANDSREISEN

Wenn Sie eine Reise ins Ausland planen, erkundigen Sie sich beim Auswärtigen Amt bzw. bei Ihrem Arzt, ob in der betreffenden Region ein Ansteckungsrisiko für eine bestimmte Krankheit besteht. Verzichten Sie auf Reisen in Länder, in denen Malaria auftritt, denn das hohe Fieber, das die Infektion begleitet, erhöht das Risiko einer Fehlgeburt. Während einer Schwangerschaft besteht eine erhöhte Anfälligkeit für Malaria, die dann auch schwerer und unberechenbarer verläuft, da sich in der Schwangerschaft das Immunsystem verändert. Ist eine Reise in ein Malariagebiet unumgänglich, nehmen Sie vorbeugend sowie nach der Rückkehr Malariamittel ein. Nehmen Sie die Medikamente so lange, wie sie verordnet werden. Immer wieder kommen neue Malariamittel auf den Markt. Fragen Sie Ihren Arzt, welche Mittel in der Schwangerschaft sicher sind. Grundsätzlich gilt:

▶ **Chloroquin** ist geeignet, ebenso wie Proguanil, wenn Sie gleichzeitig ein Folsäurepräparat einnehmen. Das sollten Sie ohnehin tun.

▶ **Mefloquin** sollte in den ersten zwölf Wochen der Schwangerschaft gemieden werden, besser sogar ganz. Wenn Sie das Mittel eingenommen haben, geraten Sie nicht in Panik. Denken Sie daran, dass eine Infektion mit Malaria in der Schwangerschaft mehr Probleme verursacht als das Mittel, das Sie eingenommen haben, um eine Infektion zu verhindern.

SCHUTZIMPFUNGEN

Sie sollten auch klären, welche Impfungen an Ihrem Reiseziel notwendig sind und ob sie in der Schwangerschaft vorgenommen werden können. Wegen der Veränderungen des Immunsystems in der Schwangerschaft sind auch die Impfreaktionen unberechenbar. Grundsätzlich gilt, dass auf Impfstoffe mit Lebendviren verzichtet werden sollte, während

IMPFUNG *Ihr Arzt berät Sie, welche Impfungen unbedenklich sind.*

nicht lebende Impfstoffe ohne Risiko sind. Cholera-, Polio-, Tollwut- und Tetanusimpfungen sind für schwangere Frauen unbedenklich, während Gelbfieber- und Typhusimpfungen umstritten sind. Für aktuelle Informationen zu Malariaschutz und Impfungen wenden Sie sich an das Tropen-Institut.

GESUND BLEIBEN AUF REISEN

▶ Waschen Sie sich vor dem Essen immer die Hände.

▶ Trinken Sie viel Wasser, besonders in heißen Klimazonen.

▶ Verzichten Sie auf nicht pasteurisierte Speisen und Schalentiere.

▶ Kaufen Sie keine Speisen an Marktständen (sie könnten verdorben oder aufgewärmt sein und schädliche Bakterien enthalten).

▶ Schälen Sie Obst und essen Sie keine Wassermelonen.

▶ Verzichten Sie auf Eiswürfel in Getränken.

ERNÄHRUNG UND BEWEGUNG

Viele Frauen stellen ihre Ernährung schon um, wenn sie ein Baby planen. Doch spätestens nach Bestätigung der Schwangerschaft sollten Sie sich bewusst ernähren und auf körperliche Fitness achten. Das kommt Ihnen und Ihrem Baby zugute. Informationen hierzu finden Sie in diesem Kapitel; Hinweise zu speziellen Erfordernissen in den verschiedenen Schwangerschaftsstadien erhalten Sie zusätzlich in den entsprechenden Kapiteln.

Vom Augenblick der Empfängnis an stellt Ihr Körper Ihrem Baby alle Nährstoffe zur Verfügung, die es benötigt. Bis zur Geburt wird alles, was Sie essen, in Moleküle aufgespalten, die von Ihrem Blutkreislauf über die Plazenta in den Blutkreislauf Ihres Babys gelangen. Während der Schwangerschaft atmen und essen Sie sozusagen für Ihr Baby mit. Es ist daher sehr wichtig, dass Sie das so gut als möglich tun. Hierin liegt eine große Verantwortung – es ist nur allzu verständlich, dass die Frage der richtigen Ernährung in der Schwangerschaft viele Frauen beschäftigt. Sie müssen sich keineswegs mit Mengen und Portionen herumquälen, aber Sie sollten wissen, welche Nahrungsmittel wichtig sind und auf welche Sie besser verzichten sollten.

Schwangersein wirft auch eine Vielzahl von Fragen zum Thema Fitness auf. Möchten Sie ein festes Trainingsprogramm verfolgen oder sich nicht allzu sehr festlegen und gelegentlich Gymnastik treiben oder zu Fuß zur Arbeit gehen? Welche Art von sportlicher Aktivität kommt für Sie in Frage und in welcher Intensität? Wie bei der Ernährung tauchen auch hier plötzlich die verschiedensten Ammenmärchen auf, z.B. »Überhitz dich nicht – das schadet dem Baby«, »Hüpf nicht so herum – das führt zu einer Fehlgeburt« oder »Verbieg dich nicht so – du schnürst das Baby ein«. Solche Aussagen basieren auf Unwissen und Missverständnissen und werden meist von Generation zu Generation weitergegeben, ohne auf ihren Wahrheitsgehalt überprüft zu werden. Glücklicherweise weiß man heute mehr über den Nutzen von Bewegung und Sport im ersten Trimester. Noch vor ein oder zwei Generationen wurde während der frühen Schwangerschaft vom Tennisspielen abgeraten, doch heute raten Ärzte den meisten schwangeren Frauen zu einer vernünftigen sportlichen Betätigung während der gesamten neun Monate.

»... verschiedene Ammenmärchen über Ernährung und Sport tauchen auf.«

GESUND ESSEN

WIE BEI ALLEN THEMEN RUND UM DIE SCHWANGERSCHAFT WERDEN SIE AUCH ZUR ERNÄHRUNG GUT GEMEINTE, ABER OFT UNNÜTZE RATSCHLÄGE ERHALTEN. DOCH EINES IST SICHER: SIE SIND IN EINER PHASE IHRES LEBENS, IN DER SIE VERNÜNFTIG UND GESUND ESSEN SOLLTEN.

Als Erstes sollte man sich klar machen, dass der Ratschlag »Essen für zwei« mit Sicherheit zu Problemen führt. Schwangeren Frauen wird von gut meinenden Freunden und Verwandten allzu oft Essen aufgedrängt, doch Schwangersein gibt kein grünes Licht für maßloses Essen. Sie brauchen im ersten Trimester nicht mehr als 2000 Kalorien täglich (ebenso viel wie vor der Schwangerschaft). In der Schwangerschaft verändert sich der Stoffwechsel und die zugeführte Nahrung wird besonders gut verwertet. Zusätzliche Kalorien kommen der Entwicklung des Babys nicht zugute und werden als Fettpolster abgelagert, die man nach der Geburt des Babys oft nur schwer wieder los wird. Im letzten Trimester ist der Kalorienbedarf etwas erhöht, doch nur um 200–300 Kalorien. Das entspricht einer Banane und einem Glas Milch. Andererseits müssen manche Frauen, die bisher sehr intensiv auf Diät und Gewichtskontrolle geachtet haben, in der Schwangerschaft ihre Einstellung stark verändern. Der Schlankheitswahn macht es für manche Frauen schwer zu akzeptieren, dass sie während der nächsten Monate 14 kg Gewicht zulegen werden. In der Schwangerschaft dürfen irgendwelche Diäten keine Rolle mehr spielen. Jetzt brauchen Sie gesunde Mahlzeiten und vernünftige Portionen. Studien in Afrika haben gezeigt, dass Babys von Müttern, die während Schwangerschaft und Stillzeit an Mangelernährung litten, einen deutlich niedrigeren IQ hatten als andere. Es gibt genügend Beweise, die jede Frau davon überzeugen sollten, dass eine Schwangerschaft nicht der richtige Zeitpunkt für eine Diät ist. Wenn Sie sich vernünftig ernähren und regelmäßig Sport treiben, werden Sie Ihre frühere Figur mit Sicherheit bald nach der Geburt wiedererlangen.

»In der Schwangerschaft dürfen Diäten keine Rolle mehr spielen. Jetzt brauchen Sie gesunde Mahlzeiten ...«

DAS IDEALE AUSGANGSGEWICHT

Idealerweise haben Sie Normalgewicht, wenn Sie ein Baby planen. Deutliches Unter- oder Übergewicht kann die Fruchtbarkeit beeinflussen. Ein Gewichtsproblem sollte jetzt, da Sie schwanger sind, angegangen werden.

Untergewichtige Schwangere

Frauen mit deutlichem Untergewicht werden oft erst nach längerer Zeit schwanger. Wenn der Body Mass Index (*siehe* rechts) einer Frau unter 17 sinkt, wird der Zyklus unregelmäßig oder bleibt ganz aus. Während der Schwangerschaft besteht bei einer untergewichtigen Frau ein erhöhtes Risiko, eine Anämie zu entwickeln (*siehe* S. 423), eine Frühgeburt zu haben oder ein untergewichtiges Baby zu bekommen (*siehe* S. 428). Wenn Sie untergewichtig sind, lassen Sie sich umgehend vom Arzt hinsichtlich einer verbesserten Ernährung beraten.

Übergewichtige Schwangere

Auch Frauen mit deutlichem Übergewicht werden oft erst nach längerer Zeit schwanger. Bei ihnen besteht ein erhöhtes Risiko für Schwangerschaftskomplikationen, wie Fehlgeburt, Bluthochdruck, Präeklampsie (*siehe* Blutdruckprobleme, S. 425) und Schwangerschaftsdiabetes (*siehe* S. 426). Wenn die Schwangerschaft fortschreitet, fühlen sie sich zunehmend unwohl und übermäßig müde. Das bringt Beeinträchtigungen mit sich. Denn um sich auf die körperlichen Anforderungen während Wehen und Geburt vorzubereiten, sollten Sie möglichst fit und ausgeruht sein. Wenn Sie die Schwangerschaft müde beginnen, besteht große Gefahr, dass Sie nach der Geburt erschöpft und unglücklich sind – statt angenehm müde und zufrieden. Diese Probleme sowie die Tatsache, dass das Baby oft überdurchschnittlich groß ist, kann mit fortschreitender Schwangerschaft das Risiko für Komplikationen, auch während der Geburt, erhöhen. Es kommt besonders häufig zu Kaiserschnitt- oder Zangengeburten und zu Problemen nach der Geburt, wie Blutsturz (hoher Blutverlust), Wundinfektionen, Thrombose (Blutgerinnsel) in den unteren Beinvenen (*siehe* Venenthrombose, S. 423). Je mehr Übergewicht besteht, umso größer ist das Risiko einer dauerhaften Stoffwechselstörung mit daraus resultierender Fettleibigkeit – bei Mutter und Baby. Wenn Sie übergewichtig sind, sollten Sie von nun an sorgfältig auf Ihre Ernährung achten. Eventuell werden Sie am Ende Ihrer Schwangerschaft mit einer guten Figur belohnt, während Ihr Baby dennoch mit allen notwendigen Nährstoffen versorgt wurde. Eine Ernährungsberaterin kann Ihnen eine kalorienkontrollierte, fettreduzierte Diät zusammenstellen.

BODY MASS INDEX

Die beste Möglichkeit festzustellen, ob Sie zu Beginn Ihrer Schwangerschaft untergewichtig oder übergewichtig sind, bietet die Berechnung des Body Mass Index (BMI).

▶ **Die Berechnung erfolgt durch eine einfache Gleichung:** Ihr Gewicht in Kilogramm, geteilt durch die Körpergröße in Metern zum Quadrat.

▶ **Die meisten Ärzte halten einen BMI zwischen 20 und 25 für normal.** Zwischen 25 und 28 besteht Übergewicht, über 28 handelt es sich um Fettleibigkeit. Über 40 handelt es sich um gefährliche Fettsucht. Am unteren Ende der Skala spricht man normalerweise von Untergewicht, wenn der BMI unter 20 sinkt.

▶ **Hier ein Beispiel für eine Frau,** die 1,70 m groß ist und 65 kg wiegt:

1,70 x 1,70 = 2,89

65 kg geteilt durch 2,89 = 22,5

Der BMI dieser Frau liegt mit 22,5 im normalen Bereich.

GEWICHTSZUNAHME IN DEN 40 WOCHEN

AUCH WENN JEDE SCHWANGERSCHAFT ANDERS VERLÄUFT, HELFEN IHNEN DIE FOLGENDEN
RICHTLINIEN HINSICHTLICH AUSMASS UND ZEITPUNKT DER GEWICHTSZUNAHME WÄHREND
EINER NORMALEN SCHWANGERSCHAFT DABEI, IHR EIGENES GEWICHT ZU KONTROLLIEREN.

Wenn Sie durchschnittlich groß und schwer sind, nehmen Sie während der 40 Wochen einer normalen Schwangerschaft etwa 10–15 kg zu. Wie Sie auf der Tabelle sehen können, gibt es Phasen, in denen Sie besonders schnell zunehmen. Im ersten Trimester verändert sich Ihr Gewicht nur sehr wenig. Die größte Gewichtszunahme erfolgt ab dem zweiten Trimester. Natürlich kann diese Tabelle nur eine grobe Richtlinie weisen, denn bei jeder Frau und in jeder Schwangerschaft gibt es individuelle Unterschiede. Wenn Sie z.B. Zwillinge erwarten, nehmen Sie wahrscheinlich 16–18 kg zu.

WIE SETZT SICH DAS GEWICHT ZUSAMMEN?

Die Gewichtszunahme setzt sich aus zwei Faktoren zusammen:
▶ **dem Gewicht von Baby**, Plazenta und Fruchtwasser
▶ **der eigenen Gewichtszunahme** zur Austragung der Schwangerschaft. Dazu gehört die Gewichtszunahme von Gebärmutter und Brüsten, das erhöhte Blutvolumen, die Fettpolster und die Flüssigkeitseinlagerungen.

FETTPOLSTER

Die genannte Gewichtszunahme wird zum größten Teil durch die natürli-

chen Bedürfnisse während der Schwangerschaft gesteuert. Die Menge der Fettpolster, die eine schwangere Frau in ihrem Körper anlegt, hängt von der Art und der Menge der Fette und Kohlenhydrate ab, die sie zu sich nimmt. Eine Zunahme von etwa 3 kg Körperfett ist zu erwarten, 90 Prozent dieser Zunahme erfolgt in den ersten 30 Wochen. Die meisten Fettpolster werden während der Stillzeit abgebaut. Bei übermäßiger Ausbildung von Fettpolstern in der Schwangerschaft wird aber auch das Stillen nichts nützen – sie bleiben bestehen.

GEWICHTSZUNAHME

Baby	3-4kg
Plazenta	0,7kg
Fruchtwasser	1kg
Mütterliches Fett	2,5kg
Blut- und Flüssigkeitszuname	1,5kg
Wassereinlagerungen	2,5kg
Brüste	0,5kg
Gebärmutter	1kg
INSGESAMT	**12,7-13,7kg**

WÄHREND DER 40 WOCHEN *Die Gewichtszunahme im ersten Trimester ist gering. Danach nehmen die meisten Frauen etwa 0,7–1 kg pro Woche zu. In den letzten beiden Wochen erfolgt kaum noch eine Gewichtszunahme.*

IDEALE SCHWANGERSCHAFTSKOST

ES GIBT ZWEI FORMEN DER »RICHTIGEN« SCHWANGERSCHAFTSKOST – DIE »LEHRBUCHGEMÄSSE« UND DIE REALISTISCHE, IM ALLTAG PRAKTIKABLE UND AUF IHR BEFINDEN ABGESTIMMTE ERNÄHRUNG. DIESES KAPITEL HANDELT VON DIESER REALISIERBAREN FORM GESUNDER ERNÄHRUNG.

Zu einer gesunden Ernährung in der Schwangerschaft gehört ein ausgewogenes Verhältnis von Kohlenhydraten, Proteinen, Fetten, Vitaminen und Mineralstoffen. Natürlich wird es Phasen geben, in denen Sie in Ihrem Essverhalten weit von einer idealen Ernährung entfernt sind. Das gilt besonders für die ersten Monate, in denen Übelkeit und Erbrechen die Einnahme gut geplanter Mahlzeiten nahezu unmöglich machen können. Manchmal entwickeln schwangere Frauen wegen ihrer Ernährung Schuldgefühle. Viele Nahrungsmittel werden heute als ungesund oder sogar schädlich betrachtet – entweder, weil sie nicht nährstoffreich genug sind oder weil sie hygienische Risiken bergen. Gelegentliche Marotten schaden jedoch nichts, solange Sie sich ansonsten abwechslungsreich ernähren.

EIWEISS

Vom ersten Tag der Schwangerschaft an erhöht sich der Eiweißbedarf um etwa 15–20 Prozent. Eiweiße (Proteine) sind wichtige Bausteine für Muskeln, Knochen, Bindegewebe und innere Organe des Menschen. Eiweiße bestehen aus 20 verschiedenen Aminosäuren, davon kann der Körper zwölf selbst bilden (nicht essenzielle Aminosäuren). Die anderen acht Aminosäuren (essenzielle Aminosäuren) müssen über die Nahrung zugeführt werden. Sie sind in Fleisch, Geflügel, Fisch, Eiern und Milchprodukten enthalten. Auch Nüsse, Getreide, Hülsenfrüchte, Soja und Tofu enthalten Aminosäuren; diese nicht vollwertigen Eiweiße müssen miteinander kombiniert werden, um alle notwendigen Aminosäuren zu liefern. Wenn Sie Veganer sind oder unter einer Laktoseunverträglichkeit leiden, müssen Sie viele dieser Eiweißlieferanten zu sich nehmen.

Einige eiweißhaltige Nahrungsmittel enthalten mehr Fett als andere und manche enthalten zusätzlich Vitamine und Mineralstoffe. Rotes Fleisch gehört zu den wertvollsten Eiweißlieferanten, enthält aber mehr Fett als Geflügel. Fisch enthält wenig Fett, dafür viele Vitamine. Fetter Fisch, wie z. B. Sardinen, enthält ungesättigte Fettsäuren, die wichtig für die Entwicklung des kindlichen Gehirns sind. Sie benötigen zwei bis drei eiweißreiche Mahlzeiten pro Tag. Eine Portion besteht z. B. aus 85 g dunklem Fleisch oder Geflügel, 150 g Fisch, 30–60 g Hartkäse oder 125 g Hülsenfrüchte, Getreide oder Vollkornflocken.

»Gelegentlich entwickeln schwangere Frauen wegen ihrer Ernährung Schuldgefühle.«

KOHLENHYDRATE

Es gibt verschiedene Arten von Kohlenhydraten, die sich durch die Anzahl der enthaltenen Zuckerbausteine unterscheiden. Einfache Kohlenhydrate sind in Kuchen, Schokolade, Keksen und süßen Getränken zu finden. Sie enthalten viel Zucker und wenig Nährstoffe. Daher sollten davon nur geringe Mengen verzehrt werden. Sie sorgen zwar für einen schnellen Energieschub, denn sie werden sofort vom Blut aufgenommen, aber dieser Energieschub hält nur kurze Zeit an. Die einzige Ausnahme ist der in Obst enthaltene Fruchtzucker. Früchte sind eine gute Quelle für Vitamine, Mineralstoffe und Ballaststoffe. Sie sollten davon fünf Portionen täglich zu sich nehmen. Komplexe Kohlenhydrate sind in stärkehaltigen Lebensmitteln, wie Nudeln, Vollkornbrot, Naturreis, Kartoffeln und Hülsenfrüchten, enthalten. Sie bilden die Grundlage einer gesunden Ernährung, denn sie sorgen für eine gleichmäßige, langsame Energieversorgung über einen längeren Zeitraum. Die enthaltene Stärke muss zunächst in einfache Kohlenhydrate zerlegt werden, bevor sie vom Blut aufgenommen werden kann. Nicht raffiniertes Vollkornmehl, Reis und Nudeln sind empfehlenswerte Nahrungsmittel, denn sie enthalten wertvolle Vitamine und Mineralstoffe, außerdem viele Ballaststoffe, die Verstopfung vorbeugen. Nehmen Sie von folgenden Nahrungsmitteln möglichst vier bis sechs Portionen täglich zu sich: 1 Scheibe Vollkornbrot, 60–125 g Vollkornnudeln, Naturreis oder Kartoffeln, 60 g Vollkorncerealien.

FETTE

Auch wenn Sie während der Schwangerschaft den Fettkonsum einschränken sollten, verzichten Sie nicht ganz auf Fett. Fette enthalten wertvolle Nährstoffe,

EMPFEHLENSWERTE NAHRUNGSMITTEL: SO VIEL DAVON SOLLTEN SIE TÄGLICH ESSEN

3–4 Portionen Gemüse, z. B. Brokkoli und Salat

4–6 Portionen Kohlenhydrate, z. B. Vollkornbrot

2–3 Portionen Eiweiß, z. B. Fisch, Huhn, Hülsenfrüchte

die Schutzzellen im Körper bilden und Ihr Baby mit wichtigen Vitaminen versorgen. Ganz grob werden Fette in Fette tierischer Herkunft, die weniger gesunde, gesättigte Fettsäuren enthalten, und in Fette pflanzlichen Ursprungs, die gesunde, ungesättigte Fettsäuren enthalten, unterteilt. Ungesättigte Fettsäuren sind auch in Fischölen enthalten und wichtig für die Entwicklung des kindlichen Nervensystems. Gebratene Speisen, fettes Fleisch und Fleischprodukte, wie Würstchen, enthalten überaus viele ungesunde, gesättigte Fettsäuren. Wenn Sie zu viel davon essen, nehmen Sie nicht nur stark zu, sondern gehen das Risiko ein, dass sich Fette in Ihren Arterien ablagern und damit das Risiko eines Herzinfarkts steigt. Entfernen Sie das Fett von Fleisch, verwenden Sie Butter nur sparsam, wählen Sie fettarme Milchprodukte und halbfette Käsesorten. Wann immer möglich, sollten Sie Nahrungsmittel mit ungesättigten Fettsäuren wählen.

MILCHPRODUKTE

Milchprodukte versorgen den Körper mit einer ausgewogenen Mischung aus Eiweißen, Fetten, Kalzium und den Vitaminen A, B und D. Milch ist in der Schwangerschaft ein sehr wichtiges Nahrungsmittel. Wenn Sie gerne Milchmixgetränke trinken, verwenden Sie zur Zubereitung fettarme Milch. Sie enthält ebenso viel Kalzium und Vitamine wie Vollmilch. Fettarme Milchprodukte sind Vollmilchprodukten vorzuziehen. Fettreduzierte, industriell verarbeitete Produkte enthalten aber oft viel Zucker und sind dadurch sehr kalorienreich. Nehmen Sie täglich zwei bis vier Portionen Milchprodukte zu sich, z.B. je 30–60 g Hartkäse oder 200 ml fettarme Milch.

»Fettreduzierte, industriell verarbeitete Produkte enthalten oft viel Zucker ...«

2–4 Portionen fettarme Milchprodukte, z. B. Milch

1–2 Portionen eisenreiche Nahrungsmittel, z. B. Eier

5 Portionen Obst zur Versorgung mit Ballaststoffen und Vitaminen

LEBENSWICHTIGE VITAMINE UND MINERALSTOFFE

Für Ihre Gesundheit und die Ihres Babys ist die Versorgung mit Vitaminen und Mineralstoffen von größter Bedeutung. Die meisten müssen über die Nahrung zugeführt werden. In der Tabelle unten sind die besten Nährstofflieferanten angeführt. Vitamine und Mineralstoffe werden beim Kochen teilweise zerstört. Verzehren Sie daher möglichst viel Frischkost.

	GUTE NAHRUNGSQUELLEN	FUNKTION
VITAMIN A	Orangefarbenes Obst und Gemüse – Pfirsiche, Melonen, Mangos, Aprikosen, Karotten, Paprika, grünes Gemüse, Eigelb, fetter Fisch, z.B. Hering	Enthält Antioxidanzien, die wichtig für gesunde Augen, Haare, Haut und Knochen sind, unterstützt die Infektabwehr, kann im Übermaß toxisch wirken
B-VITAMINE	Geflügel, Schweine-, Rind- und Lammfleisch, Kabeljau, Milchprodukte, Eier, Bierhefe, grünes Gemüse, z.B. Rosenkohl und Kohl, Nüsse, vor allem Pekan-, Erd- und Walnüsse, Getreideflocken, Vollkornbrot, Vollkornnudeln, Orangen, Mangos, Bananen, Avocados, Feigen, Sesamsamen	Fördern die Energieversorgung und verbessern die Aufnahme von Eiweiß aus der Nahrung; tragen zur Gesunderhaltung von Haut, Haaren und Nägeln bei; sind unverzichtbar für Nervensystem und Gehirnfunktionen; unterstützen die Bildung von Antikörpern gegen Infektionen und die Bildung des roten Blutfarbstoffes, dem Hämoglobin
FOLSÄURE	Grünes Gemüse, wie Brokkoli, Spinat und grüne Bohnen, angereicherte Cerealien, Hülsenfrüchte (Erbsen und Kichererbsen) und Hefeextrakte	Beugt Neuralrohrdefekten beim Fetus vor; unterstützt die Bildung roter Blutkörperchen und fördert die Eiweißaufnahme im Körper
VITAMIN C	Kiwis, Zitrusfrüchte, rote Paprika, schwarze Johannisbeeren, Kartoffeln und Tomaten	Fördert das Wachstum von Zellgewebe, fördert die Eisenaufnahme, enthält Antioxidanzien

FOLSÄURE *Nehmen Sie folsäurereiche Nahrungsmittel zu sich, z.B. grüne Bohnen.*

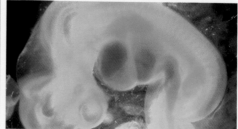

FETUS *Folsäure schützt vor Neuralrohrdefekten in der frühen Phase der fetalen Entwicklung*

NAHRUNGSQUELLEN *Vitamine und Mineralstoffe werden vom Körper gut aufgenommen. Eine Gefahr der Überdosierung besteht kaum.*

	GUTE NAHRUNGSQUELLEN	FUNKTION
VITAMIN D	Eier, fetter Fisch, wie Hering, Lachs und Sardinen, Butter, Margarine, Käse, Lebertran, aber auch Spaziergänge an der Sonne	Verbessert die Kalziumaufnahme, erhöht die Einlagerung von Mineralstoffen in den Knochen, kann im Übermaß toxisch wirken
VITAMIN E	Eier, Nüsse, wie Haselnüsse, Pinienkerne und Mandeln, Sonnenblumenkerne, grünes Gemüse, wie Brokkoli und Spinat, Avocados, Pflanzenöl	Fördert gesunde Haut, Nerven, Muskeln, die Bildung roter Blutkörperchen und unterstützt die Herzfunktion; wichtiges Antioxidans
EISEN	Dunkles Fleisch, Eier, Aprikosen, Rosinen, Pflaumen, Sardinen aus der Dose, Krabben und Thunfisch in Öl, angereicherte Cerealien, Sesamsamen; (Leber und Nieren sollten nicht verzehrt werden)	Unverzichtbar für die Bildung des Sauerstoff transportierenden Blutfarbstoffes Hämoglobin in den roten Blutkörperchen von Mutter und Fetus sowie für Bildung und Erhaltung von Muskelgewebe
KALZIUM	Milchprodukte, Eier, Fische mit vielen Gräten, wie Sardinen, Sojaprodukte, Nüsse, angereicherte Cerealien, grünes Blattgemüse, insbesondere Brokkoli	Unverzichtbar für gesunde Knochen, Zähne und Muskeln bei Mutter und Fetus; unterstützt die Leitfähigkeit der Nervenimpulse
ZINK	Fleisch, Meeresfrüchte, Nüsse, Zwiebeln, Mais, Bananen, Vollkornprodukte	Notwendig für Wachstum und Energieversorgung; unterstützt die Wundheilung und das Immunsystem

KALZIUM *Nehmen Sie in der Schwangerschaft viele kalziumreiche Nahrungsmittel zu sich, z. B. Käse.*

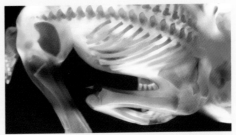

SKELETT DES FETUS *Kalzium wird auch zur Bildung von Knochen und Zähnen benötigt.*

VITAMINE

Vitamine, insbesondere die Vitamine A, B, C, D und E, sind unverzichtbar für die Gesundheit von Mutter und Kind. Mit Ausnahme von Vitamin D werden alle Vitamine ausschließlich über die Nahrung zugeführt. Für eine ausreichende Bildung von Vitamin D ist tägliche Lichteinwirkung erforderlich. Die Vitamine A, C und E sind Antioxidanzien und spielen eine wichtige Rolle für den Schutz des Körpers vor so genannten Freien Radikalen – Abfallprodukte der Atmung, die sich im Körper ausbreiten. Antioxidanzien fördern den Abbau dieser Stoffe und verhindern eine Schädigung der Körperzellen.

Bestimmte Vitamine, z.B. C und B, können vom Körper nicht gespeichert werden. Nehmen Sie diese Vitamine während der Schwangerschaft täglich in ausreichender Menge zu sich. Manche Vitamine, auch hierzu gehört Vitamin C, zersetzen sich an der Luft oder unter Hitzeeinwirkung sehr schnell. Aus diesem Grunde ist rohes Obst und Gemüse in vielen Fällen dem gekochten vorzuziehen. Tiefkühlgemüse enthält mehr Vitamine als Dosengemüse.

MINERALSTOFFE

Ihre Ernährung sollte auch ausreichende Mengen an Mineralstoffen und Spurenelementen enthalten. Die wichtigsten davon sind Eisen, Kalzium und Zink. Ebenso wie Vitamine können sie nicht vom Körper hergestellt werden, sondern müssen über die Nahrung aufgenommen werden. Eine gute Versorgung mit Eisen und Kalzium ist besonders in der Schwangerschaft wichtig, denn diese Mineralstoffe unterstützen die Entwicklung des Babys in besonderer Weise. Die Versorgung des Babys mit Mineralstoffen hat in der Schwangerschaft Vorrang vor der mütterlichen. Das Baby entzieht dem Körper der Mutter die Mineralstoffe. Bei der Mutter sind Müdigkeit und Unwohlsein die Folge eines Mangels.

Eisen wird für die Bildung des Sauerstoff transportierenden Hämoglobins in den roten Blutkörperchen benötigt und trägt zur Gesunderhaltung der Muskeln bei. Es wird vom Körper rasch abgebaut, deshalb sollten Sie täglich genügend eisenreiche Nahrung zu sich nehmen (*siehe* Tabelle, S. 47). Da sich das Blutvolumen während der Schwangerschaft verdoppelt, wird zusätzliches Eisen benötigt, damit keine Anämie auftritt (*siehe* S. 423).

Eisen tierischen Ursprungs wird vom Körper zwar besser aufgenommen als pflanzliches Eisen, aber eisenreiche pflanzliche Nahrungsmittel, wie Aprikosen und Pflaumen, enthalten zusätzlich Ballaststoffe, die einer Verstopfung vorbeugen. Schwangeren Frauen wurde früher geraten, viel Leber zu essen. Heute weiß man jedoch, dass zu viel Vitamin A, das ebenfalls in Leber enthalten ist, zu Geburtsschäden führen kann. Verzichten Sie daher auf Leber und entsprechende

»... das Baby entzieht dem Körper der Mutter diese wichtigen Mineralstoffe ...«

Produkte. Eisen wird in Verbindung mit Vitamin-C-haltigen Getränken besser aufgenommen (z. B. Orangensaft). Milch sowie Magensäure neutralisierende Medikamente dagegen hemmen die Eisenaufnahme. Trinken Sie deshalb keine Milch zu den Mahlzeiten und nehmen Sie mehr eisenreiche Nahrungsmittel zu sich, wenn Sie Medikamente gegen Sodbrennen einnehmen.

Die Einnahme rezeptfreier oder verordneter Eisenpräparate ist nur erforderlich, wenn Sie schon zu Beginn der Schwangerschaft unter Anämie leiden oder während der Schwangerschaft einen Eisenmangel entwickeln. Eisenpräparate können Nebenwirkungen haben, z. B. Verstopfung und Magenbeschwerden.

Zink ist ein Mineralstoff, der das Wachstum fördert; er ist außerdem wichtig für das Immunsystem, für die Wundheilung und die Verdauung. Die Zinkaufnahme kann durch Eisen, besonders Eisenpräparate, gehemmt werden. Nehmen Sie Eisenpräparate daher nicht zeitgleich mit zinkreichen Nahrungsmitteln zu sich (*siehe* Tabelle, S. 47).

Eine ausreichende Kalziumversorgung ist in der Schwangerschaft sehr wichtig, denn das wachsende Kind entzieht für die eigene Knochenbildung Kalzium aus Zähnen und Knochen der Mutter, wenn nicht genügend über die Nahrung zugeführt wird. Bereits in der vierten bis sechsten Woche beginnen sich die Knochen des Babys zu entwickeln. Ideal wäre es, wenn Sie bereits vor der Schwangerschaft für eine ausreichende Kalziumaufnahme sorgen und diese während der gesamten Schwangerschaft beibehalten. Darüber hinaus sollten Sie zu Beginn der Schwangerschaft zum Zahnarzt gehen. Milchprodukte sind gute Kalziumlieferanten, wie auch Nüsse, Blattgemüse und vor allem Brokkoli (*siehe* Tabelle, S. 47). Viele Frühstücksflocken und Säfte sind zusätzlich mit Kalzium angereichert.

Salz in großen Mengen wird vielen industriell vorgefertigten Speisen zugesetzt. Es dient als natürlicher Geschmacksverstärker und als Konservierungsmittel. Sie können Ihren Speisen beim Kochen ein wenig Salz beigeben, doch sollten Sie bedenken, dass zu viel Salz Wassereinlagerungen begünstigt, die wiederum zu Bluthochdruck führen können.

VEGETARIER UND VEGANER

Wenn Sie Vegetarier oder Veganer sind oder allergisch auf Milchprodukte reagieren, sollten Sie mit Ihrem Arzt besprechen, auf welche Weise Sie eine ausreichende Versorgung mit Eisen, Kalzium und Vitamin B_{12} sicherstellen können. Vitamin B_{12} kommt nur in tierischen Produkten vor, außerdem in Hefeextrakt und in angereicherten Cerealien. Wenn Sie Veganer sind, kann während Schwangerschaft und Stillzeit die Einnahme eines Ergänzungspräparats empfehlenswert sein.

▶ **Bei veganer Ernährung** kombinieren Sie am besten verschiedene pflanzliche Eiweiße, um die Versorgung mit allen lebenswichtigen Aminosäuren sicherzustellen, z. B. eine Hand voll Nüsse oder eine Portion Erbsen mit Reis oder Mais. Für eine ausreichende Eisenversorgung nehmen Sie viel grüne Bohnen, Cerealien oder Trockenobst, wie Aprikosen, Rosinen oder Pflaumen, zu sich.

▶ **Bei vegetarischer Ernährung** sollten Sie mehr Milchprodukte und Eier essen, damit Sie mit Eiweiß, Vitamin B_{12}, Kalzium und Eisen versorgt werden.

LEBENSMITTELVERGIFTUNG VORBEUGEN

WENN KOCHEN FÜR SIE MEHR BEDEUTET ALS EINE FERTIGMAHLZEIT ZUZUBEREITEN, SOLLTEN SIE DIE GRUNDREGELN DER HYGIENE KENNEN – IN DER SCHWANGERSCHAFT SIND SIE ANFÄLLIGER FÜR INFEKTIONEN. ACHTEN SIE SORGFÄLTIG DARAUF, WAS SIE ESSEN UND WIE SIE ES ZUBEREITEN.

Ich möchte vorab ausdrücklich betonen, dass Sie nicht mit schädlichen oder gar gefährlichen Bakterien infizieren werden, wenn Sie einige Grundregeln der Hygiene beachten. Achten Sie z. B. auf das Verfallsdatum und werfen Sie verdächtige Lebensmittel weg. Von einigen Lebensmitteln ist bekannt, dass sie Bakterien enthalten, die in der Schwangerschaft für Mutter und Baby gefährlich werden können. Eine schwere Lebensmittelvergiftung kann im ersten Trimester eine Fehlgeburt auslösen, deshalb sollten Sie während der ersten drei Monate besonders vorsichtig sein.

SALMONELLENVERGIFTUNG

Salmonellen können vor allem in Eiern und Hähnchenfleisch enthalten sein. Eine Salmonelleninfektion ruft Übelkeit, Erbrechen, Durchfall und Fieber hervor, meistens innerhalb von 12–48 Stunden nach Verzehr der verdorbenen Speisen. Ihr Baby erkrankt nicht, denn die Bakterien gelangen nicht durch die Plazenta. Gehen Sie dennoch zum Arzt, wenn Sie eine Infektion vermuten. Salmonellen werden durch Hitze zerstört, deshalb sollte Hähnchenfleisch

immer durchgegart werden. Auf Gerichte, die weich gekochte oder rohe Eier enthalten, z. B. Majonäse, Eiscreme und Cremespeisen, sollte verzichtet werden. Bei Eiern sollten Eiweiß und Eigelb hart gekocht sein. Auch Hühner aus Freiland-Haltung – und ihre Eier – können Salmonellen haben, sind damit aber weniger belastet als Hühner aus Käfighaltung.

LISTERIOSE

Eine Infektion mit Listeriose-Bakterien ist selten, kann aber schwere Auswirkungen auf ein ungeborenes Baby haben (*siehe* S. 412). Diese Bakterien können in nicht pasteurisiertem Weichkäse, wie Brie, Camembert und Blauschimmelkäse, enthalten sein. Auch in falsch gelagerter Tiefkühlkost können die Bakterien vorkommen. Verzichten Sie in der Schwangerschaft auf diese Lebensmittel. Essen Sie Hartkäse und Käsesorten aus pasteurisierter Milch (bei der Pasteurisierung werden die Bakterien zerstört). Hüttenkäse und Mozzarella sind ebenfalls unbedenklich. Trinken Sie pasteurisierte Milch. Im Zweifelsfall kochen Sie die Milch vor dem Verzehr ab. Verzichten Sie auf

nicht pasteurisierte Ziegen- und Schafmilchprodukte.

ESCHERICHIA COLI

Dieses Bakterium kann eine gefährliche Infektion verursachen, die zu Nierenversagen und im schlimmsten Fall zum Tod führen kann. Bakterien können vor allem in gekochtem Fleisch enthalten sein, das zu warm gelagert wurde. Kaufen Sie fertige Fleischgerichte nur dort, wo Sie auf absolute Hygiene vertrauen können. Achten Sie auf das Verfallsdatum.

TOXOPLASMOSE

Diese häufige Infektion verursacht leichte, grippeähnliche Symptome, kann aber für ein ungeborenes Baby gefährlich sein (*siehe* S. 412). Sie wird durch einen Parasiten ausgelöst, der sich in Tierkot, besonders in Katzenkot, befindet, aber auch in rohem oder nicht durchgegartem Fleisch. Während der Schwangerschaft sollten Sie nur durchgegartes Fleisch zu sich nehmen und nach dem Umgang mit rohem Fleisch immer gründlich die Hände waschen. Auch Gemüse und Obst sollten immer gründlich gewaschen werden (*siehe* gegenüber).

VITAMINPRÄPARATE

Das einzige Nahrungsergänzungspräparat, das Sie routinemäßig während der Schwangerschaft einnehmen sollten, ist Folsäure. Folsäure gehört zu den B-Vitaminen und ist besonders im ersten Trimester der Schwangerschaft sehr wichtig, denn sie beugt einem Neuralrohrdefekt beim Fetus, z.B. Spina bifida (*siehe* S. 146 und S. 418), vor. Es gibt Hinweise darauf, dass Folsäure auch das Risiko anderer angeborener Anomalien und Missbildungen senkt.

Da Folsäure im Körper nicht gespeichert wird und in der Schwangerschaft vier- bis fünfmal schneller ausgeschieden wird als normal, ist ein Folsäurepräparat praktisch für alle Schwangeren vorteilhaft. Die Versorgung über Nahrungsmittel, auch wenn sie reich an Folsäure sind (*siehe* Tabelle, S. 46), reicht in den meisten Fällen nicht aus. Eine Dosis von 0,4 mg täglich wird empfohlen. Ist in einer früheren Schwangerschaft bereits ein Neuralrohrdefekt beim Baby aufgetreten oder leiden Sie an Epilepsie, wird in der Regel vor der Empfängnis und in den ersten zwölf Wochen der Schwangerschaft die doppelte Dosis, also 0,8 mg, empfohlen.

Weitere Ergänzungspräparate, die Sie nach Rücksprache mit dem Arzt einnehmen können, sind Kalzium und Eisen. Nehmen Sie unter keinen Umständen auf eigene Faust weitere Vitamin- und Mineralstoffpräparate, nur »um sicherzugehen«. Wenn Sie sich gesund ernähren, nehmen Sie alle Vitamine und Mineralstoffe auf, die Sie benötigen. Der Körper kann Vitamine und Mineralstoffe aus der Nahrung viel besser verwerten als in synthetischer Form.

»Wenn Sie sich gesund ernähren, nehmen Sie alle erforderlichen Vitamine und Mineralstoffe auf.«

HYGIENISCHE SPEISENZUBEREITUNG

▸ **Waschen Sie Ihre Hände** vor und nach dem Umgang mit Lebensmitteln.

▸ **Bewahren Sie rohe Nahrungsmittel** von gekochten Speisen getrennt auf.

▸ **Verwenden Sie getrennte Schneidebretter** und Messer für rohes Fleisch und waschen die Gerätschaften nach dem Gebrauch mit heißem Wasser und Spülmittel.

▸ **Waschen Sie Obst vor dem Verzehr** sorgfältig. Obst wird meist mit Pestiziden und Äthylen behandelt, das die Reifung beschleunigt. Äthylen kann Fehlgeburten auslösen.

▸ **Waschen Sie Gemüse und Salat** sorgfältig. Schälen Sie das Gemüse. Waschen Sie nach der Zubereitung von Obst oder Gemüse die Hände.

▸ **Tauen Sie Tiefkühlkost sorgfältig auf.** Beim Auftauen in der Mikrowelle drehen Sie es mehrmals um, damit es durchgehend aufgetaut ist.

▸ **Beim Aufwärmen von Speisen** in der Mikrowelle achten Sie darauf, dass sie gründlich durcherhitzt werden. Wärmen Sie Tiefkühlgerichte kein zweites Mal auf.

KRÄUTERTEES *Diese Tees enthalten kein Koffein – auf das Sie in der Schwangerschaft verzichten sollten – und schmecken sehr gut.*

WAS SOLL ICH TRINKEN?

Schwangere sollten täglich mindestens acht große Gläser Wasser zu sich nehmen, das entspricht etwa zwei Litern. Es muss nicht nur Wasser sein, auch Kräutertee ist gesund. Fruchtsäfte und Milch sind ebenfalls gesund, haben aber nicht die gleiche Wirkung wie Wasser. Je besser Ihr Körper mit Wasser versorgt ist, umso weniger Müdigkeit verspüren Sie. Eine Dehydrierung führt zu einer Ermüdung der Muskulatur und allgemeinem Müdigkeitsgefühl. Darüber hinaus beugt Wasser einer Verstopfung vor. Betrachten Sie Ihre Nieren als eine Art Wasserfall. Je mehr Wasser durchgespült wird, desto besser ist es.

Koffein in Tee, Kaffee und anderen Getränken (Cola o. Ä.) steht ganz oben auf der Liste der Substanzen, die in der Schwangerschaft gemieden werden sollten. Eine aktuelle italienische Studie belegt, dass das Risiko einer Fehlgeburt bei einem Konsum von mehr als sechs Tassen Kaffee täglich steigt. Vielen Frauen verursacht im ersten Trimester schon der Duft von Kaffee Übelkeit und sie verzichten freiwillig darauf. Koffein entzieht dem Körper die Flüssigkeit, die er dringend benötigt. Und es behindert die Aufnahme von Eisen, Kalzium und Vitamin C. Schokolade enthält ebenfalls Koffein und außerdem viel Zucker und Fett. Selbst wenn Sie dagegenhalten, dass Schokolade auch viel Magnesium enthält, das u. a. für die Gehirnfunktion wichtig ist, sollten Sie sie nur in sehr kleinen Mengen genießen.

WIE VIEL ALKOHOL?

Häufig wird mir die Frage gestellt, ob Alkoholkonsum in der Schwangerschaft unbedenklich ist und welche Mengen tolerierbar sind. Es gibt zwar keine Beweise dafür, dass ein gelegentliches Glas Wein das Risiko einer Fehlgeburt oder einer Schädigung des Fetus erhöht, dennoch rate ich, den Alkoholkonsum während der ersten drei Monate so weit als möglich zu reduzieren.

Es steht fest, dass übermäßiger Alkoholkonsum in dieser Zeit zu Anomalien des Fetus führt. Babys von Alkoholikerinnen werden oft mit dem »Fetalen Alkoholsyndrom« geboren (*siehe* S. 434). Die Schädigungen sind komplex und schwer wiegend. In erster Linie kommt es zu einer Wachstumsretardierung des Fetus (*siehe* S. 428), gefolgt von Entwicklungsstörungen nach der Geburt. Wenn das Kind älter wird, treten oft Nervenprobleme und Verhaltensstörungen auf. Dieses Syndrom ist weiter verbreitet, als man allgemein annimmt. Dies zeigt sehr deutlich, dass Alkohol und Schwangerschaft (besonders im ersten Trimester) nicht zusammenpassen. Es überrascht nicht, dass die Natur dafür gesorgt hat, uns in der frühen Schwangerschaft den richtigen Weg zu weisen: Bei vielen Frauen löst der Geruch oder Geschmack von Alkohol Übelkeit aus.

SPORT IN DER SCHWANGERSCHAFT

ES HAT SEINE GRÜNDE, DASS EINE ALLGEMEINE FITNESS IN DER SCHWANGER-
SCHAFT VON VORTEIL IST. DIE NÄCHSTEN NEUN MONATE STELLEN IHREN
KÖRPER AUF DIE PROBE. WENN SIE ETWAS FÜR IHRE FITNESS TUN, WERDEN SIE
SCHWANGERSCHAFT, WEHEN UND GEBURT SEHR VIEL BESSER ÜBERSTEHEN.

Lange Zeit glaubte man, dass sportliche Bewegung ein Risiko für das Baby darstellen würde, weil die Blutversorgung der Gebärmutter dabei vermindert
würde. Viele Studien haben jedoch nachgewiesen, dass selbst bei anstrengen-
der sportlicher Betätigung kein Risiko für das Baby besteht; dies gilt besonders
für die erste Hälfte der Schwangerschaft. Eine schwächere Durchblutung der
Gebärmutter während des Sports wird von der Funktionsweise der Plazenta
ausgeglichen. Außerdem wird aus dem mütterlichen Blut in dieser Zeit mehr
Sauerstoff abgezogen, um den erhöhten Bedarf zu kompensieren.

Profisportlerinnen, die während der Schwangerschaft auf hohem Niveau
weitertrainieren, gebären häufig kleinere Babys mit geringerem Geburtsgewicht.
Ihnen wird normalerweise geraten, ihr Trainingsprogramm in den letzten
Monaten zu reduzieren. Untersuchungen des Herzschlags des Fetus zeigen, dass
nach dem Training kurzzeitig Herzfrequenz und Temperatur des Fetus steigen;
beides stellt jedoch keine Gefahr für das Baby dar. Eine Frau kann in der
Schwangerschaft bis zu 70 Prozent Ihrer Leistungsfähigkeit einsetzen (*siehe* Kasten), ohne das Wachstum ihres Babys zu gefährden.

Viele Frauen sorgen sich, dass die Beibehaltung ihrer
sportlichen Aktivitäten in der frühen Schwangerschaft eine Fehlgeburt auslösen könnte. Dieser
Gedanke ist tief verwurzelt im westlichen Denken.
Früher nahm man an, dass intensive Bewegung die
Einnistung des Embryos verhindern würde. Tatsache
ist, dass eine Schwangerschaft, bei der das Risiko
einer Fehlgeburt besteht, nicht »sicherer« wird,
wenn die werdende Mutter sich ins Bett legt. Andererseits führt bei einer gesunden Schwangerschaft
auch eine gewisse körperliche Anstrengung nicht zu
einem Abbruch. Körperliche Bewegung in der
frühen Schwangerschaft führt normalerweise zu
keinen Problemen für den Fortgang der Schwangerschaft. In vielen Ländern sind Schwangere in ihrem

PULSFREQUENZ

▸ **Um Ihre optimale Pulsfrequenz** zu errechnen, sub-
trahieren Sie Ihr Alter von der Zahl 220 und errechnen
von dieser Zahl 70 Prozent. Sie erhalten die Anzahl
Herzschläge pro Minute, die Sie während Ihrer sportlichen Betätigung anstreben sollten.

▸ **Wenn Sie z.B. 30 Jahre alt sind,** errechnen Sie 70
Prozent von 190 (220 – 30). Die erstrebenswerte Herzfrequenz beträgt 133 Schläge pro Minute.

▸ **Um Ihren Pulsschlag** während des Trainings zu kontrollieren, zählen Sie 20 Sekunden Ihren Pulsschlag und
multiplizieren ihn mit drei. Sie können sich auch einen
Pulsfrequenzmesser kaufen.

Alltag weitaus größeren körperlichen Belastungen ausgesetzt als die Mehrzahl der Frauen in den Industrienationen. Außerdem wächst die Bevölkerung gerade in den Ländern, in denen Frauen auch während der frühen Schwangerschaft schwere körperliche Arbeit verrichten.

VORTEILE DES SPORTS

Dass sportliche Betätigung in der Schwangerschaft von Vorteil ist, steht außer Frage. Bewegung an der frischen Luft, z.B. Schwimmen, Radfahren oder Walking, lässt das Herz schneller schlagen und erhöht die Vitalität. Der Herzmuskel sorgt für eine effektivere Durchblutung des Körpers und muss so bei körperlicher Belastung weniger hart arbeiten. Das ist besonders in den letzten Schwangerschaftsmonaten von Vorteil, wenn es immer beschwerlicher wird, mit dem zusätzlichen Gewicht Treppen zu steigen. Auch während der Wehen ist es von Nutzen.

Anaerobe Sportarten, wie Yoga, Pilates, Muskel- oder Gewichtstraining, dienen in erster Linie dem Training der Muskulatur und der allgemeinen Beweglichkeit. Wenn Sie einen Schwangerschaftsgymnastikkurs besuchen, werden Sie vermutlich aerobe und anaerobe Übungen kombinieren. Als allgemeine Regel gilt, dass jede Sportart, die Sie bisher auf normalem Niveau ausgeübt haben, auch in den ersten drei Monaten fortgeführt werden kann, solange es keine Komplikationen gibt, z.B. Schmerzen oder Blutungen. Führen Sie Ihre Übungen regelmäßig durch, anstatt hin und wieder. Wärmen Sie sich langsam auf und kommen Sie nach dem Sport allmählich zur Ruhe. Beenden Sie die Übung, wenn Sie Schmerzen haben oder sich unwohl fühlen.

WELCHE FORM VON SPORT?

Wenn Ihnen schon der Gedanke, Sport zu treiben, Unbehagen verursacht, Sie nun aber meinen, es sei an der Zeit, es mit Sport zu versuchen, dann seien Sie nicht zu ehrgeizig. Wenn Sie Aktivitäten wählen, die Ihnen a) Spaß machen, b) nach zwei Monaten nicht langweilig werden und c) gut in Ihren Wochenplan passen, können Sie nichts falsch machen. Bleiben Sie realistisch, dann werden Sie mehr Erfolg haben. Niemand wird Ihnen raten, gerade jetzt eine anstrengende oder schwierige Sportart zu erlernen. Die folgenden Sportarten können während der gesamten Schwangerschaft ausgeübt werden. Ob regelmäßig oder nicht, eine der Aktivitäten sollten Sie in Ihr Fitness-Programm aufnehmen.

Yoga fördert die Beweglichkeit und stärkt das Wohlbefinden (*siehe gegenüber*). Wählen Sie einen Kurs mit speziellen Übungen zur Geburtsvorbereitung. Yoga ist besonders gut für die letzte Schwangerschaftsphase geeignet, wenn die Geburt immer näher rückt und Entspannung wichtig ist. Yoga hat

YOGA IN DER SCHWANGERSCHAFT

VIELE FRAUEN SCHWÖREN AUF DIE VIELFÄLTIGEN WIRKUNGEN VON YOGA FÜR DIE VERBESSERUNG

VON KRAFT UND BEWEGLICHKEIT. VERGEWISSERN SIE SICH, DASS DER VON IHNEN GEWÄHLTE KURS

FÜR SCHWANGERE GEEIGNET IST. AUCH ENTSPANNUNGSÜBUNGEN SIND EMPFEHLENSWERT.

Einer der wichtigsten Faktoren von Schwangerschaftsgymnastik ist die Entspannung. Das Erlernen von Stellungen und Atemübungen hilft Ihnen, auch in schwierigen Situationen und unter großer Belastung Ihr Gleichgewicht wiederzufinden. Sie erwerben dabei Strategien, um auch schwierige Phasen während der Wehen und bei der Geburt bewältigen zu können.

Die folgenden Elemente gehören zu jeder Entspannungsübung:
▶ Wählen Sie eine Zeit und einen Ort, wo Sie nicht gestört werden, und

SCHMETTERLINGS-STELLUNG *Fußsohlen aneinander und gegen die Wand lehnen. Knie so weit zur Seite fallen lassen, wie es bequem ist.*

legen Sie sich in eine Position, in der Sie 5–10 Minuten verharren können.
▶ Schließen Sie die Augen, halten Sie den Kopf gerade, entspannen Sie den Nacken und lassen Sie den Unterkiefer herabfallen.

▶ Atmen Sie gleichmäßig.
▶ Vergessen Sie Ihre Sorgen und Gedanken über unerledigte Dinge.
▶ Ehe Sie die Übung beenden, atmen Sie tief durch, rollen sich auf die Seite und stehen langsam auf.

GEMEINSAM ATMEN

Die Überzeugung, dass Frauen die Wehenschmerzen mit Hilfe bestimmter Atemtechniken besser bewältigen, ist der zentrale Punkt vieler Geburtsphilosophien (*siehe* S. 248 f.).

Das gemeinsame Atmen (siehe links) ist eine Yogaübung zur Förderung der Harmonie zwischen Ihnen, Ihrem Partner und Ihrem Baby. Nehmen Sie eine bequeme Stellung ein, in der Sie beide Ihre Hände locker auf das Baby legen. Atmen Sie tief und langsam durch. Konzentrieren Sie sich auf die Gebärmutter. Achten Sie darauf, dass andere Muskeln im Körper nicht angespannt werden.

WALKING *Gehen Sie in der Schwangerschaft jeden Tag zügig eine längere Strecke. Gegen Ende der Schwangerschaft verkürzen Sie die Strecke.*

den zusätzlichen Vorteil, dass Sie dabei lernen, Ihren Atem zu kontrollieren – eine sehr hilfreiche Übung für die Geburt selbst.

Schwimmen ist das perfekte Bewegungstraining. Es stärkt die Widerstandskraft, fördert die Beweglichkeit und Ausdauer und stärkt die Muskulatur. Viele Frauen empfinden das Schwimmen in der Schwangerschaft als sehr entspannend, besonders in den letzten Wochen, wenn das zusätzliche Gewicht vom Wasser getragen wird. Bewegung im Wasser hat auch den Vorteil, dass keine Gefahr einer Überanstrengung oder Überbelastung des Körpers besteht.

Spaziergänge lassen sich leicht in den Alltag integrieren. Machen Sie auf dem Weg von der Arbeit nach Hause einen Umweg von zehn Minuten. Gehen Sie zu Fuß zum Einkaufen, anstatt ins Auto zu steigen. Sie werden allerdings feststellen, dass Sie in den letzten Monaten keine längeren Strecken mehr zurücklegen wollen.

Radfahren ist empfehlenswert. Dabei werden die Beingelenke nicht durch das zusätzliche Gewicht belastet. Es stärkt die Widerstandskraft und erhöht den Tonus des Unterkörpers und kann bis zur Geburt beibehalten werden.

DAS TRAINING ANPASSEN

Während des ersten Trimesters ist Gymnastik empfehlenswert, vor allem wenn sie bereits regelmäßig durchgeführt wurde. Sie sollten das Pensum nicht erhöhen. Wenn Sie nicht geübt sind, beginnen Sie mit Kopf- und Schulterübungen:
• Legen Sie sich auf den Rücken, mit angezogenen Knien, die Füße schulterbreit geöffnet auf dem Boden, die Arme liegen an den Körperseiten.
• Strecken Sie die Arme zu den Knien aus und heben Sie gleichzeitig Kopf und Schultern etwa 15 cm vom Boden. Wiederholen Sie dies zehnmal. Auf diese Weise trainieren Sie Ihre Bauchmuskulatur. Der Druck, der auf Rückenmuskeln und Wirbelsäule lastet, wird verringert. Ab dem vierten Monat sollten Sie diese Übung wegen des größeren Taillenumfangs nicht mehr durchführen.

In der Schwangerschaft erhöht sich der Spiegel des Hormons Relaxin. Dieses Hormon bewirkt eine Lockerung von Bändern und Sehnen, vor allem im Beckenbereich, als Vorbereitung auf die Geburt. Bänder und Sehnen werden schlaffer und es besteht bei einer starken Belastung der Bänder eine erhöhte Verletzungsgefahr. Während die gedehnten Muskeln nach der Geburt wieder ihre alte Elastizität erlangen, bleiben überdehnte Bänder schlaff. Beachten Sie dies beim Heben von Gewichten. Nach dem ersten Trimester sollten Sie die Gewichte stark reduzieren, um Becken und Wirbelsäule zu schützen und eine Überlastung der Wirbelsäule und des Bauchbereichs zu vermeiden. Dies gilt auch für das Heben anderer schwerer Gegenstände, seien es Einkaufstüten oder Kleinkinder. Sicher wird das Heben manchmal unvermeidlich sein, achten Sie dann aber auf eine rückenschonende Bewegung (*siehe* S. 193).

WENN DIE SCHWANGERSCHAFT FORTSCHREITET

Verschiedene Aktivitäten, wie Squash, Schifahren oder Reiten, sind nach dem sechsten Schwangerschaftsmonat hauptsächlich wegen der hohen Sturzgefahr nicht mehr zu empfehlen. Wenn Sie allerdings in diesen Sportarten geübt sind und noch keine Fehlgeburt hatten, gibt es keinen Grund, diese Sportarten in den ersten drei Monaten nicht auszuüben.

Sportarten wie Tennis und Golf können so lange betrieben werden, wie Sie sich wohl dabei fühlen. Vielleicht möchten Sie aufhören, weil Ihr Bauch Ihnen im Wege ist, aber ein Risiko für Ihr Baby besteht dabei nicht.

Sie werden die größte körperliche Herausforderung, die Ihr Körper je bestehen muss – Wehen und Geburt –, nicht nur besser bewältigen, wenn Sie körperlich fit sind, sondern Sie werden nach der Geburt auch schneller Ihre frühere Figur wiedererlangen. Natürlich sollen Sie nun nicht zur Sporthalle eilen und sich körperlich total verausgaben. Doch nehmen Sie sich vor, in den nächsten Monaten fit und aktiv zu sein – und halten Sie sich daran. Nicht nur das Ausmaß und die Regelmäßigkeit der Betätigung sind der Schlüssel zur Fitness, sondern auch der Spaß, den man dabei hat.

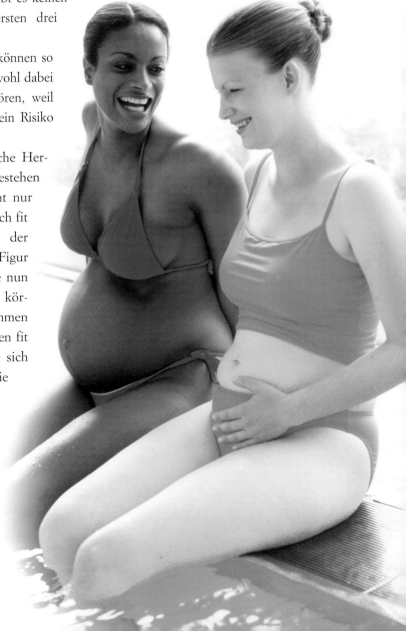

SCHWIMMEN *Egal, ob Sie im Wasser Gymnastik treiben, Runden schwimmen oder sich entspannt treiben lassen – das Wasser beugt einer Überbeanspruchung von Bändern und Muskeln vor.*

ARBEITSRECHT UND MUTTERSCHUTZGESETZ

Bevor Sie Arbeitgeber und Kollegen mitteilen, dass Sie schwanger sind, sollten Sie sich über die Vorschriften des Mutterschutzes informieren. Erkundigen Sie sich, welche Rechte und Gesetze bestehen und welche Vorschriften am Arbeitsplatz während der Schwangerschaft beachtet werden müssen. Wollen Sie nach der Geburt wieder arbeiten?

Es ist verboten, Frauen während der Schwangerschaft und der Mutterschutzfrist zu entlassen oder ihr nach dem Erziehungsurlaub eine nicht gleichwertige Stelle zu geben. Dennoch berichten Frauen gelegentlich, dass sie sich nach der Rückkehr an ihren Arbeitsplatz in ihrem Aufgabenbereich abgewertet fühlten oder ein solcher Druck ausgeübt wurde, dass sie selbst kündigten. Glücklicherweise sind diese Fälle selten, denn der gesetzliche Schutz werdender Mütter hat sich in den letzten Jahrzehnten sehr verbessert.

RICHTIG PLANEN

Wenn Sie nach der Geburt und Mutterschutzzeit sofort wieder an Ihren Arbeitsplatz zurückkehren wollen, sollten Sie genaue Vorstellungen über Ihre Wünsche hinsichtlich Arbeitszeit und Aufgabengebiete haben und sie mit Ihrem Arbeitgeber und den Kollegen besprechen. Sie können frei entscheiden, ob und wie lange (bis zu drei Jahren) Sie nach der Mutterschutzfrist Elternzeit nehmen wollen (die Sie übrigens auch mit Ihrem Partner teilen können). Sie müssen sich noch nicht festlegen. Überlegen Sie in Ruhe und teilen Ihrem Arbeitgeber erst später Ihre endgültige Entscheidung mit. Wenn der Arbeitgeber zustimmt, kann bis zu einem Jahr der Elternzeit auch auf die Zeit zwischen dem dritten und dem achten Lebensjahr des Kindes verlagert werden.

Überlegen Sie sich, wie lange Sie voraussichtlich Elternzeit in Anspruch nehmen und in welcher Form Sie danach wieder arbeiten möchten. Sprechen Sie darüber mit Ihrem Arbeitgeber und machen Sie konkrete Vorschläge, wie es mit Ihrem Arbeitsplatz weitergehen könnte. Für eine längere Elternzeit wird in der Regel befristet eine Vertretung eingestellt. Wenn Sie nur die Mutterschutzfrist in

RECHTE UND VERGÜNSTIGUNGEN

DIE RECHTE FÜR ELTERN WURDEN IN DEN LETZTEN JAHREN STARK VERBESSERT. HIER FINDEN

SIE EINIGE WICHTIGE AKTUELLE REGELUNGEN. MANCHMAL BIETEN ARBEITGEBER ZUSÄTZLICHE

VERGÜNSTIGUNGEN AN. ERKUNDIGEN SIE SICH AN IHRER ARBEITSSTELLE.

SCHUTZFRIST *Die Mutterschutzfrist, die sechs Wochen vor der Geburt beginnt, ermöglicht Ihnen, sich auf Ihr Kind einzustellen.*

MUTTERSCHAFTSGELD

Das Mutterschutzgesetz gilt für alle Frauen, die in einem Arbeitsverhältnis stehen. Das Mutterschutzgesetz regelt auch die Höhe der Leistungen des Mutterschaftsgeldes.

▶ Wie hoch das Mutterschaftsgeld der gesetzlichen Krankenkasse ist, richtet sich nach Ihrem durchschnittlichen Netto-Arbeitsentgelt der letzten drei Kalendermonate bzw. der letzten 13 Wochen vor Beginn der Schutzfrist (vor der Entbindung).

▶ Lag Ihr durchschnittliches Netto-Arbeitsentgelt höher, erhalten Sie die Differenz vom Arbeitgeber. Er bezahlt diesen Betrag als Zuschuss zum Mutterschaftsgeld. Für das Mutterschaftsgeld brauchen Sie keine Steuern und Sozialabgaben zu bezahlen.

▶ Während Sie Mutterschaftsgeld beziehen, bleiben Sie beitragsfrei in der gesetzlichen Renten-, Pflege-, Kranken- und Arbeitslosenversicherung, vorausgesetzt, Sie sind schon dort versichert und haben keine weiteren beitragspflichtigen Einnahmen.

▶ Mutterschaftsgeld wird für sechs Wochen vor, für den Entbindungstag und für acht Wochen nach der Geburt gewährt, bei Früh- und Mehrlingsgeburten bis zwölf Wochen nach der Entbindung. Bei jeder vorzeitigen Entbindung verlängert sich die Bezugsdauer um die Tage, die von der sechswöchigen Schutzfrist nicht in Anspruch genommen werden konnten.

▶ Der Anspruch auf Mutterschaftsgeld ruht, soweit und solange die Frau bei-

tragspflichtiges Arbeitsentgelt oder Arbeitseinkommen bezieht.

▶ Für die Zahlung ist eine Bescheinigung eines Arztes oder einer Hebamme erforderlich.

KÜNDIGUNGSSCHUTZ

Als werdende Mutter genießen Sie besonderen Schutz vor Gefahren am Arbeitsplatz sowie einen besonderen Kündigungsschutz von insgesamt vier Monaten nach der Entbindung.

▶ Während der Schwangerschaft und bis zum Ablauf von vier Monaten nach der Entbindung kann Ihr Arbeitgeber Ihr Arbeitsverhältnis nicht kündigen. Sie selbst haben aber das Recht, während der Schwangerschaft und der acht- bzw. zwölfwöchigen Schutzfrist nach der Entbindung zum Ende der jeweiligen Schutzfrist zu kündigen. Eine Frist müssen Sie nicht einhalten.

▶ Den Kündigungsschutz genießen Sie weiter, wenn Sie nach der Schutzfrist Elternzeit in Anspruch nehmen. Sie haben zwei Möglichkeiten, das Arbeitsverhältnis zu kündigen: mit dreimonatiger Kündigungsfrist zum Ende der Elternzeit oder zu einem anderen Zeitpunkt während sowie nach Ende der Elternzeit.

▸ Als werdende oder stillende Mutter dürfen Sie während Ihrer Schwangerschaft und der Stillzeit bestimmte Tätigkeiten nicht ausüben. Im Mutterschutzgesetz werden Beschäftigungsverbote aufgelistet, an die sich der Arbeitgeber halten muss und die Sie einfordern können.

DAS MUTTERSCHUTZGESETZ

Wie können eine in einem Arbeitsverhältnis stehende schwangere Frau und ihr Kind vor Gefahren, Überforderung und Gesundheitsschädigungen am Arbeitsplatz geschützt werden? Antworten auf diese Frage gibt das Mutterschutzgesetz.

MUTTERSCHUTZ HAT VORRANG

Als werdende oder stillende Mutter haben Sie Anspruch auf einen Arbeitsplatz, an dem Sie und Ihr Kind vor Gefahren für Leben und Gesundheit ausreichend geschützt sind.

▸ Das bedeutet, dass Ihr Arbeitgeber Ihren Arbeitsplatz einschließlich der Maschinen, Werkzeuge und Geräte entsprechend einzurichten hat und notfalls gesonderte Maßnahmen treffen muss.

▸ Verrichtet z. B. eine werdende oder stillende Mutter Arbeiten, bei denen sie ständig stehen muss, schreibt das Mutterschutzgesetz vor, dass der Arbeitgeber eine Sitzgelegenheit zum kurzen Ausruhen bereitzustellen hat. Andererseits ist einer werdenden oder stillenden Mutter, die ihre Arbeiten ständig im Sitzen verrichtet, eine Gelegenheit zu Pausen einzuräumen.

▸ Es kann auch ein persönliches Beschäftigungsverbot für Sie gelten, wenn der Arzt bei einer Untersuchung feststellt, dass Sie oder Ihr Kind an Ihrem aktuellen Arbeitsplatz gesundheitlich gefährdet sind.

▸ In diesem Fall muss der Arbeitgeber Sie an einem anderen Arbeitsplatz einsetzen. Dieses Beschäftigungsverbot ist keine Krankschreibung. Sie haben keine Einkommensverluste zu befürchten, da Sie Mutterschutzlohn (zu unterscheiden vom Mutterschaftsgeld während der Mutterschutzfristen) in Höhe des durchschnittlichen Nettolohns erhalten.

ELTERNZEIT

Wenn Sie die Elternzeit nehmen möchten, müssen Sie das Ihrem Arbeitgeber spätestens vier Wochen im Voraus mitteilen und ihm auch sagen, wie lange die Elternzeit dauern soll. Der Dienstherr muss den Wünschen der Antrag stellenden Person in Bezug auf den Beginn und das Ende der Elternzeit entsprechen. Während der Elternzeit können sich die Eltern bis zu dreimal abwechseln.

Vater oder Mutter?

Wenn beide Eltern arbeiten, stehen sie vor der Frage: Wer soll das Kind betreuen, nachdem die Mutterschutzfrist abgelaufen ist? Die Elternzeit soll Eltern ermöglichen, sich frei entscheiden und sich abwechseln zu können.

ERZIEHUNGSGELD

Mütter und Väter unterbrechen für einige Jahre ihre Erwerbstätigkeit, damit sie sich voll um ihre Kinder kümmern können. Damit diese Leistung auch finanziell anerkannt wird, können Mütter und Väter seit Anfang 1986 Erziehungsgeld erhalten.

▸ Die Gewährung des Erziehungsgeldes ist von der Höhe des Familieneinkommens abhängig. Es wird längstens bis zum 24. Lebensmonat des Kindes gezahlt.

▸ Das Erziehungsgeld beträgt maximal 460,- Euro monatlich.

WEITERE FAKTEN

▸ Unabhängig davon, ob Frau oder Mann: Jeder Arbeitnehmer hat bis zur Vollendung des dritten Lebensjahres des Kindes Anspruch auf Elternzeit.

▸ Das gilt auch dann, wenn der Partner arbeitslos ist oder eine Ausbildung absolviert. Lediglich wenn er nicht arbeitet oder bereits in Elternzeit für ein anderes Kind ist, bekommt er keine Elternzeit mehr.

▸ Ein Anteil der Elternzeit von bis zu zwölf Monaten ist mit Zustimmung des Arbeitgebers bis zur Vollendung des achten Lebensjahres übertragbar.

PLANUNG *Wenn Sie Ihre zukünftige Berufstätigkeit gut planen, sind Sie selbstsicherer und Ihre Kollegen haben Vertrauen zu Ihnen.*

Anspruch nehmen wollen, kann vielleicht eine Kollegin Ihre Aufgaben für kurze Zeit übernehmen. Verkaufen Sie sich aber nicht unter Wert, indem Sie vorschlagen, dass jemand Sie während Ihrer Abwesenheit für ein paar Stunden täglich vertreten soll. Denn das wirft die Frage auf, was Sie eigentlich acht Stunden fünf Tage die Woche lang tun! Und außerdem möchten Sie nach Ihrer Rückkehr sicher keinen übervollen Schreibtisch vorfinden. Wenn Sie selbstständig sind, gelten grundsätzlich die gleichen Regeln: Planen Sie die Zeit »danach«, teilen Sie Ihren Geschäftspartnern mit, wie lange Sie fortbleiben werden, und schlagen Sie Vertretungsmöglichkeiten vor.

ELTERNZEIT UND ARBEITSZEITEN

Sie haben sich vielleicht schon Gedanken darüber gemacht, ob Sie nach der Geburt Ihres Babys Vollzeit, Teilzeit oder eine flexible Arbeitszeit anstreben. Ein gesetzliches Recht auf einen Arbeitszeitwunsch besteht nicht, aber in vielen Firmen ist eine individuelle Regelung nach Absprache durchaus möglich, wenn es der Aufgabenbereich erlaubt. Sprechen Sie mit Ihrem Vorgesetzten. Wer soll das Kind nach der Mutterschutzfrist betreuen? Die Elternzeit soll Eltern ermöglichen, sich frei zu entscheiden. Unabhängig davon, ob Frau oder Mann – jeder Arbeitnehmer hat bis zur Vollendung des dritten Lebensjahres des Kindes Anspruch auf Elternzeit. Die Elternzeit kann auch anteilig von jedem Elternteil allein genommen werden. Wenn Sie in Elternzeit gehen möchten, müssen Sie das spätestens vier Wochen vor Beginn Ihrem Arbeitgeber mitteilen und ihm auch sagen, wie lange die Elternzeit dauern soll. Während der Elternzeit genießen Sie vollen Kündigungsschutz. Der Arbeitgeber muss den Wünschen der Antrag stellenden Person in Bezug auf Beginn und Ende der Elternzeit entsprechen.

GEFAHREN AM ARBEITSPLATZ

Auch wenn viele Frauen sich sorgen, ob ihre Arbeit dem ungeborenen Kind schaden könnte, so gibt es kaum erkennbare Zusammenhänge zwischen verschiedenen Tätigkeitsfeldern und Risiken für das ungeborene Kind. Zu den wenigen Tätigkeitsbereichen, die eventuell Gefahren bergen, gehören körperlich anstrengende Arbeiten, lange Arbeitszeiten, Schichtarbeit, Jobs, die langes Stehen oder häufiges schweres Heben beinhalten, und Tätigkeiten, bei denen Kontakt zu Chemikalien oder anderen schädlichen Umweltfaktoren besteht (*siehe* S. 30 ff.).

• Wenn Sie bei der Arbeit oft stehen müssen, sollten Sie das in der zweiten Hälfte der Schwangerschaft vermeiden. Nicht weil langes Stehen Ihrem Baby schaden würde, aber es fördert Schwangerschaftsbeschwerden, wie Erschöpfung, Rückenschmerzen, Krampfadern und geschwollene Beine und Knöchel.

• Wenn Sie bei der Arbeit schwer heben müssen, achten Sie auf die richtige Haltung. Beugen Sie die Knie und halten Sie den Rücken gerade (*siehe* S. 193). Nach dem zweiten Trimester sollten Sie keine schweren Lasten mehr heben. Sie haben bis zu Beginn des Mutterschutzes das Recht auf eine weniger belastende Arbeit.

• Überstunden oder Schichtarbeit sind weder für Sie noch für Ihr Baby gefährlich, doch sie tragen zur Erschöpfung bei, was möglichst vermieden werden sollte. Vor allem im dritten Trimester sollten Sie Kraft und Energie sparen. Sprechen Sie mit Ihrem Arbeitgeber über eine mögliche Verminderung der Arbeitszeiten oder der Anforderungen.

• An manchen Arbeitsplätzen, z. B. in Arztpraxen oder Industriebetrieben, besteht Kontakt zu Chemikalien, Röntgenstrahlen oder anderen giftigen Substanzen. Lassen Sie vom Arbeitsplatzbeauftragten des Betriebes überprüfen, ob Ihr Baby bei Ihrer Arbeit in irgendeiner Weise einem Risiko ausgesetzt ist. Sprechen Sie auch mit Ihrem Arzt darüber. Medizinisches Personal, z. B. Röntgenassistentinnen, sollte während der Schwangerschaft andere Aufgaben übernehmen. Fluglinien setzen schwangere Mitarbeiterinnen am Boden ein, denn durch regelmäßige Flüge besteht eine etwas erhöhte Strahlenbelastung (*siehe* S. 36).

RÜCKKEHR AN DEN ARBEITSPLATZ

▶ **Wie lange im Voraus muss ich Beginn und Ende der Elternzeit bekannt geben?**
Wenn Sie gleich nach der Mutterschutzfrist in Elternzeit gehen, müssen Sie dies sechs Wochen vorher schriftlich mitteilen. Treten Sie sie später an, müssen Sie dies acht Wochen zuvor anmelden.

▶ **Was ist, wenn ich eine längere Auszeit brauche?**
Grundsätzlich müssen Sie nach der Elternzeit an Ihren Arbeitsplatz zurückkehren. Fragen Sie Ihren Arbeitgeber, ob Sie noch länger beurlaubt werden können.

▶ **Ich habe beschlossen, nicht wieder arbeiten zu gehen. Was muss ich tun?**
Kündigen Sie, wie es in Ihrem Arbeitsvertrag festgeschrieben ist. Sie können Ihre Kündigung auch mit der Ankündigung Ihrer Mutterschutzfrist einreichen, dann kann Ihr Arbeitgeber rechtzeitig für eine Nachfolgerin sorgen. Sie brauchen dann nicht mehr an den Arbeitsplatz zurückzukehren. Sie müssen kein Mutterschaftsgeld zurückzahlen, das Sie in dieser Zeit erhalten haben.

▶ **Ich arbeite am Fließband im Akkord und muss nach dem Mutterschutz aus finanziellen Gründen wieder arbeiten; kann ich eine andere Arbeit verlangen?**
Der Mutterschutz gilt auch während der Stillzeit. Fließband- und Akkordarbeit sind laut Mutterschutzgesetz für Schwangere und stillende Mütter verboten. Bitten Sie Ihren Arbeitgeber, Sie für diese Zeit an einen anderen Arbeitsplatz zu versetzen.

0.–13. WOCHE
DAS ERSTE TRIMESTER

Während des ersten Trimesters entwickelt sich Ihr Baby von einer kleinen Zellkugel zu einem etwa 8 cm großen Fetus. Alle wichtigen Organe, Muskeln und Knochen werden gebildet. Die Plazenta produziert Schwangerschaftshormone, die zu den frühen Schwangerschaftsbeschwerden, wie Übelkeit und Müdigkeit, führen. Auch wenn Sie im ersten Trimester noch nicht schwanger aussehen, fühlen Sie sich doch schwanger.

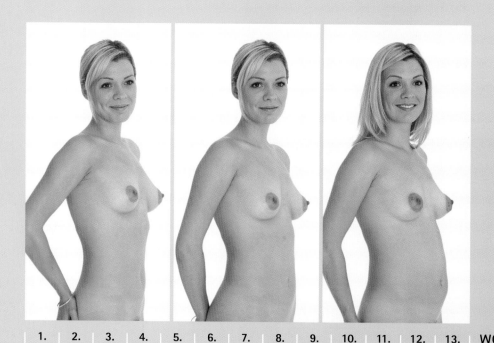

1.   2.   3.   4.   5.   6.   7.   8.   9.   10.   11.   12.   13.   **WOCHE**

INHALT

IHR BABY
IM ERSTEN TRIMESTER

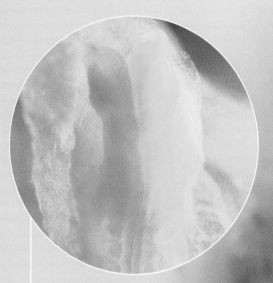

3.–4. WOCHE DAS GEHIRN
ENTWICKELT SICH AUS GE-
TRENNTEN BLÄSCHEN, DIE
ZUSAMMENWACHSEN.

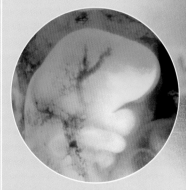

5. WOCHE EINE AUSBUCHTUNG
FÜR DIE NASENREGION UND EINE
AUSHÖHLUNG FÜR DEN MUND SIND
BEREITS ERKENNBAR.

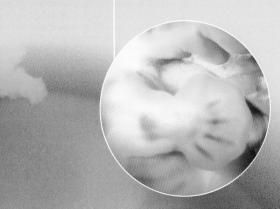

6.–7. WOCHE DIE HAND DES FETUS SIEHT WIE EIN PADDEL AUS, MIT STRAHLENFÖRMIG ANGELEGTEN KNORPELN, AUS DENEN SICH DIE FINGER BILDEN.

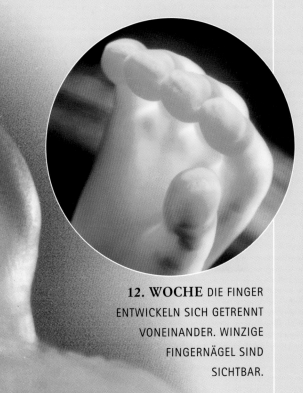

12. WOCHE DIE FINGER ENTWICKELN SICH GETRENNT VONEINANDER. WINZIGE FINGERNÄGEL SIND SICHTBAR.

»Winzige Gliedmaßenknospen werden sich zu Armen und Beinen entwickeln. Ein Dottersack gewährleistet das Wachstum.«

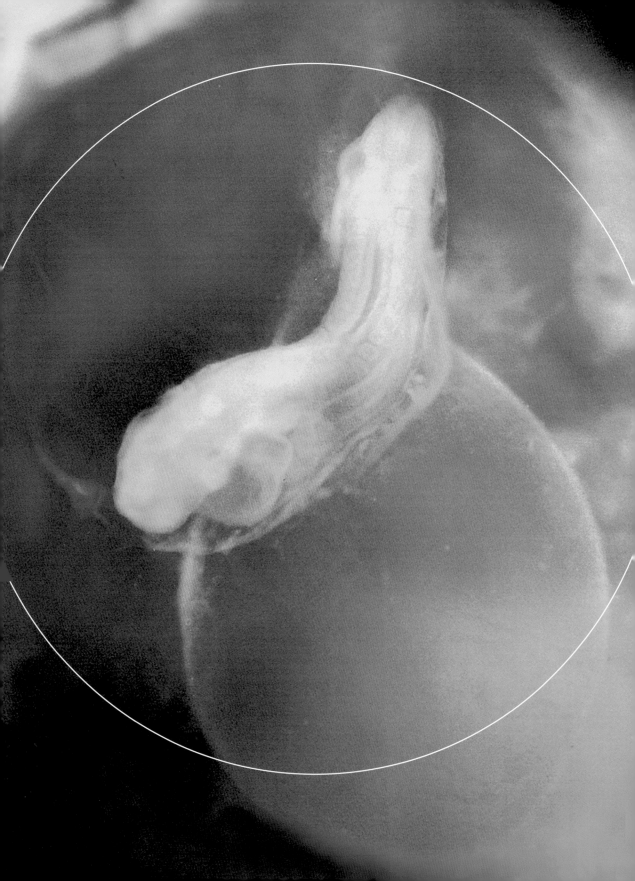

0.–6. WOCHE
DIE ENTWICKLUNG DES BABYS

DIE ERSTEN SECHS WOCHEN EINER SCHWANGERSCHAFT SIND EINE ÄUSSERST EREIGNISREICHE PHASE. DREI WOCHEN NACH DER LETZTEN PERIODE BEGINNT DIE ZELLTEILUNG DER BEFRUCHTETEN EIZELLE. SIE ENTWICKELT SICH ZU EINER ZELLKUGEL, DER BLASTOZYSTE. DIESE WANDERT IN DIE GEBÄRMUTTER UND NISTET SICH IN DER SCHLEIMHAUT EIN.

WOCHE

ERSTES TRIMESTER ▶ 1.
▶ 2.
▶ 3.
▶ 4.
▶ 5.
▶ 6.

10fache Vergrößerung

▶ 7.
▶ 8.
▶ 9.
▶ 10.
▶ 11.
▶ 12.
▶ 13.
ZWEITES TRIMESTER ▶ 14.
▶ 15.
▶ 16.
▶ 17.
▶ 18.
▶ 19.
▶ 20.
▶ 21.
▶ 22.
▶ 23.
▶ 24.
▶ 25.
▶ 26.
DRITTES TRIMESTER ▶ 27.
▶ 28.
▶ 29.
▶ 30.
▶ 31.
▶ 32.
▶ 33.
▶ 34.
▶ 35.
▶ 36.
▶ 37.
▶ 38.
▶ 39.
▶ 40.

In dieser frühen Phase, wenn Sie vielleicht noch nicht einmal wissen, dass Sie schwanger sind, werden die Grundlagen für die gesamte Schwangerschaft gelegt. Die Blastozyste produziert chemische Botenstoffe, die dem Körper als Signal dienen, das Einsetzen der Menstruation zu unterbinden und sich auf die bevorstehende »Reise« vorzubereiten. Etwa zur Zeit der Einnistung haben sich die Zellen der Blastozyste, aus der Ihr Baby wird, bereits zu drei Schichten spezialisiert, aus denen sich später bestimmte Körperteile entwickeln. Aus der äußeren Schicht, dem Ektoderm, wachsen Haut, Haare, Nägel, Brustwarzen, Zahnschmelz sowie die Augenlinsen, aus der mittleren Schicht, dem Mesoderm, entstehen Nervensystem, Gehirn, Skelett, Muskeln, Herz, Blutgefäße sowie die Geschlechtsorgane. Die innerste Schicht, das Entoderm, entwickelt sich zum Atem- und Verdauungssystem, zu Leber, Bauchspeicheldrüse, Magen, Darm sowie zum Harnleitungssystem und zur Blase. Ist eine Zelle erst einmal auf eine bestimmte Funktion programmiert, kann sie zu keinem anderen Zelltyp mehr werden.

Zu Beginn der fünften Woche ist das Zellhäufchen, der Embryo, umgeben von einem winzigen Nest aus Gewebe, das auf dem Ultraschall erkennbar ist. Obwohl nicht viel größer als ein Nagelkopf, ist bereits alles für die Ausbildung der Organe am richtigen Platz vorbereitet. Ein primitives Herz bildet sich heraus und beginnt mit der Zirkulation von Blut. In dieser Phase sieht es aus wie eine einfache Röhre.

Die Position der Wirbelsäule ist festgelegt. Eine Reihe dunkler Zellen erscheinen unten am Rücken des Embryos. Diese Zellen falten sich längsseits und bilden das Neuralrohr aus. Am oberen Ende der Reihe werden zwei große Gewebelappen sichtbar, die sich zum Gehirn entwickeln. Das Verdauungssystem ist bereits angelegt, auch wenn es noch viele Monate dauern wird, bis es funktioniert. Eine Röhre führt vom Mund bis zum Steiß des Embryos, und von dieser Röhre aus entwickeln sich Magen, Leber, Bauchspeicheldrüse und Darm. Organe und Gewebe sind umhüllt von einer dünnen, durchscheinenden Haut.

◀ *Ein vier Wochen alter Embryo ruht auf der großen Blase seines Dottersacks.*

10fache Vergrößerung

Mit vier Wochen ist der Embryo etwa 2 mm lang, so lang wie dieser Bindestrich: – . Am Ende der sechsten Woche hat er seine Länge auf 4 mm verdoppelt.

WIE SIEHT DER EMBRYO AUS?

Dank moderner Ultraschalltechnik ist es möglich, den Embryo auf dem Monitor zu sehen. Nach sechs Wochen sieht der Zellhaufen wie eine Kaulquappe aus. Am dickeren Kopfende sind kiemenartige Falten sichtbar, die später zu Gesicht und Kiefer werden. Das rudimentär ausgebildete Herz ist in der Körpermitte sichtbar. Ab der sechsten Woche kann man es bei einem Vaginal-Ultraschall schlagen oder flattern sehen. Kleine knospenähnliche Höcker sind an beiden Seiten des Embryos zu erkennen; daraus entwickeln sich Arme und Beine. Bald entwickeln diese Knospen Knötchen an den Enden, aus denen sich Hände und Füße bilden.

DAS LEBENSSYSTEM DES BABYS

Sobald sich die Blastozyste in der Gebärmutterschleimhaut einnistet, entwickelt sich das lebenserhaltende System für den Embryo. In dieser frühen Phase erhält der Embryo alles, was er braucht, vom Dottersack, einem blasenähnlichen Gebilde, das durch einen Stiel mit dem Embryo verbunden ist und ihn mit Nahrung versorgt, bis die Plazenta voll entwickelt ist. Der Embryo schwimmt in einer mit Flüssigkeit gefüllten Blase, der Fruchtblase, die innen vom Amion ausgekleidet wird und das Fruchtwasser einschließt. Das Chorion kleidet die Gebärmutter aus. Das äußere Gewebe des Chorion wird zur frühen Plazenta. Es bilden sich wurzelähnliche Gewebefortsätze, die Chorionzotten. Sie graben sich in die Gebärmutterschleimhaut, entwickeln sich zur Plazenta und schaffen den Übergang zum mütterlichen Blutkreislauf. Später transportieren sie Nährstoffe und Sauerstoff aus dem mütterlichen Kreislauf zum Baby.

EMBRYO MIT SECHS WOCHEN

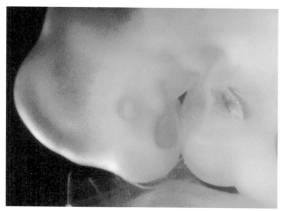

Mit sechs Wochen kann man die Anlage der Nase am Kopf, der sich über das Herz neigt, sehen.

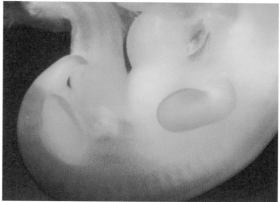

Zwei Paar Gliedmaßenknospen entwickeln sich später zu Armen und Beinen.

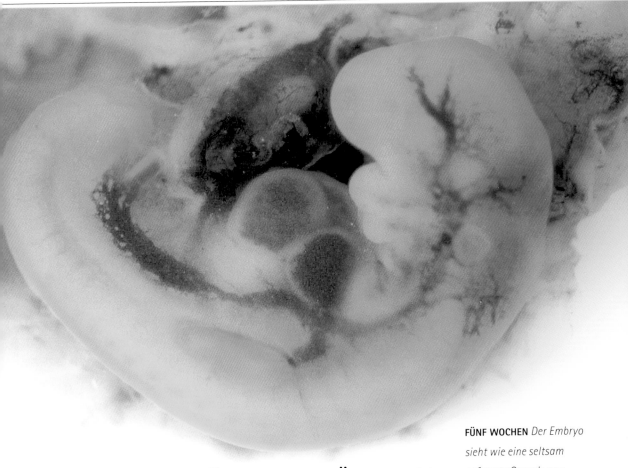

FÜNF WOCHEN *Der Embryo sieht wie eine seltsam geformte Garnele aus und schwimmt in der mit Flüssigkeit gefüllten Fruchtblase.*

WIE SICH IHR KÖRPER VERÄNDERT

IN DEN ERSTEN SECHS WOCHEN DER SCHWANGERSCHAFT WERDEN SIE NOCH NICHT SCHWANGER AUSSEHEN UND SICH VIELLEICHT AUCH NICHT SCHWANGER FÜHLEN. DENNOCH VOLLZIEHEN SICH ALS FOLGE DER IN RIESIGEN MENGEN PRODUZIERTEN SCHWANGERSCHAFTSHORMONE VERÄNDERUNGEN IN IHREM KÖRPER.

Selbst wenn Ihre Periode erst etwa sieben Tage überfällig ist und Sie noch nicht festgestellt haben, dass Sie schwanger sind, verändert sich Ihr Körper. Eine wahre Flut von Schwangerschaftshormonen wird gebildet. Besonders der Östrogenspiegel steigt stark an. Dies bewirkt eine Verdickung der Gebärmutterschleimhaut als Vorbereitung auf die Einnistung des winzigen Embryos. Die Hormone HCG (humanes Choriongonadotropin) und Progesteron fördern die Einnistung des Embryos. Progesteron sorgt auch dafür, dass sich die Schleimhaut des Gebärmutterhalses verdickt und zu einem schützenden Pfropf wird, der die Gebärmutter während der Schwangerschaft vor Vaginalinfektionen bewahrt.

Die Gebärmutter nimmt an Größe zu. Normalerweise ist sie etwa so groß wie eine große Pflaume, aber während der Schwangerschaft vergrößert sie sich auf das 500- bis 1000fache ihres normalen Umfangs. Gegen Ende der sechsten Woche der Schwangerschaft hat sie die Größe eines Apfels. Auch wenn Sie selbst noch keine Veränderung spüren, erkennt der Frauenarzt bei einer Untersuchung die Veränderung. Vor Ende des ersten Trimesters kann die Gebärmutter jedoch nicht durch die Bauchdecke hindurch ertastet werden. Erst danach steigt sie aus der Beckenhöhle auf und tritt in die Bauchhöhle ein.

ERHÖHUNG DES STOFFWECHSELS

Es ist nicht verwunderlich, dass diese frühen Entwicklungen in der Schwangerschaft von bedeutenden Veränderungen verschiedener Körperfunktionen begleitet werden. Praktisch jedes Organsystem des Körpers muss sich umstellen, um die neuen Anforderungen bewältigen zu können. Der Stoffwechselumsatz steigt in der Schwangerschaft um 10 bis 25 Prozent, damit eine ausreichende Sauerstoffversorgung der Organe gewährleistet ist, die sich alle vergrößern und verstärkt arbeiten. Um dies zu erreichen, steigt die Blutmenge, die in jeder Minute durch das Herz gepumpt wird – das Herzvolumen – vor der 20. Woche um 40 Prozent an. Diese Umstellung beginnt im frühen ersten Trimester. Die verstärkte Durchblutung fast aller Organe hat bereits ihren Anfang genommen. Die Blutzufuhr zur Gebärmutter hat sich verdoppelt und die verstärkte Durchblutung von Scheide, Gebärmutterhals und Schamlippen führt zu einer bläulich-purpurroten Färbung des Gewebes. Die Feststellung dieser Färbung stellt eine Möglichkeit dar, eine Schwangerschaft zu diagnostizieren, bevor genauere Tests durchgeführt werden. Die Durchblutung von Gebärmutter, Nieren, Haut und Brüsten steigt bis zum Ende der Schwangerschaft kontinuierlich an.

> »Manche Frauen sind so sensibel, dass sie schon vor Ausbleiben der Periode wissen, dass sie schwanger sind ...«

Damit alle Zellen ausreichend mit Blut versorgt werden, steigt das Blutvolumen von ungefähr fünf Litern vor der Schwangerschaft auf etwa sieben oder acht Liter gegen Ende der Schwangerschaft an. Dieser Prozess vollzieht sich nach und nach während der gesamten Schwangerschaft. Das Volumen des Blutplasmas, der wässrigen Komponente des Blutes, erhöht sich aber schon in den ersten sechs Wochen und füllt die neu entstandenen Blutgefäße der Plazenta und der anderen Organe. Die Menge der roten Blutkörperchen steigt ebenfalls an, damit das Blut nicht zu dünn wird und die Sauerstoffversorgung gewährleistet ist. Dieser Anstieg erfolgt langsamer und wird erst mit Beginn des zweiten Trimesters erkennbar.

WIE SIE SICH KÖRPERLICH FÜHLEN

MANCHE FRAUEN REAGIEREN AUF KÖRPERLICHE VERÄNDERUNGEN SO SENSI-
BEL, DASS SIE BEREITS VOR AUSBLEIBEN DER PERIODE WISSEN, DASS SIE
SCHWANGER SIND. VIELLEICHT WISSEN AUCH SIE, DASS SIE SCHWANGER SIND,
WEIL SIE SICH SCHWANGER »FÜHLEN«.

Dieses Gefühl wird als eine überwältigende Empfindung der Ruhe und Erfüllung beschrieben. Manche empfinden ein Spannen und Kribbeln in den Brüsten, das viel stärker ist als die üblichen prämenstruellen Symptome. Bald stellen Sie Veränderungen an Ihren Brüsten fest: Sie werden schwerer und wirken
deutlich größer. Die Brustwarzen kribbeln weiterhin, Sie entdecken, dass sich
die Farbe des Warzenvorhofs verändert und auf den Brüsten sind die Adern
deutlich sichtbar. Diese Veränderungen entstehen durch den hohen Östrogenspiegel; damit bereitet sich der Körper auf die Ernährung des Embryos vor. Sie
stellen fest, dass Ihre Blase verrückt spielt und Sie nun häufiger Wasser lassen
müssen. Dieser Harndrang hält meist bis zum Ende des ersten Trimesters an.
Dafür gibt es zwei Gründe: Erstens steigt die Durchblutung der Nieren um
etwa 30 Prozent und je mehr Blut gefiltert wird, desto mehr Urin wird produziert. Zweitens drückt die wachsende Gebärmutter auf die Blase und dadurch
sinkt ihre Speicherkapazität. Sie muss viel früher entleert werden.

Häufig treten Müdigkeit, emotionale Übererregbarkeit und das Gefühl,
den Tränen nahe zu sein, auf. Diese Symptome sind vollkommen normal und
eine Reaktion auf die Flut von Schwangerschaftshormonen, die der Körper in
Vorbereitung auf die nächsten Monate ausschüttet.

»Viele Frauen berichten, dass eine Intensivierung ihres Geruchssinnes das erste Anzeichen einer Veränderung in ihrem Körper – und der Schwangerschaft – war.«

DER GERUCHSSINN INTENSIVIERT SICH

Viele Frauen berichten, dass eine Intensivierung ihres Geruchssinnes das erste
Anzeichen einer Veränderung in ihrem Körper – und der Schwangerschaft –
war. Das bedeutet nicht nur, dass Gerüche stärker empfunden werden, sondern
dass sich auch ihre Wahrnehmung verändert. Vielleicht verspüren Sie einen
eigenartigen metallischen Geschmack im Mund. Es können sich Heißhunger
und Abneigung gegen bestimmte Nahrungsmittel entwickeln. Diese Symptome
lassen sich wissenschaftlich nicht erklären, aber wahrscheinlich will der Körper
den Embryo vor Nahrungsmitteln, Getränken und anderen Substanzen aus der
Umwelt, die ihm nicht gut tun würden, schützen. Denn die veränderte Wahrnehmung verschiedener Gerüche geht oft mit einem Widerwillen gegenüber
Alkohol, Zigaretten, Kaffee, Tee und gebratenen Speisen einher.

KEINE FRÜHEN ANZEICHEN

Es gibt aber auch Frauen, bei denen sich keinerlei erste Anzeichen einer Schwangerschaft zeigen. Besonders wenn sie ohnehin einen sehr unregelmäßigen Zyklus haben, kann es Wochen, ja Monate dauern, bis sie ihre Schwangerschaft feststellen. Wenn der Embryo sich zwischen dem achten und zehnten Tag nach der Befruchtung in der Gebärmutter einnistet, kommt es manchmal zu einer leichten Blutung, die viele Frauen als Periode deuten und daher meinen, nicht schwanger zu sein. Dasselbe gilt für Frauen, die, aus noch ungeklärten Gründen, während der Schwangerschaft weiterhin leichte Blutungen haben. Viele Frauen machen sich Sorgen, wenn sie in den ersten Wochen keine eindeutigen Anzeichen einer Schwangerschaft wahrnehmen. Sie befürchten, dass die Schwangerschaft mit einer Fehlgeburt enden könnte. Das ist aber nicht der Fall. Es gibt in dieser ersten Zeit der Schwangerschaft kein »richtiges« oder »falsches« Gefühl und kein Symptom – ob es nun auftritt und nicht – nimmt Einfluss auf Ihre Fähigkeit, ein gesundes Baby austragen zu können. Anzeichen und Symptome einer Schwangerschaft sind individuell unterschiedlich. Ebenso wie die Wehen bei jeder Frau anders verlaufen, beginnt auch jede Schwangerschaft anders.

SCHWANGERSCHAFT NACH IVF-BEHANDLUNG

Bei einer In-vitro-Fertilisation (IVF) beginnt die Behandlung mit der Stimulierung der Eierstöcke durch Hormone, die die Eireifung anregen. Diese Eizellen werden um den 13. Tag abgenommen und im Labor mit dem Sperma befruchtet. Erweist sich die Befruchtung während der nächsten 48 Stunden als erfolgreich, werden in der Regel zwei Embryos um den 16. Tag in die Gebärmutter eingesetzt.

Durch einen Bluttest etwa am 27. Tag wird der HCG-Spiegel (humanes Choriongonadotropin) kontrolliert, das erste Anzeichen, dass die IVF-Behandlung erfolgreich war. Manchmal ist der Test zunächst positiv, doch der HCG-Spiegel fällt einige Tage später wieder, weil der Embryo sich nicht eingenistet hat. Der erste Ultraschall wird meist 5–6 Wochen nach Beginn der Behandlung durchgeführt. War sie erfolgreich, ist ein winziger Dottersack in der Gebärmutter sichtbar. Ist kein Sack zu sehen, besteht die Gefahr einer ektopen Schwangerschaft (siehe S. 81 und S. 422). Manchmal sind auf dem Monitor mehrere Säckchen zu sehen (Zwillinge oder Mehrlinge), aber sehr häufig lösen sich diese zusätzlichen Säckchen später auf. Bei Mehrlingsschwangerschaften besteht ein erhöhtes Risiko für Fehlgeburten, Geburtsfehler und Frühgeburten, deshalb werden heute jeweils nur noch wenige befruchtete Eizellen eingesetzt. Eine weitere Ultraschalluntersuchung nach 6–7 Wochen zeigt einen winzigen Fetus mit schlagenden Herzen. Die Schwangerschaft schreitet voran!

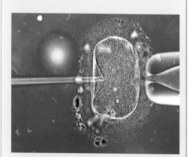

BEFRUCHTUNG *Bei der Befruchtung wird ein einzelnes Spermium in eine Eizelle injiziert.*

EMOTIONALE REAKTIONEN

ZWEIFELLOS WERDEN IHRE GEFÜHLE ZU BEGINN DER SCHWANGERSCHAFT VON IHREN PERSÖNLICHEN LEBENSUMSTÄNDEN BEEINFLUSST. DOCH FÜR DIE STARKEN STIMMUNGSSCHWANKUNGEN, DIE SIE VIELLEICHT – WIE VIELE FRAUEN – EMPFINDEN, SIND DIE SCHWANGERSCHAFTSHORMONE MITVERANTWORTLICH.

Der Wechsel von Panik zu Hochgefühlen, dem Sie manchmal von einer Minute zur anderen ausgesetzt sind, ist nicht nur eine Reaktion auf die veränderten Zukunftsaussichten. In vielen Büchern zum Thema Schwangerschaft wird erklärt, dass Labilität und Weinerlichkeit allmählich nachlassen und weniger belastend sind, aber ich stelle immer wieder fest, dass diese Gefühlsumschwünge bestehen bleiben – sie sind hormonbedingt. Wir gewöhnen uns nur daran und lernen, damit umzugehen.

HOCHSTIMMUNG *Manche Frauen wollen die freudige Nachricht überall verkünden, während andere ihr Geheimnis noch eine Weile für sich bewahren möchten.*

Wenn Sie sich ein Kind gewünscht und vielleicht schon längere Zeit versucht haben, schwanger zu werden, sind Sie in den ersten Tagen wahrscheinlich in Hochstimmung und möchten am liebsten der ganzen Welt von der Neuigkeit berichten. Für manche Frauen ist das Wissen um ihre Schwangerschaft etwas sehr Intimes, das sie in den ersten Wochen nur mit ihrem Partner, den nächsten Angehörigen und den besten Freunden teilen möchten. Andere Frauen, vor allem diejenigen, die schon eine Fehlgeburt hatten, möchten das Schicksal nicht herausfordern, indem sie aller Welt von ihrer Schwangerschaft berichten.

Die Entscheidung, ob Sie schon jetzt anderen Menschen von Ihrer Schwangerschaft erzählen möchten, ist eine persönliche Angelegenheit. Es gibt hier keinen richtigen oder falschen Weg. Familiäre Beziehungen sind etwas sehr Vielschichtiges: Sie wissen am besten, wann Sie die Neuigkeit Ihrem Partner, Ihrer Mutter, den Geschwistern und Freunden verkünden sollen. Eines ist jedoch ganz gewiss: Die meisten Angehörigen und Freunde werden von der Nachricht begeistert sein und voller Freude an Ihrer Schwangerschaft Anteil nehmen. Das einzige wirkliche Problem, das meiner Erfahrung nach auftauchen kann, ist eine Flut von gut gemeinten Ratschlägen und Hilfsangeboten.

Immer wieder berichten Frauen, dass sie befürchteten, mit ihrer Ankündigung des frohen Ereignisses Freunden und Angehörigen wehzutun, die sich selbst schon lange vergeblich ein Kind wünschen oder eine Fehlgeburt hatten. Doch es ist nun einmal nicht möglich, alle Menschen vor Schmerz und traurigen Erinnerungen zu schützen. Diese Menschen müssen ihre Trauer in jedem Fall früher oder später bewältigen und damit leben, dass andere Menschen Kinder bekommen. Ich erlebe aber immer wieder, dass auch Frauen, die eine Fehlgeburt hatten, sich mit anderen Schwangeren freuen können. Obwohl sie selbst so sehr trauern, sind sie empfänglich für die Freude anderer Frauen. Am besten erzählen Sie ganz offen, dass Sie schwanger sind. Bestimmt werden Sie freudig überrascht sein, wie viel Herzlichkeit und Wärme Ihnen entgegengebracht werden.

WIE SICH IHR PARTNER FÜHLT

Wenn Sie in einer Partnerschaft leben, ist Ihr Partner wohl der Erste, der von der großen Neuigkeit erfährt. Bedenken Sie, dass nicht nur Frauen bei dieser Nachricht von widersprüchlichen Gefühlen überrollt werden – für manche Männer gilt das Gleiche. Die meisten freuen sich über die Aussicht, Vater zu werden. Und dennoch gibt es einen fundamentalen Unterschied in der Art und Weise, wie Frauen und Männer zu Beginn einer Schwangerschaft empfinden. In den ersten Wochen gibt es für Männer nichts »Spürbares«, zu dem sie eine Beziehung aufbauen könnten. Bis das Baby auf dem Monitor des Ultraschallgeräts sichtbar wird oder seine Bewegungen durch die Bauchdecke gefühlt werden können, kann es für Ihren Partner schwierig sein, sich von der Schwangerschaft genauso gefangen nehmen zu lassen, wie Sie es sich wünschen. Frauen dagegen spüren ganz bewusst, dass ein neues Leben in ihnen heranwächst. Sie empfinden körperlich und emotional anders und bald verändert sich auch ihr Äußeres.

Es ist sehr wichtig, mit dem Partner über die eigenen Gefühle zu sprechen; dennoch sollte die Schwangerschaft nicht zum einzigen Gesprächsstoff werden. Seien Sie nicht enttäuscht und machen Sie ihm keine Vorwürfe, wenn er sich von den frühen Schwangerschaftssymptomen, die Sie beschreiben, nicht so begeistert zeigt.

Ihr Partner benötigt – wie Sie selbst – etwas Zeit, um sich an die bevorstehenden Veränderungen des Lebens zu gewöhnen. Vielleicht empfindet er Angst vor der Verantwortung, die auf ihn zukommt, wenn er zukünftig Alleinverdiener ist. Auch wenn es in den nächsten Monaten nur wenige sichtbare Veränderungen gibt, so ist ihm doch bewusst, dass eine neue Lebensphase beginnt. Gespräche, in denen er offen über seine Gefühle reden kann, helfen Missverständnisse zu vermeiden (*siehe* gegenüber).

IHR PARTNER *Die Nachricht, Vater zu werden, kann große Freude auslösen – manche Männer brauchen aber auch ein bisschen Zeit, um sich an den Gedanken zu gewöhnen.*

Während der Schwangerschaft steht die werdende Mutter im Zentrum des Interesses, sodass die Bedürfnisse des Partners leicht übersehen werden. Zum Beispiel ist es heute üblich, dass Väter bei der Geburt dabei sind. Doch es gibt auch Männer, die das nicht wollen – ebenso wie Partner, die sich engagiert an der Geburtsvorbereitung beteiligen. Wenn Sie Ihren Partner unter Druck setzen oder ihm das Gefühl vermitteln, er würde Sie im Stich lassen, wenn er nicht sofort in die Rolle des perfekten Vaters schlüpft, führt das über kurz oder lang zu Konflikten. Machen Sie sich keine Sorgen, wenn er zunächst verkündet, keinen Geburtsvorbereitungskurs mitzumachen und keinesfalls bei einer Geburt dabei zu sein. Die meisten Männer ändern ihre Meinung.

WAS DENKT ER?

Folgendes könnte Ihrem Partner durch den Kopf gehen:

▶ Wird sich unsere Beziehung verändern?
▶ Werde ich mit meinen Freunden immer noch etwas unternehmen können?
▶ Muss ich meinen Beruf aufgeben?
▶ Wie stark will ich in die Schwangerschaft einbezogen werden?
▶ Ist meine Partnerin empfindlicher als bisher?
▶ Was passiert, wenn etwas schief geht?
▶ Will ich bei der Geburt dabei sein und was wird von mir dabei erwartet?
▶ Wird sich meine Partnerin nur noch für das Baby interessieren?
▶ Werde ich ein guter Vater sein?

SCHWANGERSCHAFT OHNE PARTNER

Zwangsläufig ist in diesem Buch hauptsächlich von Frauen die Rede, die in einer Partnerschaft mit einem Mann leben. Ich bin mir aber durchaus bewusst, dass unsere Gesellschaft weitaus komplexer ist. Viele Frauen erleben ihre Schwangerschaft allein – an sie richtet sich dieses Buch in gleicher Weise. Wenn Sie sich entschieden haben, allein ein Baby zu bekommen, machen Sie sich wahrscheinlich viele Gedanken darüber, wie Sie die nächsten neun Monate und danach das Leben mit einem Baby bewältigen können. Sind Sie ungewollt in diese Situation geraten, fühlen Sie sich vielleicht überfordert, gar verzweifelt – sowohl aus praktischen als auch aus finanziellen Gründen. Der wichtigste Ratschlag lautet, sich ein Netzwerk sozialer Unterstützung aufzubauen. Bitten Sie eine Verwandte oder eine Freundin, Sie durch die Schwangerschaft zu begleiten und bei wichtigen Erlebnissen, wie der ersten Ultraschalluntersuchung oder der Geburt, an Ihrer Seite zu sein. Es gibt auch Geburtsvorbereitungskurse speziell für allein stehende Mütter (*siehe* »Nützliche Adressen«, S. 436 ff.).

»Bis das Baby im Ultraschall sichtbar wird, ist es für Ihren Partner schwierig, sich von der Schwangerschaft genauso gefangen nehmen zu lassen, wie Sie es sich wünschen.«

VORSORGEUNTERSUCHUNGEN

SOBALD SIE WISSEN, DASS SIE SCHWANGER SIND, SOLLTEN SIE IHREN FRAUEN-
ARZT AUFSUCHEN. ES IST NUR VON VORTEIL, WENN IHR ARZT SIE VON ANFANG
AN DURCH DIE SCHWANGERSCHAFT BEGLEITET.

Der Arzt fragt Sie nach dem Datum Ihrer letzten Periode, damit der voraussicht-
liche Geburtstermin (ET) errechnet werden kann. Eine Schwangerschaft dauert
durchschnittlich, vom ersten Tag der letzten Periode an, 37 bis 40 Wochen. Ihr
Arzt wird also zu dem von Ihnen genannten Datum anhand einer Tabelle 40
Wochen hinzurechnen. Es erspart Ihnen unnötige Befürchtungen, wenn Sie das
Stadium Ihrer Schwangerschaft in Wochen statt in Monaten berechnen. Die
Genauigkeit des so errechneten ET ist davon abhängig, ob Sie einen regelmäßi-
gen 28-Tage-Zyklus haben. Bei einem kürzeren oder unregelmäßigen Zyklus muss
der Arzt den ET korrigieren bzw. die erste Ultraschalluntersuchung abwarten.
Anhand der dabei festgestellten Entwicklung des Fetus können das Stadium der
Schwangerschaft und der zu erwartende Termin genauer bestimmt werden.

Bei den etwa zehn bis zwölf Vorsorgeuntersuchungen, die Sie im Laufe der
Schwangerschaft wahrnehmen, wird Ihr Urin regelmäßig auf Zucker und Eiweiß
untersucht und Ihr Blutdruck gemessen. Außerdem wird Ihr Gewicht kontrolliert, Ihr Unterleib abgetastet und regelmäßige Blutanalysen vorgenommen.
Anfangs finden die Untersuchungen im Abstand von vier Wochen statt, kurz vor
der Geburt alle 14 Tage oder wöchentlich. Nach Überschreiten des errechneten
Geburtstermins wird alle zwei Tage untersucht. Die Ergebnisse der Untersuchungen werden im Mutterpass, den Sie bei der ersten Vorsorgeuntersuchung erhalten, vermerkt. Ihren Mutterpass sollten Sie immer bei sich führen.

WELCHE FORM DER BETREUUNG?

Für die Schwangerschaftsvorsorge haben Sie grundsätzlich Anspruch auf ärztliche Betreuung oder Betreuung durch eine Hebamme. Die Betreuung durch
den Frauenarzt ist die bei weitem häufigste Vorsorgeform. Soweit Ihnen aufgrund von Schwangerschaftsbeschwerden Arznei-, Verband- und Heilmittel
verordnet werden, trägt die Kasse die dafür anfallenden Kosten.

Die Besuche bei Ihrem Arzt garantieren nicht nur eine sorgfältige Überwachung der Schwangerschaft, sondern geben Ihnen auch die Möglichkeit, über
alles Wichtige zu sprechen und mögliche Ängste und Sorgen zu artikulieren. Es
ist wichtig, dass Sie zu Ihrem Frauenarzt Vertrauen haben, sich ernst genommen
fühlen und der Arzt sich Zeit für Ihre Fragen und Probleme nimmt. Auch die

»Es ist wich-
tig, dass Sie
zu Ihrem
Frauenarzt
Vertrauen
haben, sich
ernst ge-
nommen
fühlen und
er Zeit für
Ihre Fragen
und Proble-
me hat.«

DER VORAUSSICHTLICHE GEBURTSTERMIN

Suchen Sie den Monat und dann den ersten Tag Ihrer letzten Periode (fett gedruckt) heraus. Direkt darunter können Sie das Datum der Geburt Ihres Babys ablesen – den voraussichtlichen Geburtstermin.

Januar	1	2	3	4	5	6	7	8	9	10	11	12	13	14	15	16	17	18	19	20	21	22	23	24	25	26	27	28	29	30	31
Okt./Nov.	8	9	10	11	12	13	14	15	16	17	18	19	20	21	22	23	24	25	26	27	28	29	30	31	1	2	3	4	5	6	7
Februar	1	2	3	4	5	6	7	8	9	10	11	12	13	14	15	16	17	18	19	20	21	22	23	24	25	26	27	28			
Nov./Dez.	8	9	10	11	12	13	14	15	16	17	18	19	20	21	22	23	24	25	26	27	28	29	30	1	2	3	4	5			
März	1	2	3	4	5	6	7	8	9	10	11	12	13	14	15	16	17	18	19	20	21	22	23	24	25	26	27	28	29	30	31
Dez./Jan.	6	7	8	9	10	11	12	13	14	15	16	17	18	19	20	21	22	23	24	25	26	27	28	29	30	31	1	2	3	4	5
April	1	2	3	4	5	6	7	8	9	10	11	12	13	14	15	16	17	18	19	20	21	22	23	24	25	26	27	28	29	30	31
Jan./Febr.	8	9	10	11	12	13	14	15	16	17	18	19	20	21	22	23	24	25	26	27	28	29	30	31	1	2	3	4	5	6	7
Mai	1	2	3	4	5	6	7	8	9	10	11	12	13	14	15	16	17	18	19	20	21	22	23	24	25	26	27	28	29	30	31
Febr./März	5	6	7	8	9	10	11	12	13	14	15	16	17	18	19	20	21	22	23	24	25	26	27	28	1	2	3	4	5	6	7
Juni	1	2	3	4	5	6	7	8	9	10	11	12	13	14	15	16	17	18	19	20	21	22	23	24	25	26	27	28	29	30	
März/Apr.	8	9	10	11	12	13	14	15	16	17	18	19	20	21	22	23	24	25	26	27	28	29	30	31	1	2	3	4	5	6	
Juli	1	2	3	4	5	6	7	8	9	10	11	12	13	14	15	16	17	18	19	20	21	22	23	24	25	26	27	28	29	30	31
Apr./Mai	7	8	9	10	11	12	13	14	15	16	17	18	19	20	21	22	23	24	25	26	27	28	29	30	1	2	3	4	5	6	7
August	1	2	3	4	5	6	7	8	9	10	11	12	13	14	15	16	17	18	19	20	21	22	23	24	25	26	27	28	29	30	
Mai/Jun.	8	9	10	11	12	13	14	15	16	17	18	19	20	21	22	23	24	25	26	27	28	29	30	1	2	3	4	5	6	7	
September	1	2	3	4	5	6	7	8	9	10	11	12	13	14	15	16	17	18	19	20	21	22	23	24	25	26	27	28	29	30	
Jun./Jul.	8	9	10	11	12	13	14	15	16	17	18	19	20	21	22	23	24	25	26	27	28	29	30	1	2	3	4	5	6	7	
Oktober	1	2	3	4	5	6	7	8	9	10	11	12	13	14	15	16	17	18	19	20	21	22	23	24	25	26	27	28	29	30	31
Jul./Aug.	8	9	10	11	12	13	14	15	16	17	18	19	20	21	22	23	24	25	26	27	28	29	30	31	1	2	3	4	5	6	7
November	1	2	3	4	5	6	7	8	9	10	11	12	13	14	15	16	17	18	19	20	21	22	23	24	25	26	27	28	29	30	
Aug./Sep.	8	9	10	11	12	13	14	15	16	17	18	19	20	21	22	23	24	25	26	27	28	29	30	31	1	2	3	4	5	6	
Dezember	1	2	3	4	5	6	7	8	9	10	11	12	13	14	15	16	17	18	19	20	21	22	23	24	25	26	27	28	29	30	31
Sep./Okt.	7	8	9	10	11	12	13	14	15	16	17	18	19	20	21	22	23	24	25	26	27	28	29	30	1	2	3	4	5	6	7

Frage, wie Sie sich die Geburt vorstellen, besprechen Sie mit Ihrem Arzt. Umfassende Informationen über Möglichkeiten der Geburtsvorbereitung sowie Geburtsmethoden finden Sie am Ende dieses Kapitels auf Seite 84ff.

Die erste Vorsorgeuntersuchung findet etwa vier Wochen nach Bestätigung der Schwangerschaft statt. In der Regel erfolgt sie, wie die weiteren Vorsorgeuntersuchungen auch, in der Praxis des Frauenarztes. Manchmal wird die Vorsorge auch in Kliniken durchgeführt. Die Schwangerenvorsorge kann auch von einer Hebamme vorgenommen werden. Hebammen können die meisten Maßnahmen, die von Ärzten im Rahmen der Geburtsvorbereitung, Vorsorge, Geburt und Nachsorge durchgeführt werden, übernehmen. Ausnahmen sind z.B. die Verordnung verschreibungspflichtiger Medikamente, medizinische

Eingriffe wie Kaiserschnitt oder Ultraschalluntersuchungen. Bei einer normal verlaufenden Schwangerschaft ist es Ihre persönliche Entscheidung, ob Sie sich lieber einer Hebamme anvertrauen wollen oder ärztliche Betreuung vorziehen. Bestehen Grunderkrankungen, wie z.B. Diabetes oder Bluthochdruck, oder gab es bereits Fehlgeburten, ist eine Betreuung durch einen Arzt angeraten.

Untersuchungen im Krankenhaus sind im Rahmen der normalen Schwangerschaftsvorsorge nicht vorgesehen und werden nur erforderlich, wenn spezielle Probleme oder Komplikationen auftreten, die weiterführende Untersuchungen oder eine intensive Beobachtung erforderlich machen.

Wenn Sie schwanger sind, sollten Sie sich umfassend über alle Fragen der Schwangerschaft und Geburt informieren. Auf diese Weise sind Sie in der Lage, in jeder Situation wohl überlegte Entscheidungen treffen zu können.

HÄUFIGE BESCHWERDEN

INZWISCHEN STELLEN SIE SICH VIELLEICHT DIE ERSTEN FRAGEN ZUR FRÜHEN PHASE IHRER SCHWANGERSCHAFT UND ZU IHREM ALLGEMEINBEFINDEN. SIE SOLLTEN DIESE FRAGEN BEIM ERSTEN VORSORGETERMIN ANSPRECHEN.

Im Folgenden finden Sie eine Übersicht über häufige Beschwerden in der frühen Phase der Schwangerschaft. Weitere Beschwerden und Unpässlichkeiten werden in den nächsten beiden Kapiteln über das erste Trimester besprochen. Zögern Sie nicht, alle Fragen mit Ihrem Arzt zu besprechen. Je früher Sie beraten werden, umso besser ist es für Sie und Ihr Baby.

FRÜHERE SCHWANGERSCHAFTSPROBLEME

Wenn Sie schon Schwangerschaftsprobleme hatten, z.B. eine Fehlgeburt, eine ektope Schwangerschaft (*siehe* S. 81 und S. 422) oder Komplikationen in der Spätschwangerschaft, z.B. eine Präeklampsie (*siehe* S. 425), ist eine besonders intensive Überwachung der Schwangerschaft, eventuell mit zusätzlichen Ultraschalluntersuchungen, notwendig. Frauen, die bereits eine Fehlgeburt hatten, empfinden regelmäßige Ultraschalluntersuchungen oft als beruhigend, da diese ihnen die Angst nehmen, dass sich die Fehlgeburt wiederholt. Mit einem sehr genauen Ultraschallgerät kann man in der 5.–6. Woche vielleicht den Herzschlag des Fetus hören; doch jede Schwangerschaft verläuft anders. Solange die Fruchtblase in der Gebärmutter sichtbar ist, gibt es keinen Grund zur Besorgnis, wenn der winzige Fetus (ein winziger Fleck in der Fruchtblase) oder der Herzschlag nicht erkennbar sind. Die häufigste Erklärung dafür ist, dass der Embryo sich

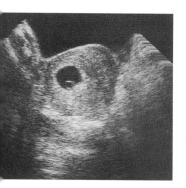

WINZIG KLEIN *Der winzige Embryo ist als weißes Pünktchen auf dem Dottersack erkennbar, umgeben von dem dunklen Kreis der Fruchtblase.*

später als errechnet eingenistet hat. Das kann der Fall sein, wenn der Zyklus unregelmäßig ist oder das Datum der Empfängnis nicht exakt bekannt ist.

Eine frühzeitige Ultraschallkontrolle ist auch sehr hilfreich, wenn die werdende Mutter in der Vergangenheit eine ektope Schwangerschaft hatte, in welcher sich der Embryo außerhalb der Gebärmutter entwickelt – meist im Eileiter, gelegentlich aber auch auf dem Eierstock oder in der Bauchhöhle. Bei einer Ultraschalluntersuchung ist erkennbar, ob sich die Fruchtblase in der Gebärmutter befindet. Ist keine Fruchtblase erkennbar, müssen Sie sich wahrscheinlich einer Reihe von Bluttests zur Feststellung des HCG-Spiegels unterziehen. Ist dieser erhöht, zeigt sich im Ultraschall aber nach wie vor keine Fruchtblase in der Gebärmutter, ist unter Umständen eine Bauchspiegelung oder eine Medikamentengabe notwendig, um die ektope Schwangerschaft zu beenden und den Eileiter vor einer Schädigung zu bewahren.

HARNWEGSERKRANKUNGEN

Zwar ist ein verstärkter Harndrang in den ersten Wochen der Schwangerschaft normal, dennoch sollte die Möglichkeit einer Harnwegsinfektion

Fruchtblase mit Embryo

Eileiter

Gebärmutter

Eierstock

Muttermund

EKTOPE SCHWANGERSCHAFT
Fruchtblase und Embryo entwickeln sich im Eileiter, wo sie keinen Platz haben.

SPÄTE MÜTTER

▶ **Wenn Sie über 35 Jahre alt sind** und Ihre erste Schwangerschaft erleben, werden Sie als »ältere Erstgebärende« bezeichnet. Dies ist der medizinische Fachausdruck für eine ältere Frau, die das erste Kind erwartet. Lassen Sie sich von diesem Begriff nicht verunsichern. Immer mehr Frauen bekommen ihr erstes Kind nach dem 35. Lebensjahr. Dank der guten gesundheitlichen Verfassung, in der sich Frauen heute befinden und dank der intensiven Vorsorge kommen die allermeisten Babys gesund zur Welt. Allerdings gibt es einige Risiken in der Schwangerschaft, die, unabhängig, ob erste oder vierte Schwangerschaft, mit dem Alter zu tun haben.

▶ **Genetische Anomalien** kommen mit steigendem Alter der Mutter häufiger vor – die Eizellen bergen häufiger ein defektes Gen oder Chromosom. Ein Beispiel ist die am häufigsten vorkommende Chromosomenabweichung, das Down-Syndrom (*siehe* S. 147), das bei Babys von Müttern über 35 Jahren deutlich häufiger ist. Aus diesem Grunde haben Frauen über 35 Jahre die Möglichkeit vorgeburtlicher Tests, die eine Diagnose genetischer und körperlicher Anomalien des Fetus ermöglichen (*siehe* S. 134 ff.). Je früher Sie zur Vorsorge gehen, umso besser sind die Möglichkeiten, sichere Untersuchungen durchzuführen.

▶ **Verschiedene Schwangerschaftskomplikationen,** wie Blutdruckhochdruck, Präeklampsie, Schwangerschaftsdiabetes und Frühgeburt, kommen bei älteren Müttern ebenfalls häufiger vor. Meist sind diese Probleme rechtzeitig erkennbar und können behandelt werden. Ernsthafte Probleme sind selten. Es gibt keinen Grund, warum Ihre Schwangerschaft nicht erfolgreich verlaufen sollte, sofern Sie die regelmäßigen Vorsorgeuntersuchungen wahrnehmen.

bedacht werden. Wenn Sie beim Wasserlassen ein Brennen oder Unwohlsein verspüren, wenn Schmerzen im Unterleib auftreten oder Sie Blut im Urin entdecken, kann eine Infektion bestehen.

Harnwegsinfektionen kommen in der Schwangerschaft häufig vor, denn das Hormon Progesteron lockert die Muskulatur des Harnwegtrakts. Das erleichtert Bakterien den Zugang zu Harnröhre und Blase. Da auch das Blasengewebe in der Schwangerschaft schlaffer ist, kann sich die Infektion über den Harnleiter ausbreiten und die Nieren infizieren; es kommt zu einer Pyelonephritis (Nierenbeckenentzündung). Die Symptome treten plötzlich auf; dazu gehören hohes Fieber, Schüttelfrost, Schmerzen an Blase und Nieren, Beschwerden in der Lendengegend, die bis zu den Leisten ausstrahlen können. Durch eine Behandlung mit Antibiotika heilt die Infektion schnell ab. Unbehandelt kann die Infektion zu Narbenbildung und Schädigung der Nieren führen.

BESTEHENDE ALLGEMEINERKRANKUNGEN

Wenn Sie unter einer chronischen Erkrankung leiden, sollten Sie schon vor der Schwangerschaft mit Ihrem Arzt über Ihren Kinderwunsch und die bestehende Grunderkrankung sprechen. Auf diese Weise kann eine für die Schwangerschaft verträgliche Behandlungsmethode festgelegt und für die Entwicklung des Fetus unbedenkliche Medikamente verschrieben werden. Auf keinen Fall sollten Sie bei Feststellung einer Schwangerschaft verschriebene Medikamente ohne Rücksprache mit dem Arzt absetzen.

Im letzten Kapitel dieses Buches finden Sie eine Beschreibung chronischer Krankheiten, wie Diabetes, Bluthochdruck, Schilddrüsenerkrankungen, Nierenleiden, Herzerkrankungen, Epilepsie und entzündliche Darmerkrankungen, die eine besondere Betreuung während der Schwangerschaft erforderlich machen (*siehe* S. 408 ff.). Wenn Sie an einer solchen Krankheit leiden, wird Ihr Arzt eine spezielle ärztliche Versorgung veranlassen. Gehen Sie zum Frauenarzt, sobald Sie von Ihrer Schwangerschaft wissen, besonders wenn Sie regelmäßig Medikamente einnehmen, da möglicherweise eine Umstellung auf ein anderes Präparat ratsam ist. Während der Schwangerschaft erfolgen regelmäßige Ultraschalluntersuchungen. Gegebenenfalls sind zusätzliche Besuche beim Facharzt erforderlich. Es liegt in Ihrer Verantwortung, die Arztbesuche wahrzunehmen, auf eine gesunde Lebensführung zu achten und den Empfehlungen des Arztes Folge zu leisten.

»Bestimmt werden Sie am Ende der ersten drei Schwangerschaftsmonate neue Kraft und Energie verspüren ...«

ERNÄHRUNG UND BEWEGUNG

MIT SICHERHEIT TRETEN IM ERSTEN TRIMESTER ZWEI PROBLEME AUF, DIE IHR FESTES VORHABEN,

SICH SO GESUND ALS NUR MÖGLICH ZU ERNÄHREN UND FIT UND BEWEGLICH ZU BLEIBEN,

ZU DURCHKREUZEN DROHEN: ÜBELKEIT UND MÜDIGKEIT.

SCHWER VERDAULICH

Ihre Ernährung im ersten Trimester ist besonders wichtig, weil sich in diesen Wochen die lebenswichtigen Organe des Babys ausbilden. Die Entwicklung von Herz, Leber, Gehirn und Nervensystem setzt in dieser Zeit ein. Aber ich weiß aus eigener Erfahrung, dass Übelkeit und Erbrechen es in den ersten Monaten oft unmöglich machen, sich optimal zu ernähren.

Wenn Sie während der ersten Wochen oder Monate der Schwangerschaft von morgendlicher Übelkeit geplagt werden, denken Sie daran, dass es den meisten schwangeren Frauen ebenso geht, die weitere Schwangerschaft in der Regel aber ohne Komplikationen verläuft. Wichtig ist, dass Sie wissen, welche Nahrungsmittel Sie essen sollten, und es Ihnen gelingt, auch an einem »schlechten« Tag einige davon zu sich zu nehmen.

▶ Essen Sie wenig, aber öfter. Mehrere kleinere Mahlzeiten sind magenfreundlicher als drei große Mahlzeiten pro Tag. Essen Sie am frühen Morgen etwas Brot oder ein paar Vollkornkekse. Essen Sie mittags zumindest ein belegtes Brot und essen Sie dann nochmals am Spätnachmittag eine Kleinigkeit.

▶ Halten Sie gesunde Snacks, wie Obst, Nüsse und kleine Käsestücke, griffbereit, damit Ihr Blutzuckerspiegel nicht zu stark absinkt.

▶ Nehmen Sie abends kleine Mengen von jeder Speise zu sich, auf die Sie Lust verspüren.

▶ Egal, wie viel Sie essen, denken Sie daran, regelmäßig zu trinken.

ZU MÜDE FÜR BEWEGUNG?

Wenn Sie geradezu froh sind, in der Schwangerschaft keinen Sport treiben zu müssen, ist das in Ordnung. Denken Sie aber daran, dass Sport in der frühen Schwangerschaft unbedenklich ist. Wenn Sie Ihr Sportprogramm beibehalten, trägt dies dazu bei, dass Sie fit und gesund bleiben. Die Teilnahme an einem Gymnastikkurs für Schwangere ist empfehlenswert. Hier wird die Beweglichkeit gefördert und Sie erlernen Übungen, die Sie auf die Wehen vorbereiten. Außerdem treffen Sie dort andere Frauen, mit denen Sie auch nach der Geburt in regelmäßigem Kontakt bleiben können.

Wenn Sie sich aber so unwohl und erschöpft fühlen, dass Sie, selbst

LEICHTE MAHLZEITEN *Essen Sie Speisen, auf die Sie Appetit haben.*

wenn Sie sonst regelmäßig Sport treiben, keine Energie dazu haben, seien Sie nachsichtig mit sich selbst. Gönnen Sie Ihrem Körper die Ruhepause, nach der er verlangt. Er profitiert davon mehr als von einer erzwungenen Aerobicstunde.

Bestimmt werden Sie am Ende der ersten drei Schwangerschaftsmonate neue Kraft und Energie verspüren und voller Schwung, wenn nicht zum Aerobickurs gehen, so doch im Schwimmbad entspannende Bahnen zurücklegen.

FORMEN DER VORSORGE UND GEBURTSMETHODEN

Von wem Sie die Vorsorgeuntersuchungen vornehmen lassen und für welche Art der Geburt Sie sich entscheiden, hängt auch davon ab, welche Möglichkeiten Sie haben. Eine kompetente Vorsorge trägt dazu bei, dass Sie die Zeit der Schwangerschaft als angenehm und erfüllend erleben.

EIN OFFENER ZUGANG

Als ich schwanger war und nach einem Buch suchte, das mir helfen würde, meine persönliche Entscheidung hinsichtlich Vorsorge und Geburt zu treffen, war ich überrascht, wie gegensätzlich die meisten Bücher das Thema Geburtsmethoden behandelten. Man konnte sie grob in zwei Lager einteilen: Bücher, die von Ärzten geschrieben worden waren und die quasi davon ausgingen, dass ein Baby nur

GUTER RAT *Ihre Frauenärztin kontrolliert Ihr Befinden und gibt Ihnen Ratschläge und Informationen.*

im Krankenhaus zur Welt kommen könnte, und Bücher von leidenschaftlichen Verfechtern natürlicher Geburten und Hausgeburten, die suggerierten, dass Frauen in einer Klink auf völlig unpersönliche und technisierte Weise, ohne eigene Entscheidungsmöglichkeit, gebären müssten. Als Leserin blieb man mit dem Gefühl zurück, als Mutter versagt zu haben, etwas zu versäumen oder um eine ganz besondere Erfahrung betrogen zu werden, falls medizinische Eingriffe erforderlich sein würden. Für mich waren beide Standpunkte wenig hilfreich, denn sie vermittelten mir keine sachlichen Informationen. Ich bekam nicht das Gefühl, mich vertrauensvoll auf die Sache einlassen zu können. In diesem Augenblick war mir klar, dass Frauen eine andere Form der Information brauchen.

BEVOR SIE SICH ENTSCHEIDEN

Wichtigstes Ziel der Vorsorgeuntersuchungen ist, dass die Mutter während der Schwangerschaft gesund bleibt und ein gesundes Baby bekommen kann. Dazu gehört auch, dass eine mögliche Erkrankung so früh als möglich erkannt wird. Im Rahmen der Vorsorge erhalten Sie auch Informationen und Ratschläge, die Sie auf die Wehen, die Geburt und das Muttersein vorbereiten.

VORSORGE UND GEBURTSVORBEREITUNG

WAS HEISST SCHWANGER-SCHAFTSBEGLEITUNG?

Schwangerschaftsbegleitung oder Vorsorge bedeutet regelmäßige Treffen mit dem Arzt bzw. der Hebamme, um das Fortschreiten der Schwangerschaft sowie den Gesundheitszustand von Mutter und Baby zu kontrollieren. Dazu gehört aber auch, dass die werdende Mutter alle Fragen rund um Schwangerschaft, Geburt und Stillzeit stellen kann und so selbst Kontakt zum Kind aufnimmt. Dadurch wird das Gefühl für die eigene Verantwortung für Schwangerschaft und Geburt entwickelt.

In den letzten 30 Jahren hat sich ein Untersuchungsschema entwickelt, welches in den ärztlichen Mutterschaftsrichtlinien als Tätigkeitsrichtlinie für Ärzte festgelegt wurde. Hierbei handelt es sich um ein rein körperliches Diagnoseschema, um auftretende Risiken und Erkrankungen frühzeitig zu erkennen und zu behandeln.

Für eine individuelle Begleitung braucht es Zeit. Es macht Sinn, sich im Vorfeld zu vergewissern, dass der Arzt bzw. die Hebamme diese Zeit auch einplanen.

BEIM FRAUENARZT

Die Vorsorgeuntersuchungen werden in aller Regel vom Frauenarzt vorgenommen (*siehe* S. 78 f.). Sobald Sie glauben, dass Sie schwanger sind, vereinbaren Sie einen Arzttermin. Bei diesem ersten Termin erfolgt eine Erstanamnese, die Schwangerschaft wird bestätigt und der voraussichtliche Geburtstermin errechnet. Schon jetzt sollten Sie mit Ihrem Arzt besprechen, wie Sie sich den Verlauf der Schwangerschaft und die Form der Geburt wünschen. Besondere Wünsche, z. B. hinsichtlich der Geburtsvorbereitung, können Sie mit ihm besprechen.

HEBAMMENVORSORGE

Es besteht auch die Möglichkeit, die Vorsorge ausschließlich von einer Hebamme durchführen zu lassen. Hebammen führen, abgesehen von Ultraschall, alle üblichen Untersuchungen durch. Meist machen sie Hausbesuche. Wenn Sie eine Ultraschalluntersuchung wünschen oder diese medizinisch notwendig erscheint, müssten Sie hierfür eine Arztpraxis oder eine Klinik aufsuchen. Sie können die Vorsorge auch im Wechsel von Arzt und Hebamme vornehmen lassen. Hebammen arbeiten freiberuflich und schließen sich manchmal in Gemeinschaftspraxen zusammen. In aller Regel wird die Hebamme, die Sie während der Schwangerschaft betreut, auch bei der Geburt dabei sein.

VORSORGE IM KRANKENHAUS

Wenn eine Allgemeinerkrankung besteht oder Sie in der Vergangenheit Komplikationen bei einer Geburt hatten, kann die Vorsorge auch in einer Klinik von einem interdisziplinären Facharztteam durchgeführt werden. Klinikärzte führen darüber hinaus zum Teil auch regelmäßige Frauenarztsprechstunden in der Klinik mit Schwangerenvorsorge durch. Der Vorteil dabei ist, dass hoch spezialisierte Diagnosemethoden zur Verfügung stehen.

GEBURTSVORBEREITUNG

Neben den Vorsorgeuntersuchungen ist auch eine Form der Geburtsvorbereitung empfehlenswert. Dabei gibt es eine Vielzahl verschiedener Kurse mit unterschiedlichen Schwerpunkten, die von Hebammen oder Krankenhäusern angeboten werden. Hier werden Informationen rund um die Geburt, Gebärpositionen, aber auch der praktische Umgang mit dem Baby vermittelt. Der Schwerpunkt liegt auf dem Erlernen von Entspannungs- und Atemtechniken, die den Umgang mit dem Wehenschmerz und der Geburt erleichtern können. Wichtig ist auch der Kontakt zu anderen Schwangeren. Kurse werden für schwangere Frauen allein oder für Paare angeboten.

GEBURT HEUTE

ÜBER DIE RICHTIGE GEBURTSMETHODE WURDE IN DEN LETZTEN JAHREN HEFTIG DISKUTIERT.

GRUND DAFÜR WAR UNTER ANDEREM DIE TATSACHE, DASS IMMER MEHR SCHWANGERE

VON DER ÜBLICHEN KLINIKGEBURT ENTTÄUSCHT SIND.

Was wir heute als moderne Klinikgeburt betrachten, hat sich in den letzten 50 Jahren mit dem allgemeinen medizinischen Fortschritt entwickelt. Bei Klinikgeburten handelte es sich bis in die 1980er-Jahre oft um sterile Entbindungen in einem hoch technisierten Kreißsaal, bei denen die Bedürfnisse und Gefühle der Mutter nur wenig Raum fanden. Schwangere galten als »Patientinnen« und wurden fast ausschließlich im Liegen entbunden. Doch die Frauen begannen zunehmend gegen diese Art der Geburt zu protestieren. Es entwickelte sich, auch unter dem Einfluss »sanfter«, natürlicher Entbindungsformen von «Geburtsphilosophen» wie Frédéric Leboyer eine weniger technisierte Form der Geburt – auch im Krankenhaus. Frauen und ihre Partner informierten sich besser und übernahmen mehr Eigenverantwortung. Andere Geburtsarten gewannen an Einfluss – heute wird immer häufiger zu Hause und in Geburtshäusern entbunden. Folgende Entwicklungen spielten dabei eine Rolle:

▶ Sicherheit konnte zunehmend auch bei einer Hausgeburt oder einer Geburt in einem Geburtshaus gewährleistet werden.

▶ Viele Frauen wünschten sich eine Kontinuität der Betreuung während Schwangerschaft und Geburt – Hebammen können dies sicherstellen.

▶ Frauen stehen heute viele Möglichkeiten der Geburtsvorbereitung offen.

▶ Die Nachfrage nach Hausgeburten und der Entbindung in Geburtshäusern stieg an – das Angebot wuchs.

▶ Routinemäßige Eingriffe während Wehen und Geburt, wie kontinuierliche CTG-Überwachung, Periduralanästhesie und Dammschnitt, erwiesen sich in vielen Fällen als unnötig.

▶ Die sterile klinische Umgebung hinterließ bei vielen Frauen das Gefühl, dass sie die Kontrolle über ihren eigenen Körper verloren hatten.

Wünschenswert ist:

▶ dass Frauen in einer Klinik ein Mitspracherecht haben, wer sie betreut.

▶ dass die so wichtige Beziehung zwischen Frau und Geburtshelfern beachtet und geachtet wird.

Die Diskussionen um Schwangerschaft und Geburt und die Unzufriedenheit mit der Klinikgeburt haben dazu geführt, dass sich vieles verändert hat. Kliniken bieten heute vielfältige »alternative«, natürliche geburtserleichternde Methoden an und gehen stärker auf die Bedürfnisse der gebärenden Frauen ein. Der Vormarsch alternativer Geburtsmethoden hat auch dafür gesorgt, dass medizinische Eingriffe nicht mehr routinemäßig vorgenommen werden. Die Zahl der Hausgeburten ist zwar nicht dramatisch gestiegen, aber dank freiberuflicher Hebammen steht diese Möglichkeit zur Verfügung und gilt als sicher. Das Angebot einer ambulanten Geburt wird von immer mehr Frauen genutzt: Das Baby wird zwar in der Klinik entbunden; treten keine Komplikationen auf, werden Mutter und Baby aber nur wenige Stunden nach der Geburt nach Hause entlassen. Die Nachbetreuung wird von einer Hebamme vorgenommen.

Medizinisch überwachte Geburten sind aber auch weiterhin sinnvoll, wenn gesundheitliche Probleme vorliegen oder Komplikationen zu erwarten sind.

In dieser Phase müssen Sie sich noch nicht entscheiden, ob Sie Ihr Baby in der Klinik oder zu Hause zur Welt bringen wollen, doch schon jetzt sollten Sie sich Gedanken darüber machen und sich über die verschiedenen Möglichkeiten informieren. Für die Wahl eines Geburtsvorbereitungskurses kann diese Frage von Bedeutung sein, je nachdem, welche Inhalte der Kurs schwerpunktmäßig bietet – für eine Hausgeburt sollten Sie besonders selbstverantwortlich und bewusst mit den Wehen umgehen können. Die Beherrschung von Entspannungs- und Atemtechniken ist dabei von großem Vorteil.

Zunächst müssen Sie entscheiden, ob Sie allein oder gemeinsam mit dem Partner einen Kurs besuchen wollen. Frauen in größeren Städten können oft unter verschiedenen Angeboten und Schwerpunkten wählen, in kleineren Orten dagegen ist die Auswahl begrenzt. Ihr Frauenarzt kann Sie darüber informieren, welche Geburtsvorbereitungskurse es in Ihrer näheren Umgebung gibt. Auch bei Hebammen, Krankenhäusern oder der Krankenkasse erhalten Sie Auskünfte. Fragen Sie nach Einzelheiten, sodass Sie sich bewusst für einen Kurs entscheiden können. Sprechen Sie mit Freundinnen und Bekannten über ihre Erfahrungen. Sie können auch erst einmal eine Probestunde besuchen, bevor Sie sich festlegen.

KLINIKGEBURTEN

Gegenwärtig kommen in Deutschland fast alle Babys in der Klinik zur Welt – etwa 97 Prozent. Diese eindeutige Bevorzugung der Klinik als wichtigster Geburtsort entwickelte sich parallel mit dem Fortschritt der medizinischen Technik und dem Glauben, dass die Geburt im Krankenhaus für Mutter und Kind sicherer sei als eine Hausgeburt. Die medizinische Geburtshilfe war in Deutschland lange Zeit geprägt von Technik und Medikamentation.

Eine unpersönliche Klinikatmosphäre, häufige medizinische Eingriffe während der Geburt und die Trennung von Mutter und Baby nach der Geburt führten zunehmend zu Unzufriedenheit bei den Frauen und ließen den Wunsch nach natürlicheren, sanfteren Geburtsarten laut werden. Grund für die Annahme, dass Klinikgeburten sicherer seien als Hausgeburten, war der starke Rückgang der Säuglingssterblichkeit. Doch dazu trugen wesentlich auch die allgemeine Verbesserung der Schwangerenvorsorge sowie die Verbesserung der allgemeinen Lebensumstände und der Allgemeingesundheit der Frauen bei.

Seit ungefähr 15 Jahren werden verstärkt andere Formen der Schwangerschaftsbegleitung und der Geburt entwickelt und umgesetzt. Frauen sind heute über die Schwangerschaft und Fragen der Gesundheitsvorsorge und gesunden Lebensführung gut informiert, sodass sie mitsprechen und einbezogen werden wollen und nach neuen Formen einer selbstbestimmten Geburt verlangen. Dem haben Frauenärzte und Kliniken Rechnung getragen und bieten heute vielfältige Geburtsarten an. Vor allem dem Einfluss der Hebammen ist hier viel zu verdanken. Auch wenn es immer Frauen geben wird, die eine intensive medizinische Versorgung benötigen, verläuft die Schwangerschaft für die meisten doch unkompliziert und sie können eine normale Geburt erleben. Aus diesem Grunde kommt heute auch für viele Frauen eine Hausgeburt oder eine ambulante Geburt durchaus in Frage, allerdings nur dann, wenn keine Risikoschwangerschaft vorliegt.

WO DAS BABY ZUR WELT KOMMT

Folgende Orte stehen normalerweise für die Geburt eines Babys zur Auswahl: das Krankenhaus, das Geburtshaus, die Frauenarztpraxis oder zu Hause. Die beiden für die individuelle Entscheidungsfindung wichtigsten Faktoren sind die persönliche Präferenz und die Sicherheit von Mutter und Baby. Manchmal tritt in der Schwangerschaft eine Komplikation auf oder frühere Komplikationen schließen eine Hausgeburt scheinbar von vornherein aus. Dann lässt sich mit ein wenig Überlegung und Vorbereitung ein Kompromiss finden.

Im Krankenhaus

Wenn Sie Ihr erstes Kind erwarten, wenn in der Schwangerschaft gesundheitliche Probleme auftreten oder es bei früheren Schwangerschaften Komplikationen gab, wird Ihr Arzt Ihnen raten, Ihr Kind im Krankenhaus zur Welt zu bringen. Dennoch können Sie auch in diesem Fall eine Schwangerenvorsorge im Wechsel von Ihrem Arzt und einer frei praktizierenden Hebamme vornehmen lassen. Vermutlich kommen verschiedene Krankenhäuser für die Geburt in Frage. Informieren Sie sich umfassend über die dort angebotenen Geburtsarten, geburtserleichternden Hilfsmittel, wie Gebärhocker oder Gebärbecken, und Formen der Schmerzlinderung. Wenn Sie z.B. die Hebamme, die Sie während der Schwangerschaft betreut hat, bei der Geburt dabeihaben möchten und diese an einer bestimmten Klinik arbeitet, wird das Ihre Entscheidung beeinflussen. Viele Kliniken verfügen inzwischen über Geburtsräume, die nicht mehr so steril wirken – eher wie ein Zimmer zu Hause und nicht wie ein Kreißsaal. Gedämpftes Licht, warme Farben, Musik, bequeme Sessel, große Bodenkissen, Geburtsbälle und -stühle stehen auf modernen Entbindungsstationen zur Verfügung. Manchmal gibt es auch Gebärbecken.

Fast jedes Krankenhaus veranstaltet regelmäßig Informationsabende. Nehmen Sie an einer solchen Veranstaltung teil, damit Sie sich ein Bild machen können.

Ambulante Geburt

Bei einer ambulanten Geburt bringen Sie Ihr Baby in der Klinik zur Welt, können aber nach einigen Stunden, wenn keine Komplikationen aufgetreten sind und Sie sich

KLINIKGEBURT *Wenn Sie Ihr erstes Kind erwarten, rät der Arzt Ihnen vielleicht zu einer Klinikgeburt.*

wohl fühlen, nach Hause gehen. Wenn Sie eine ambulante Geburt wünschen, sollten Sie mit Ihrer Familie im Vorfeld abklären, wer Mutter und Kind in den ersten Tagen pflegen wird und die Hausarbeit verrichtet. Außerdem sollte sichergestellt sein, dass Sie am Tage der Entlassung aus der Klinik von einer Hebamme betreut werden, die auch die Nachsorge zu Hause übernimmt.

In der Praxis

Inzwischen gibt es Praxen, in denen niedergelassene Frauenärzte Geburten anbieten. Dabei wird die Geburt vom Arzt, der die Frau schon während der Schwangerschaft betreut hat, geleitet. Auch eine Hebamme ist anwesend. Vorteile sind das bereits bestehende Vertrauensverhältnis sowie die bekannte Umgebung. Im Notfall kann sofort medizinisch behandelt werden. Verläuft alles normal und geht es Mutter und Kind gut, werden beide nach einigen Stunden nach Hause entlassen.

Im Geburtshaus

In einem Geburtshaus findet die Geburt in intimer und familiärer Atmosphäre, aber sicherer als zu Hause statt. Meist wird die Geburt von einer Hebamme geleitet. Aufgenommen werden nur Schwangere, bei denen vorab keine Komplikationen zu erwarten sind. Alle Geburtshäuser arbeiten mit nahe gelegenen Kliniken zusammen, sodass Mutter oder Kind im Zweifelsfall schnell in ein Krankenhaus gebracht werden können. Die Kosten für eine Geburt im Geburtshaus werden nicht immer in voller Höhe von der Krankenkasse übernommen.

Zu Hause

Wenn Sie Ihr Baby zu Hause entbinden möchten, sollten Sie als Erstes mit Ihrem Arzt und Ihrer Hebamme sprechen. Bei einer Erstgeburt bestehen

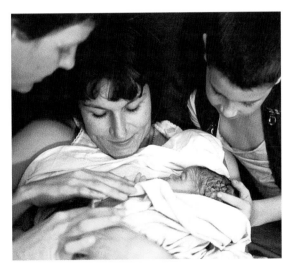

HAUSGEBURT *Wenn Sie bereits problemlos ein Kind geboren haben, möchten Sie Ihr nächstes Baby vielleicht im Kreise Ihrer Familie bekommen.*

oft Bedenken hinsichtlich der Sicherheit einer Hausgeburt. Auch bei einer problemlos verlaufenden Schwangerschaft kann niemand mit Sicherheit sagen, was während der Wehen geschehen wird. Wenn gesundheitliche Probleme bestehen oder es schon früher Schwangerschaftskomplikationen gab, sind ebenfalls Zweifel angebracht. Eine Hausgeburt ist dann in Erwägung zu ziehen, wenn Sie bereits eine oder mehrere Schwangerschaften hatten, die komplikationslos verliefen und vaginal entbunden wurden. Aber auch dann ist nicht garantiert, dass die Geburt problemlos verläuft. Seien Sie darauf vorbereitet, Ihre Pläne ändern zu müssen. Fragen Sie Ihren Arzt, ob er bereit ist, Sie während der Schwangerschaft und einer Hausgeburt zu betreuen. Über das örtliche Gesundheitsamt oder die Krankenkasse erhalten Sie Adressen der Ärzte, die Erfahrungen mit Hausgeburten haben. Oder Sie wenden sich an eine freiberuflich arbeitende Hebamme und besprechen mit ihr die Möglichkeiten einer Hausgeburt.

WICHTIGE FRAGEN BEIM BESUCH EINER KLINIK

Informieren Sie sich bei einem Besuch der für die Geburt in Frage kommenden Kliniken vorab über die jeweiligen Angebote. Folgende Fragen können Ihnen dabei als Anhaltspunkte dienen.

ALLGEMEINES

▶ Gibt es besondere Angebote bzw. Geburtsarten auf der Entbindungsstation?

▶ Arbeitet die Klinik mit frei praktizierenden Hebammen oder Belegärzten zusammen?

▶ Arbeiten Ärzte und Hebammen im Team?

▶ Besteht in dieser Klinik die Möglichkeit, auf Wunsch von einer Ärztin betreut zu werden? Dies ist auch abhängig von der Anzahl der Ärzte und dem Dienstplan.

▶ Steht jederzeit ein Anästhesist zur Verfügung?

▶ Gibt es eine Intensivstation für Frühgeborene?

▶ Gibt es in der Frauenklinik offene Besuchszeiten?

▶ Kann sich die Gebärende während der Wehen frei bewegen?

▶ Gibt es Geburtspläne?

WEHEN UND GEBURT

▶ Besteht eine durchgängige Betreuung durch eine Hebamme?

▶ Werden Frauen zu verschiedenen bequemen Geburtsstellungen ermutigt, z. B. im Stehen oder in der Hocke?

▶ Wie lange dauert der Schichtdienst einer Hebamme? Ein 12-Stunden-Schichtdienst erhöht Ihre Chance enorm, während der Geburt von ein und derselben Hebamme betreut zu werden.

▶ Wie werden in der Klinik Geburtseinleitung, Blasensprengung, Schmerzmittel und Monitorüberwachung während der Wehen gehandhabt?

▶ Dürfen Partner, Freunde, Familienmitglieder bei der Geburt dabei sein? Wie viele Personen dürfen höchstens anwesend sein?

▶ Kann rund um die Uhr eine Periduralanästhesie angelegt werden?

▶ Gibt es ein Gebärbecken bzw. besteht die Möglichkeit, ein geliehenes Becken mitzubringen?

▶ Wie häufig kommt es in der Klinik zu Saugglockengeburten und Kaiserschnitten? Dabei muss berücksichtigt werden, dass diese Zahlen in Universitätskliniken wesentlich höher liegen als in kleinen Krankenhäusern, weil dort von vornherein mehr Frauen mit Komplikationen betreut werden.

▶ Wie häufig werden Dammschnitte vorgenommen?

NACH DER GEBURT

▶ Stehen Einzelzimmer zur Verfügung? Wenn ja, wie viele und was kosten sie? Gibt es ein eigenes Bad? Sind sie Frauen, die eine schwierige Geburt hatten, vorbehalten? Wie groß sind die normalen Zimmer und wie viele Betten stehen darin?

▶ Wie lange dauert normalerweise der Aufenthalt nach der Geburt? (Beim ersten Kind meist länger als bei folgenden Geburten.)

▶ Gibt es Rooming-in? Wird Ihr Baby immer bei Ihnen sein oder nachts ins Säuglingszimmer gebracht?

▶ Wird Hilfe beim Stillen angeboten? Das kann anfangs sehr wichtig sein.

▶ Wie sind die Besuchszeiten?

▶ Gibt es auch besondere Angebote des Speiseplans, z. B. vegetarische Kost?

▶ Was muss ins Krankenhaus mitgebracht werden: Kissen, Handtücher und Windeln?

DAS GEBURTSTEAM

Während der Schwangerschaft, der Wehen und der Geburt sowie nach der Entbindung werden Sie von verschiedenen Fachleuten betreut. Im Folgenden finden Sie eine kurze Beschreibung der jeweiligen Aufgabengebiete.

Ihr Frauenarzt (Gynäkologe) wird Ihnen die gute Nachricht, dass Sie schwanger sind, bestätigen und Sie während der gesamten Schwangerschaft begleiten – sofern Sie die Vorsorge nicht von einer Hebamme durchführen lassen. Möglich ist auch eine abwechselnde Vorsorge durch Arzt und Hebamme. Falls Ihr Frauenarzt Belegbetten an einer Klinik hat, kann er Sie dort auch entbinden. Ihr Frauenarzt ist auch für die Nachsorge zuständig.

Hebammen sind in Geburtshilfe und Schwangerenvorsorge ausgebildet und arbeiten angestellt in einer Klinik oder einer Praxis oder freiberuflich. Sie können eine Geburt eigenverantwortlich leiten und durchführen und die Verantwortung für Mutter und Baby vor, während und nach einer normalen Geburt übernehmen. Gibt es Komplikationen, holen sie einen in Geburtshilfe ausgebildeten Arzt zu Hilfe. Hebammen bieten auch Kurse zur Geburtsvorbereitung an, die in Krankenhäusern, von öffentlichen Einrichtungen, wie z.B. Volkshochschulen, oder in freier Praxis angeboten werden. Oft haben sie sich auf bestimmte Formen der Geburtsvorbereitung spezialisiert, z.B. Yoga. Eine freiberuflich arbeitende Hebamme kommt zur Schwangerenvorsorge sowie zur Nachbetreuung nach der Geburt zu Ihnen nach Hause und kann Sie auch während der Geburt betreuen.

Freiberufliche Hebammen arbeiten auf selbstständiger Basis. Eine Betreuung durch eine Hebamme garantiert, was sich viele Frauen wünschen: kontinuierliche Betreuung durch eine vertraute Person und individuelle, persönliche Zuwendung. Eine männliche Hebamme, die es durchaus auch gibt, wird übrigens als Entbindungspfleger bezeichnet.

Geburtshelfer sind im engeren Sinne Fachärzte für Geburtshilfe, die sich in ihrer Ausbildung auf Schwangerschaft und Geburt spezialisiert haben und bei einer Geburt das Team von Hebammen und Schwestern anleiten, das bei der Entbindung anwesend ist. Ein Ober- oder Chefarzt leitet meistens nur schwierige Geburten. Im weiteren Sinne werden aber auch Hebammen und Entbindungspfleger als Geburtshelfer bezeichnet. Im Idealfall konnten Sie das Geburtshelfer-Team an der Klinik, an der Sie entbinden wollen, schon bei einem Besuch dort kennen lernen.

Kinderärzte sind bei der Geburt ebenfalls anwesend bzw. werden hinzugezogen, wenn das Baby geboren ist. Auf einer Entbindungsstation arbeiten Kinderärzte, die sich auf Neugeborene spezialisiert haben. Sie führen sofort nach der Geburt eine Erstuntersuchung durch. Bei Problemen veranlassen sie die sofortige Verlegung des Neugeborenen in eine Kinderklinik. Bei der Geburt von Zwillingen oder Mehrlingen ist immer ein Kinderarzt anwesend, ebenso bei Eingriffen wie Zangengeburt oder Kaiserschnitt. Vor der Entlassung nach Hause wird das Baby nochmals von einem Kinderarzt untersucht.

Neoanatologen sind Kinderärzte mit besonderer Fachkenntnis über frühgeborene Babys mit ihren ganz besonderen Problemen. Wird Ihr Baby zu früh geboren oder gibt es während der Schwangerschaft Komplikationen, dann wird dieser Experte bei Vorsorge und Geburt hinzugezogen.

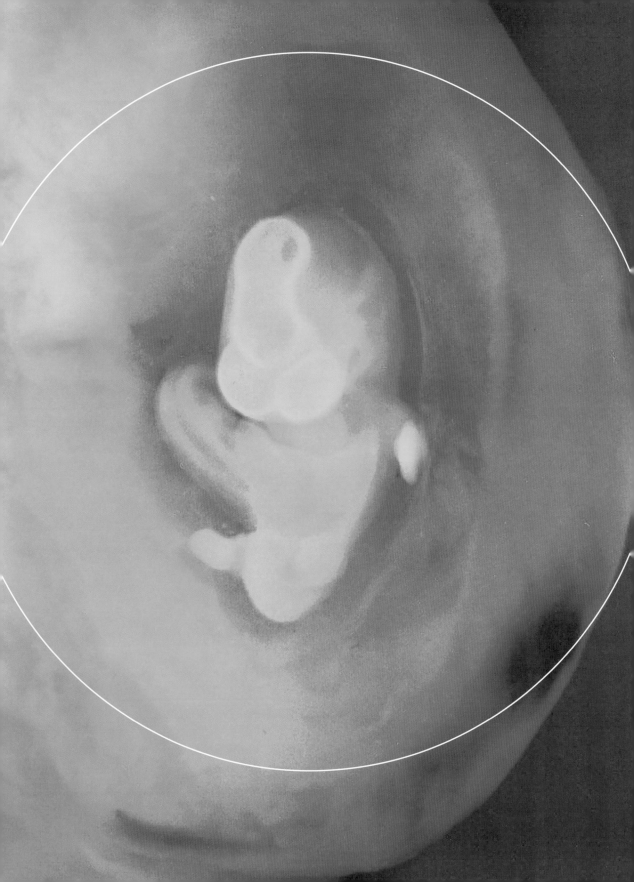

6.–10. WOCHE
DIE ENTWICKLUNG DES BABYS

WÄHREND DER NÄCHSTEN VIER WOCHEN WÄCHST IHR BABY UM DAS VIER-FACHE, UND SEIN AUSSEHEN VERÄNDERT SICH ENORM. UM DIE ZEHNTE WOCHE WIRD DER EMBRYO ZUM FETUS UND ÄHNELT IMMER MEHR EINEM MENSCH-LICHEN WESEN.

Verschiedene Gesichtszüge können nun bei einer Ultraschalluntersuchung erkannt werden; der Körper streckt sich und die Gliedmaßen entwickeln sich. Der Kopf wächst weiterhin viel schneller als die anderen Körperteile, um mit der Gehirnentwicklung Schritt zu halten. Der Hinterkopf wächst etwas schneller als der vordere Teil; dadurch rollt sich der Embryo nach vorn ein. Der Körper verliert zunehmend seine embryonale Krümmung. Der Nacken wird sichtbar, der Rücken wird gerader und der Schwanz verkümmert.

Der Kopf hat eine hohe Stirn, und weil sich nun die Gesichtsknochen entwickeln und miteinander verbinden, werden Augen, Nase, Ohren und Mund erkennbar. Die Anlagen für Augen und Ohren, die um die sechste Woche noch eher Wölbungen sind, entwickeln sich schnell weiter. Gegen Ende der achten Woche sind die Augen beträchtlich gewachsen und enthalten bereits etwas Farbpigment. Um die zehnte Woche sind sie gut zu erkennen, aber durch die Lider dicht verschlossen. Erst später, im zweiten Trimester, wenn das Nervensystem voll entwickelt ist, können sie ihre Funktion aufnehmen. An jeder Seite des Kopfes haben sich die Mulden, aus denen sich später die Gehörgänge entwickeln, eingegraben; die Entwicklung des Innenohrs beginnt. Um die achte Woche ist das Mittelohr entwickelt, das den Gleichgewichtssinn und den Hörsinn birgt. Um die zehnte Woche beginnt der äußere Teil des Ohres, die Ohrmuschel, am Kopf des Fetus zu wachsen. Nasenlöcher und Oberlippe werden sichtbar und im Mund sieht man eine winzige Zunge, die bereits Geschmacksknospen besitzt. Zahnknospen für die Milchzähne liegen in den sich entwickelnden Kiefernknochen.

ENTWICKLUNG DER GLIEDMASSEN

Weitere Veränderungen vollziehen sich mit der Entwicklung der Gliedmaßen. Die Hautfalten der Gliedmaßenknospen verdichten sich zu Knorpeln, aus denen sich später harte Knochen entwickeln. Diese knorpelartigen Gliedmaßenknospen wachsen schnell und werden bald als Handgelenke und paddelförmige Hände sichtbar. Die Arme strecken sich, und um die achte Woche sind

WOCHE

ERSTES TRIMESTER

▶ 1.
▶ 2.
▶ 3.
▶ 4.
▶ 5.
▶ 6.
▶ 7.
▶ 8.
▶ 9.
▶ 10.

2fache Vergrößerung

▶ 11.
▶ 12.
▶ 13.

ZWEITES TRIMESTER

▶ 14.
▶ 15.
▶ 16.
▶ 17.
▶ 18.
▶ 19.
▶ 20.
▶ 21.
▶ 22.
▶ 23.
▶ 24.
▶ 25.
▶ 26.

DRITTES TRIMESTER

▶ 27.
▶ 28.
▶ 29.
▶ 30.
▶ 31.
▶ 32.
▶ 33.
▶ 34.
▶ 35.
▶ 36.
▶ 37.
▶ 38.
▶ 39.
▶ 40.

◀ *Ein sechs Wochen alter Embryo, der sich in der Gebärmutter eingenistet hat.*

2fache Vergrößerung

Am Ende der 6. Woche ist der Embryo 4 mm lang und wiegt etwas weniger als 1 g. Um die 10. Woche ist der Fetus vom Scheitel bis zum Steiß 30 mm lang und wiegt 3–5 g.

Schultern und Ellbogen zu erkennen, wodurch die oberen Gliedmaßen nach vorne ragen. Die Hände haben Schwimmhäute. Um die zehnte Woche entwickeln sich einzelne Finger. Fingerkuppen werden am Ende der stämmigen Finger sichtbar. Die unteren Gliedmaßen entwickeln sich auf dieselbe Weise, aber die Ausformung von Schenkeln, Knien, Waden, Knöcheln und Zehen erfolgt langsamer. Die meisten Muskeln sind vorhanden, und winzige, ruckartige Bewegungen sind auf dem Monitor zu sehen.

IM KÖRPERINNEREN

Im Körperinneren differenziert sich das Neuralrohr nun zum Gehirn und zur Wirbelsäule mit dem Rückenmark. Die Nervenzellen vermehren sich schnell. Sie werden unterstützt von den so genannten Neurogliazellen und wandern zum Gehirn, wo sie sich mit anderen Zellen verbinden und aktiv werden. Dies ist der Beginn des Nervensystems, das später Botschaften vom Gehirn zum Körper übermitteln wird. Der Fetus hat auch einige grundlegende Sinneswahrnehmungen entwickelt. Er reagiert auf Berührungen, aber es ist noch zu früh, um die darauf folgenden Bewegungen zu spüren.

Um die zehnte Woche haben sich aus dem embryonalen Herzen die vier Kammern des »richtigen« Herzens entwickelt. Die beiden Vorhöfe erhalten das Blut durch den fetalen Kreislauf, während die Herzkammern Blut in die Lunge und den restlichen Körper des Babys pumpen. Als Ventilsysteme der Herzöffnungen entwickeln sich die Herzklappen, die sicherstellen, dass das Blut in eine Richtung gepumpt wird und nicht zum Herzen zurückfließt. Das Herz schlägt 180-mal pro Minute – doppelt so schnell wie das Herz eines Erwachsenen.

FETUS IN DER 10. WOCHE

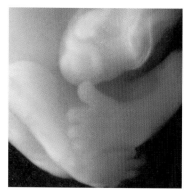

Der fetale Darm tritt noch durch die Bauchdecke hervor.

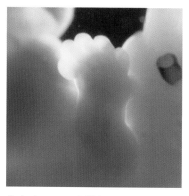

Schultern und Ellbogen entwickeln sich, die Arme ragen nach vorn.

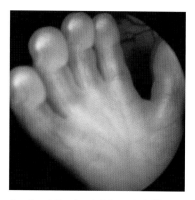

An den Händen bilden sich Finger mit Fingerkuppen.

DIE FRUCHTBLASE

Der Fetus schwimmt weiter in der Fruchtblase, dem von den Eihäuten gebildeten Sack. Er wird von einer inneren Schicht umgeben, dem Amnion, und einer äußeren Schicht, dem Chorion. Diese beiden Schichten sind durch einen Zwischenraum getrennt, das Zölom, die sekundäre embryonale Leibeshöhle, die den Dottersack enthält.

Die feinen Gewebefasern, Chorionzotten genannt, die aus dem Chorion ragen, verdichten sich kreisförmig an der Gebärmutterhaut und entwickeln sich bald zur Plazenta. An dieser Stelle entwickeln die Zotten Blutgefäße und graben sich in die Gebärmutterschleimhaut ein. So entsteht der Zugang zum mütterlichen Blutkreislauf.

An den anderen Stellen verschwinden die Zotten. Das glatte Chorion wird sichtbar (Chorion leve). Dieses verbindet sich im zweiten Trimester mit der Gebärmutterwand, wenn der wachsende Fetus die Gebärmutterhöhle weiter gedehnt hat. Die Nabelschnur entwickelt sich, durch die das Blut zirkuliert, auch wenn der Fetus die meisten Nährstoffe noch vom Dottersack erhält.

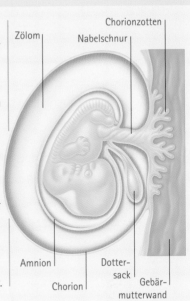

Auch das Verdauungssystem entwickelt sich schnell, doch es wird noch einige Zeit dauern, bis es richtig funktioniert. Magen, Leber und Milz liegen bereits an ihrem Platz und der Darm wächst so schnell, dass sich Schlingen bilden, die gelegentlich durch die Bauchdecke des Babys hervortreten können.

Am Ende der embryonalen Phase sind alle lebenswichtigen Organe und Körpersysteme vorhanden; Gehirn und Rückenmark entwickeln sich während der gesamten Schwangerschaft weiter. Während dieser Phase der Schwangerschaft, in der sich die wichtigsten Strukturen entwickeln, ist der Fetus anfällig gegenüber der schädigenden Wirkung von Drogen, Viren und Umweltfaktoren (*siehe* S. 30). Nach dieser Zeit kommt es nur selten zur Entstehung fetaler Anomalien.

WIE SICH IHR KÖRPER VERÄNDERT

WÄHREND DER NÄCHSTEN WOCHEN VERGRÖSSERT SICH DIE GEBÄRMUTTER BETRÄCHTLICH. UM DIE ACHTE WOCHE IST SIE SO GROSS WIE EINE ORANGE UND UM DIE ZEHNTE ETWA SO WIE EINE GRAPEFRUIT. SIE KANN ABER NOCH NICHT DURCH DIE BAUCHDECKE HINDURCH GEFÜHLT WERDEN.

Dieses Wachstum der Gebärmutter wird nur durch eine erhöhte Blutzufuhr erreicht. Normalerweise gelangt etwa zwei Prozent der gesamten Blutmenge, die pro Minute durch das Herz gepumpt wird, zur Gebärmutter. In der frühen Schwangerschaft steigt dieser Prozentsatz stark an. Gegen Ende dieses Trimesters werden 25 Prozent des Blutvolumens zur Gebärmutter geleitet, damit die Bedürfnisse von Plazenta und Baby erfüllt werden können. Dieser Anstieg des Herzvolumens geht hauptsächlich auf das mit jedem Herzschlag transportierte Blutvolumen zurück, da die Herzfrequenz (die Anzahl der Schläge pro Minute) sich während der Schwangerschaft nur leicht erhöht. Das dicke Muskelgewebe des Herzens wird durch die Schwangerschaftshormone gelockert. Dadurch kann bei der Füllung der Herzkammer ohne zusätzlichen Kraftaufwand beim Pumpen (Systole) das Blutvolumen erhöht werden (Diastole). Damit der Blutdruck durch den Anstieg des Blutvolumens und dem erhöhten Herzausstoß nicht zu sehr steigt, entwickeln alle Blutgefäße im Körper in der Schwangerschaft die Fähigkeit, eine größere Blutmenge aufzunehmen. Auch das geschieht unter dem Einfluss der Schwangerschaftshormone, besonders des Progesterons. Aus diesem Grunde sinkt der systolische Blutdruck während der Schwangerschaft nur leicht, während der diastolische Blutdruck deutlich erniedrigt ist. Diese Veränderung tritt im frühen ersten Trimester auf und normalisiert sich erst wieder kurz vor der Geburt.

SICHTBARE AUSWIRKUNGEN

Als Folge dieser Veränderungen im Kreislaufsystem stellen Sie bald fest, dass Ihr Körper anders funktioniert. Sie haben sicher schon bemerkt, dass Sie viel häufiger Wasser lassen müssen. Die Nieren müssen nun verstärkt arbeiten, um das vergrößerte Blutvolumen zu filtern. Ihre Brüste sind größer, schwerer und empfindlicher, denn die Milchgänge schwellen in Vorbereitung auf die Stillzeit an. Der Warzenhof wird größer und dunkler. Die Schweißdrüsen (Montgomery-Drüsen), die wie Pickel rund um den Brustwarzenhof sitzen, haben sich ebenfalls vergrößert und sondern ein Sekret ab, das die Brustwarzen geschmeidig hält. Dies ist eines der zuverlässigsten frühen Anzeichen einer ersten Schwangerschaft. Da sich die Drüsen nach der Schwangerschaft nicht wieder vollständig zurückbilden, ist ihr Hervortreten bei weiteren Schwangerschaften kein verlässliches Schwangerschaftssymptom. Um den Warzenhof wird ein weiterer Ring aus hellerem Gewebe sichtbar; die Venen treten infolge der erhöhten Durchblutung hervor.

VERÄNDERUNGEN DER HAUT

Eine Ihrer ersten Beobachtungen ist vielleicht, dass Ihre Haut fleckiger oder trockener wird; dies ist eine Folge des hohen Progesteronspiegels. Bei vielen Frauen bilden sich rötliche Streifen, die sich über Beine und Brustkorb ziehen (Spinnenmale). Es handelt sich dabei um kleine Blutgefäße, die sich aufgrund der erhöh-

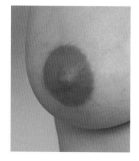

DUNKLER WARZENHOF
Der Warzenhof (Bereich um die Brustwarzen) wird dunkler.

SPINNENMALE *Diese roten Linien auf der Haut entstehen infolge des hohen Östrogenspiegels.*

ten Östrogenproduktion ausgedehnt haben. Normalerweise verschwinden sie nach der Schwangerschaft wieder. Die Durchblutung der Haut ist verstärkt und weil die Venen stark erweitert sind, ist der Körper besser in der Lage, Wärme über die Körperoberfläche abzugeben. Vielleicht schwitzen Sie leicht, schon bei verhältnismäßig niedrigen Temperaturen, und empfinden dies als lästig. Doch es handelt sich dabei um eine wichtige Anpassungsleistung Ihres Körpers, denn Sie müssen sich der erhöhten Temperatur, die der gesteigerte Stoffwechsel und die verstärkte Durchblutung mit sich bringen, entledigen können.

Die Haut im Genitalbereich wird dunkler und Sie stellen vermutlich einen verstärkten Vaginalausfluss fest. Es handelt sich um eine wässrige Substanz, die abgestoßene Zellen der Scheidenwand enthält. Normalerweise ist dieser Ausfluss schleimartig, klar oder von milchiger Farbe. Wenn der Ausfluss gelblich wird, einen unangenehmen Geruch entwickelt oder Symptome wie Jucken und Brennen auftreten, suchen Sie Ihren Arzt auf (*siehe* S. 215).

WIE SIE SICH KÖRPERLICH FÜHLEN

ES GIBT FRAUEN, DIE EMPFINDEN IM ERSTEN TRIMESTER WEDER MÜDIGKEIT NOCH ÜBELKEIT. MANCHE MERKEN NOCH NICHT EINMAL, DASS SIE SCHWANGER SIND. DOCH FÜR DIE MEISTEN IST DAS ERSTE TRIMESTER EINE ZEIT UNANGENEHMER BEGLEITERSCHEINUNGEN, WIE ÜBELKEIT, ERBRECHEN UND ERSCHÖPFUNG.

Keine Frau weiß im Voraus, wie sie sich in diesen ersten Wochen der Schwangerschaft fühlen wird, denn die Symptome sind von Frau zu Frau verschieden und meist auch in jeder Schwangerschaft wieder anders. Es gibt auch keinen festen Zeitpunkt, zu dem die Symptome sich einstellen oder wieder abklingen. Manche Frauen leiden vom positiven Schwangerschaftstest an bis zu Beginn des zweiten Trimesters unter Erschöpfung, während andere nur kurzzeitig Beschwerden haben. Auch die Übelkeit kann nur kurzzeitig auftreten und wieder verschwinden oder über mehrere Wochen anhalten.

MORGENDLICHE ÜBELKEIT

Die morgendliche Übelkeit ist das bekannteste Symptom in der frühen Schwangerschaft. Etwa 70 bis 80 Prozent aller Schwangeren haben mehr oder weniger damit zu kämpfen. Viele Frauen sind zwar nicht körperlich krank, fühlen sich aber schlecht. Die Übelkeit kann den ganzen Tag über anhalten oder auch nur abends zum Problem werden. Andererseits ist es auch völlig normal, wenn keine Übelkeit auftritt. Wenn das der Fall ist, freuen Sie sich darüber

» ... viele Frauen sind zwar nicht körperlich krank, fühlen sich aber schlecht.«

und machen Sie sich keine Sorgen. Viele Frauen befürchten, dass das Ausbleiben der Übelkeit ein Warnsignal sei. Doch seien Sie versichert: Es muss Ihnen nicht jeden Tag übel sein, nur damit Ihre Schwangerschaft erfolgreich verläuft.

Niemand kennt eine endgültige Antwort auf die Frage, warum morgendliche Übelkeit oder Erbrechen auftritt, aber es gibt verschiedene Erklärungsansätze. Wie die meisten medizinischen Probleme ist Übelkeit wahrscheinlich die Folge einer Kombination verschiedener Faktoren. Eine mögliche Ursache ist der hohe HCG-Spiegel (humanes Choriongonadotropin) während des ersten Trimesters, der um die 13. Woche wieder abfällt. Dies würde erklären, weshalb die Übelkeit normalerweise zwischen der 12. und 15. Schwangerschaftswoche verschwindet; allerdings gibt es auch Frauen, die länger unter Übelkeit leiden.

Eine andere mögliche Ursache ist ein zu niedriger Blutzuckerspiegel. Dafür spricht, dass die Übelkeit bevorzugt morgens, nach vielen Stunden ohne Nahrung, oder am Ende eines Tages, wenn der Körper ausgehungert ist, auftritt.

Eine weitere mögliche Erklärung lautet, dass sich infolge des hohen Progesteronspiegels die Muskeln des Verdauungstraktes entspannen und dadurch die Nahrungspassage durch den Verdauungskanal verlangsamt ist. Die Folge ist, dass die Nahrung und die Verdauungssäfte, die produziert werden, längere Zeit im Magen verbleiben. Dies kann Übelkeit und Erbrechen verursachen.

Was auch immer der Grund sein mag, ich weiß aus eigener Erfahrung, wie quälend und lästig anhaltende Übelkeit sein kann. Vielleicht machen Sie sich auch Sorgen, dass Ihr Baby Schaden nimmt, wenn Sie keine Nahrung bei sich behalten können. Dazu besteht aber kein Anlass, denn selbst wenn Sie nur

»... es gibt viele Nahrungsmittel, auf die Frauen in der frühen Schwangerschaft einen Heißhunger oder heftigen Widerwillen entwickeln.«

SO LINDERN SIE MORGENDLICHE ÜBELKEIT

Es gibt leider kein Allheilmittel gegen Übelkeit, aber verschiedene Maßnahmen, die Sie ausprobieren können. Ich frage meine Patientinnen immer nach Methoden, die ihnen geholfen haben, um mit der Übelkeit besser zurechtzukommen. Im Folgenden finden Sie einige Ratschläge:

▸ **Essen Sie regelmäßig** über den Tag verteilt kleine, leicht verdauliche Mahlzeiten statt ein oder zwei große Hauptmahlzeiten. Trockener Toast, Vollkornkekse oder Reis-

cracker sind geeignete Knabbereien, wenn Ihr Magen sonst nichts toleriert. Sobald Sie wieder regelmäßige Mahlzeiten einnehmen können, reduzieren Sie die Snacks, sonst kann es schnell zu überflüssigen Pfunden kommen.

▸ **Meiden Sie fettreiche Speisen,** die oft Übelkeit verursachen.

▸ **Leichte Speisen,** wie Cornflakes mit fettarmer Milch, werden ziemlich gut vertragen und haben den großen Vorteil,

wenig essen oder trinken, bekommt Ihr Baby alles, was es zu seiner normalen Entwicklung benötigt. Auch wenn Sie sich fürchterlich fühlen – Ihrem Baby geht es gut!

STARKES ERBRECHEN

Gelegentlich kommt es vor, dass Frauen regelmäßig und über längere Zeit hinweg erbrechen (mehrere Wochen lang). Wenn Sie keine Flüssigkeit und Nahrung bei sich behalten können, besteht die Gefahr einer Dehydrierung und allgemeinen Schwächung. Glücklicherweise kommt dies nur bei etwa einer von 200 bis 500 Schwangerschaften vor. Bei übermäßigem, anhaltendem Erbrechen kann eine kurzzeitige Einweisung ins Krankenhaus erforderlich sein, damit intravenös Flüssigkeit, Glukose und Mineralstoffe zugeführt werden können. Möglicherweise werden Medikamente zur Verhinderung des Erbrechens (Antiemetika) verschrieben, entweder in Tablettenform oder über den Tropf. Diese Medikamente sind in der frühen Schwangerschaft unbedenklich und haben keinen schädigenden Einfluss auf das Baby. Seit der Contergan-Affäre in den Jahren zwischen 1950 und 1960 sind Ärzte äußerst vorsichtig in der Verschreibung von Medikamenten gegen Erbrechen bei Schwangeren. Die Antiemetika, die heute eingesetzt werden, sind absolut unbedenklich. Werden sie verordnet, sollten Sie sie einnehmen, um diese schwierige Zeit bei guter Gesundheit zu überstehen.

PFEFFERMINZTEE *Der erfrischende Geschmack von Pfefferminze mildert den metallischen Geschmack, der oft mit Übelkeit einhergeht.*

dass sie Eisen und Vitamine enthalten. Auf diese Weise können Sie eine normale Mahlzeit gleichwertig ersetzen.

▸ **Wenn Ihnen morgens beim Aufwachen sehr übel ist,** knabbern Sie vor dem Aufstehen einen trockenen Vollkornkeks.

▸ **Manche Frauen schwören auf eine Akupressur der Handgelenke** (normalerweise wirksam gegen Reisekrankheit). Dabei wird der Akupunkturpunkt P6 gedrückt.

▸ **Probieren Sie kleine Mengen Ingwer,** entweder in Form von Tee, Kapseln, kandierten Ingwer oder Ingwerkekse.

▸ **Kräutertees** helfen ebenfalls vielen Frauen, besonders Pfefferminztee, dessen erfrischender Geschmack den unangenehmen metallischen Geschmack im Mund nimmt, der fast immer mit der Übelkeit einhergeht. Aus demselben Grund ist es auch hilfreich, sich mehrmals täglich die Zähne zu putzen.

NICKERCHEN *Niemand weiß, warum Frauen in den ersten Wochen der Schwangerschaft oft so müde sind. Nutzen Sie jede Gelegenheit zu einem Nickerchen.*

ABNEIGUNGEN UND GELÜSTE

Heißhunger oder Abneigungen gegenüber bestimmten Speisen gehen oft mit der morgendlichen Übelkeit einher, können aber auch isoliert auftreten. Auch hier sind die Ursachen nicht bekannt; man weiß auch nicht, warum es so unterschiedliche Nahrungsmittel sind, auf die Frauen während der frühen Schwangerschaft mit heftigem Widerwillen reagieren oder auf die sie einen wahren Heißhunger entwickeln. Ich weiß noch genau, wie erstaunt ich war, als ich plötzlich keinen Kaffee mehr trinken konnte und sogar schon Kaffeeduft bei mir Übelkeit auslöste. Orangensaft lag mir unerträglich schwer im Magen und ich fühlte mich bereits krank, wenn ich abends nur an einem Glas Wein nippte. Der Geruch von gebratenem Fleisch, gleichgültig welche Fleischsorte, widerte mich an, und, obwohl ich seit meiner Kindheit Käse liebe, löste schon der Anblick bei mir heftige Übelkeit aus. Ich machte mir Sorgen, weil ich mein Baby ausschließlich mit Grapefruitsaft, verdünnt mit Mineralwasser, und gelegentlich einem Sandwich und Apfel oder etwas Dosenspargel ernähren konnte. Aber verglichen mit manchen Geschichten über Gelüste, die mir meine Patientinnen erzählten, waren meine Marotten eher harmlos.

Kaffee und Alkohol werden von den meisten Frauen schon in der frühen Schwangerschaft vom Speiseplan gestrichen, weil sie Übelkeit auslösen. Gelüste auf salzige Nahrungsmittel, z.B. eingelegte Zwiebeln oder saure Gurken, sind häufig – auch zu ganz ungewöhnlichen Tageszeiten oder mitten in der Nacht. Vielleicht verlangt der Körper auf diese Weise nach Salz – doch genau weiß das niemand. Ich kann Ihnen versichern, dass nirgendwo bekannt geworden ist, dass ein solches Verlangen zu irgendwelchen Schäden geführt hätte. Es gibt nur sehr wenige Nahrungsmittel, wie Leber und nicht pasteurisierter Käse, die in der Schwangerschaft gefährlich sein können. Mehr Informationen dazu finden Sie im Kapitel über Ernährung (*siehe* S. 50).

MÜDIGKEIT

Das Gefühl der Erschöpfung und Müdigkeit kann in den ersten Monaten der Schwangerschaft geradezu lähmend sein. Ich kann mich erinnern, dass ich nach einem ganz normalen Arbeitstag zu Hause gerade noch meinen Schlüssel ins Schlüsselloch stecken konnte, und mich dann vor der Tür hinsetzen musste. Ich konnte nichts gegen meine Erschöpfung tun. Niemand konnte bisher eine wissenschaftliche Erklärung für diese Müdigkeit geben, auch wenn viele Theorien dazu existieren. Manche Ärzte meinen, dass der hohe Progesteronspiegel dafür verantwortlich ist – Progesteron wirkt schlaffördernd. Andere sehen die Ursache in den Veränderungen, die sich im Körper vollziehen, wie erhöhte Herztätigkeit, vergrößertes Blutvolumen und erhöhter Sauerstoffbedarf. Eine weitere Erklärung ist das rasante Wachstum des winzigen Embryos. Vielleicht können Sie kaum glauben, dass das winzige Baby, das Sie mit Ihrer Hand umschließen könnten, Ihren Energiehaushalt so durcheinander bringen kann.

Wie jede andere Beeinträchtigung in der Schwangerschaft, vergeht auch die Müdigkeit. Doch sie soll hier ausdrücklich besprochen werden, da sie häufig auch den Partner und Angehörige in Sorge versetzt. Sie erleben, wie eine bislang so schwungvolle Frau plötzlich völlig schlapp ist. Die oft zusätzlich auftretende Übelkeit verstärkt die Sorge weiter. Doch Sie können sicher sein: Zwei Monate lang brauchen Sie zusätzlichen Schlaf, doch danach ist die lähmende Müdigkeit vorüber. Bis dahin hören Sie auf die Bedürfnisse Ihres Körpers.

»Das Gefühl der Erschöpfung kann in den ersten Monaten lähmend sein.«

EMOTIONALE REAKTIONEN

WENN SIE AN HEFTIGEN STIMMUNGSSCHWANKUNGEN LEIDEN, IST DIES OHNE ZWEIFEL EINE FOLGE DER HORMONELLEN VERÄNDERUNGEN IN DER FRÜHEN SCHWANGERSCHAFT. IN EINER MINUTE FREUEN SIE SICH NOCH ÜBERSCHWÄNGLICH AUF DIE ZUKUNFT, UND NUR WENIGE MINUTEN SPÄTER BRECHEN SIE WEGEN EINES BANALEN EREIGNISSES IN TRÄNEN AUS.

Vielleicht stellen Sie fest, dass Sie auf einen harmlosen Kommentar Ihres Partners heftig reagieren. Doch da Sie selbst nicht genau wissen, wie Sie sich fühlen und warum Sie emotional so empfindlich sind, können Sie sich sicher vorstellen, wie schwer es für Ihren Partner ist, sich in Sie hineinzuversetzen. Versuchen Sie ihm verständlich zu machen, was in Ihnen vorgeht und dass Sie manche Ihrer Reaktionen selbst nicht verstehen. Die Stimmungsschwankungen können zwar sehr heftig sein; Sie fühlen sich hilflos und verlieren manchmal die Kontrolle. Doch diese Emotionalität geht vorüber und ist nur ein Symptom einer vollkommen normalen Schwangerschaft.

Vielleicht machen Sie sich auch Sorgen über die Zukunft, haben Angst vor der Geburt und fragen sich, ob Sie eine gute Mutter sein werden. Wenn Müdigkeit und Übelkeit Sie übermannen, ist es vollkommen normal, Zweifel zu haben und auch einmal schwarz zu sehen – egal, wie gut Sie ansonsten mit all diesen Veränderungen zurechtkommen.

HÄUFIGE BESCHWERDEN

DIE GRÖSSTEN SORGEN IN DIESER PHASE DER SCHWANGERSCHAFT BETREFFEN EINE MÖGLICHE FEHLGEBURT, DIE MEIST IN DEN ERSTEN WOCHEN ERFOLGT. DOCH NICHT JEDES UNGEWÖHNLICHE SYMPTOM BEDEUTET ZWANGSLÄUFIG EINE FEHLGEBURT. MIT JEDER WOCHE STABILISIERT SICH DIE SCHWANGERSCHAFT.

Etwa jede dritte Frau leidet während des ersten Trimesters an Blutungen, die als bräunliche oder hellrote Flecken erkennbar sind, aber auch große Blutklumpen bilden können. In den meisten Fällen geht eine solche Blutung rasch vorüber und ist kein Symptom eines ernsteren Problems. Trotzdem ist verständlich, dass eine Blutung sehr beunruhigend und erschreckend sein kann. Sicherheit kann eine Ultraschalluntersuchung geben, bei der es vielleicht möglich ist, die Fruchtblase in der Gebärmutter zu erkennen und die Entwicklung von Fetus und Dottersack zu kontrollieren. Eine Ultraschalluntersuchung verstärkt die Blutung nicht. Manche Frauen haben Angst, bei der Untersuchung könnte festgestellt werden, dass die Schwangerschaft nicht mehr besteht. Eine solche Angst ist zwar verständlich, doch ist es in jedem Fall besser, mögliche Probleme so früh wie möglich festzustellen. Ich habe selbst die Angst erlebt, die eine plötzliche Blutung verursacht. Während einer Konferenz spürte ich in der achten Schwangerschaftswoche, dass eine Blutung eingesetzt hatte – ohne Schmerzen und ohne jede Vorwarnung – es geschah einfach so. Ich dachte sofort an eine Fehlgeburt.

SO SINKT DAS RISIKO EINER FEHLGEBURT

▶ **Fehlgeburten sind die häufigste Komplikation** einer Schwangerschaft; sie können bis zur 24. Woche (*siehe* S. 430) einer Schwangerschaft auftreten. Die meisten Fehlgeburten erfolgen jedoch früher, meist ehe die Schwangerschaft auf dem Ultraschallmonitor überhaupt sichtbar ist.

▶ **Wenn die letzte Periode sechs Wochen zurückliegt,** beträgt das Risiko einer Fehlgeburt ungefähr 15 Prozent bzw. sie betrifft eine von sechs Schwangerschaften. In dieser Phase ist es meist schon möglich, bei einer Ultraschalluntersuchung den Dottersack und den Embryo in der Gebärmutter zu erkennen.

▶ **Mit acht Wochen ist das Risiko noch geringer.** Wenn der fetale Herzschlag bei einer Ultraschalluntersuchung festgestellt werden kann, sinkt das Risiko einer Fehlgeburt auf drei Prozent: 97 Prozent aller Schwangeren mit einem sichtbaren fetalen Herzschlag dürfen mit einer gut verlaufenden Schwangerschaft rechnen.

▶ **Nach zwölf Wochen** beträgt das Risiko einer Fehlgeburt nur noch ein Prozent. Das Risiko sinkt erheblich, je weiter sich die Schwangerschaft entwickelt. Wenn Sie das Ende dieses Trimesters erreicht haben, bleibt Ihnen dieses schlimme Erlebnis sicherlich erspart.

»Eine in der Frühschwangerschaft auftretende Blutung erfordert immer eine genaue Abklärung, doch selbst eine starke Blutung bedeutet nicht zwangsläufig das Ende der Schwangerschaft.«

Nachdem ich die Sitzung verlassen hatte, fuhr ich nach Hause und weinte. Ich war nahe dran, meinen Ultraschall am nächsten Tag abzusagen, aber mein Mann beschwor mich hinzugehen. Glücklicherweise sah man auf dem Monitor zwei winzige Embryos, die von der Blutung am Tag zuvor völlig unberührt schienen. Eine in der Frühschwangerschaft auftretende Blutung erfordert eine genaue Untersuchung und Abklärung der möglichen Ursachen, doch selbst eine starke Blutung muss kein Ende der Schwangerschaft bedeuten.

BAUCHSCHMERZEN

Viele Schwangere leiden in der frühen Schwangerschaft unter leichten Bauch-schmerzen. Die Schmerzen und das Ziehen sind meist Folge der ungeheuren Ver-änderungen, die sich in den Beckenorganen vollziehen. Besonders das Wachstum der Gebärmutter kann Schmerzen mit sich bringen, die sich auf alle Bänder und Muskeln, die die Gebärmutter umgeben, ausbreiten können. Es ist kaum verwun-derlich, dass die unvermeidliche Dehnung der Bänder, die die Gebärmutter stüt-zen, stechende Schmerzen und allgemeines Unbehagen verursacht.

Wenn die Bauchschmerzen anhalten oder sehr heftig sind, sollten Sie sofort Ihren Arzt aufsuchen, denn das könnte ein Anzeichen einer ektopen Schwanger-schaft sein, die umgehend behandelt werden muss. Die meisten ektopen Schwan-gerschaften werden in dieser Phase erkennbar. Wenn Sie unter starken Bauch-schmerzen leiden, ordnet Ihr Arzt eine Ultraschalluntersuchung an, um festzu-stellen, ob sich die Fruchtblase in der Gebärmutter befindet. Ist keine Frucht-blase in der Gebärmutter sichtbar, sind weitere Untersuchungen notwendig, eventuell auch eine Laparoskopie (Bauchspiegelung) unter Vollnarkose.

SCHWINDELGEFÜHL

Schwindel, Schwächegefühl und Benommenheit sind ebenfalls häufige Be-schwerden in der frühen Schwangerschaft. Meist sind diese Symptome harm-los; anhaltende Schwindelgefühle können aber problematisch werden. Wenn Sie sich im Sitzen benommen fühlen oder Ihnen schwindelig wird, ist wahr-scheinlich der Blutzuckerspiegel stark abgesunken. Dies kommt im ersten Tri-mester häufig vor, weil viele Frauen keine regelmäßigen Mahlzeiten zu sich nehmen können. Haben Sie daher immer kohlenhydrathaltige Snacks bei sich.

Wenn Ihnen beim plötzlichen Aufstehen oder nach längerem Stehen schwarz oder schwindelig wird, ist dies die Folge einer ungenügenden Blutversorgung des Gehirns. Die allgemeine Durchblutung des Körpers hat sich zwar verstärkt, doch beim aufrechten Stehen sammelt sich das Blut in Beinen und Füßen. Wenn Sie ganz plötzlich aufstehen, strömt das Blut in die Beine und die Versorgung des Gehirns ist verringert.

WAS ZU BEACHTEN IST

IN DIESER PHASE DER SCHWANGERSCHAFT IST ES WICHTIG, DASS SIE SICH MIT DEM GEDANKEN VERTRAUT MACHEN, EIN NEUES LEBEN IN SICH ZU TRAGEN. ZUDEM SOLLTEN SIE BESTIMMTE STRATEGIEN BEHERZIGEN UND VORKEHRUNGEN TREFFEN, DIE EINE GUTE BASIS FÜR DIE KOMMENDEN MONATE SCHAFFEN.

ZAHNARZTBESUCH

Die regelmäßige Kontrolluntersuchung beim Zahnarzt ist in jeder Lebensphase wichtig, doch in der Schwangerschaft gibt es zusätzliche Gründe für einen regelmäßigen Zahnarztbesuch. Während der Schwangerschaft wird das Zahnfleisch durch den Einfluss der Schwangerschaftshormone stärker durchblutet und es wird weicher. Das Zahnfleisch blutet daher leichter und ist anfälliger für Infektionen. Sorgfältiges Zähneputzen mit Zwischenraumbürsten und Zahnseide sowie zusätzliche professionelle Plaqueentfernung durch den Zahnarzt vermindern das Risiko von Zahn- und Kieferschäden während der Schwangerschaft.

Röntgenaufnahmen von Zähnen und Kiefer werden während der Schwangerschaft nur vorgenommen, wenn sie absolut nötig sind. Wenn eine Röntgenaufnahme unumgänglich ist, müssen Sie keine Schädigung des Babys befürchten. Röntgenstrahlen lassen sich heute sehr genau bündeln und treffen den Bauchraum nicht, außerdem sind die Strahlendosen gering. Eine lokale Betäubung des Mundraums bei einer zahnärztlichen Behandlung ist ebenfalls unbedenklich.

SCHWANGERSCHAFTS-BH

Die Brüste vergrößern sich gleich zu Beginn der Schwangerschaft, was manche Frauen als sehr unangenehm, ja sogar schmerzhaft empfinden. Es lohnt sich, jetzt in einige gut sitzende Schwangerschafts-BHs zu investieren: Hängende Brüste sind unangenehm und begünstigen Rückenschmerzen. Ich selbst dachte zu Beginn meiner Schwangerschaft darauf verzichten zu können, weil durch das Wachstum der Brüste bald wieder größere Büstenhalter erforderlich sein würden. Doch die Brüste vergrößern sich hauptsächlich in den ersten drei Monaten der

»Sie werden das neue Baby genauso innig lieben wie Ihr älteres Kind.«

Schwangerschaft und wachsen erst wieder nach der Geburt, wenn Sie mit dem Stillen beginnen. Dann benötigen Sie jedoch spezielle Stillbüstenhalter. Um die richtige Größe und Form zu finden, lassen Sie sich in einem Fachgeschäft beraten. Ein Schwangerschafts-BH muss die Brüste rundherum gut abstützen und auch unter den Armen und im Rückenbereich Halt bieten. Wenn Ihre Brüste bereits vor der Schwangerschaft stark waren, können Sie auch nachts einen Büstenhalter tragen.

Bei Frauen, die kosmetische Brustimplantate tragen, kann unter Umständen jetzt, wo sich das eigene Brustgewebe weiterentwickelt, eine besondere Empfindlichkeit auftreten. Die Haut im Brustbereich kann unangenehm spannen. Ob Stillen möglich ist, hängt vor allem von der Schnittführung, die zum Einsetzen der Implantate vorgenommen wurde, ab. Wenn die Schnitte rund um den Brustwarzenhof vorgenommen wurden, können Milchbläschen und Milchgänge, die für das Stillen sehr wichtig sind, durchtrennt worden sein. Wenn die Schnitte unter den Brüsten verlaufen, ist die Chance groß, dass keine Schädigung erfolgt ist.

SCHWANGERSCHAFTS-BH

Kaufen Sie sich einen gut sitzenden, stützenden Büstenhalter, denn Ihre Brüste vergrößern sich zu Beginn der Schwangerschaft und verändern sich dann in der Schwangerschaft kaum noch.

WENN ES DIE FAMILIE ERFÄHRT

Wenn Sie schon Kinder haben, fragen Sie sich vielleicht, wie diese die Nachricht, dass sie ein neues Geschwisterchen bekommen, aufnehmen. Ältere Kinder sind von dieser Aussicht bestimmt begeistert, jüngere Kinder dagegen reagieren oft mit Ablehnung. Vielleicht ist es besser, noch ein wenig abzuwarten, bis Sie Ihren Kindern mitteilen, dass Sie schwanger sind.

Doch wenn Sie in der frühen Schwangerschaft Probleme hatten und aus diesem Grund ins Krankenhaus mussten, kann es sein, dass Ihre jüngeren Kinder wegen Ihrer plötzlichen Abwesenheit verwirrt sind. In der Welt eines kleinen Kindes garantiert die Mutter Sicherheit und Verlässlichkeit und selbst eine kurze Abwesenheit ist eine gravierende Sache. Wenn bei Ihnen diese Situation eingetreten ist, sollten Sie Ihren Kindern so offen wie möglich erklären, wie es Ihnen geht und was geschehen ist. Je besser Ihre Kinder über die Situation Bescheid wissen, umso besser können sie sie bewältigen. Versichern Sie Ihren Kindern, dass Sie so schnell wie möglich nach Hause zurückkehren werden.

KANN ICH EIN WEITERES KIND LIEBEN?

Manche Frauen befürchten, dass sie das Baby nicht so sehr lieben könnten wie ihre anderen Kinder. Glauben Sie mir: Sie werden diese Gedanken in einem Jahr lächerlich finden. Sie werden zurückschauen und sich nicht vorstellen können, wie das Leben vor der Geburt des neuen Babys war. Und Sie werden das neue Baby genauso innig lieben wie Ihre älteren Kinder.

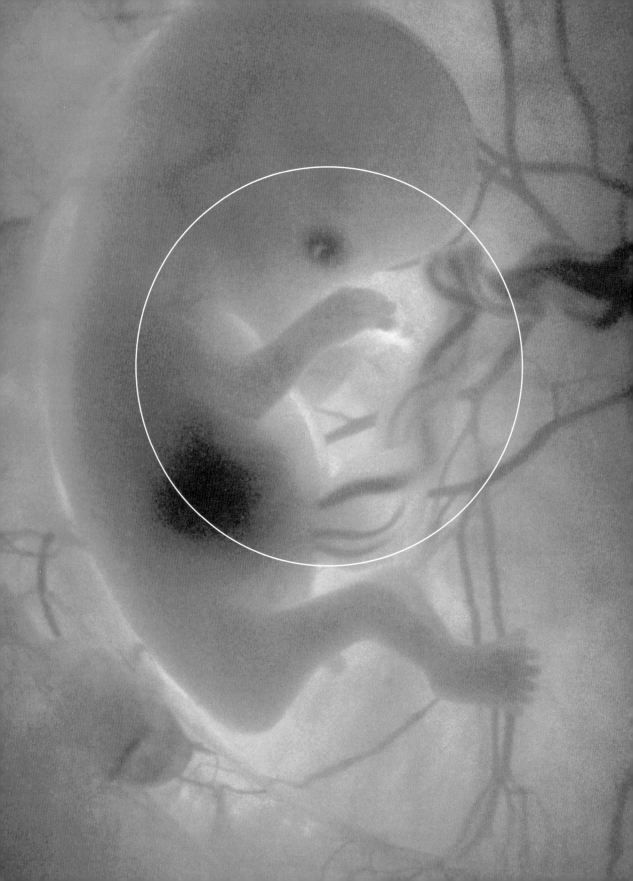

10.–13. WOCHE
DIE ENTWICKLUNG DES BABYS

AUS DEM EMBRYO IST NUN EIN FETUS GEWORDEN. ALLE LEBENSWICHTIGEN ORGANE IHRES BABYS SIND VORHANDEN. VON NUN AN BEZIEHT SICH DIE ENTWICKLUNG AUSSCHLIESSLICH AUF DAS WACHSTUM UND DIE REIFUNG DIESER WICHTIGEN ORGANE UND KÖRPERFUNKTIONEN.

Während der nächsten Wochen wächst der Fetus schnell und kontinuierlich, ungefähr 10 mm pro Woche. Sein Gewicht verfünffacht sich. Bei einer Ultraschalluntersuchung kann man in diesem Stadium die verschiedenen Körperteile des Babys bereits gut erkennen. Der Fetus ähnelt immer stärker einem winzig kleinen Menschen. Der Kopf ist immer noch verhältnismäßig groß und macht etwa ein Drittel der Länge vom Scheitel des Kopfes bis zum Steiß aus. Doch nun holt auch der übrige Körper im Wachstum auf. Der Kopf wird inzwischen von einem deutlich erkennbaren Nacken gestützt. Die Gesichtszüge sind stärker ausgeprägt, da alle Gesichtsknochen komplett ausgebildet sind. Die Stirn ist noch sehr hoch, aber Kiefer, Kinn und Nase treten stärker hervor; 32 Zahnknospen haben sich im Kiefer gebildet. Die Augen sind voll entwickelt; sie stehen zwar immer noch etwas weit auseinander, scheinen aber zentraler im Gesichtsfeld angeordnet zu sein. Die Augenlider entwickeln sich noch und sind fest verschlossen. Die Ohrmuscheln wachsen, werden sichtbar und sehen bald aus wie bei einem Erwachsenen. Sie sind vom untersten Teil des Schädels beidseitig des Kopfes in eine höhere Position gewandert. Das Innenohr und das Mittelohr sind vollständig ausgebildet. Die Haut ist noch immer sehr dünn, durchscheinend und durchlässig für das Fruchtwasser. Eine Schicht feiner Haare bedeckt nun den größten Teil des Körpers.

DIE GLIEDMASSEN DES BABYS
Der Körper des Fetus wirkt gerader als noch vor wenigen Wochen. Die Gliedmaßen wachsen schnell. Schultern, Ellbogen, Handgelenke und Finger sind deutlich zu erkennen. Die unteren Gliedmaßen entwickeln sich ebenfalls, aber ihr Wachstum vollzieht sich noch etwas langsamer. Finger und Zehen teilen sich zu eigenständigen Gliedmaßen. Winzige Nägel werden sichtbar. Etwa um die zwölfte Woche verhärtet sich das Knorpelgewebe der fetalen Knochen (Ossifikation). Da weiterhin Kalzium eingelagert wird, härtet sich das Skelett allmählich. Dieser Prozess der Knochenhärtung hält noch lange nach der

Lebensgröße

WOCHE — ERSTES TRIMESTER: 1.–13.; ZWEITES TRIMESTER: 14.–26.; DRITTES TRIMESTER: 27.–40.

◄ *In der 10. Woche ist der Fetus als menschliches Wesen erkennbar.*

»Der Fetus bewegt sich nun recht lebhaft mit kleinen, ruckartigen Bewegungen in der Fruchtblase ...«

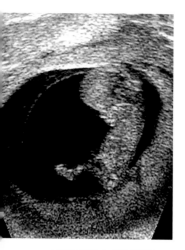

FETUS MIT 10 WOCHEN

Der Ultraschall zeigt den Fetus frei schwimmend im Dunkel der Fruchtblase. Die schwache weiße Linie zeigt die äußere Schicht der Fruchtblase, das Chorion, die noch nicht mit der Gebärmutterwand verbunden ist.

Geburt an. Er ist erst mit der Pubertät beendet. Der Fetus bewegt sich recht lebhaft innerhalb der Fruchtblase, mit kleinen, ruckartigen Bewegungen seines Körpers und der oberen Gliedmaßen. Trotzdem spüren Sie diese Bewegungen kaum. Die Muskeln des Brustkorbes beginnen sich zu entwickeln. Atembewegungen, manchmal verbunden mit Schluckauf, sowie Schluckbewegungen sind auf dem Ultraschallmonitor zu sehen. Das Baby beginnt, mit Reflexbewegungen auf äußere Reize zu reagieren. Wird z. B. ein Finger gegen den Bauch der Mutter gedrückt, versucht das Baby, sich dem Druck zu entziehen. Streift seine Hand oder sein Fuß an seinem Mund, spitzt es die Lippen und kräuselt die Stirn – das allererste Anzeichen des späteren Saugreflexes. Berührt es seine Augenlider, sieht man, wie es blinzelt. Man ist der Auffassung, dass der Fetus bis etwa zur 24. Schwangerschaftswoche keinen Schmerz empfinden kann.

IM KÖRPERINNEREN DES BABYS

Die Eierstöcke bzw. Hoden sind voll ausgebildet. Die äußeren Genitalien entwickeln sich von einer winzigen Schwellung zwischen den Beinen zu einem deutlich sichtbaren Penis oder einer Klitoris. Theoretisch ist es möglich, auf dem Ultraschallmonitor schon in dieser frühen Phase das Geschlecht des Babys zu erkennen. Aber wenn Sie sich jetzt schon auf die Diagnose verlassen, könnten Sie bei der Geburt eine Überraschung erleben.

Das Herz ist nun voll funktionstüchtig und pumpt das Blut mit 110–160 Schlägen pro Minute in alle Körperteile. Das ist langsamer als noch vor ein paar Wochen, und der Herzschlag verlangsamt sich mit zunehmender Reifung des Fetus noch weiter. Unter Umständen ist es möglich, den Herzschlag mit einem entsprechenden Gerät, das auf Ihren Bauch aufgelegt wird, zu hören. Dieses Gerät arbeitet mit speziellen Ultraschallwellen (Doppler-Ultraschall) und ist vollkommen ungefährlich für Ihr Baby. Während der ersten Schwangerschaftswochen wurden die Blutzellen des Embryos im Dottersack produziert. Um die 12. bis 13. Woche löst sich der Dottersack auf und diese lebensnotwendige Aufgabe wird von der Leber des Fetus übernommen. Im zweiten Trimester tragen das Knochenmark und die Milz wesentlich zur Blutbildung bei. Brustkorb und Bauch strecken sich nach und nach, und der Darm, der sich noch vor wenigen Wochen in der Fruchtblase um die Nabelschnur wickelte, liegt hinter der geschlossenen Bauchdecke. Der Magen des Fetus ist mit dem Mund und dem Darm verbunden – ein wichtiger Entwicklungsschritt, denn nun beginnt der Fetus kleine Mengen Fruchtwasser zu schlucken. Es wird später, wenn die Nieren des Fetus funktionieren, als Urin ausgeschieden.

Die Fruchtwassermenge beträgt um die zwölfte Woche herum etwa 30 ml. Das Fruchtwasser hat eine vielfältige Schutzfunktion, unter anderem sorgt es für eine keimfreie Umgebung mit gleich bleibender Temperatur (etwas höher als die Körpertemperatur der Mutter). Später werden die Abfallprodukte, die der Fetus mit dem Urin ausscheidet, vom Fruchtwasser aufgenommen und über die Plazenta in den mütterlichen Blutkreislauf zurückgeführt.

Lebensgröße

Mit 10 Wochen ist der Fetus 30 mm groß und wiegt etwa 3–5 g. Um die 13. Woche ist er schon 80 mm groß und wiegt ungefähr 25 g.

FETUS MIT 13 WOCHEN *Die Arme entwickeln sich sehr schnell – Ellbogen, Handgelenke, Hände und Finger sind auf dem Ultraschallmonitor deutlich sichtbar. Der Fetus reagiert mit Reflexbewegungen, wenn seine Hand sein Gesicht streift.*

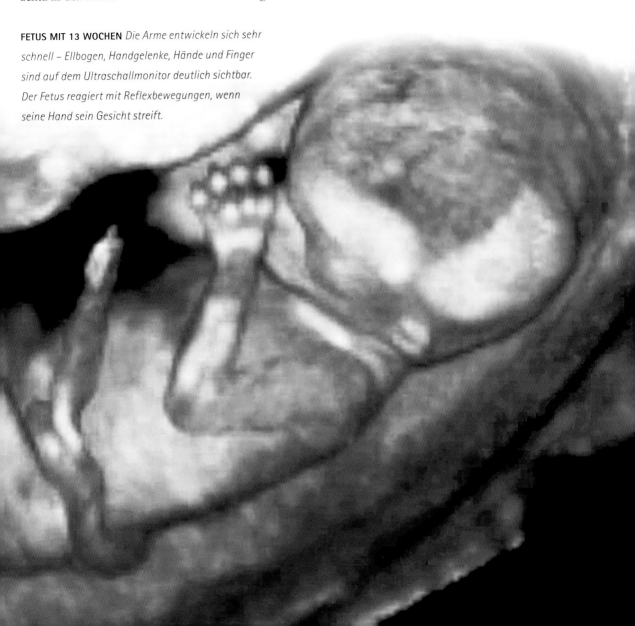

DIE PLAZENTA

DIE VOLL AUSGEBILDETE PLAZENTA IST EINE KOMPLEXE BIOLOGISCHE FABRIK, DIE IHR BABY
ÜBER IHREN BLUTKREISLAUF MIT ALLEM VERSORGT, WAS ES BRAUCHT. UND SIE DIENT ALS
SCHUTZWALL GEGEN INFEKTIONEN UND SCHÄDLICHE SUBSTANZEN.

Die Plazenta entwickelt sich sehr schnell; um die 12.–13. Woche ist ihre Struktur ausgebildet, auch wenn sie während der Schwangerschaft noch größer wird. Gegen Ende des ersten Trimesters ist sie voll entwickelt und übernimmt eine Reihe lebenswichtiger Funktionen. In erster Linie ist die Plazenta ein hoch entwickeltes Filtersystem, das dem Baby ermöglicht zu atmen, zu essen und Giftstoffe auszuscheiden. Sie wirkt auch als schützende Barriere, die die meisten Infektionserreger und schädlichen Substanzen vom Baby fern hält. Außerdem produziert die Plazenta immer größere Mengen an bestimmten Hormonen, die die Schwangerschaft aufrechterhalten und Ihren Körper auf Geburt und Stillzeit vorbereiten.

All diese Aufgaben verbrauchen eine Menge Energie. Der Stoffwechsel der Plazenta ist daher dem der Leber oder Niere eines Erwachsenen vergleichbar. Das Funktionieren der Plazenta ist abhängig von einer guten Blutversorgung der Spiralarterien der Gebärmutterschleimhaut. Deshalb haben Rauchen und Erkrankungen wie Bluthochdruck und Präeklampsie (*siehe* S. 425), die die Durchblutung der Plazenta verringern, einen so großen Einfluss auf die Plazentafunktion und auf das Wachstum des Fetus.

DIE NABELSCHNUR

Die Nabelschnur ist nun voll ausgebildet und besteht aus drei Blutgefäßen: einer einzelnen langen Vene, die sauerstoffreiches Blut und Nährstoffe von der Gebärmutter über die Plazenta zum Fetus befördert; und zwei kleineren Arterien, die Abfallprodukte und sauerstoffarmes Blut vom Fetus zurück zur Mutter transportieren. Diese drei Blutgefäße sind gewunden wie eine Kordel, damit das wachsende Baby sich besser in der Fruchtblase bewegen kann; sie sind von einer gallertartigen Schutzschicht und einer Haut umgeben.

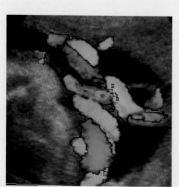

Ein Doppler-Ultraschall der Nabelschnur zeigt, wie das Blut durch eine große Vene (blau) und zwei Arterien (rot) fließt.

WIE ÄSTE EINES BAUMES
Die Plazenta kann man sich wie einen Baum mit einer Verästelung aus etwa 200 Zweigen vorstellen. Diese teilen sich weiter in viele Ausläufer, die alle von einem Geflecht aus Zotten, wurzelähnlichen Fortsätzen, bedeckt sind. Diese Plazentazotten sind vom mütterlichen Blut umgeben, den so genannten intervillösen Räumen. Einige der längsten Zotten wachsen nach unten in die Schleimhaut der Gebärmutter. Einige graben sich weiter in die tieferen Schichten der Schleimhaut ein und verschaffen sich Zugang zu den mütterlichen Blutgefäßen. Diese Zotten bilden die untere Begrenzung der intervillösen Räume.

DAS LEBENSSYSTEM

Das ausgedehnte Netzwerk der Chorionzotten schwimmt im mütterlichen Blut in den intervillösen Räumen. Nährstoffe und Ausscheidungsprodukte können die dünne Haut des Chorions ungehindert passieren. Trotzdem schützt das Chorion den Fetus auch vor Infektionen und schädlichen Umwelteinflüssen.

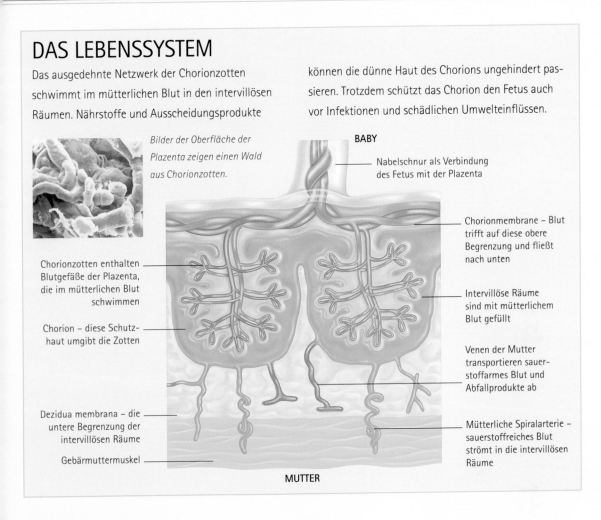

Bilder der Oberfläche der Plazenta zeigen einen Wald aus Chorionzotten.

BABY

Nabelschnur als Verbindung des Fetus mit der Plazenta

Chorionmembrane – Blut trifft auf diese obere Begrenzung und fließt nach unten

Chorionzotten enthalten Blutgefäße der Plazenta, die im mütterlichen Blut schwimmen

Chorion – diese Schutzhaut umgibt die Zotten

Intervillöse Räume sind mit mütterlichem Blut gefüllt

Venen der Mutter transportieren sauerstoffarmes Blut und Abfallprodukte ab

Dezidua membrana – die untere Begrenzung der intervillösen Räume

Gebärmuttermuskel

Mütterliche Spiralarterie – sauerstoffreiches Blut strömt in die intervillösen Räume

MUTTER

TRANSPORT VON SAUERSTOFF UND NÄHRSTOFFEN

Mit jedem Herzschlag strömt das Blut der Mutter von ihren Arterien in der Dezidua membrana, der unteren Begrenzung der intervillösen Räume, in die intravillösen Räume. Dort trifft es auf die Chorionmembrane, die obere Begrenzung, und fließt dann abwärts, wobei es die Chorionzotten versorgt und durch die Venen der Dezidua membrana versickert. Die hohe Anzahl der Blutgefäße in den Chorionzotten und die relativ langsame Durchblutung der intervillösen Räume bieten ausreichend Möglichkeit, dass Sauerstoff und Nährstoffe in den fetalen Kreislauf gelangen. Gleichzeitig werden Kohlendioxyd und andere Ausscheidungsprodukte des Fetus in die intervillösen Räume geleitet und mit dem mütterlichen Blut abtransportiert.

EIGENSTÄNDIGE KREISLÄUFE

Trotz der großen Nähe in den intervillösen Räumen vermischen sich fetaler und mütterlicher Kreislauf nicht. Sie sind durch eine dünne Membran getrennt, die etwa so dick wie eine Körperzelle ist. Dadurch wird der sich entwickelnde Fetus vor Infektionen und anderen schädlichen Substanzen, wie Pestiziden, Alkohol oder Drogen, geschützt. Alle Blutungen während der Schwangerschaft stammen aus dem mütterlichen Blutkreislauf, nicht aus dem fetalen. Der Kreislauf des Fetus ist geschützt, selbst wenn die Plazenta beschädigt ist.

WIE SICH IHR KÖRPER VERÄNDERT

GEGEN ENDE DES ERSTEN TRIMESTERS IST IHRE TAILLE VERMUTLICH ETWAS STÄRKER GEWORDEN UND SIE HABEN EIN WENIG ZUGENOMMEN. DER BAUCH WÖLBT SICH ETWAS NACH VORN, DOCH DAS WIRD EHER DURCH EINE TRÄGE VERDAUUNG ALS DURCH DAS WACHSENDE BABY VERURSACHT.

»Mit zwölf Wochen ist die Gebärmutter so groß wie eine große Grapefruit ... mit 14 Wochen so groß wie eine kleine Melone.«

Mit zehn Wochen hat Ihre Gebärmutter ungefähr die Größe einer Orange. Mit zwölf Wochen ist sie so groß wie eine Grapefruit und mit 14 Wochen wie eine kleine Melone. Irgendwann zwischen der 11. und 14. Woche – abhängig von Ihrem Körpergewicht und der Größe Ihres Beckens – kann der Arzt die vergrößerte Gebärmutter oberhalb des Schambeins durch die Bauchdecke ertasten. Wenn Sie Zwillinge oder Mehrlinge erwarten, wächst die Gebärmutter schon früher über den Beckenrand hinaus. Bevor es Ultraschall gab, war dies eines der wichtigsten Anzeichen für eine Mehrlingsschwangerschaft.

Die Brüste entwickeln sich unter dem Einfluss von Progesteron und verschiedenen anderen Hormonen weiter. Die Hormonproduktion steigt im ersten Trimester kontinuierlich an. Frauen mit bisher geringer Oberweite sind manchmal geradezu entsetzt, wenn ihre Körbchengröße während der ersten zwölf Schwangerschaftswochen um drei oder vier Größen zunimmt. Machen Sie sich keine Sorgen. Sie werden feststellen, dass Ihre Brüste bald aufhören zu wachsen und sich dann erst gegen Ende der Schwangerschaft, um den Geburtstermin herum, wieder ein wenig vergrößern. Hatten Sie bereits vor der Schwangerschaft große Brüste, können Sie auch nachts einen Büstenhalter tragen. Wenn Ihre Brüste sehr empfindlich sind, massieren Sie eine milde Kamillen- oder Ringelblumencreme in Brustgewebe und Brustwarzen ein.

ERHÖHTER SAUERSTOFFBEDARF

Viele Frauen stellen fest, dass sie gegen Ende des ersten Trimesters öfter außer Atem geraten; ein Symptom, das manchmal die ganze Schwangerschaft über anhält. Die Veränderungen in den Herz- und Blutgefäßen machen es notwendig, dass jedes Organ intensiver arbeiten muss. Während der Schwangerschaft steigt der Sauerstoffbedarf um 15 bis 20 Prozent; die Hälfte davon wird von der wachsenden Gebärmutter, der Plazenta und dem Baby beansprucht. Die andere Hälfte wird für die Herz- und Nierenfunktion benötigt; ein Teil wird zu den Atemwegsorganen, den Brüsten und in die Haut geleitet.

Um diesem zusätzlichen Bedarf gerecht zu werden, muss die Lunge bei jedem Atemzug mehr Sauerstoff aufnehmen und bei jedem Ausatmen mehr

Kohlenmonoxyd ausscheiden. Man spricht hier von Atemzugvolumen; dieses erhöht sich in der Schwangerschaft um 40 Prozent. Bei körperlicher Anstrengung steigen das Atemzugvolumen und der Sauerstoffbedarf weit über das Niveau vor der Schwangerschaft. Was bei diesem Prozess genau geschieht, ist im Einzelnen noch nicht bekannt, sicher ist aber, dass das Progesteron dabei eine Rolle spielt. Es ermöglicht, dass die Lunge hyperventilieren, d.h., die Atmung beschleunigen kann. Deshalb geraten Sie manchmal außer Atem.

WIE SIE SICH KÖRPERLICH FÜHLEN

GEGEN ENDE DES ERSTEN TRIMESTERS FINDEN SIE WAHRSCHEINLICH IHREN FRÜHEREN ELAN WIEDER UND HABEN DAS GEFÜHL, WIEDER SIE SELBST ZU SEIN. DOCH JEDE SCHWANGERSCHAFT VERLÄUFT ANDERS – ES GIBT KEINE FESTEN REGELN, WIE SIE SICH FÜHLEN ODER NICHT FÜHLEN SOLLTEN.

Bei vielen Frauen lassen nun Übelkeit und Brechreiz nach, die die ersten zehn Wochen der Schwangerschaft überschattet haben. Leider gibt es auch Fälle, in denen diese Beschwerden noch anhalten. Auf jeden Fall können Sie dank nachlassender Übelkeit allmählich wieder normal essen. Wenn Sie sich Sorgen gemacht haben, dass Sie und Ihr Baby bisher zu wenige Nährstoffe aufgenommen haben, ist das eine angenehme Veränderung.

Die Gebärmutter hat sich stark vergrößert und die Bänder, mit denen sie im Beckenraum verankert ist, dehnen sich dabei. Gelegentliches Stechen oder Ziehen sowie Muskelschmerzen sind völlig normal. Wenn die Schmerzen andauern oder sehr intensiv sind, suchen Sie so schnell wie möglich Ihren Arzt auf. Die Gebärmutter steigt in den Bauchraum auf und daher lässt der Druck auf die Blase nach; Sie müssen nun nicht mehr so häufig Wasser lassen.

Gelegentlich empfinden Sie immer noch starke Müdigkeit, aber im Allgemeinen ist die große Erschöpfung, die für die ersten zehn Schwangerschaftswochen charakteristisch ist, vorüber. Mit Sicherheit gibt es noch Tage, an denen Sie sich schlecht fühlen, aber sie werden seltener. Manche Frauen fühlen sich in dieser Phase der Schwangerschaft regelrecht beschwingt. Wie auch immer Sie sich fühlen – erleben Sie diese Übergangsphase in Ihrem eigenen Rhythmus und gehen Sie im Alltag immer eins nach dem anderen an.

»... nach einem schlechten Tag wird es Ihnen bald wieder besser gehen.«

EMOTIONALE REAKTIONEN

DIE STIMMUNGSSCHWANKUNGEN LASSEN NACH UND SIE HABEN ZEIT, SICH KÖR-
PERLICH, SEELISCH UND GEISTIG AUF IHRE SCHWANGERSCHAFT EINZUSTELLEN.
TROTZDEM GIBT ES GELEGENTLICH NOCH PHASEN, IN DENEN SIE VÖLLIG UNBE-
GRÜNDETE ÄNGSTE ODER WIDERSPRÜCHLICHE GEFÜHLE EMPFINDEN.

Eine große Sorge wird gegen Ende des ersten Trimesters von Ihnen genommen –
die Angst vor einer Fehlgeburt. Ab diesem Zeitpunkt ist es äußerst unwahrscheinlich, dass es zu einer Fehlgeburt kommt. Die allermeisten Fehlgeburten
erfolgen vor der zehnten Woche. Nach der zwölften Woche beträgt das Risiko
einer Fehlgeburt nur noch etwa ein Prozent.

Viele Frauen berichten, dass ihre Partner zu diesem Zeitpunkt der Schwangerschaft das erste Mal richtig begreifen, dass sie im Begriff sind, Vater zu werden
und in nicht allzu ferner Zukunft ein Baby mit ihnen zusammenleben wird. Auch
wenn Sie vielleicht eine andere Reaktion erwartet haben, so bedeutet es doch eine
Erleichterung, dass Ihr Partner die Realität der Schwangerschaft und der damit
einhergehenden Veränderungen begreift. Bis jetzt gab es vielleicht noch Tage, in
denen Sie nicht daran geglaubt haben, wirklich schwanger zu sein; aber jetzt gibt
es keinen Zweifel mehr; vor allem dann, wenn Sie bei der Vorsorgeuntersuchung
Ihr Baby das erste Mal auf dem Ultraschallmonitor sehen (*siehe* S. 124).

Manche Frauen bauen schon sehr früh in der Schwangerschaft eine Bindung
zu Ihrem Baby auf. Für andere dagegen ist dies erst später möglich, besonders
wenn es die erste Schwangerschaft ist. Es ist völlig normal, wenn Sie mit Ihrem
Baby sprechen und dieses neue Familienmitglied in Ihren Alltag einbeziehen.
Aber genauso normal ist es, wenn Sie sich noch nicht vorstellen können, dass dieser winzige Fetus in Ihnen zu einem realen menschlichen Wesen heranwachsen
soll. Was Sie tun und wie Sie fühlen hat in keiner Weise etwas mit ihrer späteren
Fähigkeit, eine gute Mutter zu sein, zu tun.

»... vielleicht
begreift Ihr
Partner nun
zum ersten
Mal richtig,
dass er
Vater wird.«

DIE NEUIGKEIT VERKÜNDEN

Nun, da Ihre Schwangerschaft sicher ist und auch jeder in Ihrer Umgebung
wahrnimmt, dass sich Ihr Äußeres verändert, möchten Sie Ihren Mitmenschen sicherlich mitteilen, dass Sie schwanger sind. Diese Neuigkeit ist ein
guter Grund, Freunde und Familienangehörige zu einem kleinen Fest einzu-
laden. Manchmal gibt es aber auch Personen, die diese Neuigkeit nicht so
positiv aufnehmen werden. Sie selbst wissen am besten, wie Sie es den Menschen, die Ihnen wichtig sind, mitteilen. Es ist ähnlich wie das Zusam-

menstellen der Gästeliste für eine Hochzeit. Es wird immer einige geben, die sich übergangen fühlen oder zwiespältige Gefühle angesichts des Ereignisses haben.

Lesen Sie in diesem Stadium Ihrer Schwangerschaft nochmals das Kapitel über »Arbeitsrecht und Mutterschaftsgesetz« (*siehe* S. 58ff.). Sie sollten über Ihre Rechte Bescheid wissen, bevor Sie Ihrem Chef oder Vorgesetzten die gute Nachricht verkünden.

VORSORGEUNTER-SUCHUNGEN

AUFREGENDE NEUIGKEITEN

Gegen Ende des ersten Trimesters erzählen die meisten Frauen gern ihren Freunden die Neuigkeit.

ZIEL DER ERSTEN REGULÄREN VORSORGEUNTERSUCHUNG IST ES, GESUNDHEITLICHE PROBLEME ZU ERKENNEN, UM RECHTZEITIG MASSNAHMEN DAGEGEN ERGREIFEN ZU KÖNNEN. ZU DIESEM ZWECK WIRD DIE BISHERIGE KRANKENGESCHICHTE ERHOBEN UND DER AKTUELLE GESUNDHEITSZUSTAND KONTROLLIERT.

Beim ersten Vorsorgetermin findet ein ausführliches Gespräch statt, die so genannte Anamnese. Dabei verschafft sich der Arzt bzw. die Hebamme einen Überblick über Vorerkrankungen, die ein Risiko für Schwangerschaft und Geburt darstellen könnten. Er bzw. sie informiert sich über vorausgegangene Schwangerschaften und Geburten und Ihre momentane gesundheitliche Verfassung. Zu diesem Zweck werden auch Ausgangsgewicht, Größe und Blutdruck gemessen sowie verschiedene Blutuntersuchungen und Abstriche vorgenommen. Alle diese Werte werden in den Mutterpass eingetragen, der Ihnen zum Abschluss dieses Vorsorgetermins ausgehändigt wird. Den Mutterpass sollten Sie während der Schwangerschaft immer bei sich haben. In ihm wird der Verlauf der Schwangerschaft dokumentiert, sodass sich auch fremde Ärzte und Hebammen im Bedarfsfall schnell einen Überblick verschaffen und gezielt helfen können.

Es ist wichtig, dass Sie bei diesem ersten Gespräch über alle gesundheitlichen Probleme sowie über Ihre sozialen Lebensumstände sprechen. Versuchen Sie die Fragen von Arzt oder Hebamme so offen und ehrlich wie möglich zu beantworten. Diese Erstuntersuchung kann auch schon beim ersten Arztbesuch zur Bestätigung der Schwangerschaft stattgefunden haben (*siehe* S. 78).

VORANGEGANGENE SCHWANGERSCHAFTEN

Hatten Sie bereits frühere Schwangerschaften, die nicht von Ihrem jetzigen Frauenarzt betreut wurden, sollten Sie ihn unbedingt darüber informieren. Er muss wissen, ob es Komplikationen gab, um zu bestimmen, ob Sie zu einer Risikogruppe gehören. Wenn Sie bereits Kinder haben, möchte der Arzt wissen, in welcher Schwangerschaftswoche sie zur Welt kamen, welches Geburtsgewicht sie hatten, ob die Wehen spontan einsetzten oder eingeleitet wurden, ob es Komplikationen vor, während oder nach der Geburt gab und auf welche Weise das oder die Kinder zur Welt kamen. Wenn Sie eine schwierige Schwangerschaft hatten und/oder ein Klinikaufenthalt erforderlich war, wird Ihr Arzt oder Ihre Hebamme unter Umständen den Krankenbericht anfordern.

Es ist notwendig, alle Details Ihrer gynäkologischen Krankenakte beim Vorsorgetermin durchzusprechen, um das Risiko möglicher späterer Kompli-

FRAGEN BEI DER VORSORGEUNTERSUCHUNG

Die folgende Liste soll Ihnen einen Eindruck verschaffen, welche Informationen Ihr Arzt von Ihnen benötigt.

▸ **Wann war Ihre letzte Periode?** Der voraussichtliche Geburtstermin wird von diesem Datum aus berechnet (*siehe* S. 79). Überlegen Sie schon vor dem Arzttermin, wann Ihre letzte Periode war.

▸ **Hatten Sie Schwierigkeiten schwanger zu werden, und wenn ja, wie kam es schließlich zur Schwangerschaft?** Eine künstliche Befruchtung, z.B. eine In-vitro-Fertilisation, erhöht die Chance einer Mehrlingsschwangerschaft, die besondere Vorsorge erfordert.

▸ **Hatten Sie bisher irgendwelche Probleme in dieser Schwangerschaft?** Dazu gehören ernstere Beschwerden, z.B. Blutungen und Bauchschmerzen. Sie sollten aber auch kleinere Unpässlichkeiten erwähnen, z.B. vaginalen Ausfluss. Arzt oder Hebamme können Sie untersuchen und behandeln.

▸ **Rauchen Sie oder nehmen Sie Beruhigungsmittel?** Der Arzt kann Ihnen helfen, damit aufzuhören.

▸ **Leiden Sie an einer Allgemeinerkrankung?** Wenn Sie an einer chronischen Krankheit leiden, z.B. Diabetes, Asthma, Bluthochdruck, Thrombose, Nieren- oder Herzleiden, ist während der Schwangerschaft möglicherweise die Behandlung durch einen entsprechenden Facharzt erforderlich; eventuell muss die Medikamentengabe umgestellt werden.

▸ **Nehmen Sie irgendwelche Medikamente ein?** Nennen Sie alle Medikamente und Präparate, die Sie einnehmen, egal ob es sich dabei um verschriebene Medikamente oder frei verkäufliche Heilmittel und Ergänzungspräparate handelt.

▸ **Leiden Sie an irgendwelchen Allergien?** Es ist wichtig, alle Allergien zu benennen, sei es Heuschnupfen, Asthma, aber auch allergische Reaktionen auf Medikamente, Nahrungsmittel, Pflaster oder Jod.

▸ **Haben Sie jemals unter einer psychischen Krankheit gelitten?** Sie halten diese Frage vielleicht für unangebracht, doch eine Schwangerschaft kann psychische Grunderkrankungen verstärken. Es ist wichtig, dass Sie über frühere psychische Probleme sprechen. Dann kann Ihr Arzt Ihnen helfen, zukünftigen Problemen vorzubeugen. Eine postnatale Depression tritt z.B. sehr häufig auf, kann

kationen einschätzen und sie gering halten zu können. Sie können Ihren Arzt oder Ihre Hebamme aber bitten, bestimmte Informationen, die für den Schwangerschaftsverlauf wenig bedeutend sind, nicht schriftlich in Ihrer Patientenakte festzuhalten.

DIE ERSTUNTERSUCHUNG

Zur ersten Untersuchung nach Feststellung der Schwangerschaft gehören verschiedene diagnostische Maßnahmen, wie Blutgruppenbestimmung, Blutdruckmessung, Untersuchung des Mittelstrahlurins auf Eiweiß, Zucker sowie die bakteriologische Urin-Untersuchung und die Hämoglobinbestimmung. Es wird auch ein Abstrich genommen. Bei der Blutuntersuchung wird der Rhesusfaktor bestimmt. Hat eine Frau mit negativem Rhesusfaktor einen Partner mit positivem Rhesusfaktor, kann das Kind ebenfalls einen positiven Rhesusfaktor haben; diese

aber effektiv behandelt werden, wenn sie frühzeitig erkannt wird.

▶ **Hatten Sie Operationen im Bauch- und Beckenbereich?** Frühere chirurgische Eingriffe können die Form der Geburt mitbestimmen. Ein Kaiserschnitt kann ratsam sein, wenn Sie sich schon einmal einer Gebärmutteroperation unterziehen mussten, z. B. wegen eines Myoms. Eine vaginale Entbindung wiederum kann angebracht sein, wenn es infolge einer Magen-Darm- oder Blasenoperation zu Verletzungen oder Narbenbildung im Bauchraum gekommen ist. Erwähnen Sie alle früheren Eingriffe, gleichgültig wie unbedeutend sie Ihnen erscheinen mögen.

▶ **Wurde schon einmal eine Bluttransfusion vorgenommen?** Dann besteht die Möglichkeit, dass Sie Antikörper entwickelt haben, oder es besteht die Gefahr, dass Sie mit Hepatitis oder HIV infiziert sind. Das ist allerdings höchst unwahrscheinlich, denn Blutprodukte werden in den Industrieländern sehr genau kontrolliert. Dies kann aber eventuell nicht der Fall gewesen sein, wenn Sie in einem Dritte-Welt-Land eine Transfusion erhalten haben.

▶ **Hatten Sie häufig Infektionen, vor allem sexuell übertragbare Krankheiten?** Bei jeder Erstuntersuchung wird durch einen Bluttest kontrolliert, ob eine Immunität gegen Röteln besteht. Aber auch auf die Erreger der Syphilis wird jede Schwangere untersucht, denn sie sind für das ungeborene Kind sehr gefährlich. Unter Umständen ist auch eine Untersuchung auf Hepatitis B, Hepa-

titis C und eine HIV-Infektion sinnvoll. Informieren Sie Ihren Arzt über mögliche Infektionen und lassen Sie alle Tests durchführen, zu denen man Ihnen rät. Dieses Tests werden in diesem Kapitel noch ausführlicher besprochen. Wenn man um eine Infektion weiß, besteht die Möglichkeit, durch rasche Behandlung einer Schädigung des Babys vorzubeugen.

▶ **Kommen in Ihrer Familie Zwillinge, Diabetes, Bluthochdruck, Thrombose, Tuberkulose, angeborene Anomalien oder Blutkrankheiten vor?** Treffen ein oder mehrere Punkte zu, bedeutet das nicht zwangsläufig, dass Entsprechendes auch in Ihrer Schwangerschaft auftritt. Ihr Arzt wird jedoch besonders aufmerksam auf mögliche Anzeichen eines derartigen Problems achten.

Unverträglichkeit zwischen mütterlichem und kindlichem Blut kann bei der Geburt gefährlich sein. Weiterhin wird der Hämoglobingehalt (Hb) des Blutes untersucht. Auf diese Weise kann frühzeitig ein Eisenmangel bei der Mutter erkannt werden.

Bei der Erstuntersuchung wird zudem eine Tastuntersuchung durchgeführt. Dabei erkennt der Arzt bzw. die Hebamme die Auflockerung und Vergrößerung der Gebärmutter sowie die bläulich-violette Verfärbung der Scheidenregion, die durch die vermehrte Durchblutung entsteht. In den Mutterschaftsrichtlinien ist außerdem zwischen der neunten und zwölften Schwangerschaftswoche eine erste Ultraschalluntersuchung vorgesehen.

VORSORGETERMIN *Berichten Sie Ihrem Arzt von früheren Schwangerschaften und Ihrer bisherigen Krankengeschichte, damit er Sie optimal betreuen kann.*

Körpergröße

Wenn Sie kleiner als 1,50 m sind, könnte Ihr Becken ebenfalls sehr klein sein und es könnte deshalb zu Problemen bei der Geburt kommen. Aus diesem Grunde wird manchmal auch die Schuhgröße notiert. Tatsache ist jedoch, dass weder Körpergröße noch Schuhgröße verlässliche Aussagen über die Größe des Beckens geben können. Ob es Probleme bei der Entbindung gibt, kann erst während der Wehen bestimmt werden. Sich in dieser Phase der Schwangerschaft Sorgen über die Körpergröße zu machen, ist nicht hilfreich. Ich habe viele sehr kleine Frauen große Babys gebären sehen und kleine Babys, die Probleme hatten, durch das breite Becken einer großen Frau den Weg in die Welt zu finden.

Körpergewicht

Das Gewicht ist bei der Vorsorgeuntersuchung ein wichtigeres Maß, denn Sie werden während der Schwangerschaft und der Geburt eher Probleme haben, wenn Sie stark unter- oder übergewichtig sind (*siehe* S. 41). Die Gewichtskontrolle ist Teil jeder Vorsorgeuntersuchung. Durch regelmäßiges Wiegen auf derselben Waage können Gewichtsveränderungen genau beobachtet werden. So kann eine übermäßige Gewichtszunahme, die auch Folge von Wassereinlagerungen sein und Komplikationen nach sich ziehen kann, rasch erkannt werden. Auf das Gewicht wird besonders geachtet, wenn zu Beginn der Schwangerschaft starkes Übergewicht besteht oder Diabetes vorliegt. Gegebenenfalls wird der Arzt spezielle Diätvorschläge machen.

WENN BESONDERE VORSORGE NÖTIG IST

Folgende Faktoren können eine besondere Schwangerschaftsvorsorge erforderlich machen:

▶ Vorangegangene Frühgeburten

▶ Wiederholte Fehlgeburten

▶ Geburt eines Babys mit Anomalien

▶ Präeklampsie oder Bluthochdruck bei früheren Schwangerschaften

▶ Diabetes oder Schwangerschaftsdiabetes

▶ Frühere Thrombosen (Blutpfropf)

▶ Frühere Geburten von Babys mit einem Geburtsgewicht über 4 kg oder unter 2,5 kg

▶ Zwillingsschwangerschaft (*siehe* S. 123)

Diese Risikofaktoren können eine besondere Form der Geburtshilfe erfordern:

▶ Frühere Kaiserschnitte

▶ Frühere schwere Wehen und assistierte Geburten (Zange oder Saugglocke)

▶ Einleitung der Wehen (früheren Geburt)

▶ Frühere Geburten von Babys mit einem Geburtsgewicht über 4 kg oder unter 2,5 kg

▶ Starke Blutungen nach einer Geburt

▶ Probleme mit Narkosemitteln

▶ Harnwegs- oder Darmprobleme nach einer Geburt

▶ Bestehende Zwillingsschwangerschaft

»... Tatsache ist, dass weder Körper- noch Schuhgröße verlässliche Aussagen über die Größe des Beckens ermöglichen ...«

Beine und Hände

Farbe und Zustand der Fingernägel geben Hinweise auf einen bestehenden Eisenmangel. Spinnenmale (feine unterbrochene Venen mit spinnennetzartigem Aussehen) und gerötete Handinnenflächen und Fußsohlen kommen bei Schwangeren häufig vor, doch das plötzliche Auftreten von vielen unterbrochenen Venen oder blauen Flecken macht eine genaue Untersuchung notwendig. Dazu gehört ein Thrombosetest.

Ein anderes Symptom sind geschwollene oder aufgedunsene Finger, Füße, Knöchel und Unterschenkel, die auf Wassereinlagerungen hinweisen. In späteren Phasen kommt ein geringes Anschwellen dieser Körperteile häufig vor. Aber ein plötzliches oder starkes Anschwellen muss ernst genommen werden, denn es könnte auf eine Präeklampsie hinweisen (*siehe* S. 425).

Bauch

Ihr Arzt oder Ihre Hebamme wird die Größe der sich ausdehnenden Gebärmutter kontrollieren und überprüfen, ob von früheren Operationen Narben bestehen und wo sich diese genau befinden. Geben Sie detaillierte Auskunft über mögliche frühere Operationen im Bauch- und Beckenbereich: Frühere Operationen beeinflussen die Entscheidung, auf welche Weise Ihr Baby zur Welt kommen soll. Eine Blinddarmoperation z.B. kann völlig unkompliziert sein und hinterlässt nur eine kleine Narbe am Unterleib. Aber wenn der Blinddarm geplatzt war und sich eine

»Der Blut-
druck wird
bei jeder
Vorsorgeun-
tersuchung
gemessen.«

Peritonitis entwickelte, war vielleicht eine größere Bauchoperation erforderlich, nach der sich weiträumig Narbengewebe im Bauchraum gebildet hat. Oft kommt es dabei zu dichten Verwachsungen. Es ist für den Arzt wichtig zu wissen, ob eine Narbe glatt, gefranst oder mit dem darunter liegenden Gewebe verwachsen ist. Ebenso sollten Sie Einzelheiten über mögliche Komplikationen nach einer Operation, z. B. eine Wundinfektion, berichten.

In der späteren Schwangerschaft ist es normal, wenn sich Dehnungsstreifen auf dem Bauch bilden. Sollten jedoch bereits in dieser frühen Phase der Schwangerschaft plötzlich blaugraue Dehnungsstreifen auftreten, kann das eine Reaktion auf Kortison in Arzneimitteln sein oder es besteht ein Hormonproblem. Ihr Arzt bzw. Ihre Hebamme werden Sie an einen Spezialisten überweisen.

Vaginale Untersuchungen und Beckenuntersuchungen

Neben dem Abtasten des Unterleibs tastet der Arzt vorsichtig mit ein oder zwei Fingern einer Hand durch die Scheide nach Muttermund und Gebärmutterhals. Wenn er gleichzeitig mit der anderen Hand den Bauch abtastet, kann er den aktuellen Stand der Gebärmutter (Fundusstand) sowie die Lage des Kindes ermitteln und feststellen, ob der Muttermund noch fest verschlossen ist. Wenn Sie unter Ausfluss leiden oder gelegentlich Blutungen haben, untersucht der Arzt auch den Gebärmutterhals und macht einen Abstrich, um mögliche Infektionen zu erkennen.

Eine weit reichende anatomische Beckendiagnostik ist umstritten und wird normalerweise nicht durchgeführt, da einerseits schwere Anomalien des Beckens eine große Seltenheit darstellen und andererseits auch bei bekannten Beckenanomalien ein normaler Geburtsverlauf möglich sein kann. Hilfreich ist eine Untersuchung, wenn z. B. in der Vergangenheit ein Notkaiserschnitt durchgeführt werden musste, weil die Geburt aufgrund eines hervortretenden Ischiasnervs oder eines zu engen Schambogens nicht fortschreiten konnte.

Brüste

Die Untersuchung der Brust wird nicht bei allen Vorsorgeterminen routinemäßig durchgeführt, wäre aber meiner Meinung nach durchaus angebracht. Glücklicherweise ist Brustkrebs bei Frauen unter 40 Jahren selten, aber wenn junge Frauen an Brustkrebs erkranken, beschleunigen sich das Tumorwachstum und die Streuung der krankhaften Zellen während der Schwangerschaft unter dem Einfluss von Östrogen. Geschulte Frauenärzte und Hebammen sind in der Lage, verdächtige Knoten in der Brust frühzeitig zu erkennen. Eine frühe Diagnose und Behandlung verbessert die Prognose erheblich.

URINUNTERSUCHUNGEN

Man bittet Sie bei allen Vorsorgeterminen um eine Urinprobe. Die Untersuchung des Urins mittels kleiner Teststreifen gibt Auskunft, ob sich Zucker, Eiweiß oder Ketone (chemische Substanzen, die beim Fettstoffwechsel entstehen) im Urin befinden. Normalerweise filtern die Nieren Zucker und Eiweiß aus dem Urin heraus. Durch das vergrößerte Blutvolumen während der Schwangerschaft wird eine zusätzliche Flut von Zucker und Eiweiß durch die Nieren gespült, was zur Folge hat, dass sich im Urin von Schwangeren manchmal kleinere Mengen Zucker und Eiweiß nachweisen lassen. In diesem Fall sind genauere Untersuchungen erforderlich. Ketone lassen sich typischerweise im Urin von Diabetikern nachweisen. Bei gesunden Schwangeren findet man sie gelegentlich, wenn der Stoffwechsel durcheinander geraten ist, weil die betroffenen Frauen nicht genug gegessen haben oder sich erbrechen mussten.

Glucosurie – Zucker im Urin

Bei mehr als der Hälfte aller Schwangeren lässt sich während des zweiten oder dritten Trimesters gelegentlich Zucker im Urin nachweisen. Problematisch ist es, wenn bereits bei der Erstuntersuchung oder bei mehreren Terminen Zucker

BLUTDRUCKMESSUNG

Die Blutdruckmessung im Rahmen des ersten Vorsorgetermins ist sehr wichtig, weil der dabei ermittelte – und im Mutterpass notierte – Wert als Vergleichswert für alle weiteren Messungen während der Schwangerschaft dient. Der Blutdruck wird zur Kontrolle regelmäßig bei jedem Vorsorgetermin gemessen.

▸ **Ein Blutdruck von etwa 120/70 mm Hg** ist normal. Die erste Zahl (120) bezieht sich auf den systolischen Blutdruck, das heißt, auf den Druck in den Hauptblutgefäßen, wenn das Herz das Blut durch den Körper pumpt. Die zweite Zahl (70) steht für den diastolischen Blutdruck, das ist der Druck in Ihren Arterien, wenn das Herz nicht pumpt. Beide Messungen, der systolische und der diastolische, sind wichtig; wenn der diastolische Blutdruck bei 90 oder höher liegt, wird der Arzt eventuell raten, zur Sicherheit einen Facharzt für Herz-Kreislauf-Erkrankungen aufzusuchen.

▸ **Eine dauerhafte Erhöhung um 20 mm** bei einem oder beiden Werten gibt Anlass zur Sorge, denn sie könnte Symptom einer Komplikation, z. B. Präeklampsie (*siehe* S. 425), sein. Natürlich ist der Blutdruck während

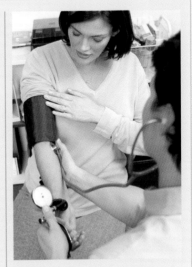

der Schwangerschaft individuell sehr unterschiedlich, daher gelten diese Angaben nur als grobe Richtschnur.

URINUNTERSUCHUNG *Mit einem Teststreifen wird Zucker im Urin nachgewiesen. Die Sichtfenster zeigen durch verschiedene Farbabstufungen den Zuckergehalt im Urin an.*

festgestellt wird. Dann hat sich eventuell ein Schwangerschaftsdiabetes entwickelt. Dies betrifft ungefähr fünf Prozent aller Schwangeren (*siehe* S. 426). Wird Zucker im Urin festgestellt, wird Ihnen zunächst geraten, zuckerhaltige Speisen zu reduzieren (besonders Kuchen, Gebäck, Süßigkeiten, Schokolade und gesüßte Fruchtsäfte). Wird beim nächsten Vorsorgetermin abermals Zucker im Urin festgestellt, wird vermutlich ein Glukosetoleranztest durchgeführt, um festzustellen, ob sich ein Schwangerschaftsdiabetes entwickelt hat oder ob Sie vor dem Urintest nur zu viel Süßes gegessen haben.

Proteinurie – Eiweiß im Urin

Bei Nachweis von Eiweiß im Urin werden Sie Arzt bzw. Hebamme gründlich untersuchen. Zunächst wird man Sie um eine Probe des Mittelstrahlurins bitten. Am häufigsten wird dazu eine Teststreifenuntersuchung eingesetzt. Sie müssen die ersten Tropfen Urin in die Toilette abgeben und dann den Urin aus der Mitte des Miktionsprozesses in einem sterilisierten Gefäß auffangen, damit er im Labor untersucht werden kann.

Die häufigste Ursache einer Proteinurie ist eine Infektion der Nieren oder der Harnwege. In der Schwangerschaft besteht eine erhöhte Anfälligkeit gegenüber diesen Infektionen, da die Verbindungswege der Nieren zur Blase und der Blase zur Harnröhre unter dem Einfluss der Schwangerschaftshormone schlaffer sind. Das erleichtert Krankheitserregern den Zugang zu Nieren und Blase. Die üblichen Anzeichen einer Harnwegsinfektion, nämlich Schmerzen oder Unwohlsein beim Wasserlassen (Zystitis), treten in der Schwangerschaft oft nicht auf. Es kann also ohne Vorwarnung zu einer massiven Infektion der Nieren (Pyelonephritis) kommen. Eine solche Entzündung stellt ein ernstes Problem dar, da es auch zu einer Reizung der Gebärmutter kommen kann. Bleibt eine Harnwegsinfektion unerkannt, kann sie zur Fehlgeburt oder zu vorzeitigen Wehen führen. Wiederholte Harnwegsinfektionen können zu bleibenden Vernarbungen der Nieren führen. Wird eine Infektion diagnostiziert, erfolgt eine sofortige Behandlung mit Antibiotika. Ein weiterer Test wird ungefähr eine Woche nach Beendigung der Medikamenteneinnahme durchgeführt, um sicherzugehen, dass die Infektion ausgeheilt ist. Es wird empfohlen, die Untersuchung des Mittelstrahlurins routinemäßig durchzuführen, um eine Harnwegsinfektion ohne Symptome rechtzeitig zu entdecken.

In seltenen Fällen kann der Nachweis von Eiweiß im Urin bei der Erstuntersuchung auf ein bestehendes Nierenleiden hinweisen. In der späteren Schwangerschaft ist eine Proteinurie ein wichtiges Anzeichen einer Präeklampsie (*siehe* S. 425). Wird in dieser frühen Phase Eiweiß im Urin entdeckt, dessen Ursache keine Infektion oder ein bestehendes Nierenleiden ist, sind Arzt und Hebamme alarmiert, dass möglicherweise eine Risikoschwangerschaft besteht und es im späteren Verlauf zu einer Präeklampsie oder einer anderen Komplikation kommen könnte.

DIE ERSTE ULTRASCHALLUNTERSUCHUNG

Die erste Ultraschalluntersuchung, die auch von den Krankenkassen übernommen wird, ist in der Zeit von Beginn der neunten bis zum Ende der zwölften Schwangerschaftswoche vorgesehen (*siehe* nächste Seite). Nach den Mutterschaftsrichtlinien sind in einer normal verlaufenden Schwangerschaft insgesamt drei sonographische Untersuchungen (Ultraschall) vorgesehen. Diese kann nur der Arzt durchführen.

Wenn Sie Zwillinge erwarten, zeigt die erste Ultraschalluntersuchung, ob Sie ein- oder zweieiige Zwillinge erwarten (*siehe* S. 125). Das hat Einfluss auf die Art der Schwangerenvorsorge. Bei eineiigen Zwillingen ist das Risiko von vorgeburtlichen Anomalien und Komplikationen bei der Geburt erhöht, sodass unter Umständen eine intensivere Vorsorge notwendig wird. Leider gibt es bei vielen dieser Zwillingsgeburten Probleme. Wenn Sie mit zweieiigen Zwillingen schwanger sind, reicht meist eine normale Vorsorge aus, auch wenn die Babys wahrscheinlich aufgrund des zusätzlichen Gewichts und ihrer Größe früher zur Welt kommen.

Die zweite Ultraschalluntersuchung ist zwischen der 19. und 22. Schwangerschaftswoche vorgesehen. Bei dieser Untersuchung überzeugt sich der Arzt davon, dass das Kind bis jetzt zeitgerecht gewachsen ist, und kontrolliert, ob sich alle Organe und Körpersysteme richtig entwickeln. Treten Komplikationen auf, können zusätzliche Ultraschalluntersuchungen empfehlenswert sein. Frauenärzte bieten außerdem zusätzliche diagnostische Ultraschalluntersuchungen, z.B. zur gezielten Suche nach Fehlbildungen, an.

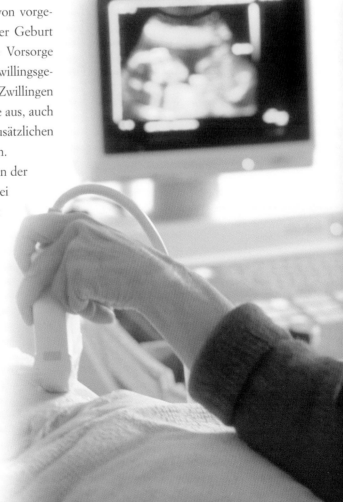

ULTRASCHALLUNTERSUCHUNG *Bei der ersten Ultraschalluntersuchung kann eine mögliche Mehrlingsschwangerschaft nachgewiesen werden.*

ULTRASCHALLUNTERSUCHUNGEN

WÄHREND DER SCHWANGERSCHAFT SIND DREI ULTRASCHALLUNTERSUCHUNGEN VORGESEHEN.
DABEI KÖNNEN DAS WACHSTUM UND DIE ENTWICKLUNG DES UNGEBORENEN AUF
SCHMERZLOSE UND UNGEFÄHRLICHE WEISE KONTROLLIERT WERDEN.

WOZU ULTRA-SCHALLUNTER-SUCHUNGEN DIENEN

▸ **Das erste Screening (9.–12. Woche)** dient vor allem der genauen Feststellung des Schwangerschaftsalters, dem Nachweis oder Ausschluss einer Mehrlingsschwangerschaft und der Suche nach frühen Zeichen einer fetalen Missbildung.

▸ **Im zweiten Screening (19.–22. Woche)** wird besonders nach Fehlbildungen bzw. Anomalien der kindlichen Organsysteme gefahndet.

▸ **Das dritte Screening (29.–32. Woche)** soll vor allem kindliche Wachstumsstörungen aufdecken sowie kindliche Fehlbildungen und später Manifestationen (z.B. Hydrozephalus) erkennen helfen.

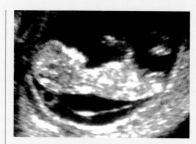

IN DER 10. WOCHE *Arme und Hände entwickeln sich. Der Dottersack ist unter dem Kopf des Babys sichtbar.*

Was man erkennen kann

Bei Ultraschalluntersuchungen sind die Körperbereiche des Fetus meist klar erkennbar. Schon **ab der 5.–8. Woche** sieht man die Fruchtblase in der Gebärmutter; nach 6 Wochen erkennt man den Fetus und seine Herzreaktionen, in der **12.–14. Woche** kann man die Herzaktivität kontrollieren und die Ausbildung des Gehirns beobachten. Ab der **20. Woche** können Herz, Nieren, Blase, Wirbelsäule, Gehirn und Gliedmaßen genau auf **Fehlbildungen** hin untersucht werden. Auch die **Lage und der Zustand der Plazenta** können beurteilt werden. Man kann feststellen, ob die Größe des Kindes der errechneten Schwangerschaftszeit entspricht und das Kind gut proportioniert ist. Des

Weiteren erfährt man, ob die **kindliche Herztätigkeit** normal oder auffällig ist. Auch das Bewegungsmuster kann beurteilt werden, ebenso die Menge des **Fruchtwassers**.

▸ **Bei Ultraschalluntersuchungen** werden schnell schwingende Schallwellen mit Hilfe eines Ultraschallkopfes, der gleichzeitig Sender und Empfänger ist und über die Bauchdecke geführt wird, durch den Körper der Schwangeren gesendet. Die Schallwellen werden vom Körpergewebe des Babys reflektiert, vom Ultraschallkopf wieder aufgefangen und in elektrische Signale umgewandelt. Auf dem Monitor entsteht aus den Lichtpunkten ein Bild.

Zur Ultraschalluntersuchung müssen Sie sich hinlegen. Etwas Gel wird auf Ihren Bauch aufgetragen, damit der Ultraschallkopf gut gleitet. Danach bewegt der Arzt den Ultraschallkopf sanft über Ihren Bauch.

▸ **Bei der Vaginalsonographie** wird eine dünne Ultraschallsonde in die Scheide eingeführt. Dabei dringt die Sonde so nah zur Gebärmutter vor, dass besonders deutliche Bilder entstehen. Viele Frauen befürchten, dass eine Vaginalsonographie schmerzhaft oder schädlich für ihr ungeborenes Baby ist, aber dies ist nicht der Fall.

▶ **Die wichtigsten Daten,** die um die 12. Woche erfasst werden, sind die Länge vom Scheitel des Babys bis zum Steiß und der Abstand zwischen den beiden Scheitelbeinen an jeder Seite des Kopfes, der so genannte biparietale Durchmesser, das ist der größte Durchmesser (quer) des Schädels. Die Größe der Gliedmaßen kann

nicht exakt festgestellt werden, da das Baby noch zusammengerollt liegt. Der Herzschlag Ihres Babys ist ebenfalls auf dem Monitor zu erkennen.

▶ **Zwillingsschwangerschaften** werden häufig um die 12. Woche festgestellt. Sie können aber auch schon früher, um die 6. Woche, entdeckt werden, wenn bei einer frühen Ultraschalluntersuchung zwei Fruchtblasen in der Gebärmutter zu erkennen sind. Um die 12. Woche kann der Arzt bestimmen, ob es sich um eineiige

oder zweieiige Zwillinge handelt, indem er die Stärke der Membrane untersucht, die die beiden Fruchtblasen in der Gebärmutter voneinander trennt. Trennen nur zwei dünne Schichten Amnion (die innere Schicht) die Fruchtblasen, sind die Zwillinge eineiig. Bildet jedoch eine dickere Membrane zwei Schichten Amnion und sind ebenfalls zwei Schichten Chorion (die äußere Schicht der Fruchtblase) vorhanden, handelt es sich um zweieiige Zwillinge, die ganz verschieden aussehen können.

ULTRASCHALLAUFNAHME IN DER 12. WOCHE

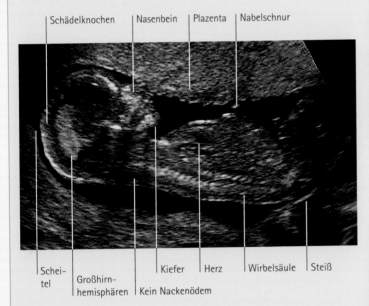

Schädelknochen | Nasenbein | Plazenta | Nabelschnur

Scheitel | Großhirnhemisphären | Kein Nackenödem | Kiefer | Herz | Wirbelsäule | Steiß

EINE ULTRASCHALLAUFNAHME DEUTEN *Dichtes Gewebe erscheint weiß, während mit Flüssigkeit gefüllte Bereiche dunkel sind. Mit 12 Wochen besitzt dieser Fetus eine gut ausgebildete Wirbelsäule. Das Herz ist in der Mitte des Brustkorbs sichtbar. Die Plazenta ist als schwammige Masse zu erkennen, verbunden mit der mit Blut gefüllten Nabelschnur, die weiß erscheint, weil die Blutzellen die Schallwellen reflektieren.*

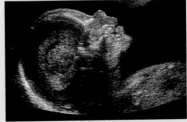

IM PROFIL *Die Großhirnhemisphären sind deutlich sichtbar. Das scharfe Profil zeigt, dass sich das Nasenbein entwickelt hat.*

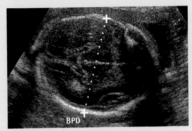

BIPARIETALER DURCHMESSER *Dieser überaus wichtige Messwert wird in einer Wachstumskurve verzeichnet.*

BLUTTEST *Bei den Vor-sorgeuntersuchungen werden regelmäßig Blut-tests durchgeführt.*

BLUTUNTERSUCHUNGEN

Bei den Vorsorgeuntersuchungen werden auch Blut-untersuchungen vorgenommen. Verschiedene Tests werden routinemäßig durchgeführt, andere, wie auf Hepatitis, Herpes, Aids oder Toxoplasmose nur, wenn die medizinische Vorgeschichte es nötig macht.

Die Blutgruppe

Zur Blutgruppenbestimmung gehört die Zuordnung zur Blutgruppe A, B, AB oder 0. Die häufigste ist 0, gefolgt von A und B, und dann AB. Darüber hinaus ist der Rhesusfaktor wichtig. Die meisten Menschen in Deutschland haben einen positiven Rhesusfaktor. Nur etwa 15 Prozent sind rhesus-negativ. Wenn das Kind einer rhesus-negativen Mutter den positiven Rhesus-faktor des Vaters erbt, bilden sich im Blut der Mutter mit hoher Wahrscheinlichkeit Abwehrstoffe gegen die kindlichen roten Blutkörperchen (*siehe* S. 128 und 424). Dies kann zu einer Blutarmut beim Kind führen. Meist treten diese Probleme erst bei einer eventuell folgenden Schwangerschaft auf. Bei einer Rhesusunverträglichkeit wird die Entwicklung der Antikörper während der Schwangerschaft regel-mäßig untersucht. In der 28.–30. Schwangerschaftswoche wird Anti-D-Globu-lin gespritzt, das einen Schutz bietet. Daher ist es wichtig, die Blutgruppe in der Schwangerschaft früh zu bestimmen. In der Schwangerschaft besteht ein erhöhtes Risiko für starke Blutungen, die eine Bluttransfusion notwendig machen können. Deshalb ist es lebensnotwendig, die Blutgruppe zu kennen und sie im Mutterpass festzuhalten. Früher war die Hauptursache der Mütter-sterblichkeit in der westlichen Welt Hämorrhagie bzw. starker Blutverlust. In Ländern, in denen es kaum Möglichkeiten der Bluttransfusion gibt, ist das heute noch so.

Hämoglobingehalt und Blutanalyse

Der Hämoglobingehalt im Blut gibt Auskunft über den Sauerstoff transportie-renden Farbstoff in den roten Blutkörperchen. Das normale Spektrum reicht bei Frauen von 10,5 bis 15,0 Gramm pro 100 ml Blut im Körper. Niedrigere Werte bedeuten eine Anämie. Der Hb-Wert einer Schwangeren sollte bei min-destens 11,2 g/100 ml Blut (= 70 % Hb) liegen. Bei einem zu niedrigen Wert wird der Verzehr eisenreicher Nahrung empfohlen (*siehe* S. 47); eventuell wird zusätzlich ein Eisenpräparat verschrieben. Eine Anämie (*siehe* S. 423) kann zu großer Müdigkeit führen und Komplikationen verursachen, wenn es bei der Geburt zu starken Blutungen kommt.

Die Blutuntersuchung zeigt auch an, wie viele rote und weiße Blutkörperchen sowie Blutplättchen das Blut enthält. So kann sich z.B. herausstellen, dass eine Anämie nicht allein durch Eisenmangel entstanden ist, sondern auch weitere Faktoren, z.B. Vitaminmangel, eine Rolle spielen.

Rötelnimmunität

Zu Beginn der Schwangerschaft wird das Blut auf Röteln-Antikörper untersucht. Die Schädigungen, die eine Erstinfektion während der ersten drei Monate der Schwangerschaft beim Fetus verursachen können, wurden bereits beschrieben (*siehe* S. 32 und S. 411). Stellt sich heraus, dass Sie nicht immun sind, wird man besprechen, wie Sie den Kontakt mit den Erregern am besten vermeiden können. Nach der Geburt Ihres Babys sollten Sie sich impfen lassen. Bei manchen Frauen ist auch eine Untersuchung auf Toxoplasmose (*siehe* S. 412), Windpocken (*siehe* S. 411) oder andere weniger häufige Infektionen, wie Hepatitis (*siehe* S. 129 und S. 117), sowie auf den HIV-Virus (Aids, *siehe* S. 130 und S. 414) empfehlenswert.

Sexuell übertragbare Krankheiten

Möglichst früh sollte auch eine Lues-Suchreaktion durchgeführt werden, d.h. eine Untersuchung auf eine Syphilis-Infektion (*siehe* S. 413). Eine Infektion muss mit Penicillin behandelt werden. Zwar tritt Syphilis heute nur noch selten auf, doch eine unentdeckte Infektion kann während der Schwangerschaft zu ernsten Entwicklungsproblemen und vorgeburtlichen Schädigungen des Babys führen. Da eine Syphilis schnell und problemlos behandelt werden kann, sollte die Untersuchung routinemäßig beibehalten werden. Leider steigt die Verbreitung von Syphilis in Osteuropa, Russland und Afrika. Wenn Sie in einem dieser Länder gelebt haben und jetzt eine Schwangerenvorsorge erhalten, ist diese Untersuchung ganz besonders wichtig.

Infektionen mit Chlamydien (bakterielle Infektion der Scheide) und Gonorrhö (Tripper) (*siehe* S. 413), zwei weitere durch Sexualverkehr übertragbare Krankheiten, können zu Unfruchtbarkeit führen. Infektionen mit Chlamydien können das Risiko einer Fehlgeburt erhöhen und zu ernsthaften Augenentzündungen des Neugeborenen führen. Eine Untersuchung wird routinemäßig zu Beginn der Schwangerschaft durchgeführt.

RHESUS-NEGATIVE SCHWANGERSCHAFTEN

▶ **Wenn Ihre Blutgruppe rhesus-negativ ist,** kann es zu Problemen in der Schwangerschaft kommen, wenn Ihr Baby den Rhesus-positiv-Faktor von Ihrem Partner geerbt hat. Ist das der Fall, besteht das Risiko, dass Ihr Immunsystem Antikörper gegen die roten Blutkörperchen des Babys produziert. Das kann zu einer Anämie und Sauerstoffmangel des Fetus führen (*siehe* S. 433) sowie nach der Geburt zu einer schweren Anämie und Gelbsucht (*siehe* S. 434) des Babys.

▶ **Der Rhesusfaktor ist selten ein Problem** bei einer erstmaligen Schwangerschaft. Aber wenn Sie während der Geburt Kontakt mit dem Blut des Babys hatten, kann es in folgenden Schwangerschaften Probleme geben. Daher werden alle rhesus-negativen Mütter bei der Vorsorgeuntersuchung auf Antikörper untersucht.

▶ **Wenn Sie Antikörper entwickelt haben,** sind regelmäßig weitere Blutuntersuchungen nötig. Ihr Baby wird mit Ultraschall auf Anzeichen einer Anämie oder Herzversagen untersucht.

▶ **Bei jeder rhesus-negativen Schwangeren** sollte in der 28.–30. Schwangerschaftswoche eine Rhesus-Prophylaxe durchgeführt werden. Hierfür wird Anti-D-Immunoglobulin intramuskulär injiziert. Diese Antikörper zerstören eventuell in den mütterlichen Kreislauf übergetretene rhesus-positive Erythrozyten des Kindes, ehe bei der Mutter die Antikörper-Bildung einsetzt. Die injizierten Antikörper sind für das Kind harmlos.

▶ **Rhesus-negative Mütter,** die ein rhesus-positives Baby zur Welt bringen, erhalten 72 Stunden nach der Geburt eine Injektion mit Anti-D. Ein Bluttest zeigt an, wie hoch der Spiegel der kindlichen Zellen in ihrem Blut ist; wenn er sehr hoch ist, wird eine weitere Anti-D-Injektion notwendig.

▶ **Rhesus-negative Frauen,** bei denen eine Amniozentese (*siehe* S. 140 ff.), eine Chorionzottenuntersuchung (*siehe* S. 140) oder eine Wendung des Kopfes des Babys (*siehe* S. 271) durchgeführt wurde, die Vaginalblutungen/eine Bauchverletzung hatten, bekommen auch eine Anti-D-Injektion; ebenso Frauen, die eine Fehlgeburt hatten und denen die Gebärmutter entfernt wurde, nach einem Abbruch und nach einer ektopen Schwangerschaft.

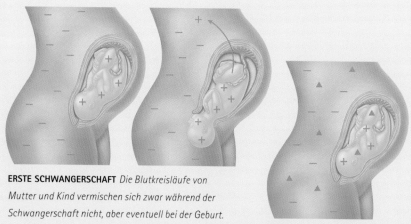

ZEICHENERKLÄRUNG

— Blut der Mutter

+ Blut des Babys

▲ Antikörper

FOLGESCHWANGERSCHAFT
Wenn die Mutter Antikörper gegen die roten Blutkörperchen des Babys entwickelt hat, kann es zu Komplikationen kommen.

ERSTE SCHWANGERSCHAFT *Die Blutkreisläufe von Mutter und Kind vermischen sich zwar während der Schwangerschaft nicht, aber eventuell bei der Geburt.*

Sichelzellanämie und Thalassämie

Schwangeren, die aus Afrika oder dem Mittelmeerraum stammen, wird eventuell eine besondere Hämoglobin-Untersuchung vorgeschlagen, um zu prüfen, ob sie unter einer Sichelzellanämie oder einer Thalassämie leiden. Das Hämoglobin des Blutes wird, genetisch bedingt, in verschiedenen Formen hergestellt. Es gibt einige Formen von Hämoglobin, die vor lebensbedrohenden Krankheiten bewahren können. In Ländern, in denen Malaria auftritt, sorgt eine geringe Menge an sichelzellförmigem Hämoglobin (nicht die Form der krankhaften Sichelzellanämie) im Blut dafür, dass die Infektion besser bewältigt werden kann.

Wenn Sie Träger des Sichelzell-Hämoglobins sind, ist es wichtig, so früh als möglich den Sichelzellstatus Ihres Partners zu überprüfen. Wenn das Baby das Merkmal von beiden Eltern erbt, entwickelt es Sichelzellanämie (*siehe* S. 417 und S. 424). Das Gleiche gilt, wenn Sie das Thalassämie-Merkmal A oder B tragen. Dann sollte Ihr Partner ebenfalls getestet werden. Ein Baby mit einer dominanten Thalassämie (*siehe* S. 424) leidet an einer ernsten Form der Anämie. Gleichzeitig wird Eisen nicht abgebaut, was zu Organversagen führen kann.

Hepatitis B und C

Diese Virusinfektionen verursachen eine Schädigung der Leber; eine Erstinfektion während der Schwangerschaft ist allerdings ungewöhnlich. Wahrscheinlicher ist eine Ansteckung, wenn Sie intravenös Drogen gespritzt haben, Geschlechtsverkehr mit wechselnden Partnern hatten oder mit infiziertem Blut in Kontakt gekommen sind. Wenn Sie eine Bluttransfusion in einem Land erhalten haben, wo Blutspenden nicht zuverlässig überprüft werden, stellt das einen Risikofaktor dar. Das Hepatitis-B-Virus kann die Plazenta während der Schwangerschaft nicht passieren, aber wenn Sie das Virus tragen, besteht das Risiko, dass sich das Baby bei der Geburt infiziert. Das Virus wird nicht über die Muttermilch übertragen, aber Babys können sich über das Blut infizieren, wenn die Brustwarzen aufgesprungen sind. Etwa die Hälfte aller Babys mit Hepatitis B entwickeln im Laufe ihres Lebens eine Leberzirrhose oder Leberkrebs. Wenn Sie Hepatitis-positiv sind, kann das Baby bei der Geburt durch die Gabe von Immunoglobulin geschützt und im Anschluss gegen Hepatitis B geimpft werden.

Eine Infektion mit Hepatitis C ist weltweit eine häufige Ursache für Leberschäden, aber sie wird nur sehr selten während der Schwangerschaft oder Geburt auf das Baby übertragen. Auf jeden Fall ist das Risiko wesentlich größer, wenn eine HIV-Infektion besteht (*siehe* S. 130 und S. 414). Eine Untersuchung auf Hepatitis C gehört in Deutschland nicht zur Regeluntersuchung. Sie empfiehlt sich bei Frauen, die ein erhöhtes Risiko tragen.

»Deshalb ist es lebensnotwendig, die Blutgruppe zu kennen und sie im Mutterpass festzuhalten.«

HIV-INFEKTION – AIDS

MEINER MEINUNG NACH SOLLTE JEDE SCHWANGERE AUF EINE HIV-INFEKTION UNTERSUCHT WERDEN. IST DAS ERGEBNIS POSITIV, KÖNNEN MUTTER UND BABY GEZIELT BEHANDELT WERDEN. IST DAS ERGEBNIS NEGATIV, WERDEN SIE SEHR ERLEICHTERT SEIN.

HIV ist ein Retrovirus, der sich mit dem genetischen Code verbinden kann. Besonders anfällig sind die weißen Blutkörperchen, die für die Infektionsabwehr verantwortlich sind. HIV-Infektionen (*siehe* S. 414) sind inzwischen weltweit verbreitet. Noch bis vor kurzem führte eine HIV-Infektion zwangsläufig zur Entwicklung des vollständigen Krankheitsbildes AIDS (»Autoimmune Deficiency Syndrome«). Mittlerweile hat sich die Situation aber stark verändert. Menschen, die HIV-positiv sind, erhalten Medikamente, die sie vor dem Ausbruch des Vollbildes der Krankheit schützen. Es handelt sich dabei um Kombinationspräparate, die die Vermehrung der Viren im Blut bremsen und auch während der Schwangerschaft unbedenklich zu sein scheinen.

HIV IN DER SCHWANGERSCHAFT

Schwangere, die wissen, dass sie HIV-positiv sind, können ihre persönlichen Überlebenschancen dank der neuen Medikamente verbessern. Dadurch wird auch das Ansteckungsrisiko für das Baby erheblich gesenkt. Eine Kaiserschnittgeburt und der Verzicht auf das Stillen verringern das

Risiko weiter. Diese Maßnahmen senken in Verbindung mit einer medikamentösen Behandlung der Mutter in der Zeit des Geburtstermins das Infektionsrisiko eines Babys von 20 Prozent auf weniger als zwei Prozent. Natürlich können diese Fortschritte nicht genutzt werden, wenn Arzt oder Hebamme nicht wissen, dass die werdende Mutter HIV-positiv ist. Eintretende Infektionen müssen unverzüglich behandelt werden.

HIV-TEST

Ein HIV-Test wird mit Einverständnis der Schwangeren durchgeführt. Aus dem Blut der Schwangeren wird ein immunochemischer Antikörpertest vorgenommen, bei dem die Antikörper nachgewiesen werden können. Die AIDS-Beratung und die sich gegebenenfalls daran anschließende HIV-Untersuchung werden im Mutterpass nicht dokumentiert. Ein Routinetest wird nicht vorgenommen, da er als Angriff auf die Privatsphäre der Schwangeren betrachtet wird.

AUSWIRKUNGEN AUF DAS BABY

Die Antikörper einer infizierten Mutter gelangen durch die Plazenta

zum Baby. Aus diesem Grund wird das Baby einer HIV-positiven Mutter ebenfalls HIV-positiv getestet; in diesem Fall muss jedoch nicht zwangsläufig eine Infektion vorliegen. Im Alter zwischen sechs und 18 Monaten baut das Baby die Antikörper der Mutter ab; fällt der Test danach negativ aus, ist das Kind vermutlich nicht infiziert.

Mittlerweile stehen außerordentlich genaue Tests zur Verfügung, die bereits in den ersten Lebensmonaten des Kindes eine Diagnose ermöglichen. Ein Drittel der infizierten Babys stirbt jedoch vor dem zweiten Geburtstag, andere überleben oft bis in die späte Kindheit.

BEI VERDACHT AUF EINE INFEKTION

Beim Gesundheitsamt können Sie jederzeit einen Test vornehmen lassen. Wenn dieser positiv ausfällt, sollten Sie besser keine Schwangerschaft planen und die Gefahr einer Übertragung auf andere, in erster Linie durch Geschlechtsverkehr, beachten. Unterziehen Sie sich darüber hinaus unverzüglich einer entsprechenden Behandlung.

Das Ergebnis der Blutuntersuchungen

Die Ergebnisse der Blutuntersuchungen stehen spätestens nach etwa zwei Wochen zur Verfügung und werden in den Mutterpass eingetragen. So sind sie jederzeit ersichtlich und können mit neuen Untersuchungswerten verglichen werden. In einem Notfall weiß der behandelnde Arzt sofort, dass Sie schwanger sind. Werden Untersuchungen auf Hepatitis, Herpes, Syphilis oder Aids vorgenommen, wird nur die Durchführung der Tests im Mutterpass vermerkt, nicht jedoch das Ergebnis. Die Blutwerte von Frauen, die als Risikoschwangerschaften eingestuft sind, werden in die Patientenakte eingetragen. Ein Blutbild wird mindestens bei jeder zweiten Vorsorgeuntersuchung erstellt.

HÄUFIGE BESCHWERDEN

VERMUTLICH HABEN SIE ZURZEIT KAUM BESCHWERDEN. EINE FEHLGEBURT WIRD IMMER UNWAHRSCHEINLICHER. DIE FRÜHEN SCHWANGERSCHAFTS-BESCHWERDEN SIND ÜBERSTANDEN UND BEEINTRÄCHTIGUNGEN WIE IN DER SPÄTEN SCHWANGERSCHAFT BESTEHEN NOCH NICHT.

Auch wenn das Risiko einer Fehlgeburt nun deutlich gesunken ist, geben Blutungen nach wie vor Anlass zu großer Sorge, besonders wenn Sie bereits früher eine Fehlgeburt hatten oder zu Anfang der Schwangerschaft Probleme aufgetreten sind. Bei Auftreten einer Blutung suchen Sie so schnell wie möglich Ihren Arzt auf. Er wird eventuell eine Ultraschalluntersuchung zur Kontrolle durchführen. In den meisten Fällen stellt sich heraus, dass alles in Ordnung ist. In diesem Fall wird sich der Arzt vermutlich durch eine vaginale Untersuchung davon überzeugen, dass der Muttermund fest verschlossen ist. In der frühen Schwangerschaft bewirkt die Flut der Hormone, dass das Gewebe sehr empfindlich wird und leicht blutet, besonders wenn eine leichte Infektion, z.B. mit Soor, besteht. Weist der Muttermund Auffälligkeiten auf, wird der Arzt vermutlich einen Abstrich machen.

»In der frühen Schwangerschaft machen die Hormone den Muttermund anfällig für Blutungen ...«

KRAMPFADERN

Auch wenn Krampfadern typischerweise in der späteren Schwangerschaft auftreten (*siehe* S. 235), leiden manche Frauen, besonders wenn schon in vorangegangenen Schwangerschaften Krampfadern aufgetreten sind, bereits in dieser Phase unter entsprechenden Beschwerden. Tragen Sie in diesem Fall tagsüber Stützstrümpfe. Wenn Sie frühzeitig auf Krampfadern reagieren, haben Sie in der Spätschwangerschaft weniger Probleme.

IHRE SEXUALITÄT

Es gibt viele Frauen, die während der Schwangerschaft eine besondere sexuelle Erfüllung erfahren. Die Zunahme des Scheidensekrets, verbunden mit der verstärkten Durchblutung aller Geschlechtsorgane, steigert die körperliche Empfindsamkeit. Viele Paare empfinden es auch als erregend, nun ungeschützten Sex haben zu können. Zusätzlich entsteht durch das Wissen, dass Sie und Ihr Partner ein neues Leben miteinander geschaffen haben, eine besondere Nähe. Für viele Paare bereichert dieses intensive Gefühl die gemeinsam erlebte Erotik.

Doch die Sexualität in der Schwangerschaft kann für Frauen auch problematisch sein. Viele werdende Mütter finden sich während der Schwangerschaft nicht besonders attraktiv. Dieses Gefühl kann sich bereits mit dem dritten Monat einstellen, wenn sich die Figur zu verändern beginnt. Schwanger zu sein kann die Wahrnehmung von sich selbst wie auch die Wahrnehmung des Partners als Sexualpartner verändern.

Zusätzlich gibt es körperliche und emotionale Gründe, die Ihr Sexualleben während der Schwangerschaft beeinträchtigen. Während der ersten drei Monate kann das sexuelle Verlangen infolge der starken Müdigkeit und Übelkeit nachlassen. Die Brüste können höchst berührungsempfindlich sein. Wenn Blutungen auftreten, ist ebenfalls nicht an Sex zu denken. Auch die Angst vor einer Fehlgeburt kann sich negativ auf die Sexualität auswirken. Vielleicht ist der werdenden Mutter aber auch ganz einfach nicht nach Sex zumute. Später können Sodbrennen, Verdauungsstörungen, Müdigkeit, Körperfülle und die Unbeweglichkeit die Lust mindern. Es kommt sogar vor, dass eine Schwangere die Lust auf Sexualität vollständig verliert.

Wenn Sie sich hinsichtlich Ihrer Sexualität unsicher fühlen, sollten Sie mit Ihrem Partner darüber sprechen. Versichern Sie sich gegenseitig, dass Ihre Gefühle füreinander sich nicht verändert haben, nur weil einer oder beide vorübergehend an Sex nicht besonders interessiert ist.

KLEIDUNG UND HAARE

Meist spannt die Kleidung zuerst rund um die Taille; aber widerstehen Sie der Versuchung, in dieser frühen Phase der Schwangerschaft eine komplett neue Garderobe zu kaufen. Wenn Sie das erste Mal schwanger sind, können Sie sich

»Trotz der vielen prominenten Frauen, die auch hochschwanger sehr attraktiv sind, ist es doch Tatsache, dass sich viele Schwangere nicht besonders attraktiv finden.«

ANMELDUNG ZUR GEBURTSVORBEREITUNG

▶ **Damit Sie eine Vorstellung haben,** wie eine Geburt normalerweise verläuft, bieten Hebammen (auch an Krankenhäusern) Geburtsvorbereitungskurse an.

▶ **Planen Sie die Teilnahme so,** dass der Kurs etwa in der 36. Schwangerschaftswoche beendet ist. Erkundigen Sie sich bereits jetzt, welche Kurse in Ihrer Gegend angeboten werden Es gibt Wochenendkurse oder Abendkurse; Kurse, die auch Babypflege umfassen und solche, die einen bestimmten Schwerpunkt haben, z. B. Yoga. Da diese Kurse sehr gefragt sind, melden Sie sich gleich an.

In jedem Fall sollten Sie im Kurs Atem- und Entspannungsübungen erlernen, günstige Geburtspositionen und den Geburtsablauf besprechen und erfahren, wie die erste Zeit mit dem Baby verläuft. Die Kursleiterin sollte auch über den Wehenverlauf und die Möglichkeiten der Schmerzlinderung informieren.

▶ **Es gibt viele Kurse,** die mit dem Partner besucht werden können. Allerdings sollte Ihr Partner keinen Druck verspüren, einen solchen Kurs besuchen zu müssen. Bei manchen Kursen gibt es nur einzelne Termine, an denen auch die Partner dabei sind. Es gibt aber auch Gesprächsgruppen speziell für Männer, sodass sie sich offen über ihre Gefühle austauschen können und lernen, wie sie ihrer Partnerin während der Wehen am besten zur Seite stehen können.

▶ **Die Wahl des Geburtsvorbereitungskurses** sollte sich nach Ihren persönlichen Vorstellungen und Bedürfnissen richten, aber auch nach der Art der Geburt, die Sie planen. Es gibt viele verschiedene Arten von Geburtsvorbereitungskursen; informieren Sie sich umfassend (*siehe* S. 436 ff.).

▶ **Auch wenn Sie schon ein Kind haben,** ist es empfehlenswert, nochmals an einem Kurs teilzunehmen. Manches werden Sie nicht mehr so genau wissen, Sie können Ihre Kenntnisse auffrischen und nehmen sich außerdem extra Zeit für Ihr ungeborenes Baby.

▶ **Der Besuch eines Kurses bietet zudem** die beste Gelegenheit, Frauen kennen zu lernen, die ebenfalls ein Baby bekommen und in Ihrer Nähe wohnen. Viele Frauen schließen in diesen Kursen dauerhafte Freundschaften.

▶ **Erkundigen Sie sich bei Ihrer Krankenkasse** hinsichtlich der Kostenbeteiligung.

mit einigen weit geschnittenen T-Shirts und Pullis aus Ihrem Kleiderschrank – oder dem Ihres Partners – behelfen. Geeignet sind auch Hosen und Röcke mit Gummiband. Wenn Sie schon einmal schwanger waren, werden Sie vermutlich feststellen, dass Ihre Kleidung dieses Mal früher zu eng wird. Wenn sich die Muskeln der Bauchdecke in einer Schwangerschaft einmal gedehnt haben, werden sie nie wieder so fest sein wie sie es früher waren – und dehnen sich das nächste Mal schneller.

Besuche beim Friseur helfen die Stimmung zu heben; viele Frauen fürchten, dass Chemikalien in Haarfärbemitteln und anderen Produkten das Baby schädigen könnten. Dafür gibt es jedoch keine Beweise. Um ganz sicherzugehen, können Sie Ihre Haare nur zu besonderen Anlässen färben oder Sie verwenden rein pflanzliche Farben ohne Chemikalien. Wenn Sie die Haare selbst färben, verwenden Sie dazu Handschuhe und belüften Sie den Raum gut.

VORGEBURTLICHE UNTERSUCHUNGEN

Neben den Routineuntersuchungen gibt es spezielle Untersuchungen, die unter dem Begriff »pränatale Diagnostik« zusammengefasst werden und mithilfe derer man schon lange vor der Geburt Fehlbildungen, Infektionen oder vererbte Störungen feststellen kann.

Alle diese Testverfahren sind freiwillig und werden von den Krankenkassen nicht bezahlt, außer wenn präzise Verdachtsmomente auf eine entsprechende Komplikation bestehen. Die Eltern selbst müssen entscheiden, ob sie bestimmte Tests wünschen, die Aussagen über eine mögliche Fehlbildung oder Erkrankung des Babys geben können. Gründe für Anomalien während der fetalen Entwicklung können vererbte Gendefekte sein. Manchmal kann auch keine Ursache ermittelt werden.

Wird bei einer Untersuchung eine Anomalie entdeckt, haben Sie und Ihr Partner die Möglichkeit, sich intensiv mit der Situation auseinander zu setzen und weitere Informationen einzuholen. Sie können entscheiden, ob die Schwangerschaft abgebrochen werden soll, bzw. haben die Möglichkeit, sich emotional und praktisch auf die Aussicht einzustellen, dass Sie ein Kind mit einer Behinderung haben werden. (Weitere Informationen über angeborene Anomalien *siehe* S. 144 ff.).

SOLL ICH DEN TEST DURCHFÜHREN LASSEN?

Theoretisch kann jede Frau ein Baby mit einer Anomalie zur Welt bringen. Es gibt aber bestimmte Faktoren, die das Risiko erhöhen und bei der Entscheidungsfindung beachtet werden sollten. Es besteht ein erhöhtes Risiko, wenn:

• bereits bei einer früheren Schwangerschaft eine Anomalie aufgetreten ist
• in Ihrer oder in der Familie Ihres Partners genetische Störungen oder Fehlbildungen vorkommen
• Sie älter als 35 Jahre sind
• Sie Drogen konsumieren, die erwiesenermaßen die Entwicklung des Babys schädigen.

WELCHE TESTS GIBT ES?

Untersuchungen im ersten Trimester sind aufwändig und erfordern eine hohe Sachkenntnis, um zu gewährleisten, dass mögliche Defekte gefunden werden. In jedem Fall muss sich der Arzt viel Zeit nehmen und Sie über die Form, den Nutzen und die Konsequenzen einzelner Tests informieren.

Zu den Screening-Tests bzw. nicht invasiven Methoden gehören Bluttests (z. B. Triple-Test) und Ultraschalluntersuchungen (z. B. Messen der Nackentransparenz). Mit diesen Verfahren kann man ein Risiko bezeichnen, auf dessen Grundlage die Schwangere entscheiden muss, ob sie weitere Untersuchungen möchte.

Bei der invasiven Diagnostik (z. B. Chorionzottenbiopsie, Amniozentese) werden von der Plazenta oder dem Fruchtwasser durch den Bauch der Mutter kleine Zellproben entnommen, die auf Chromosomendefekte untersucht werden. Besonders Erbkrankheiten können damit festgestellt werden.

Bei jedem Test wird die Aufdeckungsrate mit der Falschpositivrate verglichen (*siehe* Tabelle unten). Falschpositiv heißt, dass ein Testergebnis positiv ist, sich später aber als negativ herausstellt. Ein positives Screening-Ergebnis veranlasst den Arzt, einen weiteren Test durchzuführen, um die Diagnose zu bestätigen.

Diagnostische, d.h. invasive, Verfahren geben Antwort, ob ein Fetus eine Anomalie hat oder nicht. Sie sind jedoch keineswegs Routineeingriffe, sondern sollten nur bei begründeten Verdachtsmomenten durchgeführt werden. Es besteht dabei ein gewisses Risiko für eine Fehlgeburt. Die einzig zuverlässigen Tests auf das Down-Syndrom (*siehe* S. 147) sind Chorionzottenbiopsie, Amniozentese (Fruchtwasseruntersuchung) und Nabelschnur-

punktion (Chordozentese). Ob Sie eine dieser Untersuchungen in Anspruch nehmen wollen, hängt davon ab, welche Einstellung Sie zu einer möglichen Behinderung des Kindes haben, bzw. ob Sie sich bei einem positiven Ergebnis für einen Schwangerschaftsabbruch entscheiden würden.

WIE GENAU SIND DIESE TESTS?

Die Aufdeckungsrate beim Down-Syndrom hat sich in den letzten 15 bis 20 Jahren stark verbessert. In der Vergangenheit wurde fast nur Müttern im Alter über 35 Jahren bzw. Frauen mit begründetem Verdacht zu solchen Untersuchungen geraten. Eine routinemäßige Fruchtwasseruntersuchung wird in dieser Altersgruppe oft empfohlen. Doch nicht nur das Alter der Mutter sollte für eine Untersuchung ausschlaggebend sein.

Wird nur aufgrund des Alters der Mutter entschieden, eine invasive Diagnostik, z.B. eine Amniozentese, durchzuführen, werden nur 30

UNTERSUCHUNGSMETHODEN IM VERGLEICH

Die Entwicklung neuer Verfahren hat die Aufdeckungsrate bei Anomalien, z.B. Down-Syndrom, von 30 Prozent auf 85 Prozent erhöht. Der integrierte Test hat die niedrigste Falschpositivrate mit nur einem Prozent, was nur sehr wenige der invasiven Tests erreichen.

Untersuchungs-methode	Zeit (Woche)	Falschpositivrate	Aufdeckungs-rate	Babys die nach einem positiven Ergebnis tatsächlich betroffen sind
Alter der Mutter		5%	30%	1:130
Double-Test (S. 137)	14.–22.	5%	59%	1:66
Triple-Test (S. 137)	14.–22.	5%	69%	1:56
Quadruple-Test (S. 137)	14.–22.	5%	76%	1:50
NT (S. 137)	11.–14.	5%	80%	1:47
Kombitest NT und Serumtest (S. 137)	11.–14.	5%	85%	1:45
Integrierter Test (S. 138)	10.–13/15.–22	1%	85%	1:9

ZEITPLAN DER TESTS

ZEITRAUM	TEST
9.–14. Woche	Nackentransparenz-Messung (Nackenfaltenmessung, NT Scan)
16.–18. Woche	Triple- bzw. Bart's-Serum-Test (Screening)
19.–20. Woche	Fetale Ultraschalluntersuchung (*siehe* S. 174) (zur Diagnose)
11.– 14. Woche	Kombinierte Nackentransparenz-Messung und Serum-Test
11.–14. Woche u. 15.–22. Woche	Integrierter Test (Screening)
11.–14. Woche	Chorionzottenbiopsie (zur Diagnose)
14.–16. Woche	Fruchtwasseruntersuchung (zur Diagnose)
20.–40. Woche	Nabelschnurpunktion (zur Diagnose)

Prozent aller Babys mit Down-Syndrom identifiziert. Wird das Ergebnis eines Bluttests hinzugezogen, steigt die Aufdeckungsrate auf immerhin 65 Prozent; doch das sind immer noch nur zwei Drittel aller betroffenen Babys. Wird zusätzlich etwa um die neunte Woche eine Nackenfaltenmessung vorgenommen, steigt die Aufdeckungsrate auf 80 Prozent. Wenn die Nackenfaltenmessung zusätzlich mit einem speziellen Bluttest kombiniert wird, der freies Beta-HCG und den PAPP-A-Hormonspiegel misst, liegt die Aufdeckungsrate bereits bei 85 Prozent. Ein weiterer Fortschritt beim Screening ist der integrierte Test (*siehe* S. 138), der eine Aufdeckungsquote von 85 Prozent und eine Falschpositivrate von nur einem Prozent hat. Das bedeutet, dass nahezu neun von zehn Babys mit dem Down-Syndrom entdeckt werden können, und nur eine von 100 Frauen falsch diagnostiziert wird und ihr Untersuchungen angeboten werden, die für sie gar nicht erforderlich sind.

NACKENTRANSPARENZ-MESSUNG

Diese spezielle Ultraschalluntersuchung wurde 1990 in England entwickelt, um die Erkennung eines Down-Syndroms zu einem möglichst frühen Zeitpunkt der Schwangerschaft zu gewährleisten. Der Scan (nuchal transluency = NT) wird zwischen der 11. und 14. Woche, am besten um die neunte Woche, durchgeführt. Grundlage ist die Messung der Tiefe des Nackenödems unter der Haut hinten am Nacken des Fetus durch Ultraschall (*siehe* Kasten rechts). Eine Nackenfaltenmessung wird nicht routinemäßig bei allen Schwangeren durchgeführt, aber bei erhöhtem Risiko bzw. Verdachtsmomenten und auf Wunsch.

Eine hohe Anzahl an Markern für das Down-Syndrom wurde inzwischen identifiziert. Professor Kypros Nicolaides vom King's College Hospital in London fand heraus, dass Babys mit Down-Syndrom das Nasenbein fehlt. Er verweist darauf, dass bei der Untersuchung des Profils die Erkennung des Down-Syndroms auf über 90 Prozent gesteigert werden kann.

BLUTUNTERSUCHUNGEN (SERUM-SCREENING)

Im Rahmen der verschiedenen Serum-Screening-Tests, die zur Verfügung stehen, werden zwei, drei oder mehr Substanzen im mütterlichen Blut gemessen; dadurch wird erkennbar, ob für das Baby das Risiko für das Down-Syndrom, verschiedene andere Chromosomenanomalien (Gendefekte) oder ein Neuralrohrdefekt, wie Spina bifida, besteht (*siehe* S. 146 und S. 418). Serum-Screening-Tests geben eine Risikoeinschätzung, liefern aber keine eindeutige Antwort. Wenn Sie einen

Test machen lassen, ist es wichtig, dass Sie Folgendes bedenken:

• Ein abweichendes Test-Ergebnis (Screen positiv) bedeutet nicht, dass Ihr Baby eine Anomalie aufweist, aber es sagt aus, dass Sie ein höheres Risiko tragen. Der Arzt wird mit Ihnen besprechen, ob weitere Tests gemacht werden.

• Wenn bei dem Baby eine Chromosomenanomalie festgestellt wird, müssen Sie die Entscheidung treffen, ob Sie die Schwangerschaft fortsetzen wollen oder nicht.

Durchführung des Tests

Serum-Tests werden in der 15. bis 16. Woche in der Klinik, in der Frauenarztpraxis oder zu Hause von der Hebamme durchgeführt. Der bekannteste Test, der auch als Double-Test oder Alpha-Fetoprotein-Test bezeichnet wird, misst zwei Substanzen im Blut: das Alpha-Fetoprotein und das freie Beta-HCG. Bei Babys mit Down-Syndrom ist der AFP-Spiegel niedriger und der des HCG erhöht. Der Double-Test weist in zwei von drei Fällen das Down-Syndrom nach und in vier von fünf Fällen

NACKENTRANSPARENZ-MESSUNG

Während der 9.–14. Woche kann eine spezielle Ultraschalluntersuchung durchgeführt werden, bei der der Arzt den Fetus und die Tiefe des Ödems unter der Haut hinten am Nacken des Fetus (Nackenfaltenmessung) misst.

Dieses Screening weist auf ein mögliches Risiko, dass das Baby am Down-Syndrom leiden könnte, hin, ergibt aber kein endgültiges Ergebnis.

▶ **Liegt die Dicke der Nackenfalte unter 3 mm,** besteht in aller Regel kein Problem. Dieses Ergebnis ergibt sich bei 95 Prozent aller Frauen.

▶ **Liegt der Wert zwischen 4 und 7 mm,** besteht die Möglichkeit, dass Ihr Baby das Down-Syndrom hat – je höher der Wert, umso größer ist das Risiko. Ein Wert zwischen 3 und 4 mm bezeichnet einen Grenzwert.

▶ **Liegt die Dicke der Nackenfalte darüber** oder beim Grenzwert, wird man ein ausführliches Beratungsge-

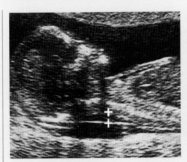

NIEDRIGES RISIKO *Dieser Fetus hat eine dünne Nackenfalte – niedriges Risiko für das Down-Syndrom.*

spräch mit Ihnen führen und weitere invasive Untersuchungen anbieten, z. B. eine Chorionzottenbiopsie oder eine Amniozentese. Diese Situation tritt bei fünf Prozent aller schwangeren Frauen ein.

▶ **Wenn Sie sich gegen einen invasiven Test entscheiden,** nachdem die Nackenmessung einen erhöhten Wert ergeben hat, rate ich Ihnen, einen speziellen Fehlbildungstest um die 20.

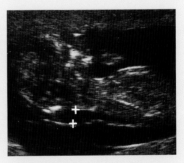

HOHES RISIKO *Die größere Tiefe der Nackenfalte erhöht das Risiko des Fetus für das Down-Syndrom.*

Woche durchführen zu lassen. Denn Babys mit einer dickeren Nackenfalte tragen ein erhöhtes Risiko für Herz-, Darm- und andere organische Anomalien, die auf dem Ultraschallmonitor sichtbar werden. Falls Anomalien entdeckt werden, kann der Arzt sofortige pädiatrische Hilfe vor, während und nach der Geburt in die Wege leiten, wenn die Schwangerschaft fortgesetzt werden soll.

»Hier gibt es kein allgemein gültiges ›Ja‹ oder ›Nein‹. Jedes Paar muss dies für sich klären und offen darüber sprechen, wie es nach einem positiven Testergebnis handeln würde.«

einen Neuralrohrdefekt. Beim Triple-Test wird ein weiteres Hormon, Östriol, in die Untersuchung miteinbezogen und beim Quadruple-Test oder Bart's-Test kommen zwei weitere Substanzen hinzu, das Inhibine A und das PAPP-A (pregnancy associated protein A). Die Blutprobe wird in einem spezialisierten Labor gesandt auf verschiedene Substanzen hin untersucht. Die Ergebnisse werden in ein Computerprogramm eingegeben, zusammen mit dem Alter der Mutter und dem exakten Entwicklungsalter des Babys. Die Ergebnisse liegen gewöhnlich nach fünf Arbeitstagen vor. In den meisten Fällen weisen die Ergebnisse ein geringes Risiko aus; ergibt der Test jedoch ein hohes Risiko für eine Erkrankung des Babys, bleibt Zeit genug, um gegebenenfalls weitere Untersuchungen in die Wege zu leiten und eine wohl überlegte Entscheidung zu treffen.

Das individuelle Risiko

Der Computer liefert die Einschätzung des Risikos, wie z.B. 1 zu 45 oder 1 zu 450. Diese Zahlen besagen, dass im speziellen Fall bei jeder 45. oder 450. Schwangerschaft das Baby von der Anomalie betroffen ist.

Die meisten Paare und Ärzte werden ein Serum-Screening-Ergebnis von 1 zu 450 beruhigend finden, während es aber sicher auch Paare gibt, für die die Vorstellung, dass ihr Baby betroffen sein könnte – selbst wenn das Risiko so gering ist – so beunruhigend ist, dass sie sofort weitere Tests durchführen lassen. Was diese Zahlen natürlich nicht berücksichtigen können, sind Ihre bisherigen Erfahrungen mit und Ihre persönliche Einstellung zu einem Baby mit einer Fehlbildung oder Behinderung. Jedes Paar muss sich bei Durchführung der Tests die Frage stellen, ob es sich dazu entschließen würde, die Schwangerschaft abzubrechen, wenn der Nachweis einer Anomalie des Babys erbracht würde.

INTEGRIERTES SCREENING

Der neueste Fortschritt beim vorgeburtlichen Screening ist die Entwicklung des integrierten Tests. Er wird allerdings überwiegend in angelsächsischen Ländern durchgeführt, in Deutschland nur in Ausnahmefällen. Diese Kombination aus verschiedenen Tests ermöglicht eine hohe Aufdeckungsquote bei Down-Syndrom, Edwards-Syndrom (*siehe* S. 415) und Neuralrohrdefekten, wie Spina bifida. Er weist im Vergleich zu anderen Screening-Verfahren eine sehr niedrige Falschpositivrate auf. Der integrierte Test wird in zwei Stufen durchgeführt:

• **Stufe 1** Der erste Teil des Tests sollte im ersten Trimester, etwa um die 12. Woche, durchgeführt werden. Er kann aber auch zu einem anderen Zeitpunkt zwischen der 10. und 13. Woche gemacht werden. Der Zeitpunkt der Durchführung richtet sich nach der letzten Menstruation oder nach dem Ergebnis einer Ultraschalluntersuchung. Bei diesem Test wird durch eine detaillierte Ultraschalluntersuchung das genaue Schwangerschaftsalter ermittelt und die Nackentransparenz festgestellt. Gleichzeitig wird eine Blutprobe genommen, um den Spiegel eines in der Schwangerschaft vorhandenen Proteins (PAPP-A = pregnancy-associated protein A) zu messen. Die Patientin wird unterwiesen, zu einem späteren Zeitpunkt eine zweite Blutprobe zu nehmen und an ein Labor zu senden.

• **Stufe 2** Die zweite Stufe des Tests sollte im zweiten Trimester, zwischen der 15. und 16. Schwangerschaftswoche durchgeführt werden. Sie kann aber noch bis zur 22. Woche erfolgen. Ihr Arzt, die Hebamme oder das Klinikpersonal nehmen eine zweite Blutprobe, die zur Analyse an ein Labor geschickt wird. Vier Serumspiegel werden gemessen: AFP (Alpha-Fetoprotein), unkonjugiertes Östriol uE2, freies Beta-HCG (humanes Choriongonadotropin) und Inhibine-A.

Das Risiko ermitteln

Die Werte der fünf Bluttests und das Ergebnis der Nackentransparenz-Untersuchung sowie das Alter der Mutter werden in den Computer eingegeben, um festzustellen, wie hoch ihr Risiko ist, ein Baby mit Down-Syndrom oder einem offenen Neuralrohrdefekt zu bekommen. Die Ergebnisse des integrierten Tests liegen meist innerhalb von drei bis fünf Werktagen nach Entnahme der zweiten Blutprobe vor. Die Ergebnisse hängen von den Analysen beider Blutproben ab. Sie können das Risiko für Down-Syndrom auch allein auf der Grundlage der Informationen von Stufe 1 berechnen lassen, was aber nicht so zuverlässig ist wie die kombinierten Ergebnisse beim zweistufigen Test.

Testergebnisse

Liegt das vom integrierten Test berechnete Risiko bei 1 zu 150 oder höher, wird das Ergebnis des integrierten Tests als positiv im Hinblick auf das Down-Syndrom kommentiert. Der Patientin wird eine invasive Diagnosemethode angeboten, meistens eine Amniozentese. Bei ungefähr 1 von 100 untersuchten Frauen ist das Screening-Ergebnis positiv. Nach der Amniozentese wird bei etwa 1 von 10 Frauen festgestellt, dass sie ein Baby mit einem Down-Syndrom bekommen wird. Das bedeutet, dass zehn invasive Untersuchungen durchgeführt werden müssen, um ein Baby mit Down-Syndrom zu identifizieren. Diese Zahlen stellen eine große Verbesserung dar, verglichen mit dem doppelten Serum-Screening-Test, bei dem über 60 invasive Tests nötig sind, um einen einzigen Fall von Down-Syndrom aufzudecken (*siehe* Tabelle S. 135). Der integrierte Test erkennt auch sechs von zehn Frauen, die ein Baby mit Edwards-Syndrom tragen (*siehe* S. 415) – eine Aufdeckungsrate von 60 Prozent.

NEUE ENTWICKLUNGEN

»One Stop Clinics for Assessment of Risk« (OSCAR) ist eine neue Form der Untersuchung, die in Großbritannien durchgeführt wird. Sie findet in der zwölften Schwangerschaftswoche statt. Zunächst werden eine Nackentransparenz-Messung und ein Bluttest auf freies Beta-HCG und PAPP-A durchgeführt. Erste Ergebnisse liegen nach einer Stunde vor und werden in Verbindung mit dem Alter der Mutter und der Anamnese vergangener Schwangerschaften per Computer ausgewertet. Bei einem hohen Risiko kann sofort eine Chorionzottenbiopsie erfolgen. Ein vorläufiges Ergebnis liegt nach 24 bis 48 Stunden vor.

Untersuchung auf Neuralrohrdefekte

Anhand des AFP-Spiegels lässt sich feststellen, ob in der Schwangerschaft ein erhöhtes Risiko für einen offenen Neuralrohrdefekt beim Baby besteht (Spina bifida). Frauen mit erhöhtem AFP-Spiegel (2,5-mal höher als durchschnittlich) werden weitere Tests angeboten, z.B. ein detaillierter Ultraschall. Die meisten Babys mit Anenzephalie (*siehe* S. 418) und etwa 86 Prozent der Babys mit offener Spina bifida können auf diese Weise erkannt werden. Ungefähr eine von 100 Frauen fällt beim Screening in die positive Gruppe für einen offenen Neuralrohrdefekt, und etwa eine von 20 Frauen mit positivem Screening-Ergebnis ist wirklich davon betroffen.

Faktoren, die die Ergebnisse beeinflussen können

Verschiedene Faktoren, die die Blutwerte beeinflussen können, müssen bei der Auswertung des integrierten Tests berücksichtigt werden:

• Die Blutwerte für einige Marker scheinen bei übergewichtigen Frauen und insulinabhängigen Diabetikerinnen erniedrigt zu sein.

• Die Werte für andere Marker können bei schlanken Frauen und Frauen afro-karibischer Abstammung höher liegen.

• Frauen, die durch eine IVF-Behandlung schwanger wurden, können abweichende Werte aufweisen.

• Alle Blutmarker sind bei Zwillingsschwangerschaften erhöht und deshalb unzuverlässig.

• Vaginale Blutungen kurz vor dem zweiten Bluttest können den AFP-Spiegel erhöhen, ebenso eine Amniozentese.

Wenn bei einer früheren Schwangerschaft eine fetale Anomalie aufgetreten ist, fällt das Screening-Ergebnis immer positiv aus. Normalerweise wird in diesem Fall eine Amniozentese vorgeschlagen.

CHORIONZOTTENBIOPSIE

Dieser vorgeburtliche diagnostische Test wird normalerweise zwischen der elften und 13. Woche durchgeführt. Dabei wird eine Gewebeprobe (Biopsie) von der Plazenta (*siehe* Kasten) genommen. Da sich das Baby und die Plazenta aus denselben Zellen entwickeln, sind die Chromosomen in den Plazentazellen dieselben wie die in den Zellen des Babys. Die meisten Frauen lassen diese

Untersuchung vornehmen, um das Down-Syndrom auszuschließen. Dieser Test wird aber auch durchgeführt, wenn ein spezieller Gendefekt vermutet wird, z. B. eine Sichelzellanämie oder Thalassämie major (*siehe* S. 417). Bei diesem Test kann Gewebe bereits vor der zwölften Woche entnommen werden; dies bedeutet, dass eine Schwangerschaft mit schweren Chromosomenanomalien früh erkannt und gegebenenfalls ein Schwangerschaftsabbruch eingeleitet werden kann.

Nachteile dieses Tests

Kein invasiver vorgeburtlicher Test ist vollkommen unbedenklich. Bevor Sie sich für diese Untersuchung entscheiden, sollten Sie Folgendes bedenken:

• Das Risiko einer auf die Untersuchung folgenden Fehlgeburt scheint etwas höher zu sein als bei einer Amniozentese. Davon sind nach einem Eingriff ungefähr ein Prozent aller Frauen betroffen. Vielleicht liegt der Grund darin, dass der Test sehr früh in der Schwangerschaft durchgeführt wird und die Schwangerschaft ohnehin zu einer Fehlgeburt geführt hätte. Trotzdem muss dieses Risiko bedacht werden.

• Es gibt Hinweise, dass das Baby nach einer sehr frühen Untersuchung Anomalien im Wachstum seiner Gliedmaßen entwickelt.

• Gelegentlich enthält das Plazentagewebe Mosaikzellen (abnorme Zellen, die auf eine Chromosomenanomalie hinweisen), obwohl sonst keine Anomalien erkennbar sind. In diesem Falle wird man Ihnen vermutlich raten, zu einem späteren Zeitpunkt eine Amniozentese durchführen zu lassen.

AMNIOZENTESE

Die Amniozentese (Fruchtwasseruntersuchung) ist der am häufigsten vorgenommene invasive Test. Dabei wird eine Probe des Fruchtwassers entnom-

DURCHFÜHRUNG EINER CHORIONZOTTENBIOPSIE

Zunächst wird mittels Ultraschall die Lage der Plazenta bestimmt. Bei der Chorionzottenbiopsie wird dann eine kleine Gewebeprobe von der Plazenta entnommen. Es darf während des Eingriffs zu keiner Verletzung der Fruchtblase kommen.

▶ Ein lokales Betäubungsmittel wird in die Bauchdecke injiziert, bevor eine dünne Punktionsnadel in die Gebärmutter eingeführt wird, genau an die Stelle, wo die Chorionzotten sitzen.

▶ Mit der Nadel werden einige Zellen entnommen und in eine auf der Punktionsnadel sitzenden Spritze mit einer Nährlösung aufgezogen.

▶ Das gewonnene Gewebe besteht aus lebenden Zellen; das bedeutet, dass das Ansetzen einer Kultur und eine Analyse im zytogenetischen Labor viel schneller möglich sind als nach der Gewinnung von fetalen Hautzellen aus der Fruchtwasserprobe. Sie werden vermutlich innerhalb von 72 Stunden ein vorläufiges Testergebnis und in etwa zehn Tagen ein endgültiges Resultat erhalten.

DER EINGRIFF *Einige Zellen der Chorionzotten werden in die Spritze aufgezogen.*

Punktions-
nadel und
Spritze

Ultraschall-
kopf

Plazenta

Gebär-
mutter

Gewebeprobebereich

Mutter-
mund

Scheide

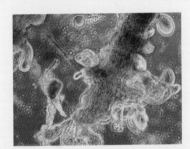

BIOPSIEGEWEBE *Dieses Bild zeigt eine Gewebeprobe von den Knospen der Chorionzotten.*

men. Diese Untersuchung wird meist zwischen der 14. und 16. Woche durchgeführt. Man wird Ihnen eine Amniozentese empfehlen, wenn:

• Sie älter als 35 Jahre sind
• Sie (oder ein Familienmitglied) ein Baby mit Down-Syndrom oder einer anderen Chromosomenabweichung haben
• eine Nackentransparenz-Messung oder das Serum-Screening in der aktuellen Schwangerschaft bedenkliche Werte ergaben.

Im zytogenetischen Labor werden die Hautzellen des Babys aus dem Fruchtwasser isoliert. Die Zellen sind von der Oberfläche der Haut in das Fruchtwasser gelangt. Aus diesen fetalen Hautzellen werden Kulturen angelegt, deren Wachstum und Zellteilung ein bis drei Wochen erfordern. Dieses Stadium nennt man Metaphase, dabei entsteht das Chromosomenmaterial für die Analyse. Manchmal können die Zellen nicht zum Wachsen angeregt werden oder sie wachsen sehr langsam, was das Ergebnis verzögert. Ganz selten entdeckt man, dass die kultivierten Zellen von der Mutter stammen und nicht vom Baby. In diesem Fall ist eine weitere Amniozentese erforderlich.

Gelegentlich enthält das Plazentagewebe Mosaikzellen (abnorme Zellen, die aber nicht repräsentativ für die allgemeine Chromosomenausstattung des Babys sind). In diesem Falle wird man Ihnen wahrscheinlich zu einer zweiten Amniozentese zu einem späteren Zeitpunkt raten, um die Ergebnisse zu überprüfen. Eine Amniozentese wird in der Regel nicht vor der 14.–16. Schwanger-

schaftswoche durchgeführt, weil zuvor möglicherweise nicht ausreichend fetale Hautzellen zum Ansetzen einer Kultur vorhanden sind. Die Entnahme von Fruchtwasser zu einem sehr frühen Zeitpunkt kann daneben zu Problemen bei der Entwicklung der Lunge des Babys führen.

Vor- und Nachteile einer Amniozentese
Ein Vorteil der Amniozentese besteht darin, dass die Rate von falschen Ergebnissen extrem niedrig ist. Auch das Risiko einer Fehlgeburt ist gering. Generell wird es mit etwa einem Prozent angege-

DURCHFÜHRUNG EINER AMNIOZENTESE

Dieser Eingriff dauert ungefähr 20 Minuten und wird unter permanenter Ultraschallsicht durchgeführt, wobei der Arzt mit einer Punktionsnadel durch die Bauchdecke und durch die Gebärmutter bis in die Fruchtblase sticht. Dabei darf weder die Plazenta noch das Baby berührt werden.

▸ Der Arzt wird den Punktionsbereich lokal betäuben. Die Nadel ist allerdings so dünn, dass Sie diesen Eingriff wahrscheinlich als weniger unangenehm empfinden als eine Blutentnahme am Arm.

▸ Auf die Punktionsnadel wird eine Spritze aufgesetzt. Eine Fruchtwasserprobe (ungefähr 10–20 ml) wird in die Spritze aufgezogen.

▸ Die Nadel wird herausgezogen. Das Baby wird im Anschluss aufmerksam im Ultraschall beobachtet, falls Probleme auftreten.

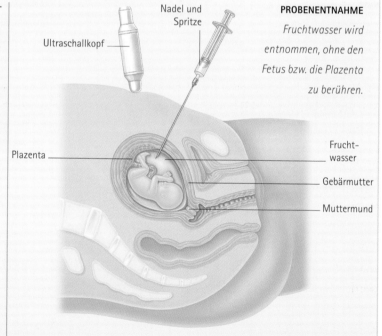

Nadel und Spritze

Ultraschallkopf

PROBENENTNAHME
Fruchtwasser wird entnommen, ohne den Fetus bzw. die Plazenta zu berühren.

Plazenta

Fruchtwasser

Gebärmutter

Muttermund

▸ Der Arzt wird Sie anweisen, sich 24 Stunden lang auszuruhen und auf anstrengende Aktivitäten zu verzichten. Manche Frauen verspüren nach der Untersuchung ein oder zwei Stunden lang leichte Schmerzen. Manchmal tropft etwas Blut oder Fruchtwasser aus der Scheide. Diese Beschwerden klingen aber nach kurzer Zeit wieder ab.

ben. Das Risiko einer Fehlgeburt ist zwei Wochen nach einer Amniozentese am größten. Dabei gilt es aber zu berücksichtigen, dass eine Amniozentese nur bei Schwangerschaften vorgenommen wird, die als risikobehaftet gelten, sodass spätere Komplikationen nicht unbedingt mit der Amniozentese zu tun haben müssen.

Ein Nachteil der Amniozentese besteht darin, dass die Ergebnisse nicht vor der 17.–18. Schwangerschaftswoche vorliegen. Wenn das Ergebnis eine Anomalie ergibt und sich die Eltern zu einem Schwangerschaftsabbruch entschließen, müssen in diesem Fall die Wehen eingeleitet und das Baby vaginal geboren werden (*siehe* S. 294 ff.).

NEUE ENTWICKLUNGEN BEI DER CHROMOSOMENANALYSE

Eine neue Methode wird inzwischen zunehmend von Frauenärzten angeboten: der Interphase-FISH-Test. Er beruht auf der Fluoreszenz In Situ Hybridisierung (FISH) auf Kernen von nichtkultivierten Amnionzellen, die aus 2–5 ml Fruchtwasser präpariert werden. Die DNA in den fetalen Hautzellen kann dabei massiv vermehrt werden und ergibt damit rasch eine ausreichende Menge, um eine Diagnose innerhalb weniger Tage zu ermöglichen. Dabei werden Stücke der DNA bestimmter Chromosomen mit einem fluoreszierenden Stift gemarkt. Diese werden auf die Zellen übertragen, die getestet werden sollen, wo sie in einer bestimmten Farbe leuchten (Fluoreszenz) und unter dem Mikroskop gut sichtbar sind. Der Vorteil dieser Technik besteht darin, dass die Zellkultur nicht erst in dem Stadium untersucht werden kann, in dem eine aktive Zellteilung vorliegt, um zu erkennen, ob sie die korrekte Anzahl an Chromosomen tragen oder nicht.

NABELSCHNURPUNKTION

Bei diesem Eingriff wird eine Blutprobe des Babys aus der Nabelschnur genommen. Er wird nach der 18. Woche durchgeführt, wenn die Blutgefäße in der Nabelschnur deutlich zu sehen sind. Unter Ultraschallkontrolle wird eine Punktionsnadel durch die Bauchdecke der Mutter in die Gebärmutter zu einem Blutgefäß der Nabelschnur eingeführt. Das Risiko einer Fehlgeburt liegt zwischen ein und zwei Prozent. Der Eingriff wird von erfahrenen Ärzten in speziellen Kliniken durchgeführt.

Eine Nabelschnurpunktion führt am schnellsten zur Diagnose einer Chromosomenanomalie, da das fetale Blut sofort analysiert werden kann. Manchmal wird eine Nabelschnurpunktion zur Bestimmung des fetalen Hämoglobins vorgenommen, wenn in der Schwangerschaft eine Rhesusunverträglichkeit besteht (*siehe* S. 128 und S. 424). Fetale Bluttransfusionen erfolgen ebenfalls über die Nabelschnur.

Gelegentlich muss in der Spätschwangerschaft eine Blutprobe aus der Nabelschnur entnommen werden, wenn der Verdacht auf eine Infektion des Fetus mit Röteln oder Toxoplasmose besteht.

FETOSKOPIE

Bei diesem Eingriff wird zur Untersuchung des Babys ein dünnes Teleskop durch den Gebärmutterhals in die Gebärmutter eingeführt. Vor allem Gliedmaßen, Genitalien, Wirbelsäule und Haut sowie die Färbung des Fruchtwassers können auf diese Weise beurteilt werden. Einige seltene Leber- und Hautdefekte des Fetus können durch eine Fetoskopie diagnostiziert und Gewebeproben entnommen werden. Dieser Eingriff ist mit hohem Risiko behaftet (es kann zu einer späteren Fehlgeburt oder einer Frühgeburt kommen) und er wird daher nur in Ausnahmesituationen durchgeführt.

ANGEBORENE KRANKHEITEN

Angeborene Erkrankungen sind genetisch bedingte Krankheiten, auch Erbkrankheiten, körperliche und organische Fehlbildungen sowie geistige Behinderungen. In diesem Kapitel wird erklärt, wie und warum bestimmte angeborene Krankheiten entstehen und wie sie mithilfe der pränatalen Diagnostik erkannt werden können. Dann ist Eltern und Ärzten die Planung einer frühzeitigen Behandlung möglich. Es gibt aber auch Krankheiten, die erst nach der Geburt festgestellt werden können.

Genetische Störungen entstehen durch Chromosomenaberrationen. Diese Anomalien im genetischen Material können vererbt werden oder durch Mutation entstehen. Manche genetische Störungen entstehen durch die Anwesenheit eines einzelnen oder mehrerer abnormer Gene. Andere entwickeln sich, weil Anzahl, Form oder Anordnung eines der Chromosomen anomal ist. Viele entstehen auch durch die komplexe Wechselwirkung zwischen Umweltfaktoren und Genen, z.B. Spina bifida und Lippen-Gaumen-Spalte. In der Schwangerschaft wird routinemäßig nur nach Down-Syndrom und Spina bifida getestet. Diagnostische Tests und Genberatung werden Paaren mit hohen Risikofaktoren, mit familiär auftretenden Erbkrankheiten oder anderen angeborenen Anomalien angeboten.

CHROMOSOMENABERRATION

Vor, während und nach der Befruchtung durchlaufen die beiden Chromosomenpaare (eines von der mütterlichen Eizelle und das andere aus dem Sperma des Mannes), die die Gesamtzahl von 23 Chromosomenpaaren beim Baby bilden, eine komplexe Folge von Teilungen und Neuanordnung. Ist eines der Chromosomen anomal oder sind zu viele oder zu wenige Chromosomen im befruchteten Ei

verblieben, kann dies zu einer Anomalie bei der Entwicklung des Embryos bzw. Fetus führen. Meist führt dies zu einer frühen Fehlgeburt, aber manchmal bleibt die Schwangerschaft auch bestehen und ein behindertes Baby wird geboren.

Etwa 6 von 1000 Babys werden mit einer Chromosomenaberration geboren. Bei den Totgeburten beträgt die Rate 6 von 100 Babys. Am häufigsten kommt es zu Abweichungen in der Anzahl der Chromosomen (zu viele oder zu wenige), wobei in der Bezeichnung der Störung das betroffene Chromosomenpaar benannt wird (*siehe* unten).

Eine **Trisomie** liegt vor, wenn drei Kopien eines Chromosoms vorkommen. Die meisten Trisomien entstehen vor der Befruchtung durch anomale Zellteilung (Meiose) in der Eizelle. Eine Trisomie tritt häufiger bei älteren Frauen auf. Die häufigsten Formen der Trisomie sind das Down-Syndrom/Trisomie 21 (*siehe* S. 147), das Patau-Syndrom/Trisomie 13 (*siehe* S. 415) und das Edward-Syndrom/Trisomie 18 (*siehe* S. 415).

Monosomien entstehen, wenn ein Chromosom vollständig fehlt. Bei der häufigsten Form der Monosomie, dem Turner-Syndrom (*siehe* S. 416), das nur Mädchen betrifft, fehlt ein X-Chromosom. Eine **Triploidie** liegt vor, wenn der Embryo einen zusätzlichen Satz von 23 Chromosomen hat (*siehe* S. 415). **Zusätzliche Geschlechtschromosomen** liegen bei Krankheiten wie dem Klinefelter-Syndrom (*siehe* S. 416) vor; in diesem Fall hat der Junge ein zusätzliches X-Chromosom. **Translokationen** (*siehe* S. 415) sind anomale Verbindungen einer korrekten Anzahl von Chromosomen.

DOMINANTE ERBKRANKHEITEN

Bei dominanten Erbkrankheiten genügt ein anomales Gen, damit sich die Erkrankung entwickeln kann. Männer und Frauen sind davon in gleicher Weise betroffen. Die Wahrscheinlichkeit, das Gen und die Krankheit an die Kinder weiterzugeben, beträgt 50 Prozent. Wer kein solches geschädigtes Gen besitzt, kann die Krankheit auch nicht weitergeben. Bei schweren Schädigungen sterben die Erkrankten häufig, bevor sie selbst Kinder haben.

Es besteht immer eine familiäre Krankengeschichte, doch da dominante Gendefekte über die Generationen hinweg in unterschiedlicher Ausprägung zutage treten, können sie oft nur mit Hilfe eines Humangenetikers diagnostiziert werden. Bei erblich bedingter Hypercholesterinämie z.B. (*siehe* S. 416) können Babys betroffener Eltern bei oder nach der Geburt auf hohe Cholesterinwerte im Blut getestet werden. Einige dominante neurologische Störungen, z.B. Chorea Huntington (*siehe* S. 416) und Muskeldystrophie, können heute, vor der Geburt diagnostiziert werden. Eventuelle Anomalien können in DNA-Proben, die bei einer Amniozentese gewonnen werden, festgestellt werden.

HÄUFIGKEIT & URSACHEN

▶ Schwer wiegende angeborene Anomalien (wie Herz- oder Neuralrohrdefekte) kommen bei 4 Prozent aller Neugeborenen vor.

▶ Geringfügige angeborene Anomalien, z.B. ein zusätzlicher Finger oder Zeh, kommen bei etwa 6 Prozent vor.

▶ Ungefähr 40 Prozent aller angeborenen Störungen werden durch genetische Faktoren vererbt.

▶ Etwa 10 Prozent entstehen durch Schädigungen während der Entwicklung; durch Infektionen (5 %), Drogeneinfluss (2 %), Chemikalien, Röntgenstrahlen oder Stoffwechselstörungen, z.B. ein unbehandelter Diabetes.

▶ Etwa 50 Prozent aller angeborenen Störungen können ursächlich nicht geklärt werden; der größte Teil ist vermutlich genetisch bedingt oder die Folge einer Kombination aus Umwelteinflüssen und genetischen Faktoren.

REZESSIVE ERBKRANKHEITEN

Bei diesen Störungen müssen zwei Kopien eines anomalen Gens (eine von jedem Elternteil) vorhanden sein, damit sich die Krankheit manifestiert. Das rezessive Gen ist meist durch ein normales dominantes Gen maskiert – folglich ist bei betroffenen Personen keine familiäre Krankengeschichte ersichtlich. Wenn beide Elternteile Träger sind, tragen ihre männlichen und weiblichen Nachkommen ein Risiko von 1 zu 4, zwei rezessive Gene vererbt zu bekommen und den Defekt zu entwickeln; das Risiko, Träger des Defektes zu werden, ohne Symptome zu entwickeln, beträgt 2 zu 4.

»Am häufigsten kommt es zu Abweichungen in der Anzahl der Chromosomen – es können zu viele oder zu wenige vorhanden sein.«

Viele rezessive Krankheiten können bei vorgeburtlichen Untersuchungen der DNA, z.B. Chorionzottenbiopsie oder Amniozentese, nachgewiesen
werden, z.B. Mukoviszidose, Sichelzellanämie und
Thalassämie (*siehe* S. 417). Biochemische Störungen, z.B. das Tay-Sachs-Syndrom (*siehe* S. 416)
und Phenylketonurie (*siehe* S. 417), werden durch
Blutproben diagnostiziert.

GESCHLECHTSGEBUNDENE ERBKRANKHEITEN

Krankheiten wie Hämophilie, Duchenne-Muskel-
dystrophie (*siehe* S. 417) und Fragile-X-Syndrom
(*siehe* S. 418) werden durch ein rezessives Gen auf
dem X-Chromosom (weiblich) verursacht. Diese
Störung betrifft nur Männer. Frauen sind Überträgerinnen der Krankheit: Ihre Kinder haben ein 50-
prozentiges Risiko, dieses anomale Gen zu erben.
Ein Mädchen wird dieses Gen von der Mutter nicht
erben (sondern das andere X-Chromosom) oder sie
wird symptomfreie Trägerin sein, weil sie das zweite
X-Chromosom (vom Vater) vor der Ausbildung der
Störung schützt. Ein Sohn hat ein Risiko von 50
Prozent, die Krankheit zu bekommen: Das von seinem Vater geerbte Y-Chromosom kann ein geschädigtes X-Chromosom der Mutter nicht maskieren.
Eine in männlicher Linie übertragene an das X-
Chromosom gebundene Krankheit gibt es nicht,
aber manchmal treten X-gebundene Störungen
nach einer zufälligen neuen Genmutation auf.

NEURALROHRDEFEKTE

Neuralrohrdefekte (*siehe* auch S. 418) gehören zu
den häufigsten schweren angeborenen Anomalien.
Wird keine pränatale Diagnostik durchgeführt, ist
1 von 400 Babys davon betroffen. Es scheint eine
familiäre Komponente zu bestehen. Die Häufigkeit
ist von Region zu Region unterschiedlich und hat
viel mit der Ernährung zu tun. Babys, die mit Neuralrohrdefekten wie Spina bifida geboren werden,
leiden oft an Schwäche oder Lähmung der Beine
oder an Harn- und Stuhlinkontinenz.

GENETISCHE BERATUNG

Paare, die wissen, dass in ihrer Familie Erbkrankheiten auftreten oder die schon ein Kind mit einer
genetischen Störung haben, sollten eine Beratungsstelle aufsuchen, wenn sie ein weiteres Kind planen. Sie können eine Form der pränatalen Diagnostik, wie Chorionzottenbiopsie, Amniozentese
oder spezielle Ultraschalluntersuchungen, wahrnehmen. Manchmal ist auch eine Präimplantations-
diagnostik möglich. Dabei wird die Eizelle im Rea-
genzglas befruchtet und anschließend eine Zelle
des winzigen Embryos analysiert, um sicherzugehen, dass er keine genetischen Defekte hat, bevor
er in die Gebärmutter der Mutter eingesetzt wird.

PRÄNATALE DIAGNOSTIK

Eine humangenetische Beratung und/oder vorgeburtliche Untersuchung sind anzuraten, wenn:

▶ Sie schon ein Kind mit einem Geburtsfehler, einer
Chromosomenanomalie oder einer Erbkrankheit haben

▶ solche Krankheiten in der Familie vorkommen

▶ Sie ein Kind mit geistiger Behinderung haben

▶ ein Bluttest ein auffälliges Ergebnis zeigt

▶ der Fetus im Ultraschall Anomalien aufweist

▶ die Mutter unter einer Erkrankung leidet, die das Baby
anfällig für Fehlbildungen macht

▶ sie gefährlichen Umwelteinflüssen ausgesetzt ist

▶ ein Elternteil bekanntlich Träger einer Erbkrankheit ist

▶ wiederholte Fehlgeburten oder Schwangerschafts-
abbrüche vorangingen

▶ ein Baby kurz nach der Geburt gestorben ist.

DOWN-SYNDROM

AUCH WENN DAS DOWN-SYNDROM (TRISOMIE 21) ZU DEN HÄUFIGSTEN CHROMOSOMEN-

ANOMALIEN BEI LEBEND GEBORENEN BABYS GEHÖRT, IST DAS AUFTRETEN DANK

VERBESSERTER VORGEBURTLICHER DIAGNOSTIK STARK ZURÜCKGEGANGEN.

In 95 Prozent der Fälle von Down-Syndrom gibt es keinen weiteren Fall in der Familie. In drei Prozent der Fälle ist das zusätzliche Chromosom 21 mit einem anderen Chromosom verbunden (Translokation) und von einem Elternteil vererbt worden, der meist keine Anzeichen aufweist. Bei den verbleibenden zwei Prozent der Fälle zeigt sich ein Mosaik, d.h. einige Zellen des Körpers tragen ein drittes Chromosom 21, während andere die normalen beiden aufweisen.

Das Down-Risiko steigt mit dem Alter der Mutter stark an (*siehe* unten). Da ältere Schwangere routinemäßig auf das Auftreten der Krankheit untersucht werden, werden die meisten Down-Kinder heute von jüngeren Müttern geboren. Etwa 50 Prozent der betroffenen Schwangerschaften enden mit einer Fehlgeburt. Neun von zehn Babys, die mit voll entwickeltem Down-Syndrom geboren werden, überleben das erste Lebensjahr. Häufig gibt es Fehlbildungen des Herzens und des Darms. Down-Kinder haben Probleme mit dem Gehör, der Sehkraft und weisen einen niedrigen Muskeltonus auf. Charakteristisch sind die schräg stehenden Augen und die einzelne Hautfalte auf Händen und Füßen. Der Nasenrücken ist flach oder fehlt, sodass das Kind anfällig für Erkältungen ist.

Babys mit Down-Syndrom sind geistig behindert, wobei das Ausmaß der Behinderung unterschiedlich und vor der Geburt schwer zu bestimmen ist. Manche Kinder mit Down-Syndrom können als Erwachsene ein teilweise unabhängiges Leben führen. Die durchschnittliche Lebenserwartung beträgt 60 Jahre. In der Kindheit treten oft Leukämie und Schilddrüsenerkrankungen auf, im Erwachsenenalter eine Form der Alzheimer Krankheit.

Die Nackentransparenz-Messung ermöglicht eine frühe Diagnose des Down-Syndroms (*siehe* S. 137). Routinemäßige Ultraschalluntersuchungen zeigen oft noch andere Anzeichen, wie das Fehlen des Nasenbeins oder Anomalien von Herz, Nieren und Darm. Die Hautfalten auf den Händen und die Augenlider geben ebenfalls Hinweise darauf, dass das Baby betroffen ist. Es gibt aber auch Babys mit Down-Syndrom, die vorgeburtlich keine Anzeichen der Störung zeigen.

RISIKO FÜR DAS DOWN-SYNDROM

Alter der Mutter beim ET	Unter 25	25	26	27	28	29	30	31	32
Risiko -	1:1500	1:1350	1:1300	1:1300	1:1100	1:1000	1:900	1:800	1:680
Alter der Mutter beim ET	33	34	35	36	37	38	39	40	41
Risiko-	1:570	1:470	1:380	1:310	1:240	1:190	1:150	1:110	1:85
Alter der Mutter beim ET	42	43	44	45	46	47	48	49	50
Risiko-	1:65	1:50	1:35	1:30	1:20	1:15	1:11	1:8	1:6

ET= Errechneter Geburtstermin

13.–26. WOCHE
DAS ZWEITE TRIMESTER

Im zweiten Trimester wächst Ihr Baby stetig. Die Kör-
perstrukturen und Organanlagen, die sich im ersten
Trimester ausgebildet haben, entwickeln und festigen
sich. Das Baby wächst um das Drei- oder Vierfache
und sein Gewicht nimmt um das 30fache zu. Obwohl
die Schwangerschaft allmählich sichtbar wird, fühlen
sich viele Frauen in dieser Zeit voller Schwung und
rundum wohl.

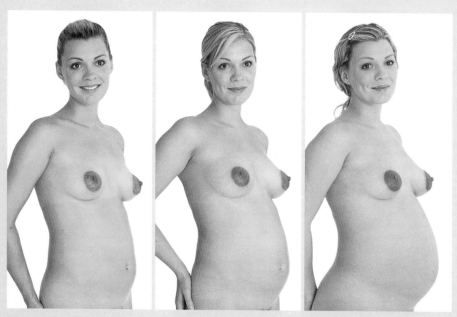

| 13. | 14. | 15. | 16. | 17. | 18. | 19. | 20. | 21. | 22. | 23. | 24. | 25. | 26. | **WOCHE** |

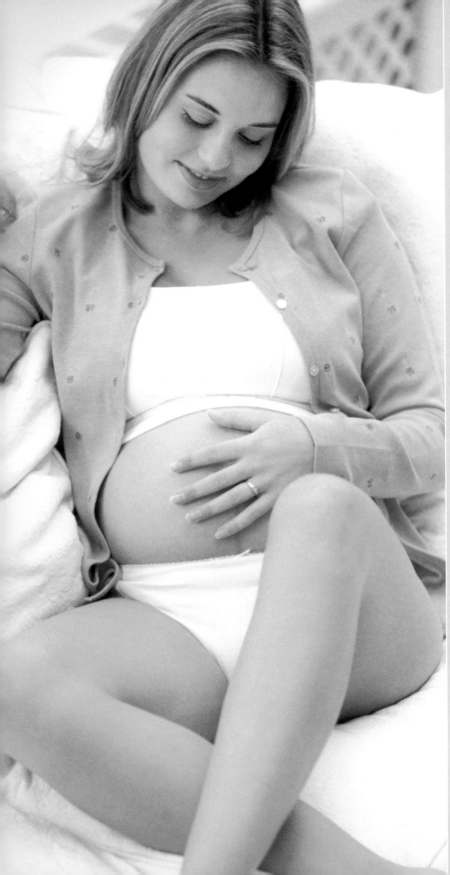

INHALT

IHR BABY
IM ZWEITEN TRIMESTER

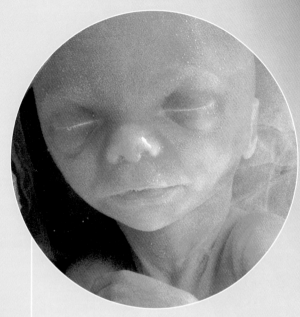

14. WOCHE
DIE AUGEN LIEGEN
VORN IM GESICHT; DIE
LIDER SIND FEST VER-
SCHLOSSEN.

»Der Körper Ihres Babys ist vollständig ausgebildet; es wächst im zweiten Trimester rapide.
Bald können Sie sein Strampeln spüren.«

16. WOCHE MÄNNLICHE UND WEIBLICHE
GESCHLECHTSORGANE UNTERSCHEIDEN SICH
IMMER STÄRKER. DIESER MÄNNLICHE FETUS
HAT EINEN HODENSACK UND DEN ANSATZ
EINES PENIS.

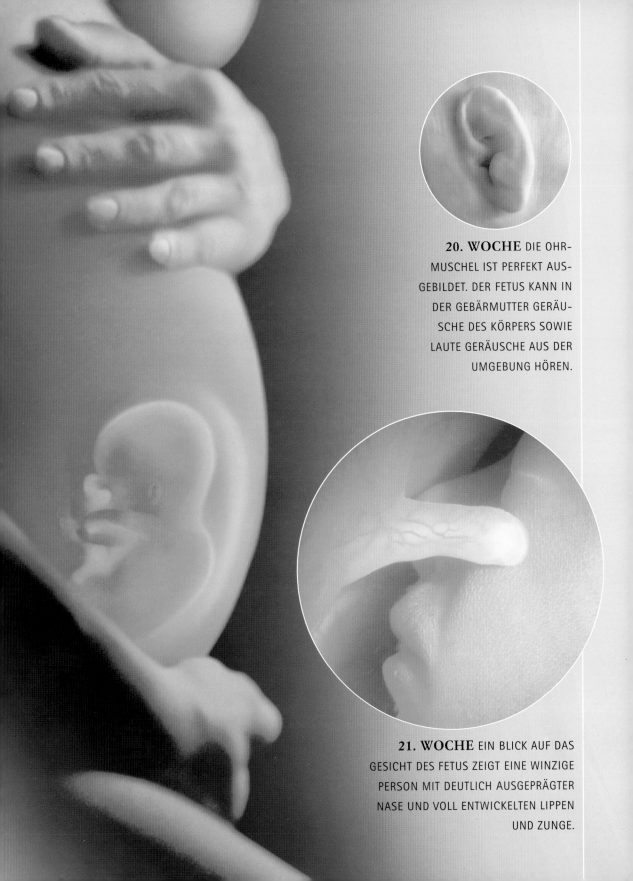

20. WOCHE DIE OHR-
MUSCHEL IST PERFEKT AUS-
GEBILDET. DER FETUS KANN IN
DER GEBÄRMUTTER GERÄU-
SCHE DES KÖRPERS SOWIE
LAUTE GERÄUSCHE AUS DER
UMGEBUNG HÖREN.

21. WOCHE EIN BLICK AUF DAS
GESICHT DES FETUS ZEIGT EINE WINZIGE
PERSON MIT DEUTLICH AUSGEPRÄGTER
NASE UND VOLL ENTWICKELTEN LIPPEN
UND ZUNGE.

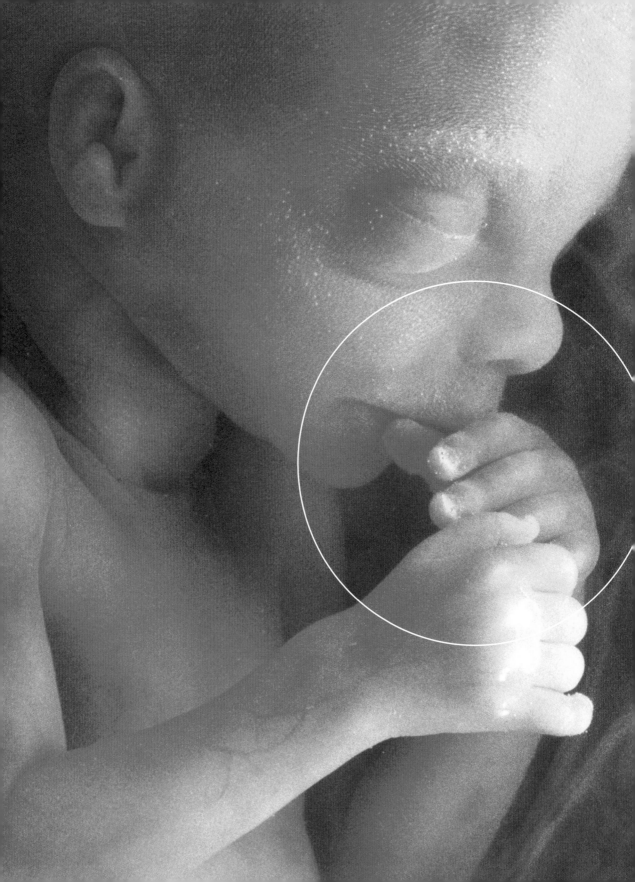

13.–17. WOCHE
DIE ENTWICKLUNG DES BABYS

IHR BABY ÄHNELT IMMER STÄRKER EINEM MENSCHLICHEN WESEN. SEIN KOPF IST NOCH VERHÄLTNISMÄSSIG GROSS, DOCH SEIN KÖRPER STRECKT SICH ZUNEHMEND. DIE ENTWICKLUNG DER BEINE HOLT DIE ENTWICKLUNG DER ARME EIN UND ÜBERTRIFFT SIE BALD IM LÄNGENWACHSTUM. GLIEDMASSEN UND KÖRPER STEHEN IN EINEM AUSGEWOGENEREN VERHÄLTNIS ZUEINANDER.

Fingernägel werden sichtbar und die Zehennägel werden sich in wenigen Wochen entwickeln. Der Rumpf hat sich gestreckt, doch insgesamt ist der Körper noch dünn und nur mit einer dünnen Schicht durchscheinender Haut bedeckt. Die darunter liegenden Blutgefäße und Knochen sind deutlich sichtbar. In Kürze bildet sich eine schützende Schicht aus braunem Fett unter der Haut, die nach der Geburt als Energielieferant und Wärmespeicher dient.

Die Gesichtsknochen sind vollständig ausgebildet, die Gesichtszüge verfeinern sich und ein Profil wird erkennbar. Die Nase tritt deutlicher hervor und die Ohrmuscheln stehen seitlich am Kopf ab. Die winzigen Knochen im Innenohr haben sich gehärtet; dadurch kann der Fetus zum ersten Mal Geräusche hören. Die Augen sind zur Gesichtsmitte ausgerichtet, stehen aber noch relativ weit auseinander. Die Retina im hinteren Teil des Auges ist lichtempfindlich. Die Augenlider sind voll ausgebildet, bleiben aber das zweite Trimester über meist geschlossen. Das Baby nimmt helles Licht durch die Bauchwand hindurch wahr. Die Entwicklung der Gesichtsmuskeln bedeutet, dass Ihr Baby nun über eine – unbewusste – Mimik verfügt. Wenn in diesem Stadium eine Ultraschalluntersuchung durchgeführt wird, kann man oft erkennen, wie das Baby die Stirn runzelt oder Grimassen schneidet. Wimpern und Augenbrauen entwickeln sich. Der Flaum auf dem Kopf wird dichter und enthält etwas Pigment. Auf der Zunge bilden sich Geschmacksknospen.

KOMPLIZIERTE BEWEGUNGEN
Der wichtigste Entwicklungsschritt besteht in der Ausbildung aller Verbindungen zwischen Gehirn, Nerven und Muskeln. Die Nerven, die die Muskeln mit dem Gehirn verbinden, bilden eine fetthaltige Substanz, das Myelin, die sie ummantelt und der Übermittlung von Botschaften zu und vom Gehirn dient. Damit ist der Fetus in der Lage, eine Vielzahl von recht komplizierten Bewegungen auszuführen. Die Gliedmaßen können sich inzwischen in ihren Gelenken bewegen, weil

◄ *In der 14. Woche sind die Lider geschlossen, doch die Augen reagieren auf Licht.*

WOCHE

ERSTES TRIMESTER
▸ 1
▸ 2
▸ 3
▸ 4
▸ 5
▸ 6
▸ 7
▸ 8
▸ 9
▸ 10
▸ 11
▸ 12

ZWEITES TRIMESTER
▸ **13**
▸ **14**
▸ **15**
▸ **16**
▸ **17**

Lebensgröße

▸ 18
▸ 19
▸ 20
▸ 21
▸ 22
▸ 23
▸ 24
▸ 25
▸ 26

DRITTES TRIMESTER
▸ 27
▸ 28
▸ 29
▸ 30
▸ 31
▸ 32
▸ 33
▸ 34
▸ 35
▸ 36
▸ 37
▸ 38
▸ 39
▸ 40

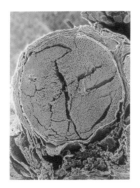

NERVENFASERN *Die Nervenfasern sind von einer Fettschicht, Myelin, überzogen und können so Signale schnell vom Gehirn zu den Nerven und Gliedmaßen übertragen.*

CHORIONZOTTEN *Die farnartigen Zotten (grün) in der Plazenta ermöglichen den Austausch von Gasen und Nährstoffen über das Blut der Mutter.*

die Muskeln, die diese Bewegung kontrollieren, sich zusammenziehen und wieder lockern können. Die Arme sind so groß, dass sich die Hände über dem Bauch berühren und umfassen können. Die Hände greifen alles, was sie fassen können – z. B. die Nabelschnur. Die Finger beugen und strecken sich, ebenso die Arme und Beine. Der Fetus kann eine Faust machen und am Daumen lutschen.

Viele Erstgebärende sind sich dieser vielfältigen Bewegungen in ihrem Bauch nicht bewusst, weil das Fruchtwasser wie ein Kissen wirkt und das Baby meist noch nicht groß genug ist, um die Nervenendigungen in der Gebärmutterwand direkt zu stimulieren. Beim zweiten Baby können Mütter die Bewegungen erahnen und berichten oft, dass sie eine Art Flattern fühlen. Deutliche fetale Bewegungen werden aber selten vor der 18.–20. Woche wahrgenommen.

DIE PLAZENTA

Die Plazenta wächst und produziert wichtige Hormone (*siehe* S. 158f.), die während der gesamten Schwangerschaft das Wachstum des Babys und das Wachstum und die Entwicklung der Gebärmutter und der Brüste der Mutter sicherstellen. Die Plazenta liefert den Sauerstoff und die Nährstoffe, die das Baby bis zur Entbindung benötigt, und sie bildet einen zuverlässigen Schutzwall, der das Baby vor vielen Infektionen bewahrt. Außerdem schwächt die Plazenta die Wirkung von Medikamenten, Nikotin und Alkohol, die die Mutter zu sich nimmt, auf das Baby ab. Am Ende der 16. Schwangerschaftswoche ist die Plazenta 1 cm dick und etwa 7–8 cm groß.

DAS FRUCHTWASSER

Das Fruchtwasser, das die das Baby umgebende Fruchtblase füllt, spielt in diesem Stadium eine wichtige Rolle für die fetale Entwicklung. Es ermöglicht dem Baby, sich frei zu bewegen und den so wichtigen Muskeltonus zu entwickeln, und schützt es gleichzeitig vor Stößen. Im ersten Trimester wurde das Fruchtwasser über die Haut des Fetus in seinen Körper absorbiert, doch in den ersten Wochen des zweiten Trimesters nehmen die fetalen Nieren ihre Funktion auf. Von jetzt an schluckt Ihr Baby Fruchtwasser und scheidet es wieder in die Fruchtblase aus. Obwohl die Fruchtwassermenge relativ konstant bleibt, wird es kontinuierlich vom Körper aufgenommen und ersetzt. Für die Entwicklung der Lunge ist eine ausreichende Fruchtwassermenge besonders wichtig. Zwar erhält Ihr Baby über die Plazenta Sauerstoff und Nährstoffe, doch die Lunge muss gut mit Fruchtwasser umspült werden, um sich optimal entwickeln zu können. So bereitet sie sich auf das Atmen vor. In diesem Stadium enthält die Fruchtblase etwa 180–200 ml Fruchtwasser. Inzwischen lösen sich bereits

Hautschuppen des Fetus, die ins Fruchtwasser übergehen. Dies stellt einen wichtigen Meilenstein dar, weil mithilfe dieser Zellen, die bei einer Amniozentese (*siehe* S. 140) entnommen werden können, ein Chromosomenstatus des Babys erstellt werden kann. Bis zu diesem Zeitpunkt waren noch zu wenige Hautzellen vorhanden, um verlässliche Informationen über das Baby liefern zu können; daher wird eine Amniozentese gewöhnlich erst ab der 15.–16. Schwangerschaftswoche empfohlen.

Lebensgröße

Mit 13 Wochen ist der Fetus etwa 8 cm lang und wiegt 25 g. Zu Beginn der 17. Woche ist er bereits 13 cm groß. Er wiegt etwa 150 g.

17 WOCHEN ALT *Im Ultraschall sieht man, wie der Fetus strampelt und schwimmt. Da seine Bewegungen durch das Fruchtwasser abgefedert werden, spürt die Mutter sie kaum.*

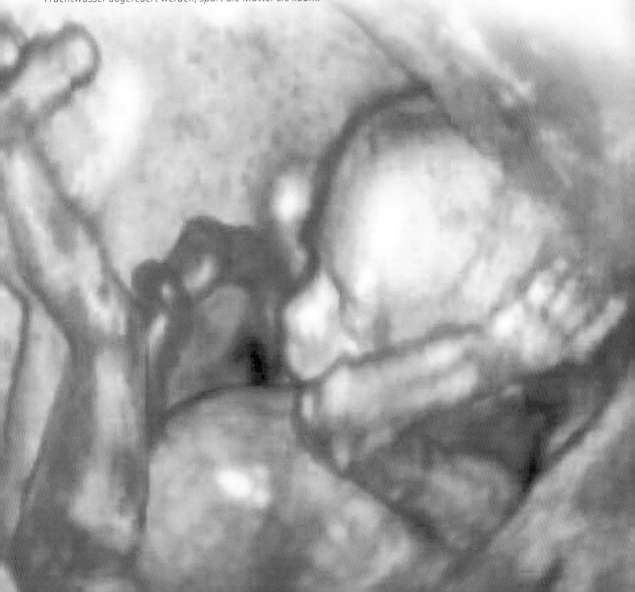

WIE SICH IHR KÖRPER VERÄNDERT

SIE HABEN WAHRSCHEINLICH FESTGESTELLT, DASS IHRE TAILLE NUN ETWAS BREITER UND IHR BAUCH RUNDLICHER GEWORDEN IST; DOCH WANN DIE MITMENSCHEN DIE SCHWANGERSCHAFT »SEHEN« KÖNNEN, HÄNGT STARK VON IHRER FIGUR UND IHREM GEWICHT VOR DER SCHWANGERSCHAFT AB.

»Kollegen und Freunde, die noch nicht Bescheid wissen, schauen jetzt fragend auf Ihren Bauch.«

In den nächsten Wochen wird Ihnen zunehmend bewusst, dass man Ihnen Ihre Schwangerschaft nun ansieht. Sie spüren, dass Kollegen und Freunde, die noch nicht Bescheid wissen, fragend auf Ihren Bauch schauen. Zu Beginn des zweiten Trimesters ist die Gebärmutter so groß wie eine kleine Melone und steigt aus dem Beckenkorb nach oben. Ihre Größe kann durch vorsichtiges Abtasten des Bauches bestimmt werden.

PIGMENTIERUNG DER HAUT

In der Schwangerschaft kommt es häufig zu einer verstärkten Pigmentierung der Haut, die gewöhnlich gegen Ende des ersten oder zu Beginn des zweiten Trimesters deutlich wird. Das vom Körper zusätzlich gebildete Östrogen regt die Melanozyten, bestimme Zellen in der Haut, an, Pigmente zu bilden, die die Haut dunkel färben. Die ersten Veränderungen sind oft am Brustwarzenhof sichtbar; er wird dunkler und auch größer. Leberflecken, Muttermale und Sommersprossen werden meist ebenfalls größer und dunkler, ebenso wie Narbengewebe. Bei vielen Frauen bildet sich die »Linea nigra«, eine dunkle Linie abwärts vom Bauchnabel. Bei manchen zeigt sie sich schon früh im zweiten Trimester, bei anderen bildet sie sich erst in der Spätschwangerschaft schwach aus. Alle diese Veränderungen sind völlig normal und klingen nach der Geburt des Babys wieder ab.

VERSTÄRKTE DURCHBLUTUNG

Keine dieser körperlichen Veränderungen wäre ohne ein Anstieg des Blutvolumens und Veränderungen in der Funktionsweise von Herz und Blutgefäßen möglich. Der Wassergehalt des Blutes erhöhte sich bereits in der Frühschwangerschaft; nun erhöht sich das Volumen der roten Blutkörperchen. Das Herzminutenvolumen (die Menge Blut, die pro Minute durch das Herz gepumpt wird) steigt weiter an. Das Schlagvolumen (das Blutvolumen, das vom Herz bei jedem Schlag gepumpt wird) und der Blutdruck steigen ebenfalls, aber dank der Wirkungsweise des Hormons Progesteron können die Blutgefäße diese enormen Veränderungen bewältigen, indem sie sich weiten und lockern.

Zu Beginn des zweiten Trimesters wird 25 Prozent des Blutes in die Gebärmutter geleitet, um das wachsende Baby und die Plazenta zu versorgen – vor der Schwangerschaft gelangten zwei Prozent des Blutes in die Gebärmutter.

Die Blutzufuhr zu den Nieren steigt bis zur 16. Woche, danach pendelt sie sich auf hohem Niveau ein. Die Filterkapazität der Nieren, die schon im ersten Trimester steigt, ist nun um 60 Prozent höher als vor der Schwangerschaft. Auf diesem Niveau bleibt sie bis etwa vier Wochen vor Ende der Schwangerschaft und fällt dann wieder ab. Dennoch sind die kleinen Röhren in den Nieren, die für die Resorption der durchgängigen Substanzen verantwortlich sind, überaus beansprucht. Daher kommt es häufiger vor, dass der Urin kleine Mengen Zucker und Eiweiß enthält.

WIE SIE SICH KÖRPERLICH FÜHLEN

IM ZWEITEN TRIMESTER DER SCHWANGERSCHAFT ERSCHEINT DIE VOR-STELLUNG, EIN BABY ZU BEKOMMEN, SCHON VIEL REALISTISCHER. DIE ÜBEL-KEIT GEHT VORÜBER UND SIE GEWINNEN IHRE VITALITÄT ZURÜCK.

Nun erzählen Sie Ihren Mitmenschen vermutlich, dass Sie schwanger sind, und werden mit Aufmerksamkeit, Glückwünschen und Ratschlägen, was Sie als Schwangere tun und lassen sollten, überschüttet. Solche Ratschläge werden meist großzügig verteilt, nicht nur von nahen Angehörigen und Freunden, sondern auch von Menschen, die man kaum kennt. Sie sind gut gemeint, können aber auch verwirrend und sogar entmutigend sein. Lassen Sie sich nicht unnötig in Aufregung versetzen – überlegen Sie daher gut, mit wem Sie in diesem Stadium über Ihre Schwangerschaft sprechen. Setzen Sie sich über ungebetene Ratschläge und Schauermärchen einfach hinweg.

KLEINE UNPÄSSLICHKEITEN

Es gibt einige kleinere Probleme, die in den ersten Wochen des zweiten Trimesters auftreten können. Vielleicht stellen Sie fest, dass Ihre Nase ständig verstopft ist, obwohl Sie keinen Schnupfen haben. Eventuell haben Sie sogar Nasenbluten, einen Druck auf den Ohren und Zahnfleischbluten. Diese Symptome geben aber keinen Anlass zur Sorge; sie werden durch die verstärkte Durchblutung der Schleimhäute von Nase, Mund, Ohren und Nebenhöhlen verursacht und bleiben bis zum Ende der Schwangerschaft bestehen. Daher ist es sinnvoll, über Maßnahmen zur Linderung dieser Symptome nachzudenken. Ganz abklingen werden sie aber vermutlich erst nach der Geburt des Babys.

»... setzen Sie sich über ungebetene Ratschläge und Schauermärchen einfach hinweg.«

DIE WICHTIGSTEN SCHWANGERSCHAFTSHORMONE

Vom ersten Tag der Schwangerschaft an werden die Veränderungen in Ihrem Körper –
unbedeutende wie auch gravierende – von bestimmten Hormonen dirigiert. Diese werden
in Hormondrüsen im Körper gebildet, mit Fortschreiten der Schwangerschaft zunehmend
auch von der Plazenta und dem Baby selbst.

HORMON	WIRKUNGSWEISE	WO ES GEBILDET WIRD
Humanes Choriongonado-tropin (HCG)	Es bewirkt die Sekretion der Schwangerschaftshormone Östrogen und Progesteron durch den Corpus luteum in den Eierstöcken, bis die Plazenta diese Aufgabe übernimmt.	Wird in großen Mengen von der jungen Plazenta gebildet (10.-12. Woche)
Östrogen	Zunehmend hohe Spiegel in der Schwangerschaft steigern die Durchblutung der Organe und fördern das Wachstum und die Entwicklung von Gebärmutter und Brüsten. Es lockert die Kollagenfasern im Bindegewebe, damit die Bänder beweglicher werden.	Besteht zu über 90 Prozent aus Östriol, das in der Plazenta gebildet wird; auch der Fetus ist an der Bildung des Östrogens beteiligt.
Progesteron	Es erweitert die Blutgefäße und ermöglicht so die verstärkte Durchblutung. Entspannt den Verdauungs- und Harntrakt. Die hypnotische Wirkung kann zu positiven Gefühlen führen. Entspannt Muskeln und lockert Bänder und Sehnen, damit sie den Geburtskanal für die Entbindung vorbereiten. Beugt vorzeitigen Wehen vor. Bereitet die Brüste auf die Milchbildung vor.	Bis zur 6.–8. Woche bildet der Corpus luteum das Progesteron zur Aufrechterhaltung der Schwangerschaft. Danach wird Progesteron ausschließlich von der Plazenta gebildet.
Plazentahormon (Human Placental Lactogen, HPL)	Ähnlich wie das Wachstumshormon trägt HPL zur Proteinbildung der Plazenta bei. Macht die Glukosespeicher der Mutter für den Fetus verwertbar. Hat Einfluss auf die mütterliche Insulinproduktion und den Transfer der Nährstoffe zum Fetus. Spielt bei der Brustentwicklung und der Milchbildung eine Rolle.	Wird von der 5. Woche an von der Plazenta gebildet; der Spiegel steigt während der Schwangerschaft an.

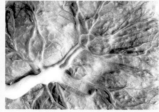

»HORMONFABRIK« *In der Frühschwangerschaft
ist dies der mütterliche Eierstock (ganz links); ab
der 12. Woche übernehmen die Plazenta und der
Fetus diese Aufgabe. Die Plazenta produziert
selbst Hormone, regt aber auch fetale und mütterliche Hormondrüsen zur Östrogenbildung an.*

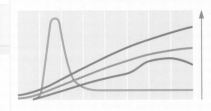

— Humanes Choriongonadotropin
— Östrogen
— Progesteron
— Plazentahormon (HPL)

WICHTIGE HORMONE *Die Grafik ver-deutlicht die Flut des Hormons HCG in der Frühschwangerschaft und den stetigen Anstieg der Östrogen-, Progesteron- und HPL-Spiegel während der Schwangerschaft.*

HORMON	WIRKUNGSWEISE	WO ES GEBILDET WIRD
Prolaktin	Regt die Brüste zur Milchbildung an. Der Spiegel steigt während der Schwangerschaft, die Wirkung tritt erst nach der Geburt ein.	Im Vorderlappen der Hypophyse (Hirnanhangsdrüse) im Gehirn.
Relaxin	Eine insulinähnliche Substanz im Blut, die zur Lockerung der Bänder im Beckenbereich als Vorbereitung auf die Geburt und zur Reifung des Muttermundes beiträgt.	Die Eierstöcke bilden Relaxin.
Oxytocin	Veranlasst die Gebärmutterkontraktionen. Der Hormonspiegel steigt im ersten Geburtsstadium und wird durch die Dehnung des Geburtskanals weiter stimuliert. Oxytocin unterstützt das Zusammenziehen der Gebärmutter nach der Geburt. Das Saugen des Babys an den Brustwarzen beim Stillen regt die Produktion an.	Im Hinterlappen der Hypophyse. Rezeptoren in der Gebärmutter ermöglichen die Einsetzung von Medikamenten zur Einleitung und Aufrechterhaltung der Wehen.
Cortisol und Adrenocortico-tropes Hormon (ACTH)	Die Bildung dieser Hormone steigt vom Ende des ersten Tri-mesters an. Sie begünstigen Dehnungsstreifen und hohe Blutzuckerspiegel. Cortisol spielt eine wichtige Rolle bei der Lungenreifung.	In der Adrenalindrüse der Mutter im oberen Nierenbereich. Auch die Plazenta produziert geringe Mengen an Cortisol.
Androgene (Testosteron und ähnliche Hormone)	Unverzichtbare Bausteine für die Bildung von Östrogen während der Schwangerschaft. Etwas Testosteron wird für die Entwicklung der männlichen äußeren Geschlechtsorgane benötigt.	Wird v.a. von der Adrenalindrüse des Fetus gebildet. Auch die Hoden des Fetus produzieren Testosteron.

WIRKUNGSWEISE DER HORMONE *Die Ausdehnung der Gebärmutter wird durch die verstärkte Blut-versorgung, verursacht durch Östrogen, und der entspannenden Wirkung des Progesterons auf die Muskeln ermöglicht. Nach der Geburt regen Prolaktin und Oxytocin die Milchbildung an.*

»Sie stellen vielleicht fest, dass Sie auf einmal viel vergesslicher sind – ein Symptom, dass als ›Schwange- renamnesie‹ umschrieben wird.«

Meiden Sie zu Hause und bei der Arbeit nach Möglichkeit überhitzte und trockene Räume. Vor allem Zentralheizung und Klimaanlage können die Luft austrocknen. Es gibt preiswerte, tragbare Luftbefeuchter, die Sie in den Räumen, in denen Sie sich viel aufhalten, aufstellen können. Ähnlich wirksam ist es, einen Topf mit Wasser in die Nähe eines Heizkörpers zu stellen. Bei häufigem Nasenbluten wenden Sie sich an den Arzt, der Sie unter Umständen an einen Facharzt überweist.

Vielleicht sind Sie vergesslicher als früher – ein Symptom, das als »Schwangerenamnesie« umschrieben wird. Meiner Meinung nach geht diese Vergesslichkeit darauf zurück, dass Frauen in dieser Zeit so sehr mit der Schwangerschaft beschäftigt sind und andere Dinge unwichtig erscheinen und daher leichter vergessen werden. Keine Sorge, diese Vergesslichkeit lässt in der Spätschwangerschaft meist nach. Nach der Geburt haben Sie wieder ein so gutes Gedächtnis wie früher.

VORSORGEUNTERSUCHUNGEN

AUCH WENN SIE EINE UNPROBLEMATISCHE SCHWANGERSCHAFT ERLEBEN, SOLLTEN SIE UNBEDINGT DIE REGELMÄSSIGEN VORSORGEUNTERSUCHUNGEN IM VIERWÖCHIGEM RHYTHMUS WAHRNEHMEN.

Bei den Vorsorgeuntersuchungen können Sie mit dem Arzt über mögliche Fragen, Probleme oder Sorgen sprechen. Bestimmte Untersuchungen werden bei jedem Termin durchgeführt.

• Der Urin wird auf Eiweiß und Zucker untersucht. Es kommt häufiger vor, dass geringe Mengen dieser Substanzen im Urin nachgewiesen werden. Wenn eine Substanz bei mehreren Terminen nachgewiesen wird, ist ein Blutzuckertest (*siehe* S. 212) empfehlenswert.

• Der Blutdruck wird gemessen, um sicherzustellen, dass sich keine Schwangerschaftskomplikation entwickelt.

• Der Arzt bzw. die Hebamme wird Ihre Hände und Füße auf Anzeichen einer Schwellung oder eines Ödems untersuchen.

• Der Bauch wird abgetastet. Daneben wird der Abstand zwischen Fundus (die kuppelförmige Spitze der Gebärmutter) und dem Schambein in Zentimetern gemessen; auf diese Weise lässt sich genau überprüfen, ob die Gebärmutter kontinuierlich etwa 1 cm pro Woche wächst. Diese Messung wird als Fundusstand bezeichnet und nach jeder Untersuchung im Mutterpass vermerkt: Mit 14 Wochen beträgt der Fundusstand etwa 14 cm und mit 16

Wochen etwa 16 cm. Natürlich unterscheiden sich die Messwerte je nach Größe und Statur der Mutter sowie nach Anzahl der erwarteten Babys und der Fruchtwassermenge. Bei Mehrlingen ist der Fundusstand entsprechend höher.

• Auch die Herztöne des Babys werden, meist durch eine cardiotokographische Untersuchung (CTG, Herzton-Wehenschreiber) auf der Bauchdecke der Mutter, ermittelt. Dabei werden die Herzschläge des Babys per Ultraschall aufgezeichnet; in diesem Stadium der Schwangerschaft sind es etwa 140 Schläge pro Minute – ungefähr doppelt so viele wie bei der Mutter selbst.

• Auch das Gewicht der Mutter wird routinemäßig kontrolliert, um sicherzugehen, dass eine kontinuierliche Zunahme erfolgt. Dies ist besonders wichtig, wenn die Mutter an Diabetes leidet (*siehe* S. 408) oder vor der Schwangerschaft übergewichtig war. Dann ist allerdings darauf zu achten, dass keine zu starke Zunahme erfolgt.

DIE VORSORGEUNTERSUCHUNGEN

Während der Schwangerschaft sind etwa zehn bis zwölf Vorsorgeuntersuchungen vorgesehen. Bei normalem Schwangerschaftsverlauf werden die Untersuchungen alle vier Wochen und in den letzten Wochen vor der Geburt alle zwei Wochen vorgenommen.

Bis 8. Woche	Bei dieser ersten Vorsorgeuntersuchung stellt der Arzt die Schwangerschaft fest und überreicht den Mutterpass.	**25.–28. Woche**	Allgemeiner Zustand der Schwangeren; Routineuntersuchungen: Gewicht, Blutdruck, Urin
9.–12. Woche	1. Ultraschalluntersuchung, verschiedene Blutuntersuchungen; evtl. Chorionzottenbiopsie	**29.–32. Woche**	3. Ultraschalluntersuchung; Kontrolle der Hepatitis B und Antikörper im Blut
13.–16. Woche	Allgemeiner Zustand der Schwangeren; Routineuntersuchungen: Gewicht, Blutdruck, Urin	**33.–36. Woche**	Die Termine liegen nun 14-tägig.
17.–20. Woche	2. Ultraschalluntersuchung; evtl. Amniozentese oder Triple-Test	**37.–40. Woche**	Letzte Kontrolluntersuchung vor dem errechneten Geburtstermin. Bei Überschreitung Untersuchung alle zwei Tage.
21.–24. Woche	Evtl. Glukose-Toleranz-Test; idealer Beginn für Schwangerschaftsgymnastik		

MUTTERPASS

Alle Befunde und Ergebnisse der Untersuchungen werden im Mutterpass eingetragen. So kann der Schwangerschaftsverlauf genau dokumentiert werden. Den Mutterpass sollten Sie immer bei sich haben, sodass jederzeit alle Informationen zur Hand sind, falls Sie einmal – auch unvorhergesehen – ärztliche Hilfe brauchen. Selbstverständlich sollten Sie den Mutterpass zu jeder Vorsorgeuntersuchung mitbringen und, sobald die Wehen einsetzen, mit in die Klinik zur Entbindung nehmen.

WAS ZU BEACHTEN IST

IN DIESEM STADIUM DER SCHWANGERSCHAFT MÜSSEN SIE IN ERSTER LINIE GEEIGNETE KLEIDUNG FÜR DEN BERUFSALLTAG FINDEN. KLEINEREN SCHWANGERSCHAFTSBESCHWERDEN LÄSST SICH BEISPIELSWEISE DURCH SPEZIELLE HAUTPFLEGE VORBEUGEN.

DEHNUNGSSTREIFEN

Bei den meisten Frauen bilden sich in der Schwangerschaft Dehnungs- bzw. Schwangerschaftsstreifen. Sie entstehen, weil das Kollagen, das Bindegewebe, reißt, wenn es durch den zunehmenden Körperumfang stark gedehnt wird. Dehnungsstreifen werden oft schon früh in der Schwangerschaft auf den Brüsten sichtbar, weil diese sich schon zu Beginn der Schwangerschaft vergrößern, später auch auf Bauch, Hüften und Oberschenkeln. Das Ausmaß der Dehnungsstreifen ist von Frau zu Frau unterschiedlich und hängt weitgehend von den Genen und dem Alter ab. Mit zunehmendem Alter verliert die Haut ihre Elastizität – Dehnungsstreifen werden wahrscheinlicher. Frauen, die vor der Schwangerschaft körperlich fit und muskulös waren und auf eine langsam fortschreitende Gewichtszunahme achten, bekommen meist weniger Dehnungsstreifen.

Doch Sie brauchen sich keine Sorgen zu machen: Diese anfangs recht auffälligen, hellroten Streifen, die oft von Juckreiz begleitet werden, verblassen im Laufe der Zeit. Sie verschwinden nicht ganz, sind später aber nur noch als heller, silberner Schatten erkennbar. Viele Cremes versprechen eine Wirkung gegen Dehnungsstreifen, doch keine Creme, die auf die Haut aufgetragen wird, kann viel Einfluss darauf haben, was in den tieferen Kollagenschichten unter der Hautoberfläche geschieht. Gleichwohl ist das Einmassieren einer Creme sehr angenehm und hält die Haut geschmeidig – eine Feuchtigkeitscreme reicht dazu völlig aus.

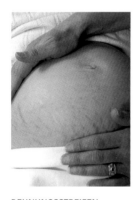

DEHNUNGSSTREIFEN

Wenn Sie zu Dehnungsstreifen neigen, lassen sie sich kaum verhindern. Die Streifen verblassen aber mit der Zeit.

DIE KLEIDUNGSFRAGE

Manche Ihrer liebsten Kleidungsstücke passen Ihnen nun nicht mehr. Widerstehen Sie der Versuchung, sich ganz neu einzukleiden. Kaufen Sie höchstens Kleidung für das letzte Trimester; denn dann werden Sie nur noch sehr wenig Ihrer normalen Garderobe tragen können. Bedenken Sie auch, dass sich das Klima bis zu den letzten Monaten der Schwangerschaft verändern wird. Räumen Sie Kleidung weg, die zu klein oder unbequem ist, und lassen Sie hängen, was noch passt und in den nächsten Wochen getragen werden kann.

Natürlich ist es unbefriedigend, wenn man nur eine sehr begrenzte Garderobe zur Auswahl hat. Doch sehen Sie sich auch einmal die T-Shirts, Pullis und Jeans Ihres Partners an – bestimmt passt Ihnen einiges. In dieser Übergangsphase leihen Sie sich am besten von Ihrem Partner oder von Freundinnen ein paar Kleidungsstücke aus. So können Sie Ihr Kleidungsbudget für die Spätschwangerschaft sparen.

KOSMETIK

Sind gebräunte Beine und Arme und ein knackig-brauner Bauch für Ihr Selbstbewusstsein wichtig? Dann denken Sie daran, dass Sie während der Schwangerschaft schneller braun werden, weil sich die Pigmentmenge in der Haut erhöht hat. Legen Sie sich nicht lange in die Sonne, um einem Sonnenbrand und vorzeitiger Hautalterung vorzubeugen. Gehen Sie aus diesem Grund auch nicht ins Solarium. Cremen Sie vor einem Sonnenbad immer Gesicht, Hals und Schultern mit einem Sonnenblocker ein. Alternativ können Sie selbstbräunende Cremes auftragen, die in der Schwangerschaft unbedenklich sind.

Enthaarungscremes können Sie zwar anwenden; wollen Sie jedoch mit möglichst wenig chemischen Wirkstoffen in Berührung kommen, führen Sie die Enthaarung besser durch Rasieren oder mit der Wachsmethode durch. Auf Leberflecken oder Krampfadern sollten Sie kein Wachs aufbringen.

Piercings können jetzt Probleme bereiten. Ein Ring oder Stab im Bauchnabel wird unbequem und sitzt nicht mehr richtig, wenn sich der Bauchnabel in der Spätschwangerschaft vorwölbt. Daher sollte Bauchschmuck besser früher entfernt werden. Ringe in den Brustwarzen müssen entfernt werden, wenn Sie stillen möchten. Aufgrund des Infektionsrisikos, z.B. mit Hepatitis B und C (*siehe* S. 129) und HIV (*siehe* S. 414), sollten Sie während der Schwangerschaft keine neue Piercings oder Tattoos anbringen lassen.

ZU ENG Räumen Sie Kleidungsstücke, die nicht mehr passen, weg und leihen Sie sich nach Möglichkeit größere Sachen aus.

ERNÄHRUNG UND BEWEGUNG

IM ZWEITEN TRIMESTER HABEN SIE WIEDER APPETIT UND KÖNNEN NORMAL ESSEN.

BESTIMMT FÜHLEN SIE SICH AUCH WIEDER UM EINIGES SCHWUNGVOLLER –

UND MÖCHTEN NUN AUCH EIN WENIG SPORT TREIBEN.

GESUND ESSEN

Nutzen Sie dieses Trimester, um sich optimal zu ernähren. Im folgenden Trimester können Appetit und Verdauung wieder Probleme bereiten, weil das wachsende Baby auf das Verdauungssystem drückt. Bei den meisten Frauen liegt es vor allem am Zeitmangel, wenn sie sich in der Schwangerschaft nicht ideal ernähren. Machen Sie sich nicht zu viele Gedanken darüber, wie ein an Nährstoffen ausgewogener Speiseplan aussehen sollte, sondern bemühen Sie sich, regelmäßig gesunde Snacks zu essen. Sie versorgen sich und Ihr Baby mit allen wichtigen Nährstoffen, wenn Sie folgende Nahrungsmittel zu sich nehmen:

▶ Vollkornbrot und Pittabrot mit verschiedenem Belag, z. B. Käse, magerer Schinken, hart gekochte Eier, Lachs, Thunfisch, Sesampaste, Hefeextrakt, Salat, Tomaten und Gemüse

▶ klein geschnittenes, frisches Gemüse – Karotten, Paprika, Gurke und Stangensellerie

▶ frisches Obst – gewaschen und klein geschnitten

▶ Fruchtsaft, fettarme Milch, Mineralwasser, Kräuter- und Früchtetee oder koffeinfreier Tee und Kaffee

▶ ungesüßte Vollkorncerealien, Haferflocken

▶ fettarmer Joghurt und Quark

▶ Trockenobst – Aprikosen, Pflaumen, Rosinen und Feigen

▶ Nüsse und Samen (Sonnenblumen- und Sesamsamen)

▶ Vollkorncracker

▶ Getreideriegel

Nehmen Sie geeignete Lebensmittel mit zur Arbeit und halten Sie auch Cracker, frisches und getrocknetes Obst, Nüsse und eine kleine Flasche Mineralwasser bereit.

GUTE HALTUNG

Ihre Figur verändert sich nun rasch und eine gute Haltung wird immer wichtiger. Stehen Sie aufrecht, so, als ob Ihr Kopf nach oben gezogen würde, und richten Sie sich in einer Linie von der Kopfspitze über das Becken und den Damm bis zu den Füßen auf.

FALSCHE HALTUNG

RICHTIGE HALTUNG

Hängende Schultern

Angespannter Hals

Schwache Bauchmuskulatur

Gekrümmter Rücken

Becken nach vorn gewölbt

Schultern hinten und aufrecht

Gesenktes Kinn

Gestraffter Brustkorb

Becken eingezogen

Angespannte Bauchmuskulatur

SCHWANGERSCHAFTSPROBLEME

Schwangere befürchten oft, dass eine unzureichende Ernährung eine Reihe von Komplikationen begünstigen könnte. Zu den ernährungsbedingten Krankheiten in der Schwangerschaft zählen Präeklampsie (*siehe* S. 425), Schwangerschaftsdiabetes (*siehe* S. 426) und Wachstumsretardierung (*siehe* S. 428). Man muss allerdings betonen, dass viele Frauen, bei denen Komplikationen auftreten, sich sehr gut ernähren – gewiss nicht schlechter als Frauen, bei denen diese Probleme nicht auftreten. Allzu leicht geben sich Frauen – und vor allem der Ernährung – die Schuld für Probleme wie vorzeitige Wehen oder Bluthochdruck. Diese Komplikationen werden jedoch nicht durch die Ernährung verursacht.

UNGEFÄHRDET SPORT TREIBEN

Von Sportarten mit hoher Sturzgefahr, wie Joggen, Schifahren oder Reiten, ist nun allmählich abzuraten. Jogging ist für das Baby zwar nicht gefährlich, belastet aber die Gelenke, Sehnen und Bänder der Mutter stark und kann bleibende Schäden verursachen. Beim Schifahren und Reiten verlagert der wachsende Bauch das Gleichgewicht – auf diese Weise erhöht sich auch die Sturzgefahr. Wechseln Sie besser zu anderen Sportarten – Radfahren, Walking und Schwimmen sind besonders empfehlenswert.

ÜBUNGEN FÜR DEN BECKENBODEN

Diese Übungen sollten Sie regelmäßig durchführen. Die Muskeln des Beckenbodens stützen Blase, Gebärmutter und Darm und umgeben Harnleiter, Scheide und Rektum. Ein Tonusverlust in diesen Muskeln und/oder eine Schädigung infolge einer komplizierten vaginalen Entbindung kann Inkontinenz verursachen – der unwillentliche Abgang von Urin beim Husten, Lachen oder Schnäuzen. Dieses Problem bleibt nach der Geburt oft bestehen und verstärkt sich häufig nach den Wechseljahren, wenn es zu einem Östrogenmangel kommt.

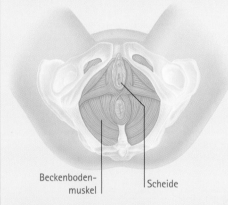

DER BECKENBODEN *Während der Schwangerschaft werden die Beckenbodenmuskeln weich, lockern sich und dehnen sich unter dem Druck der sich vergrößernden Gebärmutter aus.*

Beckenboden-muskel

Scheide

Führen Sie die Beckenbodenübungen während der Schwangerschaft täglich durch und hören Sie auch nach der Geburt nicht damit auf. Gewöhnen Sie es sich an, die Übungen bei bestimmten Gelegenheiten durchzuführen, z. B. beim Zähneputzen oder beim Warten auf den Bus – bald funktionieren sie automatisch.

▶ **Spannen und lockern** Sie die Muskeln um Harnleiter, Scheide und After. Sie sollten ein Anheben der Beckenbodenmuskulatur spüren. Einige Sekunden anhalten, dann langsam entspannen. Auf 10-mal Anspannen (jeweils 10 Sekunden) mit kurzer Entspannungsphase steigern.

▶ **Spannen und entspannen** Sie die Muskeln schneller und halten die Spannung jeweils etwa eine Sekunde an. 10-mal wiederholen.

▶ **Spannen und entspannen** Sie jede Muskelpartie um Harnleiter, Scheide und After abwechselnd von vorn nach hinten und von hinten nach vorn.

▶ **Beim Wasserlassen** halten Sie den Urinstrahl plötzlich an, dann entspannen Sie und entleeren Ihre Blase weiter. Regelmäßig üben.

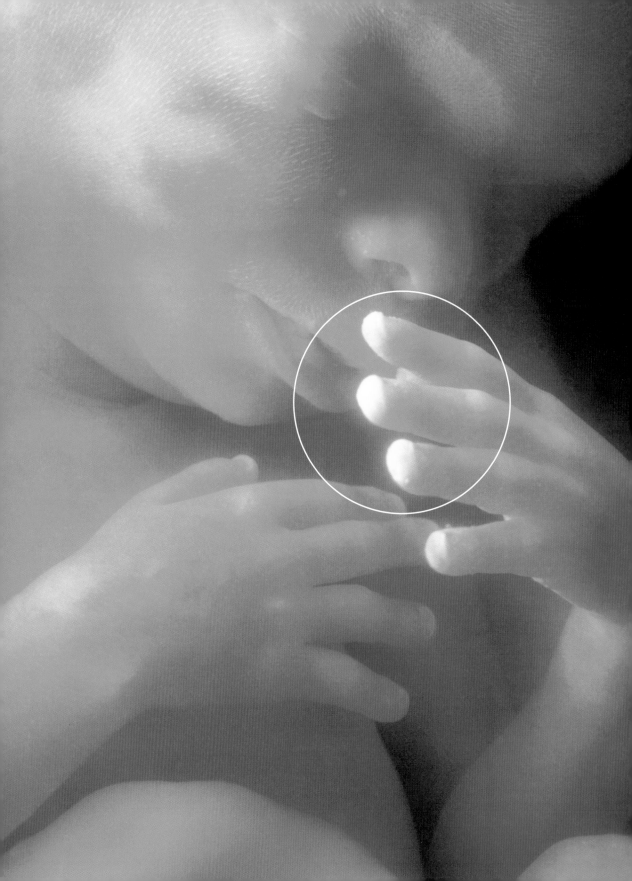

17.–21. WOCHE

DIE ENTWICKLUNG DES BABYS

DAS WACHSTUM VON RUMPF UND GLIEDMASSEN SCHREITET IN DIESER ZEIT
SEHR SCHNELL VORAN. NUN IST AUCH DAS VERHÄLTNIS VON KOPF ZU KÖRPER
BESSER PROPORTIONIERT. AM ENDE DER 20. WOCHE MACHT DER KOPF WENIGER
ALS EIN DRITTEL DER GESAMTLÄNGE DES FETUS AUS.

Vor allem die Beine haben einen enormen Wachstumsschub erlebt und sind
nun länger als die Arme. Von jetzt an verlangsamt sich das Wachstum von
Rumpf und Gliedmaßen, obwohl der Fetus bis zur Geburt stetig an Gewicht
zulegt. Das langsamere körperliche Wachstum stellt einen wichtigen Meilenstein dar, weil es zeigt, dass sich das Baby nun in anderer Hinsicht entwickelt.
Lunge, Verdauungssystem, Nerven- und Immunsystem reifen jetzt aus. Auf
einer Röntgenaufnahme kann man das Skelett deutlich erkennen, weil die Knochen durch eingelagertes Kalzium gehärtet sind.

Die Geschlechtsorgane des Babys sind inzwischen gut entwickelt und die
Unterschiede zwischen männlichen und weiblichen äußeren Genitalien werden
immer deutlicher. Die Eierstöcke des Mädchens enthalten bereits drei Millionen
Eizellen, mit denen es geboren wird; die Gebärmutter ist voll ausgebildet und die
Scheide entwickelt sich. Die Hoden des Jungen haben sich noch nicht aus der
Bauchhöhle gesenkt, aber auf einer Ultraschallaufnahme kann man zwischen den
Beinen einen Hodensack neben einem rudimentären Penis erkennen. Bei der
Ultraschallaufnahme in der 20. Woche kann man meist das Geschlecht des Babys
bestimmen, vorausgesetzt, der Genitalbereich ist sichtbar. Auf dem Brustkorb
von Jungen und Mädchen hat sich erstes Brustgewebe (Brustdrüsen) entwickelt.
Die Brustwarzen sind auf der Hautoberfläche sichtbar.

ENTWICKLUNG DER SINNE

Die Augenlider des Babys sind zwar noch geschlossen, doch seine Pupillen
können von einer Seite zur anderen rollen; die im Augenhintergrund befind-
liche Netzhaut ist lichtempfindlich, weil sich Nervenverbindungen zum Gehirn
geknüpft haben. Die Geschmacksknospen des Babys sind schon so gut entwickelt, dass es jetzt zwischen süß und bitter unterscheiden könnte, und die
Anlagen vieler Milchzähne haben sich im Zahnfleisch gebildet. Der Mund öffnet und schließt sich regelmäßig und auf dem Ultraschall können Sie vielleicht
sehen, wie Ihr Baby Ihnen die Zunge herausstreckt. Natürlich denkt es noch

◄ In der 19. Woche sind die Gesichtszüge schon deutlich ausgeprägt.

WOCHE

ERSTES TRIMESTER
▶ 1.
▶ 2.
▶ 3.
▶ 4.
▶ 5.
▶ 6.
▶ 7.
▶ 8.
▶ 9.
▶ 10.
▶ 11.
▶ 12.
▶ 13.

ZWEITES TRIMESTER
▶ 14.
▶ 15.
▶ 16.
▶ **17.**
▶ **18.**
▶ **19.**
▶ **20.**
▶ **21.**

Lebensgröße

▶ 22.
▶ 23.
▶ 24.
▶ 25.
▶ 26.

DRITTES TRIMESTER
▶ 27.
▶ 28.
▶ 29.
▶ 30.
▶ 31.
▶ 32.
▶ 33.
▶ 34.
▶ 35.
▶ 36.
▶ 37.
▶ 38.
▶ 39.
▶ 40.

»Der Fetus
bewegt sich
heftig, wenn
er Lärm, z.B.
lauter Musik,
ausgesetzt
ist.«

nicht bewusst, doch es hört schon Geräusche, z.B. Ihren Herzschlag, das Pulsieren des Blutes durch die Adern in Ihrem Unterkörper und das Rumoren im Verdauungssystem. Viele Babys beruhigen sich nach der Geburt, wenn sie auf die linke Schulter ihrer Mutter gelegt werden – vielleicht, weil sie dort den mütterlichen Herzschlag wiedererkennen.

Der Fetus hört auch Geräusche außerhalb des Körpers und bewegt sich heftig, wenn er Lärm, z.B. lauter Musik, ausgesetzt ist. Der Rhythmus des fetalen Herzschlags, nun deutlich mit Hilfe von Ultraschall-Doppler-Geräten oder Pinardschem Stethoskop hörbar, verändert sich als Reaktion auf laute äußere Geräusche. Die Haut ist berührungsempfindlich geworden. Wenn fester Druck auf den Bauch der Mutter ausgeübt wird, bewegt sich das Baby von diesem Druck weg.

NEUE NERVEN-NETZWERKE

Diese feinen Entwicklungen im Sinnessystem werden durch die rasche Entwicklung und kontinuierliche Ausreifung des Nervensystems ermöglicht. Die Nerven bilden ständig neue Verbindungen und Netzwerke und werden von einer fetthaltigen, isolierenden Myelinschicht ummantelt, die die schnelle Signalübertragung zum und vom Gehirn sicherstellt. Um die Nervenbündel der Wirbelsäule wächst eine Faserschicht, die sie vor mechanischer Schädigung schützt. Die feinen Abstimmungen des Nervensystems ermöglichen dem Baby

FETUS IN DER 19. WOCHE

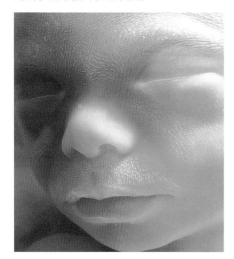

Eine feine Flaumschicht bildet sich an Augenbrauen und Oberlippe.

Ihr Baby hört Geräusche sehr deutlich – Ihren Herzschlag und das Rumoren in Ihrem Magen.

immer mehr Aktivitäten. Sie können zwar noch nicht alle Bewegungen des Babys spüren, doch es ist ständig in Bewegung, es windet, dreht und streckt sich, es greift und schlägt Purzelbäume. Durch diese verstärkte Muskelaktivität werden seine Bewegungen immer feiner und zielgerichteter, sie verbessert die motorischen Fertigkeiten und die Koordinationsfähigkeit und trägt zur Entwicklung fester Knochen bei.

Lebensgröße

Mit 19 Wochen misst der Fetus etwa 15 cm. Er wiegt durchschnittlich 225 g. Am Ende der 21. Woche ist er etwa 17 cm lang und wiegt durchschnittlich 350 g.

HAUT UND HAARE

Der Fetus wirkt in diesem Stadium der Schwangerschaft schon rundlicher und weniger faltig, da sich zunehmend dünne Schichten aus Körperfett bilden. Zum Teil handelt es sich dabei um isolierendes braunes Fett, das im Nackenbereich, unter dem Brustkorb, um die Nieren und im Leistenbereich angelegt wird. Frühgeborene oder bei der Geburt untergewichtige Babys besitzen sehr wenig braunes Fett und haben daher große Schwierigkeiten, ihre Körpertemperatur aufrechtzuerhalten. Sie kühlen sehr schnell aus.

Die Blutgefäße, besonders am Kopf, sind noch deutlich sichtbar und die Haut wirkt weiterhin rötlich und durchscheinend. Der gesamte Körper ist mit einer feinen, flaumartigen Schicht, Lanugo, bedeckt, das man erstmals etwa in der 14. Woche an Augenbrauen und Oberlippe des Babys erkennen kann. Dieses Haar dient vermutlich dazu, das Baby warm zu halten, bis es über ausreichende Fettpolster verfügt. Babys, die vor der 36. Woche geboren werden, sind gewöhnlich noch mit Lanugo bedeckt, während termingerecht geborene Babys diesen Flaum in den letzten Wochen weitgehend verloren haben. Diese feine Körperbehaarung festigt wahrscheinlich auch die dicke weiße Wachsschicht, die Käseschmiere, die im zweiten Trimester von den Talgdrüsen der Haut abgegeben wird. Die Käseschmiere (Vernix) schützt die Haut des Fetus vor Kratzern durch die eigenen Fingernägel und verhindert, dass sie während der vielen Wochen im Fruchtwasser aufweicht.

LEBENSERHALTENDE SYSTEME

Die Plazenta bleibt das lebenserhaltende System des Fetus und ist nun in seiner Funktion voll entwickelt. Doch sie wächst weiter und verdreifacht bis zum Ende der Schwangerschaft ihre Größe. Bis zum jetzigen Zeitpunkt wog sie mehr als der Fetus – von jetzt an ist der Fetus schwerer.

Es kommt häufig vor, dass die Plazenta bei der Ultraschalluntersuchung um die 20. Woche unten in der Gebärmutter liegt, was in diesem Stadium aber kein Anlass zur Sorge ist. Der untere Bereich der Gebärmutter bildet sich in Vorbereitung auf die Geburt etwa ab der 32. Woche aus, mit der Folge, dass die Plazenta dann im Ultraschall deutlich nach oben gewandert ist. Dabei verändert natürlich nicht die Plazenta ihre Position; vielmehr wächst die Gebärmutter im Bereich der Plazenta während der Schwangerschaft nicht gleichmäßig, sondern nur in einzelnen Bereichen. Insgesamt wächst die Gebärmutter bis etwa zur 37. Woche. Zum Zeitpunkt der Entbindung liegt die Plazenta bei weniger als einem Prozent der Frauen unten (*siehe* S. 240 und S. 427).

Die Fruchtwassermenge erhöht sich weiter: Am Ende der 20. Woche sind es 320 ml. Dies ist im Vergleich zu den 30 ml Fruchtwasser, die die Gebärmutter in der 12. Woche enthielt, ein enormer Anstieg. Die Temperatur des Fruchtwassers liegt immer bei 37 °C, etwas höher als die Körpertemperatur der Mutter. Auch dadurch wird der Fetus gewärmt.

WIE SICH IHR KÖRPER VERÄNDERT

MANCHE FRAUEN NEHMEN EHER LANGSAM UND STETIG ZU, WÄHREND ANDERE IN EINER WOCHE VIEL UND IN DER NÄCHSTEN ÜBERHAUPT NICHT ZUNEHMEN. IM DURCHSCHNITT NEHMEN SIE IN DIESER PHASE 0,5–1 KG PRO WOCHE ZU. ETWA AB DER 21. WOCHE SIEHT MAN IHNEN IHRE SCHWANGERSCHAFT DANN ENDGÜLTIG AN.

In der 18. Woche kann der Fundus bei der Untersuchung durch den Arzt zwischen Schambein und Nabel getastet werden; in der 21. Woche vermutlich am oder knapp unterhalb des Nabels. Der Abstand zwischen oberer Kante der Gebärmutter und Schambein beträgt etwa 21 cm. Diese Messung ist zwar nicht so genau wie ein Ultraschall, doch sie bietet die Möglichkeit, rasch sicherzustellen, dass das Baby ausreichend wächst.

»Der Blutdruck bleibt konstant, weil sich die meisten Blutgefäße im Körper erweitern und elastischer werden ...«

HERZKLOPFEN

Die Blutmenge, die in Ihrem Kreislauf zirkuliert, steigt weiterhin an und beträgt in der 21. Woche fast 5 Liter. Dieser Anstieg ist erforderlich, um die vielen Organe im Körper, die jetzt viel intensiver arbeiten müssen, zu versorgen. Der größte Teil des Blutes gelangt in die Gebärmutter, damit die Plazenta gut versorgt wird und genügend Sauerstoff und Nährstoffe für das Baby liefern kann. Ein halber Liter Blut wird während der nächsten Schwangerschaftsmonate in jeder Minute zusätzlich durch Ihre Nieren gepumpt. Auch Haut und Schleimhäute werden stärker durchblutet. Daher sind die Blutgefäße erweitert. Dies ist einer der Gründe dafür, dass schwangere Frauen oft eine verstopfe Nase haben, ihren Herzschlag spüren, mehr schwitzen und manchmal unter Schwindel leiden.

EIN GRÖSSERES BLUTVOLUMEN

Damit die Organe mit zusätzlichem Blut versorgt werden können, muss das Herzvolumen nach und nach steigen. In der 20. Woche pumpt Ihr Herz etwa 7 Liter Blut pro Minute. Doch Ihr Herzschlag (die Anzahl der Schläge pro Minute) darf nicht zu sehr steigen, sondern würde es zu Herzrhythmusstörungen kommen. Die zusätzliche Blutmenge und die stärkere Pumpleistung des Herzens müssten zu einem dramatischen Anstieg des Blutdrucks führen; doch dank wichtiger Anpassungsleistungen der Blutgefäße im gesamten Körper wird dies normalerweise verhindert.

Der Blutdruck bleibt konstant, weil sich die meisten Blutgefäße im Körper erweitern und elastischer werden (medizinisch wird dies als peripherer Widerstand bezeichnet). Dank der Wirkungsweise des Progesterons und anderer Hormone können sie viel mehr Blut aufnehmen als normal. Die erweiterten, stark beanspruchten Blutgefäße können aber Krampfadern (*siehe* S. 235) und Hämorriden (*siehe* S. 217) bilden. Die Abnahme des peripheren Widerstands stellt sicher, dass der Blutdruck im Normalfall in den ersten 30 Schwangerschaftswochen nur minimal schwankt, sofern sich keine Komplikationen, wie schwangerschaftsbedingter Bluthochdruck, entwickeln (*siehe* S. 425). Nach der 30. Woche besteht meist die Tendenz, dass der Blutdruck steigt; dieser Anstieg sollte jedoch nicht zu rasch erfolgen oder zu ausgeprägt sein.

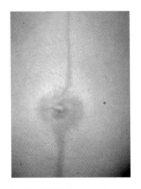

LINEA NIGRA *Diese pigmentierte Linie in der Bauchmitte ist bei Frauen mit dunklem Hautton meist ausgeprägter.*

VERÄNDERUNGEN DER HAUT

Infolge der erweiterten Blutgefäße und hohen Östrogenspiegel kann es zur Ausbildung winziger, roter Flecken, so genannter Spider naevi, im Gesicht sowie auf Hals, Schultern und Brust kommen.

Die Pigmentierung der Haut im Bereich der Brustwarzen und Genitalien und die Linea nigra am Unterbauch treten deutlicher zutage. Diese Linie, die bei manchen Frauen stärker ausgeprägt ist, markiert die Mittellinie, in der rechte und linke Bauchmuskeln aufeinander treffen. Diese festen Muskeln schieben sich von jetzt an auseinander, um der wachsenden Gebärmutter Platz zu machen.

Bei manchen Frauen bildet sich ein Chloasma – auch Schwangerschaftsmaske genannt – im Gesicht. Bei hellhäutigen Frauen tritt das Chloasma als dunkle, bräunliche Flecken, hauptsächlich auf dem Nasenrücken, den Wangenknochen und manchmal um den Mund auf. Auf dunklerer Haut erscheinen die Flecken heller als der normale Hautton. Diese Pigmentveränderungen gehen auf die Schwangerschaftshormone zurück und verschwinden oder verblassen bald nach der Geburt des Babys.

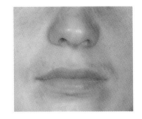

CHLOASMA *Diese verstärkte Pigmentierung bildet sich normalerweise auf den Wangen und anderen Gesichtspartien.*

WIE SIE SICH KÖRPERLICH FÜHLEN

JETZT FÜHLEN SIE SICH VERMUTLICH WIEDER SO SCHWUNGVOLL WIE VOR DER SCHWANGERSCHAFT. VIELE FRAUEN STELLEN FEST, DASS SIE SICH JETZT, OBWOHL SIE SCHWANGER AUSSEHEN, KÖRPERLICH KAUM ANDERS FÜHLEN ALS VOR IHRER SCHWANGERSCHAFT.

Sie haben wieder Appetit – wahrscheinlich mehr als vor der Schwangerschaft – und die Mahlzeiten schmecken Ihnen wieder. Nutzen Sie diese Phase und ernähren Sie sich ausgewogen (*siehe* S. 43ff.). Denn bald wird Ihr Appetit wieder durcheinander geraten, dieses Mal infolge von Sodbrennen, Verstopfung, Magendrücken, Magenbeschwerden und anderen Verdauungsproblemen in der Spätschwangerschaft, wenn das Baby wächst und auf das Verdauungssystem drückt.

Auch Ihre sexuelle Lust ist vermutlich zurückgekehrt; viele Paare empfinden dies als ein beruhigendes Zeichen dafür, dass die Schwangerschaft ihre körperliche Beziehung nicht dauerhaft verändert hat. Manche Frauen finden sogar, dass ihr Sexualleben in diesem Trimester besonders schön ist. Viele Faktoren tragen dazu bei. Sie fühlen sich körperlich allgemein besser. Das ist wichtig, weil Übelkeit und Müdigkeit wahre Lustkiller sind. Außerdem hat sich der Hormonspiegel stabilisiert. Hinzu kommt, dass Sie und Ihr Partner in diesem Trimester auch entspannter sind und ausreichend Zeit gehabt haben, sich an den Gedanken, Eltern zu werden, zu gewöhnen.

ERSTES FLATTERN *Es dauert vielleicht einige Zeit, bis Sie sich sicher sind, dass Sie Ihr Baby spüren.*

Wenn Sie die Bewegungen Ihres Babys das erste Mal bewusst wahrnehmen, führt diese körperliche Erfahrung zu besonderen emotionalen Reaktionen. Wenn Sie noch kein Kind haben, halten Sie diese ersten flatternden Empfindungen vielleicht für Blähungen, aber nach einiger Zeit erkennen Sie, dass sie nichts mit Ihrer Verdauung zu tun haben. Niemand kann vorhersagen, wann Sie die Bewegungen Ihres Babys spüren werden, aber sehr wahrscheinlich wird das schon sehr bald der Fall sein.

IHRE GEFÜHLE

Inzwischen haben Sie vermutlich den meisten Menschen, mit denen Sie regelmäßig Kontakt haben, erzählt, dass Sie ein Baby erwarten. Wenn Sie es bislang noch für sich behalten haben, so gibt Ihre Figur anderen Menschen nun genügend Hinweise darauf, dass Sie schwanger sind. Egal, ob zu Hause oder im Beruf – bestimmt stellen Sie fest, dass jeder über Ihre Schwangerschaft sprechen möchte. Vielen Frauen gefällt diese neue Nähe zu eher fremden Menschen und sie nehmen diese Gelegenheit gern wahr, mit anderen die Freude über die Schwangerschaft teilen zu können. Es gibt nur wenige Male im Leben die Gelegenheit, sich mit völlig fremden Menschen in eine höchst persönliche Unterhaltung einzulassen. Doch manche Frauen empfinden dieses Interesse der Umwelt an ihrer Schwangerschaft auch als unerwünschte Einmischung in ihre Privatsphäre. In diesem Fall müssen Sie Wege finden, um sich zu schützen, damit nicht allmählich offene Ablehnung anderen Menschen gegenüber entsteht. Leider kommt es auch vor, dass manchen Menschen ein Gespür für die Empfindsamkeit schwangerer Frauen fehlt.

Insgesamt gesehen zählt diese Phase jedoch zu einer der angenehmsten in der Schwangerschaft. Wahrscheinlich fühlen Sie sich heiterer und ruhiger als normal. Genießen Sie diese Zeit: Das dritte Trimester kann einige emotionale Höhen und Tiefen mit sich bringen, ganz zu schweigen von körperlichen Beschwerden.

> »Vielen Frauen gefällt diese neue Nähe zu fremden Menschen und sie teilen gern die Freude über die Schwangerschaft.«

VORSORGEUNTERSUCHUNGEN

IM ZWEITEN TRIMESTER FINDEN ALLE VIER WOCHEN VORSORGEUNTERSUCHUNGEN STATT. DABEI WERDEN GEWICHT, URIN, BLUTDRUCK UND FUNDUSSTAND KONTROLLIERT. AUCH DIE HERZTÖNE DES BABYS WERDEN ABGEHÖRT.

Zudem wird bei jedem Besuch Ihr Bauch abgetastet, um die Größe und die Lage des Babys zu bestimmen. Alle Werte werden in den Mutterpass eingetragen und es wird überprüft, ob eine kontinuierliche Entwicklung stattfindet.

MISSBILDUNGSDIAGNOSTIK MIT FARBDOPPLER-ULTRASCHALL

Neben der normalen zweiten Ultraschalluntersuchung, die in der 19.–22. Woche durchgeführt und von der Krankenkasse übernommen wird (*siehe* S. 174f.), bieten die Frauenärzte eine spezielle Ultraschalluntersuchung zur Feststellung von möglichen Fehlbildungen an. Die Kosten werden von der Krankenkasse nicht übernommen.

In diesem Stadium sind die Organe des Babys und die wichtigsten Körpersysteme so weit ausgereift, dass die meisten möglichen Strukturanomalitäten erkannt werden können. Außerdem kann durch die Messung der kindlichen

DIE ZWEITE ULTRASCHALLUNTERSUCHUNG

ETWA UM DIE 20. SCHWANGERSCHAFTSWOCHE SIND DIE MEISTEN WICHTIGEN

ORGANE UND KÖRPERSYSTEME AUF DEM ULTRASCHALL SICHTBAR UND

ANOMALIEN KÖNNEN ERKANNT WERDEN.

Im Folgenden finden Sie eine Übersicht über die normalerweise vorgenommenen Kontrollen während dieser Untersuchung. Die Kontrollen müssen nicht notwendigerweise in dieser Reihenfolge erfolgen, weil sich Ihr Baby ständig bewegt und nicht immer in der richtigen Position liegt. Die Messungen und Beobachtungen werden dann gemacht, wenn Gelegenheit dazu ist. Vielleicht bittet man Sie, sich während der Untersuchung zu bewegen, damit Ihr Baby seine Lage verändert. Manchmal kommt es auch vor, dass bestimmte Punkte nicht kontrolliert werden können.

▶ **Der fetale Herzschlag** wird normalerweise als Erstes kontrolliert. Der Arzt untersucht auch die vier Herzkammern. Wenn eine spezielle Untersuchung des Herzens erforderlich ist, wird diese normalerweise in der 22.–24. Woche vorgenommen.

▶ **In der Bauchhöhle** werden Magen, Darm, Leber, Nieren und Blase untersucht und der Arzt kontrolliert, ob der Darm des Babys vollständig hinter der Bauchwand eingeschlossen ist. Das Zwerchfell, die Muskelwand, die die Brust von der Bauchhöhle trennt, sollte ausgebildet sein, und die Lunge des Babys sollte sich entwickeln. Auch wenn Anomalien in diesen Organen selten sind, finden Sie auf den Seiten 415ff. Informationen über Probleme, die auftreten könnten.

▶ **Kopf und Wirbelsäule** des Babys werden, beginnend von den Schädelknochen, auf ihre Vollständigkeit überprüft. Die Wirbelsäule des Babys ist nun weniger gekrümmt, sodass der Arzt den Ultraschallkopf von oben nach unten bewegen und dabei jeden Knochen oder Wirbel überprüfen kann, um sicherzustellen, dass kein Anzeichen für Spina bifida (*siehe* S. 418) besteht.

▶ **Das Gehirn** umfasst zwei Kammern bzw. flüssigkeitsgefüllte Höhlen; diese sind mit einem speziellen System von Blutgefäßen, dem so

DIE MASSE IHRES BABYS

Anhand der Maße, die während der Ultraschalluntersuchung festgestellt werden, kann man einschätzen, ob das Baby die richtige Größe für die Dauer der Schwangerschaft (Gestationszeit) hat. Sie werden in den Mutterpass eingetragen und mit Durchschnittwerten verglichen. Anhand eines Diagramms kann man ablesen, wie groß ein Baby mit 40 Wochen sein wird.

BPD	Kopfdurchmesser von Schläfe zu Schläfe	45mm = 19+/40
KU	Kopfumfang	171mm = 19+/40
AU	Bauchumfang	140mm = 19+/40
FL	Länge des Oberschenkelknochens	29mm = 19+/40

Diese Maße lassen darauf schließen, dass der Fetus für 19+ Wochen Schwangerschaft angemessen groß ist. Wenn die Untersuchung in der 19.–20. Woche durchgeführt wurde, ist das Baby termingerecht entwickelt.

EINZELHEITEN BEI DER ZWEITEN ULTRASCHALLUNTERSUCHUNG

Kinn   Lunge   Leber   Darm

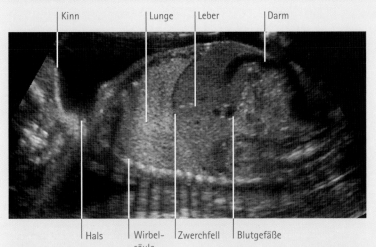

Hals   Wirbel- Zwerchfell   Blutgefäße
        säule

DIE ULTRASCHALLAUFNAHME VERSTEHEN
Dieses rechtsseitige Bild des Fetus zeigt das Kinn und den Hals (links im Bild); die Lunge ist als blasser Bereich über dem Zwerchfell, der kuppelförmigen Muskelwand, die die Brust vom Bauch trennt, sichtbar. Die Leber erscheint als Schatten unter dem Zwerchfell, unterbrochen von zwei Blutgefäßen, die als schwarze Kreise sichtbar sind. Das dunkle M (oben rechts im Bild) ist der Darm des Fetus.

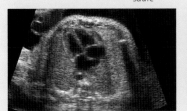

HERZ DES FETUS *Die vier Herzkammern sind deutlich sichtbar.*

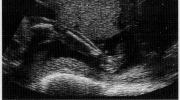

BEIN UND FUSS *Die Länge des Oberschenkelknochens ist ein Indikator für Wachstum.*

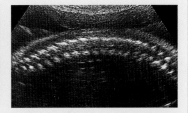

WIRBELSÄULE *Jeder einzelne Wirbel wird gezählt und untersucht.*

genannten Hirnplexus, ausgestattet. In seltenen Fällen sind diese Kammern vergrößert (*siehe* Herzfehler, S. 420) oder der Hirnplexus enthält Zysten (*siehe* S. 419). Wenn sich tatsächlich Hinweise darauf ergeben, werden weitere Ultraschallaufnahmen durchgeführt.

▶ **Die Lage der Plazenta** wird festgestellt, um zu überprüfen, ob sie an der vorderen oder hinteren Gebärmutterwand oder am Fundus (oben) liegt. Es kommt häufig vor, dass die Plazenta in diesem Stadium tief liegt. In diesem Fall kann etwa in der 32. Woche eine weitere Aufnahme gemacht werden, um zu sehen, ob sie sich inzwischen weiter oben befindet.

Die Nabelschnur wird überprüft. Möglicherweise wird notiert, an welcher Stelle sie in die Plazenta führt (*siehe* Vasa prävia, S. 429).

▶ **Die Fruchtwassermenge** wird eingeschätzt, um sicherzustellen, dass weder zu viel (Polyhydramnion, *siehe* S. 426) noch zu wenig (Oligohydramnion, *siehe* S. 426) vorhanden ist. In beiden Fällen sind in wenigen Wochen weitere Untersuchungen, einschließlich einer Ultraschallaufnahme, erforderlich.

▶ **Das Geschlecht des Babys** kann manchmal bestimmt werden, wenn der Ultraschall einen Penis zwischen den Beinen des Fetus zeigt. Allerdings kann der Penis auch versteckt sein. Aus diesem Grund geben nicht alle Ärzte bei der Untersuchung über das Geschlecht des Babys Auskunft.

DIE ULTRASCHALL-

AUFNAHME VERSTEHEN

Ihr Arzt wird Ihnen er-

klären, was Sie auf der

Aufnahme sehen können.

Blutflüsse in Arterien und Venen die Versorgung des Fetus mit Nährstoffen beurteilt werden. Dadurch kann der Zustand des ungeborenen Kindes genauer eingeschätzt werden. Eine drohende Mangelversorgung (Plazentainsuffizienz) kann dabei frühzeitig entdeckt werden. Glücklicherweise stellt sich bei der überwiegenden Mehrheit der Untersuchungen heraus, dass alles normal verläuft.

BERUHIGENDE ERGEBNISSE

Bei manchen Frauen gibt die Ultraschalluntersuchung Anlass zur Sorge. Viele Anomalien werden von körperlichen Auffälligkeiten begleitet, die als Hinweis auf eine Störung oder ein Syndrom gelten. So bestehen z.B. bei 70 Prozent der Babys mit Down-Syndrom strukturelle Herzfehler oder Missbildungen des Darms, es ist nur eine einzelne Hautfalte in der Handfläche vorhanden und die Augen sind schräg gestellt und haben eine überlappende Lidfalte. Wenn eine Ultraschallaufnahme körperliche Auffälligkeiten zeigt, kann die Durchführung einer Amniozentese (*siehe* S. 140ff.) ratsam sein. Bei dieser Untersuchung kann eine sichere Diagnose gestellt werden, auf deren Basis die Eltern umfassend beraten werden, um dann über die weitere Schwangerschaft entscheiden zu können.

Eine Ultraschalluntersuchung kann zwar viele Informationen liefern, doch sie bietet keine Garantie dafür, dass ein Baby nicht doch an einer Missbildung oder Störung leidet. Bei etwa 30 Prozent der Babys mit Down-Syndrom ergeben sich keine offensichtlichen strukturellen Hinweise. Auch geistige Behinderungen bzw. Entwicklungsverzögerungen, wie Autismus oder Zerebralparese, können vor der Geburt nicht diagnostiziert werden.

HÄUFIGE BESCHWERDEN

MEIST TRETEN IM ZWEITEN TRIMESTER NUR GERINGFÜGIGE BESCHWERDEN
AUF, DIE ZUM TEIL DURCH DIE ERWEITERUNG DER BLUTGEFÄSSE ENTSTEHEN.

Schwindel- oder Ohnmachtgefühle sind ein häufiges Symptom im zweiten und
dritten Schwangerschaftstrimester, aber nur selten ein ernstes Problem. Wie
bereits ausgeführt, transportieren die Blutgefäße, besonders in den Becken-
und Beinvenen, eine viel größere Blutmenge. Wenn Sie sich rasch erheben,
wird Ihnen vielleicht kurzzeitig schwindelig, weil es einige Zeit dauert, bis das
Blut aus den Beinen in den Kopf und die anderen Organe geflossen ist. Kopfschmerzen sind eine weitere häufige Unannehmlichkeit. Meist gehen sie auf
Anspannungen, Ängste oder eine verstopfte Nase zurück. Wenn Sie häufiger
Kopfschmerzen haben, wenden Sie sich an den Arzt, da die Schmerzen gelegentlich ein erstes Anzeichen eines Bluthochdrucks (*siehe* Blutdruckprobleme,
S. 425) sein können.

HAUTAUSSCHLÄGE

Schwangere sind anfällig für vielfältige Hautprobleme, die normalerweise eine
Folge der gravierenden hormonellen Veränderungen im Körper sind. Bei dauerhaften Problemen sollten Sie sich an den Arzt oder die Hebamme wenden.

Oft bilden sich trockene Stellen mit schuppender, stark juckender Haut,
meistens auf Beinen, Armen und Bauch. Meist hilft das Auftragen einer Feuchtigkeitscreme, gelegentlich ist jedoch eine Antihistamin- oder niedrig dosierte
Kortisonsalbe erforderlich, um die Reizung zu beseitigen. Infolge der erweiterten Blutgefäße kann die Haut gerötet oder sogar fleckig erscheinen, was irr-
tümlich für einen Ausschlag gehalten werden kann.

Da die Haut die zusätzliche Wärme, die die erweiterten Blutgefäße
abstrahlen, abgeben muss, ist es ganz normal, dass Sie stark schwitzen. Als
Folge davon kann sich ein Ausschlag unter den Armen oder den Brüsten
und im Leistenbereich bilden, wo sich der Schweiß sammelt und nicht so
schnell verdunsten kann. Tragen Sie leichte Kleidung, am besten aus Baumwolle, und meiden Sie eng am Körper sitzende synthetische Materialien.
Wichtig sind eine sorgfältige Hygiene und die Verwendung von unparfü-
mierten Seifen und Deos. Manchmal infiziert sich ein Ausschlag mit Hefepil-
zen oder anderen Pilzen (z.B. Soor, *siehe* S. 216). Eine solche Pilzinfektion
ist zwar unangenehm und juckt stark, ist aber nichts Ernstes. Der Arzt wird
Ihnen ein Antimykotikum verschreiben.

CREME AUFTRAGEN *Eine
Feuchtigkeitscreme hilft
bei juckender, schuppiger
Haut an Beinen, Armen
und Bauch.*

WAS ZU BEACHTEN IST

GUT MÖGLICH, DASS DIE KLEIDUNG, DIE SIE NUN TRAGEN MÜSSEN, SO GAR NICHT IHREN MODEVORSTELLUNGEN ENTSPRICHT. DOCH SEIEN SIE STOLZ AUF SICH, WENN SIE BISLANG DER VERSUCHUNG WIDERSTANDEN HABEN, SICH NEU EINZUKLEIDEN.

»...viele Frauen empfinden den dringenden Wunsch, Urlaub zu machen – solange das noch problemlos möglich ist.«

Jetzt ist es allerdings an der Zeit, sich Gedanken darüber zu machen, welche Kleidung Sie benötigen, damit Sie sich im Beruf und zu Hause wohl fühlen. Gehen Sie dabei so vor, als müssten Sie für den Urlaub packen. Umstandskleidung können Sie überall kaufen – in großen Kaufhäusern, in Fachgeschäften und bei Versandhäusern.

Einzelteile kombinieren ist meist am besten, da es die größte Flexibilität bietet und Sie immer wieder einzelne Teile entsprechend Ihrem wachsenden Leibesumfang austauschen können. Bei speziellen Schwangerschaftsoberteilen ist die Vorderseite länger geschnitten als das Rückenteil, sodass beide in getragenem Zustand gleich lang sind. Manche Jacken lassen sich im Rückenteil verstellen; wenn Sie beruflich Kostüme oder Jacken tragen müssen, lohnt sich der Kauf eines Blazers, den Sie mit Röcken und Hosen kombinieren können.

Bei Röcken und Hosen sollten Sie Teile mit einem bequemen, dehnbaren Hüftbund kaufen. Zunächst mag es ausreichen, Leggins zwei Nummern größer zu kaufen als normal, aber langfristig gesehen ist das nicht die richtige Lösung, weil das Elastikband im Laufe der Wochen den Bauch einschnürt. Umstandsröcke und -hosen haben elastische Knopfbänder oder Klettverschlüsse, die sich dem Taillenumfang anpassen und auch in der Spätschwangerschaft bequem sind. Lohnenswert kann der Kauf einer Hose mit Zugband oder eines Kleides mit weiter Taille sein, das noch einige Monate lang passt.

Schwangerschaftsstrumpfhosen geben mehr Halt als normale Strumpfhosen. Auch wenn Sie vermutlich im Laufe der Schwangerschaft verschiedene Größen kaufen müssen, sind sie eine gute Investition. Viele Frauen stellen fest, dass müde und schmerzende Beine dank der Strumpfhosen nicht mehr so belastend sind. Verzichten Sie auf Kniestrümpfe, da diese die Blutzirkulation am Schienbein behindern und die Bildung von Krampfadern begünstigen können. In Söckchen aus Baumwolle kann die Haut atmen und sie behindern den Kreislauf nicht.

Wenn Schwimmen zu Ihrem regelmäßigen Sportprogramm gehört, kaufen Sie sich einen Badeanzug, den Sie die neun Schwangerschaftsmonate über tragen können. Sie werden sich in einem Umstandsbadeanzug viel wohler fühlen.

Die Schwangerschaft umfasst mehrere Jahreszeiten und die meisten Kleiderkäufe sollten daher in die Jahreszeit fallen, in der sich Ihre Figur am stärksten verändert. Wenn die ersten beiden Trimester z.B. in den Sommermonaten liegen, kann man oft mit locker sitzenden Kleidungsstücken improvisieren. Wenn das dritte Trimester im Winter liegt, kaufen Sie wohl überlegt ein. Widerstehen Sie z.B. der Versuchung, einen teuren Wintermantel zu kaufen, wenn Sie ihn nicht im nächsten Winter auch noch tragen wollen. Leihen Sie sich besser einen Mantel von einer Freundin oder kaufen Sie sich ein Cape.

»TAPETENWECHSEL«

Im zweiten Trimester empfinden viele Frauen den dringenden Wunsch, Urlaub zu machen oder wenigstens für ein Wochenende wegzufahren – solange das noch problemlos möglich ist. Dabei stellt sich natürlich die Frage, ob Reisen in der Schwangerschaft ratsam und ungefährlich ist. Antworten dazu finden Sie in der Rubrik »Gefahrlos reisen« (*siehe* S. 36f.).

Speziell für dieses Stadium der Schwangerschaft gilt: Wenn bei Ihnen schon Schwangerschaftskomplikationen aufgetreten sind, überlegen Sie es sich gut, ob Sie jetzt ins Ausland reisen sollten; Sie möchten bestimmt nicht weit weg von zu Hause sein, falls unvorhergesehene Probleme auftreten. Mögliche Schwangerschaftskomplikationen sind belastend genug, auch ohne zusätzlich mit einer fremden Sprache, einem anderen Gesundheitssystem und der Ungewissheit, ob die Krankenversicherung die Kosten übernehmen wird, konfrontiert zu werden. Wenn Ihre Schwangerschaft jedoch bisher problemlos verlaufen ist und der Arzt keine Einwände hat, ist es eher unwahrscheinlich, dass ausgerechnet während des Urlaubs schwangerschaftsbedingte Probleme auftreten werden.

ABSCHALTEN *Jetzt ist der richtige Zeitpunkt für eine Reise, sofern keine Schwangerschaftsprobleme aufgetreten sind.*

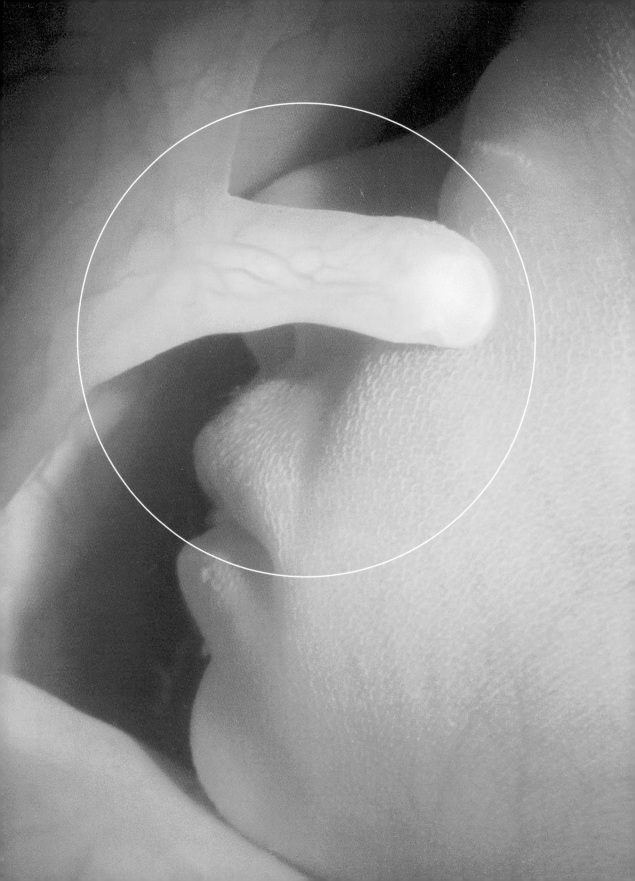

21.–26. WOCHE

DIE ENTWICKLUNG DES BABYS

IHR BABY WÄCHST UND NIMMT JETZT STETIG ZU, AUCH WENN ES NOCH EINIGE
ZEIT DAUERN WIRD, BIS ES EIN RUNDLICHER WONNEPROPPEN IST. DIE GESICHTS-
ZÜGE SIND DEUTLICH MODELLIERT, AUGENBRAUEN, WIMPERN UND KOPFHAAR
SIND NUN ERKENNBAR.

Die Haut des Babys wirkt noch rötlich und faltig, aber nicht mehr völlig
durchscheinend, weil sich etwas Unterhautfettgewebe gebildet hat. Zwei
unterschiedliche Hautschichten sind entstanden: die obere Schicht (oder
Epidermis) und eine tiefere Schicht, die Dermis. Die Epidermis besitzt
bereits die individuell einmaligen Hautlinien an Fingerspitzen, Handflächen,
Zehen und Fußsohlen, die genetisch festgelegt sind und später den charakteristischen Finger- und Zehenabdruck ergeben. Die darunter liegende Dermis
bildet kleine Verästelungen, die Blutgefäße und Nerven enthalten. Die Hautoberfläche bleibt mit einer feinen Schicht Lanugo und einem dicken Über-
zug aus weißer Käseschmiere (Vernix) bedeckt. Diese Schutzschicht bleibt
bis kurz vor der Geburt erhalten: Frühgeborene sind oft noch mit einer
dicken Schicht Käseschmiere bedeckt, während sie bei übertragenen Babys
beinahe vollständig eingetrocknet ist: Ihre Haut ist trocken und schuppig.

IM KÖRPERINNEREN

Nerven- und Skelettsystem reifen weiter aus; dies bedeutet, dass das Baby nicht
mehr nur einfach strampelt oder schwimmt, sondern seine Bewegungen zielgerichteter und feiner werden; es kann mit den Beinen treten und Purzelbäume
schlagen. Der Fetus lutscht am Daumen und bekommt Schluckauf. Alles, was
seine Hände zu fassen bekommen, wird fest umklammert. Es ist kaum zu glauben, aber wahr: Sein Griff ist so stark, dass er das Gewicht seines ganzen Körpers tragen kann.

Das Gehirn entwickelt sich und seine Aktivität kann elektronisch mit
einem EEG (Elektroenzephalogramm) aufgezeichnet werden. In der 24. Woche
ähneln die fetalen Hirnwellen denen eines Neugeborenen. Es beginnen Hirn-
zellen zu reifen, die das bewusste Denken steuern. Forschungen lassen vermuten, dass der Fetus von jetzt an ein primitives Gedächtnis ausbildet. Mit Sicherheit kann Ihr Baby nun auf Geräusche in Ihrem Körper reagieren und ebenso
auf laute Geräusche von außen und auf Ihre Körperbewegungen. Man glaubt,

◀ *Fetoskopie eines 21 Wochen alten Fetus in der Gebärmutter.*

WOCHE

ERSTES TRIMESTER ▸ 1.
▸ 2.
▸ 3.
▸ 4.
▸ 5.
▸ 6.
▸ 7.
▸ 8.
▸ 9.
▸ 10.
▸ 11.
▸ 12.
▸ 13.
ZWEITES TRIMESTER ▸ 14.
▸ 15.
▸ 16.
▸ 17.
▸ 18.
▸ 19.
▸ 20.
▸ **21.**
▸ **22.**
▸ **23.**
▸ **24.**
Lebensgröße ▸ **25.**
▸ **26.**
DRITTES TRIMESTER ▸ 27.
▸ 28.
▸ 29.
▸ 30.
▸ 31.
▸ 32.
▸ 33.
▸ 34.
▸ 35.
▸ 36.
▸ 37.
▸ 38.
▸ 39.
▸ 40.

Lebensgröße

Der 21 Wochen alte Fetus misst etwa 17 cm und wiegt etwa 350 g. Am Ende des zweiten Trimesters ist er vom Schädel bis zum Steiß 25 cm groß und wiegt knapp ein Kilo.

dass ein Baby nun zwischen der Stimme der Mutter und der des Vaters unterscheiden kann und beide nach der Geburt wieder erkennt. Studien haben gezeigt, dass Babys ein bestimmtes Musikstück, das sie in der Gebärmutter wiederholt »gehört« haben, wieder erkennen können.

Gegen Ende dieses Stadiums sind die Augenlider geöffnet. Zwar haben die meisten Babys bei der Geburt blaue Augen, doch die endgültige Augenfarbe steht erst Wochen nach der Geburt fest.

Ein Schlaf-Wach-Zyklus beginnt sich allmählich auszubilden. Leider entspricht dieser nicht immer dem elterlichen Tagesablauf. Viele Frauen sorgen sich tagsüber, weil sie kaum Bewegungen spüren – und können nachts nicht schlafen, weil das Baby Purzelbäume schlägt.

Der fetale Herzschlag hat sich beträchtlich verlangsamt – von 180 auf 140–150 Schläge pro Minute am Ende des zweiten Trimesters. Von nun an kann man das Befinden des Babys mit Hilfe eines Cardiotokographen (CTG), der die Herztöne aufzeichnet, kontrollieren.

Der Fetus öffnet und schließt seinen Mund regelmäßig, da große Mengen Fruchtwasser aufgenommen werden. Die Flüssigkeit wird verdaut. Abfallprodukte aus dem Stoffwechselprozess im Körper des Fetus werden über die Plazenta durch die Nabelschnur geleitet und ins Blut der Mutter abgegeben. Was übrig bleibt, überschüssiges Wasser, wird als Urin in das Fruchtwasser ausgeschieden. In der 26. Woche ist die Fruchtwassermenge auf etwa 500 ml angestiegen und die gesamte Menge wird alle paar Stunden ausgetauscht.

Die Lunge des Fetus ist noch nicht ausgereift. Es dauert noch mehrere Wochen, bis er ohne Unterstützung atmen kann. Nichtsdestotrotz trainiert Ihr Baby bereits Atembewegungen – und wird sie auch bis zum Zeitpunkt der Entbindung üben. Die Lunge ist mit Fruchtwasser gefüllt, das die Entwicklung der Lungenbläschen (Alveolen) fördert. Ein Netzwerk aus winzigen Blutgefäßen bildet sich um die säckchenartigen Lungenbläschen; sie werden nach der Geburt den Sauerstoff in den Körper leiten. Wenn vor Ende des zweiten Trimesters ein Blasensprung erfolgt, ist die Unreife der Lunge immer ein Problem und es kommt nach der Geburt unweigerlich zu Atmungsproblemen.

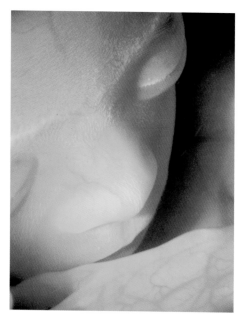

BERÜHREN *Die Hände bewegen sich zum Gesicht hin; sie berühren und umfassen alles, was sie in die Finger bekommen.*

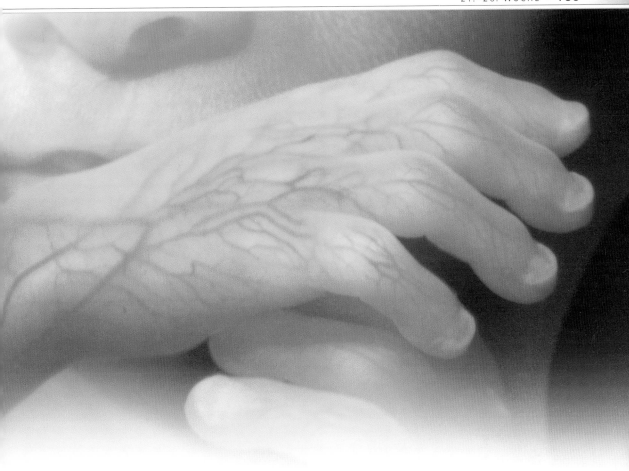

EIN LEBENSFÄHIGES BABY

Obgleich die Lunge noch verhältnismäßig unreif ist, könnte der Fetus nun mithilfe künstlicher Beatmung und anderer Maßnahmen außerhalb der Gebärmutter überleben. Etwa mit 28. Wochen gilt eine Frühgeburt als lebensfähig. Doch dank der Intensivmedizin können in manchen Fällen bereits Frühgeborene ab der 24. Woche überleben – meist mit bleibenden Behinderungen. Babys, die vor diesem Zeitpunkt geboren werden, werden als Fehlgeburt (*siehe* S. 430) bezeichnet bzw. als Totgeburt, wenn das Baby bei der Geburt kein Lebenszeichen zeigt (*siehe* S. 431). Nach der 24. Woche steigen die Überlebenschancen zunehmend, doch bei Geburten bis zur 30. Woche ist die Wahrscheinlichkeit einer bleibenden Behinderung (*siehe* S. 339) groß. Jeder Tag, den der Fetus im Mutterleib verbleibt, trägt zur Lungenreifung bei. Auch das Risiko anderer Komplikationen wird mit jedem Tag geringer. Im nächsten Kapitel erfahren Sie, warum die ersten Wochen des dritten Trimesters so wichtig für das mögliche Überleben des Fetus sind.

HAUT UND NÄGEL *Eine Fettschicht hat sich unter der Haut gebildet, aber die Blutgefäße sind noch sichtbar. Fingernägel haben sich entwickelt – ebenso wie der individuelle Fingerabdruck.*

WIE SICH IHR KÖRPER VERÄNDERT

WÄHREND DER NÄCHSTEN WOCHEN NEHMEN DIE MEISTEN FRAUEN ETWA EIN HALBES KILOGRAMM PRO WOCHE ZU; DABEI GIBT ES ABER INDIVIDUELLE UNTERSCHIEDE. IM IDEALFALL NEHMEN SIE IN DIESEM ZWEITEN TRIMESTER 6–6,5 KG ZU.

»... Sie stellen vielleicht fest, dass Ihre Haut rosig und gesund aussieht und Ihr Haar dick und glänzend ist.«

In dieser letzten Phase des zweiten Trimesters entfällt nur etwa ein Kilogramm der Gewichtszunahme auf das Baby. Der Rest verteilt sich auf die wachsende Gebärmutter, die Brüste und die erhöhte Blut- und Flüssigkeitsmenge im Körper, aber auch auf die Fettspeicher, die der Körper der Mutter anlegt (*siehe* S. 42). Wenn Sie sehr stark zunehmen, wird es schwierig, diese überflüssigen Pfunde nach der Geburt wieder loszuwerden. Wenn Sie auch im dritten Trimester übermäßig zunehmen, besteht ein größeres Risiko, dass sich ein Schwangerschaftsdiabetes (*siehe* S. 426) und eine Präeklampsie (*siehe* S. 425) entwickeln, ganz zu schweigen von unnötiger Müdigkeit und besonders starken Rückenschmerzen. Ernähren Sie sich daher vernünftig und ausgewogen, und schränken Sie die Zucker- und Kohlenhydrataufnahme ein. Wenn Sie auf Ihr Gewicht achten müssen, schadet eine behutsame Einschränkung der Kalorienzufuhr dem Wachstum Ihres Babys nicht. Manche Frauen nehmen in der Schwangerschaft nur sehr wenig zu; sofern ihre Ernährung alle notwendigen Nährstoffe enthält, besteht dabei kein Grund zur Sorge.

DIE GEBÄRMUTTER DEHNT SICH AUS

Die Gebärmutter steigt zwischen der 21. und 26. Woche über den Bauchnabel. Dieses Wachstum wird möglich, weil sich die Muskeln der Gebärmutter vergrößern; diese Muskeln sind dabei immer noch am gleichen Halteapparat im Bauchbereich befestigt. Daher ist es nicht überraschend, dass viele Frauen stechende Schmerzen im Bauchbereich verspüren, wenn diese Bänder durch die sich vergrößernde Gebärmutter aufs Äußerste gedehnt werden. Der Fundusstand beträgt in der 22. Woche etwa 22 cm und in der 26. Woche 26 cm.

Um der Gebärmutter und dem Baby Platz zu schaffen, vollziehen sich im Bauchbereich verschiedene Veränderungen. Wenn die Gebärmutter nach oben in die Bauchhöhle aufsteigt, verschiebt sich der Brustkorb um bis zu 5 cm nach oben und die unteren Rippen biegen sich nach außen. Dies verursacht häufig Unbehagen bzw. Schmerzen im Rippenbereich und kann zu Atembeschwerden führen. Der Magen und andere Verdauungssysteme werden zusammengepresst. Progesteron entspannt weiterhin die Darmmuskulatur. Als Folge davon kommt es oft zu Sodbrennen, Verdauungsproblemen und Verstopfung (*siehe* S. 187).

EIN GESUNDES AUSSEHEN

Zwischen der 21. und 26. Woche steigen das Herzvolumen und die Blutmenge weiterhin an; das Schlagvolumen und der Puls jedoch pendeln sich allmählich ein. Um diese kardiovaskulären Veränderungen auszugleichen, muss der periphere Widerstand noch weiter sinken, da es sonst zu beträchtlichen Blutdruckschwankungen kommen würde.

Die positive Seite dieser verstärkten Durchblutung und der Schwangerschaftshormone zeigt sich in einer rosigen, gesund aussehenden Haut und dichtem, glänzendem Haar. Während der Schwangerschaft fallen weniger Haare aus und die Haare wachsen durch die Beschleunigung des Stoffwechsels auch schneller. Nach der Geburt werden Sie jedoch mehr Haare verlieren als normal – zum großen Teil sind es nur die Haare, die Sie normalerweise während der vergangenen neun Monate verloren hätten.

DER KÖRPERSCHWERPUNKT VERÄNDERT SICH

Ihre Haltung hat sich in dieser Phase der Schwangerschaft bestimmt verändert. Die sich vergrößernde Gebärmutter und das Baby belasten die Körpermitte; der veränderte Körperschwerpunkt muss ausgeglichen werden. Außerdem wurden durch die Wirkung der im Blut vorhandenen Schwangerschaftshormone die Bänder im Beckenbereich weicher. Dies ist außerordentlich wichtig, da bei der Geburt das Becken elastisch sein muss, um den Durchtritt eines etwa 3 kg schweren Babys durch diese bisher starren Wände möglich zu machen. Dies bedeutet aber andererseits auch, dass Ihr Becken nun nicht länger als stabiler »Gürtel« funktionieren kann. Der Körper muss einen Weg finden, um diese Veränderungen in der Stabilität auszugleichen. Der einfachste Weg besteht darin, sich zurückzulehnen, ein Hohlkreuz zu machen und breitbeiniger zu stehen als normal. Doch diese Haltung führt häufig zu Rückenschmerzen, da die Bänder von Bauch, Rücken und Becken übermäßig belastet werden.

Der wachsende Bauch beeinträchtigt zunehmend auch die Art und Weise, wie Sie sich bewegen, wie Sie sitzen und liegen. Auf Schuhen mit hohen Absätzen gehen Sie wackelig; manche Stühle empfinden Sie als unbequemer als andere. Beim Hinsetzen stützen Sie Ihr Kreuz ab und das Liegen ist ebenfalls problematisch. Diese Probleme sind besonders ausgeprägt, wenn Sie Zwillinge erwarten. Im weiteren Verlauf dieses Kapitels (*siehe* S. 193) finden Sie einige praktische Tipps, wie Sie eine gute Haltung einnehmen und Rückenschmerzen vorbeugen können. Spezielle Ratschläge zu Rückenschmerzen, die später in diesem Trimester auftreten können, finden Sie auf S. 218 und S. 243f.

GESUND *Während des zweiten Schwangerschaftsdrittels blühen viele Frauen auf.*

WIE SIE SICH KÖRPERLICH FÜHLEN

SELBST FRAUEN, DIE IHR ERSTES KIND ERWARTEN, SPÜREN DIE BEWEGUNGEN IHRES BABYS NUN DEUTLICH UND HABEN KEINEN ZWEIFEL, DASS IHR BABY DIESE EMPFINDUNGEN HERVORRUFT. DIES SIND WOHL DIE AUFREGENDSTEN MOMENTE WÄHREND DER SCHWANGERSCHAFT.

Die Bewegungen Ihres Babys geben Ihnen auch die Gewissheit, dass es ihm gut geht. Ich erinnere mich noch gut an mein eigenes Erstaunen und die überschwängliche Freude, als ich abends bei einer Mahlzeit eine Erschütterung in meinem Bauch verspürte, die dazu führte, dass mein Teller über den Tisch geschleudert wurde.

UNGEBETENER RAT

Bei jeder Frau wölbt sich der Bauch etwas anders nach außen; bei manchen ist er kleiner, bei anderen größer und trotzdem ist es mehr als wahrscheinlich, dass das Baby die richtige Größe für sein Alter hat. Doch manchmal fällt es schwer, daran zu glauben, wenn jeder seine Meinung dazu abgibt, ob der Bauch zu klein oder zu groß für die Schwangerschaftsdauer ist. Ein paar unbedacht geäußerte Worte, wie »Mein Gott, hast du viel zugenommen!« oder »Wie dick willst du denn noch werden?«, können sehr deprimierend sein, besonders wenn Sie selbst das Gefühl haben, zu viel zugenommen zu haben. Doch auch Fragen, wie »Isst du auch richtig?« oder »Du bist so dünn. Ist auch alles in Ordnung?«, mögen gut gemeint sein, sprechen aber mit Sicherheit einen wunden Punkt bei Ihnen an. Wenn diese Kommentare über Ihren Körperumfang in der Schwangerschaft Sie ärgern, sollten Sie ruhig erklären, dass Sie diese Äußerungen als unangenehm empfinden, und bitten, sie zu unterlassen. Schließlich äußern sich Ihre Mitmenschen auch sonst nicht zu Ihrer Figur.

Wenn Sie so sehr mit Ihrer Schwangerschaft beschäftigt sind, kann es vorkommen, dass sich andere Menschen ermutigt fühlen, ebenfalls über ihre Erlebnisse und Erfahrungen in ihrer eigenen Schwangerschaft zu berichten. Oft tun sie dabei des Guten zu viel. Manche Anekdoten mögen nett und beruhigend sein (vor allem, wenn Sie sich wegen eines Problems unnötige Sorgen machen), aber anderes kann auch beängstigend sein. Leider vergessen viele Menschen, die selbst Kinder großgezogen haben, wie aufwühlend Schauergeschichten für Frauen sein können, die gerade eine Schwangerschaft erleben. Seien Sie auch in diesem Fall offen und ehrlich. Erklären Sie freundlich, aber bestimmt, dass Sie keine weiteren Geschichten von plötzlichen oder schwieri-

»... Leider vergessen viele Menschen, die selbst Kinder großgezogen haben, wie beängstigend Schauergeschichten sein können ...«

VERDAUUNGSPROBLEME

IN DIESER PHASE KOMMT ES IMMER WIEDER ZU VERDAUUNGSBESCHWERDEN.

EVENTUELL HABEN SIE SCHON ERSTE ANZEICHEN VON SODBRENNEN VERSPÜRT

UND LEIDEN GELEGENTLICH UNTER VERSTOPFUNG.

TRÄGE VERDAUUNG

Da die Gebärmutter zunehmend auf die Bauchorgane drückt, wird die Kapazität des Magens geringer und das Verdauungssystem arbeitet langsamer. Die Nahrung verweilt länger im Magen und im Darm und es kommt zu Verdauungsbeschwerden. Zeitweise verspüren Sie vielleicht einen konstanten, dumpfen oder bohrenden Schmerz im Bauchbereich, manchmal verbunden mit Rückenschmerzen.

SODBRENNEN

Auch das Ventil zwischen Speiseröhre und Magen entspannt sich und verhindert nicht mehr so wirksam das Zurückfließen des mit Magensäure vermischten Speisebreis in die Speiseröhre. Die Schleimhäute in der Speiseröhre werden gereizt, dadurch entsteht ein Brennen im Schlundbereich. Dabei spricht man von Sodbrennen.

Wenn die Symptome innerhalb von zwei Stunden abklingen, besteht kein Anlass zur Sorge. Zur Vorbeugung und zur Linderung der Beschwerden gibt es mehrere Maßnahmen:

▶ **Essen Sie häufig, aber wenig** und verzichten Sie auf schwere, fette, stark gewürzte Gerichte.

▶ **Trinken Sie vor den Mahlzeiten und vor dem Schlafengehen ein Glas Milch** oder essen Sie etwas Naturjoghurt. Dadurch wird die Magensäure neutralisiert und Sodbrennen vorgebeugt.

▶ **Sitzen Sie beim Essen aufrecht,** damit der Magen nicht zusammengedrückt wird.

▶ **Legen Sie sich direkt nach dem Essen nicht hin** und betten Sie nachts Ihren Kopf mit mehreren Kissen hoch, um das Sodbrennen zu lindern.

▶ **Bei schweren Symptomen** sprechen Sie mit Ihrem Arzt. Er kann Ihnen gegebenenfalls ein Medikament verschreiben.

VERSTOPFUNG

Die träge Verdauung kann zu Verstopfung führen, die oft mit Gereiztheit einhergeht. Probieren Sie folgende Maßnahmen aus:

▶ **Erhöhen Sie den Ballaststoffanteil** in Ihrer Ernährung, indem Sie mehr frisches Obst und Gemüse sowie Vollkornprodukte essen.

▶ **Erhöhen Sie Ihre Flüssigkeitszufuhr,** indem Sie täglich mindestens 2 Liter Wasser trinken.

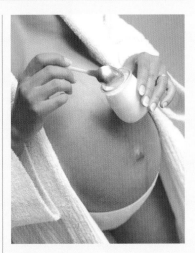

BEI SODBRENNEN *Naturjoghurt kann die Symptome lindern.*

▶ **Bewegen Sie sich regelmäßig.** Schon ein 20-minütiger Spaziergang kann bei Verstopfung helfen.

▶ **Abführmittel** sollten Sie nur nach Rücksprache mit dem Arzt verwenden. Wirksam und eher unbedenklich sind Präparate auf Lactulose-Basis. Sie enthalten komplexe Zuckerarten, die der Darm nicht verdauen kann. Sie absorbieren Wasser aus dem Körper und bilden so einen weicheren Stuhl.

▶ **Abführmittel, die Senna** enthalten, sind in der Schwangerschaft nicht empfehlenswert, weil sie den Darm reizen, was Gebärmutterkontraktionen auslösen kann.

gen Geburten hören wollen. Die meisten Menschen sind dann nicht beleidigt, sondern verstehen Ihre Gefühle, und manche erkennen auch (meist mit tiefem Bedauern), dass sie unnötige Ängste geweckt haben.

VORSORGEUNTERSUCHUNGEN

SIE GEHEN WEITERHIN ALLE VIER WOCHEN ZUR VORSORGE ZU IHREM FRAUEN-ARZT ODER ZUR HEBAMME UND WISSEN NUN, WELCHE UNTERSUCHUNGEN SIE DABEI ERWARTEN. IN DER REGEL GIBT ES IN DIESER ZEIT KEINE PROBLEME.

Natürlich sollen hier der umfassenden Information wegen auch weitere Unter-suchungen erklärt werden, die nicht zu den Routineuntersuchungen der Vor-sorge gehören, sondern bei Bedarf durchgeführt werden. Ernste Komplikatio-nen mit Gefährdungen der Gesundheit der Mutter oder des Babys sind jedoch in diesem Stadium der Schwangerschaft sehr selten.

Nur wenn die zweite Ultraschalluntersuchung Hinweise auf Anomalien in der Organentwicklung, z.B. eine Darmblockade oder Probleme der Nieren oder der Harnwege, ergab, werden zwischen der 21. und 26. Woche weitere Ultraschallaufnahmen durchgeführt, möglicherweise von entsprechenden Fachärzten. Wird der Verdacht auf eine Anomalie bestätigt, kann auch jetzt noch zu einer Amniozentese (*siehe* S. 140ff.) oder einem Bluttest des Fetus (*siehe* Nabelschnurpunktion, S. 143) geraten werden, um festzustellen, ob das

EINE FRÜHGEBURT PROGNOSTIZIEREN

Heute überleben die meisten Früh-geborenen und entwickeln sich größ-tenteils normal. Bei Babys, die vor der 30. Woche geboren werden, besteht jedoch ein hohes Risiko einer bleiben-den Behinderung (*siehe* S. 339). Daher muss jeder Test, der Hinweise auf eine mögliche Frühgeburt geben kann, sorgfältig erwogen werden.

Bei etwa zwei Prozent der Frauen ist der Gebärmutterhals sehr kurz und man geht davon aus, dass 50 Prozent von ihnen aus diesem Grund zu früh gebären. Zur Erkennung die-ses Problems kann in der 23.–24. Woche ein spezieller Ultraschall durchgeführt werden. Bei Bestä-tigung können vorbeugende Maß-nahmen getroffen werden und häu-figere Kontrollen erfolgen.

Ein verkürzter Gebärmutterhals kann durch einen chirurgischen Ein-griff verlängert und verschlossen werden. Dieser Eingriff ist jedoch nicht völlig risikofrei. In manchen Fällen erfolgen eine Progesteron-Behandlung zur Verhinderung früh-zeitiger Wehen und/oder eine Korti-son-Behandlung zur Reduzierung von Atemproblemen, falls das Baby zu früh geboren wird.

Ob die Durchführung von zusätz-lichen Ultraschalluntersuchungen Frühgeburten verhindern hilft, ist noch nicht geklärt; es gibt jedoch Hinweise darauf.

Baby an einer Chromosomenabweichung oder einer genetischen Störung leidet. Das Ergebnis einer Amniozentese liegt in der Regel erst nach etwa drei Wochen vor, weil aus den dem Fruchtwasser entnommenen Hautzellen eine Kultur angelegt werden muss, bevor sie auf Chromosomenabweichungen untersucht werden können. Neue molekularbiologische Methoden in Spezialkliniken können die Wartezeit für eine Genanalyse bedeutend verkürzen (*siehe* S. 143). Eine Blutprobe des Fetus liefert ebenfalls rascher ein Ergebnis, weil die weißen Blutkörperchen sofort analysiert werden können.

Wenn Sie schon ein Baby mit einem Herzfehler haben oder in Ihrer Familie Herzprobleme aufgetreten sind, sind zwischen der 22. und 24. Woche spezielle Ultraschalluntersuchungen des Herzens möglich. In dieser Phase sind die vier Kammern des fetalen Herzens und die sie verbindenden Röhren deutlich sichtbar. Damit sind auch mögliche Fehlbildungen zu erkennen.

Der Arzt wird Ihnen nun eventuell einen Farbdoppler-Ultraschall anbieten (*siehe* S. 173 und S. 257); dabei wird der Blutfluss in den Gefäßen von Gebärmutter, Plazenta und Nabelschnur gemessen. Forschungen haben gezeigt, dass ein reduzierter Blutfluss durch die Arterien der Gebärmutter in diesem Stadium der Schwangerschaft eine Möglichkeit sein kann, um festzustellen, ob eine Frau ein hohes Risiko trägt, Bluthochdruck zu entwickeln (*siehe* Blutdruckprobleme, S. 425), oder ob Wachstumsprobleme beim Baby bestehen (*siehe* S. 214 und Wachstumsretardierung, S. 428). Bei etwa fünf Prozent der Frauen ist die Durchblutung vermindert; bei ihnen wird der Blutdruck künftig besonders sorgsam überwacht. Mithilfe des Farbdoppler-Ultraschall kann auch der Blutfluss in den Arterien und Venen des Babys gemessen werden. Dieser ist ein guter Anhaltspunkt für seine allgemeine Verfassung.

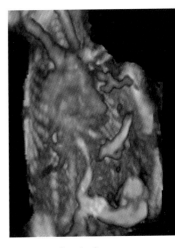

BLUTFLUSS *Durch einen Farbdoppler-Ultraschall wird der Blutfluss in den großen Gefäßen des Fetus sichtbar. Das Herz erscheint links in der Mitte als großes, rotes Gebilde; die gelben Blutgefäße, unten rechts, führen zur Nabelschnur.*

HÄUFIGE BESCHWERDEN

KLEINERE, ABER LÄSTIGE BESCHWERDEN UND DIFFUSE ÄNGSTE, OB ALLES IN ORDNUNG IST, TRETEN IN JEDER SCHWANGERSCHAFT AUF. IM FOLGENDEN FINDEN SIE EINIGE TIPPS HIERZU; SIE KÖNNEN JEDERZEIT MIT IHREM ARZT ODER IHRER HEBAMME ÜBER IHRE SORGEN SPRECHEN.

In diesem Stadium der Schwangerschaft kommt es häufiger vor, dass man Schwindel verspürt, wenn man plötzlich seine Haltung verändert. Diese Kreislaufstörungen werden durch das erhöhte Blutvolumen im Körper verursacht. Dieses Blut gelangt zu einem großen Teil in die Gebärmutter, um die Plazenta und das Baby zu versorgen, und sammelt sich zum anderen infolge des verringerten peripheren Widerstands in den Becken- und Beinarterien. Wenn Sie plötzlich aufstehen, dauert es einige Minuten, bis sich das Blut aus den Becken- und Beinarterien wieder verteilt; in der Zwischenzeit besteht eine Unterversorgung des Gehirns. Dies verursacht Schwindel und kann sogar zu einer Ohnmacht führen. Auch wenn Sie längere Zeit stehen, fließt das gesamte Blut in die Beine. Diese Gefahr besteht vor allem, wenn hohe Temperaturen herrschen und sich die Blutgefäße stärker erweitern, um den Körper abzukühlen.

Es gibt verschiedene Möglichkeiten, um diese Schwindelanfälle, die sehr beängstigend sein können, zu reduzieren.

• Stehen Sie nicht zu schnell aus einer sitzenden oder liegenden Position auf.

• Vermeiden Sie eine Überhitzung, vor allem bei heißer Witterung. Schwindelanfälle sind besonders wahrscheinlich, wenn man zu schnell aus der heißen Badewanne steigt, weil der Kreislauf dann nicht die Zeit hat, sich sowohl an die Lageveränderung als auch an den Temperaturunterschied anzupassen.

• Essen Sie regelmäßig, und wählen Sie Nahrungsmittel mit komplexen Kohlenhydraten (*siehe* S. 44), die den Körper gleichmäßig mit Energie versorgen, sodass es nicht zu starken Blutzuckerschwankungen kommt.

• Wenn Ihnen schwindlig wird, setzen Sie sich und neigen den Kopf zwischen die Knie oder legen sich hin und erhöhen die Füße über Kopfhöhe oder mindestens über Beckenhöhe, damit das Blut in den Beinen so schnell wie möglich zum Kopf zurückfließen kann.

Selbst wenn Sie regelmäßig an Schwindel leiden, besteht für Ihr Baby keine Gefahr, weil die Blutversorgung von Gebärmutter und Plazenta auf Kosten des mütterlichen Organismus aufrechterhalten wird. Wenn Sie allerdings flach auf dem Rücken liegen, kann die Gebärmutter auf die Blutgefäße im Beckenbereich drücken und auf diese Weise die Sauerstoffversorgung der Plazenta (und damit des Babys) behindern. Vermeiden Sie daher diese Position.

Die größte Gefahr stellt ein Schwindelanfall beim Autofahren dar. Aus diesem Grund sollten Sie beim Fahren regelmäßige Pausen einlegen. Wenn Sie lange Zeit stehen müssen, verlagern Sie Ihr Gewicht von einem Bein auf das andere. Besser noch ist es, wenn Sie umhergehen können.

KINDSBEWEGUNGEN KONTROLLIEREN

Viele Frauen fragen sich, wie häufig sie ihr Kind am Tag oder in der Nacht spüren sollten – es können Ängste aufkommen, die noch verstärkt werden, wenn der Arzt oder die Hebamme bei jedem Termin fra-

BEWEGUNGSMUSTER

Mit der Zeit erkennen Sie bestimmte Bewegungsmuster Ihres Babys wieder und sind bei möglichen Veränderungen alarmiert.

gen: »Bewegt sich Ihr Baby auch fleißig?«. Vor allem beim ersten Kind ist die Einschätzung der Kindsbewegungen schwierig. Doch die Frage nach den Kindsbewegungen ist aus dem einfachen Grund wichtig, weil sie für Mutter und Arzt die beste Möglichkeit bietet, sich vom Wohlbefinden des Babys zu überzeugen. Natürlich gibt es keine festen Vorgaben dazu, wie viele Bewegungen man am Tag, in der Nacht und in einem bestimmten Stadium der Schwangerschaft spüren sollte. Denn jede Schwangerschaft ist anders und jedes Baby entwickelt sein eigenes Bewegungsmuster, das sich wiederum mit Fortschreiten der Schwangerschaft verändern kann. Manche Babys sind insgesamt aktiver als andere und alle haben täglich Phasen, in denen sie ruhiger sind, und dann wieder Zeiten, in denen sie verstärkt Purzelbäume schlagen. Im Laufe der Wochen bekommen Sie ein Gefühl für das Aktivitätsmuster Ihres Babys. Vielleicht stellen Sie fest, dass Ihr Baby mit einem Tritt reagiert, wenn Sie eine bestimmte Position einnehmen, oder dass es zu manchen Tageszeiten ruhig wird. Statt also genau 5, 10, 20 oder 50 Bewegungen in 12 oder 24 Stunden zu spüren, sollten Sie auf dramatische Veränderungen im Bewegungsmuster Ihres Babys achten, und, wenn eine solche Veränderung eintritt, sofort den Arzt kontaktieren. Wenn Sie 24 Stunden lang keine Bewegungen spüren, sollten Sie sich sofort an den Arzt wenden.

BAUCHSCHMERZEN

Bauchschmerzen sind immer beunruhigend; bei Schwangeren entsteht zugleich die Sorge, dass das Baby in Gefahr ist. Während des zweiten Trimesters werden das Stechen und die Schmerzen im unteren Bauchbereich meist durch die zunehmende Belastung des Halteapparats der Gebärmutter ausgelöst. Wenn Sie jedoch regelmäßig Bauchschmerzen haben oder der Bauch berührungsempfindlich wird, wenden Sie sich unverzüglich an den Arzt oder die Hebamme, damit Sie sofort untersucht werden können. Es gibt mehrere mögliche Ursachen, die zwar selten sind, aber ernste Folgen haben können. Am kritischsten sind Schmerzen in der Gebärmutter selbst, die das erste Anzeichen dafür sein können, dass es infolge einer Plazentalösung (*siehe* S. 427) zu einer Blutung in der Plazenta gekommen ist oder die Gefahr vorzeitiger Wehen (*siehe* S. 340) besteht. Die Schmerzen können scharf und stechend oder dumpf und konstant sein. Sie können auch von einer vaginalen Blutung begleitet sein.

Ein Gebärmuttermyom (*siehe* S. 422) ist eine gutartige Muskelgeschwulst in der Gebärmutterwand, die im zweiten Trimester Probleme bereiten kann, weil die hohem Östrogen- und Progesteronspiegel das Wachstum

»Im Laufe der Wochen bekommen Sie ein Gespür für das Aktivitätsmuster Ihres Babys ...«

des Myoms in gleicher Weise fördern wie das der übrigen Plazenta. Bei einem starken Wachstum kann es zu schweren Gebärmutter- und Bauchschmerzen an einer bestimmten Stelle kommen. In aller Regel besteht aber keine Gefahr für das Baby. Ist das Myom sehr groß, kann es zu einer ungewöhnlichen Kindslage führen. Manchmal ist eine Entbindung durch Kaiserschnitt notwendig, wenn der Kopf des Babys nicht genug Platz hat, um ins Becken einzutreten.

Übelkeit, Erbrechen und/oder Durchfall, begleitet von Bauchschmerzen, sind in der Schwangerschaft ungewöhnlich; meist besteht in diesem Fall eine Lebensmittelvergiftung oder virale Gastroenteritis. Dabei handelt es sich um eine lokale Erkrankung ohne weitere Auswirkungen, die zwar unangenehm ist, aber rasch abheilt und dem Baby keinen Schaden zufügt. Eine medikamentöse Behandlung ist nicht erforderlich. Wichtig ist es, viel zu trinken. Sehr selten können die Symptome durch eine Listeriose-Infektion verursacht werden (*siehe* S. 50 und S. 412). Sie kann zu einer späten Fehlgeburt oder einer Totgeburt führen und wird mit Penicillin behandelt.

Eine Blinddarmentzündung ist eine seltene, aber schwer wiegende Ursache anhaltender Bauchschmerzen im zweiten Trimester. Die Diagnosestellung ist bei einer Schwangeren schwierig, da der Blinddarm nicht mehr in seiner normalen Position unten rechts im Bauchraum liegt, sondern von der wachsenden Gebärmutter verschoben wurde.

Harnwegsinfektionen sind eine weitere ernste und häufige Ursache von Bauchschmerzen im zweiten Trimester. Die Schmerzen sind gewöhnlich im unteren Bereich des Bauches über dem Schambein lokalisiert und werden meistens von Beschwerden beim Wasserlassen begleitet. Möglicherweise nehmen Sie die frühen Symptome einer Harnwegsentzündung, z.B. häufiger Harndrang, überhaupt nicht wahr, weil Sie sie als normale Begleiterscheinung der Schwangerschaft deuten. In diesem Fall wird die Erkrankung erst manifest, wenn die Erreger in die Nieren aufgestiegen sind und sich zu einer Nierenentzündung entwickelt haben. Im zweiten und dritten Trimester der Schwangerschaft können Harnwegsinfektionen zu einer Reizung der Gebärmutter und vorzeitigen Wehen führen, ganz zu schweigen von der langfristigen Schädigung der Nieren, wenn die Entzündung nicht behandelt wird. Aus diesem Grund erfolgt bei in der Schwangerschaft auftretenden Bauchschmerzen immer eine Untersuchung des Urins. Wenn Erreger nachgewiesen werden können, wird unverzüglich mit einer Antibiotikabehandlung begonnen, die konsequent zu Ende geführt werden muss. Diese Medikamente schaden Ihrem Baby nicht.

RÜCKENSCHMERZEN VORBEUGEN

FAST JEDE FRAU LEIDET WÄHREND DER SCHWANGERSCHAFT GELEGENTLICH

AN RÜCKENSCHMERZEN. FOLGENDE TIPPS LINDERN DIE BESCHWERDEN UND

BEUGEN EINER VERSCHLIMMERUNG VOR.

▶ **Beim Stehen** nehmen Sie eine gesunde Haltung ein: Stehen Sie aufrecht und nehmen die Schultern zurück (der Rücken sollte immer eine Linie bilden). Denken Sie daran, dass sich beim Vorstrecken des Bauches der Rücken wölbt und Rückenschmerzen dadurch verschlimmert werden. Vermeiden Sie es möglichst, längere Zeit zu stehen.

▶ **Kaufen Sie sich flache Schuhe** oder Schuhe mit niedrigem Absatz, am besten mit eingearbeitetem Fußbett und fester Sohle. Wenn Sie jetzt Schuhe mit hohen Absätzen tragen, fühlen Sie sich wackelig auf den Beinen und belasten Ihren Rücken zusätzlich.

▶ **Richtig sitzen:** Dies ist besonders wichtig, wenn Sie lange Zeit am Schreibtisch arbeiten. Achten Sie darauf, dass beide Schulterblätter und die Wirbelsäule gegen die Stuhllehne gelehnt sind und die Oberschenkel auf der Sitzfläche aufliegen. Der Stuhl sollte so hoch sein, dass Sie die Füße flach auf den Boden stellen können, und der Monitor sollte sich auf Augenhöhe befinden.

▶ **Beim Autofahren** kontrollieren Sie, ob der Autositz die Wirbelsäule abstützt und ob Sie Schalthebel und Pedale problemlos erreichen können. Der Sicherheitsgurt mag unbequem sein, aber Sie müssen ihn bei jeder Fahrt anlegen.

▶ **Beim Ausruhen** legen Sie Füße und Beine hoch, um Rücken und Becken zu entlasten. Wenn Sie in Seitenlage schlafen, werden die Bänder im Rücken weniger belastet.

▶ **Beim Aufstehen** drehen Sie sich erst zur Seite, strecken den Rücken durch und schieben die Beine über die Bettkante. Aus dieser Position können Sie aufstehen, indem Sie sich mit den Armen hochschieben, ohne den Rücken zu belasten.

▶ **Regelmäßige vorsichtige Übungen** dehnen die Muskeln und Bänder im Rücken, damit sie geschmeidiger werden. Der Beckenaufzug ist besonders empfehlenswert, wie auch Übungen, die die Muskelkraft des Rückens stärken (*siehe* S. 219).

▶ **Versuchen Sie, nicht zu viel zuzunehmen** – jedes zusätzliche Pfund belastet Ihren Rücken stärker.

EIN GEWICHT HEBEN

In der Schwangerschaft sollten Sie möglichst keine schweren Lasten heben; doch wenn Sie kleine Kinder haben, ist das kaum zu vermeiden. Gehen Sie in die Hocke und umfassen Sie das Kind mit den Armen. Halten Sie den Rücken gerade und schieben Sie sich mit der Kraft Ihrer Beinmuskeln nach oben in den Stand. Auf diese Weise heben Sie auch andere Lasten.

ZAHNGESUNDHEIT

Gehen Sie regelmäßig zum Zahnarzt. Zahnfleischentzündungen treten in der Schwangerschaft häufiger auf. Es kommt auch immer wieder vor, dass das Zahnfleisch beim Zähneputzen blutet. Infolge der verstärkten Durchblutung und der Wirkung der Schwangerschaftshormone wird das Zahnfleisch weicher. Damit es sich kräftigt und durch die Hautrisse keine Bakterien eindringen können, putzen Sie häufiger die Zähne. Neue Forschungen lassen vermuten, dass Zahnfleischerkrankungen zur Entwicklung von Schwangerschaftsproblemen, wie späte Fehlgeburt oder frühzeitige Wehen, beitragen können. Möglicherweise führt der konstante Entzündungsherd im Mund zu Komplikationen in anderen Teilen des Körpers.

WAS ZU BEACHTEN IST

BESTIMMT NEHMEN SIE BEREITS AN EINEM GEBURTSVORBEREITUNGSKURS TEIL. WENN NICHT, INFORMIEREN SIE SICH UMGEHEND ÜBER DIE ANGEBOTE IN IHRER REGION UND MELDEN SIE SICH AN.

Je mehr Sie über die Geburt wissen und je besser Sie darauf vorbereitet sind, umso zuversichtlicher können Sie diesem Ereignis entgegensehen. Außerdem werden Sie feststellen, dass die Möglichkeit, Sorgen, Gefühle und Erwartungen mit anderen werdenden Eltern auszutauschen, sehr entlastend und hilfreich ist. Selbst wenn Sie nicht Ihr erstes Kind erwarten, sollten Sie an einem Kurs teilnehmen – Sie werden überrascht sein, wie schnell man Einzelheiten über Geburt und Atemtechniken vergessen hat. Außerdem gibt es ständig neue Entwicklungen hinsichtlich der Abläufe im Krankenhaus sowie der Schmerzlinderung, sodass sich auch im selben Krankenhaus innerhalb weniger Jahre einiges verändert haben kann.

ELTERN UND SCHWIEGERELTERN

Wenn Sie zu den glücklichen Menschen gehören, die eine unkomplizierte Beziehung zu den eigenen Eltern und den Schwiegereltern pflegen, stellen Sie vielleicht überrascht fest, dass manches nicht mehr so einfach ist wie vor der

»Ihre Mutter hat vielleicht alle möglichen Ratschläge parat und reagiert verärgert, wenn Sie selbst manches anders machen wollen.«

Schwangerschaft. Trotz der allgemeinen Freude über eine Schwangerschaft können auch ganz unterschiedliche Emotionen und Ansichten in der Familie vertreten werden.

Ihre Mutter hat vielleicht alle möglichen Ratschläge über Schwangerschaft und Kindererziehung parat und reagiert verärgert, wenn Sie die Meinung vertreten, dass sich die Einstellungen in all den Jahren weiter entwickelt haben und dass Sie in Ihrer Schwangerschaft und im Umgang mit Ihrem Baby manches anders machen wollen. Auch Ihre Schwiegermutter hat ihre eigenen Ansichten, die wiederum nicht immer mit denen Ihrer Mutter übereinstimmen müssen. Beide können mit Fragen kommen, wie »Warum arbeitest du so viel?« oder »Aber nach der Geburt wirst du doch nicht mehr arbeiten gehen?«. Wenn Sie eine solche »Anteilnahme« stört, machen Sie gemeinsam mit Ihrem Partner deutlich, dass Sie Ihre eigenen Entscheidungen hinsichtlich Kindererziehung und Berufstätigkeit treffen wollen.

FAMILIENZUWACHS *Ein älteres Kind will wissen, wie die Schwester oder der Bruder aus dem Bauch herauskommt.*

»DU BEKOMMST EIN GESCHWISTERCHEN«

Wann Sie Ihrem älteren Kind sagen, dass es ein Geschwisterchen bekommt, hängt auch von seinem Alter ab. Ein zweijähriges Kind hat vielleicht noch nicht einmal bewusst wahrgenommen, dass sich Ihre Figur verändert hat. Einem älteren Kind ist vielleicht schon aufgefallen, dass Sie rundlicher geworden sind. Daher ist es besser, wenn es die Neuigkeit von Ihnen und nicht von anderen Menschen erfährt.

Oder haben Sie Ihrem Kind noch nichts von dem Geschwisterchen erzählt, weil Sie befürchten, dass es Angst haben könnte, wegen dieses neuen Babys etwas von Ihrer Liebe und Zuwendung zu verlieren? Diese Angst eines kleinen Kindes ist verständlich, denn es kann noch nicht wissen, dass die Elternliebe grenzenlos ist – und Raum für alle ihre Kinder hat. Das müssen Sie ihm versichern.

Außerdem muss beachtet werden, dass kleine Kinder noch kein Zeitgefühl besitzen. Sie können nicht nachvollziehen, was es bedeutet, dass die Schwangerschaft noch sechs Monate andauert, bevor sie das »Ergebnis« sehen können. Außerdem nehmen Kinder häufig Information auf, verarbeiten sie aber in ihrem eigenen Tempo, oft erst mit einiger Verzögerung. Wenn Sie also eine vernünftige Unterhaltung über den Familienzuwachs führen wollen, kann es durchaus sein, dass das Thema Ihr Kind erst einmal gar nicht interessiert und es plötzlich um einen Keks bittet. Machen Sie sich deswegen

keine Sorgen. Genauso wenig sollten Sie überrascht sein, wenn es am nächsten Tag oder in der nächsten Woche ohne Anlass plötzlich auf das Thema »Baby« zurückkommt. Nehmen Sie seine Äußerungen auf und geben Sie ihm die Sicherheit, dass es auch weiterhin so geliebt wird wie bisher.

FREUNDINNEN

Während des zweiten Trimesters der Schwangerschaft kann die Beziehung zu Freundinnen, die keine Kinder haben und in nächster Zukunft auch keine wollen, etwas schwieriger werden. Ihre eigene Aufmerksamkeit ist nun auf die Vorsorgetermine, die Kindsbewegungen und den Geburtsvorbereitungskurs gerichtet und Ihre Freundinnen halten Ihnen vielleicht vor, dass Sie sich für nichts anderes mehr interessieren. Sie fragen sich, was aus der Frau von früher geworden ist und ob Ihre Beziehung jemals wieder so sein wird wie vor Ihrer Schwangerschaft.

FREUNDINNEN *Die Freund-schaft verändert sich, doch Sie müssen den Kontakt zu Ihren Freundinnen nicht verlieren.*

Doch es ist nun einmal Tatsache, dass Sie in eine andere Lebensphase eingetreten sind, und diese Veränderung wird nach der Geburt Ihres Babys noch deutlicher. Doch auch wenn Ihr Leben nun eine andere Richtung genommen hat, kann eine enge Freundin genauso wichtig bleiben wie bisher. Wenn Ihnen Ihre Freundschaften wichtig sind, besteht guter Grund, sie auch weiterzuführen.

Abendliche Unternehmungen, z.B. der Besuch überfüllter, verrauchter Kneipen, mögen in der Schwangerschaft nicht unbedingt das Richtige sein, aber Sie können gemeinsam Essen gehen oder sich gegenseitig besuchen. Versichern Sie Ihren Freundinnen, dass Sie später wieder gemeinsam ausgehen können. Lange Nächte gehören aber wohl der Vergangenheit an, denn Sie werden Ihren Schlaf brauchen. Mutter zu werden bedeutet jedenfalls nicht, dass man Freundschaften nicht mehr pflegen will oder so fixiert auf das Baby ist, dass man kein Interesse am Alltag der Freundinnen, an ihren Sorgen und ihren Neuigkeiten mehr hat.

WIE SOLL DAS KIND HEISSEN?

Vor der Schwangerschaft glauben Sie vielleicht, dass es ganz einfach ist, einen Namen für Ihr Baby auszuwählen. Bücher und Listen mit Vornamen gibt es ja genügend. Eine Auswahl ist bald getroffen. Und jetzt stellen Sie vielleicht fest, dass die ganze Sache doch schwieriger ist als gedacht.

Eine Schwierigkeit kann darin bestehen, dass Sie in diesem Stadium der Schwangerschaft noch keine richtige Beziehung zu Ihrem Baby haben. Manche Schwangeren sprechen jetzt schon intensiv mit ihrem Baby und beziehen es in ihren Alltag ein. Doch keine Sorge, wenn es etwas länger dauert, bis Sie eine Beziehung zu Ihrem Baby herstellen können. Manchen Eltern hilft es dabei, sich ein Bild von ihrem Baby zu machen, wenn sie schon frühzeitig das Geschlecht ihres Babys kennen. Diese Information erleichtert auch die Auswahl eines Namens. Andere meinen, das nehme die Spannung. Gerade das Aussuchen eines Mädchen- *und* eines Jungennamens stellt für sie den besonderen Reiz dar.

Das nächste Problem besteht darin, dass Sie mit Vorschlägen von Angehörigen und Freunden überhäuft werden. Manche Frauen erfinden als Reaktion darauf einen völlig absurden Namen, der die schockierte Verwandtschaft zum Schweigen bringt; andere lassen alles im Ungewissen. Dann kommt es auch häufig vor, dass die jungen Eltern ihre endgültige Entscheidung erst während der Geburt treffen oder gar Tage danach, wenn die offizielle Registrierung des Babys eine Entscheidung erzwingt. Nur zweierlei steht fest: Zum einen werden Sie Ihr Kind später immer wieder anschauen und sich nicht vorstellen können, dass es einen anderen Namen tragen könnte als den, den es hat. Und zum anderen wird Ihr Kind Ihnen später immer wieder sagen, dass es lieber ganz anders hätte heißen mögen.

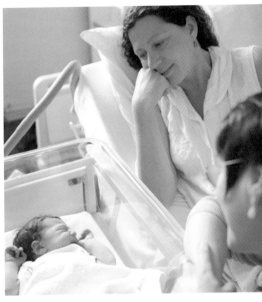

EINEN NAMEN AUS-WÄHLEN *Manchmal weiß man erst, wenn man das Baby ansieht, welcher Name passt.*

Welchen Familiennamen soll das Kind bekommen?

Das heute gültige Familiennamensrecht knüpft nicht mehr an die eheliche oder nicht eheliche Abstammung des Kindes an. Das Kind kann den Nachnamen der Mutter oder des Vaters bekommen. Berücksichtigung beim Namensrecht findet die künftige Möglichkeit einer gemeinsamen Sorge auch bei Eltern, die nicht miteinander verheiratet sind. Wenn die Eltern bei der Geburt des Kindes einen gemeinsamen Familiennamen führen, so erhält auch ihr Kind diesen Namen.

Führen die Eltern zum Zeitpunkt der Geburt keinen gemeinsamen Familiennamen und steht ihnen die elterliche Sorge gemeinsam zu, so entscheiden sie gemeinsam, ob das Kind den Familiennamen der Mutter oder den des Vaters erhalten soll. Ein aus den Familiennamen beider Elternteile zusammengesetzter Doppelname kann nicht gebildet werden.

26.–40. WOCHE
DAS DRITTE TRIMESTER

Wenn Ihr Baby jetzt geboren würde, könnte es dank moderner Intensivmedizin überleben. Die nächsten Wochen sind so wichtig, weil es in dieser Zeit selbst lebensfähig wird – Lunge, Verdauungssystem und Gehirn reifen aus, damit das Baby nach der Geburt selbstständig seine Körperfunktionen aufrechterhalten kann. Ihr Bauch wächst beträchtlich und in Gedanken beschäftigen Sie sich zunehmend mit der Geburt.

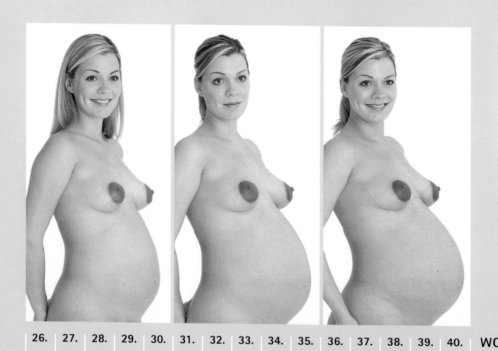

| 26. | 27. | 28. | 29. | 30. | 31. | 32. | 33. | 34. | 35. | 36. | 37. | 38. | 39. | 40. | WOCHE |

INHALT

IHR BABY
IM DRITTEN TRIMESTER

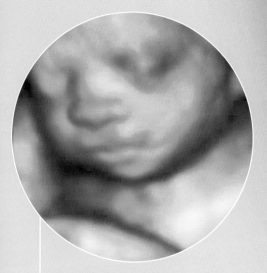

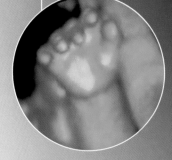

27. WOCHE DAS BABY BILDET ZU-
NEHMEND EINEN SCHLAF-WACH-RHYTH-
MUS AUS. RUHE- UND AKTIVE PHASEN
WECHSELN SICH AB.

28. WOCHE AUF DER RUNDLICHEN
HAND MIT PERFEKT AUSGEBILDETEN
FINGERNÄGELN SIND HAUTFALTEN
ERKENNBAR.

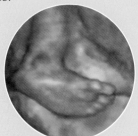

29. WOCHE DIE BEWEGUNGEN SIND KRÄFTIG
UND ZIELGERICHTET. AUCH HEFTIGE TRITTE,
PURZELBÄUME UND UNVERMITTELTE LAGEVER-
ÄNDERUNGEN GEHÖREN DAZU.

»Während der Wochen bis zur Geburt reifen
alle Körpersysteme aus, damit das Baby
außerhalb der Gebärmutter lebensfähig ist.«

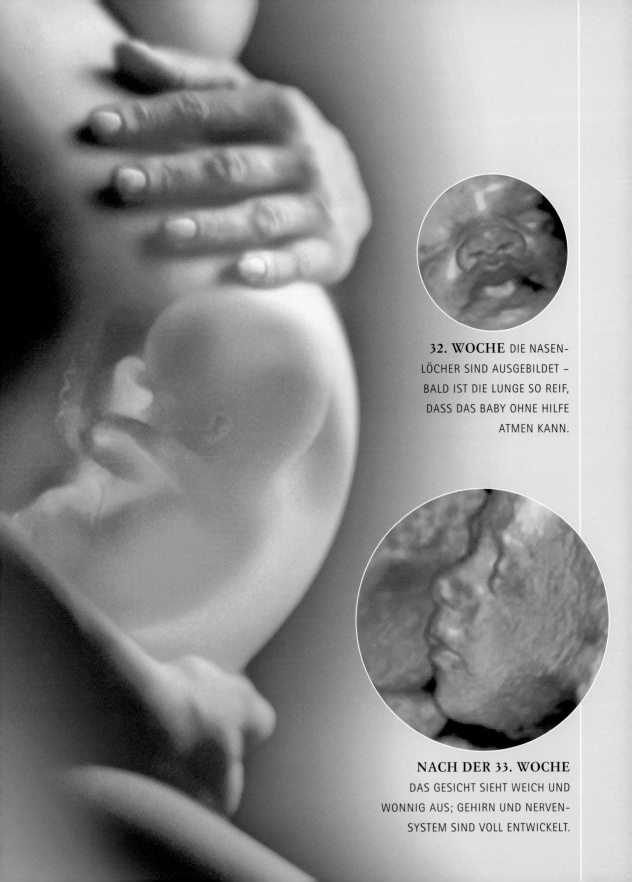

32. WOCHE DIE NASEN-
LÖCHER SIND AUSGEBILDET –
BALD IST DIE LUNGE SO REIF,
DASS DAS BABY OHNE HILFE
ATMEN KANN.

NACH DER 33. WOCHE
DAS GESICHT SIEHT WEICH UND
WONNIG AUS; GEHIRN UND NERVEN-
SYSTEM SIND VOLL ENTWICKELT.

26.–30. WOCHE

DIE ENTWICKLUNG DES BABYS

LÄNGENWACHSTUM UND GEWICHTSZUNAHME HALTEN WÄHREND DER NÄCHS-
TEN WOCHEN KONTINUIERLICH AN. UNTER DER HAUT WIRD WEISSES FETT
ANGELEGT. DAS BABY SIEHT RUNDLICHER AUS, DA BAUCH UND GLIEDMASSEN
VOLLER WERDEN UND DIE HAUT NICHT MEHR FALTIG IST.

Es bildet sich Unterhautfettgewebe und das Baby kann seine Körpertemperatur besser regulieren, eine außerordemtlich wichtige Voraussetzung für das
Leben nach der Geburt. Allerdings verlieren Neugeborene noch sehr schnell
ihre Körperwärme und müssen entsprechend gut geschützt werden. Wenn
sich eine Fettschicht gebildet hat, wird der Lanugo-Flaum spärlicher. Bald
sind nur noch wenige Flecken auf dem Rücken und den Schultern vorhanden; die weiße Käseschmiere bleibt etwa bis zur 36. Woche erhalten. Das
Kopfhaar wird länger, Augenbrauen und Wimpern werden voller. Hautfalten werden auf Händen und Füßen sichtbar und kleine Finger- und Zehennägel sind deutlich erkennbar. Bei männlichen Babys senken sich die Hoden
in den Hodensack.

Die Augenlider sind geöffnet und das Baby beginnt zu blinzeln; es nimmt
zunehmend Unterschiede in der Helligkeit wahr. Dieser neue Sinn erlaubt dem
Baby, stärker auf äußere Stimuli zu reagieren; viele Mütter stellen fest, dass ihr
Baby ein deutliches Muster von Ruhe- und Aktivitätsphasen ausgebildet hat.
Das Baby kann den Blick nun fokussieren, allerdings noch bis einige Zeit nach
der Geburt nur auf eine Distanz von etwa 15–20 cm.

BEREIT ZU ATMEN

Bis zum Ende der Schwangerschaft ist es nun besonders wichtig, dass die
Lunge ausreift. Etwa in der 29. Woche sind die meisten der kleineren Luftwege
(Bronchiolen) angeordnet und die Anzahl der Alveolen (Lungenbläschen), die
am Ende der Bronchiolen sitzen, erhöht sich. Die Ausbildung der Alveolen
setzt sich während der gesamten Schwangerschaft hindurch und nach der
Geburt fort. Die Lunge ist erst beim achtjährigen Kind voll entwickelt; aus diesem Grund werden die in der Kindheit häufig auftretenden Atemwegserkran-
kungen mit zunehmendem Alter seltener.

Der nächste Schritt der Lungenreifung besteht in der Bildung eines
Lipids, das Surfactant, das von den Schleimhäuten der Lunge gebildet wird

◄ *In der 27. Woche kann der Fetus blinzeln.*

WOCHE

ERSTES TRIMESTER
▶ 1.
▶ 2.
▶ 3.
▶ 4.
▶ 5.
▶ 6.
▶ 7.
▶ 8.
▶ 9.
▶ 10.
▶ 11.
▶ 12.
▶ 13.
ZWEITES TRIMESTER
▶ 14.
▶ 15.
▶ 16.
▶ 17.
▶ 18.
▶ 19.
▶ 20.
▶ 21.
▶ 22.
▶ 23.
▶ 24.
▶ 25.
▶ 26.
DRITTES TRIMESTER
▶ 27.
▶ 28.
▶ 29.
▶ 30.

Verkleinerung

▶ 31.
▶ 32.
▶ 33.
▶ 34.
▶ 35.
▶ 36.
▶ 37.
▶ 38.
▶ 39.
▶ 40.

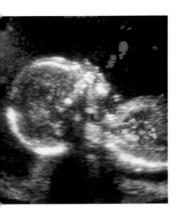

ATMEN ÜBEN *Während das Baby Atembewegungen trainiert, strömt Fruchtwasser in und aus seinem Mund – auf diesem Farbdoppler-Ultraschall als rote Flecken erkennbar*

und die Lungenbläschen mit einem dünnen Film überzieht. Nach der Geburt muss die Sauerstoffzufuhr in die Lunge innerhalb kürzester Zeit erfolgen, die in der Lunge enthaltene Flüssigkeit muss verschwinden und die Lungenbläschen müssen sich entfalten. Damit die Lungenflügel aber nicht nach jedem Ausatmen wieder in sich zusammenfallen, sind sie mit Surfactant ausgekleidet, das oberflächenaktiv ist und das Zusammenfallen der Bläschen durch eine Veränderung der Oberflächenspannung verhindert. Das Surfactant wird erst ab der 34. Schwangerschaftswoche in ausreichender Menge produziert. Bei einem vor diesem Zeitpunkt geborenen Baby kommt es unweigerlich zu Atmungsproblemen. Falls Sie eine Frühgeburt haben, erhalten Sie vermutlich vor der Geburt eine Kortisoninjektion; diese regt die Bildung von Surfactant an (*siehe* S. 342). Die Ärzte, die Ihr Baby nach der Geburt betreuen, sprühen eventuell auch künstliches Surfactant in seine Lunge, damit sie elastischer wird.

Natürlich atmet Ihr Baby in der Gebärmutter noch keine Luft ein; es wird weiterhin über die Plazenta mit Sauerstoff versorgt. Dennoch macht das Baby bereits rhythmische Atembewegungen, da es seine Lunge in Vorbereitung auf die Geburt »trainiert«. Diese Bewegungen des Brustkorbs sind manchmal auf einer Ultraschallaufnahme sichtbar und erklären den »Schluckauf«, den Sie zeitweise spüren – kurze stoßartige Bewegungen, die ganz anders sind als die normale Aktivität, die Sie in Ihrem Bauch spüren.

IHR AKTIVES BABY

Zwischen der 26. und 30. Woche spüren Sie die Kindsbewegungen deutlich. Auch wenn es in der Gebärmutter immer enger wird, ist noch genügend Platz für gelegentliche Purzelbäume und komplette Lageveränderungen. Es wird nicht mehr so viel Fruchtwasser gebildet wie vor einigen Wochen, daher sind die Bewegungen nicht mehr so gut abgepolstert und deutlicher spürbar als bisher. Häufig verändert sich die Form des Bauches auffällig, wenn sich das Baby in eine andere Position hievt. Manche Frauen fürchten, dass sie oder das Baby bei diesen heftigen Bewegungen verletzt werden könnten. Doch diesbezüglich besteht keine Gefahr. Es ist immer noch genügend Fruchtwasser vorhanden, um das Baby zu schützen, und die dicke Muskelwand der Gebärmutter schützt Ihre inneren Organe zuverlässig vor Schaden. Teilen Sie eine auffällige Veränderung im Bewegungsmuster Ihres Babys aber sofort dem Arzt mit (*siehe* S. 190f.), für den Fall, dass das Baby in einer Notlage ist.

Viele Babys liegen noch mit dem Kopf nach oben. Dabei drückt der Kopf häufig gegen die Rippen des mütterlichen Brustkorbs, was ziemlich unangenehm sein und gelegentlich stechende Schmerzen verursachen kann. Doch auch diese Beschwerden werden, wie alle anderen Schwangerschaftsprobleme, vorübergehen. Die meisten Babys drehen sich in den nächsten Wochen, um mit dem Kopf voraus die Reise in die Welt anzutreten.

Verkleinerung

Zu Beginn des dritten Trimesters misst der Fetus durchschnittlich 25 cm vom Schädel zum Steiß und wiegt knapp 1 kg. Mit 30 Wochen ist er etwa 28 cm lang und wiegt etwa 1–1,5 kg.

AUSREIFEN DER KÖRPERSYSTEME

Das Nervensystem Ihres Babys wird immer komplizierter und verfeinert sich weiter. Ständige Bewegungen der Muskeln tragen dazu bei, dass die Bewegungen und Reflexe besser koordiniert werden. Ihr Baby übt den Saugreflex bei jeder sich bietenden Gelegenheit am Daumen oder an seinen Fingern; die Fähigkeit, an der Brust zu saugen, ist allerdings erst ab der 35.–36. Woche voll entwickelt.

Das fetale Knochenmark hat nun weitgehend die Bildung der roten Blutkörperchen übernommen. Diese Zellen sind Träger des Sauerstoffs im Blut – wichtig für die Versorgung des Körpers mit Sauerstoff nach der Geburt. Eine einfache Immunreaktion auf Infektionen findet ebenfalls statt.

Wenn Ihr Baby die 30. Schwangerschaftswoche erreicht hat, hat es deutlich bessere Chancen, nach einer Frühgeburt zu überleben. Von jetzt an reduziert jeder Tag, den das Baby in der Gebärmutter bleibt, die Zeit, die es auf einer Frühgeborenenstation verbringen müsste. Es wächst jetzt zwar nicht mehr bedeutend, doch die funktionelle Reife seiner Körpersysteme entwickelt sich enorm.

In der 30. Woche wiegt die Plazenta etwa 450 g – ein enormer Anstieg gegenüber den 170 g in der 20. Woche. In jeder Minute wird sie mit etwa 500 ml Blut aus dem mütterlichen Kreislauf versorgt.

DAS GEHIRN IHRES BABYS

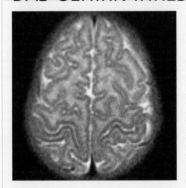

Das Gehirn nimmt an Größe zu; es entstehen die typischen Gehirnwindungen. Ein anatomischer Querschnitt durch den oberen Teil (Cortex) des fetalen Gehirns zeigt eine walnussartige Struktur mit vielen Verzweigungen und Verästelungen. Hier werden Milliarden von Neuronen gebildet, die später Verknüpfungen bilden werden. Die schützende Myelinschicht überzieht nun auch die Nervenfasern, die zum Gehirn hin und wieder wegführen. So können Nervenimpulse schneller vom Gehirn zum Körper übermittelt werden – eine Voraussetzung dafür, dass das Baby nicht nur immer kompliziertere Bewegungen ausführen, sondern auch neue Fähigkeiten erlernen kann.

WIE SICH IHR KÖRPER VERÄNDERT

DIE GEBÄRMUTTER DEHNT SICH IMMER WEITER AUS. IN DER 26. WOCHE IST SIE ÜBER DEN BAUCHNABEL AUFGESTIEGEN. WÄHREND DER NÄCHSTEN WOCHEN WERDEN SIE FESTSTELLEN, DASS SICH IHR BAUCH NACH OBEN UND SEITLICH VERGRÖSSERT.

In der 30. Woche beträgt der Fundusstand etwa 30 cm. Dabei gibt es individuelle Unterschiede. Sie brauchen sich keine Sorgen zu machen, wenn der Fundusstand einige Zentimeter über oder unter dem durchschnittlichen Wert liegt. Der Arzt bzw. die Hebamme wird die Gebärmutter bei jedem Vorsorgetermin untersuchen; wenn Bedenken hinsichtlich des Wachstums der Gebärmutter bestehen, werden eine Ultraschalluntersuchung (*siehe* S. 214) sowie weitere Untersuchungen veranlasst, um sicherzustellen, dass mit Ihrem Baby alles in Ordnung ist (*siehe* S. 256ff.).

IN IHREM BAUCH

Ihre Gebärmutter dehnt sich in alle Richtungen und lässt Magen und Darm immer weniger Platz.

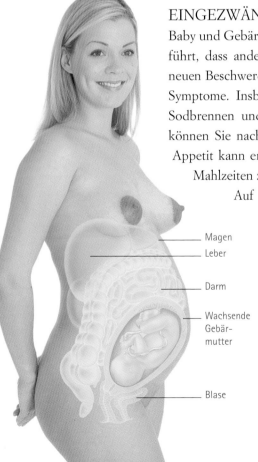

Magen
Leber
Darm
Wachsende Gebärmutter
Blase

EINGEZWÄNGT

Baby und Gebärmutter beanspruchen immer mehr Platz im Bauch, was dazu führt, dass andere Organe zusammengedrückt werden. Daher kann es zu neuen Beschwerden kommen oder zu einer Verstärkung bereits bestehender Symptome. Insbesondere der Magen wird nach oben geschoben, was zu Sodbrennen und/oder Verdauungsstörungen führen kann: Auf Seite 187 können Sie nachlesen, was Sie am besten dagegen tun können. Auch der Appetit kann erneut beeinträchtigt sein, sodass Sie vielleicht keine großen Mahlzeiten zu sich nehmen können.

Auf die Blase wird ebenfalls verstärkter Druck ausgeübt und sie kann nicht mehr so viel Urin fassen wie bisher; auch dies kann Beschwerden verursachen (*siehe* S. 215).

Möglicherweise haben Sie auch Schmerzen an den Rippen, da diese nach außen geschoben werden, um der Gebärmutter mehr Platz zu verschaffen. Wenn Sie relativ zierlich sind oder Zwillinge bzw. Mehrlinge erwarten, werden Sie sehr wahrscheinlich entsprechende Beschwerden haben. Die Beschwerden werden noch verstärkt, wenn Ihr Baby besonders heftig boxt oder immer wieder in Steißlage liegt (*siehe* S. 269), weil sein Kopf dann gegen Ihr Zwerchfell oder die Rippen drückt. Besonders unangenehm kann das Sitzen sein, da der Bauchbereich dabei noch stärker

KURZATMIGKEIT

Im dritten Trimester stellen Sie sicherlich eine deutliche Veränderung im Atemrhythmus fest. Dafür gibt es mehrere Gründe:

▶ Infolge der hohen Hormonspiegel steigen Ihre Körpertemperatur und die Atemfrequenz.

▶ Die Rippen schieben sich nach außen. Das Zwerchfell muss sich stärker dehnen und ist daher weniger elastisch. Diese eingeschränkte Beweglichkeit des Zwerchfells zwingt Sie dazu, tiefer einzuatmen.

▶ Und schließlich schiebt die Gebärmutter die Bauchorgane nach oben gegen das Zwerchfell; damit hat auch die Lunge weniger Raum, um sich beim Einatmen auszudehnen.

Angesichts dieses vielfältigen Drucks ist es auch nicht besonders überraschend, dass Frauen gegen Ende der Schwangerschaft häufig Atemnot, Schwindel oder Ohnmachtsanfälle erfahren.

Auf Seite 190 finden Sie hilfreiche Tipps, wie Sie diese Symptome lindern können.

zusammengedrückt wird. Wenn Sie den ganzen Tag über am Schreibtisch arbeiten müssen, sollten Sie bestimmte Maßnahmen der Entlastung treffen. Nach Möglichkeit sollten Sie regelmäßig aufstehen und ein paar Schritte gehen. Wenn Ihnen das Sitzen unangenehm ist, suchen Sie nach einer bequemeren Stellung. Bemühen Sie sich ganz bewusst um eine gute Haltung.

BELASTUNG DES KREISLAUFS

Ab der 26. Woche erfährt das Kreislaufsystem eine neuerliche Belastung. Das gesamte Blutvolumen beträgt nun etwa 5 Liter – eine Zunahme um 25 Prozent gegenüber der Zeit vor der Schwangerschaft. Das maximale Blutvolumen wird etwa in der 35. Woche erreicht. Dieses erhöhte Blutvolumen bewirkt, dass das Herzvolumen (die Menge an Blut, die bei jedem Schlag durch das Herz gepumpt wird) in den nächsten Wochen weiter ansteigt. Eine weitere Erweiterung der Blutgefäße im Körper ist jedoch nicht mehr möglich, weil alle Blutgefäße ihre maximale Kapazität erreicht haben. Von diesem Zeitpunkt an steigt der periphere Widerstand leicht an und es kommt zu einem allmählichen Anstieg des Blutdrucks.

Das Körpergewebe schwillt an, weil die zusätzlich im Körper vorhandene Flüssigkeit eingelagert werden muss – daher ist es völlig normal, dass Finger und Beine geringfügig anschwellen. Wenn Sie dagegen feststellen, dass Gesicht, Finger oder Beine plötzlich aufgedunsen oder geschwollen sind, kann dies ein frühes Anzeichen einer Präeklampsie (*siehe* S. 425) sein; wenden Sie sich unverzüglich an Ihren Arzt. Eine Präeklampsie entwickelt sich aber glücklicherweise nur bei sehr wenigen Frauen und meist erst nach der 30. Woche.

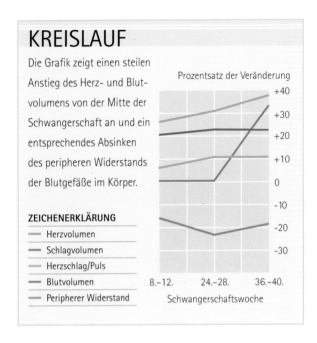

KREISLAUF

Die Grafik zeigt einen steilen Anstieg des Herz- und Blutvolumens von der Mitte der Schwangerschaft an und ein entsprechendes Absinken des peripheren Widerstands der Blutgefäße im Körper.

ZEICHENERKLÄRUNG
— Herzvolumen
— Schlagvolumen
— Herzschlag/Puls
— Blutvolumen
— Peripherer Widerstand

Prozentsatz der Veränderung
+40
+30
+20
+10
0
-10
-20
-30

8.–12.   24.–28.   36.–40.
Schwangerschaftswoche

Durch die Veränderungen im Kreislaufsystem werden Haut und Schleimhäute verstärkt durchblutet. Als Reaktion darauf weiten sich die peripheren Blutgefäße. Aus diesem Grund ist es Frauen im dritten Trimester oft »heiß« und sie schwitzen schneller und oft stärker als früher. Viele Frauen stellen auch fest, dass ihre Handflächen und Fußsohlen gerötet sind und brennen. Dies wird als Handflächenerythem bezeichnet. Alle diese Hautveränderungen sind völlig normal und klingen nach der Entbindung ab. Sie spiegeln die Tatsache wieder, dass Sie die zusätzliche Hitze abgeben müssen, die Ihr eigener verstärkter Stoffwechsel und der Stoffwechsel des Babys produzieren. Wenn sich die Blutgefäße in der Haut nicht erweitern würden, wären Sie nicht in der Lage, Ihre Körpertemperatur und die Ihres Babys auf konstantem Niveau zu halten. Es käme buchstäblich zu einer Überhitzung.

BRÜSTE UND KOLOSTRUM

Durch die sich gegenseitig verstärkende und anhaltende Wirkung der Hormone, die für das Brustwachstum in der Schwangerschaft verantwortlich sind, sind Ihre Brüste voller geworden und fühlen sich schwerer an. Die Adern auf den Brüsten treten deutlicher hervor; die Brustwarzen und der Warzenhof werden noch dunkler.

Unter dem Einfluss der Schwangerschaftshormone hat sich auch die innere Struktur der Brüste verändert – alles ist inzwischen zur Milchbildung und zum Stillen vorbereitet (*siehe* S. 396). Solange die Plazenta in der Gebärmutter ist, blockieren die dort produzierten hohen Östrogen- und Progesteronmengen die Wirkung der Hormone, die die Milchbildung auslösen. Sie können jetzt jedoch bereits feststellen, dass die Brüste ein wenig klare Flüssigkeit produzieren, die zu höchst unpassenden Gelegenheiten aus der Brust austreten kann, z. B. beim Baden oder beim Sex. Diese Flüssigkeit wird Kolostrum (Vormilch) genannt. Das Kolostrum erhält das Baby in den ersten Lebenstagen, bevor die reife Muttermilch einschießt. Kolostrum enthält Zucker, Eiweiß und Antikörper – alle Nährstoffe, die Ihr Baby benötigt. Es wird schon jetzt in den Brüsten gebildet, damit Babys, die zu früh zur

Welt kommen, versorgt werden können. Doch keine Sorge, wenn jetzt noch kein Kolostrum austritt – es wird mit Sicherheit gebildet.

WIE SIE SICH KÖRPERLICH FÜHLEN

WAHRSCHEINLICH GENIESSEN SIE NUN IHREN DICKEN BAUCH, AUCH WENN ER SIE MANCHMAL BEHINDERT. GEHEN SIE MÖGLICHST AUFRECHT UND HALTEN SIE IHREN RÜCKEN GERADE, DA EINE SCHLECHTE HALTUNG DEN RÜCKEN STARK BELASTET.

In diesem Stadium sind Tipps zum Umgang mit der Müdigkeit und dem Energiemangel, die nun wieder einsetzen können, sehr hilfreich. Viele Schwangere berichten, dass sie sich immer müde und schlapp fühlen – egal, wie lange sie sich ausruhen. Meist wird diesen Frauen geraten, sich zu schonen und die Füße hochzulegen, aber das ist mehr als schwierig, wenn man berufstätig ist und/oder schon Kinder hat. Denn schließlich muss auch der Alltag organisiert und bewältigt werden. Ein guter Rat lautet also: Versuchen Sie, alles möglichst realistisch einzuschätzen. Suchen Sie nach Möglichkeiten, Ihre Verpflichtungen in Beruf und Haushalt zu reduzieren.

Delegieren lautet die Patentlösung: Ich vermute, Sie werden freudig überrascht sein, wie hilfsbereit Kollegen und Familie sind, wenn Sie Ihnen die Gelegenheit geben, Ihnen zu helfen. Geben Sie berufliche Termine ab. Lassen Sie Ihren Partner zum Elternabend gehen, oder lassen Sie sich entschuldigen. Betrachten Sie alle Tätigkeiten im Haushalt aus neuer Perspektive: Was muss dringend erledigt werden und was kann warten, bis Sie sich etwas fitter fühlen? Aufgaben, die unbedingt erledigt werden müssen, z.B. Großeinkäufe oder die Wäsche, versuchen Sie zu delegieren. Wer könnte Ihnen helfen? Bitten Sie Ihren Partner, einen Angehörigen oder eine Freundin um Unterstützung.

Jede Mutter, die mehrere Kinder hat, kann Ihnen bestätigen, dass die Betreuung des eigenen Nachwuchses zum Problem werden kann, wenn man hochschwanger ist. Wenn Ihr Zweijähriger einen Wutanfall bekommt, weil er kein Bad nehmen will, bleiben Sie ruhig. Fragen Sie sich: Muss er wirklich unbedingt ein Bad nehmen? Wenn nicht, dann lassen Sie es sein. Wenn doch, schließen Sie einen Kompromiss und waschen Ihr Kind einfach mit einem Schwamm ab. Es ist niemandem geholfen, wenn Sie wegen alltäglicher Verrichtungen unter Druck geraten. Sparen Sie Ihre körperliche und emotionale Energie für die Situationen auf, in denen sie wirklich wichtig sind.

»Wenn Ihr Zweijähriger einen Wutanfall bekommt, weil er kein Bad nehmen will, bleiben Sie ruhig.«

EMOTIONALE REAKTIONEN

JETZT – DA BEREITS DIE HÄLFTE DER SCHWANGERSCHAFT VORÜBER IST – GLAU-
BEN SIE ES WIRKLICH: SIE BEKOMMEN EIN BABY. IN EMOTIONALER HINSICHT
BEDEUTET DIESE PHASE EINE UMSTELLUNG, WEIL DIE GEBURT IHRES BABYS
PLÖTZLICH EINE SEHR REALE VORSTELLUNG WIRD.

Ihr Baby hätte sehr gute Überlebenschancen, wenn es jetzt geboren würde. Sie
sind wahrscheinlich ungeduldig und wünschten sich, die nächsten Monate
wären schon vorbei. Gleichzeitig können bei dem Gedanken, sich in naher
Zukunft um ein Baby kümmern zu müssen, auch widersprüchliche Gefühle
und sogar Panik auftreten. Wenn Sie Ihr erstes Baby bekommen, fragen Sie
sich vermutlich, ob Sie ein Neugeborenes überhaupt versorgen können.
Schließlich hat kaum eine junge Frau heutzutage vor der Geburt ihres eigenen
Babys jemals Windeln gewechselt oder ein Neugeborenes im Arm gehalten.
Wenn Sie schon Kinder haben, fragen Sie sich sicher, wie Ihre Kinder diese
Bedrohung ihrer eigenen Stellung durch diesen winzigen Menschen, der Ihre
Zeit und Zuwendung für sich beansprucht, verkraften werden. Vielleicht fra-
gen Sie sich auch, wie dieses Baby in Ihr bereits jetzt ziemliches hektisches
Leben passen soll.

Da die Geburt in greifbare Nähe gerückt ist, denken Sie sicher auch darüber nach, wie Sie Wehen und Geburt bewältigen werden. Vielleicht lesen Sie
jetzt die Kapitel über Schmerzlinderung, Wehen und Geburt und das Leben
nach der Geburt, um sich mit den praktischen und emotionalen Aspekten der
Geburt und der Zeit danach vertraut zu machen. Wie für die meisten zentralen
Ereignisse in unserem Leben gilt: Je besser man informiert ist, umso zuversichtlicher ist man und umso besser wird man die Herausforderung bewältigen.
Beginnen Sie nun unbedingt mit einem Geburtsvorbereitungskurs.

EIN POSITIVES KÖRPERBILD

Wenn Sie normalerweise fit und gesund sind, können die körperlichen Begleiterscheinungen einer Schwangerschaft einen kleinen Schock darstellen. Ihr
wachsender Leibesumfang hindert Sie vielleicht daran, Ihr »normales« Leben
zu führen. Aber vielleicht genießen Sie diese ungewohnte Fülle Ihres Körpers
auch. Manche Frauen, die normalerweise sehr schlank und figurbewusst sind,
berichten, dass Sie sich plötzlich wie befreit gefühlt haben und enorm stolz auf
ihren großen runden Bauch waren. Sie sehen ihren Körper als eine Bejahung
ihrer Sexualität – und sind oft selbst beeindruckt von der Schönheit ihres

»Frauen, die
sich immer
um ihre Figur
gesorgt
haben, sind
auf einmal
mit ihrer
Körperfülle
versöhnt.«

Busens! Frauen, die sich immer um ihre Figur gesorgt haben, sind auf einmal mit ihrer Körperfülle versöhnt. Wie wir unseren schwangeren Körper empfinden, hängt auch stark davon ab, wie wohl wir uns in den letzten Wochen der Schwangerschaft fühlen und wie der Partner auf den Bauch und die großen Brüste (ganz zu schweigen von den sonstigen zusätzlichen Pfunden) reagiert. Manche Frauen fühlen sich nun ganz eins mit ihrem wachsenden Bauch und etwas traurig beim Gedanken, ihn wieder zu verlieren, während andere den Tag, an dem er weg ist, kaum erwarten können.

DEN PARTNER EINBEZIEHEN

Manche Männer sind von Anfang an stark an der Schwangerschaft ihrer Partnerin beteiligt; es gibt jedoch auch viele Männer, die anfangs nur wenig Interesse an den Einzelheiten der Schwangerschaft, am Thema Geburt und dem Leben nach der Geburt zeigen. Wenn dies auch bei Ihrem Partner der Fall ist, sind Sie vielleicht enttäuscht, weil er sich nicht so an der Schwangerschaft beteiligt, wie Sie es sich gewünscht hätten. Doch dieses Verhalten ist nicht gleichbedeutend mit Rücksichtslosigkeit oder Egoismus; vielmehr ist es oft so, dass Männer und Frauen diese einzigartige Zeit auf verschiedene Weise erleben und sich nur schwer darüber verständigen können.

Frauen neigen dazu, völlig in ihrer Schwangerschaft aufzugehen, weil sie sowohl körperlich als auch psychisch ein Teil von ihnen ist. Diese enge Verbundenheit empfinden Männer nicht. Das ist eigentlich nicht überraschend, da sie nun einmal keine körperliche Veränderung erleben. Viele Männer neigen dazu, ihr Leben weiterzuführen, als hätte sich nichts verändert.

Wenn Sie zum ersten Mal Eltern werden, ist die Schwangerschaft die Phase, in der Sie die Weichenstellung von der bisherigen Paarbeziehung zur »Familienbeziehung« vornehmen sollten. Bedenken Sie jedoch, dass Sie keinen Erfolg haben werden, wenn Sie versuchen, Ihren Partner nach dem Ideal, das Sie von einem werdenden Vater haben, zu formen. Er muss sich auf seine eigene Weise und in seinem Rhythmus umstellen – wobei Sie durchaus einige Anstöße liefern können. Bestimmt wünscht er sich genauso wie Sie, dass während der Geburt und in der Zeit danach alles glatt läuft; daher ist es besonders wichtig, dass Sie ihm vielfältige Informationen zur Verfügung stellen, damit er weiß, wie er Ihnen in dieser Zeit praktische und emotionale Hilfe leisten kann. Dann wird er später auf das Ereignis zurückblicken können mit dem Gefühl, aktiv an der Geburt beteiligt gewesen zu sein.

POSITIVES KÖRPERBILD

Wie Sie Ihren schwangeren Körper empfinden, ist auch von Ihrem allgemeinen Gesundheitszustand und Wohlbefinden in dieser Phase der Schwangerschaft abhängig.

VORSORGEUNTERSUCHUNGEN

SOFERN ES KEINE SCHWANGERSCHAFTSKOMPLIKATIONEN GIBT, FINDEN DIE UNTERSUCHUNGEN BIS ZUR 32. WOCHE WEITERHIN IM MONATLICHEN RHYTHMUS STATT; SIE SUCHEN DEN ARZT IN DEN NÄCHSTEN WOCHEN ALSO NUR EINMAL AUF.

In der Vorsorgeuntersuchung in der 25.–28. Woche wird der allgemeine Zustand der Schwangeren untersucht. Routinemäßig werden Gewicht, Blutdruck und Urin kontrolliert. Auf Wunsch kann ein Glukose-Toleranz-Test (*siehe* unten) vorgenommen werden. Der Arzt oder die Hebamme untersuchen Hände und Füße; bei einer neu aufgetretenen Schwellung können Bluttests vorgenommen werden, um eine Präeklampsie auszuschließen.

Vielleicht verspüren Sie schwache Vorwehen, die so genannten Braxton-Hicks-Kontraktionen (*siehe* S. 237f.), die von der Gebärmutter nach unten ziehen und eine kurzzeitige Verhärtung verursachen. Wenn Sie eine längere oder schmerzhafte Gebärmuttertätigkeit verspüren, wenden Sie sich an den Arzt.

GLUKOSE-TOLERANZ-TEST

Ein Schwangerschaftsdiabetes (*siehe* S. 426) ist eine gar nicht so seltene Komplikation, vor allem, weil die Schwangerschaft die Nieren und den Stoffwechsel der Frau stark belastet. In schweren Fällen ähneln die Symptome einem echten Diabetes; dazu gehören starker Durst, häufiges Wasserlassen und Müdigkeit. Bei vielen betroffenen Frauen treten jedoch überhaupt keine Symptome auf; daher wird dieser Glukose-Toleranz-Test angeboten, der allerdings von den Krankenkassen nicht bezahlt wird. Er wird etwa zwischen der 23. und 28. Woche durchgeführt. Falls schon in der Vergangenheit Diabetes bei Ihnen auftrat oder wenn Zucker im Urin gefunden wird, kann er auch schon früher durchgeführt werden. Der Testverlauf ist wie folgt:

▸ Sie werden gebeten, morgens in nüchternem Zustand eine Urinprobe zu nehmen.

▸ Ebenfalls in nüchternem Zustand wird beim Arzt eine Blutprobe genommen; dann gibt man Ihnen eine Glukoselösung zu trinken.

▸ Nach einer Stunde werden erneut Blut und Urin genommen (eventuell weitere Proben werden in halbstündlichem Abstand genommen).

Das Ergebnis dieser Tests liegt etwa nach fünf Tagen vor.

Wenn bei Ihnen ein Schwangerschaftsdiabetes festgestellt wurde, müssen Sie während der verbleibenden Schwangerschaftswochen eine zuckerarme, kohlenhydratarme Diät befolgen. Wenn diese Maßnahmen nicht ausreichen, müssen Sie Insulintabletten einnehmen oder erhalten Insulininjektionen.

Nur bei einem überaus geringen Prozentsatz der Frauen bleibt der Diabetes auch nach der Schwangerschaft bestehen; ein Schwangerschaftsdiabetes erhöht allerdings das Risiko, im späteren Leben an Diabetes Typ 2 zu erkranken, um immerhin 50 Prozent.

BLUTUNTERSUCHUNGEN UM DIE 28. WOCHE

Zwischen der 26. und 30. Woche wird meist das Hämoglobin (rote Blutkörperchen) gemessen, um sicherzugehen, dass keine Anämie (*siehe* S. 423) besteht. Wenn der Hämoglobinwert unter 11 g liegt, wird ein Eisenpräparat verschrieben. Dies ist wichtig, damit jetzt rote Blutkörperchen gebildet werden, denn der Hämoglobinspiegel fällt gegen Ende der Schwangerschaft infolge des erhöhten Flüssigkeitsgehalts im Blut. Magen-Darm-Probleme können Nebenwirkungen eines Eisenpräparats sein; bei Problemen kann ein anderes Präparat verträglicher sein. Achten Sie außerdem auf eine eisenreiche Ernährung mit Nahrungsmitteln, die auch viele Ballaststoffe enthalten, z.B. getrocknete Aprikosen und Rosinen.

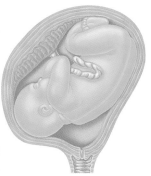

SCHRÄGLAGE *Das Baby liegt diagonal in der Gebärmutter.*

Jetzt oder bei der nächsten Vorsorgeuntersuchung werden auch die Antikörper in Ihrem Blut untersucht, um nochmals die Blutgruppe zu überprüfen und sicherzustellen, dass sich keine roten Antikörper gebildet haben. Dies ist besonders wichtig, wenn Sie rhesus-negativ sind (*siehe* S. 128 und S. 424). Denn wenn das Kind rhesus-positiv ist, kann es vorkommen, dass im Blut der Mutter Blutgruppenfaktoren, d.h. Antigene, zirkulieren, die das mütterliche Immunsystem nicht kennt und gegen die es Abwehrstoffe produziert. Um dies zu verhindern, bekommen betroffene Mütter eine Dosis Anti-D-Immunoglobulin gespritzt.

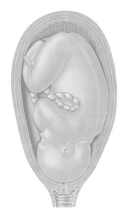

SCHÄDELLAGE *Das Baby liegt vertikal mit dem Kopf nach unten.*

DIE LAGE IHRES BABYS

Bei der Vorsorgeuntersuchung werden der Fundusstand gemessen und die kindlichen Herztöne abgehört; außerdem wird Ihr Bauch abgetastet, um die Stellung des Babys zu bestimmen. Diese Kindslage wird ebenfalls in den Mutterpass eingetragen. (Eine Beschreibung der verschiedenen Positionen und ihre Abkürzungen im Mutterpass finden Sie auf S. 268ff.)

In diesem Stadium liegen die meisten Babys vertikal; doch auch eine Querlage (horizontale Lage in der Gebärmutter von links nach rechts) oder eine Schräglage ist möglich. Von Bedeutung ist, wo Kopf und Steiß des Ungeborenen im Verhältnis zum Becken liegen. Es wird z.B. von Schädellage (Kopf nach unten) oder Steißlage (Kopf nach oben) gesprochen. Wenn Ihr Baby quer liegt, ist das im jetzigen Stadium nicht Besorgnis erregend, da sich seine Lage bis zum Einsetzen der Wehen noch verändern kann. Es besteht auch kein Anlass zur Sorge, wenn der Arzt oder die Hebamme zwischen der 26. und 30. Woche nicht genau feststellen können, wie Ihr Baby liegt. Selbst erfahrene Ärzte haben in diesem Stadium oft Schwierigkeiten zu bestimmen, ob das Baby mit dem Kopf nach oben oder nach unten liegt.

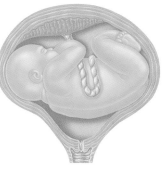

QUERLAGE *Das Baby liegt horizontal in der Gebärmutter.*

WACHSTUMSKONTROLLE DES BABYS

BEI JEDER VORSORGEUNTERSUCHUNG WIRD DAS WACHSTUM DES BABYS DURCH ABTASTEN DES BAUCHES UND MESSEN DES FUNDUSSTANDES BESTIMMT. EINE GENAUERE KONTROLLE KANN DURCH ULTRASCHALLUNTERSUCHUNGEN ERFOLGEN.

ULTRASCHALL ZUR BESTIMMUNG DES WACHSTUMS

In diesen Stadium der Schwangerschaft haben die meisten Komplikationen Auswirkungen auf das Wachstum des Babys. Die Größe seines Kopfes, seiner Gliedmaßen und des Bauchumfangs werden aufgezeichnet und das Verhältnis der verschiedenen Messwerte ausgewertet. Probleme in der Spätschwangerschaft müssen nicht alle Aspekte des Wachstums in gleicher Weise betreffen.

WELCHES PROBLEM BESTEHT?

Eine Wachstumsretardierung (IUGR) äußert sich auf verschiedene Weise, je nach Ursache (*siehe* S. 256f. und S. 428). Wenn z. B. die Plazenta nicht voll funktionstüchtig ist (was bei Bluthochdruck oder Präeklampsie der Mutter der Fall sein kann), wächst der Kopf des Babys weiter, doch das Wachstum des Bauches kann zurückbleiben, weil das Blut, das Sauerstoff und Nährstoffe transportiert, zum Gehirn des Babys geleitet wird und die Bauchorgane nicht mehr ausreichend versorgt werden. Um diesen Mangel auszugleichen, baut die Leber des Babys Fettreserven ab; dies führt zu einer Verkleinerung der Leber (und des Bauchumfangs). Bei dieser Wachstumsstörung des Fetus entwickelt sich der Kopf normal auf Kosten des Bauches – ein Überlebensmechanismus, der den Schutz des fetalen Gehirns in einer Notlage sicherstellt.

MESSWERTE VERGLEICHEN

Die aktuellen Messwerte werden mit den früheren verglichen, weil das Wachstum über einen bestimmten Zeitraum hinweg maßgeblich ist für die Entscheidung, ob das Baby entbunden werden oder die Schwangerschaft fortgeführt werden soll.

Wenn ein langsames Wachstum, aber kein Anzeichen für eine Notlage des Babys vorliegt, wird nach 7–10 Tagen eine weitere Ultraschalluntersuchung vorgenommen. Dieser Zeitraum ist erforderlich, damit Veränderungen der Messwerte aussagekräftig sind.

WACHSTUMSTABELLEN

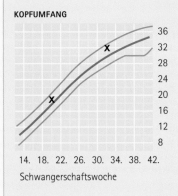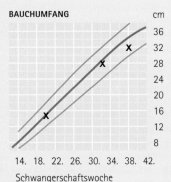

AUF DIESEN GRAFIKEN *bezeichnet die 50-er-Perzentile (rote Linie) den Durchschnitt und die 90-er-Perzentile (oben) und die 10-er-Perzentile (unten) die obere und untere Spannbreite des normalen Wachstums. Die Grafik für den Kopfumfang zeigt, dass der Kopf des Babys gleichmäßig wächst. Beim Bauchumfang zeigt das Wachstum einen Einbruch, vielleicht weil Blut und Nährstoffe verstärkt zum Herzen und Gehirn geleitet werden und die Bauchorgane unterversorgt sind.*

HÄUFIGE BESCHWERDEN

SCHWANGERSCHAFTSBEZOGENE PROBLEME TRETEN IM DRITTEN TRIMESTER HÄUFIGER AUF. GLÜCKLICHERWEISE GIBT ES MASSNAHMEN, DIE OFT ABHILFE SCHAFFEN KÖNNEN.

Tagsüber besteht oft verstärkter Harndrang – der normale Reflex auf eine volle Blase tritt früher ein, weil das immer schwerere Baby von oben auf die Blase drückt. Dagegen kann man leider nichts machen. Denken Sie aber auch daran, dass bei häufigem Harndrang, aber nur geringer Urinmenge auch eine Harnwegsinfektion bestehen kann. Dann müssen Sie Ihren Urin untersuchen lassen (*siehe* S. 192).

Vielleicht läuft beim Niesen, Husten oder Lachen eine kleine Menge Urin aus; dies wird als Inkontinenz bezeichnet und kommt gegen Ende der Schwangerschaft häufiger vor. Konsequente Durchführung der Beckenbodenübungen und der Verzicht auf Tee, Kaffee und Alkohol, die wassertreibend wirken, können zu einer Besserung des Problems beitragen.

Der Schlafrhythmus ist im dritten Trimester oft gestört; auch dabei spielt die Blase eine Rolle, weil Sie nachts mehrmals aufstehen und zur Toilette gehen müssen.

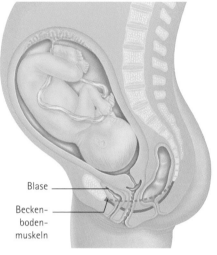

Blase

Beckenbodenmuskeln

BLASENPROBLEME

Beim Husten oder Niesen kann Urin austreten, weil das Gewicht des Babys auf die Blase drückt und die Beckenbodenmuskeln schwächt, die in der Abbildung oben als durchgezogene Linie dargestellt sind (die gestrichelte Linie zeigt die Position der Beckenbodenmuskeln vor der Schwangerschaft).

INFEKTIONEN DER SCHEIDE

Ein verstärkter vaginaler Ausfluss ist ab dem zweiten Trimester ganz normal. Er sollte jedoch immer einen klaren, geruchlosen oder nur mild riechenden Schleim bilden – ähnlich dem Ausfluss, den Sie kurz vor Einsetzen der Periode hatten. Vielleicht müssen Sie dünne Slipeinlagen tragen. Wenn der Ausfluss dagegen gelbgrün verfärbt ist, einen stärkeren Geruch entwickelt oder die Vulva, die Scheide und der Afterbereich gerötet sind, und wenn, vor allem beim Wasserlassen, Schmerzen auftreten, wenden Sie sich an den Arzt. Er wird einen Abstrich machen und ihn auf eine Scheideninfektion untersuchen lassen, die unbehandelt das Risiko einer Frühgeburt erhöhen kann.

Die meisten juckenden Scheideninfektionen werden durch Soor (Candidainfektion) verursacht und sind eine harmlose, aber gleichwohl unangenehme Begleiterscheinung der Schwangerschaft. Es kommt zu einem juckenden, quarkähnlichen Ausfluss im Scheidenbereich. Soor verursacht aber keine Frühgeburt. Sehr viele Frauen leiden während der Schwangerschaft

SOOR BEHANDELN

Viele Frauen leiden in der Schwangerschaft an der Pilzinfektion Soor. Folgende Maßnahmen tragen zur Linderung der Symptome bei:

▶ **Salben und Zäpfchen** sind rezeptfrei oder auf Rezept in der Apotheke erhältlich. Zäpfchen, die in die Scheide eingeführt werden, sind am wirksamsten, weil sie die Ursache der Infektion bekämpfen, indem sie den Säurewert des Vaginalsekrets erhöhen. Sie wirken sich nicht nachteilig auf die Schwangerschaft aus. Im Vulvabereich aufgetragene Salben können zwar die Beschwerden zeitweilig lindern, beheben aber nicht das zugrunde liegende Problem.

▶ **Körperhygiene** ist überaus wichtig. Wischen Sie den Afterbereich nach dem Stuhlgang immer von vorn nach hinten. Baden Sie regelmäßig und halten Sie den Vulvabereich sauber und trocken. Verzichten Sie auf stark parfümierte Seifen und Schaumbäder.

▶ **Geben Sie einige Tropfen Essig** ins Badewasser oder waschen Sie Ihren Genitalbereich mit einer schwachen Lösung aus Apfelessig. Das lindert die Symptome. Alternativ können Sie Joghurt mit lebenden Bakterienkulturen am Scheideneingang auftragen, um das Gleichgewicht des Körpers an natürlichen Bakterien, die die Pilzinfektion bekämpfen, herzustellen.

▶ **Tragen Sie Unterwäsche aus Baumwolle** und verzichten Sie auf eng sitzende Strumpfhosen oder Hosen und Jeans, die die Haut im Genitalbereich nicht atmen lassen.

▶ **Reduzieren Sie Ihren Verzehr an Zucker und Hefeprodukten,** wenn Sie an wiederkehrenden Soorinfektionen leiden, da diese Nahrungsmittel die Anfälligkeit erhöhen.

zumindest einmal daran. In der Schwangerschaft ist das Scheidenmilieu infolge der Wirkung der Schwangerschaftshormone weniger sauer und dies begünstigt das Wachstum des Hefepilzes *Candida albicans*, der normalerweise in nur geringer Anzahl in Scheide und Darm vorhanden ist. Eine weitere häufige Ursache für das Auftreten von Soor bei schwangeren wie bei nicht schwangeren Frauen ist eine Antibiotikabehandlung, weil Antibiotika »gesunde« Bakterien in Darm und Scheide abtöten, die die Ausbreitung der Candida-Pilze normalerweise begrenzen.

KOPFSCHMERZEN

Kopfschmerzen treten in der Schwangerschaft sehr häufig auf und geben in der Regel keinen Anlass zur Sorge. Manche Frauen leiden jedoch an starken Migräneattacken, die sie in ihrem Alltagsleben außerordentlich stark beeinträchtigen. Wenn Sie plötzlich starke Kopfschmerzen bekommen, wenden Sie sich unverzüglich an den Arzt oder die Hebamme. Warten Sie nicht bis zum nächsten Vorsorgetermin, weil starke Kopfschmerzen in diesem Stadium ein Symptom für Bluthochdruck sein können (*siehe* S. 425). Der Arzt kann Ihnen auch bei leichteren Kopfschmerzen unbedenkliche Schmerzmittel verordnen.

HAUTJUCKEN

Gegen Ende der Schwangerschaft hat sich die Haut um 77–155 Quadratzentimeter gedehnt; aufgrund dieser Spannung kann sie austrocknen und jucken. Dehnungsstreifen – die jetzt häufig auftreten – können das Problem noch verschlimmern. Teure Cremes, die speziell für Schwangere angeboten werden, um Dehnungsstreifen vorzubeugen oder abzuschwächen, garantieren allerdings kaum mehr als eine kurzzeitige Feuchtigkeitszufuhr für die trockene Haut. Preiswertere Mittel – parfümfreie Feuchtigkeitscremes oder Öle, z. B. Babyöl oder Olivenöl – sind ebenso geeignet, um die Haut geschmeidig und feucht zu halten. Empfehlenswert bei Juckreiz ist außerdem das Tragen von Baumwollkleidung, da diese die Haut kühl hält.

HÄMORRIDEN

Viele Frauen leiden in diesem Stadium der Schwangerschaft an Hämorriden. Es handelt sich dabei um erweiterte Venen im After- und Mastdarmbereich, die durch den Druck verursacht werden, den das Gewicht des Babys auf das Becken ausübt. Hämorriden verursachen pochende oder juckende Schmerzen im Analbereich und manchmal auch Blutungen. Eventuell können Sie eine geschwollene, weiche Vene, die aus dem After hervortritt, tasten oder bemerken nach dem Stuhlgang hellrotes Blut auf dem Toilettenpapier. Wenn Sie darüber hinaus an Verstopfung leiden, pressen Sie stärker, um den Stuhlgang auszuscheiden; dies kann dazu führen, dass die Hämorriden weiter anschwellen; trinken Sie viel Wasser, essen Sie mehr ballaststoffreiche Nahrungsmittel und bewegen Sie sich regelmäßig. Das Heben schwerer Lasten kann das Problem verstärken. Rezeptfreie Salben, die ein Gleitmittel und ein lokales Betäubungsmittel enthalten, lindern die Beschwerden, ebenso wie Eisbeutel.

BEINKRÄMPFE

Viele Schwangere leiden, vor allem in der Nacht, an Krämpfen. Vielleicht wachen Sie plötzlich auf, erfasst von schmerzhaften, heftigen Krämpfen in einem Bein oder Fuß. Manche Ärzte sind der Meinung, dass der Druck der Gebärmutter auf bestimmte Nerven im Beckenbereich die Krämpfe auslöst, während andere vermuten, dass ein Kalzium- bzw. Magnesiummangel oder ein Überschuss an Phosphor die Ursache ist. Bisher ist keine dieser Theorien erwiesen, daher sollten Sie auch keine Vitamin- oder Mineralstoffpräparate einnehmen. Wenn Sie einen Krampf bekommen, beugen Sie das Bein oder den Fuß in die entgegengesetzte Richtung. Bei einem Wadenkrampf z. B. strecken Sie das Bein aus, biegen den Fuß zum Körper hin und massieren

»Wenn Sie plötzlich starke Kopfschmerzen bekommen, wenden Sie sich unverzüglich an den Arzt oder die Hebamme.«

RÜCKENSCHMERZEN LINDERN

LASSEN SIE SICH NICHTS EINREDEN: RÜCKENSCHMERZEN SIND KEIN UNVERMEIDLICHES ÜBEL

IN DER SCHWANGERSCHAFT. ES GIBT EINE REIHE VON PRAKTISCHEN MASSNAHMEN,

DIE DIE SYMPTOME LINDERN.

In diesem Stadium der Schwangerschaft wird der Rücken außerordentlich stark belastet und es kommt zu diffusen Rückenschmerzen. Mit Fortschreiten dieses Trimesters können sich auch speziellere Rückenprobleme, wie Ischias, Probleme im Bereich der Beckensymphyse oder Kreuzbein-Darmbein-Schmerzen entwickeln – detaillierte Informationen dazu finden Sie auf S. 243f.

Zuallererst sollte sichergestellt sein, dass Ihr Arzt die Ursache herausfindet: Der Rücken ist ein überaus komplexes Gebilde, sodass Schmerzen ganz unterschiedliche Ursachen haben können. Es ist nicht sinnvoll, aufs Geratewohl die verschiedensten Behandlungsmethoden auszuprobieren, die im besten Fall ungeeignet sind und im schlimmsten Fall sogar schaden.

Sie können auch einen erfahrenen Osteopathen aufsuchen (*siehe* S. 436ff.). Er lindert Rückenschmerzen (oder Gelenkschmerzen) durch sanfte Manipulation und Massage; lassen Sie aber kein »Einrenken« von Wirbeln – vor allem nicht im unteren Wirbelbereich – oder kurze, ruckartige Manipulationen vornehmen.

Sobald Ihr Arzt eine Diagnose gestellt hat, können spezielle Rückenübungen hilfreich sein (einige werden im Folgenden erläutert).

DEN RÜCKEN SCHONEN

Weil Ihr Bauch nun ein beträchtliches Gewicht hat, belastet bereits das Zurücklegen kurzer Distanzen die Bänder im Bauchbereich und führt zu Schmerzen im unteren Rückenbereich. Die Bänder im Beckenbereich stehen unter äußerster Belastung; da sie elastischer sind als früher, sind Beschwerden unvermeidlich. Lesen Sie unter den Tipps auf Seite 193 nach, wie Sie Ihren Rücken beim Heben schonen und beim Schlafen die richtige Position einnehmen.

DIE MUSKELN STÄRKEN

Regelmäßiges Training trägt zum Aufbau starker Rückenmuskeln bei und verbessert Ihre Haltung. Dadurch werden Ihre Wirbelsäule und der Lendenbereich abgestützt und es kommt seltener zu Rückenschmerzen. Dank körperlicher Aktivität können Sie besser schlafen und fühlen sich insgesamt entspannter. Denn dabei werden Endorphine frei-

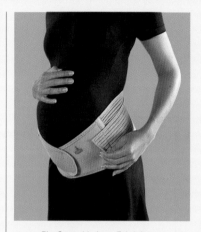

HILFE *Ein Gürtel bringt Erleichterung.*

gesetzt, die eine leicht schmerzlindernde und stimmungsaufhellende Wirkung haben.

SCHWANGERSCHAFTSGÜRTEL

Die Belastung des Rückens kann auch durch das Tragen eines Schwangerschaftsgürtels (Baby Belt) verringert werden. Dieser breite Gürtel wird unter dem Bauchansatz angelegt und mit Klettverschluss befestigt. Er wird tagsüber unter oder über der Kleidung getragen. Viele Frauen berichten, dass dieser Gürtel die Rückenschmerzen verringert. Schwangerschaftsgürtel sind in Fachgeschäften und bei Versandhäusern für Babyartikel erhältlich.

ÜBUNGEN FÜR DEN RÜCKEN

Wenn Ihnen der Rücken Probleme bereitet, führen Sie folgende Übungen regelmäßig durch. Sie stärken die Muskeln, die die Wirbelsäule und das Becken stützen. Außerdem erhalten Sie durch regelmäßiges Üben Ihre Beweglichkeit, was während der Wehen von großem Nutzen ist. Hören Sie mit dem Üben auf, sobald Sie Unbehagen verspüren. Wenn Sie wegen einer Übung unsicher sind, fragen Sie den Arzt um Rat.

▶ **Knie umfassen** Auf den Rücken legen und mit den Armen die Knie umfassen (lassen Sie Platz für Ihren Bauch). Vorsichtig von einer Seite zur anderen rollen, um die Spannung im unteren Lendenwirbelbereich und im Becken zu lösen. Diese Übung ist sehr gut für den unteren Rückenbereich.

▶ **Drehung der Wirbelsäule** Mit angezogenen Knien und aneinander liegenden Füßen auf den Rücken legen, die Arme sind in Schulterhöhe ausgebreitet. Knie langsam auf eine Seite fallen lassen, während Sie den Kopf in die andere Richtung drehen. Spüren, wie sich die Wirbelsäule dreht. Knie wieder nach oben nehmen und Übung zur anderen Seite wiederholen.

▶ **Entspannung der Wirbelsäule** Mit angewinkelten, schulterbreit geöffneten Knien auf den Rücken legen, die Arme seitlich am Körper. Auf den Beinen hochschieben, sodass Oberschenkel, Becken, Rücken und Schulterblätter vom Boden angeho-

ben werden. Den Rücken wieder langsam ablegen, gleichzeitig ausatmen. 5-mal wiederholen.

▶ **Beckenaufzug** Mit angewinkelten Knien auf den Rücken legen, untere Bauchmuskeln anziehen, Po zusammenpressen und Wirbelsäule auf den Boden drücken. 10 Sekunden halten (dabei nicht den Atem anhalten) und langsam locker lassen. 5-mal wiederholen, auf 10-mal steigern.

▶ **Knie zusammendrücken** Mit angewinkelten Knien und nebeneinander stehenden Füßen auf den Rücken legen. Einen Gegenstand, der etwa so groß ist wie Ihre geschlossene Faust, zwischen die Knie nehmen und zusammendrücken. 10 Sekunden halten. Steigern Sie sich bis zu einem Gegenstand, der so lang ist wie Ihr Unterarm (z. B. eine Rolle Küchenpapier). 2-mal täglich, 10-mal wiederholen.

DEHNÜBUNGEN FÜR DEN RÜCKEN

WIRBELSÄULENSTRECKUNG *Knien Sie sich mit leicht geöffneten Oberschenkeln (damit der Bauch Platz hat) hin und schieben die Arme vor sich auf dem Boden nach vorn. Spüren Sie die Streckung in Ihrer Wirbelsäule.*

KATZENBUCKEL *Auf alle viere gehen, Knie und Arme sind schulterbreit geöffnet. Einen Katzenbuckel machen, die Gesäßmuskeln anspannen und das Becken einziehen. Halten, dann langsam lockern, bis der Rücken durchgestreckt ist. 5-mal wiederholen.*

»Sie möchten wahrscheinlich, dass man Sie nicht in erster Linie als schwangere, sondern als berufstätige Frau und Kollegin betrachtet.«

gleichzeitig den Wadenbereich, bis der Schmerz nachlässt. Beinkrämpfe sind zwar unangenehm, aber nichts Ernstes und treten nach der Geburt nicht mehr auf. Dauerhafte Schmerzen im Bein müssen dagegen immer untersucht werden, weil das Risiko einer Venenthrombose in der Schwangerschaft erhöht ist (*siehe* S. 423).

KARPALTUNNELSYNDROM

Manche Frauen verspüren nun auch ein Kribbeln in ihren Fingern – wie kleine Nadelstiche. Gelegentlich fühlen sich die Finger etwas taub an, als hätten sie kein Gefühl mehr. Dies wird durch eine Flüssigkeitsansammlung verursacht, die das Gewebeband (Karpaltunnel) in den Handgelenken anschwellen lässt und Druck auf die Nerven und Bänder ausübt, die in diesem Bereich liegen. Die Symptome klingen nach der Geburt des Babys ab, wenn die Wasseransammlungen ausgeschieden werden. Bei starken Beschwerden wird der Arzt Sie an einen Krankengymnasten überweisen, der eine Stützmanschette anpassen kann. Beim Schlafen sollten Sie den betroffenen Arm hochlegen, damit die Flüssigkeit aus dem Arm abfließen kann. Entwässernde Medikamente (Diuretika) sollten in der Schwangerschaft nicht eingenommen werden.

WAS ZU BEACHTEN IST

WENN SIE BERUFSTÄTIG SIND, HABEN SIE IHREN ARBEITGEBER INZWISCHEN SICHERLICH ÜBER DIE SCHWANGERSCHAFT UND DEN VORAUSSICHTLICHEN ENTBINDUNGSTERMIN INFORMIERT. AUF VERLANGEN DES ARBEITGEBERS SIND SIE VERPFLICHTET, EIN ÄRZTLICHES ATTEST VORZULEGEN.

Die Mutterschutzfrist beginnt sechs Wochen vor dem errechneten Geburtstermin; wenn Zwillinge erwartet werden, acht Wochen vor dem Termin. Wenn bei der werdenden Mutter vor Beginn der Mutterschutzfrist Komplikationen auftreten, so sind diese wie normale Krankenzeiten zu behandeln. Es entsteht kein Verdienstausfall.

Wenn Sie in einem Büro arbeiten, in dem formelle Kleidung obligatorisch ist, kann die Frage der Bekleidung gegen Ende der Schwangerschaft zu einem wichtigen Thema werden. Natürlich sieht man Ihnen die Schwangerschaft nun an, aber Sie möchten wahrscheinlich, dass man Sie nicht in erster Linie als schwangere, sondern als berufstätige Frau und Kollegin betrachtet. Also sollten Sie sich bemühen, so lange wie möglich ein Jackett oder ähnliche Business-

Kleidung zu tragen. Daher ist es wichtig, Kleidungsstücke auszuleihen oder zu kaufen, die wirklich gut passen.

Wenn Ihre Spätschwangerschaft in den Sommer fällt, kann es schwierig sein, Kleidung zu finden, die sowohl luftig als auch dezent ist. Vielleicht fühlen Sie sich ohnehin schon wie ein kleiner Schmelzofen; im Sommer wird das Hitzegefühl oft unerträglich. Auf dem Körper können Hitzeausschläge auftreten (unter den Armen, unter den Brüsten, zwischen den Beinen). Hinzu kommt, dass die Schuhe drücken, wenn Hände und Füße angeschwollen sind, und Ringe an den Fingern können so eng werden, dass Sie sie kaum noch tragen können. Gegen diese Unannehmlichkeiten können Sie nicht viel tun, außer Orte meiden, in denen es besonders heiß ist, z.B. überfüllte Restaurants oder stickige Kinos, und lockere, leichte Kleidung aus Naturfasern, z.B. Baumwolle, tragen.

TEILNAHME AN EINEM GEBURTSVORBEREITUNGSKURS

Jetzt nehmen Sie vermutlich an einem Geburtsvorbereitungskurs teil – diese werden von verschiedenen Organisationen, z.B. Volkshochschulen, Krankenhäusern und privaten Praxen, angeboten. Beginnen Sie möglichst frühzeitig, am besten im sechsten Monat, damit. Oft sind zehn Termine vorgesehen. Es gibt unterschiedliche Kurse, mit verschiedenen Methoden, verschiedenen Schwerpunkten und unterschiedlichem Aufbau. Wichtig ist, dass der gewählte Kurs Ihren Vorstellungen von der Geburt, Ihrer Geburtsphilosophie, entspricht. Sie werden umfassend über den Ablauf der Wehen und der Geburt und über Formen der Schmerzlinderung informiert und erlernen hilfreiche Atemtechniken. Es werden auch viele Kurse angeboten, an denen die Partner teilnehmen können. Es ist von Vorteil, wenn der werdende Vater ebenso umfassend informiert ist und erfährt, wie er seine Partnerin während Wehen und Geburt unterstützen kann. Dabei können Sie sich auch darüber klar werden, wie Sie die Geburt gestalten wollen und welche Rolle der Partner übernehmen soll.

Daneben ist es nun auch an der Zeit, an Führungen teilzunehmen, die von vielen Krankenhäusern regelmäßig für werdende Eltern angeboten werden, um die Räumlichkeiten der für die Geburt in Frage kommenden Kliniken zu besichtigen.

GEBURTSVORBEREITUNG

Im Geburtsvorbereitungskurs erlernen Sie Atem- und Entspannungsmethoden. Diese fördern die Konzentration und helfen, sich auf die Geburt des Babys vorzubereiten.

IHRE SEXUALITÄT

Oft wird die Sexualität eines Paares in dieser Phase der Schwangerschaft wieder belebt, weil sich die meisten Frauen sowohl körperlich als auch emotional wohl fühlen. Den Partnern mag auch die Tatsache bewusst sein, dass die Zeit bis zur Geburt ihres Babys abläuft und es danach zu unruhigen Nächten kommen wird, was Auswirkungen auf die Sexualität haben wird. Das Einzige, was in dieser Phase der Schwangerschaft das Sexualleben beeinträchtigen könnte, sind unnötige Zweifel – daher sollen hier einige angesprochen werden.

• Die Tatsache, dass man während der körperlichen Begegnung die Bewegungen des Babys spürt, kann die Partner bremsen – oder auch belustigen. Doch diese »Beteiligung« des Babys ist sicher kein Zeichen, dass Ihr Baby in irgendeiner Weise durch Ihre Sexualität gestört wird.

• Vielleicht befürchtet Ihr Partner, dass er beim Eindringen in die Scheide dem Baby Schaden zufügen oder der Sex Wehen auslösen könnte, da der Samen Prostaglandin enthält (dieses Hormon wird zur Einleitung der Wehen verabreicht). Ein Orgasmus kann ebenfalls Gebärmutterkontraktionen auslösen.

Tatsache ist jedoch, dass sexuelle Aktivitäten dem ungeborenen Kind in keiner Weise Schaden zufügen oder bei einer normalen Schwangerschaft Wehen auslösen können; Sie können also sexuell aktiv sein, sofern der Arzt Ihnen nicht wegen einer Schwangerschaftskomplikation davon abgeraten hat. Beispiele dafür wären eine frühere Frühgeburt oder ein Risikofaktor für eine Frühgeburt, z.B. ein leicht eröffneter Muttermund (*siehe* S. 188), eine drohende Frühgeburt (*siehe* S. 340) Blutungen und/oder eine tief liegende Plazenta (*siehe* Plazenta praevia, S. 240 und S. 427) und ein Blasensprung.

SCHLECHTE TRÄUME

Viele Frauen berichten, dass sie in der Spätschwangerschaft oft seltsame Träume haben. Manchmal sind es sexuelle Träume, in anderen Fällen träumen sie vom Tod eines Babys oder Kindes oder von Krankheiten. Diese Träume sind nicht ungewöhnlich, können aber große Ängste auslösen, da Sie sicherlich über ihre Bedeutung rätseln. Doch sie sind kein Omen für zukünftige schlimme Ereignisse. Wie alle unsere guten und schlechten Träume (an die meisten erinnern wir uns gar nicht, weil wir während der Traumphase des Schlafs nicht aufwachen) sind sie eine Form der Bewältigung alltäglicher Sorgen und Ängste. Betrachten Sie sie als eine Form des Aufarbeitens negativer Emotionen, ohne sie in der Realität erleben zu müssen. Diese Träume treten in der Spätschwangerschaft nicht zwangsläufig häufiger auf, sondern werden nur bewusster wahrgenommen, weil Sie öfter aufwachen und sie daher besser in Erinnerung haben.

»... schlechte Träume sind eine Form des Aufarbeitens negativer Emotionen, ohne sie in der Realität erleben zu müssen.«

ERNÄHRUNG UND SPORT

IM DRITTEN TRIMESTER SIND GESUNDE ERNÄHRUNG UND FITNESS
VON BESONDERER BEDEUTUNG. BEIDES STÄRKT IHR WOHLBEFINDEN
BEIM »ENDSPURT« DER SCHWANGERSCHAFT.

GESUND ESSEN

Für Ihr Baby ist es nun weniger wichtig, was Sie essen, als im ersten Trimester, und wenn Sie sich nicht gerade ausschließlich von Chips und Limonade ernähren, bekommt Ihr Baby alles, was es braucht.

▶ **Die Gewichtszunahme** sollte während der letzten drei Monate etwa 0,5–1 kg pro Woche betragen (*siehe* S. 42); in den letzten Wochen kann sie sehr gering sein.

▶ **Ihre tägliche Kalorienzufuhr** kann sich im dritten Trimester um 300–500 Kalorien erhöhen; das erscheint viel, doch allein ein Schokoriegel enthält 300 »leere« Kalorien. Ein zusätzlicher gesunder Snack pro Tag ist völlig ausreichend.

▶ **Sie müssen eventuell öfter essen** in den letzten Wochen, weil Sie das Gefühl haben, regelmäßig »Nachschub« zu brauchen. Ihr Körper legt jetzt noch einige »Polster« als Vorbereitung auf die Geburt an; wählen Sie nährstoffreiche Nahrungsmittel, die Ihnen lang anhaltende Energie geben. Je besser Sie sich in den nächsten Wochen ernähren, umso besser werden Sie die körperlichen Anforderungen bestehen.

▶ **Halten Sie die Flüssigkeitszufuhr aufrecht** (mindestens acht Gläser am Tag), damit Ihr Körper nicht austrocknet. Das verleiht Ihnen mehr Energie.

▶ **Zwei Einheiten Alkohol pro Woche** können in diesem Stadium der Schwangerschaft als unbedenkliche Obergrenze betrachtet werden; übermäßiger Alkoholkonsum schadet weiterhin (*siehe* S. 434). Rauchen entzieht der Plazenta – und damit Ihrem Baby – Sauerstoff.

FIT FÜR DIE GEBURT

Es gibt keinen Grund, warum Sie nicht bis zum Tag der Entbindung weiter Sport treiben sollten, sofern es Ihnen der Arzt nicht untersagt hat.

▶ **Manche Aktivitäten werden nun etwas schwierig oder unangenehm,** daher haben Sie Sportarten wie Tennis, Reiten und Langstreckenläufe wohl inzwischen aufgegeben.

▶ **Wenn Sie regelmäßig eine bestimmte Sportart ausüben,** können Sie sie eventuell noch etwas länger betreiben, wenn auch in Maßen – vorausgesetzt, es geht Ihnen gut und der Arzt hat keine Einwände.

▶ **Wenn Sie noch nicht zum Schwimmen,** zum Geburtsvorbereitungskurs oder zum Schwangerschaftsyoga gegangen sind, dann sollten Sie jetzt Zeit dafür finden. Sie werden überrascht sein, wie gut es Ihnen tut.

▶ Egal, welche Sportart Sie betreiben, machen Sie regelmäßig Ihre Beckenbodenübungen (*siehe* S. 165) und achten Sie auf Ihre Haltung.

FÜR DAS BABY EINKAUFEN

Es gibt keine festen Regeln, was Sie für Ihr Baby anschaffen müssen, aber aus meinen eigenen Erfahrungen (und denen meiner Patientinnen) weiß ich, dass nur relativ wenige Stücke für die Babyausstattung unerlässlich sind. In den Geschäften werden viele überflüssige Dinge angeboten. Ganz allgemein geht es bei der Babyausstattung für die ersten Monate um zwei Bereiche: Kleidung und Einrichtungsgegenstände.

BABYBEKLEIDUNG AUSSUCHEN

Ein kleines Baby kann seine Körpertemperatur nur unzureichend regulieren und muss daher in den ersten Wochen gut gewärmt werden; allerdings darf auch keine Gefahr der Überhitzung bestehen. Als Richtlinie gilt, dass ein Baby in den ersten beiden Monaten eine Schicht Kleidung mehr benötigt als die Eltern (dies hängt natürlich auch stark von

DIE RICHTIGE GRÖSSE *Die meisten Babys wachsen so schnell, dass sie eine Größe nur wenige Wochen lang tragen können.*

der Jahreszeit und dem einzelnen Baby ab, denn manche Babys frieren leichter als andere. An kühleren Tagen muss das Baby im Freien (aber auf keinen Fall im Haus) eine Mütze oder einen Hut tragen; wenn die Sonne scheint, müssen Kopf, Nacken und Gesicht durch einen Sonnenhut geschützt werden.

Bequemlichkeit, praktische Handhabbarkeit und gute Waschbarkeit sind die wichtigsten Kriterien bei der Auswahl von Babykleidung. Suchen Sie nach Kleidung, die die Bewegungsfreiheit nicht einschränkt, die leicht an- und ausgezogen werden kann, die keine herunterhängenden Schleifen oder Bänder hat, in denen sich seine Finger verfangen können, und die die Haut atmen lassen. Babys wachsen so schnell, dass die Kleidungsgröße für Neugeborene oft nur zwei Wochen passt; wenn Sie und Ihr Partner überdurchschnittlich groß sind, kann Ihr Baby vielleicht schon von Geburt an Kleidung für ältere Säuglinge tragen. Kaufen Sie daher nur zwei oder drei Strampelanzüge in der kleinsten Größe und die übrigen in der nächsten Größe. Leihen Sie sich Babykleidung möglichst aus – sie wird nur wenig gebraucht und kann schon nach einem Monat zurückgegeben werden.

Kaufen Sie Babykleidung aus atmungsfähigem Material, das bei mindestens 40 °C in der Waschmaschine gewaschen werden und nach Wunsch im Trockner getrocknet werden kann. Baumwolle ist im Hinblick auf Atmungsfähigkeit, Tragekomfort und Waschbarkeit das beste Material, vor allem in den ersten Lebenswochen. Wolle ist vor allem im Winter geeignet, kann aber bei direkten Kontakt die Haut reizen. Achten Sie darauf, dass Einteiler problemlos und schnell zu öffnen sind – in den ersten Monaten werden Sie innerhalb von 24 Stunden mindestens zehnmal die Windeln wechseln müssen. Achten Sie auf Modelle, die sich im Windelbereich öffnen lassen, damit Sie Ihr Baby beim Wickeln nicht komplett ausziehen müssen. Einteiler ohne Füßlinge haben den Vorteil, dass sie die Zehen des Babys nicht einengen.

Wenn Ihr Baby im Herbst oder Winter zur Welt kommt, braucht es warme Kleidung für draußen. Einteilige Schneeanzüge mit integrierten Handschuhen und Füßlingen sind ideal. Ihr Baby braucht auch eine warme Mütze (Babys verlieren ihre Körperwärme sehr schnell über den unbedeckten Kopf) sowie mehrere Paar Handschuhe und Socken, damit Hände und Füße warm bleiben. Kleine Babys verlieren diese Stücke regelmäßig durch Abschütteln oder Wegstrampeln. Babyschuhe sind in unzähligen Varianten erhältlich – sie sind aber völlig überflüssig und möglicherweise sogar schädlich, wenn sie die Zehen einengen. Ihr Baby braucht erst Schuhe (die Sie im Übrigen im Fachgeschäft anpassen lassen sollten), wenn es im Freien zu laufen beginnt.

Denken Sie auch daran, dass man Ihrem Baby zur Geburt viele Kleidungsstücke schenken wird. Kaufen Sie daher nicht allzu viel selbst ein, denn in kurzer Zeit passen die Strampler sowieso nicht mehr. Daher ist es viel sinnvoller, wenn Sie erst einmal abwarten und dann gegebenenfalls etwas Fehlendes nachkaufen.

NATURFASERN *Kleidung aus Baumwolle und Wolle lässt die Haut atmen.*

WICHTIGE BABYKLEIDUNG

▶ Sechs Unterhemden aus Baumwolle

▶ Sechs Einteiler (Overalls oder Strampelanzüge und langärmlige Hemdchen)

▶ Zwei Jacken (Frottee oder Wolle für den Winter, leichte Baumwolle für wärmere Tage)

▶ Zwei Paar Socken oder Babyschuhe

▶ Eine Baumwolldecke

▶ Eine Mütze oder einen Sonnenhut

▶ Ein Anorak und Fäustlinge oder Schuhe bzw. einen Schneeanzug und Handschuhe

KINDERWAGEN

Kinderwagen, Kombiwagen oder Buggys gibt es in unzähligen Modellen. Eine eindeutige Empfehlung kann dabei kaum gegeben werden. Ich möchte jedoch einige Punkte anführen, die Sie bei der Auswahl beachten sollten:

▶ In den ersten Monaten braucht die Wirbelsäule Ihres Babys einen guten Halt. Das Baby muss flach liegen. Daher sollte der Kinderwagen eine flache Liegeposition ermöglichen. Wenn Sie einen Kombiwagen kaufen, können Sie den Aufsatz auch als Tragetasche verwenden und ihn mit dem Sicherheitsgurt im Auto befestigen.

▶ Berücksichtigen Sie, wo Sie wohnen. Manche Wagen haben ein langes Gestell und große Räder – ideal zum Joggen auf dem Land, aber schwer zu manövrieren auf Treppen und in Läden oder auf belebten Straßen.

▶ Im Winter brauchen Babys einen gut isolierten und geschützten Wagen.

▶ Auf jeden Fall sollte der Wagen über ein Regenverdeck verfügen; ein Sonnenschirm ist nur nötig, wenn das Baby im Frühling oder Sommer geboren wird.

▶ Stellen Sie sicher, dass der zusammengeklappte Wagen in den Kofferraum Ihres Autos und die Tragetasche gegebenenfalls auf den Rücksitz passt. In den meisten Fachgeschäften ist es möglich, dies auszuprobieren.

BABYAUSSTATTUNG KAUFEN

Wenn Sie zum ersten Mal schwanger werden, entdecken Sie eine ganz neue Welt von Produkten, die für Mütter, Väter und Kinder gedacht sind. Wenn Sie bisher nur wenig Umgang mit Babys hatten, sind Sie sicherlich über die Vielfalt des Angebots erstaunt. Und selbst wenn Sie schon Kinder haben, sind Sie vielleicht verwundert über die vielen Dinge, die es heute gibt und die vor 18 Monaten noch nicht angeboten wurden. Doch glauben Sie mir: Viele dieser anscheinend unentbehrlichen Produkte sind von Marketingstrategen erfunden worden, die nur Umsatzsteigerungen im Sinn haben.

In der Babyabteilung eines Kaufhauses werden Sie auf einen Schlag mit vielerlei, bislang völlig unbekannten Artikeln konfrontiert, sei es eine unüberschaubare Modellvielfalt an Kinderwagen und Buggys – die sich durch horrende Preisdifferenzen auszeichnen – oder eine Vielzahl kleiner technischer Spielereien, die von Nutzen sein mögen – oder auch nicht. Wie wichtig, fragen Sie sich, ist ein Fläschchenwärmer fürs Auto?

Es soll ja gar nicht bestritten werden, dass viele Artikel wirklich praktisch sind und das Leben mit Kind einfacher machen, doch für Eltern, die ihr erstes Kind bekommen, kann es sehr schwierig sein, zwischen dem zu unterscheiden, was man wirklich haben sollte, und dem, was ein nettes, aber keineswegs unentbehrliches Extra ist.

Kinderwagen und Buggys

Die Auswahl des Kinderwagens ist möglicherweise die wichtigste und kostspieligste Entscheidung. Bei einem Kinderwagen kann die Tragetasche abgenommen werden und das Baby kann auch nachts darin schlafen, weil sie groß genug ist und eine Matratze hat. Bei einem Buggy oder Sportwagen lässt sich oft auch eine flache Liegefläche herstellen, aber das Baby kann darin nachts nicht schlafen, weil das Oberteil nicht abgenommen werden kann und auch keine Matratze hat.

Im Fachgeschäft werden Ihnen die verschiedensten Modelle genauestens vorgeführt. Es gibt Kombimodelle, die sich vom Kinderwagen zum Sportwagen umbauen lassen, es gibt Modelle, bei denen man die Fahrtrichtung wechseln kann, es gibt Fahrgestelle mit aufsetzbarem Baby-Autositz und Baby-Jogger mit großen Rädern, mit denen man auch auf unwegsamem Terrain fahren kann.

Wie für die Beurteilung aller Ausstattungsgegenstände gilt auch hier, dass Sie mit möglichst vielen Eltern, die vor nicht allzu langer Zeit ein Baby bekommen haben, sprechen sollten, um die Vor- und Nachteile zu erfahren, bevor Sie sich selbst in den Geschäften umschauen. So bekommen Sie eine klarere Vorstellung davon, was Sie suchen und welches Ihre wichtigsten Kriterien sind.

Kinderwagen sind nicht billig. Eventuell möchten sich die zukünftigen Großeltern an den Kosten beteiligen. Vielleicht können Sie auch einen Wagen von einer Freundin oder Verwandten ausleihen oder ihn im Secondhand-Laden kaufen. Es gibt vielerorts Secondhand-Shops für Babykleidung und Ausstattung sowie regelmäßig stattfindende Babybasare, die von Kirchengemeinden oder Mutter-Kind-Gruppen veranstaltet werden.

Ein Babytragetuch oder Tragesitz ist eine gute und preiswerte Ergänzung zum Kinderwagen. Sie können auf diese Weise Ihr Kind in Ihrer Nähe haben und haben gleichzeitig beide Hände frei. Beim Einkaufen müssen Sie den sperrigen Kinderwagen nicht in und aus den Geschäften bugsieren. Es gibt viele Modelle, vom traditionellen Tragetuch, das um den Körper gebunden wird, bis zu ausgetüftelten Tragesitzen mit verstellbaren Gurten und Rückenstütze. Achten Sie in jedem Fall darauf, dass der Kopf des Babys abgestützt wird. Probieren Sie das Tuch oder den Sitz vor dem Kauf aus und achten Sie darauf, dass Sie Ihr Baby selbst hineinsetzen und das Modell selbst am Körper befestigen können.

Autositze

Eines der unverzichtbaren Ausstattungsteile ist ein Autositz. Wenn Sie im Krankenhaus entbinden, brauchen Sie bereits für die Heimfahrt einen derartigen Sitz. Für die ersten neun Monate benötigen Sie eine Sitzschale, die entgegen der Fahrtrichtung mit dem Sicherheitsgurt des Autos auf dem Sitz angebracht wird. Wenn Sie einen gebrauchten Sitz kaufen, muss unbedingt sichergestellt sein, dass der Sitz noch an keinem Unfall beteiligt war, da er sonst nicht mehr hundertprozentig schützt.

BABYTRAGESITZ *Ein Tragesitz hat breite Gurte, die das Gewicht auf Ihrem Rücken und den Schultern gleichmäßig verteilen, und eine gut passende Kopfstütze für Ihr Baby.*

Wiegen und Kinderbetten

Wo soll das Baby zu Hause schlafen? Es gibt viele ganz unterschiedliche Möglichkeiten, vom Stubenwagen, dem Tragekörbchen und der Wiege bis hin zum Kinderbett. Grundsätzlich lässt sich feststellen: Alle diese Schlafstätten sind von der Geburt an geeignet. Tatsächlich verbringen viele Babys ihre ersten Wochen nicht in einem »normalen« Bett und es schadet ihnen

SICHERHEIT *Legen Sie das Baby mit den Füßen ans Bettende, damit es nicht unter das Bettzeug rutschen kann.*

auch keineswegs. Allerdings sollten Sie auf jeden Fall eine neue Matratze für Ihr Baby kaufen. Vor einigen Jahren kam die Vermutung auf, dass es einen Zusammenhang zwischen alten Matratzen und einem erhöhten Risiko des plötzlichen Kindstods geben würde. Diese Annahme wurde zwar widerlegt, dennoch gibt es einen guten Grund für den Kauf einer neuen Matratze: Eine gebrauchte Matratze ist vom früheren »Benutzer« durchgelegen und bietet der Wirbelsäule Ihres Neugeborenen keinen ausreichenden Halt. Manche Eltern legen ihr Baby tagsüber in eine Tragetasche oder den Stubenwagen und nachts ins Bettchen, damit es von Anfang an lernt, dass das Bett speziell für den längeren Nachtschlaf gedacht ist. Babys können sich in einem normal großen Bett freier bewegen und oft besser schlafen, daher besteht keine echte Notwendigkeit, viel Geld für andere Schlafstätten auszugeben, aus denen das Baby bald herausgewachsen ist.

Bei der Bettausstattung sollten Sie insbesondere darauf achten, dass keine Gefahr einer Überhitzung besteht. Aus diesem Grund sollten Sie nicht mehrere Wolldecken übereinander über das Baby legen. Am Nacken des Babys können Sie kontrollieren, ob ihm zu heiß ist: Wenn er sich warm anfühlt, ist alles in Ordnung. Sie brauchen mindestens zwei Unterziehdecken, zwei passende Laken und zwei Decken. Auf Kissen sollten Sie verzichten, weil der Kopf des Babys flach auf der Matratze liegen muss. Obwohl es mittlerweile ein großes Angebot an Babynestchen, Steppdecken und Federbetten für

Babys gibt, sind diese Decken nicht empfehlenswert, weil das Baby darunter ersticken könnte, wenn sie über seinen Kopf geraten.

WICKELN UND FÜTTERN

Zum Wickeln benötigen Sie eine mit Plastik überzogene Wickelunterlage und einen Plastikeimer mit Deckel, in den Sie die schmutzigen Windeln werfen. In einer Babybadewanne können Sie das Baby baden, ohne Ihren Rücken zu stark zu belasten, und es besteht darin keine Gefahr, dass das Baby aus Ihren Händen rutscht.

Wenn Sie Stoffwindeln verwenden möchten, brauchen Sie mindestens 30 Stück, denn Sie werden Ihr Baby bis zu zehnmal pro Tag wickeln müssen; außerdem benötigen Sie Überziehhöschen, Verschlussnadeln und Windeleinlagen. Das Wickeln mit Stoffwindeln mag auf den ersten Blick preisgünstiger scheinen, doch Sie sollten auch die Kosten für das Waschen berücksichtigen bzw. für den Windeldienst (dann kostet es etwa genauso viel wie Wegwerfwindeln). Moderne Stoffwindeln sind körpergerecht geformt und in unterschiedlichen Größen erhältlich. Allerdings muss auch hier eine Windeleinlage eingelegt werden (und es müssen Plastikhöschen übergezogen werden, um die Kleidung zu schützen). Weitere Informationen über Babyartikel, die Sie vor der Geburt kaufen sollten, finden Sie auf Seite 224ff.

Was Sie für die Mahlzeiten brauchen

Wenn Sie Ihr Baby von Anfang an mit der Flasche ernähren wollen, benötigen Sie mindestens sechs Flaschen, da Sie Ihr Baby bis zu sieben- oder achtmal am Tag füttern müssen. Wenn Sie stillen wollen, sollten Sie dennoch zwei oder drei Fläschchen kaufen, sodass Sie notfalls immer die Flasche geben können. Babys können statt Milchnahrung auch abgepumpte Milch aus einem Fläschchen bekommen. Kaufen Sie Sauger mit kleinem Loch, sonst verschluckt sich Ihr Baby.

Bis Ihr Baby sechs Monate alt ist, müssen Sie die Flaschen sorgfältig sterilisieren. Dabei gibt es folgende Methoden:
• ein Dampfsterilisator, in den Flaschen und Sauger gestellt werden
• einen Mikrowellen-Sterilisator
• ein elektronisches Desinfektionsgerät
• mindestens zehnminütiges Auskochen in Wasser.

Dies sind die wichtigsten Ausstattungsgegenstände, die Sie vor der Geburt besorgen sollten; natürlich können Sie darüber hinaus alle Artikel kaufen, die Ihnen praktisch erscheinen – versuchen Sie sich das Leben in den ersten Wochen nach der Geburt so einfach wie möglich zu machen!

NOTWENDIGE AUSSTATTUNG

▸ Kinderwagen, in dem das Baby flach liegen kann
▸ Regenschutz
▸ Wiege oder Stubenwagen oder Babybett mit neuer Matratze
▸ Bettzeug aus Baumwolle, einschließlich:
zwei Laken
zwei Bettdecken
zwei Matratzenschonbezüge
▸ Autositz
▸ Wickelunterlage und Plastikeimer (mit Deckel)
▸ Fläschchen (sechs bei Flaschenernährung, zwei, wenn Sie stillen) und Sauger mit kleinem Loch
▸ Gerät zum Sterilisieren
▸ Babytragetuch oder Babytragesitz mit Kopfstütze.

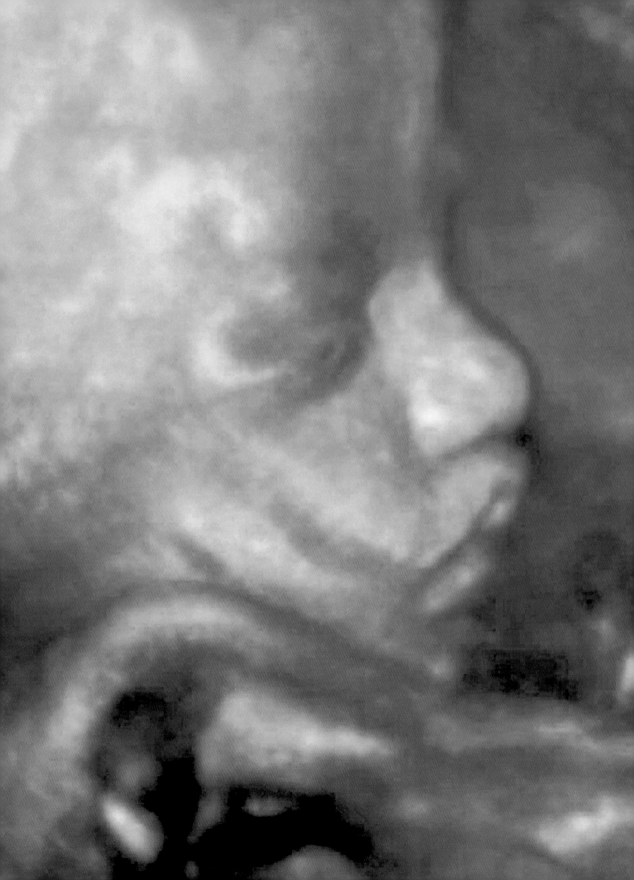

30.–35. WOCHE

DIE ENTWICKLUNG DES BABYS

VON BESONDERER BEDEUTUNG IST NUN DIE GEWICHTSZUNAHME. DIE SCHICHT AUS UNTERHAUTFETTGEWEBE WIRD DICKER UND DIE HAUT SIEHT ROSIG UND WENIGER FALTIG AUS; BESONDERS DAS GESICHT WIRKT INZWISCHEN WEICH UND PAUSBÄCKIG.

Zwischen der 28. und 32. Woche liegt die wöchentliche Gewichtszunahme bei bis zu 500 g, zwischen der 32. und 35. Woche bei 250 g; damit wiegt ein Baby in der 35. Woche durchschnittlich 2,5 kg. Wenn das Baby jetzt geboren würde, wäre es zwar noch etwas dünn, aber nicht mehr so runzelig, rot und ausgezehrt wie noch vor wenigen Wochen. Die Schicht der wachsartigen Käseschmiere, die die Haut überzieht, ist ziemlich dick, aber der Körperflaum, Lanugo, fällt aus; vermutlich befinden sich nur noch an Schultern und Rücken einzelne Flecken. Wenn Ihr Baby jetzt geboren würde, bräuchte es diesen Schutz vor der Kälte nicht mehr so sehr, da es seine Körpertemperatur immer besser selbst regulieren kann.

Die Augen öffnen und schließen sich, sie blinzeln und das Baby lernt fokussieren, da die Pupillen auf Lichtunterschiede, die durch die Gebärmutterwand dringen, reagieren und sich entsprechend zusammenziehen und weiten können. Gehirn und Nervensystem sind mittlerweile ebenfalls voll entwickelt, auch wenn einige Reflexe und Bewegungen der Gliedmaßen noch nicht ausreichend koordiniert werden könnten, wenn das Baby jetzt geboren würde. Die Fingernägel reichen schon bis zur Fingerspitze, aber die Zehennägel sind erst in einigen Wochen ausgewachsen.

Der Saugreflex bildet sich in diesem Stadium aus: Das Baby lutscht immer wieder an Daumen und Fingern. Den meisten Babys, die vor der 35. oder 36. Woche geboren werden, fehlt jedoch noch ausreichend Übung beim Saugen, sodass das Stillen anfangs problematisch sein kann. Dies ist einer der Gründe dafür, dass ein Baby vor der 37. Woche im engeren Sinne als Frühgeburt definiert wird. Obwohl die meisten Babys, die nach der 28. Woche geboren werden, dank der neonatalen Intensivpflege beste Überlebenschancen haben, gibt es keine technischen Mittel, die dazu beitragen könnten, dass ein frühgeborenes Baby ebenso kräftig saugen kann wie ein termingerecht geborenes Baby.

Die Lunge reift zwischen der 30. und 35. Woche so schnell, dass jeder Tag eine Verbesserung der Fähigkeit, selbst zu atmen, bedeutet. Das heißt, dass ein

◄ *In der 30. Woche sind die Augen geöffnet und reagieren auf Lichtunterschiede.*

WOCHE
ERSTES TRIMESTER ▸ 1.
▸ 2.
▸ 3.
▸ 4.
▸ 5.
▸ 6.
▸ 7.
▸ 8.
▸ 9.
▸ 10.
▸ 11.
▸ 12.
▸ 13.
ZWEITES TRIMESTER ▸ 14.
▸ 15.
▸ 16.
▸ 17.
▸ 18.
▸ 19.
▸ 20.
▸ 21.
▸ 22.
▸ 23.
▸ 24.
▸ 25.
▸ 26.
DRITTES TRIMESTER ▸ 27.
▸ 28.
▸ 29.
▸ **30.**
▸ **31.**
▸ **32.**
▸ **33.**
▸ **34.**
▸ **35.**
▸ 36.
▸ 37.
▸ 38.
▸ 39.
▸ 40.

Verkleinerung

Verkleinerung

Mit 30 Wochen ist der Fetus etwa 28 cm lang und wiegt circa 1–1,5 kg. Mit 35 Wochen hat sich das Gewicht auf etwa 2,5 kg erhöht und der Fetus ist vom Schädel bis zum Steiß etwa 32 cm lang vom Kopf bis zu den Zehen etwa 45 cm.

Baby, das in der 34. Woche geboren wird, einige Tage oder Wochen lang beatmet werden müsste, während ein Baby, das in der 36. Woche geboren wird, beinahe immer in der Lage ist, ohne Hilfe zu atmen.

Die Adrenalindrüsen des Fetus, die in der Nebennierenrinde liegen, setzen Cortisol frei, das die Bildung von Surfactant in der Lunge anregt. Sie arbeiten derart intensiv, dass sie ebenso groß sind wie die Adrenalindrüsen eines Erwachsenen und zehnmal so viel Cortisol produzieren wie ein Erwachsener. Kurz nach der Geburt schrumpfen sie und werden erst wieder in der Pubertät aktiv.

GESCHLECHTSHORMONE

Bei Jungen und Mädchen produzieren die Adrenalindrüsen weiterhin große Mengen eines androgenähnlichen Hormons (DHEAS), das in der Leber von Enzymen verarbeitet wird und dann zur Umwandlung in Östrogen in die Plazenta gelangt. Bei Jungen bilden die fetalen Hoden Testosteron; ein Teil davon wird in den Genitalien in andere männliche Hormone umgewandelt, die für die Entwicklung der äußeren Geschlechtsorgane notwendig sind. Bei Jungen und Mädchen wirken die äußeren Geschlechtsorgane infolge der hohen Hormonspiegel bei der Geburt oft vergrößert. Bei Jungen kann der Hodensack dunkel pigmentiert sein. Diese Ausprägungen verschwinden bald nach der Geburt, wenn die Hormonproduktion zurückgeht.

DREIDIMENSIONALE ULTRASCHALLAUFNAHMEN IN DER 30.–35. WOCHE

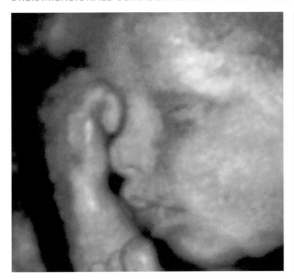

PERSÖNLICHKEIT *Die ausgebildeten Gesichtszüge lassen die dahinter verborgenen Persönlichkeit erahnen.*

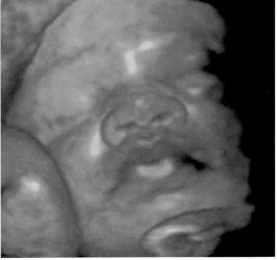

SCHLAFPHASEN *Die Bewegungsfreiheit ist nun ziemlich eingeschränkt; in ruhigen Phasen schläft das Baby.*

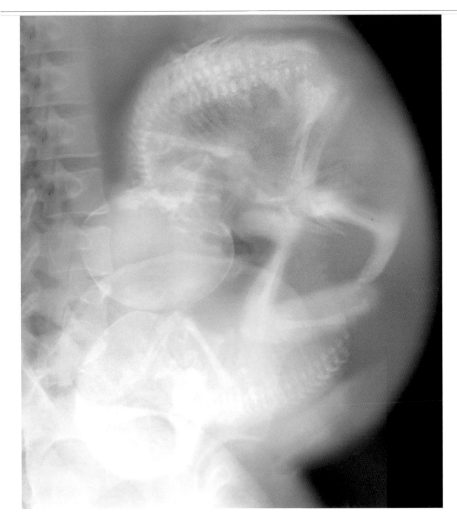

ZWILLINGSSCHWANGER-

SCHAFT *Diese Röntgenauf-*
nahme einer Zwillings-
schwangerschaft zeigt,
dass beide Babys quer
liegen und die Hände sich
in der Nähe der Wirbel-
säule der Mutter befinden.
Wenn sie sich nicht noch
drehen, wird diese Posi-
tion bei einer normalen
vaginalen Entbindung
Probleme verursachen.
Wahrscheinlich wird
ein Kaiserschnitt vorge-
nommen, um die Babys
sicher zu entbinden.

BEWEGUNGEN UND KINDSLAGE

Die Bewegungen Ihres Babys sind ziemlich kräftig, aber vermutlich langsamer als bisher, weil es sich nicht mehr so frei bewegen kann, da es in der Gebärmutter allmählich eng wird. Wenn sich das Bewegungsmuster Ihres Babys verändert, wenden Sie sich sofort an den Arzt. Werdende Mütter können normalerweise am besten beurteilen, ob sich in der Gebärmutter Probleme ankündigen, und Sie brauchen auf keinen Fall zu befürchten, den Arzt unnötigerweise zu belästigen.

Die meisten Babys liegen in der 35. Woche vertikal; es kommt aber auch vor, dass ein Baby quer oder diagonal liegt. Das Risiko einer Lageanomalie ist erhöht, wenn viel Fruchtwasser vorhanden ist (*siehe* Polyhydramnion, S. 426), wenn die Plazenta tief liegt (*siehe* Plazenta praevia, S. 240 und S. 427) oder wenn es sich um Mehrlinge handelt.

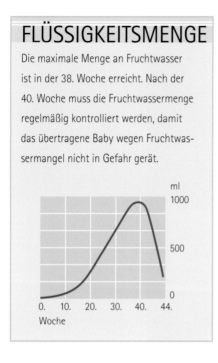

FLÜSSIGKEITSMENGE

Die maximale Menge an Fruchtwasser ist in der 38. Woche erreicht. Nach der 40. Woche muss die Fruchtwassermenge regelmäßig kontrolliert werden, damit das übertragene Baby wegen Fruchtwassermangel nicht in Gefahr gerät.

Die Lage des Babys wird dadurch definiert, welcher Körperteil Ihrem Becken am nächsten ist: Liegt es mit dem Kopf nach unten, wird dies als Kopflage bezeichnet; befindet sich das Gesäß unten (und der Kopf oben), spricht man von Beckenendlage (*siehe* S. 269). Etwa 95 Prozent der Babys befinden sich vor der Geburt in Kopflage. In der 32. Woche sind nur noch 25 Prozent der Babys in Beckenendlage, in der 38. Woche nur noch 4 Prozent. Nach der 35.–36. Woche wird eine Lageveränderung des Babys immer unwahrscheinlicher, weil der Platzmangel größere Bewegungen verhindert.

DAS FRUCHTWASSER

Das Baby scheidet am Tag etwa einen halben Liter Urin aus; in der 38. Woche erreicht das Fruchtwasser ein maximales Volumen von 1 Liter. Danach nimmt es allmählich ab und beträgt bei einer übertragenen Schwangerschaft nur noch 100–200 ml. Eine niedrige Fruchtwassermenge (*siehe* Oligohydramnion, S. 426) kann Anzeichen einer Wachstumsretardierung sein oder auf Nierenprobleme des Babys hinweisen, während ein Übermaß an Fruchtwasser, ein Polyhydramnion (*siehe* S. 426), bei Zwillingsschwangerschaften auftritt; manchmal besteht ein Zusammenhang mit körperlichen Fehlbildungen beim Baby oder Diabetes bei der Mutter.

WIE SICH IHR KÖRPER VERÄNDERT

DER IN ZENTIMETERN GEMESSENE FUNDUSSTAND ENTSPRICHT ETWA DER SCHWANGERSCHAFTSWOCHE. WENN DER KOPF DES BABYS INS BECKEN EINTRITT, SINKT DIE FUNDUSHÖHE MEIST LEICHT.

Die Gebärmutter hat Ihren Bauch auf jeden Fall so weit gedehnt, dass der Bauchnabel vielleicht nach innen gestülpt und dadurch sehr auffällig ist. Doch nach der Geburt des Babys nimmt er wieder seine normale Form an.

Das Blutvolumen erreicht ein Maximum von 5 Litern; bei manchen Frauen steigt es zwischen der 35. und 40. Woche weiter an. Dieser Anstieg wird vor allem durch den Anteil des Blutplasmas bzw. Flüssigkeitsgehalts im Blut verursacht; die Anzahl der Sauerstoff transportierenden roten Blutkörperchen steigt nicht in gleicher Weise. Aufgrund dieser »Verdünnung« des Blutes durch erhöhte Plasmaflüssigkeit kommt es in der Spätschwangerschaft häufig zu einer Anämie. Bei den Vorsorgeuntersuchungen werden regelmäßige Blutuntersuchungen vorgenommen. Doch nur selten führt der Mangel an roten Blutkörperchen zu einem ernsten Problem, weil sich der Hämoglobinwert (das Sauerstoff tragende Pigment) des Blutes gegenüber der Zeit vor der Schwangerschaft bedeutend erhöht hat. Seien Sie daher unbesorgt: Ihr Baby erhält Sauerstoff und Nährstoffe in reichlicher Menge.

KRAMPFADERN

Krampfadern verursachen in dieser Phase der Schwangerschaft die meisten Beschwerden. Bei Krampfadern handelt es sich um erweiterte Venen, die direkt unter der Haut liegen, meist in den Beinen und im Afterbereich (*siehe* Hämorriden, S. 217). Ursache ist immer eine starke Belastung der betroffenen Venen – die Gebärmutter drückt auf die Hauptschlagadern im Becken. Die Venen transportieren das verbrauchte Blut zurück zu Herz und Lunge; in der Schwangerschaft sind sie infolge des erhöhten Blutvolumens stark erweitert. Wenn sie auf ihrem Weg auf ein Hindernis treffen, in diesem Fall die vergrößerte Gebärmutter, zwingt der entstehende Gegendruck das Blut, in die kleineren Venen in Beinen, Vulva und Afterbereich zu fließen. Wenn Ihr Baby in den nächsten Wochen größer wird, werden die Beschwerden durch Krampfadern noch schlimmer. Die Symptome lassen normalerweise nach der Entbindung des Babys nach, bei manchen Frauen bleiben Krampfadern jedoch ein langwieriges Problem.

Im Schambereich treten Krampfadern seltener auf, sind in diesem Fall aber oft besonders unangenehm. Sie werden ebenso behandelt wie Hämorriden. Zwar können Krampfadern im Schambereich bei einer vaginalen Entbindung stark bluten, doch das führt sehr selten zu Komplikationen. Nach der Geburt bilden sie sich gewöhnlich vollständig zurück.

TIPPS ZUM UMGANG MIT KRAMPFADERN

▶ **Kaufen Sie hochwertige Stützstrumpfhosen.** Ziehen Sie sie am besten schon morgens vor dem Aufstehen an.

▶ **Ruhen Sie sich mit hochgelegten Füßen aus,** wann immer möglich. Dabei fließt Blut aus den Krampfadern ab.

▶ **Gehen Sie zügig.** Dies erhält die Muskelfunktion in den Beinen.

▶ **Beim Stehen verlagern Sie das Körpergewicht** von einem Bein auf das andere, statt es gleichmäßig auf beide Beine zu verteilen.

▶ **Achten Sie auf Ihr Gewicht.** Jedes überflüssige Pfund belastet die Beine nur noch zusätzlich.

WIE SIE SICH KÖRPERLICH FÜHLEN

HÄUFIG FÜHLEN SICH FRAUEN IN DIESER PHASE DER SCHWANGERSCHAFT DICK UND PLUMP, WAS BESONDERS UNANGENEHM IST, WENN DIESE ZEIT IN DIE SOMMERMONATE FÄLLT. DANN STEIGT DURCH DIE HITZE DAS RISIKO, DASS HÄNDE, FÜSSE UND BEINE ANSCHWELLEN.

Vermutlich bewegen Sie sich langsamer und mühsamer als normal. Die alltäglichen Verrichtungen, wie das Anziehen der Strümpfe oder das Aussteigen aus dem Auto, erfordern eine völlig andere Vorgehensweise als bisher. Niemand ist gern in seiner Beweglichkeit eingeschränkt und auf die Hilfe anderer angewiesen – am besten nimmt man diese Situation mit Humor und denkt daran, dass diese Beschwerlichkeiten bald vorüber sein werden. Wenn Sie Ihre Bewegungseinschränkung gelassen hinnehmen, ist dies gleichzeitig eine gute Vorbereitung auf die Tatsache, dass der Alltag mit einem Baby Ihr Leben unweigerlich ebenfalls verlangsamen wird: Nach der Geburt werden Sie alles langsamer angehen müssen. Versuchen Sie dennoch, während dieser letzten Phase der Schwangerschaft so aktiv wie möglich zu bleiben – so sind Sie jederzeit körperlich und geistig auf die Ihnen bevorstehenden Anstrengungen, vor allem die Wehen, vorbereitet.

SCHLAFPROBLEME

DIE RICHTIGE STELLUNG FINDEN *Die Seitenlage ist meist am bequemsten, wobei Bauch und Oberschenkel mit Kissen abgestützt werden.*

Sie können jetzt vielleicht nicht mehr so gut schlafen und fühlen sich daher tagsüber wenig ausgeruht. Es wird zunehmend schwierig, nachts eine bequeme Schlafposition zu finden. Die Rückenlage muss vermieden werden, weil das Gewicht der Gebärmutter auf die großen Beckenvenen drückt, durch die das Blut zum Herzen zurückfließt. Ihnen wird in Rückenlage schwindelig und die Blutversorgung des Babys wird beeinträchtigt. Auch auf dem Bauch können Sie nicht mehr liegen; die einzig praktikable Möglichkeit ist die Seitenlage, wobei das oben liegende Bein angewinkelt nach vorne gestreckt und mit einem Kissen abgestützt wird. Doch Sie können natürlich nicht die ganze Nacht über in derselben Position blei-

SICHER AUFSTEHEN

Das Aufstehen vom Boden oder Bett nach der Durchführung von Entspannungsübungen kann die Bauchmuskulatur belasten, die bereits aufs Äußerste gespannt ist. Ihr veränderter Körperschwerpunkt macht außerdem aus-ladende Bewegungen schwierig. Die folgende Technik des sicheren Aufstehens wurde von Yogalehrern entwickelt. Wie bei allen Bewegungen in dieser Phase gilt: Langsam bewegen und gleichmäßig durchatmen.

SCHRITT EINS *Mit angewinkelten Knien auf die rechte Seite rollen und das untere Knie auf Taillenhöhe bringen. Die linke Hand liegt in einer Linie mit dem angewinkelten Knie.*

SCHRITT ZWEI *Gewicht auf die linke Hand und das linke Knie verlagern. Rechtes Knie unter die Hüfte und rechte Hand unter die Schulter schieben. Auf alle viere gehen.*

ben und auch das Umdrehen im Bett wird ein immer umständlicheres Vorhaben; Sie müssen Ihren dicken Bauch umbetten – und dabei auch all die Kissen zum Abstützen. Hinzu kommt, dass Ihre Blase Sie regelmäßig aufwachen lässt und Ihr Baby vielleicht auch noch boxt und strampelt.

Infolge des unbefriedigenden Schlafs sind Sie tagsüber wahrscheinlich sehr müde und gereizt. Daher ist es so wichtig, dass Sie tagsüber Zeit zum Ausruhen finden. Selbst wenn Sie voll berufstätig sind, sollten Sie sich eine halbe Stunde nehmen, um die Füße hochzulegen. Gewöhnen Sie sich an, regelmäßig Ruhepausen im Alltag einzulegen, dann werden Sie dies auch nach der Geburt eher einhalten, wenn Müdigkeit und Schlafmangel unumgänglich werden.

BRAXTON-HICKS-KONTRAKTIONEN

Bis zum Ende der Schwangerschaft wird sich die Gebärmutter nun immer wieder, sozusagen als Vorbereitung auf die Geburt, in leichter Wehentätigkeit üben. Diese so genannten Braxton-Hicks-Kontraktionen beginnen oben am Fundus und ziehen die Gebärmutter hinunter, wobei sie sich etwa 30 Sekunden lang verhärtet. Der Geburtshelfer John Braxton Hicks, der im 19. Jahrhundert am St. Mary´s Hospital in London arbeitete, beschrieb sie als Erster. Er erkannte, dass diese schmerzlose Aktivität gegen Ende der Schwangerschaft notwendig ist, damit die Gebärmutter das starke

ATMEN *Tiefes, langsames Atmen hilft, Spannung abzubauen und zwischen den Wehen wieder Selbstkontrolle zu gewinnen.*

HINKNIEN *Als Vorbereitung auf das zweite Wehenstadium können Sie sich mit abgestützten Armen hinknien und tief ausatmen.*

Zusammenziehen trainiert, das notwendig ist, um das Baby bei der Geburt durch den Geburtskanal in die Welt hinauszutreiben. Diese Kontraktionen tragen auch zu einer verstärkten Blutversorgung der Plazenta in den letzten Schwangerschaftswochen bei.

Manche Frauen nehmen die Braxton-Hicks-Kontraktionen gar nicht wahr, während sie bei anderen gegen Ende der Schwangerschaft sehr stark und unangenehm werden können. Versuchen Sie in diesem Fall, Ihre Stellung zu verändern; stehen Sie auf und gehen Sie umher oder nehmen Sie ein warmes Bad. Diese Maßnahmen tragen zur Entspannung der Gebärmuttermuskulatur bei. Auch das Durchführen der Entspannungs- und Atemtechniken, die Sie im Geburtsvorbereitungskurs erlernen, kann überaus hilfreich sein, ebenso wie eine Rückenmassage.

In der ersten Schwangerschaft fällt die Unterscheidung zwischen starken Braxton-Hicks-Kontraktionen und echten Vorwehen oftmals schwer; im Zweifelsfall wenden Sie sich sofort an die Hebamme oder den Arzt. Jede längere oder schmerzhafte Gebärmutteraktivität müssen Sie sofort dem Arzt melden, vor allem, wenn sie von Schmerzen im unteren Rückenbereich begleitet wird. Es besteht die Gefahr einer Frühgeburt. Eine andere mögliche Ursache von Gebärmutterschmerzen und Schmerzen im unteren Rückenbereich ist eine Plazentalösung (*siehe* S. 427), die eine sofortige Untersuchung erfordert.

EMOTIONALE REAKTIONEN

VIELE FRAUEN HABEN ANGST VOR EINER SCHWEREN GEBURT. SIE FÜRCHTEN, DASS DIE WEHEN SEHR LANGE DAUERN ODER SIE DIE SELBSTKONTROLLE VERLIEREN KÖNNTEN (*SIEHE* KASTEN RECHTE SEITE).

Befreien Sie sich daher auch bei diesem Thema von Schauermärchen, die Ihnen vielleicht zu Ohren gekommen sind, und vertrauen Sie auf die Tatsache, dass die meisten Schwangeren gesund sind und ihre Babys problemlos auf die Welt kommen.

Ein anderes häufiges Problem der Spätschwangerschaft besteht bei vielen Frauen in Konzentrationsschwierigkeiten. Sie finden es schwer, sich auf bestimmte Aufgaben zu konzentrieren. Viele Frauen berichten, dass ihre Gedanken oft zu »Babythemen« abschweifen; für berufstätige Frauen kann dies ein Problem sein. Sie sind oft selbst schockiert, wenn sie feststellen, dass sie Tagträumen nachhängen und nicht in der Lage sind, sich auf die anstehende Aufgabe zu konzentrieren. Am besten bewältigt man diese Situation, indem man die wichtigsten Aufgaben klar definiert und sicherstellt, dass sie erledigt werden. Weniger wichtige Dinge können zurückgestellt werden. Vor allem sollten Sie keine neuen zusätzlichen Aufgaben übernehmen. Auf diese Weise können Sie beruhigt in Mutterschutz gehen, wohl wissend, dass Sie Ihren Tätigkeitsbereich geregelt hinterlassen haben.

Typisch für dieses letzte Trimester ist auch, dass traurige oder schlechte Nachrichten Sie stärker berühren als normal. Die Schwangerschaft ruft bei vielen Frauen intensive emotionale Reaktionen hervor und macht sie empfänglicher für traurige Situationen, vor allem, wenn sie mit Kindern zu tun haben. Eine Fernsehsendung über Kindesmisshandlung oder den Verlust eines Kindes kann z.B. eine Flut von Tränen auslösen, selbst wenn Sie so etwas früher eher locker weggesteckt haben. Am besten setzen Sie sich Situationen, die Sie belasten könnten, gar nicht aus.

PEINLICHE SITUATIONEN?

▶ **Ich finde es ganz furchtbar, die Kontrolle zu verlieren. Wie kann ich nur verhindern, dass ich mich während der Wehen gehen lasse?**
Nichts, was Sie während der Wehen und Entbindung tun, wird als peinlich betrachtet. Die Geburt eines Kindes ist eine der wenigen Situationen im Leben, in denen Sie Ihren Körper nicht mehr völlig unter Kontrolle haben können; das sollten Sie einfach akzeptieren. Keine im Entbindungszimmer anwesende Person ist schockiert oder angeekelt, wenn Sie stöhnen, fluchen oder sie anschreien; Hebammen und Ärzte haben all das schon viele Male erlebt. Sie wissen, was es bedeutet, wenn eine Frau ein 3,5 kg schweres Baby durch den Geburtskanal pressen muss.

▶ **Welche Maßnahmen kann ich ergreifen, wenn ich in der Öffentlichkeit einen Blasensprung habe?**
Es ist zwar äußerst unwahrscheinlich, dass die Fruchtblase ausgerechnet dann platzt, wenn Sie sich gerade im Supermarkt oder an einem anderen öffentlichen Ort befinden, aber wenn doch – was dann? Ich habe jedenfalls noch nie gehört, dass sich irgendjemand beschwert hätte, weil er einer Schwangeren hatte helfen müssen. Außerdem passiert es nur sehr selten, dass das Fruchtwasser in einem richtigen Schwall ausläuft; gewöhnlich tropft nur ein wenig heraus, weil der Kopf des Babys auf den Gebärmutterhals drückt und verhindert, dass viel Flüssigkeit austreten kann.

▶ **Ich habe Angst, dass ich während der Geburt Stuhlgang habe. Soll ich einen Einlauf machen lassen?**
Es kann vorkommen, dass man bei der Geburt Stuhlgang hat, weil der Kopf des Babys auf den Mastdarm drückt. Doch das ist völlig belanglos. Vor Jahren wurde in den meisten Kliniken routinemäßig in der frühen Wehenphase ein Einlauf vorgenommen, doch in modernen Kliniken ist das kaum noch der Fall.

VORSORGEUNTERSUCHUNGEN

ETWA AB DER 32. WOCHE FINDEN DIE VORSORGEUNTERSUCHUNGEN IN ZWEI-WÖCHENTLICHEM ABSTAND STATT.

Alle Routineuntersuchungen werden bei jedem Termin vorgenommen; jetzt wird außerdem besonders auf Anzeichen von Komplikationen in der Spät-schwangerschaft geachtet, wie Schwangerschaftsdiabetes (*siehe* S. 426) oder Wachstumsverzögerung beim Baby (*siehe* Wachstumsretardierung, S. 428). Nach der 30. Woche steigt das Risiko einer Präeklampsie (*siehe* S. 425). Obwohl sie sich ohne Symptome entwickeln kann, gibt es gewöhnlich doch einige Anzeichen. Bei folgenden Auffälligkeiten sollten Sie sich sofort an den Arzt oder die Hebamme wenden, damit Ihr Urin auf Eiweiß kontrolliert wird:

• Ringe sind plötzlich zu eng und die Füße in den Schuhen angeschwollen.

• Das Gesicht ist aufgedunsen und geschwollen.

• Ständige oder unerträgliche Kopfschmerzen und Flimmern vor den Augen.

Der Fundusstand wird gemessen. Wenn er höher oder niedriger als erwartet ist, kann eine zusätzliche Ultraschalluntersuchung durchgeführt wer-den, um die Größe und den Zustand des Babys zu überprüfen. Wenn sich zeigt, dass das Baby zu klein oder zu groß für die Gestationszeit ist oder dass die Fruchtwassermenge zu hoch oder zu niedrig ist, werden weitere Untersu-chungen (*siehe* S. 256f.) in die Wege geleitet. Eventuell wird sogar in Erwägung gezogen, die Geburt vorzeitig einzuleiten.

PLAZENTA PRAEVIA

Bleibt die Plazenta unten in der Gebärmutter positioniert, führt das zu Problemen, wenn sie vor dem Kopf des Babys liegt und den inne-ren Teil des Gebärmutterhalses überlappt oder bedeckt. Das erste Anzeichen einer Plazenta praevia ist oft das ein- oder mehrmalige Auftreten einer schmerzlosen Blutung, manchmal schon in der 30. Woche. Wenn nur die untere Ecke der Plazenta den Gebärmutterhals bedeckt (Minor Plazenta praevia), ist der Kopf des Baby eventuell in der Lage, durch den erweiterten Gebärmutterhals durchzutreten. Eine vaginale Entbindung kann somit möglich sein. Wenn die Pla-zenta zentral über dem Gebärmutterhals liegt (Major Plazenta prae-via), ist ein Kaiserschnitt die einzig sichere Lösung (*siehe* S. 427).

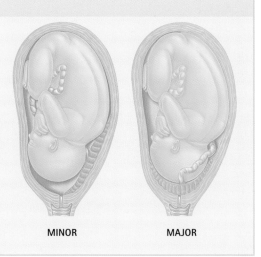

MINOR   MAJOR

Den Bauch abtasten Auf diese Weise kann die Lage des Babys bestimmt werden. Wenn Ihr Baby in der Beckenendlage liegt (Gesäß oder Beine nach unten), kann es sich noch in die Kopflage drehen (Kopf nach unten) – die beste Position für eine vaginale Entbindung. Wenn das Baby jedoch in der Beckenendlage bleibt, kann versucht werden, es von außen zu drehen; diese manuelle Technik wird meist nach der 35. Woche vorgenommen (*siehe* S. 271). Doch denken Sie daran, dass selbst ein Arzt oder eine Hebamme mit großer Erfahrung die Lage Ihres Kindes falsch einschätzen kann.

Blutuntersuchung zur Kontrolle der Hepatitis B und der Antikörper. Meist wird etwa in der 32. Woche eine weitere Blutuntersuchung durchgeführt, um einem möglichen Eisenmangel festzustellen (*siehe* Anämie, S. 423). Es wird auch kontrolliert, ob sich keine ungewöhnlichen Antikörper gegen rote Blutkörperchen gebildet haben, was später Probleme verursachen könnte, wenn eine Bluttransfusion erforderlich würde, z.B. weil es während der Entbindung zu einer starken Blutung kommt (*siehe* S. 424). Wenn Sie rhesus-negativ sind (*siehe* S. 128 und 424), bekommen Sie eine Anti-D-Injektion.

Eine weitere Ultraschalluntersuchung wird spätestens in der 32. Woche vorgenommen. Sie liefert Informationen über die Entwicklung des Ungeborenen. Dabei lässt sich auch erkennen, ob die Plazenta richtig liegt. Wenn die Plazenta zu tief liegt, bleiben immer noch mehrere Wochen, in denen sich der untere Bereich der Gebärmutter weiter entwickelt und daher die Möglichkeit besteht, dass sich die Probleme, die eine tief liegende Plazenta verursachen kann, bis zum Zeitpunkt der Entbindung verringern. Nur in einem von 200 Fällen besteht bei der Entbindung eine Plazenta praevia (*siehe* links), aber bei bis zu 20 Prozent der Schwangerschaften vor der 32. Woche.

SCHWANGERSCHAFT BEI DIABETES

Die Schwangerschaft wird bei einer Diabetikerin ab der 35. Woche besonders intensiv überwacht, da in der Spätschwangerschaft Komplikationen auftreten können (*siehe* S. 408 und 426). Ein unzureichend kontrollierter Glukosespiegel führt dazu, dass das Baby übermäßig schwer wird, was das Risiko einer Schulter-Dystokie (*siehe* S. 429), einer Geburtsverletzung oder einer Totgeburt erhöht. Wenn der Diabetes kontrolliert wird und das Wachstum des Babys normal verläuft, ist es in aller Regel möglich, das natürliche Einsetzen der Wehen abzuwarten und das Baby normal vaginal zu entbinden.

In vielen Kliniken wird jedoch bei Diabetikerinnen in der 38.–39. Schwangerschaftswoche die Geburt eingeleitet (*siehe* S. 408 und S. 426), wobei das Baby unter ständiger Überwachung steht und der Blutzuckerspiegel der Mut-

»Denken Sie daran, dass selbst ein Arzt oder eine Hebamme mit großer Erfahrung die Lage Ihres Kindes falsch einschätzen kann.«

ter regelmäßig kontrolliert wird. Denn nach der 38. Woche besteht bei Diabetikerinnen ein erhöhtes Risiko eines Geburtstraumas, einer Totgeburt und von Komplikationen beim Baby. Wenn das Baby in eine Notsituation gerät oder die Geburt nicht voranschreitet, wird manchmal ein Notkaiserschnitt notwendig. Nach der Geburt wird das Baby sorgfältig überwacht, weil es während der ersten Lebensstunden eine Hypoglykämie (Unterzuckerung) entwickeln kann. Es besteht auch ein erhöhtes Risiko eines Atemnotsyndroms (*siehe* S. 375), besonders bei einer Frühgeburt.

HÄUFIGE BESCHWERDEN

DIE MEISTEN KÖRPERLICHEN BESCHWERDEN IN DER SPÄTSCHWANGERSCHAFT SIND FOLGE DES KÖRPERUMFANGS UND BLEIBEN BIS ZUR GEBURT BESTEHEN. WENN ALLERDINGS DER KOPF DES BABYS IN DEN LETZTEN WOCHEN INS BECKEN EINTRITT, KANN DIES EINE GEWISSE ERLEICHTERUNG BRINGEN.

»Bereits bestehende Rückenschmerzen können sich in den kommenden Wochen verschlimmern.«

Bei Kurzatmigkeit versuchen Sie unnötige Belastungen zu vermeiden, aber gleichzeitig in vernünftigem Maße aktiv zu bleiben. Flaches Liegen verschlimmert Kurzatmigkeit, daher ist es im letzten Trimester oft am besten, in einer halbaufrechten Stellung zu ruhen und zu schlafen.

HERZKLOPFEN
Herzrhythmusstörungen, kurzzeitiges Herzrasen oder Herzklopfen sind in der Spätschwangerschaft häufig. Normalerweise ist dies eine Folge der veränderten Kreislauffunktion, verstärkt durch die Belastung im Bauchbereich. Es besteht in der Regel kein Anlass zur Sorge. Wenn Brustschmerzen oder schwere Kurzatmigkeit in Verbindung mit Herzklopfen auftreten oder die Herzbeschwerden immer häufiger vorkommen, wenden Sie sich an den Arzt bzw. die Hebamme.

STARKER JUCKREIZ
Sehr häufig bilden sich in der Spätschwangerschaft Stellen mit trockener, schuppiger Haut; manche Frauen leiden auch an starkem Juckreiz auf dem Bauch und vor allem in den Handflächen und Fußsohlen. Gelegentlich ist dies ein erstes Anzeichen dafür, dass sich eine Cholestase (*siehe* S. 423) entwickelt, eine seltene Erkrankung in der Schwangerschaft, die durch Gallensalze, die unter der Haut abgelagert werden, verursacht wird. In schweren Fällen kann sie zu Gelbsucht, Leberversagen, Frühgeburt und sogar Totgeburt führen; daher muss ein schwerer, anhaltender Juckreiz dem Arzt mitgeteilt werden.

FLÜSSIGKEITSABGANG

Wenn bei einer plötzlichen Bewegung etwas Flüssigkeit aus der Scheide abgeht, besteht wahrscheinlich eine schwangerschaftsbedingte Inkontinenz. In diesem Stadium der Schwangerschaft sollten Sie jedoch auch die Möglichkeit eines Blasensprungs in Betracht ziehen, mit der Folge, dass Fruchtwasser austritt. Im Zweifelsfall bringen Sie eine kleine Probe in einem sauberen Behälter Ihrem Arzt oder Ihrer Hebamme. Sie können mithilfe eines Teststreifens feststellen, ob es sich um Urin oder Fruchtwasser handelt. Wenn die Fruchtblase geplatzt ist, besteht für Mutter und Baby ein erhöhtes Infektionsrisiko; wenn innerhalb der folgenden 24 Stunden keine Gebärmutterkontraktionen einsetzen, wird in der Regel zu einer Einleitung der Geburt (*siehe* S. 294ff.) geraten, sofern Sie mindestens in der 34. Schwangerschaftswoche sind.

LOKALISIERTE RÜCKENSCHMERZEN

Bereits bestehende Rückenschmerzen können sich in den kommenden Wochen weiter verschlimmern. Statt des allgemeinen Unbehagens und dem leichten diffusen Schmerz, den Sie vermutlich bisher verspürt haben, treten nun im unteren Rückenbereich spezifischere und klar begrenzte Schmerzen auf, denen spezielle Krankheitsherde zugrunde liegen. So entwickelt sich z.B. Ischias häufig gegen Ende der Schwangerschaft (*siehe* unten). Bei schweren Schmerzen im unteren Rückenbereich wenden Sie sich an den Arzt oder die Hebamme.

Ischias ist durch einen scharfen, anhaltenden oder mit Unterbrechung auftretenden Schmerz im unteren Rücken- oder Gesäßbereich gekennzeichnet, der ein oder beide Beine hinunterziehen kann. Der Ischiasnerv ist der größte Nerv im Körper; er verläuft von der Wirbelsäule über das Gesäß an der Rückseite der Beine hinunter. Wenn er in seinem Verlauf an einer Stelle eingeklemmt oder zusammengedrückt wird – z.B. durch den Kopf des Babys –, tritt ein scharfer Schmerz, oft begleitet von Taubheit, Kribbeln, Lähmung und gelegentlich einem Brennen, auf. Bei starkem Schmerz oder Lähmungsgefühl müssen Sie den Arzt aufsuchen, um die Möglichkeit eines Bandscheibenvorfalls auszuschließen.

Leichte Manipulationen, um den Kopf des Babys in eine andere Lage zu bringen und den Druck auf den Ischiasnerv zu lockern, können Abhilfe schaffen. Die Verbesserung der Körperhaltung und die regelmäßige Durchführung der Beckenübungen schafft Linderung (*siehe* S. 219). Hilfreich sind auch Yoga und Dehnübungen, z.B. flaches Liegen auf einer festen Matratze und Strecken der Wirbelsäule durch Anheben des Kopfes auf Kissen oder Büchern.

Kreuzbein und Steißbein bilden den untersten Bereich der Wirbelsäule. Schmerzen strahlen hier bis ins Gesäß aus. Als Steißbein wird der untere Anhang

DEN SCHMERZ LOKALISIEREN

Ein starker Schmerz im Lendenwirbelbereich hat meist eine ganz bestimmte Ursache.

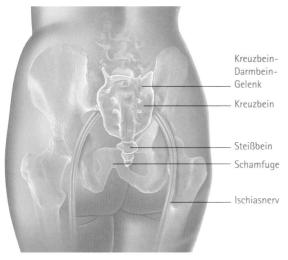

Kreuzbein-
Darmbein-
Gelenk

Kreuzbein

Steißbein

Schamfuge

Ischiasnerv

BESCHWERDEHERDE

Lokalisierte Rückenpro-
bleme werden durch die
Dehnung der Bänder,
die das Kreuzbeingelenk,
die Schamfuge oder das
Steißbein tragen, verur-
sacht. Schmerzen, die
in ein Bein ausstrahlen,
entstehen, wenn der
Kopf des Babys auf den
Ischiasnerv drückt.

des Kreuzbeins, auf dem die Hauptlast des Körpergewichts ruht, bezeichnet. Beide sind feste, miteinander verwachsene Knochenteile. Sind die Bänder, die die Wirbelsäule halten, überdehnt, kann es während der Spätschwangerschaft und der Entbindung zu einer Bandscheibenverlagerung kommen. Eine frühere Verletzung in diesem Bereich trägt oft zu dem Problem bei. Der Schmerz kann, besonders beim Sitzen, quälend sein. Eine lokale Wärmebehandlung mit Kompressen und Wärmflaschen oder ein heißes Bad können Linderung verschaffen. Bei sehr starken Schmerzen ist auch die Einnahme eines Paracetamolpräparats vertretbar.

Kreuzschmerzen werden meist als anhaltender Schmerz im unteren Lendenwirbelbereich erfahren. Am unteren Ende der Wirbelsäule verbindet das Kreuzbein den linken und rechten Darmbeinknochen mit dem Kreuzbein-Darmbein-Gelenk (*siehe* Abbildung); so entsteht im Becken ein stabiles Gerüst, mit dessen Hilfe man gehen und sich aufrecht halten kann. Gegen Ende der Schwangerschaft erschlaffen die Bänder unter dem Einfluss der Hormone, um den Durchtritt des Babys durch den Geburtskanal zu ermöglichen. Dies kann, in Verbindung mit dem zunehmendem Gewicht der Gebärmutter, zu einer Instabilität der Kreuzbeingelenke führen. Folge sind starke Schmerzen, vor allem beim Gehen, Stehen oder Bücken. Wenden Sie sich an einenKrankengymnasten oder Osteopathen. Tragen Sie flache Schuhe und bemühen Sie sich um eine gute Haltung.

Beckenringlockerung Hierunter versteht man eine Dehnung der Bänder, die die Beckenknochen zusammenhalten, infolge der hormonellen Umstellung, aber auch durch die körperliche Belastung. Die Bänder im Kreuzbeinbereich können auch betroffen sein. Die Schmerzen können im Bereich der Lenden, der Wirbelsäule oder des Schambeinbereichs liegen. Wenn Sie unter solchen Schmerzen leiden, vermeiden Sie Bewegungen, bei denen Sie die Beine spreizen; halten Sie die Knie beieinander und bewegen die Beine aus der Hüfte heraus, z.B. beim Aussteigen aus Auto, Bett oder Badewanne. Das zehnminütige Auflegen von Eispackungen auf den schmerzenden Bereich in dreistündigem Abstand kann Schwellung und Schmerzen verringern. Das Zusammendrücken der Knie und Beckenaufzüge helfen, regelmäßig durchgeführt, ebenfalls (*siehe* S. 219).

Wenn sich die beiden Schambeinknochen auseinander schieben (Diastase des Schambeinknochens) können starke Schmerzen auftreten. Bettruhe und lokale Wärmebehandlung helfen.

WAS ZU BEACHTEN IST

INZWISCHEN HABEN SIE VERMUTLICH EINE VORSTELLUNG DAVON ENT-
WICKELT, WIE SIE SICH WEHEN UND GEBURT WÜNSCHEN. SIE KÖNNEN MIT DER
HEBAMME ÜBER IHRE WÜNSCHE SPRECHEN ODER EINE »WUNSCHLISTE« FÜR DIE
GEBURT SCHREIBEN.

Um Ihnen einige Anhaltspunkte zu geben, finden Sie auf den folgenden Seiten
einen kurzen Überblick über die wichtigsten Geburtsphilosophien sowie einige
Tipps zum Erstellen Ihres persönlichen Geburtsplans, den Sie Ihrem Mutterpass beilegen können. Bevor Sie jedoch Entscheidungen darüber treffen, wie
Sie mit Wehen und Geburt umgehen wollen, lesen Sie das Kapitel über
Schmerzlinderung, Wehenkontrolle, Wehenverlauf und Geburt, damit Sie eine
klare Vorstellung über die Möglichkeiten gewinnen.

Die Formulierung »Wunschliste für die Geburt« anstelle des üblichen
»Geburtsplans« ist bewusst gewählt, weil ich es für besser halte, diese Liste als
einen Wunschzettel zu betrachten. Ein Geburtsplan ist etwas sehr Bestimmtes

PUNKTE FÜR DIE WUNSCHLISTE

In den meisten Kliniken ist man be-
müht, den Wünschen der Frau hinsichtlich Wehen und Geburt nachzu-
kommen. Gute Kommunikation mit den
Geburtshelfern ermöglicht, dass sie
Ihren Wünschen wann immer möglich
nachkommen können, und beugt Ent-
täuschungen vor.

WAS ZU ÜBERLEGEN IST

▶ Wer soll Ihnen während Wehen und
Geburt beiseite stehen – Ihr Partner,
Ihre Mutter, eine Freundin?
▶ Dürfen sich Assistenz-Ärzte und -
Hebammen um Sie kümmern?
▶ Sind Sie darauf vorbereitet, Medika-
mente zu bekommen, um einen Blasen-

sprung herbeizuführen und die Wehen
zu beschleunigen (*siehe* S. 294ff.)?
▶ Was halten Sie von einer ständigen
Überwachung des Babys durch CTG
(*siehe* S. 291f.)?
▶ Wie aktiv oder mobil wollen Sie
während der Wehen sein?
▶ Wollen Sie, dass Ihr Partner während eines möglichen Kaiserschnitts
bei Ihnen ist (*siehe* S. 360ff.)?
▶ Haben Sie eine klare Einstellung
zum Thema »Dammschnitt« oder
»Dammriss« (*siehe* S. 330f.)?
▶ Möchten Sie, dass man Ihnen Ihr
Baby sofort nach der Geburt gibt,
oder sollen erst die Untersuchungen
durchgeführt werden?

▶ Wer durchtrennt die Nabelschnur?
▶ Wollen Sie eine Syntometrininjektion
zur Beschleunigung der Nachgeburt
(*siehe* S. 333)?

WAS SIE FRAGEN SOLLTEN

▶ Dürfen Sie während der frühen
Wehen essen und trinken?
▶ Können Sie eigene Kleidung tragen?
▶ Haben Sie Zugang zu einer Bade-
wanne, Dusche oder Gebärbecken?
▶ Welche Formen der Schmerzlinde-
rung stehen zur Verfügung?
▶ Werden während der Entbindung
bestimmte Positionen bevorzugt?
▶ Wird die Geburt durch bestimmte
Maßnahmen beschleunigt?

– wie ein Regelwerk, an dessen Befehle Sie und die Geburtshelfer sich halten müssen. Doch wir wissen alle, dass auch noch so sorgfältig ausgearbeitete Pläne scheitern können. Auch die Wehen können eine unerwartete Richtung nehmen. Stress und Enttäuschung über den tatsächlichen Verlauf der Geburt können verhindert werden, wenn man so flexibel wie möglich bleibt.

In dem Krankenhaus, an dem ich arbeite, erhalten Frauen ein Formular mit einer Anzahl von Themen, die sie durchdenken sollten. Ihre Vorstellungen bitten wir sie mit ihrer Hebamme zu besprechen, um dann eine »Wunschliste« zu erstellen, die zum Mutterpass gelegt wird. Diese Methode hat folgende Vorteile:

• Diese Liste vermittelt dem Entbindungsteam, dass Sie sich Ihre eigenen Gedanken über die Entbindung gemacht haben und an allen Entscheidungen beteiligt werden möchten.

• Sie fühlen sich selbst sicherer, weil Sie sich in Ruhe Gedanken über Wehen und Geburt gemacht haben. Wenn Sie zu der Auffassung gelangen, dass Sie sich noch umfassender über die vielen Eventualitäten informieren sollten, bleibt genügend Zeit, dies zu tun.

• Diese Planung gibt auch Ihrem Partner die Möglichkeit, Ihre Vorstellungen und Erwartungen genau zu kennen.

STAMMZELLEN AUS DER NABELSCHNUR

Die Möglichkeit, Stammzellen aus der Nabelschnur zu entnehmen, ist ein neues Angebot für Eltern. Das Blut der Nabelschnur enthält, wie das Knochenmark eines Erwachsenen, lebensnotwendige Blutstammzellen, die bei einer Transplantation für eine Regeneration der Blutbildung sorgen können. Sie können sich zu ganz unterschiedlichen Körperzellen entwickeln. Durch eine Nabelschnurblutspende können Patienten mit Blutkrebs geheilt werden. Die Stammzellen des Babys können in Stickstoff tiefgelagert werden. Sollte das Kind später an einer bestimmten Krankheit erkran-

ken, können seine Stammzellen möglicherweise der Therapie dienen. Auch wenn die Stammzellentherapie noch nicht ausgereift ist, so ist sie in der Behandlung von Diabetes, degenerativen Erkrankungen, wie Alzheimer, und als Knochenmarksspende, z.B. bei Leukämie, sehr vielversprechend.

Lassen Sie sich schon in der Schwangerschaft vom Frauenarzt über eine Nabelschnurblutspende informieren. Nach der Geburt wird die Nabelschnur zügig abgeklemmt, der Geburtshelfer entnimmt etwas Blut und leitet es an die Nabelschnurblutbank weiter.

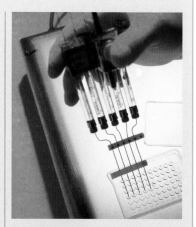

ZELLEN TESTEN *Stammzellen aus dem Nabelschnurblut können sich zu weißen und roten Blutkörperchen sowie zu Blutplättchen weiterentwickeln.*

Nachteile eines Geburtsplans

Schon die Länge dieses Dokuments kann ein Problem sein; denken Sie daran, dass drei eng beschriebene Seiten für die Geburtshelfer schwieriger zu berücksichtigen sind als eine Seite mit übersichtlichen Stichpunkten. Formulieren Sie Ihre Wunschliste in positiver Weise und konzentrieren Sie sich darauf, wie es sein soll, statt eine Negativliste mit Dingen zu erstellen, die nicht eintreten sollen. Es gibt jedoch noch weitere wichtige Gründe dafür, dass Geburtspläne auch von Nachteil sein können:

• Die Wehen können so unterschiedlich verlaufen und erlebt werden, dass kein Geburtsplan alle Möglichkeiten umfassen kann. Ich denke sogar, dass die Wahrscheinlichkeit, dass die Erwartungen enttäuscht werden, umso größer ist, je detaillierter ein Geburtsplan ist. Manche Frauen, die viel Zeit und Mühe damit zugebracht haben, einen »natürlichen« Geburtsplan zu erstellen, sind sehr enttäuscht, wenn die Wehen eine unerwartete Wendung nehmen und einen plötzlichen medizinischen Eingriff erforderlich machen. Doch Versagens- oder Schuldgefühle sind dann völlig unangebracht, denn jede Frau, die ein Baby beinahe ein Jahr lang im Bauch trägt und es dann sicher zur Welt bringt, egal auf welche Weise, ist eine wunderbare Mutter. Und dann gibt es Frauen, die enttäuscht sind, weil die Ärzte die Geburt durch medizinische Maßnahmen zu einem raschen Ende führen mussten. Meine Sorge in solchen Fällen ist, dass diese Frauen stärker gefährdet sind, eine Wochenbettdepression zu bekommen, weil sie die Geburt so negativ erlebt haben und meinen, von den Geburtshelfern – und letztlich auch vom eigenen Körper – im Stich gelassen worden zu sein.

• Alle Personen, die an der Entbindung Ihres Babys beteiligt sind (und dazu gehören auch Sie selbst), haben ein gemeinsames Ziel: die Entbindung eines gesunden Babys und die Gesundheit der Mutter. Das Geburtsteam möchte Ihnen helfen, Ihre »Traumgeburt« zu erleben, aber es kann Situationen geben, in denen Ihre Wünsche nicht mit der Sicherheit von Mutter und Baby zu vereinbaren sind. In dieser Situation müssen Sie auf den Rat hören, der von den Fachleuten gegeben wird, und verstehen, warum es nötig werden kann, vom Geburtsplan abzuweichen.

Meine persönliche Sicht ist, dass es weit wichtiger ist, dem Geburtsteam zu verstehen zu geben, dass Sie in alle Entscheidungen eng einbezogen werden möchten, als jede niedergeschriebene Erklärung, die Sie über Wehen- und Geburtsverlauf anfertigen. In jeder Minute bringen Frauen Kinder auf die Welt – ohne Geburtsplan. Sie teilen ihre Wünsche dabei mit, stellen Fragen und bleiben mit den Geburtshelfern im Gespräch.

»In jeder Minute bringen Frauen Kinder auf die Welt – ohne Geburtsplan. Sie teilen ihre Wünsche einfach mit ...«

GEBURTSMETHODEN

VERSCHIEDENE GEBURTSPHILOSOPHEN HABEN GROSSEN EINFLUSS DARAUF GEHABT,
WIE HEUTZUTAGE MIT WEHEN UND GEBURT UMGEGANGEN WIRD. HIER FINDEN SIE
EINE KURZE ZUSAMMENFASSUNG DER IDEEN UND DEREN UMSETZUNG.

In den 1950er- und 1960er-Jahren erfolgten Geburten in der westlichen Welt auf sehr klinische Weise. Es ist kaum überraschend, dass sich in den folgenden Jahrzehnten immer mehr Verfechter einer natürlicheren Form der Geburt zu Wort meldeten, um die eingeführte Form des Gebärens in Frage zu stellen. Ihre vereinten Lehren und Vorstellungen haben viele Aspekte der Schwangerenvorsorge und der Nachbetreuung verändert, von denen manche heute ganz selbstverständlich erscheinen.

▶ **Dr. Grantley Dick-Read,** ein amerikanischer Geburtshelfer, erkannte in den 1950er-Jahren, dass die Angst vor der Geburt eine der Hauptursachen für die Schmerzen während der Wehen ist. Er lehrte Atem- und Entspannungstechniken, um Angst und Entspannung reduzieren zu helfen. Er war auch der Erste, der Väter in die Geburtsvorbereitung einbezog und sie ermutigte, bei der Entbindung dabei zu sein. Die Geburtsvorbereitung gilt heute als ganz wesentlich dafür, dass Frauen die körperlichen und emotionalen Anforderungen der Geburt gut bewältigen.

▶ **Dr. Ferdinand Lamaze** entwickelte in Frankreich eine ähnliche Methode und unterrichtete Geburts- und Entspannungstechniken, um Wehenschmerzen entgegenzuwirken. Lamaze war der Auffassung, man könnte Frauen einen positiven Umgang mit Wehenschmerzen antrainieren, in ähnlicher Weise, wie der russische Wissenschaftler Dr. Pavlov Hunden antrainiert hatte, auf erlernte Stimuli zu reagieren. Sowohl die Dick-Read- wie die Lamaze-Methode haben enormen

LEBOYER-GEBURT *Das Baby wird der Mutter sofort in die Arme gelegt.*

Einfluss auf die heutige Form der Geburtsvorbereitung und den Umgang mit der Geburt gehabt. In sehr vielen Geburtsvorbereitungskursen werden diese Methoden heute immer noch, teilweise modifiziert oder weiter entwickelt, vermittelt.

▶ **Frédérick Leboyers** Entbindungsmethode basiert auf der Theorie, dass viele Probleme im späteren Leben von einem Geburtrauma herrühren. In seinem Buch »Geburt ohne Gewalt« fordert Leboyer, dass Babys in einer ruhigen, sanften Umgebung, in der Lärm und plötzliche Bewegungen auf ein Minimum reduziert sind, geboren werden sollen. Bei der sanften Leboyer-Geburt wird das Baby direkt nach der Geburt auf die Haut der Mutter gelegt und die Nabelschnur wird erst durchtrennt, wenn sie nicht mehr pulsiert. Leboyer befürwortet auch, das Baby direkt nach der Entbindung in ein warmes Bad zu legen – als Wiedererleben der Atmosphäre im Fruchtwasser.

Eine sanfte Beleuchtung des Entbindungszimmers und Vorrichtungen für eine Wassergeburt gehen auf Leboyers Einfluss zurück und sind heute auf vielen Entbindungsstationen Selbstverständlichkeit. Leboyer ist es im Übrigen auch zu verdanken, dass Neugeborene nicht länger kopfüber an den Füßen gehalten und mit einem Klaps auf den Po in der Welt willkommen geheißen werden.

▶ **Sheila Kitzinger** wurde in den 1960er-Jahren zu einer der Schlüsselfiguren der Bewegung für eine natürliche Geburt. Kitzinger tritt dafür ein, dass Frauen aktiv am Geburtsprozess teilnehmen. Sie verficht keine natürlichen Geburtsmethoden, wenn das Wohlergehen der Mutter oder des Babys gefährdet ist, tritt aber für die Vermeidung unnötiger medizinischer Eingriffe ein. Sie betrachtet die Geburt als eine bedeutende, positive und ganz persönliche Erfahrung jeder Mutter, selbst wenn die Wehen schwierig sind, eine Schmerzlinderung erforderlich ist oder ein Kaiserschnitt notwendig wird. Dank ihres Einflusses werden Frauen heute nicht mehr routinemäßig rasiert oder einem Einlauf und Dammschnitt (*siehe S. 330f.*) unterzogen.

▶ **Michel Odent** ist ein französischer Chirurg, der aktive Geburtstechniken in seiner Klinik in Pithiviers anwendet, dank derer er die niedrigste Rate an Dammschnitten,

AKTIVE GEBURTSVORBEREITUNG *Hüfte, Becken und Oberschenkel werden gestärkt.*

Zangen- und Kaiserschnittgeburten in Frankreich hat. Er ist der Meinung, dass es die Geburt verzögert und unnötige Schmerzen verursacht, wenn Frauen mit hochgelagerten Beinen im Bett liegen, weil sie nach oben pressen müssen, um ihr Baby zu entbinden. Seiner Ansicht nach sollen Frauen zu althergebrachten Entbindungspositionen zurückfinden (entweder aufrecht oder auf allen vieren). Ihre Instinkte und der Verlust von Hemmungen tragen dazu bei, dass im Gehirn natürliche schmerzstillende Substanzen, die Endorphine, gebildet werden, die oft eine medikamentöse Schmerzlinderung überflüssig machen.

▶ **Janet Balaskas** gründete 1981 eine Bewegung für aktive Geburt und

schuf ein Netzwerk von Frauen, die im Rahmen der Geburtsvorbereitung Yoga, Massage, Atemtechniken und Entspannung lehrten. Sie weist darauf hin, wie wichtig für die junge Mutter eine Unterstützung nach der Geburt ist, besonders die praktische Hilfe beim Stillen.

In der Realität ist es heute so, dass viele Frauen von vielen der beschriebenen Geburtsphilosophien etwas mitbekommen und das übernehmen, was sie persönlich als hilfreich empfinden, ohne eine Theorie bis ins Letzte zu befolgen. Es spricht nichts dagegen, dass Sie z. B. Yoga und Massage oder Atem- und Entspannungstechniken erlernen und dann doch eine Periduralanästhesie anlegen lassen, weil die Schmerzen unerträglich werden.

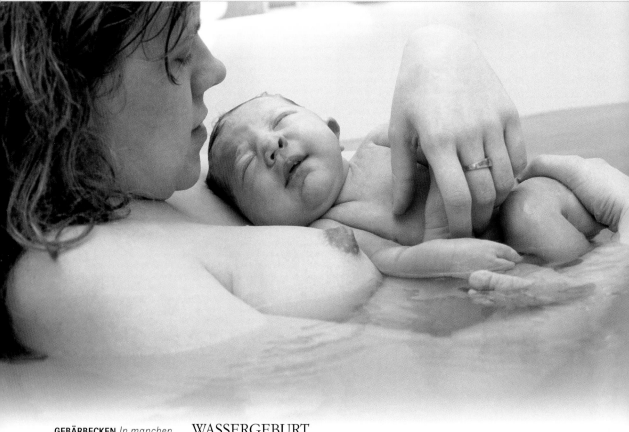

GEBÄRBECKEN *In manchen Entbindungskliniken ist es heutzutage möglich, die Wehen im Wasser zu verbringen bzw. das Kind im Wasser zu bekommen.*

WASSERGEBURT

Gebärbecken und Geburten mithilfe von Wasser sind in den letzten fünf bis zehn Jahren zunehmend in Mode gekommen; Wegbereiter war der französische Geburtshelfer Dr. Leboyer mit seinen Vorstellungen von einer natürlichen Geburt. Hinzu kommt, dass Wasser eine wirksame Form der Schmerzlinderung (*siehe* S. 319f.) sein kann. Diese Idee hat sich so stark durchgesetzt, dass es heute auf vielen Entbindungsstationen Gebärbecken gibt, in denen die Gebärende die Wehen ganz oder zeitweise verbringen kann.

Wenn Sie glauben, dass diese Geburtsform Ihnen zusagen würde, erkundigen Sie sich im Voraus, ob die von Ihnen ausgewählte Klinik diese Möglichkeit bietet und wie stark die Nachfrage ist. Wenn nur ein Becken zur Verfügung steht, aber häufig mehrere Babys in kurzem Abstand auf der Station zur Welt kommen, ist nicht sicher, dass Sie das Gebärbecken nutzen können. Manchmal ist es auch möglich, ein Gebärbecken auszuleihen und in die Klinik mitzunehmen.

Wenn Sie ein Becken für eine Hausgeburt ausleihen wollen, kontrollieren Sie zunächst, ob der Boden im vorgesehenen Zimmer geeignet ist. Sie müssen das Becken nahe an dem Ort, an dem Sie entbinden wollen, aufstellen. Dort muss es gefüllt und nach der Entbindung wieder geleert werden können.

Erkundigen Sie sich, wo man in Ihrer Gegend Gebärbecken ausleihen kann (bei Hebammen, dem Frauenarzt, in Kliniken). Zur Kalkulation der entstehenden Kosten sollten Sie berücksichtigen, dass Sie das Becken einige Tage vor dem errechneten Geburtstermin ausleihen und möglicherweise einige Tage darüber hinaus behalten, da Sie nicht genau wissen, wann die Wehen einsetzen.

DER NESTTRIEB

Wenn der Entbindungstermin naht, entwickeln Sie vielleicht das dringende Bedürfnis, die Wohnung als Vorbereitung auf die Geburt Ihres Babys aufzuräumen. Obwohl es vernünftiger erschiene, die Energie für die Geburt zu bewahren, werden viele Frauen in dieser Zeit von Unruhe erfasst und wollen die Wohnung auf Vordermann bringen. Dieser seltsame Antrieb, als Nesttrieb bezeichnet, ergreift viele Frauen gegen Ende der Schwangerschaft. Seien Sie also nicht überrascht, wenn Sie sich dabei ertappen, Teppiche zu reinigen, Küchenschränke auszuwischen, den Staub auf den obersten Bücherregalen zu entfernen oder plötzlich das Wohnzimmer neu streichen zu wollen.

Vermutlich ist dieser Nesttrieb eine der Strategien, mit denen wir uns psychologisch auf die Geburt vorbereiten. Viele Frauen berichten, dass sie sich erst richtig entspannen konnten, als sie wussten, dass die Wohnung für die Ankunft des Babys perfekt vorbereitet war. Manchmal verschafft die Sicherheit, zu wissen, dass alles bereit ist, eine so große emotionale Erleichterung und geistige Entspannung, dass kurz danach die Wehen einsetzen. Es ist interessant, dass Frauen, die zu früh entbinden, immer wieder berichten, dass sie Probleme haben, die praktischen Seiten der Mutterschaft zu bewältigen. Vielleicht hatten sie nicht genügend Zeit, um sich auf ihr Baby vorzubereiten.

FLUGREISEN IN DER SPÄTSCHWANGERSCHAFT

Flugreisen sind nach dem siebten Monat aufgrund der Druckveränderungen in der Kabine nicht mehr zu empfehlen. Falls Sie fliegen müssen, erkundigen Sie sich bei der Fluggesellschaft, ob Sie ein ärztliches Attest benötigen, um an Bord gehen zu können. Es gibt allerdings keine definitiven wissenschaftlichen Beweise, dass die Druckluftveränderungen die Wehen einleiten oder dem Baby schaden könnten. Etwa zehn Prozent der Schwangerschaften enden mit einer Frühgeburt und vermutlich wollen Fluggesellschaften die Wahrscheinlichkeit, dass eine Frau während des Fluges ihr Kind zur Welt bringt, verringern. Wenn Sie im letzten Trimester fliegen wollen, bringen Sie schon zuvor in Erfahrung, ob es an Ihrem Zielort eine Entbindungsklinik gibt. Stellen Sie sicher, dass die Fluggesellschaft Sie nicht nur auf dem Hin-, sondern auch auf dem Rückflug befördert.

»Dieser seltsame Antrieb, als Nesttrieb bezeichnet, ergreift viele Frauen gegen Ende der Schwangerschaft.«

DIE KINDERBETREUUNG ORGANISIEREN

Die Fremdbetreuung ihrer Kinder gehört für berufstätige Eltern vermutlich zu den größten finanziellen Belastungen. Leider sind die öffentlichen Angebote für die Betreuung von Babys und Kleinkindern in Deutschland noch sehr spärlich. Krippen und Horte für Kleinkinder gibt es nur in größeren Städten und die Wartelisten sind oft lang. Viele Eltern müssen daher eine private Form der Kinderbetreuung organisieren, oft in Form einer Tagesmutter oder einer Kinderfrau, die ins Haus kommt. Es ist nicht überraschend, dass viele Frauen nach genauer Abwägung der Kosten der Kinderbetreuung zu dem Schluss kommen müssen, dass es sich für sie nicht lohnt, wenn sie arbeiten gehen. Diese Situation muss sich ändern!

Es mag Ihnen verfrüht erscheinen, die Frage der Kinderbetreuung schon vor der Ankunft des Babys zu besprechen, doch ich versichere Ihnen, dass es niemals zu früh ist, diesen entscheidenden Punkt zu bedenken. Wenn Sie bald nach der Geburt wieder berufstätig sein wollen, ist es besonders wichtig, sich schon jetzt darüber klar zu werden, welche Form der Kinderbetreuung Sie sich wünschen. So haben Sie Zeit, sich während der Mutterschutzfrist umfassend zu informieren. Folgende Möglichkeiten kommen im Wesentlichen in Betracht:

Hauspflegerinnen kommen im Rahmen der Mutterschaftshilfe ins Haus und betreuen die Wöchnerin und ihr Baby während einiger Wochen. Diese Form der Unterstützung, die von den Krankenkassen getragen wird, wird allerdings nur gewährt, wenn die Mutter ein ärztliches Attest vorlegen kann, in dem bescheinigt wird, dass sie aufgrund einer Krankheit ihr Kind nicht selbst versorgen kann. Eine Hauspflegerin ist also keine Betreuungsmöglichkeit für das Baby einer berufstätigen Mutter. Die Hauspflegerin übernimmt die Versorgung des Babys, einschließlich Flasche geben, wickeln, waschen, Reinigung des Kinderzimmers, und ermöglicht der Mutter regelmäßige Ruhephasen. Hauspflegerinnen können natürlich auch auf privater Basis engagiert werden, z.T. gibt es Organisationen, die entsprechende Mitarbeiterinnen auf Zeit vermitteln. Am besten ist in diesem Fall eine persönliche Empfehlung. Eine Hauspflegerin auf privater Basis ist relativ kostspielig.

Kinderkrippen stehen unter öffentlicher, kirchlicher oder privater Trägerschaft. Ihre Öffnungszeiten sind sehr unterschiedlich. Ein Krippenplatz ist meist schwer zu bekommen. Sie müssen in Erfahrung bringen, welche Angebote es in Ihrer Gegend gibt. Krippen unterliegen strengen gesetzlichen Reglementierungen hinsichtlich Sicherheit, Betreuungspersonal, Räumlichkeiten, Raumangebot und Ausstattung. Alle diese genannten Punkte müssen

«Die Fremdbetreuung ihrer Kinder gehört für berufstätige Eltern vermutlich zu den größten finanziellen Belastungen.»

sorgfältig berücksichtigt werden, doch auch die Empfehlungen von Freunden sind ein guter Anhaltspunkt.

Tagesmütter betreuen Kinder bei sich zu Hause und werden je nach Kind und Stundenzahl bzw. nach pauschaler Absprache bezahlt. Meist haben Tagesmütter Kinder im selben Alter. Manchmal betreut die Tagesmutter noch weitere Kinder. Wie flexibel eine Tagesmutter ist, hängt ganz von der jeweiligen Situation ab, vor allem davon, wie viele Kinder sie betreut. Das ist vor allem dann von Bedeutung, wenn Ihr Kind einmal krank wird. Kann es dann ebenfalls von der Tagesmutter versorgt werden? Dieses Problem stellt sich jedoch auch in Krippen. Es muss zudem abgeklärt werden, ob sich die Tagesmutter darauf einstellen kann, wenn Sie z. B. überraschend Überstunden machen müssen. Viele Tagesmütter sind beim Jugendamt registriert, dort erhalten Sie auch eine entsprechende Liste. Daneben gibt es auch viele private Absprachen zwischen Müttern, z. B. unter Bekannten oder auf Anzeigen in der Tageszeitung.

Eine Kinderfrau versorgt Ihr Kind bei Ihnen zu Hause. Entweder wohnt die Kinderfrau auch bei Ihnen oder sie hat eine eigene Wohnung. Manchmal teilen sich zwei Familien eine Kinderfrau. Sie müssen die Arbeitsstunden festlegen, ebenso wie die Aufgaben, die die Kinderfrau übernehmen soll, z. B. ein- oder zweimal in der Woche abends babysitten. Setzen Sie einen Arbeitsvertrag auf, in dem Sie alle wichtigen Aspekte der Tätigkeit benennen. Auch die Grundsätze Ihrer Erziehungsvorstellungen müssen von der Kinderfrau beachtet und umgesetzt werden. Sympathie, Vertrauen und intensiver Austausch sind unerlässlich. Sie können zwar nie ganz sicher sein, ob es mit Ihrer Kinderfrau klappen wird, aber Sie können einige wichtige Schritte dazu im Vorfeld unternehmen.

Im Allgemeinen verdienen Kinderfrauen, die im Haus wohnen, weniger, weil sie Kost und Logis frei erhalten. Doch die Kosten, die ein zusätzlicher Erwachsener im Haushalt verursacht, dürfen nicht vernachlässigt werden. Außerdem bietet sich diese Möglichkeit nur an, wenn Sie entsprechenden Wohnraum zur Verfügung stellen können. Am

WIEDER ARBEITEN *Es fällt Ihnen ein bisschen leichter, Ihr Kind am ersten Arbeitstag zurückzulassen, wenn Sie sicher sind, dass es gut betreut wird.*

besten ist ein eigenes Appartement, z.B. in Form einer Einliegerwohnung. Manche Paare schätzen den Vorteil einer bei ihnen lebenden Kinderfrau, weil sie dann immer die Möglichkeit haben, im Notfall auf jemanden zurückgreifen zu können, während andere sich in ihrer Privatsphäre gestört fühlen. Wie auch immer – Sie können nicht erwarten, dass Ihre Kinderfrau rund um die Uhr zur Verfügung steht und jederzeit einspringt, wenn Sie wiederholt spät von der Arbeit nach Hause kommen oder am Wochenende Ihr Kind betreuen lassen wollen.

Eine außer Haus lebende Kinderfrau ist die kostspieligste Form der Kinderbetreuung; Vorteil ist, dass sie abends nach Hause geht und Sie Ihr Zuhause für sich allein haben. Bei der Bezahlung einer Kinderfrau müssen Sie auch für die Sozialleistungen, Krankenkasse, Renten- und Pflegeversicherung, aufkommen. Natürlich hat sie auch Anrecht auf bezahlten Urlaub. Die Kosten können reduziert werden, wenn Sie sich eine Kinderfrau mit einer anderen Familie teilen, doch dies erfordert hohe Flexibilität.

Am besten ist es, wenn Sie eine Kinderfrau durch die Empfehlung von Freunden finden. Sie können aber auch eine Anzeige aufgeben oder sich an die Agentur für Arbeit oder eine Agentur für Zeitarbeit wenden. Prüfen Sie sorgfältig die Zeugnisse und Referenzen. Vor allem müssen Sie sich im Klaren darüber sein, welche Vorstellungen Sie selbst haben. Wenn Sie eine Anzeige aufgeben, müssen Sie ausreichend Zeit für die Bewerbungsgespräche einplanen. Bemühen Sie sich schon geraume Zeit vor dem gewünschten Einstellungstermin um eine Kinderfrau, denn es ist nicht gewährleistet, dass Sie auf Anhieb eine Frau Ihres Vertrauens finden bzw. diese auch sofort bei Ihnen anfangen kann.

Au-pair-Mädchen/-Jungen stellen eine weitere Möglichkeit der Kinderbetreuung dar, die in der Regel bedeutend preiswerter ist. Gegen Unterkunft, Kost und ein Taschengeld helfen sie bei der Betreuung des Kindes und übernehmen Haushaltsaufgaben. Diese jungen Frauen (und gelegentlich auch Männer) kommen in der Regel aus dem Ausland und beherrschen die deutsche Sprache noch nicht so gut; außerdem haben sie meist nur wenig Erfahrung im Umgang mit Babys und Kleinkindern. Meiner Meinung nach ist diese Betreuungsform für Vorschul- und Schulkinder besser geeignet als für Neugeborene, zumal Au-pairs während ihres Aufenthalts (der in den

»Setzen Sie am besten einen Arbeitsvertrag auf, in dem Sie alle wichtigen Aspekte der Tätigkeit benennen.«

meisten Fällen etwa ein Jahr umfasst) auch täglich eine Sprachschule besuchen.

Großeltern, die gesundheitlich fit sind und viel freie Zeit haben, sind manchmal gern bereit, sich ein oder zwei Tage in der Woche um das Baby zu kümmern, sodass diese Form der Betreuung eine Möglichkeit sein kann, wenn Sie Teilzeit arbeiten wollen. Die Großeltern werden belohnt durch das enge Band, das sich zu dem heranwachsenden Enkelkind bildet. Sie sollten allerdings sicherstellen, dass Sie von den Großeltern nicht mehr verlangen, als sie leisten können. Denken Sie auch daran, dass sich die Erziehungsmethoden unterscheiden können: Die Ansichten der Großeltern, z.B. hinsichtlich Schlafverhalten, Fütterungszeiten, Schreien und Belohnungen, können sich von Ihren eigenen stark unterscheiden, und es ist meist schwieriger, ein solches Problem mit einem Verwandten zu besprechen als mit einer professionellen Kinderfrau. Zeigen Sie den Großeltern auch, wie man die mittlerweile sehr komplizierten Kinderwagen handhabt und den Autositz sicher anbringt. Besprechen Sie Fragen der Sicherheit, vor allem, wenn die Großeltern Ihr Baby bei sich zu Hause betreuen wollen.

Wenn Sie an ein oder zwei Tagen in der Woche ein paar Stunden für sich selbst haben möchten, können gegenseitige Absprachen mit einer Freundin, die ebenfalls Kinder hat, eine gute Möglichkeit sein; in diesem Fall werden allerdings auch Sie selbst an manchen Tagen zwei oder mehr Kinder betreuen müssen.

Welche Form der Kinderbetreuung Sie auch wählen, Sie müssen viel Zeit und Anstrengung in die Suche nach der besten Lösung, die Sie sich leisten können, investieren. Denken Sie schon jetzt über die Möglichkeiten nach, damit Sie, wenn Sie aktiv suchen müssen, genaue Vorstellungen darüber haben, was Sie brauchen und wie viel Zeit Sie für die Suche zur Verfügung haben. Eine Kinderfrau sucht man in der Regel zwei bis drei Monate vor der geplanten Rückkehr an den Arbeitsplatz. Um einen Krippenplatz müssen Sie sich jedoch schon viel früher bemühen.

BETREUUNG DURCH DIE GROSSELTERN *Wenn es gut funktioniert, kann die Betreuung durch die Großeltern für alle eine Bereicherung sein.*

SPEZIELLE VORSORGE-UNTERSUCHUNGEN

Die meisten Frauen und Babys sind in der Spätschwangerschaft fit und gesund. In diesem Fall sind keine speziellen Untersuchungen erforderlich. Wenn die Schwangerschaft jedoch übertragen ist oder Risiken bestehen, wird der Arzt bzw. die Hebamme spezielle Tests anordnen.

Bei Auftreten folgender Probleme werden weitergehende Untersuchungen durchgeführt: Bluthochdruck, Wachstumsprobleme beim Baby, Verringerung der Kindsbewegungen, schlecht eingestellter Schwangerschaftsdiabetes, Übertragung der Schwangerschaft. Natürlich hängen die speziellen Tests, die Ihnen angeboten werden, von der Art des jeweiligen Problems ab; meist jedoch gehört eine Ultraschalluntersuchung zur Kontrolle des Wachstums des Babys und zur allgemeinen Beurteilung des Zustandes des Babys, ein so genanntes biophysikalisches Profil, dazu. Daneben wird auch ein CTG zur Kontrolle des kindlichen Herzschlags durchgeführt. Oftmals wird auch eine Farbdoppler-Ultraschalluntersuchung zur Überprüfung der Blutversorgung von Gebärmutter, Plazenta und Hauptblutgefäßen des Babys vorgenommen.

Diese Untersuchungen werden oft in speziellen Praxen oder Kliniken durchgeführt, da nicht jede Praxis über entsprechende Geräte verfügt.

WACHSTUMSKONTROLLE DES FETUS

Wenn der Verdacht besteht, dass der Fetus unzureichend wächst, können in einem Abstand von 7–10 Tagen Ultraschalluntersuchungen durchgeführt werden, um genaue Daten zu erheben und mögliche Ursachen festzustellen. Dabei werden Kopf- und Bauchumfang sowie die Länge des Oberschenkelknochens gemessen.

Es gibt verschiedene Arten einer Wachstumsretardierung (*siehe* S. 428), von denen jede unterschiedliche Ursachen und Auswirkungen auf das Wachstum des Fetus hat.

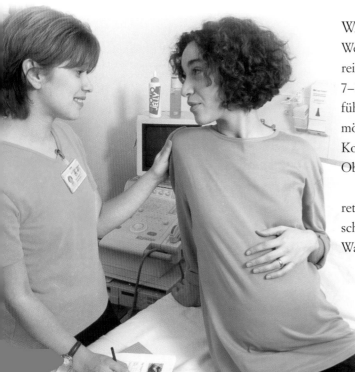

SPEZIELLE TESTS *Diese werden gewöhnlich ambulant durchgeführt, um unnötige Krankenhausaufenthalte vor der Geburt zu vermeiden.*

DOPPLER-ULTRASCHALLUNTERSUCHUNG

Diese Form des Ultraschalls wird wie ein normaler Ultraschall durchgeführt; dabei wird der Blutfluss in den Blutgefäßen von Gebärmutter, Plazenta und Nabelschnur und im Kopf des Babys bestimmt.

▶ **Wenn Gehirn und Herz auf Kosten der nicht lebenswichtigen Körperorgane verstärkt durchblutet werden,** weiten sich die großen Blutgefäße im Gehirn, besonders die mittlere Hirnarterie (der Gefäßwiderstand sinkt), um die zusätzliche Menge aufzunehmen. Diese Veränderung kann im Ultraschall erkannt werden und weist nach, dass das Baby einer Notsituation, z.B. Sauerstoffmangelversorgung (Hypoxie), ausgesetzt ist.

▶ **Verringerter Blutfluss in der Nabelschnurarterie** lässt darauf schließen, dass das Baby zu langsam wächst. Auf dem Monitor sieht man, wie der Blutdruck am Ende jedes Pumpzyklus fällt, wobei aber die Versorgung des Babys aufrechterhalten wird. Wenn der Blutfluss am Ende jedes Zyklus unterbrochen wird, leidet das Baby an Sauerstoffmangel. Wenn der Scan zeigt, dass Blut zurückfließt, ist ein sofortiger Eingriff erforderlich.

Hoher Blutdruck bei Beginn des Pumpzyklus   Niedriger Blutdruck am Ende des Pumpzyklus

NORMAL *Obwohl der Blutfluss am Ende jedes Pumpvorgangs abfällt, hört er nicht auf. Die Versorgung erfolgt ohne Unterbrechung.*

Hoher Blutdruck bei Beginn des Pumpzyklus   Fehlender Blutfluss am Ende des Pumpzyklus

ANOMAL *Kleine Lücken im Kurvenverlauf zeigen, dass der Blutfluss am Ende jedes Pumpvorgangs unterbrochen wird.*

Bei einer symmetrischen Wachstumsretardierung wird das Wachstum schon früh in der Schwangerschaft gehemmt. Kopf und Körper sind gleichermaßen betroffen. Viele angeborene Anomalien, bestimmte Infektionen, wie Röteln und Syphilis (*siehe* S. 411ff.), sowie Toxine, z.B. Alkohol, Zigarettenrauch und Heroin, verursachen eine symmetrische Wachstumsretardierung.

Eine asymmetrische Wachstumsretardierung erfolgt nach der 20. Woche und wird als Plazentainsuffizienz bezeichnet. Dabei beeinträchtigt ein mütterliches oder fetales Problem die Plazentafunktion. Die Blutversorgung reicht nicht mehr aus, um die Bedürfnisse des wachsenden Babys zu decken, z.B. bei einer Präeklampsie (*siehe* S. 425), bei Zwillingsschwangerschaften und bestimmten fetalen Missbildungen (*siehe* S. 415ff.). Das Baby leitet das zur Verfügung stehende Blut zum Gehirn und Herzen, um das Wachstum dieser lebenswichtigen Organe sicherzustellen; der Kopf wird im Verhältnis zum Bauch größer, da die Fettspeicher in der Leber und im Bauch aufgebraucht werden. Die Gliedmaßen des Fetus sind auffallend dünn.

Durch eine Doppler-Ultraschalluntersuchung (*siehe* oben) kann man das Ausmaß der Problematik bestimmen. Wenn keine unmittelbare Gefahr besteht, werden weitere Untersuchungen im Abstand von 7–10 Tagen vorgenommen. Wenn kein Wachstum mehr erfolgt oder das Baby sehr langsam wächst, wird wahrscheinlich zur Einleitung der Geburt geraten (*siehe* S. 294ff.). In manchen Fällen ist ein sofortiger Kaiserschnitt erforderlich.

AUFZEICHNUNG DER FETALEN HERZTÖNE

Cardiotokographen (CTGs) sind Herzton-Wehen-schreiber, die sowohl den Herzschlag des Babys als auch die Aktivität der Gebärmuttermuskulatur aufzeichnen. Sie werden meist während der Wehen eingesetzt, um zu sehen, wie das Baby die An-strengung der Geburt verkraftet, ob es unter dem Druck der Wehen in Sauerstoffnot gerät und darauf mit Herzfrequenzschwankungen reagiert. Auch in der Schwangerschaft kann man mithilfe des CTGs feststellen, ob sich das Baby in einer Notlage befindet (*siehe* Kasten unten).

Zwei Gurte mit Schallköpfen werden um den Bauch befestigt: Einer registriert jede Aktivität in den Gebärmuttermuskeln, während der andere den kindlichen Herzschlag aufzeichnet. Im Aus-druck erscheint eine zweifache Linie mit der Herz-frequenz des Babys und den Aktivitäten der Ge-bärmutter (Kontraktionen oder keine Aktivität, d.h. keine Wehen).

Computergestütztes Oxford-CTG

Diese Form der CTG-Auswertung erlaubt eine gute Beurteilung des fetalen Wohlbefindens. Es wird meist bei Risikoschwangerschaften eingesetzt. Das

EIN CTG AUSWERTEN

Ein Baby in der Gebärmutter hat eine basale Herzfrequenz von 120–160 Schlägen pro Minute. Dieser Wert variiert um 5–15 Schläge, außer während Schlafphasen, die etwa 30 Minuten dauern. Diese Variabilität ist ein wichtiges Zeichen des Wohlbefindens. Wenn diese Variabilität länger als 30 Minuten ausbleibt, befindet sich das Baby in einer Notlage.

Bei gesunden Babys erfolgt oft auch eine Beschleunigung der Herzschlagrate (ein Anstieg um mehr als 15 Schläge pro Minute oder für länger als 15 Sekunden), die durch fetale Bewegungen oder äußere Stimuli, z.B. ein Stoß gegen den mütterlichen Bauch, verursacht wird.

Eine Verlangsamung des Herzschlags ist ebenfalls häufig nach fetalen Bewegungen oder Gebärmutterkontraktionen festzustellen. Eine wiederholte Verlangsamung um mehr als 15 Schläge pro Minute oder länger als 15 Sekunden ist aber ebenfalls ein Hinweis auf eine mögliche Belastung des Fetus, besonders wenn sie nicht durch Kontraktionen verur-sacht wurde. Das Lesen und Auswerten eines CTGs erfordert viel Erfahrung. Es gibt immer wieder Interpretationsfehler; dies ist einer der Gründe dafür, dass die Computeranalyse entwickelt worden ist.

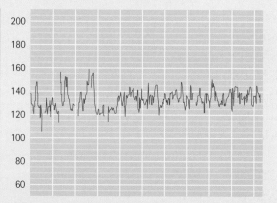

GUTE VARIABILITÄT *Die Höhen und Tiefen auf diesem CTG zeigen ein gesundes Muster der Beschleunigung und Verlangsamung im fetalen Herzschlag über eine kurze Zeitspanne hinweg.*

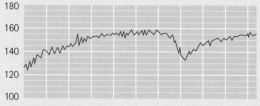

SCHWACHE VARIABILITÄT *Ein CTG, das wenig Variation im feta-len Herzschlag über eine Zeitspanne von mehr als 30 Minuten zeigt, ist ein Hinweis auf eine fetale Notsituation.*

Oxford-CTG vergleicht die aufgezeichneten Herztöne elektronisch mit über 100000 gespeicherten CTGs und ermöglicht dadurch eine ungleich präzisere Analyse der Daten. Bei dieser Form des CTGs sind auch kleinste Veränderungen der kindlichen Herztätigkeit sichtbar, die auf den von den konventionellen Geräten erzeugten Papierstreifen gar nicht erkennbar waren. So erfassen die computergestützten Oxford-Systeme z.B. wichtige Parameter wie die so genannten Kurzzeitvariabilität, d.h. die Zeit zwischen den einzelnen Herztönen. Bleibt die Zeit von Herzschlag zu Herzschlag relativ konstant, ist dies eher ein schlechtes Zeichen. Für ein gesundes frühkindliches Herz spricht es vielmehr, wenn die Bandbreite dieser Intervalle möglichst groß ist. Selbstverständlich werden auch die Beschleunigung oder Verlangsamung der Herztöne gemessen sowie der periphere Widerstand der Blutgefäße, was Rückschlüsse über den Grad der Blutversorgung ermöglicht. Darüber hinaus ist eine Überwachung der fetalen Bewegungen möglich. Zusätzliche Ultraschallkanäle ermöglichen zudem eine akkurate Einschätzung der fetalen Herzfrequenz von Zwillingen.

Die maximale Aufzeichnungszeit eines solchen CTGs beträgt 60 Minuten, aber der Computer beginnt bereits nach 10 Minuten mit der Analyse der Daten. Durch den automatischen Vergleich mit den gespeicherten CTGs aus anderen Schwangerschaften können kritische Abweichungen oder Besonderheiten genau angezeigt werden.

Wie alle Testverfahren kann auch die Computeranalyse ein falschpositives Ergebnis liefern und vermuten lassen, dass ein Problem besteht, obwohl keines vorliegt. Daher werden zur Abklärung in der Regel noch weitere Untersuchungen, vor allem die Doppler-Sonographie zum Nachweis des Blutflusses, hinzugezogen. Bei der Auswertung kommt es wieder auf die Erfahrung der Geburtshelfer an.

FRUCHTWASSERMENGE

Die Menge des Fruchtwassers kann bei einer Ultraschalluntersuchung bestimmt werden; dabei wird die Tiefe der Flüssigkeit, die das Baby umgibt, gemessen. Liegt der maximale Wert unter 2–3 cm oder beträgt die Summe der in vier Bereichen gemessenen Tiefe weniger als 7,3 cm, ist eine sofortige Entbindung erforderlich.

Es ist wissenschaftlich noch nicht geklärt, warum die das Baby umgebende Fruchtwassermenge gegen Ende der Schwangerschaft so wichtig ist. Man nimmt an, dass ein erhöhtes oder verringertes Volumen ein Indikator dafür ist, dass die Nieren und der Stoffwechsel des Babys nicht optimal funktionieren; eine Untersuchung dieser wichtigen Funktionen ist aber beinahe unmöglich, solange das Baby in der Gebärmutter ist. Eine verringerte Fruchtwassermenge sollte immer ernst genommen werden. Wenn eine Schwangerschaft kurz vor dem errechneten Geburtstermin steht oder übertragen ist, entscheide ich in diesem Fall beinahe immer, die Entbindung einzuleiten.

BIOPHYSIKALISCHES PROFIL

Bei diesem Test werden verschiedene Parameter in einem Maßsystem kombiniert, um das fetale Wohlbefinden einzuschätzen. Hierzu zählen fetale Atem- und Körperbewegungen, Muskeltonus, Fruchtwassermenge sowie fetale Reaktivität (im Ruhe-CTG). Dabei soll eine Verbesserung der Vorhersagbarkeit einer fetalen Gefährdung gegenüber der Bewertung der Einzelkriterien erreicht werden. Heutzutage werden eine verringerte Fruchtwassermenge und ein auffälliges CTG als wichtigste Indikatoren für eine Notlage des Babys betrachtet. Wenn jedoch z.B. die Fruchtwassermenge gering ist, aber das CTG in Ordnung, sind zusätzliche Parameter erforderlich, um eine Entscheidung zu treffen.

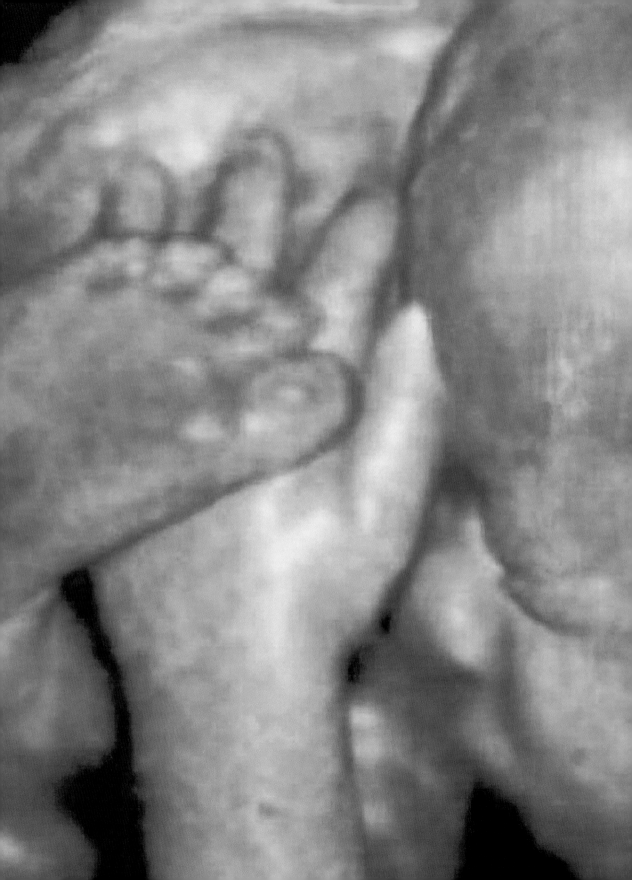

35.–40. WOCHE
DIE ENTWICKLUNG DES BABYS

IN DER GEBÄRMUTTER IST ES JETZT RECHT ENG. DIE MEISTEN BABYS LIEGEN MIT DEM KOPF NACH UNTEN UND WARTEN AUF DAS EINSETZEN DER WEHEN. BEWEGUNGEN SIND NUR NOCH BEGRENZT ZU SPÜREN, ABER DER BAUCH VERÄNDERT IMMER WIEDER SEINE FORM – JE NACHDEM, WELCHE POSITION IHR BABY EINNIMMT.

Es erfolgt weiter eine kontinuierliche Gewichtszunahme; das Baby legt unter der Haut, an den Muskeln und Bauchorganen Fettpolster an. Ein termingerecht geborenes Baby wirkt rundlich und wiegt etwa 3–4 kg; Jungen wiegen meist etwas mehr als Mädchen. Ihr Baby ist zwar zu stark »eingeklemmt«, um sich frei bewegen zu können, dennoch sollten Sie weiterhin Bewegungen und eventuell ein unangenehmes, scharfes Ziehen spüren, wenn Ihr Baby boxt und auf die Gebärmutterwand drückt. Jede plötzliche Veränderung im Bewegungsmuster Ihres Babys muss sofort ärztlich untersucht werden.

Der Lanugo-Flaum ist weitgehend verschwunden, doch die Haut ist noch mit etwas glitschiger Käseschmiere überzogen, die dem Baby den Durchgang durch den Geburtskanal erleichtert. Bei übertragenen Babys ist die Haut meist rissig und schält sich, weil sie längere Zeit ungeschützt dem Fruchtwasser ausgesetzt war; manche Babys haben im Gesicht sogar Kratzspuren von ihren Fingernägeln. Es ist ganz unterschiedlich, wie viele Haare ein Baby bei der Geburt hat – manche sind kahlköpfig, andere haben einzelne Stellen, die mit Flaum bedeckt sind, andere einen üppigen Haarschopf. Die Haare gehen in den ersten Wochen aus, wachsen aber sofort wieder nach.

BEREIT ZUR GEBURT
Die Lunge ist nun voll ausgereift und die Nebennieren produzieren weiter große Mengen an Cortisol, damit in der Lunge ausreichend Surfactant gebildet wird, das den Gasaustausch und damit die Lungenfunktion nach der Geburt ermöglicht. Das Herz schlägt etwa 110- bis 150-mal in der Minute. Dramatische Veränderungen werden sich kurz nach der Geburt im Herz-Kreislaufsystem vollziehen, wenn das Baby seinen ersten Atemzug macht (*siehe* S. 378f.).

Das Verdauungssystem ist darauf vorbereitet, flüssige Nahrung aufzunehmen. Die Eingeweide sind mit einer dunkelgrünen, klebrigen Substanz, dem Mekonium (Kindspech), angefüllt, die aus toten Hautzellen, Resten von

◄ *Gegen Ende der Schwangerschaft hat das Baby kaum noch Platz.*

Verkleinerung

Verkleinerung

In der 38.–40. Woche wiegt Ihr Baby zwischen 3 und 4 kg und misst vom Schädel bis zur Zehenspitze etwa 50 cm.

Lanugo-Haar und Ausscheidungen von Darm, Leber und Gallenblase des Babys gebildet wird. Dieser Mekoniumpfropf wird normalerweise in den ersten Lebenstagen ausgeschieden, doch wenn das Baby vor der Entbindung in Stress oder Angst gerät, kann der Stuhlgang ins Fruchtwasser abgehen. Wird nach dem Blasensprung Mekonium im Fruchtwasser festgestellt, ist das ein Hinweis darauf, dass das Baby unter Stress steht und während der Geburt streng überwacht werden muss (*siehe* S. 291f.). Bei Jungen senken sich in diesen letzten Wochen die Hoden in den Hodensack.

Sein körpereigenes Immunsystem kann das Baby nun vor verschiedenen Infektionen schützen. Doch dafür sind vor allem Antikörper, die aus dem Blut der Mutter stammen, verantwortlich. Nach der Geburt erhält das Baby weiterhin mütterliche Antikörper über die Muttermilch. Durch das Stillen geben Sie Ihrem Baby in den ersten Lebensmonaten weiter diesen wichtigen Schutz, bis es selbst Antikörper bildet.

WIE SICH DER KOPF ANPASST

Der Kopf des Babys ist im Verhältnis zum Körper viel kleiner als in der Frühschwangerschaft, aber der Kopfumfang ist immer noch beinahe so groß wie der Bauchumfang. Die entscheidende Frage ist, wie der Kopf sicher durch den Geburtskanal gelangen kann. Doch da die Schädelknochen des Fetus noch nicht fest verbunden sind, ist der Kopf sehr formbar. Zwar muss das Gehirn durch Knochen geschützt werden, doch sind diese im Vergleich zum Schädel eines Erwachsenen sehr weich und können sich seitlich verschieben und überlappen. Auf diese Weise kann sich der Kopf der Form des mütterlichen Beckens anpassen und viel leichter durch Geburtskanal und Scheide gleiten.

In einer normal verlaufenden Schwangerschaft tritt der Kopf des Babys gegen Ende ins Becken der Mutter ein. In der ersten Schwangerschaft kann sich der Kopf bereits in der 36. Woche senken, in einer zweiten oder dritten Schwangerschaft tritt der Kopf manchmal erst unmittelbar vor Einsetzen der Wehen ins Becken ein.

DIE PLAZENTA AM ENDE DER SCHWANGERSCHAFT

Die Plazenta sieht nun wie eine Scheibe aus; sie hat einen Durchmesser von etwa 20–25 cm und ist etwa 2–3 cm dick. Diese große Oberfläche ermöglicht den Übergang von Sauerstoff und Nährstoffen zum Baby und die Abgabe von Abfallprodukten vom Baby zur Mutter. Am Ende der Schwangerschaft wiegt die Plazenta etwa 700 g. Nur sehr wenige Babys kommen zum errechneten Geburtstermin zur Welt. Etwa 45 Prozent der Schwangerschaften sind in der

40. Wochen noch nicht entbunden. Doch nur selten wird über die 42. Woche hinaus abgewartet. In diesem Stadium wird meist zu einer Einleitung der Geburt geraten (*siehe* S. 294ff.), weil die Plazenta nicht mehr voll funktionstüchtig ist. Ihre Reserven sind weitgehend aufgebraucht – daher ist das Risiko einer Totgeburt in einer übertragenen Schwangerschaft erhöht. Nach der 42. Woche kann das Baby außerhalb der Gebärmutter besser versorgt werden.

WIE SICH IHR KÖRPER VERÄNDERT

WENN DER KOPF DES BABYS INS BECKEN EINGETRETEN IST, VERLAGERT SICH IHR BAUCH WEITER NACH UNTEN IN DIE BAUCHHÖHLE. MANCHMAL VERÄNDERT SICH DIE FIGUR DADURCH DEUTLICH.

Das bedeutet aber nicht, dass die Geburt unmittelbar bevorsteht; es können noch mehrere Wochen vergehen. Es ist aber ein Anzeichen dafür, dass sich Gebärmutter und Baby zur Geburt rüsten. Wenn Sie Ihr erstes Baby erwarten, wird dies eher früher der Fall sein, weil die Gebärmuttermuskeln noch straff sind, da sie noch durch keine frühere Geburt gedehnt worden sind und daher mehr Druck auf den Kopf des Babys ausüben können. Die Beckenknochen hätten sich bei einer früheren vaginalen Entbindung etwas verschoben – auch dadurch kann der Eintritt des kindlichen Kopfes ins Becken verzögert werden.

BEREIT ZUR GEBURT

Diese farbige Röntgen-aufnahme zeigt, wie das termingerechte Baby mit dem Kopf nach unten ins Becken der Mutter eingetreten ist.

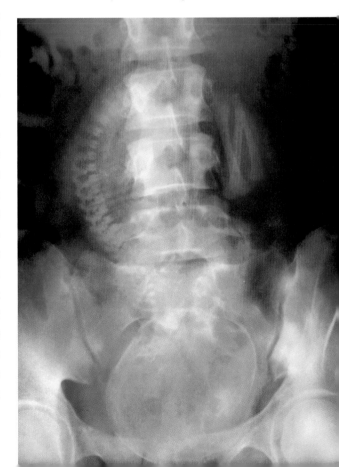

Wenn der Kopf Ihres Babys ins Becken eingetreten ist, fällt Ihnen das Atmen wieder leichter. Der Druck auf Zwerchfell und Rippen lässt nach und Sie können eventuell wieder eine komplette Mahlzeit zu sich nehmen. Daher wird der Eintritt des Kopfes ins Becken oft als Erleichterung betrachtet. Der Nachteil besteht darin, dass der Kopf des Babys (wenn er unten liegt) direkt auf die Blase drückt. Sie müssen häufig kleine Mengen Urin lassen. Nachts erschwert Ihnen der große Bauch das Aufstehen, wenn Sie zur Toilette müssen. Die Bänder, Sehnen und Gelenke im Becken können als Vorbereitung auf die Geburt weiter erschlaffen; dies kann zu Schmerzen im Beckenbereich und einem Gefühl des Wundseins im Unterbauch führen.

Das Problem wird dadurch verschlimmert, dass sich durch den Eintritt des Babys ins Becken Ihre Haltung wieder verändert. Sie selbst nehmen in den letzten Wochen nur noch wenig oder vielleicht gar nicht mehr zu, das Baby jedoch noch bis zu 1 kg. Wenn Sie sich plötzlich aufgedunsen fühlen oder sich Schwellungen bilden, wenden Sie sich sofort an den Arzt oder die Hebamme. Es muss sichergestellt werden, dass sich keine Präeklampsie (*siehe* S. 425) entwickelt.

WIRKUNG DER HORMONE

Die Schwangerschaftshormone, die von der Plazenta gebildet werden, verursachen weitere Veränderungen Ihres Körpers. Ihre Brüste vergrößern sich weiter und füllen sich vielleicht mit Milch; ganz unerwartet können sogar kleine Mengen herausfließen. Doch dieser Milchfluss tritt nicht bei jeder Frau auf. Viele Frauen stellen einen verstärkten Vaginalausfluss fest, der leicht bräunlich oder rötlich sein kann, vor allem nach Geschlechtsverkehr. Dies ist gewöhnlich kein Anlass zur Sorge, sondern eher ein weiteres Anzeichen dafür, dass der Muttermund infolge der verstärkten Durchblutung weicher geworden ist. Dadurch kann er schon bei leichter Berührung etwas bluten. Jede hellrote Blutung muss jedoch, vor allem, wenn sie von Schmerzen begleitet wird, sofort dem Arzt mitgeteilt werden.

»Keinesfalls sollten Sie das Gefühl haben, der Hebamme oder dem Arzt lästig zu fallen, weil Sie vielleicht schon dreimal in der Woche wegen der gleichen Symptome angerufen haben.«

WIE SIE SICH KÖRPERLICH FÜHLEN

SIE HABEN NUN IHREN MAXIMALEN KÖRPERUMFANG ERLANGT. VIELLEICHT STOSSEN SIE SICH JETZT OFT IRGENDWO AN UND FÜHLEN SICH ZIEMLICH PLUMP. SIE MÜSSEN BEIM TREPPENSTEIGEN AUFPASSEN, WEIL SICH IHR KÖRPERSCHWERPUNKT STARK VERÄNDERT HAT.

Während dieser letzten Schwangerschaftswochen erinnern Sie die Braxton-Hicks-Kontraktionen immer wieder daran, dass die Geburt jederzeit einsetzen kann. Echte Wehenkontraktionen sind zwar viel stärker und schmerzhafter, doch wenn Sie im Zweifel sind, um welche Art von Wehen es sich handelt, sollten Sie den Arzt fragen. Bauchschmerzen dürfen zum jetzigen Zeitpunkt nicht ignoriert werden. Keinesfalls sollten Sie das Gefühl haben, der Hebamme oder dem Arzt lästig zu fallen, weil Sie vielleicht schon dreimal in der Woche wegen der gleichen Symptome angerufen haben. Es ist egal, wie oft es einen »falschen« Alarm gibt. Es ist wichtig, dass Gebärmutterschmerzen sofort und sorgfältig abgeklärt werden.

Die Müdigkeit ist in diesem Stadium vermutlich ein ständiger Begleiter, egal wie sehr Sie sich bemühen, sich auszuruhen. Denn Sie werden kaum ausreichend lange Tiefschlafphasen bekommen, die notwendig sind, um die geistige und körperliche Energie wiederzuerlangen. Zu einem qualitativ guten Schlaf gehören Zyklen von vier verschiedenen Schlafphasen von leichtem Schlaf bis zum Tiefschlaf, gefolgt vom REM-Schlaf (Rapid Eye Movement), der Traumphase. Wenn Sie während einer dieser Phasen aufwachen, beginnt der Schlafzyklus nach dem Einschlafen wieder in der ersten Schlafphase. Daher fehlen Ihnen die so wichtigen Tiefschlaf- und REM-Phasen und Sie fühlen sich beim Aufwachen wenig erholt. Selbst wenn es Ihnen gelingt, immer wieder längere Zeit zu dösen oder zu schlafen, führt der Mangel an Tiefschlaf dazu, dass Sie sich immer müder und erschöpfter fühlen.

UNGEDULD UND FRUSTRATION

In dieser späten Phase der Schwangerschaft stellt sich sehr häufig Ungeduld ein: Man kann den Tag X kaum mehr erwarten. Jetzt sehnen viele Frauen das Ende der Schwangerschaft herbei, egal, wie sehr sie sie bisher genossen haben.

Wenn es Ihnen auch so ergeht, denken Sie daran, dass das Ende in Sicht ist. Auch wenn der errechnete Termin verstreicht, kann es sich nur noch um Tage handeln (*siehe* unten). Belastend ist oft, dass in dieser Zeit immer wieder das Telefon klingelt und Angehörige und Freunde fragen, ob es denn schon so weit ist. Sie meinen es sicher gut, wenn sie solches Interesse zeigen, doch viele Frauen werden nur noch unruhiger, wenn sie ständig daran erinnert werden, dass das lang ersehnte Baby auf sich warten lässt.

Die Wehen stellen eine enorme emotionale und körperliche Belastung dar; viele Frauen sehen ihnen mit einer Mischung aus Aufregung und Sorge entgegen, denn schließlich kann man unmöglich genau vorhersagen, wie sie verlaufen werden und wie der Körper reagieren wird. Viele Frauen berichten, dass es einfacher sei, sich auf einen Marathon vorzubereiten als auf eine Geburt. Wenn Sie sich ernsthafte Sorgen machen, sprechen Sie mit Ihrem Arzt oder der Hebamme; sie verstehen Ihre Ängste und können Ihnen hilfreiche Strategien empfehlen.

WUNDERBAR *Am Ende der Schwangerschaft betrachten Sie Ihren Bauch mit Stolz und Freude, aber auch voller Erstaunen.*

VORSORGEUNTERSUCHUNGEN

IN DEN LETZTEN WOCHEN FINDEN DIE VORSORGEUNTERSUCHUNGEN ALLE 14 TAGE STATT; WENN ES HINWEISE AUF PROBLEME GIBT, AUCH ÖFTER. WENN UNGEWÖHNLICHE SYMPTOME AUFTRETEN ODER SIE DAS GEFÜHL HABEN, DASS MIT DEM BABY ETWAS NICHT STIMMT, INFORMIEREN SIE UMGEHEND DEN ARZT.

»... ein vor der Geburt tief gesenkter Kopf ist normalerweise ein positives Indiz dafür, dass die Geburt schnell und ohne Komplikationen erfolgen wird.«

Die üblichen Routineuntersuchungen werden durchgeführt, eventuell auch eine weitere Blutuntersuchung, wenn Sie sehr müde sind oder aufgrund einer früher diagnostizierten Anämie ein Eisenpräparat einnehmen. Der Arzt oder die Hebamme wird auf Anzeichen einer Flüssigkeitsansammlung (Ödeme) achten. Wird ein plötzliches Anschwellen von Fingern, Gelenken oder Gesicht festgestellt, werden sofortige Blutuntersuchungen sowie häufigere Blutdruckkontrollen veranlasst, da der Verdacht auf Präeklampsie besteht. Frauen, bei denen Komplikationen auftreten, werden gegebenenfalls in Spezialpraxen oder Kliniken überwiesen, wo weitergehende Untersuchungen möglich sind (*siehe* S. 256ff.).

Der Arzt bzw. die Hebamme wird bei jeder Vorsorgeuntersuchung sorgfältig Ihren Bauch abtasten und die Ergebnisse im Mutterpass festhalten. In dieser Phase der Schwangerschaft ist es wichtig, die Lage des Babys zu kontrollieren und festzustellen, ob der Kopf schon ins Becken eingetreten ist. Diese Ergebnisse können Auswirkungen auf die Art der Geburt haben, damit sie für Mutter und Baby sicher ist. Diese Daten helfen dem Geburtsteam auch, während der Wehen die Fortschritte zu beurteilen.

IST DER KOPF INS BECKEN EINGETRETEN?

Schwangere sind oft unsicher, was die Aussage: »Der Kopf ist ins Becken eingetreten«, bedeuten soll. Damit ist gemeint, dass sich das Baby auf die Geburt vorbereitet und sich der Kopf bereits ins Becken schiebt. Dabei treten oft so genannte Senkwehen auf, häufig schon vier Wochen vor dem Termin. Sie können in regelmäßigen oder unregelmäßigen Abständen auftreten; manche Frauen empfinden sie als schmerzhaft. Der Kopf tritt oft etwa zwei Wochen vor der Geburt ins Becken ein. Wenn der Kopf ins Becken eingetreten ist, fällt das Atmen wieder leichter. Bei Mehrgebärenden senkt sich der Kopf oft erst mit Einsetzen der »richtigen« Wehen. Genau genommen ist der Kopf des Babys erst eingetreten, wenn mehr als die Hälfte des Kopfes (etwa drei Fünftel) durch den Beckenrand in den Bauch der Mutter eingetreten ist. Am besten wird das Absenken des Kopfes (oder des Pos bei Beckenendlage) durch eine Tastuntersuchung des Bauches kontrolliert.

Auch durch eine vaginale Untersuchung kann der Eintritt des Babys ins Becken festgestellt werden. Eine solche Untersuchung wird während der Wehen regelmäßig vorgenommen, um den Abstieg des Babys durch das Becken zu kontrollieren. Auch vorher schon kann eine vaginale Untersuchung in manchen Fällen hilfreich sein. Zum Beispiel kann es bei stark übergewichtigen Frauen gegen Ende der Schwangerschaft schwierig sein, die Höhe des Kopfes auf dem Bauch zu tasten. Auch wenn das Baby weit ins Becken eingetreten ist und die Schulter direkt über dem Beckenrand liegt, kann oft nur schwer beurteilt werden, welcher Teil des Kindes getastet worden ist. Genauigkeit ist dabei jedoch wichtig, denn wenn bei Einsetzen der Wehen der Kopf noch weit oben liegt, kann es zu ernsthaften Komplikationen, z.B. einem Nabelschnurvorfall (*siehe* S. 429), kommen. Andererseits ist ein vor der Geburt tief gesenkter Kopf normalerweise ein positives Indiz dafür, dass die Geburt schnell und ohne Komplikationen erfolgen wird.

Wenn Sie zum ersten Mal Mutter werden und der Kopf Ihres Babys noch nicht ins Becken eingetreten ist, wird vermutlich eine Ultraschalluntersuchung vorgenommen, um zu kontrollieren, ob kein Hindernis für den Kopf des Babys besteht, z.B. eine tief liegende Plazenta, ein Gebärmuttermyom oder eine Eierstockzyste. Wenn der Kopf des Babys das Hindernis nicht umgehen kann, muss gewöhnlich per Kaiserschnitt entbunden werden. Gelegentlich ist ein sehr schmales Becken die Ursache, dass sich der Kopf nicht senken kann – dies wird medizinisch als relatives Missverhältnis bezeichnet. Doch auch bei einem durchschnittlich großen Becken kann dieses Problem bestehen, wenn das Baby sehr groß ist. In der nächsten Schwangerschaft kann diese Mutter ein kleineres Baby haben, sodass dieses Problem nicht auftritt. Es kommt nur sehr selten vor, dass das

EINTRITT DES KOPFES INS BECKEN

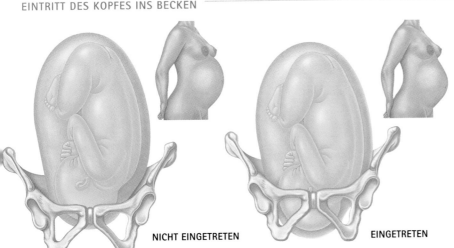

NICHT EINGETRETEN

EINGETRETEN

NICHT EINGETRETEN *Der Kopf des Babys liegt noch über dem Beckenrand und die Gebärmutter hat ihren maximalen Stand.*

EINGETRETEN *Das Baby ist ins Becken eingetreten; dies verursacht eine plötzliche Veränderung im Aussehen des Bauches.*

Becken der Mutter selbst für den Durchtritt eines kleinen Babys zu eng ist. Wenn der Verdacht auf ein zu enges Becken besteht, wird vermutlich eine Beckendiagnostik, eventuell mithilfe einer kernspintomographischen Beckenmessung, empfohlen, um genaue Informationen über die Größe des Beckens zu erhalten.

Wichtig zu wissen ist, dass der Kopf noch bis zur letzten Minute der Schwangerschaft ins Becken eintreten kann. Normalerweise empfiehlt es sich daher, erst einmal abzuwarten.

KINDSLAGE UND EINSTELLUNG

»Bildhaft lässt sich das so beschreiben, als würde man versuchen, einen rechten Schuh an den linken Fuß anzuziehen ...«

Gegen Ende der Schwangerschaft finden sich viele Eintragungen in Ihrem Mutterpass, auch zur Lage Ihres Babys. Wie bereits erwähnt, liegt das Baby entweder der Länge nach, d. h. in einer vertikalen Position, oder quer, also horizontal, oder diagonal in der Gebärmutter. Als »Einstellung« bezeichnet man die Beziehung des vorhergehenden Teils des Babys zum Geburtskanal.

• Die optimale Geburtslage ist die Kopflage, und dabei die vordere Hinterhauptslage. Manche Babys drehen sich jedoch nicht in die Kopflage und bleiben in der Beckenendlage – dabei geht das Beckenende voraus, z. B. bei Steiß-, Fuß- oder Knielage. In der 35. Woche haben die meisten Babys die Kopflage eingenommen. Zum Zeitpunkt der Geburt liegen 95 Prozent mit dem Kopf nach unten, bei vier Prozent besteht eine Beckenendlage und ein Prozent liegt quer oder diagonal.

• In der Kopflage gibt es mehrere Einstellungen. Die Abkürzung im Mutterpass in der Spalte Kindslage für Schädellage ist SL (oder KL für Kopflage). Die genaue Definition der Lage des Babys bestimmt die Beziehung zwischen dem Rückgrat des Babys und dem Hinterkopf und der inneren Wand der Gebärmutterhöhle. Die Lage des Babys kann als anterior (A–vorne), lateral (zur Seite), posterior (P–nach hinten) und nach links (L) oder rechts (R) gerichtet beschrieben werden (*siehe* S. 213). ROA bedeutet zum Beispiel, der Hinterkopf liegt vorne rechts.

• Die Haltung des Babys beschreibt die Beziehung zwischen dem Kopf und dem restlichen Körper. Die normale Lage ist voll gebeugt oder zusammengerollt mit den Gliedmaßen und dem Kopf zum Körper geschlagen.

Hinterhauptslage

Wenn das Kind im Becken eine Hinterhauptslage einnimmt, bedeutet dies, dass sich der Hinterkopf zur Wirbelsäule der Mutter dreht und das Baby nach vorne blickt. In diesem Fall wird die Geburt wahrscheinlich länger und schwieriger verlaufen. Der Kopf des Babys passt in einer Hinterhauptslage nicht so gut ins Becken und die normalen Mechanismen einer Geburt werden behindert. Bildhaft lässt sich das so beschreiben, als würde man versuchen, einen rechten Schuh an den linken Fuß anzuziehen. Glücklicherweise liegen nur etwa 13 Prozent der Babys (meist erstgeborene) bei Einsetzen der Wehen in dieser Position. Etwa 65 Prozent von ihnen drehen sich während der Wehen und können normal entbunden werden.

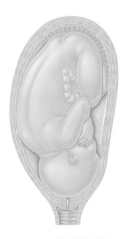

VORDERHAUPTSLAGE

Beckenendlage

In etwa vier Prozent der Schwangerschaften liegt das Baby in der 35. Woche in der Beckenendlage. Im Normalfall ist dennoch eine vaginale Entbindung möglich (*siehe* S. 357). Da Geburten in Beckenendlage jedoch meist komplizierter verlaufen, wird bei einer Beckenendlage von einer Hausgeburt abgeraten und eine Geburt auf einer gut ausgestatteten Entbindungsstation empfohlen.

In Beckenendlage kann das Baby während der ersten Wehenphase den Muttermund nicht ebenso effektiv weiten wie ein Baby in Kopflage; daher dauern die Wehen länger und es herrscht ein größeres Risiko, dass das Baby in eine Notlage gerät und ein Kaiserschnitt erforderlich wird. Bei einem Blasensprung besteht die Gefahr eines Nabelschnurvorfalls – Sie müssen sich sofort in die Klinik begeben. Zu einem Nabelschnurvorfall kann es kommen, weil das Gesäß des Babys das Becken nicht ebenso exakt ausfüllt wie der Kopf und die Nabelschnur daher zwischen dem Po oder den Beinen des Babys hindurchrutschen und durch den Muttermund fallen kann. Damit ist eine für das Baby lebensbedrohliche Situation gegeben. Eine weitere große Sorge besteht während der Presswehen, weil man nicht weiß, ob das Becken für den größten Körperteil des Babys, den Kopf, ausreichend groß ist, da dieser erst nach den Gliedmaßen und dem Rumpf geboren wird und der Geburtskanal möglicherweise nicht genug gedehnt worden ist. Es gibt im Wesentlichen drei Formen der Beckenendlage:

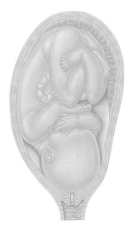

HINTERHAUPTSLAGE

• **Bei einer Steißgeburt** sind die Beine zur Hüfte gebeugt und die Knie nach oben vor den Körper gestreckt – die beste Stellung für eine vaginale Entbindung.

• **Bei einer Knielage** sind die Beine eng vor dem Baby gebeugt und gefaltet – eine vaginale Entbindung ist manchmal möglich.

• **Bei einer Fußlage** liegen die Beine unterhalb des Babys und ein oder beide Füße gehen voraus – von einer vaginalen Entbindung ist abzuraten.

Früher machte man bei Frauen, bei denen eine Beckenendlage des Babys vorlag, Röntgenaufnahmen, später Ultraschalluntersuchungen oder Kernspintomographie-Aufnahmen des Beckens, um abzuschätzen, ob das Becken breit genug ist, um eine vaginale Entbindung zu versuchen. Heutzutage ist dies nicht mehr üblich, sofern Sie nicht ausdrücklich eine vaginale Entbindung wün-

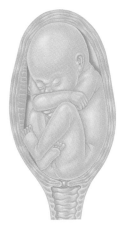

BECKENENDLAGE

DIE LAGE IHRES BABYS

Die Lage des Babys wird dadurch definiert, wo sein Hinterkopf und die Wirbelsäule in der Gebärmutter liegen, wenn es in das Becken eintritt. Die sechs häufigsten Positionen mit ihren Bezeichnungen und der Häufigkeit ihres Auftretens sind unten angeführt. Eine reine Vorder- und eine reine Hinterhauptlage, in denen das Baby direkt zur Wirbelsäule der Mutter gewandt bzw. abgewandt liegt, sind selten. Beckenendlagen werden durch die Lage des Pos (Steiß – Sacrum) des Babys definiert. Die häufigste ist die rechte vordere Steißlage (RSA), bei der die Wirbelsäule des Babys zur Vorderseite der Gebärmutter liegt.

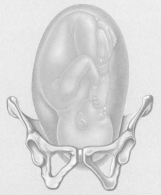

LOL: LINKE HINTERHAUPT-SEITENLAGE

(40 %) *Der Rücken und der Hinterkopf des Babys sind zur linken Seite der Gebärmutter im rechten Winkel zur Wirbelsäule gerichtet.*

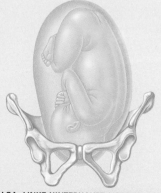

LOA: LINKE HINTERHAUPT-VORDERLAGE

(12 %) *In dieser Lage befinden sich der Rücken und Hinterkopf des Babys im linken Bereich der Vorderseite der Gebärmutter.*

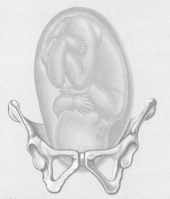

LOP: LINKE HINTERHAUPT-HINTERLAGE

(3 %) *Rücken und Hinterkopf des Babys sind auf der linken Seite der Gebärmutter zur Wirbelsäule der Mutter gerichtet.*

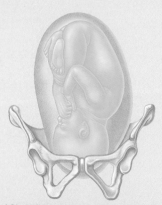

ROL: RECHTE HINTERHAUPT-SEITENLAGE

(25 %) *Rücken und Hinterkopf liegen im rechten Winkel zur mütterlichen Wirbelsäule rechts in der Gebärmutter.*

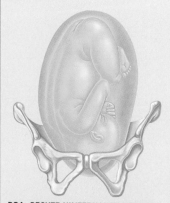

ROA: RECHTE HINTERHAUPT-VORDER-LAGE (10 %) *Rücken und Hinterkopf des Babys liegen rechtsseitig im vorderen Bereich der Gebärmutter.*

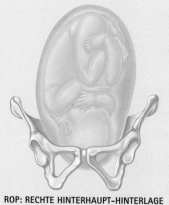

ROP: RECHTE HINTERHAUPT-HINTERLAGE

(10 %) *Wirbelsäule und Hinterkopf des Babys sind rechts in der Gebärmutter zur Wirbelsäule der Mutter ausgerichtet.*

schen. Neue Forschungen haben gezeigt, dass ein Kaiserschnitt die sicherste Form der Entbindung bei einer Beckenendlage ist, sowohl im Hinblick auf Komplikationen während der Wehen und Geburt als auch hinsichtlich der langfristigen neurologischen Entwicklung des Babys. Wenn Sie unbedingt eine vaginale Entbindung wünschen, könnten Sie eine Wendung des Babys im Mutterleib in Erwägung ziehen. Zu einer Wendung kann jedoch nicht in jedem Fall geraten werden und es ist völlig davon abzuraten, wenn es in einer früheren Schwangerschaft Komplikationen gab.

Eine Wendung wird etwa in der 37. Woche von darin erfahrenen Ärzten in Kliniken durchgeführt, weniger von Hebammen. Qualifizierte Kliniken führen diesen Eingriff inzwischen auch ambulant durch. In einer Klinik besteht die Möglichkeit zu einem sofortigem medizinischen Eingriff bzw. Versorgung, falls Komplikationen auftreten. Zuvor werden eine Ultraschalluntersuchung und ein CTG der Herztöne des Babys gemacht. Bei der äußeren Wendung soll das Kind von außen über die Bauchdecke mit verschiedenen Handgriffen dazu gebracht werden, einen Purzelbaum zu machen.

Schon ab der 32. Woche kann als Selbsthilfemaßnahme zum Versuch einer Drehung des Babys die »indische Brücke« angewandt werden, bei der das Becken zweimal täglich etwa 15–20 Minuten lang 30 cm hochgelagert wird.

ÜBERTRAGEN *Lage und Einstellung des Kopfes des Babys werden überprüft.*

WENN DAS BABY ÜBERTRAGEN IST

WENN DER ERRECHNETE GEBURTSTERMIN VERSTRICHEN IST, OHNE DASS DIE WEHEN EINGESETZT HABEN, WIRD DAS BABY ALS ÜBERTRAGEN BEZEICHNET. BEI ETWA 45 PROZENT DER FRAUEN BESTEHT DIE SCHWANGERSCHAFT ÜBER DIE 40. WOCHE HINAUS; DOCH NUR BEI 15 PROZENT ÜBER DIE 41. WOCHE HINAUS.

In der Regel wird nach Verstreichen des errechneten Geburtstermins etwa zwei Wochen abgewartet, ob die Wehen spontan einsetzen. Im Wesentlichen wird dabei wie im Folgenden beschrieben vorgegangen. Manchmal kann auch eine andere Vorgehensweise vereinbart werden.

• Als Erstes wird die Genauigkeit des errechneten Geburtstermins überprüft. Dazu werden die vorliegenden Daten erneut ausgewertet, z.B. die letzte Menstruationsblutung und bisherige Ultraschalluntersuchungen – sofern sie vorhanden sind. In vielen Fällen wartet man die Untersuchungen in der 41. Woche ab und kontrolliert danach die Lage und Einstellung des Kopfes des Babys. Bei einer vaginalen Untersuchung wird kontrolliert, wie weit der Muttermund schon eröffnet ist.

• Wenn der Kopf gut eingestellt und der Muttermund weich und leicht eröffnet ist, kann versucht werden, die Fruchtblase zu öffnen, um die Wehentätigkeit anzuregen. Kommt diese Möglichkeit nicht in Betracht, wägen Arzt und/oder Hebamme die Vor- und Nachteile einer medikamentösen Geburtseinleitung gegenüber einem weiteren Abwarten ab.

• Wenn Sie noch abwarten wollen, müssen Sie jeden zweiten Tag zur Kontrolluntersuchung erscheinen. Ergeben diese Kontrollen jeweils keine Hinweise auf Probleme, kann man bis zur 42. Woche abwarten. Dann wird zu einer Einleitung der Geburt geraten.

• Wenn es bei einer Untersuchung Hinweise auf Anomalien gibt, kann die Notwendigkeit einer Geburtseinleitung und Entbindung des Babys bestehen. Zwar zeigen Studien, dass die Wehen nach einer künstlichen Einleitung oft länger dauern und häufiger geburtshilfliche Instrumente zur Entbindung eingesetzt werden müssen, doch ist die Rate der Notkaiserschnitte nicht erhöht. Wenn die Schwangerschaft über die 42. Woche hinaus andauert, besteht hingegen ein erhöhtes Risiko für eine fetale Notlage oder sogar eine Totgeburt, da die Plazenta nicht mehr voll funktionsfähig ist. Wenn keine Plazentainsuffizienz auftritt und das Baby nach der 41. Woche weiterhin wächst, besteht das Risiko einer schwierigen Geburt oder einer Geburtskomplikation, weil das Baby immer größer wird.

Es kommt selten vor, dass Untersuchungen so alarmierende Ergebnisse zeigen, dass eine sofortige Entbindung des Babys erforderlich wird. Wenn dies der Fall ist, wird meist zu einem Kaiserschnitt als in diesem Fall sicherste Entbindungsform geraten. Wenn Sie dennoch eine vaginale Entbindung wünschen, wird man Ihrem Wunsch nach Möglichkeit nachkommen und die Geburt auf künstlichem Wege einleiten.

• Ist eine Schwangerschaft übertragen, wird bei den Kontrolluntersuchungen die genaue Größe des Babys (*siehe* S. 256f.) sowie die Fruchtwassermenge (*siehe* S. 259) bestimmt. Wenn die Ergebnisse bedenklich sind, wird eventuell ein Farbdoppler-Ultraschall zur Bestimmung des kindlichen Blutflusses vorgenommen (*siehe* S. 257). Der Ultraschall liefert auch ein biophysikalisches Profil des Babys (*siehe* S. 259), bei dem die Bewegungen der Gliedmaßen, Muskeltonus, Atembewegungen und Herzschlagmuster beobachtet und in Beziehung zueinander gesetzt werden, um den Zustand des Babys zu beurteilen. In der Regel wird auch ein CTG durchgeführt (*siehe* S. 258f.), das die Herztöne des Babys kontrolliert. Auch die Plazenta wird untersucht; ihr Aussehen und ihre Beschaffenheit vermitteln einen Anhaltspunkt für ihre Funktionstüchtigkeit.

»Sex ist – theoretisch – eine weitere Möglichkeit, die Wehen auszulösen …«

FRAGEN IN DER SPÄTSCHWANGERSCHAFT

▶ **Wie kann ich mich auf die Wehenschmerzen vorbereiten?**

Besprechen Sie mögliche Ängste im Einzelnen mit der Hebamme und dem Arzt. So können Sie verstehen, wovor Sie sich fürchten und individuell darauf eingehen. Bestimmt haben Sie mit einer Hebamme oder im Geburtsvorbereitungskurs über Formen der Entspannung, aber auch Möglichkeiten der medikamentösen Schmerzlinderung (*siehe* S. 308ff.) gesprochen. In der ersten Wehenphase empfinden viele Frauen TENS-Geräte, Atemübungen, Massage und ein warmes Bad als hilfreich.

▶ **Ich habe den Eindruck, dass mein Baby weniger aktiv ist als bisher. Wie kann ich sicher sein, dass alles in Ordnung ist?**

Viele Babys werden in den letzten Wochen der Schwangerschaft ruhiger, in erster Linie, weil sie in der Gebärmutter kaum mehr Platz haben. Wenn Sie in den letzten Stunden keine Bewegungen Ihres Babys gespürt haben, versuchen Sie einen Tritt zu provozieren, indem Sie auf Ihren Bauch drücken, husten oder Ihre Stellung rasch verändern. Wenn keine Reaktion erfolgt, wenden Sie sich sofort an den Arzt. Wahrscheinlich wird er Sie in die Praxis bestellen oder ins Krankenhaus

bitten, damit ein CTG (*siehe* S. 258f.) zur Kontrolle der kindlichen Herztöne gemacht werden kann. Vielleicht erhalten Sie eine Tabelle, in die Sie die Kindsbewegungen in den nächsten Tagen eintragen sollen; wie bereits an anderer Stelle erwähnt, sind solche Tabellen jedoch unter Vorbehalt zu betrachten, da jedes Babys in der Spätschwangerschaft ein individuelles Bewegungsmuster entwickelt. Es ist viel wichtiger, auf Veränderungen in diesem Schema zu achten als auf eine bestimmte Anzahl von Bewegungen.

▶ **Was kann ich tun, damit die Wehen einsetzen?**

Zwar ist die Wirksamkeit der folgenden Maßnahmen nicht bewiesen, doch sind sie einen Versuch wert. In Indien wird der Verzehr eines Currygerichts als Wehen auslösend betrachtet, vermutlich weil es die Darmbewegung, und damit auch die Wehentätigkeit anregen kann. Ein Rizinus-Cocktail wirkt in gleicher Weise – schmeckt aber furchtbar.

Wenn Sie sich in den letzten Wochen nicht viel bewegt haben, kann körperliche Aktivität das Absenken des Babys im Becken fördern. Je mehr Druck auf den Muttermund ausgeübt wird, umso eher setzen die Wehen ein. Machen Sie einen langen Spaziergang.

Sex ist eine weitere Möglichkeit, die theoretisch das Auslösen der Wehen fördern sollte. Der männliche Samen enthält Prostaglandine – chemische Substanzen, die in ähnlicher Form auch in Zäpfchen, die zur Geburtseinleitung verabreicht werden, enthalten sind. Die Stimulation der Brustwarzen regt die Gebärmutter an, sich zusammenzuziehen und damit Wehen auszulösen. Allerdings ist dazu eine länger anhaltende Brustwarzenstimulation erforderlich – dreimal täglich jeweils etwa eine Stunde.

▶ **Wie kann ich zwischen einer Vaginalblutung und dem Zeichnen des Muttermundes unterscheiden?**

Die Unterscheidung kann nur durch eine vaginale Untersuchung getroffen werden. Daher sollten Sie sich im Fall einer Blutung unverzüglich an den Arzt wenden. Beim »Zeichnen« geht ein Schleimpfropf ab, der mit frischem rotem und altem bräunlichem Blut vermischt ist; es muss jedoch immer sichergestellt werden, dass eine hellrote Blutung keine andere Ursache hat. Dies gilt in besonderer Weise, wenn die Blutung von plötzlichen Bauchschmerzen begleitet wird. (*siehe* Plazenta praevia, Plazentalösung und Blutung vor der Geburt, S. 427.)

VORBEREITUNG AUF EINE HAUSGEBURT

WENN SIE EINE HAUSGEBURT PLANEN, SOLLTEN SIE DIE PRAKTISCHEN VORBEREITUNGEN

NICHT BIS ZUR LETZTEN MINUTE AUFSCHIEBEN – SIE WERDEN WOHL KAUM

WÄHREND DER WEHEN NACH FRISCHEN HANDTÜCHERN SUCHEN WOLLEN.

Die Hebamme, die Ihre Geburt leitet, wird alle erforderlichen medizinischen Apparate mitbringen (*siehe* Liste, rechts). Besprechen Sie mit ihr aber schon mehrere Wochen vor dem errechneten Geburtstermin im Einzelnen, welche Dinge Sie selbst bereithalten sollten. Sie wird Ihnen auch Tipps geben, welche zusätzlichen Utensilien während der Wehen und Entbindung hilfreich sein können.

EINE KLINIKTASCHE PACKEN

Auch wenn Sie eine Hausgeburt planen, sollten Sie einen Klinikkoffer (*siehe* S. 277) packen. Auf diese Weise haben Sie alle Ihre persönlichen Dinge griffbereit, wenn sie gebraucht werden. Außerdem kann eine Geburt immer einen unerwarteten Verlauf nehmen und Sie müssen vielleicht kurzfristig ins Krankenhaus gebracht werden.

DIE BABYAUSSTATTUNG ZUSAMMENSTELLEN

Legen Sie in einem Wäschekorb oder einem Schrank die Grundausstattung für das Baby zurecht. Sie möchten zwar zu Hause entbinden, doch schon sehr bald werden Sie mit Ihrem Baby auch ausgehen wollen, daher braucht es Kleidung für draußen sowie eine Tragetasche und einen Autositz.

WO WOLLEN SIE IHR BABY ENTBINDEN?

Die grundlegenden Anforderungen an den Entbindungsort sind Bequemlichkeit, Wärme und Sauberkeit. Mit großen Plastikplanen können Sie Bettzeug, Matratzen, Stühle und Boden schützen. Sie brauchen außerdem große Eimer, eine Menge Handtücher, heißes Wasser, Seife, Schüsseln und Waschlappen. Wenn Sie in Ihrem Bett entbinden wollen, sollte es für die Hebamme von beiden Seiten gut zugänglich sein. Die Bettwäsche muss öfter gewechselt werden. Außerdem sollten zusätzliche Kissen zur Verfügung stehen.

ANGENEHME EXTRAS

Vielleicht möchten Sie während der Wehen einen Sitzsack oder große Bodenkissen nutzen. Es spricht auch nichts gegen den Einsatz eines Gebärbeckens zu Hause; es muss jedoch im Voraus gemietet werden.

Wenn Sie während der Wehen gedämpftes Licht zum Entspannen bevorzugen, muss eine helle Lichtquelle, am besten eine tragbare Lampe, für die Untersuchungen der Hebamme vorhanden sein.

HEBAMMENKOFFER

BASISAUSSTATTUNG
▶ Blutdruckmessgerät
▶ Thermometer
▶ Pinard-Stethoskop
▶ Doppler-Ultraschall
▶ Handschuhe

SCHMERZLINDERUNG
▶ Lachgasmaske
▶ Medikamente
▶ lokale Betäubungsmittel

FÜR DEN NOTFALL
▶ Sauerstoffmaske
▶ Ausstattung zur Wiederbelebung des Babys
▶ antiseptische Lösungen
▶ Tropfinfusion
▶ Urinteststreifen
▶ Zangen
▶ Verbandsmaterial

WAS ZU BEACHTEN IST

DIE MEISTEN ÜBERLEGUNGEN IN DIESER PHASE DER SCHWANGERSCHAFT SIND EHER PRAKTISCHER NATUR, SIE BETREFFEN DIE VORBEREITUNGEN AUF DIE GEBURT UND DIE ZEIT DANACH. DIE GRÖSSTE SORGE IST VERMUTLICH, GENAU ZU WISSEN, WANN DIE WEHEN WIRKLICH EINSETZEN.

Es gibt viele mögliche Anzeichen dafür, dass Geburtswehen eingesetzt haben, aber es gibt keine fest definierbaren Regeln. Daher fällt es oft schwer, die Art der Wehentätigkeit, die man verspürt, genau zu deuten. Zu Beginn des folgenden Kapitels (*siehe* S. 283ff.) werden wichtige Anzeichen und Symptome beschrieben. Wie immer gilt: Suchen Sie Rat, wann immer Sie unsicher sind – niemand wird Ihnen einen Vorwurf machen, wenn sich Ihre Symptome als falscher Alarm herausstellen sollten.

BEQUEME KLEIDUNG

In den letzten Wochen des dritten Trimesters ist die Anschaffung spezieller Umstandsschlüpfer vorteilhaft, in denen Ihr nun ziemlich großer Bauch Platz findet. Diese Teile zeichnen sich sicher nicht durch besonderen Chic aus, aber sie sind sehr bequem. Manche Frauen tragen einen Schwangerschaftsgürtel, der unter dem Bauch angelegt wird (er darf nicht einzwängen), um ihn abstützen. Dies kann Rückenschmerzen und körperliche Erschöpfung lindern. Beide Artikel finden Sie in Fachgeschäften und Versandhäusern für Schwangere.

Wenn Sie stillen möchten, benötigen Sie zwei hochwertige Stillbüstenhalter. Diese sollten im Fachgeschäft von geschultem Personal angepasst werden. Dort werden Sie ausführlich über die richtige Größe beraten, denn die Brüste werden noch größer, wenn die Milch einschießt. Sie müssen sich auch Nachthemden kaufen, die vorne zu öffnen sind, damit Sie stillen können. Bequemes, problemloses Anlegen des Babys ist überaus wichtig für erfolgreiches Stillen. Wenn Sie bei jeder Stillmahlzeit Schwierigkeiten mit dem Öffnen der Kleidung haben, trägt das wenig zu einer positiven Einstellung bei – vor allem, wenn Sie morgens um fünf schon zum dritten Mal zum Stillen aufstehen müssen.

Jetzt sollten Sie auch die Kleidung zurechtlegen, die Sie in der Klinik tragen möchten: etwas Bequemes, das ruhig schmutzig werden darf – ein locker sitzendes Kleid, ein weites T-Shirt und Leggins. Sie brauchen darüber hinaus ein frisches Nachthemd, das Sie nach der Geburt anziehen, und einen Bademantel sowie Hausschuhe.

»... Umstandsschlüpfer zeichnen sich nicht durch besonderen Chic aus, aber sie sind sehr bequem.«

ALLES IST FÜR DAS BABY BEREIT

Wenn Sie mit dem Auto vom Krankenhaus nach Hause fahren möchten, müssen Sie Ihr Baby in einem speziellen Autositz transportieren. Ihr Partner kann ihn mitbringen, wenn er Sie beide abholt, zusammen mit einer Mütze, Kleidung für draußen und einer leichten Decke, in die Sie Ihr Baby wickeln. Tragetasche, Kinderwagen oder Buggy brauchen Sie erst später.

Sie haben zu Hause vielleicht schon ein Kinderzimmer eingerichtet, oder aber Sie wollen Ihr Baby in den ersten Wochen lieber bei sich im Schlafzimmer haben, solange es nachts noch mehrere Mahlzeiten braucht. Dann benötigen Sie eine Tragetasche, einen Stubenwagen oder ein Kinderbett mit einer festen, wasserdichten Matratze, Baumwolllaken und warmen Baumwolldecken. Legen Sie Ihrem Baby kein Kissen ins Bett. Wenn Sie das Bett mit einem Bettnestchen ausstatten, damit sich Ihr Baby nicht an den Ecken des Bettes anstößt, darf es keine Bänder, Quasten oder Schleifen haben, die es in den Mund nehmen oder an denen es sich strangulieren könnte.

Wenn Sie stillen möchten, werden Sie nachts vermutlich im Bett stillen; legen Sie sich dazu einen Vorrat an Mullwindeln bereit, denn Ihr Baby wird unweigerlich immer wieder etwas Milch spucken. Wenn Sie Ihr Baby nach einigen Wochen in ein anderes Zimmer legen wollen, sollte darin ein bequemer Stuhl für das nächtliche Stillen stehen. Wenn Sie die Flasche geben möchten, brauchen Sie ein Gerät zum Sterilisieren und ein Vorrat an Flaschen und Saugern (*siehe* S. 229).

Egal, für welche Windelsorte Sie sich entscheiden (*siehe* S. 229) – stellen Sie sicher, dass ein ausreichender Vorrat angelegt ist sowie Watte und Wischtücher, um Ihr Baby zu säubern. Ein Neugeborenes hat eine sehr empfindliche Haut. Am besten beugt man einem Windelausschlag vor, indem man zum Saubermachen Watte und abgekochtes, abgekühltes (steriles) Wasser verwendet. Manche Babyartikel sind sehr sperrig (Windelpakete) und damit unpraktisch zu transportieren. Bringen Sie in Erfahrung, ob es in Ihrer Nähe Babygeschäfte gibt, die Babyartikel nach Hause liefern.

Füllen Sie Vorratsschrank und Tiefkühltruhe auf. Fertigmahlzeiten sind in den ersten Tagen sehr praktisch. Jetzt ist nicht der richtige Zeitpunkt, um ein schlechtes Gewissen zu haben, wenn man nicht alles aus frischen Zutaten selbst zubereitet. Sie sollten auch Kaffee, Tee und Kekse für Besucher vorrätig haben.

»Auch Großeltern können während der ersten Wochen nach der Geburt einen wertvollen Beitrag leisten.«

Wenn Sie schon Kinder haben, überlegen Sie, wie Sie diese in der ersten Zeit beschäftigen können. Oft sind andere Mütter mit kleinen Kindern gern bereit, vorbeizukommen und Ihre Kinder zum Spielen, zu einem Ausflug oder sogar zum Übernachten mitzunehmen, wenn Sie andeuten, dass solche Unterstützung willkommen ist. Auch Großeltern können während der ersten Wochen nach der Geburt einen wertvollen Beitrag leisten. Sie sind nur allzu gern bereit, Ihrem Kleinkind besondere Aufmerksamkeit zu schenken, und dankbar für die ungestörte Zeit mit ihm.

IHR KLINIKKOFFER

Packen Sie keinen schweren Koffer wie für einen zweiwöchigen Urlaub. Denken Sie daran, dass Ihr Partner, Angehörige und Freundinnen Ihnen jederzeit fehlende Dinge bringen können. Sofern Sie nicht in einer Notfallsituation entbinden müssen und keine Gelegenheit hatten, eine Tasche zu packen, wird in den Kliniken in der Regel erwartet, dass Sie die meisten Dinge, die Sie während der Geburt und Ihres Aufenthalts danach benötigen, mitbringen.

FÜR DIE WEHEN UND DIE GEBURT
▶ Nachthemd oder großes T-Shirt
▶ Persönliche Toilettenartikel
▶ Slipeinlagen
▶ Unterwäsche zum Wechseln
▶ Fotoapparat
▶ Kleingeld/Telefonkarte
▶ Liste mit Telefonnummern der Menschen, die Sie vom Krankenhaus aus anrufen möchten. Die Benutzung von Handys ist in Krankenhäusern meist untersagt.

NACH WUNSCH
▶ Videokamera
▶ Schwamm, Lippenbalsam und Massageöl
▶ Discman, Zeitschriften, Bücher
▶ Kleidung zum Wechseln für den Partner
▶ Snacks und Getränke für Ihren Partner

DIE TASCHE FÜRS BABY
▶ Evtl. Windeln für Neugeborene
▶ Wundschutzcreme
▶ Watte
▶ Zwei Strampelanzüge
▶ Zwei Jäckchen

FÜR DIE ZEIT NACH DER GEBURT
▶ Ein Nachthemd (vorne zu öffnen zum Stillen)
▶ Wegwerfslips oder mehrere Baumwollschlüpfer
▶ Saugstarke Damenbinden
▶ Stilleinlagen
▶ Toilettenartikel
▶ Handtücher

▶ Hausschuhe
▶ Bademantel
▶ Lieblingssnacks, Energieriegel, Getränke
▶ Eisbeutel

NACH WUNSCH
▶ Ohrenstöpsel und Augenmaske (um nachts Lärm und Licht auszublenden)
▶ Etwas zu lesen, z.B. ein Buch zum Thema Babypflege
▶ Kissen

WEHEN UND GEBURT

DIE GEBURTSPHASEN

Eines ist sicher: Die Schwangerschaft hat ein Ende. In den meisten Fällen sind nach einer vaginalen Geburt Mutter und Kind wohlauf. Man sollte niemals vergessen, welch außerordentliche Leistung eine Geburt darstellt. Trotz jahrzehntelanger Forschungsarbeit hat man noch nicht herausgefunden, was genau die Geburt auslöst. Würde man diesen Prozess besser verstehen, könnte man das Einsetzen der Geburt vorhersagen und Schritte unternehmen, um eine Frühgeburt zu verhindern.

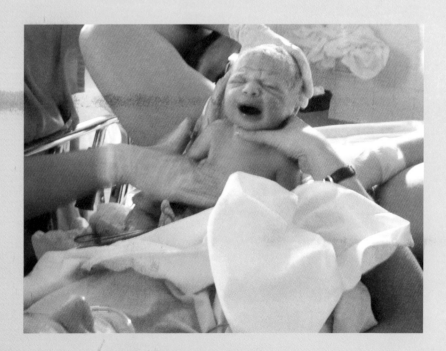

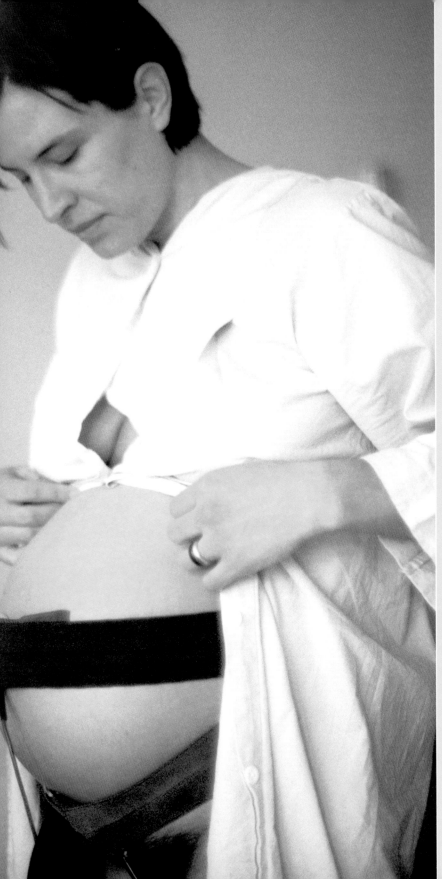

INHALT

ERSTE GEBURTSPHASE

Das Einsetzen der Wehen ist ein sehr aufregender Moment – die
Schwangerschaft geht zu Ende. Durch die Kontraktionen in der ersten
Geburtsphase wird der Muttermund dünner und kürzer und weitet
sich dabei. Wenn er vollständig eröffnet ist, kann der Kopf des Kindes
durch den Geburtskanal gleiten.

Es gibt keine allgemeingültigen Angaben dazu, wie eine Geburt beginnt. Bei
jeder Frau setzt die Wehentätigkeit auf andere Weise ein – keine Geburt
gleicht der anderen. Viele Frauen beschäftigen sich gegen Ende der Schwangerschaft verstärkt mit den Anzeichen, die während der Vorwehen auftreten, und
weniger mit den Phasen der Eröffnungsperiode. Die frühe Geburtsphase kann
mehrere Tage dauern. Es kann aber auch sein, dass der Muttermund bereits
5 cm eröffnet ist, bevor Sie eine Wehentätigkeit wahrnehmen.

ANZEICHEN FÜR DIE FRÜHE GEBURTSPHASE

Verschiedene Anzeichen und Symptome deuten auf das Ende der Schwangerschaft hin und zeigen an, dass die Geburt bald einsetzen wird.

Die Einstellung des Kopfes ist bei einer erstgebärenden Frau ein Anzeichen, dass die Geburt bald beginnen wird. Während der letzten Wochen
der Schwangerschaft wird der Arzt bzw. die Hebamme die Lage des Kopfes
kontrollieren, um einzuschätzen, wie weit er in den Beckenraum eingetreten
ist. Wenn sich der Kopf gesenkt hat (*siehe* S. 267 und 302), können Sie vermutlich wieder leichter atmen. Verdauungsbeschwerden und Sodbrennen
lassen nach, da der Druck im Bauchbereich geringer geworden ist. Allerdings
verspüren Sie jetzt einen neuen Druck in Ihrem Beckenbereich und müssen
wahrscheinlich häufiger Wasser lassen. Wenn Sie bereits Ihr zweites oder ein
weiteres Kind bekommen, kann sich der Kopf erst kurz vor Beginn der Geburt
oder sogar erst nach Einsetzen der Wehen senken.

Braxton-Hicks-Kontraktionen (*siehe* S. 237) treten in der frühen Geburtsphase intensiver und häufiger auf. Sie sind zumeist schmerzlos, auch wenn
manche Frauen sie als unangenehm empfinden. Wenn sie stark sind sowie bei
einer Erstgeburt, kann man sie leicht für Geburtswehen halten. Braxton-Hicks-
Kontraktionen treten jedoch unregelmäßig auf, selten mehr als zwei pro

»... bei jeder
Frau beginnen
die Wehen
anders und
keine Geburt
gleicht der
anderen.«

VORWEHEN *Die Hebamme wird Ihnen vermutlich raten, zu Hause zu bleiben, bis die Wehen in regelmäßigen Abständen auftreten. Wenn die Fruchtblase noch intakt ist, kann ein warmes Bad sehr entspannend sein.*

Stunde, und sie klingen wieder ab, während die Geburtswehen langsam beginnen und allmählich stärker und häufiger werden.

Der Eingang des Gebärmutterhalses ist während der Schwangerschaft durch einen Schleimpfropf verschlossen, der eine Barriere gegen Infektionen bietet. Wenn der Muttermund verstreicht, also weicher, kürzer und weiter wird, löst sich dieser Schleimpfropf – ein schleimiger Ausfluss geht ab. Man spricht dabei von »Zeichnen«. Dieser Ausfluss ist oft mit Blutspuren vermischt, da der Schleimpfropf durch kleine Blutgefäße mit dem Gebärmutterhals verbunden ist. Der Abgang des Schleimpfropfs wird oft als Anzeichen dafür gedeutet, dass die Geburt bevorsteht. Doch trotz des »Zeichnens« kann die Schwangerschaft noch Tage fortbestehen. Aber der Muttermund verändert sich nun, und das ist ein Anzeichen dafür, dass das Ende der Schwangerschaft in greifbare Nähe gerückt ist.

Wenn der Scheidenausfluss wässriger wird oder ein Schwall klarer Flüssigkeit abgeht, ist entweder Ihre Fruchtblase geplatzt oder Sie haben etwas Harn verloren. Es ist wichtig, festzustellen, worum es sich handelt; legen Sie eine Slipeinlage in die Unterhose, die weiteren Ausfluss aufsaugt, und rufen Sie sofort Ihren Arzt an. Bei einer Untersuchung kann er feststellen, ob es sich um Fruchtwasser oder Harn handelt (*siehe* S. 286).

Die emotionalen Anzeichen, die Frauen kurz vor der Geburt erleben, sind verschieden. Manche Frauen entwickeln einen starken Nesttrieb und bringen die Wohnung auf Vordermann. Viele verlassen das Haus nur noch ungern, für den Fall, dass die Wehen einsetzen. Diese Wartezeit ist zweifellos eine seltsame Phase, in der sich manche Frauen wie Gefangene fühlen. Dabei kann man sich in Vorahnungen, Aufregung, Ungeduld und Angst hineinsteigern. Die Angst konzentriert sich hauptsächlich auf das, was während der Geburt passieren könnte. Wenn Sie sich über die Methoden der Schmerzlinderung (*siehe* S. 308ff.) informieren, werden Sie entspannter und zuversichtlicher sein.

GEBURTSWEHEN ERKENNEN

Für viele Frauen ist das eine der größten Sorgen. Wenn man glaubt, dass die »richtigen« Wehen eingesetzt haben, dann aber von der Klinik wieder nach Hause geschickt wird, ist die Enttäuschung groß. Doch die Geburtshelfer in der Klinik sind täglich mit diesem Problem konfrontiert. Es spielt keine Rolle, wie oft es einen »falschen Alarm« gibt. Wichtig ist, dass Sie und Ihr Kind gesund sind. Die meisten Schwangeren verspüren Symptome und Anzeichen, die darauf hindeuten, dass die Geburt eingesetzt hat (*siehe* Kasten gegenüber) und müssen diese abklären. Diese Anzeichen treten nicht in einer bestimmten Reihenfolge auf. Es müssen auch nicht alle Anzeichen gleichermaßen auftreten. Die frühe Geburtsphase verläuft keineswegs in einem kontinuierlichen Prozess. Es können ein oder mehrere Symptome auftreten, auf die Stunden ohne jede Aktivität folgen. Dann plötzlich können sich die Ereignisse beschleunigen. Im Allgemeinen werden die Gebärmutterkontraktionen allmählich stärker und schmerzhafter, wobei sie nicht unbedingt intensiver werden müssen. Es ist ganz normal, dass auf eine Phase mit schmerzhaften Kontraktionen eine Phase mit weniger starken Wehen folgt.

ANZEICHEN FÜR WEHEN

▶ Ihre Wehen kommen regelmäßig etwa alle 15 Minuten (stoppen Sie die Abstände).

▶ Ihre Wehen dauern immer länger, werden immer stärker und immer häufiger.

▶ Ihre Wehen lassen beim Gehen oder einem Stellungswechsel nicht nach.

▶ Sie verspüren starke Schmerzen im unteren Rückenbereich.

▶ Sie haben das Gefühl, Ihren Darm entleeren zu müssen.

▶ Sie verlieren Flüssigkeit, die vermutlich kein Urin ist (Blasensprung, *siehe* S. 286).

Die meisten Erstgebärenden nehmen bewusst wahr, wann die Geburt einsetzt, denn bei ihnen dauert es länger, bis die Wehen regelmäßig kommen, da die Gebärmutter noch durch keine frühere Geburt erschlafft ist. Bei der zweiten oder einer weiteren Geburt kann die Entbindung sehr rasch erfolgen; wenn die Wehen nicht übermäßig stark waren, kann es vorkommen, dass die Frau gar nicht merkt, dass ihr Muttermund vollständig eröffnet ist, bis sie einen überwältigenden Drang verspürt, das Kind herauszupressen. Es ist aber ungewöhnlich, dass es eine Frau in den Wehen nicht rechtzeitig in die Klinik schafft.

DIE HEBAMME ODER DIE KLINIK VERSTÄNDIGEN

Rufen Sie, wenn Sie wegen der Wehen in Sorge oder unsicher sind, den Arzt oder die Klink an. Sie stehen Ihnen 24 Stunden zur Beratung und Hilfestellung zur Verfügung. Ob man Ihnen rät, in die Klinik zu kommen oder noch abzuwarten, hängt von vielen Faktoren ab:

• ob es sich um Ihre erste oder eine weitere Geburt handelt
• von der Intensität und Häufigkeit der Wehen
• wie Sie mit den Wehen zu Hause zurechtkommen
• ob Sie eine Scheidenblutung haben (stärker als der Abgang des Schleimpfropfs)
• wie weit entfernt Sie von der Klinik wohnen
• ob die Fruchtblase gesprungen ist
• ob sich die Bewegungen des Kindes deutlich verändert haben.

Allgemein gilt: Wenn während der Schwangerschaft keine Komplikationen aufgetreten sind und Sie Ihr erstes Kind erwarten, wird die Hebamme Ihnen wahrscheinlich raten, noch so lange zu Hause zu bleiben, bis die Wehen regelmäßig auftreten. Wenn die Wehen alle 15 Minuten kommen, etwa eine Minute dauern (stoppen Sie die Zeit) und so unangenehm sind, dass Sie die Arbeit, die Sie gerade tun, unterbrechen müssen, sollten Sie sich in die Klinik bringen lassen. Wenn Sie in einiger Entfernung vom Krankenhaus wohnen oder unterwegs mit Verzögerungen rechnen müssen, planen Sie ausreichend Zeit für die Fahrt in die Klinik ein.

Für die Entscheidung, in die Klinik zu gehen, spielt auch eine Rolle, wie gut Sie zu Hause mit den Wehen zurechtkommen, und ob Sie meinen, bald eine Schmerzlinderung zu benötigen. Viele Frauen fühlen sich körperlich und psychisch wohler, wenn sie in der Klinik versorgt werden.

> »... wenn die Fruchtblase platzt, bevor die Wehen eingesetzt haben, wird die Geburt bestimmt bald be- ginnen.«

BLASENSPRUNG

Wenn die Fruchtblase platzt, ehe regelmäßige oder unregelmäßige Gebärmutterkontraktionen eingesetzt haben, sollten Sie sich von der Hebamme oder vom Arzt beraten lassen. Wenn Sie kurz vor dem Geburtstermin stehen und sich der Kopf des Kindes tief ins Becken gesenkt hat, können Sie in diesem Fall noch mehrere Stunden zu Hause abwarten. Da jedoch die schützende Fruchtblase, die das Kind umgibt, geplatzt ist, sollten Sie kein Sitzbad nehmen (stattdessen duschen) und sich nach einem Stuhlgang sorgfältig waschen, um das Risiko einer Infektion in der Gebärmutter zu verringern.

Wenn andererseits Ihre Fruchtblase vor der 37. Woche springt, oder wenn das Fruchtwasser nicht strohfarben, sondern grün oder schwarz verfärbt ist, müssen Sie sofort die Klinik benachrichtigen. Diese Verfärbung zeigt, dass Ihr Kind Mekonium (Kindspech) ins Fruchtwasser ausscheidet. Mekonium ist eine dickliche, klebrige Substanz, die während der Schwangerschaft im Verdauungssystem des Kindes vorhanden ist. Wenn das Kind einer Stresssituation ausgesetzt ist, beeinflusst diese Reaktion des Nervensystems auch das Verdauungssystem und es wird Mekonium aus dem Darm in das Fruchtwasser ausgeschieden.

Ein Blasensprung erfolgt nur in etwa 15 Prozent der Schwangerschaften, bevor die Wehen eingesetzt haben. In diesem Fall wird die Geburt bald beginnen. Im Allgemeinen wird Frauen nach der 35. Schwangerschaftswoche empfohlen, die Geburt einleiten zu lassen, wenn die Gebärmutterkontraktionen innerhalb von 24 Stunden nach dem Abgang des Fruchtwassers nicht eingesetzt haben (*siehe* S. 294ff.).

Verlieren Sie Fruchtwasser, das mit viel Blut vermischt ist, oder tritt nach dem Blasensprung eine hellrote Blutung auf, benachrichtigen Sie die Hebamme oder den Arzt und bereiten Sie sich auf eine sofortige Klinikeinweisung vor.

AUFBRUCH IN DIE KLINIK

WENN IHRE HEBAMME BZW. DER ARZT IHNEN RATEN, IN DIE KLINIK ZU FAHREN, DÜRFEN SIE IHREN KLINIKKOFFER UND DEN MUTTERPASS NICHT VERGESSEN.

Wenn Sie mit dem Auto in die Klinik fahren möchten, sollten Sie und Ihr Partner die Route schon vorher festlegen und feststellen, wie lange die Fahrt während der Hauptverkehrszeiten dauern kann. Es versteht sich von selbst, dass Sie nicht selbst fahren sollten. Eine starke Wehentätigkeit ist sehr belastend und verhindert die Konzentration, die für sicheres Autofahren unumgänglich ist.

Informieren Sie sich im Voraus, welche Parkmöglichkeiten es in Kliniknähe gibt. Halten Sie im Klinikkoffer etwas Kleingeld für die Parkuhr bereit. Wenn Sie das Krankenhaus in großer Eile oder in einer Notsituation erreichen, kann es sein, dass Sie das Auto nicht vorschriftsmäßig parken können. In diesem Fall sollte der Fahrer eine Notiz an der Windschutzscheibe anbringen und in der Aufnahme des Krankenhauses Bescheid sagen, dass ein Notfall vorliegt.

Wenn Sie keine Möglichkeit haben, mit dem Auto zu fahren, rufen Sie ein Taxi oder einen Krankenwagen. Achten Sie darauf, dass Sie Ihre Adresse richtig und vollständig angeben und auch eine Telefonnummer hinterlassen, um unnötige Verzögerungen zu vermeiden. Sanitäter sind gut ausgebildet und können eine Geburt leiten. Auf jeden Fall werden sie Sie sicher ins Krankenhaus bringen – wenn nötig, kann man im Krankenwagen eine fachgerechte Entbindung durchführen.

Informieren Sie sich im Voraus, wo die Entbindungsstation im Krankenhaus liegt und welchen Eingang Sie benützen müssen.

> »... es versteht sich von selbst, dass Sie nicht selbst in die Klinik fahren sollten ...«

AUFNAHME IN DER KLINIK

Geben Sie nach Möglichkeit in der Klinik Bescheid, dass Sie dort in Kürze zu einer Geburt eintreffen werden, sodass man sich auf Ihre Ankunft vorbereiten kann. Auf der Entbindungsstation werden Sie von der Hebamme und eventuell weiteren Geburtshelfern empfangen und man wird Ihnen das Entbindungszimmer zeigen. Wenn Sie eine ambulante Geburt wünschen oder die Vorsorgeuntersuchungen von einer Hebamme durchgeführt worden sind, ist es unter Umständen möglich, dass Sie auch bei der Geburt von »Ihrer« Hebamme betreut werden. Das müssen Sie aber schon während der Schwangerschaft mit der Klinik abklären.

ANKUNFT IN DER KLINIK

Rufen Sie in der Klinik an, wenn Sie das Gefühl haben, dass die Geburt beginnt. Wenn Sie eintreffen, hat man sich schon auf Ihre Ankunft vorbereitet.

Nach Durchsicht Ihres Mutterpasses misst die Hebamme Ihre Temperatur, kontrolliert den Puls und den Blutdruck. Der Urin wird auf Blut, Eiweiß und Zucker untersucht. Sie tastet Ihren Bauch ab, um die Lage des Kindes festzustellen, und kontrolliert den Herzschlag des Kindes. Danach kontrolliert sie die Wehentätigkeit und fragt Sie nach den Kindsbewegungen, die Sie spüren. Sie will wissen, ob ein Blasensprung stattgefunden hat und wie Sie mit den Schmerzen zurechtkommen. Bei einer vaginalen Untersuchung wird festgestellt, wie weit der Muttermund eröffnet ist. Wenn Sie einen Geburtsplan verfasst haben, bespricht die Hebamme ihn mit Ihnen.

Die Ergebnisse der Untersuchungen werden im Mutterpass eingetragen. Wenn der Muttermund bereits mehr als 2–3 cm eröffnet ist und die Wehen in regelmäßigen Abständen auftreten, hat die Geburt eingesetzt. Zu den Unterlagen, die dem Mutterpass beigelegt werden, gehört oft auch ein Partogramm, ein Geburtsverlaufsprotokoll (*siehe* S. 303).

Die weiteren Schritte hängen von der Beurteilung der Hebamme und der Organisation auf der Entbindungsstation ab. In manchen Kliniken gibt es spezielle Räume für die frühe Geburtsphase, in denen Sie sich aufhalten können, bis man Sie kurz vor der Entbindung in den Kreißsaal bringt. In anderen Geburtskliniken können Sie von Anfang an in einem Entbindungszimmer bleiben, in dem der gesamte Geburtsverlauf auch medizinisch kontrolliert werden kann. In jedem Fall kann Ihr Partner jederzeit bei Ihnen sein und Ihnen während Wehen und Geburt zur Seite stehen.

Wenn die Geburt noch nicht begonnen hat

Wenn festgestellt wurde, dass die Geburt noch nicht eingesetzt hat und Sie und Ihr Kind wohlauf sind, bespricht die Hebamme mit Ihnen, ob Sie zur Beobachtung in der Klinik bleiben sollten oder nochmals nach Hause fahren und dort auf das regelmäßige Einsetzen der Wehen warten können. Diese Entscheidung hängt von vielerlei Faktoren ab, unter anderem auch davon, wie Ihre Schwangerschaft bisher verlaufen ist, ob Sie besorgt und unsicher sind und wie weit Ihr Anfahrtsweg zur Klinik ist.

Es muss Ihnen keineswegs peinlich sein, wenn sich die Fahrt in die Klinik als falscher Alarm erwiesen hat – das kommt sehr häufig vor, vor allem beim ersten Kind.

STURZGEBURT

SEHR SELTEN SETZT DIE GEBURT SO UNVERMITTELT UND SCHNELL EIN,
DASS EINE FRAU IHR KIND ALLEIN AUF DIE WELT BRINGEN MUSS. HIER FINDEN SIE
EINIGE PRAKTISCHE RATSCHLÄGE FÜR DIESE NOTSITUATION.

Versuchen Sie ruhig zu bleiben. Wenn Sie in Panik geraten, wird die Situation nur noch erschwert. Wenn Ihr Partner nicht bei Ihnen ist, verständigen Sie Nachbarn oder Freunde, die in der Nähe wohnen.

Rufen Sie den Notruf an und fordern Sie einen Krankenwagen an. Erklären Sie kurz die Situation; bitten Sie die Zentrale, Ihre Hebamme bzw. Ihren Frauenarzt zu benachrichtigen. Die Mitarbeiter in Notrufzentralen sowie Sanitäter wissen, was in einem solchen Fall zu tun ist. Behalten Sie das Telefon immer bei sich. Öffnen Sie Ihre Haustüre.

Waschen Sie sich die Hände und den Unterleib mit Wasser und Seife, wenn es Ihnen möglich ist. Erhitzen Sie Wasser und bereiten Sie Handtücher vor. Wenn Sie Zeit haben, decken Sie das Bett oder den Fußboden mit einer Plastikfolie, Bettlaken, Zeitungen oder sauberen Handtüchern ab. Stellen Sie eine Schüssel bereit, um das Fruchtwasser und das Blut aufzufangen. Legen Sie sich hin.

Wenn Sie das dringende Bedürfnis haben zu pressen, hecheln Sie mit kurzen, kontrollierten Atemstößen. Diese Übungen haben Sie wahrscheinlich im Geburtsvorbereitungskurs gelernt. So können Sie verhindern, dass der Kopf Ihres Kindes plötzlich geboren wird.

Wenn trotz Hechelns der Kopf des Kindes schon heraustritt, bevor Hilfe eingetroffen ist, fassen Sie nach unten und legen Ihre Hände seitlich an den Kopf des Kindes, der in Ihrer Scheide erscheint, und wenden ganz leichten Gegendruck an, damit der Kopf langsam herausgeschoben wird und nicht plötzlich austritt. Wenn der Kopf des Kindes geboren ist, prüfen Sie mit Ihren Fingern, ob sich die Nabelschnur um seinen Hals gelegt hat. Wenn ja, fassen Sie mit einem Finger darunter und ziehen die Nabelschnur vorsichtig über den Kopf des Kindes.

Streichen Sie ganz sanft über die Nasenflügel des Kindes nach unten und über den Hals und das Kinn nach oben, damit Schleim und Fruchtwasser aus der Nase und dem Mund des Kindes ausfließen können.

Bestimmt ist inzwischen Hilfe eingetroffen und die Sanitäter oder die Hebamme können helfen. Wenn Sie immer noch allein sind, legen Sie Ihre Hände an den Kopf des Kindes und wenden leichten Druck nach unten an (nicht ziehen oder zerren), damit die erste Schulter geboren werden kann. Schieben Sie dann den Kopf und die erste Schulter nach oben zu Ihrem Schambeinknochen. Dadurch wird die zweite Schulter geboren und der Rest des Körpers gleitet anschließend schnell heraus. Legen Sie Ihr Baby auf Ihren Bauch. Decken Sie das Kind mit einem Handtuch oder einer Decke zu.

Ziehen Sie nicht an der Nabelschnur. Wenn die Plazenta plötzlich ausgestoßen wird, heben Sie sie hoch, sodass das Blut zum Kind hin fließt. Trennen Sie die Nabelschnur nicht durch.

Das Wichtigste ist, dass Sie Ihr Kind und sich warm halten, bis Hilfe eingetroffen ist.

»Versuchen Sie ruhig zu bleiben. Wenn Sie in Panik geraten, wird die Situation nur noch schwieriger.«

DAS GEBURTSZIMMER/DER KREISSSAAL

Nutzen Sie während der Schwangerschaft die Möglichkeit zur Besichtigung der Entbindungsstation, wie sie heute von vielen Krankenhäusern angeboten wird. Dabei haben Sie die Gelegenheit, die Geburtszimmer bzw. den Kreißsaal zu sehen und Fragen über Geburtsablauf und Apparate, mit denen Sie während der Geburt unter Umständen in Berührung kommen, zu besprechen.

Das Kreißbett ist aus praktischen Gründen in der Regel höher als Ihr eigenes Bett zu Hause. Es lässt sich im Ganzen hochstellen; außerdem können daran verstellbare Beinhalter (*siehe* unten) angebracht werden.

Der Blutdruckmesser hat eine breite, dehnbare Manschette, die an Ihrem Oberarm angelegt wird. Manche sind tragbar, andere an der Wand befestigt. Moderne Apparate sind vollautomatisch und können bewegt werden.

Der Inkubator (Brutkasten) ist ein hoher, beweglicher Wagen mit einer Liegefläche für das Kind. Diese Reanimationseinheit ist beheizbar, um das Kind warm zu halten, sie verfügt über ein Sauerstoffgerät und Schubladen, in denen sich kinderärztliche Instrumente befinden. Außerdem gibt es im Zimmer ein Neugeborenenbett für das Kind, in das es nach der Geburt gelegt wird.

Beinhalter können in speziellen Nuten an beiden Seiten des Geburtsbetts angebracht werden. Wenn die Beine in diese verstellbaren Stützen gelegt werden, ist eine gründlichere Untersuchung möglich, z.B. für den Fall, dass eine Zangen- oder Saugglockengeburt erforderlich wird. Für die normalen vaginalen Untersuchungen während der Geburt werden sie nicht benötigt und gewöhnlich unter dem Bett aufbewahrt.

AUSSTATTUNG DES ENTBINDUNGSZIMMERS

Ein CTG-Gerät wird, wenn erforderlich, zur elektronischen Überwachung des Kindes eingesetzt.

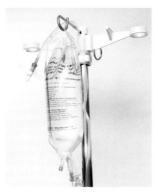

Ein Tropfständer wird am Kreißbett angebracht oder steht auf Rollen daneben.

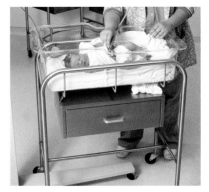

In jedem Geburtszimmer gibt es ein Bettchen, in das das Kind nach der Geburt gelegt wird.

Ein Tropfständer wird an einer Halterung am Geburtsbett angebracht oder er ist rollbar und befindet sich in der Nähe. Es gibt verschiedene Situationen, in denen ein intravenöser Tropf wichtig werden kann:

- wenn Sie sich für eine Periduralanästhesie entscheiden (*siehe* S. 311ff.)
- wenn die Geburt eingeleitet wird (*siehe* S. 294ff.)
- wenn Sie Wehen fördernde Mittel brauchen (*siehe* S. 304)
- wenn Sie Blutungen haben und eine sofortige intravenöse Therapie erforderlich wird, damit der Blutdruck nicht abfällt.

Blasenkatheter und Bettpfanne können unter Umständen erforderlich sein, wenn Sie nicht auf die Toilette gehen können.

ELEKTRONISCHE ÜBERWACHUNG DES KINDES

In meiner Studienzeit sagte mir ein berühmter Geburtshelfer einmal, dass die »Reise durch den Geburtskanal wohl die gefährlichste Reise ist, die der Mensch jemals unternimmt«. Daher ist es nicht überraschend, dass wir sehr viel Zeit und Mühe darauf verwenden, den Verlauf der Geburt und den Zustand des Kindes während der Geburt zu beobachten.

Die einfachste Methode dabei ist das Abhören der Herztöne mit einem Pinard-Stethoskop, einem glockenförmigen Hörrohr aus Metall. Auch ein batteriebetriebenes Doppler-Ultraschallgerät kann in regelmäßigen Abständen eingesetzt werden; dabei werden die fetalen Herztöne mithilfe des Dopplerverfahrens verstärkt und hörbar gemacht.

Bei der elektronischen Überwachung werden die Herzfrequenz des Kindes sowie die Häufigkeit und Stärke der Gebärmutterkontraktionen fortlaufend kontrolliert, vom Ultraschallgerät aufgezeichnet und auf einem Ausdruck, dem Cardiotokogramm (*siehe* S. 258), grafisch dargestellt. Ein gesundes Kind hat eine Herzfrequenz von 120–160 Schlägen pro Minute, die sich fortlaufend um 5–15 Schläge verändert. Das Fehlen dieser Variabilität zwischen den Wehen bedeutet, dass das Kind möglicherweise starkem Geburtsstress ausgesetzt ist. Auch eine Herzfrequenz von 100 oder weniger Schlägen oder eine hohe Herzfrequenz von 180 Schlägen pro Minute sind Anzeichen für mögliche Probleme. Die hilfreichste Information ist die Aussage darüber, wie sich die Herzfrequenz des Kindes durch die Gebärmutterkontraktionen verändert.

Es gibt zwei Formen der elektronischen fetalen Überwachung. Bei der abdominalen oder externen Überwachung werden zwei Gurte um Ihren Bauch gelegt – an einem wird ein Schallkopf zur Feststellung der fetalen Herztöne befestigt, an dem anderen ein Druckmesser zur Aufzeichnung der Stärke und der Dauer jeder Wehe. Diese sind über Kabel mit dem CTG-Gerät verbunden;

»Nutzen Sie die Möglichkeit zur Besichtigung der Entbindungsstation.«

TRAGBARES ULTRASCHALLGERÄT

Mit diesem batteriebetriebenen Gerät kann die Hebamme während der Geburt in der Klinik oder zu Hause die Herztöne des Kindes abhören.

die Ergebnisse können auf dem Display des Geräts abgelesen werden. Bei den meisten Geburten ist eine externe Überwachung, wenn überhaupt, nur zeitweilig notwendig. Manche Kliniken verfügen über tragbare Geräte, die an der Kleidung befestigt werden.

Die intrauterine oder interne Überwachung wird eingesetzt, wenn die Herztöne des Kindes schwierig aufzuzeichnen sind oder wenn das Kind besonderem Geburtsstress ausgesetzt ist und die Geburtshelfer fortlaufend über seinen Zustand informiert sein müssen. Das CTG, das man erhält, ist genauer als bei einer externen Überwachung. Eine kleine Elektrode wird durch Scheide und Muttermund eingeführt und am Kopf des Kindes befestigt (bei einer Steißlage am Po) und an das CTG-Gerät angeschlossen. Diese Elektrode kann nur eingeführt werden, wenn der Muttermund mehr als 2 cm eröffnet ist und das Fruchtwasser abgegangen oder die Fruchtblase gesprengt worden ist. An einem um Ihren Bauch angelegten Gürtel wird ein Druckmesser befestigt, der die Gebärmutterkontraktionen misst.

Als die elektronische Überwachung des Fetus in den 1970er-Jahren eingeführt wurde, kam sie in manchen Krankenhäusern bei allen Frauen routinemäßig zum Einsatz, entweder zeitweilig oder fortlaufend. Neuere Studien haben jedoch gezeigt, dass ihre routinemäßige Anwendung während der Geburt zur unnötigen Annahme führt, dass das Kind unter Stress steht, und bei einer normalen, unkomplizierten Entbindung den Geburtsverlauf nicht begünstigt.

UNTERSUCHUNG DES KINDLICHEN BLUTS

Wenn Anzeichen einer übermäßigen Belastung des Kindes auftreten, lässt der Arzt das fetale Blut untersuchen. Die Blutprobe wird der Kopfhaut entnommen und der pH-Wert (Säure-/Basegehalt) mit einem speziellen Gerät bestimmt. Je saurer der Wert ist, desto wahrscheinlicher ist es, dass das Kind unter Sauerstoffmangel leidet, und dass ein Eingriff erforderlich ist. Um die Blutprobe zu entnehmen, müssen Sie sich einer vaginalen Untersuchung unterziehen.

Wenn die Messungen bestätigen, dass das Kind unter extremem Stress steht, hängt der weitere Verlauf neben anderen Überlegungen auch davon ab, wie weit die Geburt bereits fortgeschritten ist. Wenn Ihr Muttermund erst wenige Zentimeter eröffnet ist, muss ein Kaiserschnitt durchgeführt werden, um eine weitere Verzögerung zu vermeiden. Wenn der Muttermund jedoch beinahe 10 cm eröffnet ist oder Sie sich im zweiten Geburtsstadium befinden, ist es oft besser, eine vaginale Geburt zu beschleunigen, als eine Schnittentbindung durchzuführen. Manchmal ist der Einsatz von Geburtszange oder Saugglocke erforderlich.

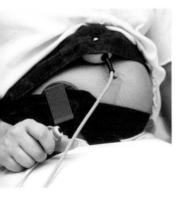

EXTERNE CTG-UNTERSUCHUNG DES KINDES

Diese Methode wird angewandt, um die Herzfrequenz des Kindes und die Stärke der Gebärmutterkontraktionen zu messen.

DIE ROLLE DES GEBURTSPARTNERS

Allgemeine Überlegungen, ob es sinnvoll oder wichtig ist, dass der Vater bei der Geburt seines Kindes dabei ist, nützen niemandem. Es ist nicht einfach, einen geliebten Menschen in den Schmerzen und der Belastung, die eine Geburt mit sich bringt, zu erleben und nicht helfen zu können. Manche Männer möchten daher bei der Geburt lieber nicht dabei sein und das hat überhaupt nichts damit zu tun, dass sie ihre Partnerin nicht genügend lieben würden. Andererseits bedeutet das gemeinsame Erleben der Geburt des eigenen Kindes eine ganz außergewöhnliche Erfahrung, die das Band zwischen Mann und Frau stärken kann. Ermutigen Sie Ihren Partner dazu, das zu tun, was seinem Gefühl nach richtig ist.

Zunächst einmal sollte der Geburtspartner wissen, was die Mutter will, und ihre Interessen während der Geburt vertreten. Das ist nur möglich, wenn die Partner während der Schwangerschaft ausführlich ihre Vorstellungen und Wünsche miteinander besprochen haben. Außerdem sollte er genau über den Geburtsverlauf informiert sein.

Frauen, die in den Wehen liegen, haben ganz unterschiedliche Bedürfnisse – manche brauchen körperliche Zuwendung, wie eine Massage oder die Hand halten, andere wiederum möchten verbal ermutigt werden. Ihr Partner sollte auf alle Möglichkeiten vorbereitet sein: Er muss verstehen, dass Sie in der einen Minute körperliche Nähe suchen und ihn vielleicht einen Moment später nicht in Ihrer Nähe ertragen können. Wichtig ist auch, dass Ihr Partner versucht, seine Unruhe und Angst nicht zu zeigen.

IHR GEBURTSPARTNER *Am wichtigsten ist, dass sich Ihr Partner vor der Geburt über alles informiert, damit Sie sich während des Geburtsverlaufs auf ihn verlassen können.*

Informationen sammeln

Ihr Partner hat die Aufgabe, die Zusammenarbeit mit den Geburtshelfern zu vereinfachen. Manche Maßnahmen während des Geburtsverlaufs sind Ihnen vielleicht nicht einsichtig. Hier kann Ihr Partner helfen, indem er um Aufklärung bittet. Er sollte Fragen, die Sie haben, auf ruhige und präzise Weise stellen, damit Sie die notwendigen Informationen erhalten. So können Sie beide den Überblick behalten und sich an medizinischen Entscheidungen beteiligen.

EINLEITUNG DER GEBURT

EINLEITUNG BEDEUTET, DASS AUF KÜNSTLICHE WEISE WEHEN AUSGELÖST WERDEN, BEVOR SIE VON SELBST EINSETZEN. DIES KANN ERFORDERLICH SEIN, WENN EINE SOFORTIGE ENTBINDUNG FÜR DIE SICHERHEIT VON MUTTER ODER KIND UNERLÄSSLICH IST.

»... es gibt keine klare ›Anleitung‹ für eine Geburtseinleitung und es ist oft schwierig, vorauszusagen, wie sich die Dinge entwickeln werden.«

Eine Einleitung der Geburt kann erfolgen, wenn die Schwangerschaft bereits übertragen ist, ohne dass irgendeine Wehentätigkeit aufgetreten ist. Sie ist auch möglich, wenn das Fruchtwasser abgegangen ist und in den folgenden 24 Stunden keine Wehen eingesetzt haben. Bei einer Einleitung werden mehrere Maßnahmen ergriffen und es treten Wechselwirkungen auf. Der genaue Ablauf ist jeweils vom weiteren Verlauf der Geburt abhängig.

Die Häufigkeit der Geburtseinleitungen unterscheidet sich von Land zu Land, von Klinik zu Klinik und von Geburtshelfer zu Geburtshelfer. Die Entscheidung hängt von vielen Faktoren ab, aber vor allem davon, wie kompliziert die Schwangerschaft war. Im Allgemeinen enden 70 bis 80 Prozent der Geburtseinleitungen mit einer vaginalen Entbindung, aber der Eingriff erhöht das Risiko einer Zangen- oder Saugglockengeburt (*siehe* S. 352ff). Die besten Aussichten auf eine erfolgreiche Einleitung bestehen, wenn die Mutter bereits eine normale Geburt hatte, wenn ihr Muttermund reif und das Kind von durchschnittlicher Größe ist und sich der Kopf ins Becken eingestellt hat und das Becken der Mutter nicht zu klein ist.

GRÜNDE FÜR EINE GEBURTSEINLEITUNG

Die wichtigsten Gründe für eine Einleitung der Geburt sind, dass das Kind außerhalb des Mutterleibs besser versorgt werden könnte, oder dass der Gesundheitszustand der Mutter eine sofortige Beendigung der Schwangerschaft erfordert. Oft müssen das Wohlergehen der Mutter und des Kindes gegeneinander abgewogen werden.

Für eine Geburtseinleitung müssen mehrere Gründe vorliegen:
• **Baby** – Wenn sich das Wachstum des Babys verlangsamt oder es gar nicht mehr wächst, oder wenn es Anzeichen dafür gibt, dass sich das Kind in der Gebärmutter in einer Notlage befindet. Das zeigt sich darin, dass sich das Baby weniger bewegt oder dass zu wenig Fruchtwasser vorhanden ist, was meist darauf zurückzuführen ist, dass die Plazenta nicht mehr richtig arbeitet. Weitere beim Baby liegende Gründe für eine Geburtseinleitung sind eine Rhesusunverträglichkeit (*siehe* S. 128 und 424), oder ein mütterlicher Diabetes, der für das Kind in den

letzten Schwangerschaftswochen eine Gefährdung darstellt (*siehe* Seite 408). Ein weiterer Grund ist eine festgestellte Anomalie des Kindes, die eine Operation nach der Geburt erfordert. In diesem Fall ist es sicherer, das Kind auf die Welt zu bringen, sobald alle notwendigen Vorbereitungen für die Operation getroffen sind. Für die Entscheidung, ob eine Geburt eingeleitet werden soll, müssen die Gefahren für ein nicht ausgereiftes Kind gegen das Risiko, das der Verbleib im Mutterleib mit sich bringen würde, gegeneinander abgewogen werden.

• **Mutter** – Bei einer schweren Präeklampsie, einem schlecht eingestellten Diabetes, einer bestehenden Nieren-, Leber- oder Herzkrankheit oder einer Autoimmunerkrankung kann die Einleitung der Geburt notwendig werden.

• **Eine Kombination von fetalen und mütterlichen Problemen** – Viele der oben angeführten Erkrankungen der Mutter können zu der Entscheidung führen, dass die Einleitung der Geburt die sicherste Möglichkeit ist, das Wohlergehen von Mutter und Kind sicherzustellen. Häufigste Ursache für eine Geburtseinleitung ist das Vorkommen einer Präeklampsie bei bestehendem Diabetes wie auch ein frühzeitiger Blasensprung.

• **Bei Übertragung** – In den meisten Kliniken wird bei einer Schwangerschaft, die über die 41. Woche hinaus andauert, eine Einleitung der Geburt angeboten, da bei einer Übertragung das Risiko einer Totgeburt oder einer anderen Komplikation der Spätschwangerschaft steigt.

IST EINE EINLEITUNG MÖGLICH?

Die Bishop-Skala, die vor allem in Großbritannien verwendet wird, ermöglicht eine objektive Einschätzung, ob der Zustand des Muttermundes eine Einleitung möglich macht oder nicht. Die Hebamme bzw. der Arzt kontrolliert, wie weit der Muttermund eröffnet ist, wie fest er ist und wie die Lage des Kopfes im Becken ist (*siehe* S. 302). Die Ergebnisse werden nach einer Punkteskala von 0 bis 3 beurteilt. Eine Gesamtpunktzahl von 5 oder mehr bedeutet, dass der Muttermund geburtsreif ist und daher eine Einleitung möglich ist.

PUNKTWERT	ZUSTAND DES MUTTERMUNDES				
	Eröffnung (cm)	Länge (cm)	Beschaffenheit	Lage	Lage des Kopfes
0	Verschlossen	3	Fest	Hinten	-3
1	1 – 2	2	Mittel	Mitte	-2
2	3 – 4	1	weich	Verstrichen	-1
3	5+	0			0

METHODEN DER GEBURTSEINLEITUNG

WIE DIE GEBURT EINGELEITET WIRD, HÄNGT DAVON AB, OB ES SICH UM DIE ERSTE ODER EINE

WEITERE SCHWANGERSCHAFT HANDELT, OB EINE GEBÄRMUTTERVERNARBUNG VORLIEGT,

OB DIE FRUCHTBLASE INTAKT IST UND WIE DER ZUSTAND DES MUTTERMUNDES IST.

EINE EINLEITUNG WIRD KAUM VORGENOMMEN, WENN SICH DAS KIND NICHT IN KOPFLAGE

BEFINDET ODER DER KOPF NICHT INS BECKEN EINGETRETEN IST.

Ihr Arzt oder die Hebamme wird Sie untersuchen und die Herzfrequenz des Kindes per CTG überwachen, um sicherzustellen, dass das Kind wohlauf ist (*siehe* S. 291). Zunächst wird der Bauch abgetastet, um die Kopflage zu bestätigen und den Eintritt des Kopfes ins Becken zu kontrollieren (*siehe* S. 302). Anschließend führt die Hebamme eine vaginale Untersuchung durch, um den Zustand des Muttermundes zu beurteilen. Die Eröffnung des Muttermundes ist außerordentlich wichtig für eine erfolgreiche Geburtseinleitung.

PROSTAGLANDINGEL ODER –TABLETTEN

Das Hormon Prostaglandin kommt natürlicherweise in der Gebärmutterschleimhaut vor und löst in der Gebärmutter Kontraktionen aus. Wenn der Muttermund noch unreif ist, wird die Hebamme bzw. der Arzt synthetisches Prostaglandingel oder -tabletten in die Scheide einführen, um die Reifung zu fördern. Eine zweite Dosis Prostaglandin kann etwa sechs Stunden nach der ersten Gabe erforderlich sein; manche Frauen benötigen sogar noch weitere Dosen, um die Eröffnung des

Muttermundes zu erreichen. Bei einer unkomplizierten Schwangerschaft kann die Frau diese Phase im Aufenthaltsbereich der Entbindungsstation verbringen, wenn jedoch erkennbare Risikofaktoren bestehen, muss sie in den Kreißsaal gebracht werden.

Nach jeder Prostaglandingabe wird das Kind etwa eine halbe Stunde lang mittels CTG überwacht; wenn keine Auffälligkeiten auftreten, können im Anschluss regelmäßige Untersuchungen mit dem Pinard-Stethoskop durchgeführt werden (*siehe* S. 291). Sobald die Wehen einsetzen, wird eine weitere elektronische Herzton-Wehen-Überwachung notwendig.

BLASENSPRENGUNG

Wenn der Muttermund 2–3 cm eröffnet ist, ist es in den meisten Fällen möglich, die Fruchtblase zu sprengen. Bei einer Amniotomie oder Blasensprengung wird mit einem langen, dünnen Instrument aus Kunststoff, das wie eine Häkel-

ZURÜCKSCHIEBEN DER FRUCHTBLASE

Bevor man sich für eine Geburtseinleitung entscheidet, wird die Hebamme bzw. der Arzt versuchen, die Fruchtblase zurückzuschieben. Dabei fährt die Hebamme oder der Arzt mit zwei Fingern sanft durch den Muttermund und schiebt die Fruchtblase so vom Muttermund zurück, dass sie nicht verletzt wird. Auf diese Weise können Wehen ausgelöst werden, denn bei diesem Vorgang werden Prostaglandine freigesetzt. Diese Methode ist vollkommen sicher und oft eine wirksame Möglichkeit, um die Vorwehen anzuregen.

nadel aussieht, durch den Muttermund hindurch die Fruchtblase geöffnet, sodass das Fruchtwasser austritt. Dadurch werden zusätzliche Prostaglandine freigesetzt, die regelmäßige Gebärmutterkontraktionen auslösen. Manchmal stellen sich danach sehr bald Wehen ein. Wenn das jedoch nicht der Fall ist, wird der nächste Schritt einer Geburtseinleitung notwendig – eine Oxytocininfusion.

OXYTOCIN ODER SYNTOCINON

Bei Oxytocin handelt es sich um ein Hormon, das von der Hypophyse im Gehirn gebildet wird und die Gebärmutterkontraktionen anregt. Syntocinon ist das synthetische Gegenstück zu Oxytocin. Es wird in der Regel als Infusion über einen Tropf in den Unterarm verabreicht. Das Syntocinon wird in einen sterilen Beutel mit einer Flüssigkeit (in den meisten Fällen ein Gemisch aus Salz- und Zuckerlösungen), der am Tropfständer befestigt wird, gegeben. Die Dosis ist anfangs relativ niedrig. Sie wird nach und nach erhöht, bis deutliche Gebärmutterkontraktionen auftreten – in der Regel drei mittlere bis stärkere Kontraktionen im Abstand von zehn Minuten. Die verabreichte Hormonmenge wird mithilfe einer Infusionspumpe sorgfältig gemessen und kontrolliert. Auf diese Weise kann die Dosis individuell jederzeit regu-

liert werden – abhängig davon, wie weit die Geburt fortgeschritten ist und wie das Kind auf die Gebärmutterkontraktionen reagiert.

Da die Wehen, die mithilfe einer Syntocinoninfusion herbeigeführt werden, außerordentlich plötzlich einsetzen und sehr stark sein können, besteht für das Kind eine höhere Belastung, da es sich nicht allmählich an die Wehentätigkeit gewöhnen kann. Natürlich wird dieses Problem durch die eigentlichen Gründe für die Einleitung der Geburt noch verstärkt. Wenn ein Kind beispielsweise wegen einer Wachstumsretardierung entbunden werden muss, hat es vermutlich geringere Energiereserven als ein normal entwickeltes Kind, das spontane Wehen erlebt. Aus diesem Grund müssen Sie fortlaufend überwacht werden (*siehe* S. 291f.), sobald Sie am Wehentropf hängen. Es ist außerordentlich hilfreich, wenn Sie an dieser Stelle den Abschnitt über die Latenzphase (*siehe* S. 298) lesen. Dort wird die lange Phase der Vorwehen, die normalerweise notwendig ist, bis die eigentlichen Wehen so stark und regelmäßig sind, dass sich der Muttermund ausreichend eröffnen kann, ausführlich beschrieben.

SYNTOCINON *Das Mittel wird als Infusion über einen Tropf an Ihrer Hand oder Ihrem Unterarm verabreicht.*

Wenn man die dort erläuterten Sachverhalte verinnerlicht hat, kann man viel besser nachvollziehen, warum eine Einleitung durch den Wehentropf oft eine scheinbar längere und schmerzhaftere Geburt zur Folge hat. Die Geburt dauert zwar nicht wirklich länger, aber die Phase vor der eigentlichen Eröffnung des Muttermundes, die normalerweise eher unbemerkt verläuft, muss dabei nachgeholt werden und es erfolgt keine langsame Zunahme der Gebärmutteraktivität wie während der Latenzphase einer spontanen Geburt. Aus diesem Grund wird bei einer Einleitung häufig eine Periduralanästhesie empfohlen. Diese wird in den meisten Fällen schon vor der Gabe des Syntocinons angelegt.

»Ein reifer Muttermund ist wichtig für eine erfolgreiche Geburtseinleitung.«

DIE ERÖFFNUNGSPHASE

DIE ERSTE GEBURTSPHASE BEGINNT GENAU GENOMMEN, WENN SICH REGEL-
MÄSSIGE GEBÄRMUTTERKONTRAKTIONEN EINSTELLEN, UND SIE ENDET, WENN
DER MUTTERMUND 10 CM ERÖFFNET IST. DIESES STADIUM KANN IN DREI PHASEN
UNTERTEILT WERDEN: LATENZPHASE, AKTIVE PHASE UND ÜBERGANGSPHASE.

LATENZPHASE

Während der Latenzphase des ersten Geburtsstadiums setzt die Gebärmutteraktivität ein, die Wehen sind leicht und unregelmäßig. Viele Frauen
beschreiben sie als ähnlich wie Regelschmerzen oder Rückenschmerzen und
sind gewöhnlich nicht ernsthaft dadurch beeinträchtigt. Bei diesen frühen
Kontraktionen verändert sich der Zustand des Gebärmutterhalses, der normalerweise zäh und widerstandsfähig ist und etwa 2 cm misst ist. Er wird dünner,
weicher und kürzer.

Auch wenn Sie die leichten Kontraktionen, die sich von der Gebärmutter
nach unten ausbreiten, nicht verspüren, werden der untere Bereich der Gebärmutter sowie der Muttermund dabei dünner, sodass sie wie ein Handschuh
über den Kopf des Kindes (bei Kopflage) gezogen werden. Diesen Vorgang
bezeichnet man als Verstreichen. Erst wenn der Muttermund verstrichen, also
weich geworden ist, kann er sich langsam öffnen, sodass schließlich der Kopf
des Babys austreten kann. Die Latenzphase dauert oft bis zu acht Stunden (bei
Erstgebärenden manchmal auch länger); bei nachfolgenden Geburten ist sie
gewöhnlich viel kürzer. Vielleicht nehmen Sie nicht einmal wahr, dass der
Geburtsvorgang bereits eingesetzt hat. Die Hormone, die während der letzten

---

STADIEN DER ERSTEN GEBURTSPHASE

*In der ersten Geburts-
phase wird der Mutter-
mund dünner und eröff-
net sich, bis er schließ-
lich 10 cm weit geöffnet
ist, sodass der Kopf des
Kindes oder ein anderer
vorn liegender Körperteil
hindurchgleiten kann.*

LATENZPHASE *Der Muttermund wird dünner und
streckt sich – er »verstreicht«.*

AKTIVE PHASE *Die Kontraktionen
werden stärker, während sich
der Muttermund weiter dehnt.*

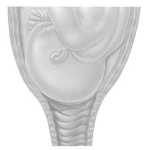

ÜBERGANGSPHASE *Der Muttermund ist eröffnet (10 cm), bereit
für den Durchtritt des Babys.*

Wochen der Schwangerschaft ausgeschüttet werden, bewirken, dass der Muttermund weicher wird und sich dadurch auf die Geburt vorbereitet. Aber die Eröffnung in der ersten Geburtsphase kann nur durch das Einsetzen von immer stärker werdenden Gebärmutterkontraktionen erreicht werden. Deshalb erfolgen die leichten Wehen in der Latenzphase normalerweise im Abstand von 15 bis 20 Minuten und dauern nicht länger als 30 bis 60 Sekunden.

AKTIVE PHASE

Die aktive Phase beginnt, wenn der Muttermund sich etwa 2 cm eröffnet hat und die Gebärmutterkontraktionen regelmäßiger und rhythmischer werden. In der aktiven Phase werden die Wehen in der Mitte des Bauches deutlicher spürbar, begleitet von einer Verhärtung und Festigung der Gebärmuttermuskulatur, die Sie mit der Hand fühlen können. Gebärmutterkontraktionen sind schmerzhaft, da die Gebärmutter ein starkes muskulöses Organ ist und die Wehen einen hohen Energieaufwand erfordern. Während einer Wehe werden die Blutgefäße an der Gebärmutterwand zusammengepresst und der Muskel bekommt zu wenig Sauerstoff; dadurch werden chemische Substanzen freigesetzt, die die Schmerzen auslösen. In den Ruhepausen zwischen den Wehen werden diese Substanzen wieder ausgeschwemmt.

»... die Gebärmutter ist ein starkes muskulöses Organ und die Wehen erfordern einen hohen Energieaufwand.«

Bei den Wehen muss auch beachtet werden, dass durch die Kontraktionen die Sauerstoffversorgung des Kindes immer schlechter wird, da die Blutgefäße in der Gebärmutter, die die Plazenta versorgen, zusammengezogen werden. Als Folge kann sich der Herzschlag des Kindes auf dem Höhepunkt einer Wehe verlangsamen. Während des Geburtsverlaufs muss der Herzschlag sorgfältig kontrolliert werden (*siehe* S. 291f.).

Die Wehen verändern sich

Bei Beginn der aktiven Phase verändern sich die Wehen. Zum einen werden sie stärker und schmerzhafter. Zum anderen beschränken sie sich nicht mehr auf den unteren Bereich der Gebärmutter, sondern beginnen oben an der Gebärmutter und ziehen über die gesamte Gebärmutter nach unten. Dadurch wird der Kopf des Babys (oder ein anderer nach unten liegender Körperteil) mit voller Kraft gegen den Muttermund gedrückt. Denn nun muss sich der Muttermund auf 10 cm weiten. Die Wehen kommen erst alle 15 bis 20 Minuten, dann alle fünf Minuten, schließlich alle zwei Minuten, jeweils gerechnet vom Beginn einer Wehe bis zum Beginn der nächsten.

»... Kopf und Schultern des Kindes müssen weit ins Becken eintreten, bevor die zweite Geburtsphase beginnt.«

Am Ende der aktiven Phase dauert jede Wehe etwa 60 bis 90 Sekunden, sodass zwischen zwei Wehen kaum Zeit zum Ausruhen bleibt. Während jeder Wehe beginnt der Schmerz normalerweise langsam, erreicht einen Höhepunkt, der etwa 30 Sekunden anhält, und klingt dann ab.

In der Regel verläuft die Eröffnung des Muttermundes von 4 auf 9 cm verhältnismäßig rasch und verlangsamt sich danach manchmal. Der Grund dafür liegt darin, dass die Eröffnung des Muttermundes nicht der einzige wichtige Fortschritt während des Geburtsverlaufs ist. Es ist genauso wichtig, dass Kopf und Schultern des Babys weit in den Beckenraum eintreten, bevor die zweite Geburtsphase beginnt. Die Gesamtdauer der aktiven Phase im ersten Geburtsstadium ist sehr unterschiedlich, da sie davon abhängt, ob Sie Ihr erstes Kind bekommen oder ein weiteres. Bei der ersten Geburt weitet sich der Muttermund etwa um einen Zentimeter in der Stunde, wenn es sich aber um Ihr zweites oder ein weiteres Kind handelt, dürfte sich der Muttermund wesentlich schneller eröffnen.

Blasensprengung

Bei etwa 15 Prozent der normal verlaufenden Schwangerschaften platzt die Fruchtblase spontan, bevor die Wehen einsetzen; in den meisten Fällen kommt es dann innerhalb der nächsten 24 Stunden zu Kontraktionen und einer Weitung des Muttermundes. Bei den anderen 85 Prozent der Schwangerschaften ist die Fruchtblase bei Einsetzen des Geburtsvorgangs noch intakt. In den meisten Fällen platzt die Fruchtblase spontan, wenn die Geburt fortschreitet; gelegentlich und meist bei sehr schnellen oder plötzlichen Geburten wird das Kind mit der es umhüllenden Fruchtblase geboren.

Manchmal wird die Fruchtblase gesprengt, wenn kräftige Wehen regelmäßig auftreten und der Muttermund schon 4–5 cm geöffnet ist. Denn durch die Blasensprengung (Amniotomie) werden Prostaglandine freigesetzt, die die Gebärmutterkontraktionen beschleunigen. Dabei geht auch das schützende Fruchtwasser ab, wodurch auf den Muttermund stärkerer Druck ausgeübt wird, was den Verlauf der Geburt fördert. Bei einer normal verlaufenden Geburt besteht aber keine Notwendigkeit einer Blasensprengung.

Falls die Geburt eingeleitet wurde (*siehe* S. 297f.) oder wenn die Wehentätigkeit verstärkt werden muss, weil die Geburt zu langsam voranschreitet (*siehe* S. 304), kann eine Blasensprengung ratsam sein. Auf diese Weise wird zum einen die Geburt beschleunigt. Zum anderen müssen Geburten, die nicht vollkommen normal verlaufen, gut überwacht werden, um die Sicherheit des Kindes zu gewährleisten – dazu ist eine Blasensprengung notwendig, damit eine Elektrode eines inneren CTGs am Kopf des Kindes angebracht werden kann (*siehe* S. 292). In diesem Fall überprüft die Hebamme auch das Fruchtwasser, um sicherzugehen, dass darin kein Mekonium enthalten ist, denn das würde bedeuten, dass das Kind unter starkem Geburtsstress leidet.

Eine Blasensprengung ist normalerweise schmerzlos (*siehe* S. 296f.), wenn der Muttermund teilweise eröffnet ist. Es gibt einige wenige Situationen, in denen eine Blasensprengung nicht zu empfehlen ist, zum Beispiel bei einer Entbindung vor dem errechneten Geburtstermin. In einem solchen Fall ist es besser, wenn die Fruchtblase möglichst lange intakt bleibt, weil das Fruchtwasser das noch sehr empfindliche, unreife Kind während der Geburt schützt (*siehe* S. 341).

ÜBERGANGSPHASE

Als Übergangsphase wird die Endphase des ersten Geburtsstadiums bezeichnet – wenn der Muttermund schon geöffnet ist und nur noch die letzten 2–3 cm fehlen –, kurz bevor der Kopf die richtige Position erreicht hat, um geboren zu werden, und die zweite Geburtsphase, die Austreibungsperiode, beginnt. Die Übergangsphase kann von einigen Minuten bis zu einer Stunde oder noch länger dauern. Für manche Frauen ist sie der schwierigste Teil der Geburt, da sie durch die stundenlangen Wehen bereits erschöpft sind. Die Wehen sind kräftig und kommen alle 60 bis 90 Sekunden. Die Verschnaufpausen dazwischen sind sehr kurz. Viele Frauen haben nun das Gefühl, völlig die Kontrolle verloren zu haben. Von nun an sind die Wehen unberechenbar und hören nicht mehr auf, bis das Kind geboren ist. Positiv daran ist, dass es nicht mehr lange dauern wird; versuchen Sie daher die Übergangsphase als ein positives Zeichen zu betrachten, dass das Ende der Geburt in greifbare Nähe gerückt ist.

»... die Übergangsphase ist ein Anzeichen, dass das Ende der Geburt in greifbare Nähe gerückt ist.«

Der Drang zu pressen

Manche Frauen verspüren während der Übergangsphase einen starken Drang zu pressen, noch bevor der Muttermund vollständig eröffnet ist. Doch wenn Sie zu pressen beginnen, solange der Muttermund erst 8–9 cm weit eröffnet ist, wird er einen dicken, geschwollenen Ring um den Kopf des Kindes bilden und sich nicht weiter zu einer papierdünnen, geschmeidigen Haut entwickeln, durch der Kopf hindurchgleiten kann. Nun ist volle Konzentration auf die Atmung gefragt. Die Hebamme wird Sie unterweisen, wie Sie während der Wehen hecheln oder kurz und flach atmen sollen. Versuchen Sie, zu tiefes Einatmen und Pressen zu vermeiden. Möglicherweise schlägt die Hebamme vor, dass Sie eine andere Position einnehmen, damit der Druck, den der Kopf des Kindes auf den Muttermund ausübt, genommen wird (zum Beispiel auf die Hände und Knie gestützt und den Po in die Höhe gestreckt), denn eine aufrechte Position erhöht das Bedürfnis zu pressen.

UNTERSUCHUNGEN WÄHREND DER GEBURT

Für das Voranschreiten der Geburt sind die kontinuierliche Dehnung des Muttermundes wie auch der Durchtritt des Babys durch den Geburtskanal notwendig. Es gibt keine definitiven Angaben dazu, wie groß das Baby oder das Becken sein muss, um einen guten Geburtsverlauf zu garantieren; es gibt auch keine bestimmte Wehentätigkeit, die eine schnelle und glatte Entbindung garantieren würde. Aus diesem Grund ist es wichtig, dass die Hebamme immer wieder den Bauch abtastet und vaginale Untersuchungen durchführt, um beurteilen zu können, wie weit der Geburtsvorgang fortgeschritten ist.

Wie oft Sie während der Geburt untersucht werden, hängt von vielen verschiedenen Faktoren ab, nicht zuletzt davon, wie lange oder wie kurz die Geburt dauert. Bei jeder Untersuchung tastet die Hebamme Ihren Bauch ab,

EINSTELLUNG UND STADIEN

Da die Geburt jetzt voranschreitet, ist es wichtig zu wissen, wie weit sich der Kopf des Babys ins Becken gesenkt hat. Wenn der größte Durchmesser des Kopfes ins Becken eintritt, kann nur ein oder zwei Drittel des Kopfes am Bauch getastet werden. Je weniger des Kopfes bei einer Untersuchung zu tasten ist, umso weiter fortgeschritten ist die Geburt. Bei einer vaginalen Untersuchung wird festgestellt, wie weit der Muttermund eröffnet ist und wie weit der vorangehende Teil des Kopfes ins Becken eingetreten ist. Das Absenken wird in »Stadien« angegeben, die man sich am besten als imaginäre waagerechte Linien vorstellen kann, die in Zentimeter-Abständen durch das Becken gezogen werden. Wenn der Kopf des Kindes ins Becken eintritt, spricht man vom Stadium -5. Wenn er sich in gleicher Höhe mit den Sitzbeinhöckern befindet, ist Stadium 0 erreicht. Bei Stadium +5 erscheint der Kopf in der Scheide.

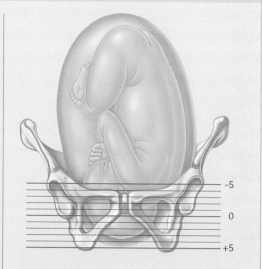

DER DURCHTRITT *Die Kopfposition wird entsprechend der Höhe, in der er sich oberhalb (-) und unterhalb (+) der Sitzbeinhöcker befindet, angegeben.*

PARTOGRAMM

DIE BESTE MÖGLICHKEIT EINER KONTROLLE DES GEBURTSVERLAUFS BIETET DAS

PARTOGRAMM – DIE GRAFISCHE DARSTELLUNG VERSCHIEDENER UNTERSUCHUNGS-

ERGEBNISSE WÄHREND DES GEBURTVORGANGS.

Auf einem Partogramm werden neben speziellen Anweisungen oder Vermerken des Arztes Ihre persönlichen Daten notiert. Darunter finden sich Grafiken, die die Herztöne des Kindes, die Anzahl der Wehen, die in zehnminütigem Intervall auftreten, Ihre Temperatur, den Blutdruck und Puls sowie die Ergebnisse der Urinuntersuchung darstellen. Wenn eine Schmerzlinderung oder ein Wehentropf benötigt wird, werden die Dosierung und die Uhrzeit der Verabreichung ebenfalls vermerkt.

Der hilfreichste Teil des Partogramms ist die Aufzeichnung der Eröffnung des Muttermundes und des Höhenstandes des Kopfes des Babys, die nach jeder Untersuchung von der Hebamme vermerkt werden. Dadurch erkennt man auf einen Blick, wie weit die Geburt fortgeschritten ist. Meist ist eine Vergleichskurve zum Verlauf der Eröffnungsphase vorgegeben. Die ideale Kurve für Erstgebärende verläuft entlang der Vergleichskurve und steigt bis zu 10 cm langsam an, während die Kurve bei einer Mutter, die bereits ein Kind geboren hat, kürzer und steiler verläuft. Die ideale Kurve für die Senkung des Kopfes verläuft gleichmäßig entsprechend der Vergleichskurve. Natürlich folgt nicht jede Geburt diesen vorgegebenen Richtlinien, aber wenn der Geburtsverlauf sehr langsam ist (die Eintragungen erscheinen deutlich nach rechts versetzt zur idealen Kurve), können bestimmte Maßnahmen erforderlich sein.

NR. AB 1234	NACHNAME MAIER	VORNAME HEDWIG
Parität 0+0	Alter 25 Jahre	Datum 2. August 2005
Letzte Menstruation 22.09.04	ET 29. Juli 2005	
Dauer der Geburt 12 Std.	*Dauer seit dem Blasensprung 2 Std.*	

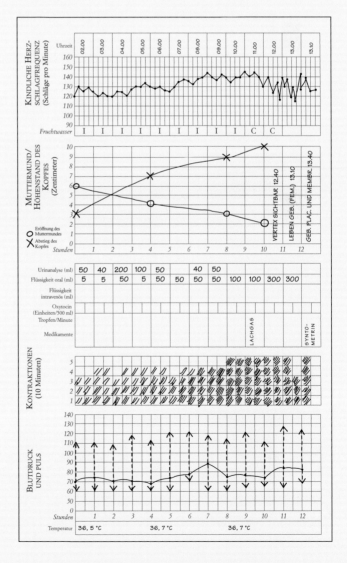

FORTSCHRITT IN DER ERSTEN PHASE

Das erfolgreiche Voranschreiten der Geburt ist von drei Faktoren abhängig, die wiederum in Wechselwirkung zueinander stehen:

▶ **die Wehen** – kräftige Gebärmutterkontraktionen eröffnen den Muttermund vollständig.

▶ **das Baby** – wenn es sich gut in das mütterliche Becken einstellt, kann es problemlos durch den Geburtskanal hindurchgleiten.

▶ **der Geburtskanal** – wenn das Becken breit genug ist, hat das Baby genügend Platz für den Durchtritt.

»... bei den meisten Schwangerschaften liegt das Kind vertikal mit dem Kopf nach unten.«

um die Kindslage und die Einstellung zu bestätigen (*siehe* S. 268). Bei den meisten Schwangerschaften liegt das Kind vertikal mit dem Kopf nach unten; diese Kindslage wird im weiteren Verlauf dieses Abschnitts vorausgesetzt. Sollte bei Ihnen bei Beginn des Geburtsvorgangs eine Beckenendlage, eine Querlage oder eine Schräglage vorliegen, finden Sie Einzelheiten darüber, wie die Geburt verlaufen kann, auf den Seiten 356ff. und 429.

DIE GEBURT BESCHLEUNIGEN

Wenn sich ein Geburtsvorgang, der spontan eingesetzt hat, verlangsamt, wird es wahrscheinlich notwendig sein, die Geburt voranzutreiben. Anhand eines Partogramms kann man am besten entscheiden, wann damit begonnen werden soll. Wenn die Wehen ausreichend stark sind, aber die Fruchtblase noch intakt ist, wird eine Blasensprengung (*siehe* S. 300) vermutlich genügen, um den Geburtsverlauf zu beschleunigen. Wenn die Wehen zu schwach, selten oder unregelmäßig sind und das Fruchtwasser bereits abgegangen ist, kann eine Syntocinoninfusion die Kontraktionen verstärken und regulieren. Wie bei einer Geburtseinleitung (*siehe* S. 294ff.) wird die Dosis anfangs niedrig sein und allmählich erhöht.

Eine fortlaufende Überwachung stellt sicher, dass das Kind keinem Stress ausgesetzt ist. Eine weitere Untersuchung erfolgt etwa zwei Stunden nach der Intensivierung der Wehen. Normalerweise zeigt sich dann, dass eine weitere Eröffnung des Muttermundes erfolgt ist oder sich der Kopf weiter gesenkt hat; in diesem Fall wird die Syntocinoninfusion bis zur nächsten Untersuchung in etwa zwei Stunden weiter verabreicht. Alle Beobachtungen werden in das Partogramm (*siehe* S. 303) eingetragen. Gelegentlich kommt es auch vor, dass nach vier Stunden noch kein Fortschritt zu verzeichnen ist; in diesem Fall untersucht der Arzt Sie erneut und kann evtl. zu einem Kaiserschnitt raten.

EINE LANGE GEBURT

ALS »LANG« GILT EINE GEBURT, WENN SIE NACH EINSETZEN REGELMÄSSIGER WEHEN LÄNGER ALS ZWÖLF STUNDEN DAUERT. FÜNF BIS ACHT PROZENT ALLER GEBURTEN DAUERN UNGEWÖHNLICH LANGE; SIE IST BEI ERSTGEBÄRENDEN HÄUFIGER ALS BEI FRAUEN, DIE BEREITS EIN KIND GEBOREN HABEN.

Die Geburt dauert länger, wenn der Muttermund sich nicht eröffnet oder das Kind nicht in den Geburtskanal eintritt, oder wenn es sich nicht in die optimale Position (Einstellung) dreht. Meist liegt eine Kombination dieser Faktoren vor, da die Eröffnung des Muttermundes, der Eintritt ins Becken und die Einstellung des Babys voneinander abhängen. Ein Missverhältnis zwischen dem Kopf des Babys und dem mütterlichen Becken, Geburtshindernisse, eine unzureichende Gebärmutteraktivität und eine Hinterhauptslage sind Gründe für eine lange Geburt.

MISSVERHÄLTNIS ZWISCHEN FETUS UND BECKEN

Ein Missverhältnis zwischen Fetus oder Kopf des Kindes und Becken bedeutet, dass der Kopf des Kindes zu groß ist für das Becken der Mutter. Das ist ein relativer Begriff, denn ein kleineres Kind könnte problemlos durch dieses Becken gleiten. Bei Erstgebärenden wird ein Missverhältnis zwischen Kopf und Becken vermutet, wenn der Kopf nicht termingerecht ins Becken eingetreten ist. Weitere Anhaltspunkte sind Größe und Schuhgröße der Mutter – wenn sie kleiner als 1,50 m ist und kleine Füße hat, dürfte sie ein schmales Becken haben; dies erschwert eine vaginale Geburt oder macht sie gar unmöglich.

Wenn ein Verdacht auf ein Missverhältnis zwischen Kopf und Becken besteht, entbindet der Arzt das Kind durch einen Kaiserschnitt, damit es nicht der Belastung einer langen Geburt ausgesetzt ist. Wenn der Kopf ins Becken eingetreten ist und die Mutter normal gebären möchte, kann eine vaginale Geburt versucht werden. In diesem Fall muss der Geburtsverlauf anhand eines Partogramms sorgfältig überwacht werden (*siehe* S. 303). Wenn die Geburt kaum voranschreitet, muss doch eine Schnittentbindung durchgeführt werden.

Bei einer zweiten oder weiteren Schwangerschaft tritt der Kopf manchmal erst unmittelbar vor Einsetzen der Geburt ins Becken ein, sodass eine Voraussage, ob ein Missverhältnis zwischen Kopf und Becken vorliegt, schwieriger ist. Eine sorgfältige Überprüfung früherer Geburten und des Geburtsgewichts der Kinder können wichtige Anhaltspunkte geben. Manche Ärzte schlagen eine Röntgenaufnahme oder eine Computertomografie vor, um die exakte Größe des Beckens der Mutter zu bestimmen.

»Die letztlich einzige Möglichkeit zu erfahren, ob der Kopf des Kindes durch das Becken der Mutter passt, ist die Überwachung des Geburtsverlaufs.«

GEBURTSHINDERNISSE

Durch eine mangelhafte Überwachung einer Geburt, infolge derer ein Missverhältnis zwischen Fetus und Becken oder eine Lageanomalie des Babys, z.B. eine Schulter- oder Querlage (*siehe* S. 429), unbemerkt geblieben ist, können Geburtshindernisse auftreten – die Geburt kommt zum Stillstand. Andere Ursachen können Missbildungen der Gebärmutter, des Gebärmutterhalses oder der Vagina sein, ebenso wie Zysten am Eierstock oder Myome in der Nähe des Muttermundes oder angeborene Fehlbildungen des Kindes (*siehe* S. 419).

Bei einer ersten Geburt zieht sich die Gebärmutter stark zusammen und versucht, das Hindernis zu überwinden; dann stellt sie ihre Aktivität ein. Wenn bei einer zweiten Geburt ein Hindernis vorliegt, zieht sich die Gebärmutter weiterhin stark zusammen, was zur Entstehung eines Kontraktionsrings führt, der als Bandl-Kontraktionsring bezeichnet wird. Der obere Bereich der Gebärmutter wird dick und verkürzt sich, der untere Teil wird nach und nach gestreckt und dabei dünner. In solchen Fällen muss die Geburt sofort erfolgen. Es ist ein Kaiserschnitt erforderlich, damit die Gebärmutter nicht reißt (*siehe* S. 427).

UNZUREICHENDE WEHENAKTIVITÄT

Die Geburt verläuft nur dann normal, wenn die Wehen kräftig sind und sich durch die gesamte Gebärmutter nach unten ziehen. Wenn das nicht der Fall ist, wird die Geburt gewöhnlich verzögert. Die Gebärmutteraktivität kann übermäßig hoch oder zu gering sein. Bei einer zu geringen Aktivität kann ein Wehen verstärkender Syntocinontropf (*siehe* S. 297) Abhilfe schaffen. Eine übermäßige Aktivität bzw. unkoordinierte Gebärmutteraktivität tritt auf, wenn sich verschiedene Bereiche der Gebärmutter voneinander unabhängig zusammenziehen. Diese Kontraktionen führen zu keiner Öffnung des Muttermundes und sind oft sehr schmerzhaft. Diese Form der Gebärmutteraktivität kann als Folge einer falschen Verabreichung von Syntocinon zur Beschleunigung der Geburt auftreten. Wenn eine Periduralanästhesie zur Anwendung kommt, sind eine genaue Bestimmung der Intensität und eine Lokalisierung der Wehenschmerzen kaum mehr möglich. In diesem Fall ist ein Partogramm hilfreich, um die Gebärmutteraktivität näher zu bestimmen. Wenn sich der Muttermund auch weiterhin nur langsam eröffnet – innerhalb von vier Stunden nicht weiter als 2 cm – und sich der Kopf des Kindes kaum ins Becken schiebt, muss der Arzt einen Kaiserschnitt durchführen.

HINTERE HINTERHAUPTSLAGE

Die Wahrscheinlichkeit, dass die Geburt schnell und unkompliziert verläuft, ist größer, wenn sich das Baby in der vorderen Hinterhauptslage befindet (OA, *siehe*

»Die Geburt verläuft nur dann normal, wenn die Wehen kräftig sind und sich durch die gesamte Gebärmutter nach unten ziehen.«

S. 270), also der Hinterkopf des Kindes (Okziput) zur Bauchseite der Mutter (Anterior) gedreht ist. Wenn das Kind sich in der hinteren Hinterhauptslage (OP) befindet, ist sein Gesicht nach vorne gedreht und sein Hinterkopf drückt auf den Rücken der Mutter, die Wirbelsäule des Kindes liegt also auf der Wirbelsäule der Mutter. In dieser Lage ist es für das Kind schwieriger, seinen Hals und sein Kinn zu bewegen, weil sein Hinterkopf gegen das Kreuzbein der Mutter drückt; dies bedeutet, dass ein größerer Teil des Kopfes, als es normalerweise der Fall ist, nach oben liegt – »sich präsentiert«. Dadurch kann die Geburt verzögert werden; die Mutter hat oft stärkere Schmerzen, die sich hauptsächlich im unteren Rückenbereich bemerkbar machen.

Um den Druck von Ihrem Rücken zu nehmen, gehen Sie auf Hände und Knie oder setzen sich mit vorne gekreuzten Beinen hin, beugen sich nach vorne oder schwingen Ihr Becken. Auch eine Rückenmassage kann hilfreich sein. Am besten lässt sich die Drehung des kindlichen Kopfes anregen, indem man aufrecht steht und möglichst lange auf den Beinen bleibt. Wenn Sie sich hinlegen müssen, nehmen Sie eine Position ein, welche die Drehung des Kindes im Mutterleib begünstigt. Vermeiden Sie es, sich flach auf den Rücken zu legen – in dieser Lage drückt das gesamte Gewicht Ihres Kindes auf Ihre Wirbelsäule.

Drehung des Kindes

Über zehn Prozent der Kinder befinden sich bei Einsetzen der Geburt in einer Hinterhauptslage (*siehe* S. 270), daher ist das kein ungewöhnliches Problem. In den meisten Fällen dreht sich das Kind vor Ende der ersten Geburtsphase selbst in die richtige Lage; die Geburt setzt aber immer sehr langsam ein. Der Geburtsverlauf ist oft schmerzhafter und zieht sich in die Länge.

Wenn sich das Kind in der hinteren Hinterhauptslage befindet, werden oft eine Wehenverstärkung und eine Periduralanästhesie notwendig. Extreme Erschöpfung der Mutter und Geburtsstress beim Baby sind häufige Komplikationen. Wenn sich das Kind bis zu Beginn der zweiten Geburtsphase nicht in die normale Lage gedreht hat, rät die Hebamme, das Becken hochzulagern (um jeglichen Drang zu pressen zu verhindern) und das Kind durch eine Positionsveränderung zu einer Drehung anzuregen. In dieser Stellung sollten Sie sich etwa eine Stunde ausruhen. Wenn sich das Kind danach immer noch in der hinteren Hinterhauptslage oder in Seitenlage befindet, muss es mit Hilfe von Zangen oder Saugglocke in die vordere Hinterhauptslage gedreht werden, damit die Entbindung glatt verläuft. Sollte sich dieser Eingriff als erfolglos erweisen, bleibt als einziger Ausweg ein sofortiger Kaiserschnitt.

HINTERE HINTERHAUPTS-LAGE *In dieser Position ist der Hinterkopf Ihres Kindes zu Ihrem Rücken gewandt und seine Wirbelsäule drückt gegen Ihre Wirbelsäule.*

SCHMERZLINDERUNG BEI DER GEBURT

Gebärmutterkontraktionen, die dazu imstande sind, ihr Kind durch den Geburtskanal zu schieben, sind ziemlich schmerzhaft; es gibt aber wirksame Hilfen gegen diese Schmerzen.

Die Frage der Schmerzlinderung ist ein sehr heikles Thema, das seit Jahren von Schwangeren und Medizinern heftig diskutiert wird. Dabei gibt es höchst unterschiedliche Meinungen und Sichtweisen. Manche Gegner betrachten die Geburt eines Kindes als einen vollkommen natürlichen Vorgang und vertreten die Meinung, dass die Schmerzen ein wesentlicher Teil davon sind. Daher kommt für sie keinerlei Form medizinischer Schmerzlinderung in Frage. Auf der anderen Seite gibt es Frauen, die bei den ersten Anzeichen von Unwohlsein nach einer Periduralanästhesie verlangen oder sogar einen Kaiserschnitt wünschen, um die Wehenschmerzen völlig zu umgehen.

Alle diese Einstellungen haben ihre Berechtigung, wichtig ist nur, dass jede Frau alle Möglichkeiten, die sich ihr bieten, kennt, und dass sie sachlich beraten wird, bevor sie für sich eine Entscheidung trifft. Eine Erstgebärende kann unmöglich wissen, wie sie auf die Geburtsschmerzen reagieren wird, da sie wahrscheinlich zum ersten Mal in ihrem Leben so starken Schmerzen ausgesetzt ist. Frauen, die schon eine Geburt erlebt haben, haben dagegen meist eine bessere Vorstellung von ihrer eigenen Schmerzgrenze; da jedoch jede Geburt anders verläuft, kann auch von ihnen nicht erwartet werden, dass sie genau vorhersehen, wie sie die Schmerzen dieses Mal bewältigen werden. Eine Frau, die ein gesundes Baby zur Welt gebracht hat, muss keineswegs das Gefühl haben, versagt zu haben, weil sie ein Schmerzmittel benötigt hat.

Am besten ist es, für alles offen zu bleiben und abzuwarten, wie die Schmerzen bewältigt werden, um dann aus der Situation heraus zu entscheiden, ob ein Schmerzmittel erforderlich ist.

SCHMERZMITTEL

ES GIBT DREI WICHTIGE GRUPPEN:

Analgetika lindern den Schmerz oder dämpfen die Schmerzempfindung:

▶ Analgetika zum Einatmen, wie Lachgas

▶ systemische Analgetika, wie Pethidin

Eine örtliche Betäubung, die zur Ausschaltung der Schmerzempfindung eines begrenzten Bereichs führt, wie:

▶ Periduralanästhesie

▶ Spinalanästhesie

▶ Pudendusblock

▶ Paracervicalblock

Vollnarkose, die zur Ausschaltung des Bewusstseins führt, wodurch keinerlei Schmerz empfunden wird.

SCHMERZLINDERNDE MITTEL (ANALGETIKA)

Analgetika betäuben das Schmerzzentrum im Gehirn, indem sie jene Rezeptoren blockieren, die die Botschaften des Nervensystems empfangen. Bei Geburten werden in den meisten Fällen Mittel zum Inhalieren eingesetzt.

INHALATIONSANALGETIKA

Entonox, bekannter unter der Bezeichnung Lachgas (Distickstoffoxid), ist ein analgetisches Gas, das zur Anwendung im Verhältnis 50:50 mit Sauerstoff gemischt wird. Es betäubt die Schmerzzentren im Gehirn und schaltet die Schmerzsignale, die zum Gehirn ausgesandt werden, aus, ohne sich auf das Bewusstsein auszuwirken oder eine zu stark beruhigende Wirkung zu haben. Bei der Anwendung kann es zwar zu leichtem Schwindelgefühl kommen, das aber rasch vorübergeht. Lachgas war früher das gängige Schmerzmittel während der Geburt, wird heute aber nicht mehr so häufig angewandt, weil es die Mitarbeit der Mutter bei der Geburt beeinträchtigen kann.

Bei den Gebärenden ist Lachgas allerdings recht beliebt: Viele Frauen entscheiden sich dafür, wenn es zur Verfügung steht. Die Beliebtheit von Lachgas dürfte auf die Tatsache zurückzuführen sein, dass die werdende Mutter selbst kontrollieren kann, wie viel Gas sie einatmet. Es besteht auch so gut wie keine Gefahr einer Überdosierung oder anhaltender Nebenwirkungen.

Anwendung von Lachgas

Lachgas wird am besten eine halbe Minute vor dem Höhepunkt einer Wehe eingeatmet. Sie können es mithilfe einer Gesichtsmaske durch die Nase einatmen oder mithilfe eines Mundstücks durch den Mund inhalieren. Danach müssen Sie langsam ausatmen. Nach fünf bis sechs Atemzügen wirkt das

ENTONOX, *Lachgas, ist eine mögliche Form der Schmerzlinderung während der Geburt, besonders in den frühen Phasen. Ihr Partner kann Sie unterstützen, indem er Sie anleitet, das Gas langsam einzuatmen und wieder auszuatmen.*

Gas im Gehirn betäubend, und Sie merken, wie der Schmerz nachlässt; wahrscheinlich stellt sich ein Gefühl des Wohlbefindens ein. Sie können dann weiter inhalieren und ausatmen, bis die Wehe abgeklungen ist. Es ist wichtig, dass Sie die Anwendung zwischen den Wehen unterbrechen, da ein fortlaufendes Einatmen von Lachgas die Schmerzen der nächsten Wehe nicht lindert, sondern zu Unwohlsein und Orientierungslosigkeit führen kann. Bei manchen Frauen löst der Geruch der Gesichtsmaske aus Gummi und bzw. oder von Lachgas Übelkeit aus, daher ist die Aufnahme über ein Mundstück vorteilhafter. Außerdem kann es auch hilfreich sein, während einer starken Wehe auf etwas Hartes beißen zu können.

Für viele Frauen ist Lachgas besonders in den frühen Phasen der Geburt hilfreich. Manche Frauen kommen die ganze Zeit über mit Lachgas aus, während andere in der zweiten Geburtsphase eine zusätzliche Schmerzlinderung benötigen. Die Effektivität von Lachgas in der ersten Geburtsphase ist sicherlich auch darauf zurückzuführen, dass es Sie dabei unterstützt, sich auf die Atemtechnik zu konzentrieren. Auf diese Weise bekommen Sie das Gefühl, die Situation besser unter Kontrolle zu haben, was zu einem gewissen Grad ebenfalls schmerzlindernd wirkt.

Obwohl Lachgas über die Plazenta in den Körper des Babys angelangen kann, wird es von Ihrem Körper und dem des Kindes schnell ausgeschieden und hat keine schädlichen Auswirkungen.

SYSTEMISCHE ANALGETIKA

Eine systemische Schmerzlinderung betrifft den gesamten Körper. Opioide, besonders Pethidin (ein synthetisches Gegenstück zu Morphin), können während der Geburt eingesetzt werden. Es handelt sich hier um Wirkstoffe aus der Gruppe der Narkotika (Opiate); sie verursachen Schläfrigkeit und lindern den Schmerz. Pethidin wirkt auf spezifische Rezeptoren in Gehirn und Rückenmark, sodass die Schmerzsignale, die vom Nervensystem an das Gehirn weitergeleitet werden, gedämpft werden. Dieselben Rezeptoren werden auch von den Endorphinen – unseren körpereigenen Schmerztötern – genutzt.

Pethidin wird als Injektion verabreicht, normalerweise in den Oberschenkelmuskel; es kann aber auch oral oder als Zäpfchen gegeben werden. Die Wirkung tritt innerhalb von 15 bis 20 Minuten ein. Die Schmerzlinderung lässt nach drei bis vier Stunden nach; dann kann eine erneute Injektion notwendig sein.

Probleme bei der Anwendung von Pethidin
Ein Nachteil von Pethidin besteht darin, dass die Dosis, die für eine wirksame Schmerzlinderung benötigt wird, auch zu einer Sedierung, also einer starken Beruhigung der Mutter, führen kann. Dadurch können zwischen den Wehen Atemschwierigkeiten und Sauerstoffmangel bei der Mutter auftreten. Pethidin kann zudem noch weitere Nebenwirkungen, wie Übelkeit, Erbrechen, Verdauungsstörungen und Wahrnehmungsstörungen, verursachen.

Außerdem passiert der Wirkstoff rasch die Plazenta und kann auch beim Kind Schläfrigkeit hervorrufen. Dies wird als eine Verringerung der Variabilität im CTG des Kindes (*siehe* S. 292) erkennbar, sodass die Interpretation der Herztöne erschwert wird. Wenn die Atemtätigkeit des Babys verringert wird, erreicht es nach der Geburt eine niedrigere Punktezahl beim Apgar-Test (*siehe* S. 375). Aus diesen Gründen wird Pethidin heute nur noch nach kritischer Prüfung als Schmerzmittel während der Geburt eingesetzt.

ÖRTLICHE BETÄUBUNG

Es gibt verschiedene Formen der lokalen Betäubung, mit denen man die Schmerzen während Wehen, Geburt und Nachgeburtsphase ausschalten kann. Sie werden durch eine Injektion verabreicht und blockieren die Nerven.

Welche Form der örtlichen Betäubung man anwendet, hängt von der Geburt und dem Geburtsverlauf ab. Eine Periduralanästhesie z. B. kann während des gesamten Geburtsverlaufs und bei jeder Form der Entbindung angewandt werden, während eine Spinalanästhesie gewöhnlich bei einem Kaiserschnitt oder einer Entfernung der Plazenta zum Einsatz kommt. Ein Pudendus- oder Paracervicalblock wird als Betäubungsmittel vor allem dann eingesetzt, wenn die Geburt mit Zange oder Saugglocke beendet werden muss.

PERIDURALANÄSTHESIE (PDA)

Eine Spritze zwischen Lendenwirbel und Rückenmark blockiert bei einer PDA (oder Epiduralanästhesie) die Nerven des Unterleibs und macht ihn gefühllos, sodass Sie die schmerzhaften Gebärmutterkontraktionen nicht spüren. Diese Methode der Schmerzlinderung, auch als Rückenmarksspritze bezeichnet, erfordert medizinische Hilfsmittel und kann nur im Krankenhaus durchgeführt werden.

Wie funktioniert die Periduralanästhesie?

Das Rückenmark ist von einer harten Haut, der Dura mater spinalis, umhüllt und wird zusätzlich von der knochigen Wirbelsäule, die es umgibt, geschützt (*siehe* Illustration S. 313). Der Epiduralraum befindet sich zwischen der Rückenmarkshaut und dem Wirbelkanal.

Die Nervenleitungen, die Ihre Wehenschmerzen regulieren, treten aus dem Rückenmark heraus, durchdringen die Rückenmarkshaut und verlaufen durch den Epiduralraum, bevor sie zwischen den Wirbeln in den Unterleib treten. Das Betäubungsmittel, das in diesen Epiduralraum injiziert wird, dringt in die Nervenleitungen ein und blockiert die Weiterleitung der Schmerzen.

Bei einer hohen Dosis können manche der motorischen Nervenleitungen, die die Beine und die Blase kontrollieren, ebenfalls ausgeschaltet werden. Dann fühlen sich die Beine schwer an und lassen sich kaum bewegen. Sie spüren auch nicht mehr, wann Ihre Blase voll ist.

WANN IST EINE PDA HILFREICH?

▶ Wenn Sie eine Schmerzlinderung in der ersten und zweiten Geburtsphase wünschen.

▶ Bei einer Mehrlingsgeburt

▶ Bei einer Frühgeburt

▶ Bei einer langen Geburt: Hinterhauptslage; schwache/unregelmäßige Gebärmutterkontraktionen; Verdacht auf Missverhältnis Kopf–Becken nach Einleitung der Geburt (*siehe* S. 304)

▶ Bei einer Geburt mit Hilfsmitteln: Saugglocke oder Zange

▶ Bei einer Steißlagengeburt

▶ Bei geplantem Kaiserschnitt, außer es liegen Gegenanzeigen vor (*siehe* S. 362)

▶ Bei einem Kaiserschnitt als Notoperation, außer es liegen Gegenanzeigen vor oder die Zeit reicht nicht mehr

▶ Bei einem Dammschnitt, wenn viel genäht werden muss.

PERIDURALANÄSTHESIE

▶ **Ist das Verfahren schmerzhaft?**

Da die Haut des Rückenbereichs zuvor lokal betäubt wird, spüren Sie den Einstich normalerweise nicht; es tritt nur ein gewisses Unbehagen auf.

▶ **Was geschieht, wenn die Periduralanästhesie nicht wirkt?**

Wenn sich das Betäubungsmittel im Epiduralraum ungleichmäßig ausbreitet, kann es sein, dass ein Bereich Ihres Unterleibs oder ein Teil des Oberschenkels nicht wirksam betäubt ist. Gelegentlich erfolgt die Betäubung nur auf einer Körperseite. Diese Probleme können jedoch vom Anästhesisten rasch behoben werden. Er korrigiert die Position des Katheters und bittet Sie eventuell, Ihre Stellung zu verändern, damit das Anästhetikum alle Nervenleitungen gleichmäßig erreicht. Selten wird die PDA nicht »angenommen«; in diesem Fall wird der Anästhesist vermutlich den Katheter komplett neu anlegen.

▶ **Ich hatte früher einmal eine Rückenverletzung. Kann ich eine Periduralanästhesie bekommen?**

Das hängt zwar von der Art und dem Ausmaß dieser früheren Verletzung ab. Doch im Allgemeinen ist nicht zu erwarten, dass eine PDA wegen einer früheren Rückenverletzung nicht in Frage kommt. Lassen Sie sich schon während der Schwangerschaft von einem Anästhesisten beraten.

▶ **Kann der Katheter das Rückenmark verletzen?**

Es ist äußerst selten, dass der Katheter in das Rückenmark rutscht. Wenn das passieren sollte, wird der Geburtshelfer es schnell merken, da sich der betäubte Bereich weiter nach oben oder nach unten verschieben würde, und zieht ihn sofort heraus. Theoretisch ist es möglich, dass das Rückenmark durch eine Periduralanästhesie geschädigt wird, und dass es zu einer Lähmung kommt.

▶ **Kann ich in der zweiten Geburtsphase mein Kind herauspressen?**

Das ist möglich, wird aber durch die Periduralanästhesie erschwert. Da Sie die Wehen nicht fühlen, verspüren Sie auch nicht den Drang zu pressen, der die Wehen im zweiten Geburtsstadium begleitet. Das bedeutet, dass Sie weniger gut abschätzen können, wann Sie Ihre Kraft zum Pressen einsetzen müssen. Aber die Hebamme kann Ihnen sagen, wann die Wehen kommen, und Sie zum Pressen anleiten. Es besteht auch die Möglichkeit, das Narkotikum vor der zweiten Geburtsphase allmählich abzusetzen, sodass Sie, wenn die Austreibungsphase beginnt, die Wehen wieder wahrnehmen.

▶ **Steigt mit einer Periduralanästhesie die Wahrscheinlichkeit einer assistierten Geburt?**

Manche Mediziner sind der Meinung, dass eine Periduralanästhesie die Wahrscheinlichkeit einer Zangen- oder Saugglockengeburt oder eines Kaiserschnitts erhöht, da die Gebärende in der Austreibungsphase weniger in der Lage ist zu pressen. Ich denke aber, dass mit der Unterstützung einer erfahrenen Hebamme in den meisten Fällen eine normale Geburt möglich ist.

▶ **Wird mein Baby durch die Periduralanästhesie beeinträchtigt?**

Keines der Betäubungsmittel, die bei einer Periduralanästhesie verwendet werden, passiert die Plazenta – deshalb wird Ihr Kind unter keinen Nebenwirkungen leiden. Die Periduralanästhesie kann jedoch zu einem Abfall des Blutdrucks bei der Mutter führen; erfolgt dieser plötzlich und dauert an, kann dies zu fetalem Stress führen. Das ist einer der Gründe, warum Frauen mit einer Periduralanästhesie fortlaufend per CTG überwacht werden.

Vorbereitung für eine Periduralanästhesie

Wenn Sie sich für eine PDA entscheiden, erklärt die Hebamme Ihnen das Verfahren und der Anästhesist beantwortet Ihre Fragen. Sie müssen Ihre schriftliche Einwilligung für diese Maßnahme geben.

In der Regel können Sie entscheiden, ob Sie sich im Bett zusammengerollt auf Ihre linke Seite legen wollen oder sich auf das Bett setzen und die Arme auf einem Tisch abstützen möchten. Das Liegen ist im Allgemeinen angenehmer, wenn Sie bereits starke Wehen haben, während die aufrechte Position für die Verabreichung des Anästhetikums vor einem geplanten Kaiserschnitt besser geeignet ist. Durch das Liegen auf der linken Seite wird verhindert, dass das Gewicht der Gebärmutter auf die großen Venen in Ihrem Becken drückt; denn dadurch könnte Ihnen schwindlig und die Blutversorgung des Babys während der 20 bis 40 Minuten bis zum Einsetzen der Wirkung beeinträchtigt werden.

Sie müssen während dieser Zeit ganz ruhig liegen oder sitzen; während einer Wehe wird der Anästhesist die Vorbereitung unterbrechen und warten, bis die Wehe vorüber ist. Sie erhalten eine Infusion mit Kreislauf stabilisierenden Mitteln. Auf diese Weise wird sichergestellt, dass Ihr Blutdruck nicht plötzlich abfällt, sobald die Periduralanästhesie zu wirken beginnt (*siehe* S. 315).

Ihr Rücken wird im Lendenbereich mit einer antiseptischen Lösung gereinigt, der übrige Rückenbereich und die Beine werden mit sterilen Tüchern abgedeckt, um das Risiko einer Infektion zu verringern. Oberhalb der Stelle, an der die Nadel in den Epiduralraum eingeführt wird, wird ein Lokalanästhetikum injiziert, damit der Bereich betäubt wird und das Anlegen der PDA keine Beschwerden verursacht. Die Periduralanästhesie verursacht in der Regel keine Schmerzen.

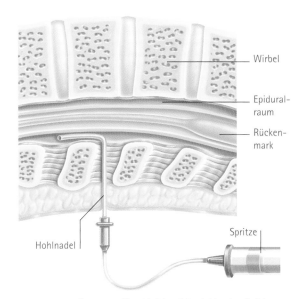

Wirbel

Epiduralraum

Rückenmark

Spritze

Hohlnadel

PERIDURALANÄSTHESIE *Eine Hohlnadel wird in den Epiduralraum eingeführt, ohne dass das Rückenmark und die schützende Rückenmarkshaut berührt werden.*

Das Verfahren

Der Anästhesist führt vorsichtig eine feine Hohlnadel zwischen zwei Lendenwirbeln in den Epiduralraum ein (*siehe* oben). Um zu überprüfen, ob sich die Nadel an der richtigen Stelle befindet, wird eine kleine Menge Anästhetikum gespritzt. Wenn Ihr Unterleib dadurch ausreichend betäubt wird, wird anschließend ein dünner, hohler Kunststoffkatheter durch die Hohlnadel eingeführt und im Epiduralraum angelegt. Die Nadel wird danach entfernt. Am Ende des Katheters wird ein Schutzfilter gegen Bakterien angebracht.

Das lange Ende des Katheters wird außerhalb Ihres Körpers um Ihren Rücken und über die Schulter gelegt und mit einem Pflaster auf der Haut befestigt. Dadurch wird ein Verrutschen des Katheters verhindert und das Verabreichen der Anästhesie während des gesamten Geburtsvorgangs ermöglicht. Erst dann wird die erste reguläre Dosis durch den Katheter gespritzt. Wenn das

Mittel den Rückenbereich erreicht, verspüren Sie ein Gefühl, als würde ein Eiswürfel an Ihrem unteren Rückenmark hinuntergleiten.

Der Anästhesist und die Hebamme messen Ihren Blutdruck sofort, während der nächsten halben Stunde in zehnminütigem Abstand und später weiterhin in regelmäßigen Abständen. Die Herztöne des Kindes werden während dieser Zeit ebenfalls elektronisch aufgezeichnet (CTG). Ihr Unterleib wird rasch gefühllos; eine Periduralanästhesie, die bei einem Kaiserschnitt oder einer Zangengeburt helfen soll, braucht allerdings länger, bis sie wirkt – normalerweise 20 bis 30 Minuten.

Bei der herkömmlichen Periduralanästhesie werden auch die Nerven betäubt, die die Blase kontrollieren. Die Folge ist, dass Sie kein Gefühl mehr für Ihre Blase haben und den Harndrang nicht mehr kontrollieren können. Daher wird an der Harnröhre ein Katheter angelegt. Die Wirkungsweise der Anästhesie kann regelmäßig aufgefrischt werden, damit eine lückenlose Schmerzfreiheit gewährleistet wird. Gewöhnlich ist eine erneute Gabe des Narkotikums alle drei bis vier Stunden notwendig; der genaue Zeitpunkt ist jedoch individuell unterschiedlich und hängt auch vom Verlauf der Geburt ab.

Mobile Periduralanästhesie

Heutzutage wird in Kliniken zunehmend die so genannte mobile Periduralanästhesie angeboten, bei der das Betäubungsmittel in geringeren Dosen gegeben wird, sodass es zwar die für die Schmerzempfindung zuständigen Nervenleitungen ausschaltet, aber die Nerven, die die Motorik steuern, nicht beeinträchtigt. So bleibt das Gefühl in den Beinen erhalten und die Frauen können weiter herumlaufen, was den Geburtsverlauf fördert. Außerdem wird dann meist kein Katheter zur Blasenentleerung benötigt. Ein weiterer Vorteil der mobilen PDA besteht darin, dass die niedrigen Dosen normalerweise stündlich verabreicht werden und die Dosierung exakt der jeweiligen Phase der Geburt angepasst werden kann.

Wann ist eine Periduralanästhesie unmöglich?

Es gibt allerdings auch Gegenanzeigen für eine Periduralanästhesie. Im Wesentlichen handelt es sich dabei um Situationen, in denen das Einführen der Nadel zu einem Bluterguss (Hämatom) oder Abszess (Ansammlung von Eiter) führen kann, der Druck auf das Rückenmark ausübt. In diesen Fällen könnten sehr schwer wiegende Komplikationen auftreten, die zu Lähmungen führen können. Das ist zwar sehr selten, doch es ist wichtig, zu wissen, dass

VORBEREITUNG AUF EINE PDA *Der Rücken wird mit sterilen Tüchern abgedeckt. Anschließend wird ein lokales Betäubungsmittel injiziert.*

sowohl erblich bedingte als auch erworbene Blutkrankheiten ein Risiko bedeuten können. Wenn Sie eine höhere Dosis eines Blut verdünnenden Mittels einnehmen müssen (z. B. wegen einer Schwangerschaftsthrombose, *siehe* S. 423), ist eine Periduralanästhesie ebenfalls nicht zu empfehlen.

Es kommt zwar nur außerordentlich selten vor, dass eine Schwangere an einer Infektion im Lendenbereich leidet; gelegentlich kann eine solche Infektion aber infolge einer chronischen Tuberkulose oder Knochenmarksentzündung entstehen. In solchen Situationen schließt das Risiko einer Infektionsübertragung, die zu einem Abszess im Epiduralraum führen kann, die Anwendung einer Peridural- oder Spinalanästhesie ebenfalls aus.

MEDIZINISCHE KOMPLIKATIONEN BEI EINER PDA

NIEDRIGER BLUTDRUCK

Ein Blutdruckabfall ist eine häufige Folge einer PDA. Das Anästhetikum, das die Schmerzübertragung hemmt, blockiert auch bestimmte Nervenleitungen, die für die Gefäßerweiterung der Blutgefäße im Becken- und Beinbereich zuständig sind.

▶ Die Folge ist, dass sich die Blutgefäße erweitern und das Blut stärker verteilt wird; aus diesem Grund fließt weniger Blut zum Herzen und in den Kopf zurück.

▶ Das kann dazu führen, dass auch die Plazenta weniger stark durchblutet wird und das Baby nicht mehr ausreichend mit Sauerstoff versorgt wird.

▶ Aus diesem Grund legt der Anästhesist vorsorglich immer eine intravenöse Infusion an, bevor er die Periduralanästhesie anlegt, und kontrolliert nach der ersten und der folgenden Dosis regelmäßig den Blutdruck. In der Zwischenzeit überwacht die Hebamme das Kind über CTG.

KOPFSCHMERZEN

Kopfschmerzen werden immer wieder als Nebenwirkung der PDA beschrieben, treten in Wirklichkeit aber nur bei einer geringen Prozentzahl der Frauen auf.

▶ Starke Kopfschmerzen nach Anlegen der PDA entstehen normalerweise durch unbeabsichtigtes Durchstechen der Haut, die das Rückenmark umgibt, wenn die Nadel in den Epiduralraum eingeführt wird.

▶ Der Schmerz wird durch den Verlust von Rückenmarksflüssigkeit verursacht, was ein Zusammenziehen der Hirnmembran zur Folge hat. Im Liegen bessern sich die Schmerzen.

▶ Manche Frauen berichten von leichter Taubheit in den Gliedmaßen und von Rückenschmerzen.

▶ Alle diese Symptome treten nur vorübergehend auf und geben keinen Anlass zu ernsten Sorgen.

▶ Die Nebenwirkungen klingen meist innerhalb einiger Stunden nach der Geburt ab, andere spätestens einige Wochen nach der Geburt.

RÜCKENSCHMERZEN

Ob eine PDA anhaltende Rückenschmerzen verursachen kann, ist ein oft diskutiertes Thema in der Geburtsmedizin. Manche Studien legen dies nahe, andere kommen zu dem Schluss, dass postnatale Rückenschmerzen eher auf schon früher existierende Rückenschmerzen zurückgehen als auf eine PDA während der Geburt.

▶ Eine schlechte Haltung und verstärkter Druck auf die Gelenke des Kreuz- und Steißbeins sind in den letzten Phasen der Schwangerschaft und während der Geburt beinahe unvermeidlich, aber viele Mütter vergessen diese Probleme und machen die PDA für ihre Rückenschmerzen verantwortlich.

▶ Neuere Berichte deuten darauf hin, dass eine schwach dosierte mobile PDA, bei der die werdende Mutter während der Geburt nicht liegen muss, das Risiko für das Auftreten von Rückenschmerzen nach der Geburt verringert.

SPINALANÄSTHESIE

Viele der Informationen, die Sie über die Periduralanästhesie erhalten haben, gelten auch für die örtliche Spinalanästhesie. Das Prinzip der Schmerzlinderung ist dasselbe. Im Unterschied zur Periduralanästhesie führt der Anästhesist bei der Spinalanästhesie die Nadel durch den Epiduralraum hindurch und durchsticht die Rückenmarkshaut, um das Narkosemittel in die Flüssigkeit, die das Rückenmark umgibt, zu spritzen.

In den letzten Jahren ist die Spinalanästhesie bei Kaiserschnitten und anderen unvorgesehenen operativen Eingriffen im Verlauf der Geburt immer beliebter geworden, da sie sehr schnell wirkt – die Schmerzlinderung tritt fast augenblicklich ein, während dies bei einer Periduralanästhesie erst nach 20 bis 30 Minuten der Fall ist. Die Spinalanästhesie kann jedoch nur einmal verabreicht werden und die Betäubung hält ungefähr eine, eventuell auch zwei Stunden an. Daher ist sie zur Schmerzlinderung während des gesamten Geburtsverlaufs nicht geeignet. Viele Anästhesisten bevorzugen für einen Kaiserschnitt eine Kombination aus Spinal- und Periduralanästhesie. Die Spinalanästhesie sorgt für eine sofortige Schmerzlinderung, während das Anlegen eines zusätzlichen Katheters im Epiduralraum die Zufuhr von Narkosemitteln in der postoperativen Phase ermöglicht.

PUDENDUSBLOCK

Dabei wird ein Lokalanästhetikum mit einer langen Nadel von der Scheide aus in den Bereich der Sitzbeinhöcker gespritzt, wo sich der Pudendusnerv (Nervenstrang, der die äußeren Geschlechtsteile, den After und den Damm versorgt) befindet. Nach wenigen Minuten sind Scheide und Damm weitgehend schmerzunempfindlich. Der Pudendusblock wird vor allem während des zweiten Geburtsstadiums eingesetzt und hat keine Auswirkung auf die Wehenschmerzen. Er wird normalerweise bei unkomplizierten Zangen- oder Saugglockengeburten angewandt, wenn die Mutter keine andere Form der Schmerzlinderung erhalten hat. Der Pudendusblock hält etwa eine Stunde an – etwa so lange, wie es nötig ist, um das Kind auf die Welt zu bringen und einen Dammschnitt oder Risse zu nähen.

Da das Betäubungsmittel weit oben in die Scheide gespritzt wird, ist die Pudendusnadel ziemlich lang und dick. Der Bereich wird zuvor mit einem anästhetischen Spray betäubt. Ein Pudendusblock hat keinerlei Auswirkungen auf das Kind und kann in Kombination mit einer Periduralanästhesie oder Lachgas angewandt werden.

PARACERVICALBLOCK

Dabei wird das Lokalanästhetikum gegen Ende des ersten Geburtsstadiums in den Bereich um den Muttermund gespritzt, um die Nerven, die die Schmerzen der Muttermunderöffnung weiterleiten, auszuschalten. Sie wird heute kaum noch angewandt, aber da diese Betäubung innerhalb von wenigen Augenblicken wirkt, kann sie gelegentlich bei einer Zangengeburt, bei der rasch gehandelt werden muss, von Nutzen sein.

»In den letzten Jahren ist die Spinalanästhesie bei Kaiserschnitten und anderen unvorhergesehenen operativen Eingriffen immer beliebter geworden, da sie sehr schnell wirkt.«

VOLLNARKOSE

Auch wenn im Verlauf der letzten 20 Jahre die Periduralanästhesie als Narkoseform bei einem Kaiserschnitt immer beliebter geworden ist, kann bei diesem Eingriff gelegentlich eine Vollnarkose notwendig sein.

EINE VOLLNARKOSE BEKOMMEN

Die technischen Vorbereitungen für die Operation werden getroffen, während Sie bei vollem Bewusstsein im Operationssaal warten. Sie müssen dann mehrere Minuten lang an einer Sauerstoffmaske tief einatmen, um die Sauerstoffmenge in Ihrem Körper zu erhöhen, und sich schließlich auf den Operationstisch legen, wodurch sich die Sauerstoffversorgung der Plazenta weiter verbessert.

Der Anästhesist bittet Sie, das Narkosemittel einzuatmen, damit Sie einschlafen. Wenn das geschehen ist, wird ein Schlauch in Ihren Mund und durch Ihre Luftröhre eingeführt, um die Lunge mit Sauerstoff zu versorgen und ein Erbrechen des Mageninhalts zu vermeiden. Weitere Medikamente zur Entspannung der Muskulatur des Unterleibs werden intravenös verabreicht. Der Chirurg führt die Operation möglichst rasch durch und entbindet das Kind in wenigen Minuten, bevor größere Mengen des Narkosemittels die Plazenta passiert haben.

Anschließend wird die Plazenta – die Nachgeburt – entfernt. Gebärmutter und Bauchwunde werden genäht. Sie sind insgesamt etwa eine Stunde ohne Bewusstsein. Die Versorgung nach der Operation und die Stillung der Blutung dauern bedeutend länger als die Schnittentbindung des Kindes selbst.

GRÜNDE FÜR EINE VOLLNARKOSE

AUF WUNSCH DER MUTTER

Eine akute Angst vor Nadeln, Rückenschmerzen und der Operation (wenn ein Kaiserschnitt geplant ist) oder eine frühere traumatische Entbindung sind triftige Gründe.

GEBURTSHILFLICHE INDIKATIONEN

Extreme Notfälle, wie eine schwer wiegende vorzeitige Plazentalösung oder ein Nabelschnurvorfall, sind Situationen, in denen das Leben des Kindes in Gefahr ist, wenn die Entbindung nicht sofort erfolgt. Schwere Blutungen können den Anästhesisten zwingen, eine Vollnarkose anzuwenden oder sogar die örtliche Betäubung auf eine Vollnarkose auszuweiten, damit das Herz-Kreislaufsystem besser stabilisiert werden kann. Viele Ärzte halten bei einer Plazenta praevia (siehe S. 427) eine Vollnarkose für besser.

INDIKATIONEN BEI DER MUTTER

Frauen mit einer Herzkrankheit sollten unter Vollnarkose entbinden. Manche Frauen leiden auch an einer schweren Anomalie der Wirbelsäule, z. B. eine Wirbelsäulenkrümmung oder Spina bifida, sodass das Anlegen einer Lokalanästhesie schwierig ist.

Bei Gerinnungsproblemen nach einer Infektion der werdenden Mutter, einer starken Blutung oder Präeklampsie kann eine örtliche Betäubung zu riskant sein, da die Gefahr einer Blutung im Epiduralraum oder Subarachnoidalraum besteht (siehe Zeichnung S. 313).

SCHMERZLINDERUNG OHNE MEDIKAMENTE

Es gibt viele verschiedene Möglichkeiten, Schmerzen auch ohne die Gabe von Medikamenten zu lindern; allerdings sollten Sie sich im Klaren darüber sein, dass die Wirksamkeit individuell unterschiedlich ist.

Im Wesentlichen kann man diese Methoden in zwei große Gruppen einteilen:

• Methoden, die Hilfsmittel erfordern oder von einem Therapeuten angewandt werden, wie TENS, Akupunktur, Hypnose, Reflexzonenmassage, Wassergeburt

• natürliche Methoden, die Sie selbst oder gemeinsam mit Ihrem Geburtspartner anwenden, wie Atmung und Entspannung, Massage, Aromatherapie und Homöopathie.

TRANSKUTANE ELEKTRISCHE NERVENSTIMULATION (TENS)

TENS ist ein batteriebetriebenes Gerät, das über Kabel mit kleinen Elektroden verbunden ist, die mithilfe von Pflasterstreifen auf dem Rücken befestigt werden (*siehe* rechts). Dabei wird ein schwacher Elektrostrom durch die Haut geleitet; dies scheint im Körper die Produktion natürlicher, schmerzlindernder Substanzen, die Endorphine, anzuregen, die wiederum die Schmerzsignale ausschalten, die über die Nervenbahnen ins Gehirn übertragen werden. Diese Methode ist vor allem während der frühen Geburtsphase beliebt, da sich die Frau weiterhin frei bewegen kann und nur den Impulsgeber bei sich tragen muss. Ein weiterer Vorteil besteht darin, dass Sie die Frequenz und die Intensität des elektrischen Stroms selbst regulieren können. Wenn sich eine Wehe aufbaut, drücken Sie auf den Knopf auf dem Impulsgeber, um so die Stärke des Reizstroms zu erhöhen oder zu

reduzieren. Die elektrischen Impulse verursachen ein Kribbeln auf der Haut, das den Schmerz blockiert. TENS beeinträchtigt Ihr Kind nicht. Ein Nachteil besteht darin, dass Sie das TENS-Gerät ablegen müssen, wenn Sie ein Entspannungsbad nehmen oder im Wasser entbinden wollen.

Erkundigen Sie sich , ob in der Klinik TENS-Geräte zur Verfügung stehen oder ob Sie eines von der Hebamme ausleihen können. Sie sollten das Gerät etwa ab der 37. Woche zu Ihrer Verfügung haben, um sich mit der Handhabung vertraut machen zu können.

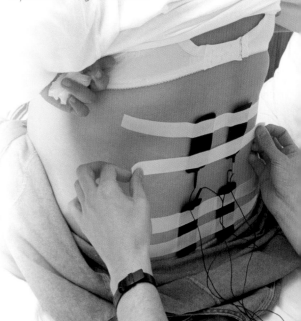

TENS-GERÄT *Dies ist eine beliebte Methode der Schmerzlinderung während der ersten Wehenphase, da sich die werdende Mutter frei bewegen und die Intensität der Impulse selbst regulieren kann.*

AKUPUNKTUR

Akupunktur stellt eine weitere effektive Möglichkeit dar, um den Körper zur Produktion von Endorphinen anzuregen. Anstelle von elektrischem Strom wird dabei fester Fingerdruck (Akupressur) ausgeübt, oder man verwendet feine Nadeln; die Akupunktur muss von einem erfahrenen Therapeuten durchgeführt werden.

Der Theorie der Akupunktur liegt die chinesische Vorstellung zu Grunde, dass eine Lebensenergie, die »Chi« genannt wird, durch den Körper fließt, und dass Erkrankungen auftreten, wenn das Gleichgewicht dieser Lebensenergie gestört ist, weil bestimmte Blockaden aufgetreten sind. Durch das Einstechen feiner Nadeln an bestimmten Punkten können Blockaden gelöst und die Lebensenergie kann wieder zum Fließen und ins Gleichgewicht gebracht werden. Viele Frauen empfinden die Akupunktur während der Schwangerschaft als hilfreich, um morgendliche Übelkeit, Kopfschmerzen, Allergien, Verdauungsprobleme, Rückenschmerzen und Gefühlsschwankungen zu lindern. Die Akupunktur kann eine sehr wirksame Methode der Schmerzlinderung darstellen – vor und während der Geburt. Wenn Sie sich über diese Möglichkeit informieren wollen, wenden Sie sich an einen Akupunkteur, der in der Therapie während Schwangerschaft und Geburt erfahren ist.

HYPNOSE

Hypnose funktioniert durch Suggestion. Geburtsschmerzen zu lindern bedeutet in diesem Kontext, dass Sie nach der Hypnose fest daran glauben, die Wehenschmerzen kontrollieren zu können. Damit sinkt die Schmerzempfindung. Es gibt verschiedene Möglichkeiten, diesen hypnotischen Zustand zu erreichen, die aber alle eine sorgfältige Vorbereitung und viel Übung erfordern, bevor sie bei der Geburt angewandt werden können.

Sie können einen entsprechenden Therapeuten bitten, Sie während der Geburt zu begleiten, oder aber Ihr Partner erlernt die Methode. Die Hypnose hat sich in vielen Fällen als eine wirksame Methode der Schmerzlinderung während der Geburt erwiesen. Sie kann die Dauer der Geburt verkürzen und helfen, die eigenen Gefühle besser zu kontrollieren.

REFLEXZONENMASSAGE

Die Reflexzonenmassage ist eine Form der Akupressur, bei der an spezifischen Punkten an den Füßen manueller Druck ausgeübt wird. Auf diese Weise werden die unter der Haut liegenden Nervenenden stimuliert, was wiederum die Schmerzen in anderen Körperteilen lindert. Während der Schwangerschaft kann diese Methode bei Rückenschmerzen und diffusen Schmerzzuständen angewandt werden. In Kombination mit schulmedizinischen Medikamenten kann man sie zur Behandlung von Bluthochdruck und Schwangerschaftsdiabetes nutzen. Es wird immer wieder berichtet, dass die Reflexzonenmassage den Geburtsverlauf positiv beeinflusst, indem sie eine wirksamere Gebärmutteraktivität fördert und dadurch zu einer rascheren Eröffnung des Muttermundes beiträgt. Wenn Sie diese Methode nutzen wollen, sollten Sie bzw. Ihr Partner sich während der Schwangerschaft von einem Therapeuten unterweisen lassen, um die Massage der entsprechenden Reflexzonen sicher zu beherrschen.

WASSER UND WASSERGEBURT

Es steht außer Zweifel, dass Wasser Schmerzen, besonders in den frühen Phasen der Geburt, lindern kann. Die Wärme des Wassers trägt zur Entspannung der Muskeln bei und der Auftrieb des

Wassers stützt den Körper und lindert den Druck, den der Kopf des Babys auf das Becken ausübt. Wenn die Fruchtblase noch nicht gesprungen ist, können Sie in der frühen Geburtsphase ein warmes Vollbad genießen, so lange Sie wollen – ob zu Hause oder in der Klinik.

An dieser Stelle sollte erwähnt werden, dass eine Wassergeburt nicht wirklich im Wasserbecken stattfindet. Auch wenn Sie die meiste Zeit der ersten und zweiten Geburtsphase im Wasser verbringen, raten die meisten Ärzte und Hebammen, das Becken zu verlassen, bevor das Kind zur Welt kommt. Der Grund ist klar – die Geburtshelfer

WASSERGEBURT *Wasser bietet zweifellos eine gute Methode der Schmerzlinderung, besonders in den frühen Geburtsphasen.*

wollen in der Endphase der Geburt freien Zugang zu Ihnen und zum Kind haben.

Früher gab es Befürchtungen, dass eine Entbindung unter Wasser zu Problemen führen könne, falls beim ersten Atemzug des Kindes Wasser in die Lunge gelangen sollte. Das ist unwahrscheinlich, wenn das Kind rasch aus dem Wasser geholt wird, denn die Nabelschnur versorgt das Kind nach der Geburt noch einige Minuten lang mit ausreichend Sauerstoff, sofern sie nicht durchgetrennt wird.

Eine weitere Befürchtung ist, dass die Körpertemperatur der werdenden Mutter ansteigt, wenn sie sich lange Zeit in warmem Wasser aufhält. Das hätte zur Folge, dass die Temperatur des Kindes ebenfalls ansteigt und sich seine Herzfrequenz erhöht, was zu Sauerstoffmangel (Hypoxie) führen kann. Aus diesem Grund misst die Hebamme regelmäßig Ihre Temperatur und bittet Sie, das Wasserbecken zu verlassen, wenn Ihre Körpertemperatur um mehr als 1 °C ansteigt.

ATMUNG UND ENTSPANNUNG

Zweifellos empfinden wir Schmerzen viel intensiver, wenn wir verspannt oder verängstigt sind. Wenn Sie lernen, sich zu entspannen und richtig zu atmen, bleiben Sie ruhiger und können die Geburtsschmerzen besser bewältigen. Die Atem- und Entspannungstechniken, die Sie im Geburtsvorbereitungskurs gelernt haben, können Sie in den letzten Wochen der Schwangerschaft und vor allem während der Geburt gut umsetzen. Atmen Sie jeden Tag einige Minuten lang tief ein und langsam aus. Nehmen Sie hierbei die Hilfe Ihres Partners in Anspruch.

Konzentrieren Sie sich in den frühen Phasen der Geburt darauf, langsam ein- und auszuatmen, sobald eine Wehe einsetzt. Das Geheimnis liegt

GEBURTSBERICHT

MARTINA, 31, HAT EINE TOCHTER VON ZWEI JAHREN UND ACHT MONATEN

ZWEITES KIND: KILIAN, GEBOREN IN DER 39. SCHWANGERSCHAFTSWOCHE, GEWICHT: 3,1 KG

DAUER DER GEBURT AB DER ERSTEN WEHE ETWA 12 STUNDEN

Mein erstes Kind Mona *wurde zu Hause geboren. Bei unserem zweiten Kind planten wir ebenfalls eine Hausgeburt; dieses Mal wollten wir ein Gebärbecken benutzen. Etwa drei Tage vor dem errechneten Geburtstermin spürte ich abends Wehen. Sie waren stark, hielten aber nicht lange an. Als ich Mona am nächsten Tag in die Krippe brachte, erzählte ich den Erzieherinnen, dass ich heute Nacht das Baby bekommen würde. Ich hatte das Gefühl, dass die Geburt an diesem Abend beginnen würde.*

Von Anfang an *waren die Wehen stark, wenn auch durchaus erträglich. Da ich Mona abends immer noch stillte, gab ich ihr die Brust, in der Hoffnung, dass sie die ganze Nacht durchschlafen würde. Das Stillen verstärkte die Wehen. In diesem Stadium kamen sie alle vier Minuten. Ich musste mich auf die Atmung und Entspannung konzentrieren. Mein Mann Stefan begann das Wasserbecken herzurichten. Wir wollten es aber erst füllen, wenn Margit, meine Hebamme, ihr OK geben würde.*

Etwa um 23.00 Uhr *rief ich sie an, um ihr zu sagen, dass die Geburt begonnen hatte; sie kam und untersuchte mich. Ich war froh, dass sie da war, denn ich wollte ins Wasserbecken steigen. Margit stellte fest, dass der Muttermund noch nicht vollständig eröffnet war, aber schon weit verstrichen. Sie blieb noch eine Weile, dann ging sie nach Hause. Sie meinte, dass ich das Gebärbecken noch nicht benutzen sollte, aber ein Vollbad nehmen könnte. Das warme Wasser verschaffte mir einige Entspannung. Stefan und ich stoppten die Ab-*stände zwischen den Wehen. *Etwa um 3.30 Uhr hatte ich das Gefühl, dass die Geburt schon fortgeschritten war, und Stefan rief Margit wieder an. Sie kam gegen 4.00 Uhr. Mein Muttermund war nun etwa 4 cm geöffnet und Margit ließ mich ins Gebärbecken steigen. Nun hatte ich das Gefühl, dort zu sein, wo ich entbinden sollte.*

Die Wehen *kamen nun sehr rasch. Um 7 Uhr hatte ich einen starken Drang zu pressen. Ich hockte halb aufrecht im Becken. Die Wehen veränderten sich und ich fühlte, wie der Kopf des Kindes nach unten rutschte. Margit sagte mir, dass ich sie ansehen solle und hecheln müsse. Unser Baby glitt heraus.*

Ich holte den kleinen Körper *über die Wasseroberfläche. Wir stiegen aus dem Gebärbecken, dann fühlte ich, dass die Plazenta ausgestoßen wurde. Margit ließ mich die Nabelschnur durchtrennen. Ich fühlte mich wunderbar, als ich unseren neugeborenen Sohn in den Armen hielt.*

> »Ich nahm den kleinen Körper, holte ihn über die Wasseroberfläche und hielt den Kopf unseres Sohnes über Wasser.«

MASSAGE *Sie ermöglicht Ihrem Partner, Ihnen bei der Bewältigung der Geburt zu helfen. Bitten Sie ihn, während Ihrer Schwangerschaft die Kunst der Massage zu erlernen.*

darin, die Augen zu schließen, ruhig durch die Nase einzuatmen und sich dabei vorzustellen, wie der Atem jeden Bereich des Körpers erreicht. Konzentrieren Sie sich darauf, alle Muskeln zu entspannen. Dann atmen Sie langsam durch den Mund aus und stellen sich dieses Mal vor, dass Sie den Schmerz ebenfalls ausatmen. Im Geburtsvorbereitungskurs haben Sie sicherlich derartige Techniken der Visualisierung erlernt. Das Prinzip der Visualisierung beruht darauf, dass Sie sich auf ein Bild konzentrieren oder im Geiste einen Platz besuchen, den Sie als beruhigend empfinden, um dadurch Ihren Geist von der Schmerzempfindung zu befreien. Dabei handelt es sich um eine Form von Hypnose; sie wirkt nicht bei jeder Frau gleich.

Wenn die Wehen stärker werden, haben Sie vermutlich das Bedürfnis, in kürzeren Abständen zu atmen, d.h. immer zwei oder drei Atemzüge nacheinander zu machen, da die starken Wehen die Beibehaltung des langsamen Atemrhythmus erschweren. Rufen Sie sich in dieser Phase in Erinnerung, dass das Ausatmen am wichtigsten ist, denn das Einatmen erfolgt ganz automatisch, wenn Sie nur richtig ausatmen. Stellen Sie sich vor, dass Sie wie der Wind durch Bäume blasen müssen und dass jeder Atemzug einen 30 cm entfernten Punkt erreichen muss.

MASSAGE
Während der Geburtswehen kann eine Massage Rückenschmerzen wirksam lindern. Wenn Ihr Baby eine hintere Hinterhauptlage eingenommen hat und seine Wirbelsäule gegen Ihre Wirbelsäule und Ihr Kreuzbein drückt, ist eine Rückenmassage, vorzugsweise in langsamen, festen, kreisenden Bewegungen, besonders oberhalb der Hinterbacken, sehr wohltuend.

Neben körperlichem Wohlbefinden schenkt eine Massage auch seelischen Beistand. Die Tatsache, dass jemand bei Ihnen ist und Ihnen hilft, mit den Schmerzen zurechtzukommen, verringert das Gefühl der Isolation und Angst, das eine unbekannte Situation immer mit sich bringt.

Wenn Sie Ihren Geburtspartner bitten, auch Ihre Schultern, den Nacken, das Gesicht, die Stirn und die Schläfen zu massieren, können Sie weitere Spannung und Angst abbauen. Ihr Partner sollte zuvor seine Hände anwärmen und Schmuck ablegen. Ein Massageöl oder eine Creme machen die Haut geschmeidiger.

AROMATHERAPIE
Bei der Aromatherapie werden ätherische Öle zur Beruhigung und Entspannung genutzt. Man

geht mittlerweile davon aus, dass Duftöle das Nervensystem anregen können, natürliche Endorphine zu produzieren, die Spannung abbauen und Schmerzen lindern.

In der frühen Geburtsphase werden die verdünnten Öle über die Haut aufgenommen, wenn man sie einmassiert oder ins Badewasser bzw. ins Gebärbecken gibt. Sie können diese Öle auch in der Duftlampe oder im elektrischen Verdampfer verdunsten lassen und sie einatmen.

Wenn Sie während der Geburt Aromatherapie anwenden wollen, müssen Sie die ätherischen Öle und das Zubehör in die Klinik mitbringen. Überprüfen Sie vorher, ob alle Öle, die Sie einsetzen wollen, für die Anwendung in der Schwangerschaft geeignet sind.

HOMÖOPATHIE

Die Homöopathie zielt auf die Behandlung des ganzen Menschen ab, auch der geistigen und emotionalen Zustände, die das Wohlbefinden stören können. Es gibt viele homöopathische Mittel, die man während der Geburt einsetzen kann – Lassen Sie sich diesbezüglich von einem Homöopathen beraten. Außerdem sollten Sie im Voraus mit der Hebamme und dem Arzt besprechen, welche homöopathischen Mittel Sie während der Geburt einnehmen möchten.

TIPPS ZUR LINDERUNG VON WEHENSCHMERZEN

Hier finden Sie eine Auswahl an praktischen Tipps und Überlegungen, die Ihnen helfen können, wenn der große Tag endlich da ist. Ich habe diese Tipps von einer engen Freundin bekommen und inzwischen an viele meiner Patientinnen weitergegeben.

▶ Die Geburt ist wie ein Seiltanz. Das Ziel besteht einfach darin, das Gleichgewicht zu halten und auf dem Seil zu bleiben.

▶ Denken Sie immer daran: ein Schritt nach dem anderen und eine Wehe nach der anderen.

▶ Denken Sie nicht daran, wie weit der Weg noch ist. Niemand kann Ihnen sagen, wie lange es noch dauern wird.

▶ Konzentrieren Sie sich darauf, die nächste Wehe mithilfe der Atemtechniken zu überstehen.

▶ Denken Sie nicht daran, wie viel Schmerzen Sie während der nächsten drei Wehen haben werden, sondern wie Sie Ihren nächsten »Schritt« auf dem Seil bewältigen.

▶ Die Schmerzen sind äußerst unterschiedlich und nicht vorhersagbar. Was Sie im Augenblick durchmachen, kann in eineinhalb Stunden besser oder schlimmer sein, also gibt es keinen Grund, sich jetzt damit zu beschäftigen.

▶ Jede Wehe bringt Sie näher an das Ende des Seiles – der Geburt Ihres Kindes; es gibt also allen Grund dafür weiterzugehen.

▶ Achten Sie darauf, dass Sie genug zu essen und zu trinken haben, um Ihre Energiereserven nicht völlig aufzubrauchen.

▶ Suchen Sie nach Möglichkeiten, um sich abzulenken, damit Sie nicht ständig an die Schmerzen denken.

▶ Probieren Sie verschiedene Positionen aus, die helfen, die Schmerzen zu lindern.

▶ Versuchen Sie vor allem, möglichst entspannt zu bleiben. Anspannung verstärkt die Schmerzen nur.

▶ Wenn Sie ein Schmerzmittel wünschen, bitten Sie lieber früher als später darum – ebenso um eine weitere Dosis.

Notieren Sie sich diese Tipps als Gedankenstütze und legen sie in den Klinikkoffer, damit Sie sie jederzeit zur Hand haben, falls Sie sich während der Geburt plötzlich an nichts mehr erinnern.

ZWEITE UND DRITTE GEBURTSPHASE

Die zweite Geburtsphase beginnt, wenn der Muttermund vollständig eröffnet ist, und endet mit der Geburt des Kindes. Dann folgt die dritte Geburtsphase, die Ausstoßung der Plazenta.

Während der zweiten Geburtsphase, die auch als Austreibungsperiode bezeichnet wird, wird das Kind durch die Kontraktionen der Gebärmutter durch den Geburtskanal geschoben. Die Wehen sind jetzt stärker; sie kommen in Abständen von zwei bis vier Minuten und halten 60 bis 90 Sekunden an. Wahrscheinlich glauben Sie, ununterbrochen Wehen zu haben und den Geburtsverlauf nicht mehr kontrollieren zu können – was auch zutrifft. Jetzt ist die Geburt nicht mehr aufzuhalten. Bei einer Erstgeburt dauert das zweite Geburtsstadium durchschnittlich eine Stunde. Es kann aber auch zwei oder drei Stunden dauern. Bei der zweiten und weiteren Geburten dauert die Austreibungsperiode etwa 15 bis 20 Minuten; sie kann aber auch schneller voranschreiten: Dann erscheint der Kopf des Kindes, bevor die Mutter und die Hebamme merken, dass die Gebärende die zweite Geburtsphase erreicht hat.

Die dritte Geburtsphase – die Ausstoßung der Plazenta – dauert gewöhnlich zehn bis 20 Minuten, kann aber länger oder kürzer dauern, je nachdem, ob die Nachgeburtsperiode medikamentös unterstützt wird oder die Plazenta von selbst ausgestoßen werden soll (*siehe* S. 333).

JEMANDEN ZUM ANLEHNEN

Ihr Partner spielt in der zweiten und dritten Geburtsphase eine wichtige Rolle. Er kann Sie während der Presswehen stützen. Er kann Ihnen sagen, wann der Kopf des Kindes in der Scheide erscheint. Er kann Ihnen gut zureden und Sie beruhigen, während Sie beide die Geburt Ihres Kindes erleben.

»... während der zweiten Geburtsphase glauben Sie wahrscheinlich, ununterbrochen Wehen zu haben und den Geburtsverlauf nicht mehr kontrollieren zu können – was auch zutrifft.«

DIE ZWEITE GEBURTSPHASE

DAS ERSTE ANZEICHEN FÜR DEN BEGINN DER AUSTREIBUNGSPERIODE IST EIN STARKER PRESSDRANG. HALTEN SIE DIESEN DRANG ZURÜCK, BIS DIE HEBAMME FESTGESTELLT HAT, DASS DER MUTTERMUND VOLLSTÄNDIG ERÖFFNET IST.

»Wenn es Zeit ist, mit dem Pressen zu beginnen, ist die Abstimmung mit der Hebamme besonders wichtig.«

Sobald die Hebamme bestätigt hat, dass der Muttermund vollständig eröffnet ist, können Sie dem Druck nachgeben und mit dem Pressen beginnen. Dabei ist die Abstimmung mit der Hebamme besonders wichtig. Die Wehen kommen weiterhin unwillkürlich und Sie müssen mit all Ihrer Kraft pressen, um das Kind auszutreiben. Die Hebamme sagt Ihnen, was Sie tun sollen.

Sobald eine Wehe ihren Höhepunkt erreicht, pressen Sie so stark, wie Sie können. Zwischen den Wehen erholen Sie sich. Wenn eine Wehe beginnt, müssen Sie tief einatmen, den Atem anhalten und mitschieben, um das Kind dabei zu unterstützen, tiefer ins Becken zu gleiten. Ziehen Sie das Zwerchfell und die Bauchmuskeln zusammen und pressen Sie zum Becken hin – nicht zum Bauch hin, denn das würde nicht dazu beitragen, den Kopf des Kindes nach unten zu schieben. Wenn Sie sich verkrampfen und den Beckenboden anspannen oder zu viel in den Kopf statt nach unten drücken, verzögern Sie den Geburtsverlauf. Ihre ganze Kraft sollte gezielt auf Scheide und Rektum ausgerichtet werden. Sie dürfen den Atem nicht zu lange anhalten, weil Sie dann zu wenig Sauerstoff bekommen und Schwindel auftreten kann. Während einer starken Wehe können Sie wahrscheinlich dreimal nacheinander einatmen, sodass Sie in der Lage sind, dreimal kräftig zu pressen.

Wann sollen Sie pressen?

Wenn eine Periduralanästhesie angelegt wurde, sollte die Dosierung zeitlich so abgestimmt werden, dass die Wirkung bei Beginn der Austreibungsperiode etwas nachgelassen hat. Das bedeutet, dass Sie die Wehen wahrnehmen, aber keine Schmerzen haben. Wenn Sie als Folge der Periduralanästhesie im Beckenbereich komplett betäubt sind, wird die Hebamme Sie auf den Beginn jeder Wehe aufmerksam machen. Aber Sie werden schnell lernen, die Wehen zu erkennen: Wenn Sie die Hand auf Ihren Bauch legen, fühlen Sie, wie sich Ihre Gebärmutter zusammenzieht. Auch auf dem Wehenschreiber (CTG) können Sie und Ihr Partner sehen, wann die Wehen beginnen und enden. Konzentrieren Sie sich auf das Atmen und Pressen. Versuchen Sie nicht, sich am Ende jeder Wehe möglichst schnell zu entspannen, denn das Kind wird nur weiter vorwärts gleiten, wenn die Entspannung langsam erfolgt.

DIE ZWEITE GEBURTSPHASE BEWÄLTIGEN

VIELE FRAUEN EMPFINDEN ES IN DER AUSTREIBUNGSPHASE ALS ANGENEHM, VON EINEM
BETT ABGESTÜTZT ZU WERDEN; MANCHE BEVORZUGEN ABER AUCH EINE HOCKENDE STEL-
LUNG ODER DIE BENUTZUNG EINES GEBÄRSTUHLS. EINE AUFRECHTE HALTUNG TRÄGT
JEDENFALLS ZU EINER SCHNELLEREN GEBURT BEI.

Viele Frauen machen sich um ihr Verhalten oder ihr Aussehen während der zweiten Geburtsphase Gedanken. Doch in dieser Phase sollten Sie nur das tun, wonach Ihnen ist. Wenn Sie beim Pressen schreien, fluchen oder irgendwelche Laute von sich geben, ist das in Ordnung. Es ist auch völlig normal, wenn gegen Ende des zweiten Geburtsstadiums etwas Stuhl oder Urin abgeht. Ihre Hebamme und der Arzt erleben das Tag für Tag.

Tatsächlich überwinden viele Frauen ihre Hemmungen und verlieren die Selbstkontrolle, sobald sie die zweite Geburtsphase erreicht haben. Konzentration und instinktives Verhalten gewinnen die Oberhand, und es bleibt keine Zeit, sich über irgendwelche Dinge Gedanken zu machen. Es geht dann nur noch darum, das Kind auf die Welt zu bringen.

Viele Frauen erleben nun überrascht, dass die Wehen in dieser Phase im Vergleich zum Ende der ersten Geburtsphase um einiges erträglicher sind. Vermutlich liegt der Grund darin, dass Sie sich jetzt aktiv am Geburtsvorgang beteiligen können und dadurch die Spannung, die durch schmerzhafte Wehen entsteht, teilweise nachlässt. Obwohl das Pressen harte Arbeit ist, werden Sie ein Gefühl der Befriedigung empfinden, da jede Presswehe die Geburt Ihres Kindes näher bringt. Zu wissen, dass das Ziel in Sicht ist, mobilisiert all Ihre Energiereserven.

POSITIONEN IN DER ZWEITEN GEBURTSPHASE

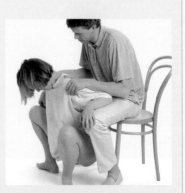

AUFRECHT SITZEN *Abgestützt mit Kissen, können Sie zwischen zwei Wehen den Rücken entspannen.*

IM KNIEN *werden Sie beidseitig abgestützt. Sie können sich auch in den Vierfüßlerstand begeben.*

HOCKEN *Dadurch öffnet sich das Becken weit. Das Kind wird mithilfe der Schwerkraft herausgepresst.*

DER AUGENBLICK DER GEBURT

Wenn sich der Kopf Ihres Kindes tiefer in das Becken geschoben hat, spüren Sie den Druck auf den Enddarm immer deutlicher; vermutlich treten Schmerzen auf, die in den Beinen nach unten ausstrahlen und durch den Druck auf die Nerven im Bereich des Kreuzbeins entstehen. Diese Phase kann außerordentlich schmerzhaft sein, da sich der After vorwölbt und Scheide und Dammgewebe durch den Kopf des Babys extrem gedehnt werden. Auf dem Höhepunkt einer Wehe wird das Kopfende des Kindes sichtbar, aber zwischen den Wehen, wenn Sie nicht pressen, gleitet das Baby nochmals kurz in den Geburtskanal zurück. Dann bleibt der Kopf am Scheidenausgang sichtbar und rutscht zwischen den Wehen nicht mehr zurück. Der Durchtritt durch den Geburtskanal ist vollendet, wenn der Kopf im Scheidenausgang erscheint. Sie spüren wahrscheinlich ein starkes Stechen und Brennen, da sich die Scheidenöffnung bis zum Äußersten weitet, wenn der Kopf geboren wird.

Wenn der Kopf erschienen ist, reichen einige Wehen aus, bis er geboren wird. Der Arzt oder die Hebamme beurteilen, ob Sie einen Dammschnitt brauchen oder ob der Kopf auch ohne Dammschnitt problemlos austreten kann. Während der Wehen drückt die Hebamme gegen den Damm, damit er sich weiter dehnt, und damit der Kopf des Kindes nicht zu schnell herausrutscht, was zum Einreißen des Scheidengewebes führen würde. Wenn der Kopf geboren ist, nimmt die Hebamme ihn vorsichtig in beide Hände und

DIE GEBURT DES BABYS ⸺⸺⸺⸺⸺⸺⸺⸺⸺⸺⸺⸺⸺⸺⸺⸺⸺⸺⸺⸺⸺⸺⸺⸺⸺⸺⸺⸺⸺

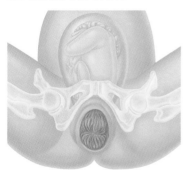

WENN DER KOPF DES BABYS IN DER SCHEIDE ERSCHEINT, *dauert es nur noch wenige Wehen bis zur endgültigen Geburt. Die meisten Kinder werden mit dem Gesicht nach unten geboren.*

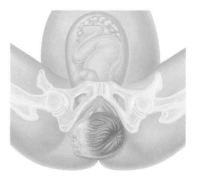

SOBALD DER KOPF DES KINDES GEBOREN IST, *wird der Hals gestreckt. Das Kind wendet den Kopf instinktiv zur Seite, um zu atmen. Die Schultern befinden sich jetzt in der optimalen Position für die Geburt.*

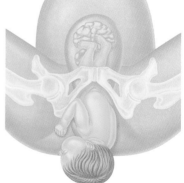

DIE ERSTE SCHULTER GLEITET HERAUS, *sogleich gefolgt von der zweiten. Der übrige Körper wird im Verlauf der nächsten Wehen geboren. Das Kind wird der Mutter auf den Bauch gelegt.*

prüft, ob sich die Nabelschnur um den
Hals des Kindes gewickelt hat. Sollte
das der Fall sein, wird die Nabelschnur vorsichtig über den Kopf
des Kindes gehoben. Die Hebamme entfernt Schleim und Blut
aus seiner Nase und den oberen
Atemwegen.

Während der nächsten Wehe
wird eine Schulter geboren, wobei
die Hebamme etwas nachhilft, indem
sie den Kopf des Kindes leicht zur Seite
dreht. Nachdem die erste Schulter erschienen ist, schiebt die Hebamme den Kopf und
die Schulter leicht nach oben, damit die zweite Schulter
bei den nächsten Wehen herausgleiten kann. Sobald beide Schultern geboren
sind, rutscht der restliche Körper schnell und problemlos nach. Oft kommt ein
Schwall Fruchtwasser mit, das sich hinter den Schultern befindet. Die
Hebamme oder der Arzt halten das Kind fest im Arm: Da es mit Blut, Fruchtwasser und Käseschmiere bedeckt ist, ist es sehr glitschig. Man wickelt das
Kind in eine Decke und legt es Ihnen auf den Bauch.

NACH DER GEBURT *Das
Kind ist mit Blut, Fruchtwasser und Käseschmiere
bedeckt.*

DAUER DER ZWEITEN GEBURTSPHASE

Sofern keine Komplikationen auftreten, dauert das zweite Geburtsstadium bei
einer Erstgeburt etwa zwei bis drei Stunden, bei einer zweiten oder weiteren
Geburt 15 bis 20 Minuten. Während der gesamten zweiten Geburtsphase prüft
die Hebamme nach jeder Wehe und nach jedem Pressen die Herztöne des
Kindes – entweder mit einem Pinard-Stethoskop oder mithilfe einer externen
oder internen elektronischen Überwachung. Sie notiert auch weiterhin die
Stärke und Regelmäßigkeit der Gebärmutterkontraktionen. Manchmal ebben
sie während des zweiten Geburtsstadiums ab; in diesem Fall verabreicht man
Ihnen wahrscheinlich eine niedrig dosierte Syntocinon-Infusion, um die Wehen
wieder anzuregen.

Es ist von Klinik zu Klinik verschieden, wie lange man abwartet, wenn die
Presswehen sich sehr lange hinziehen. Da jedoch die Gefahr einer Notlage des
Kindes wie auch einer starken Erschöpfung der Mutter besteht, wird im Allge-
meinen nach ein bis eineinhalb Stunden der Einsatz von Zangen oder der
Saugglocke erwogen.

DAMMSCHNITT UND DAMMRISS

MANCHMAL WIRD DER DAMM FÜR DEN DURCHTRITT DES KOPFES NICHT GENUG

GEDEHNT. DANN MUSS SORGFÄLTIG ERWOGEN WERDEN, OB EIN DAMMSCHNITT

ODER EIN EINREISSEN DES GEWEBES DIE BESSERE MASSNAHME IST. BEIDE VERFAHREN

HABEN VOR- UND NACHTEILE. INFORMIEREN SIE SICH VOR DER GEBURT ÜBER DIE

IN IHRER KLINIK ÜBLICHE PRAXIS.

DER DAMMSCHNITT

Als Dammschnitt oder Episiotomie bezeichnet man einen Schnitt in das gedehnte Dammgewebe, um einem Reißen des Gewebes während des Austritts des Kopfes des Babys vorzubeugen. Früher ging man davon aus, dass ein Dammschnitt nicht nur größere Geweberisse verhindern, sondern auch einem späteren Scheidenvorfall vorbeugen würde. Da das heute jedoch stark bezweifelt wird, führt man den Dammschnitt in der Regel nicht mehr routinemäßig durch.

Es gibt jedoch einige Situationen, in denen ein Dammschnitt empfehlenswert ist:

▸ festes Dammgewebe bei einer ersten oder weiteren Geburt

▸ großes Baby

▸ wenn das Baby unter Geburtsstress steht und eine rasche Entbindung erforderlich ist

▸ bei einer Zangen- oder Saugglockengeburt

▸ zum Schutz des Kopfes bei einer Frühgeburt

▸ zum Schutz des Kopfes bei einer Beckenendlage (die meisten Kinder in Beckenendlage werden aber durch Kaiserschnitt geboren).

DAS VERFAHREN

Wenn der Arzt einen Dammschnitt für unumgänglich hält, holt er zunächst Ihr Einverständnis ein. Das Dammgewebe wird mit einer antiseptischen Lösung abgetupft und örtlich betäubt, sofern Sie keine Periduralanästhesie bekommen haben.

Es gibt zwei Methoden, den Schnitt auszuführen, entweder in der Mitte (median) von der Scheide aus zum After verlaufend oder medio-lateral, also seitlich von der Scheide und vom After weg bzw. nach unten und dann zur Seite. Beide Schnittführungen werden mit einer Schere vorgenommen. Da der Damm in dieser Phase der Geburt stark gedehnt und fast papierdünn ist, kommt es nur zu einer sehr geringen Blutung. Der Vorteil des medio-lateralen Dammschnitts besteht darin, dass sich der Schnitt

außerhalb des Analbereichs befindet. Das ist bei einer Zangengeburt wichtig, da sich der Schnitt bei diesem Vorgang erweitern kann. Der mediane Dammschnitt lässt verschiedene Blutgefäße intakt und verheilt schneller. Wenn er sich allerdings während der Entbindung vergrößert, ist die Wahrscheinlichkeit, dass er bis zum After einreißt, weitaus größer.

Sobald das Baby geboren und die Plazenta ausgestoßen ist, wird der Dammschnitt vom Arzt genäht. Ihre Beine werden bei diesem Vorgang in Beinhaltern hochgelagert, um die Versorgung der Wunde zu erleichtern. Sie erhalten eine weitere Injektion mit einem Anästhetikum, damit Sie keine Schmerzen haben.

Die Gewebeschichten werden einzeln genäht. Bei einem medio-lateralen oder einem eingerissenen Schnitt kann das Nähen, das mit einer gebogenen Nadel ausgeführt wird, bis zu einer Stunde dauern. Meist werden Fäden verwendet, die sich später auflösen.

HÄUFIGE PROBLEME

Ein Dammschnitt verursacht manchmal längere Zeit Schmerzen und heilt nur relativ langsam ab. In den ersten Tagen fühlen sich die Stiche hart an, das Sitzen ist oft unmöglich. Diese Beschwerden entstehen durch den natürlichen Heilungsprozess des Körpers, der anfangs zu einem Anschwellen des verletzten Gewebes führt.

Linderung bringen Eispackungen, die man im betroffenen Bereich auflegt. Hilfreich ist auch ein aufgeblasener Gummiring, auf dem Sie bequemer sitzen können. Da die Scheide generell sehr stark durchblutet wird, heilen die meisten Wunden innerhalb von ein bis zwei Wochen. In dieser Zeit sollte der Bereich möglichst sauber und trocken gehalten werden. Regelmäßige warme Bäder tragen zur Linderung bei.

»... sprechen Sie mit der Hebamme über Ihre Einstellung zum Dammschnitt.«

Die Anwendung von desinfizierenden Mitteln ist unnötig. Parfümierte Seifen und Öle können Reizungen auslösen.

Auf lange Sicht haben die meisten Frauen keine Probleme mit einer Episiotomienaht; in manchen Fällen treten aber über einen längeren Zeitraum hinweg Schmerzen auf. Diese können weitere Probleme nach sich ziehen, z. B. wenn die Wunde den Geschlechtsverkehr beeinträchtigt.

Das Einmassieren von feuchtigkeits- oder östrogenhaltigen Cremes macht das Narbengewebe geschmeidiger. Auch Beckenbodenübungen tragen zur Besserung bei. Bei anhaltenden Beschwerden kann ein weiterer Eingriff erforderlich sein.

SCHEIDEN-DAMM-RISS

Man unterscheidet vier Grade:

▶ **Dammriss ersten Grades** – sehr kleine Einrisse der Scheidenhaut am Eingang der Scheide, die meistens ohne Nähen gut verheilen.

▶ **Dammriss zweiten Grades** – Einriss der hinteren Scheidenwand und der Dammmuskeln, doch die Schließmuskulatur ist intakt.

▶ **Dammriss dritten Grades** – Einriss des Darmschließmuskels, doch die Rektumvorderwand ist intakt. Diese Einrisse müssen genäht werden, damit die Muskelschichten wieder gut zusammenwachsen.

▶ **Dammriss vierten Grades** – Einriss auch in den Darmschließmuskel und die Rektumvorderwand. Das Nähen eines Dammrisses vierten Grades erfordert Erfahrung; der Riss muss fest geschlossen werden, um die Entstehung einer Rektovaginalfistel – einem Verbindungsgang zwischen Mastdarm (Rektum) und Scheide, mit Abgang von Stuhl in die Scheide – zu verhindern. Dammrisse vierten Grades kommen nur bei einem Prozent aller Geburten vor. Ihre Wahrscheinlichkeit steigt bei einer Zangen- oder Saugglockengeburt des ersten Kindes, bei einer hinteren Hinterhauptslage oder bei Kindern, die mehr als 4 kg wiegen.

DER DAMMSCHNITT

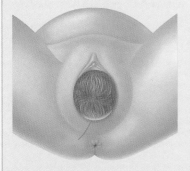

MEDIO-LATERAL *Die Schnittführung verläuft seitlich nach unten von Scheide und Damm weg.*

MEDIAN *Dieser Schnitt wird in der Mittellinie des Damms ausgeführt, von der Scheide in Richtung After.*

DIE DRITTE GEBURTSPHASE

IN DER DRITTEN GEBURTSPHASE, DER NACHGEBURTSPHASE, WERDEN PLAZENTA UND EIHÄUTE AUSGESTOSSEN. DIE MINUTEN NACH DER GEBURT SIND VOLLER EMOTIONEN. GEMEINSAM MIT IHREM PARTNER WERDEN SIE WOHL NUR EINES RICHTIG WAHRNEHMEN: ENDLICH HALTEN SIE IHR BABY IN DEN ARMEN.

ABNABELUNG *Das Durchtrennen der Nabelschnur ist unproblematisch. Wenn Ihr Partner diese Aufgabe übernehmen möchte, sollte er es der Hebamme vorab sagen.*

DIE ABNABELUNG

Viele Frauen möchten, dass man ihnen das Kind gleich nach der Entbindung auf den Bauch legt. In diesem Moment beginnt der Bindungsprozess. Die Nabelschnur ist zu diesem Zeitpunkt noch nicht durchtrennt und pulsiert noch ein bis drei Minuten lang. Wenn das Kind während der Geburt keinem Stress ausgesetzt war und nicht sofort vom Kinderarzt untersucht und versorgt werden muss, besteht kein Grund zur Eile, um die Nabelschnur abzuklemmen und zu durchtrennen. Es ist sogar von Vorteil, einige Minuten damit zu warten, da jetzt noch viel Blut von der Plazenta zum Kind gelangt (Babys haben ein verhältnismäßig geringes Blutvolumen). Der Großteil gelangt in den ersten 30 Sekunden nach der Geburt zum Baby und der Rest in den folgenden zwei bis drei Minuten.

Die Hebamme bringt im Abstand von 3–5 cm in der Mitte der Nabelschnur zwei Klemmen an, um eine Blutung zu verhindern – sowohl eine Blutung des Kindes wie auch eine Blutung aus der Plazenta. Danach durchtrennt sie die Nabelschnur zwischen den beiden Klemmen – oder Ihr Partner übernimmt diese Aufgabe. Später wird die Nabelschnur weiter eingekürzt. Nahe dem Nabel des Kindes wird eine Kunststoffklemme angebracht. In den nächsten Wochen schrumpft der Nabelschnurrest und die Klemme fällt von selbst ab oder wird entfernt. Ein Gewebeknoten bleibt zunächst am Nabel zurück, verschwindet aber bald.

AUSSTOSSUNG DER PLAZENTA

Nach dem Durchtrennen der Nabelschnur achtet die Hebamme darauf, dass die Plazenta vollständig und rechtzeitig ausgestoßen wird. Nach der Geburt zieht sich die Gebärmutter noch einmal zusammen. Sie wird gleichsam zu einem harten Ball; dabei werden die Blutgefäße von der Gebärmutterwand abgetrennt. Das führt zu kleinen Blutungen hinter der Plazenta, wodurch sich die Plazenta vollständig ablöst. Dieser Vorgang beginnt, sobald das Kind geboren ist, und ist normalerweise innerhalb von fünf Minuten beendet. Aber die Plazenta verbleibt gewöhnlich länger in der Gebärmutter, da es einige Zeit dauert, bis sich die Gewebeschichten von der Gebärmutterwand gelöst haben. Dabei verengen sich die Muskeln um die Blutgefäße herum und verhindern, dass sie stark bluten.

Natürliche Nachgeburtsperiode

Wenn sich die Plazenta mit den Eihäuten von selbst löst und man die Ausstoßung nicht durch bestimmte Maßnahmen beschleunigen möchte, spricht man von einer natürlichen Nachgeburtsperiode. Dabei ist die Ausstoßung der Plazenta mit einer stärkeren Blutung verbunden. Eine Menge von einem halben Liter ist dabei nicht Ungewöhnliches. Nachgeburtswehen veranlassen, dass sich der Gebärmutterboden hebt. Sie verspüren wieder einen starken Drang zu pressen. Dies deutet darauf hin, dass sich die Plazenta bereits von der Gebärmutterwand gelöst hat und gegen den Beckenboden drückt. Diese Phase dauert etwa 20 Minuten. Dann legt die Hebamme ihre Hand auf Ihren Unterbauch oberhalb des Schambeins und drückt auf die Gebärmutter. Sie

»... Sie können den Vorgang beschleunigen, wenn Sie Ihr Baby an die Brust legen.«

bittet Sie, kurz zu pressen, während sie vorsichtig an der Nabelschnur zieht, um die Plazentalösung zu unterstützen. Dann wird die Plazenta aus der Scheide ausgestoßen, gefolgt von den Eihäuten und dem mütterlichen Blut. Die Hebamme massiert die Gebärmutter, damit diese sich weiter zusammenzieht und weitere Blutungen verhindert werden. Während der ersten Stunde nach der Geburt kann das regelmäßige Massieren der Gebärmutter dazu beitragen, dass keine weiteren Nachgeburtswehen auftreten.

Es gibt auch natürliche Maßnahmen, um die Nachgeburt zu beschleunigen und starken Blutungen vorzubeugen. Legen Sie Ihr Baby an die Brust, damit es möglichst bald zu saugen beginnt. Dadurch wird die Ausschüttung des natürlichen Hormons Oxytocin angeregt, das eine weitere Wehentätigkeit der Gebärmutter sowie die Lösung der Plazenta von der Gebärmutterwand bewirkt. Das Entleeren der Blase fördert die Ausstoßung der Plazenta ebenfalls.

Medikamentöse Steuerung der Nachgeburt

Oft wird zur Unterstützung der Nachgeburtswehen ein Medikament gespritzt. Denn durch die Kontraktionen schließen sich die Blutgefäße – Blutungen werden vermieden. Nach der Geburt des Kindes und der Plazenta kann es zu lebensgefährlichen Blutungen kommen. Nachblutungen nach einer Entbindung sind weltweit die häufigste Ursache für Müttersterblichkeit im Wochenbett. Durch die Injektion von Syntometrin werden Nachgeburtswehen gefördert. Das Medikament wird gespritzt, sobald der Kopf und die erste Schulter des Babys geboren sind. Es handelt sich dabei um ein Mischpräparat aus Syntocinon und Ergometrin: Syntocinon bewirkt, dass sich die Gebärmutter schnell zusammenzieht; Ergometrin setzt den Prozess langsam in Gang und stellt sicher, dass die Kontraktion länger anhält. Die Kombination beider Mittel ermöglicht, dass die Gebärmutter sich fest zusammenzieht, die Plazenta sich löst und mit den Eihäuten ausgestoßen wird und dass die Gebärmutteraktivität etwa 45 Minuten anhält. Wenn sich die Gebärmutter zu einem festen Ball zusammengezogen hat, legt die Hebamme ihre Hand auf Ihren Unterbauch (oberhalb des Schambeins). So kann verhindert werden, dass die Gebärmutter nach unten gezogen wird, wenn die Hebamme leicht an der Nabelschnur zieht. Die medikamentöse Steuerung führt normalerweise zur sofortigen Ausstoßung der Plazenta und der Eihäute. Übermäßiger Druck kann zu einer Gebärmutterinversion führen: Die Gebärmutterschleimhaut stülpt sich in die Scheide hinein nach außen.

WIE SIE SICH KÖRPERLICH FÜHLEN

Kurz vor oder nach der Ausstoßung der Plazenta reagieren Mütter oft heftig auf die enorme Anstrengung der Geburt. Es kann zu starkem Schüttelfrost und Zittern kommen. Diese Reaktionen werden häufig von starker Übelkeit begleitet, die eventuell auch eine Nebenwirkung der Syntometrin-Injektion sein kann. Sie fühlen sich körperlich richtiggehend krank. Es kann ein starker Würgereflex entstehen. Meist klingen diese Symptome nach etwa einer halben Stunde wieder ab.

UNTERSUCHUNG DER PLAZENTA UND DER EIHÄUTE

Sobald die Plazenta ausgestoßen ist, wird sie von Arzt und Hebamme untersucht, um sicherzugehen, dass keine Reste in der Gebärmutter zurückgeblieben sind. Eine gesunde Plazenta wiegt etwa 500 g, hat einen Durchmesser von 20–25 cm und ist ein schwammartiges, scheibenförmiges Gebilde. Bei ungewöhnlichem Aussehen wird die Plazenta im Labor untersucht. In den meisten Fällen ist die Plazenta aber vollständig und nicht auffällig. Nachdem sie gewogen wurde und alle Daten notiert worden sind, wird sie von der Klinik entsorgt. Vielleicht möchten Sie dieses erstaunliche Organ vorher aber noch einmal genauer betrachten – oder es sogar nach Hause mitnehmen.

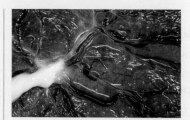

VERSORGUNGSORGAN *Die weiche Oberfläche der Plazenta ist von Blutgefäßen durchzogen.*

WENN PROBLEME AUFTRETEN

Gelegentlich kann es während der dritten Geburtsphase zu Problemen kommen.

Plazentaretention – Die Plazenta befindet sich eine Stunde nach der Geburt des Babys immer noch in der Gebärmutter. Schätzungsweise ein Prozent der Geburten wird durch eine Plazentaretention kompliziert; sie tritt bei extremen Frühgeburten häufiger auf, da die Nabelschnur dünner ist und beim Herausziehen schneller reißt. Da eine in der Gebärmutter verbliebene Plazenta zu einer Blutung führt, muss sie rasch entfernt werden. Meist ist dazu eine Operation erforderlich.

Nachgeburtsblutung (postpartale Blutung) – Davon spricht man, wenn innerhalb von 24 Stunden nach der Geburt des Kindes mehr als 500 ml Blut aus der Gebärmutter oder der Scheide austritt. Diese Art von Blutung kommt nach langen Geburten, einer Zangen- bzw. Saugglockengeburt oder einem Kaiserschnitt häufiger vor. Das Auftreten dieser Nachgeburtsblutungen ist in den letzten 50 Jahren infolge der besseren Betreuung während der Geburt zurückgegangen. Die medikamentöse Steuerung der Nachgeburtsperiode ist wahrscheinlich die wichtigste vorbeugende Maßnahme, aber auch die heute in aller Regel bereits vor der Geburt erfolgende Diagnose einer Plazenta praevia (*siehe* S. 427), verbesserte Anästhesiemethoden und das Wissen, dass lange oder schwierige Geburten eher zu einer Nachgeburtsblutung führen können, spielen ebenfalls eine Rolle.

> »... die medikamentöse Steuerung reduziert die Gefahr von Nachgeburtsblutungen.«

Durch Maßnahmen wie ausführliche Geburtsprotokolle, das Einbeziehen erfahrener Geburtshelfer und Anästhesisten, verbesserte Intensivpflege, rasche Möglichkeit einer Bluttransfusion, wirksamere Antibiotika und die Tatsache, dass heute weniger Frauen während der Schwangerschaft an Anämie leiden, ist die Sterblichkeit von Frauen während und nach der Geburt stark zurückgegangen.

Späte Nachgeburtsblutung – Davon spricht man, wenn 24 Stunden bis sechs Wochen nach der Geburt plötzlich Blut aus der Gebärmutter oder Scheide austritt – ungeachtet der Menge. Eine solche Blutung kommt bei 50 bis 200 Geburten einmal vor und tritt normalerweise auf, wenn Reste der Plazenta oder Eihäute in der Gebärmutter verbleiben und es zu einer Entzündung kommt. Gewöhnlich kommt es dann auch zu Unwohlsein, Schmerzen und einem empfindsamen Unterbauch. Es treten Fieber und ein übel riechender Scheidenausfluss auf. Die Infektion sollte rasch diagnostiziert und mit Antibiotika behandelt werden. Das in der Gebärmutter verbliebene Gewebe muss normalerweise unter Vollnarkose entfernt werden.

SPEZIELLE GEBURTSHILFE

Natürlich hoffen alle, die werdende Mutter wie die
Geburtshelfer, auf eine termingerechte und unkomplizierte Geburt; doch manchmal werden auch
spezielle Formen der Geburtshilfe erforderlich, um
die Sicherheit von Mutter und Kind zu gewährleisten.
Wenn Sie schon im Voraus wissen, zu welchen Komplikationen es kommen kann, können Sie im Notfall
verantwortungsbewusst entscheiden.

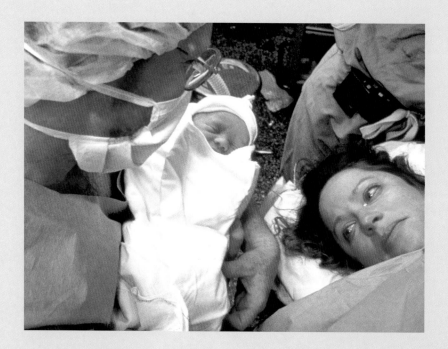

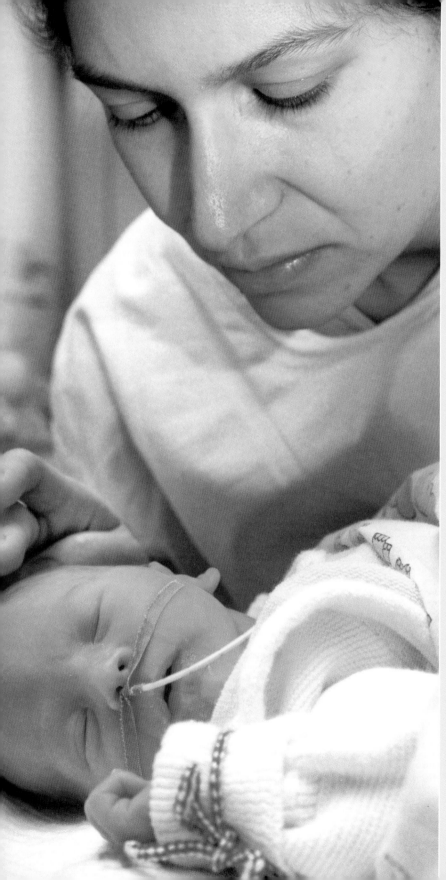

INHALT

FRÜHGEBURT

Als Frühgeburt bezeichnet man eine Geburt vor der 37. Schwangerschaftswoche. Etwa jedes zehnte Baby kommt zu früh zur Welt. Doch dank der enormen Fortschritte in der Intensivmedizin leiden Babys, die nach der 30. Woche geboren werden, heute nur noch selten an langwierigen Entwicklungsproblemen.

Je länger ein gesundes Baby in der Gebärmutter bleibt und je höher sein Geburtsgewicht ist, umso geringer ist die Wahrscheinlichkeit, dass nach der Geburt größere Probleme auftreten. Je weiter das Baby bei der Geburt ausgereift ist, umso schneller kann es aus der Klinik entlassen werden. Die Chance, dass ein Baby ohne bleibende Behinderung überlebt, liegt für ein Kind, das in der 23. Woche geboren wird, nur bei einem Prozent, steigt aber mit jeder Woche beträchtlich an; von den Babys, die in der 26. Woche geboren werden, überlebt bereits ein Viertel ohne bleibende Schädigung; in der 30. Woche ist das Risiko einer bleibenden Behinderung nur noch sehr gering. Aus diesem Grund wird nach Möglichkeit immer versucht, eine Frühgeburt abzuwenden, vorausgesetzt, es bestehen keine Komplikationen, die befürchten lassen, dass das Baby außerhalb des Körpers der Mutter besser versorgt werden könnte. Nur etwa 1,5 Prozent der Frühgeburten erfolgen vor der 32. Schwangerschaftswoche.

Bei den Vorsorgeuntersuchungen wird größte Sorgfalt darauf verwandt, Anzeichen eines erhöhten Risikos einer Frühgeburt zu erkennen. Im ersten Teil dieses Buches finden Sie Hinweise auf mögliche Symptome, die Ihnen, Ihrer Hebamme und Ihrem Arzt helfen, ein mögliches Frühgeburtsrisiko zu erkennen.

URSACHEN EINER FRÜHGEBURT

Es gibt viele Gründe für eine Frühgeburt; doch trotz aller Bemühungen, die Anzeichen vorzeitiger Wehen oder eines verfrühten Blasensprungs vorherzusagen, sind wir noch nicht in der Lage, die große Mehrzahl der Frühgeburten zu verhindern. Wir wissen nicht einmal genau, was die Wehen letztlich auslöst, geschweige denn, welche genauen Mechanismen dazu führen, dass diese Auslöser zu früh aktiv werden. Eine Theorie konzentriert sich auf die Rolle der Hormone, die vom Baby, der Mutter oder der Plazenta abgegeben werden.

»... es wird nach Möglichkeit immer versucht, eine Frühgeburt abzuwenden.«

Eine andere konzentriert sich auf das Vorkommen eines speziellen Eiweißstoffes in Scheide und Muttermund, der vor Einsetzen der Wehen stark erhöht ist. Möglicherweise spielt bei 20 bis 40 Prozent aller Frühgeburten eine Infektion eine Rolle. Wenn Sie bereits eine Frühgeburt hatten, ohne dass eindeutige medizinische Ursachen vorlagen, besteht statistisch gesehen eine höhere Wahrscheinlichkeit für eine weitere Frühgeburt.

Manchmal liegen auch eindeutige medizinische Indikationen für eine frühzeitige Entbindung vor. Dazu gehören Präeklampsie, Bluthochdruck, Diabetes, Plazentainsuffizienz, Plazentalösung und eine Blutung infolge einer Plazenta praevia (*siehe* S. 425ff.).

ANZEICHEN EINER FRÜHGEBURT

Wenn der Blasensprung vor der 37. Woche erfolgt, wenn Sie Bauchschmerzen oder eine Vaginalblutung haben oder Gebärmutterkontraktionen einsetzen, sollten Sie sich unverzüglich von Ihrer Hebamme oder Ihrem Arzt untersuchen lassen. Es wird überprüft, ob eine Wehentätigkeit besteht, wie das Kind liegt und ob möglicherweise ein Nabelschnurvorfall besteht (*siehe* S. 429). Außerdem wird kontrolliert, ob eine Infektion vorliegt, da das Infektionsrisiko nach dem Blasensprung erhöht ist. Besteht die Gefahr einer Infektion, werden die Wehen möglicherweise eingeleitet bzw. durch Syntocinongabe (*siehe* S. 297) verstärkt, damit das Baby rasch entbunden wird. Manchmal ist ein Kaiserschnitt notwendig, vor allem, wenn es der Mutter oder dem Baby nicht gut geht, die Kindslage nicht optimal ist oder sich der Muttermund noch nicht eröffnet hat.

Auch wenn die Fruchtblase noch nicht gesprungen ist, aber Wehen auftreten oder der Schleimpfropf abgegangen ist, müssen Sie sich sofort an den Arzt oder eine Klinik wenden. Sie werden untersucht und müssen Bettruhe halten. Um die Schwangerschaft nicht zu gefährden, muss die Wehentätigkeit medikamentös, z. B. mit Beta-Andrenergica und Prostaglandin-Inhibitoren, gehemmt werden. Gleichzeitig sollte Magnesium gegeben werden. Diese Therapie wird als Infusion begonnen und kann, sobald sie Erfolg zeigt, mit Tabletten fortgesetzt werden. Beta-Andrenergica hemmen die Kontraktionen der Gebärmutter, steigern das Herzvolumen der Mutter und verbessern die Durchblutung von Gebärmutter und Plazenta. Wenn die Fruchtblase intakt ist und nur schwache Wehen auftreten, klingt die Wehentätigkeit dank dieser Behandlung oft ab. Sobald die Wehen aufgehört haben, können Sie die Klinik verlassen, sollten sich aber für den Rest der Schwangerschaft schonen und auf Sex verzichten.

Wenn die Wehen richtig eingesetzt haben, ist es selbst durch den Einsatz von Medikamenten schwierig, die Entbindung um mehr als 48 Stunden zu ver-

»Wenn die Fruchtblase intakt ist und nur schwache Wehen bestehen, klingt die Wehentätigkeit dank der Behandlung oft ab.«

zögern. Doch für das Baby kann jeder Tag von Bedeutung sein. Eventuell wird man Sie in eine Klinik mit einem Frühgeborenen-Zentrum verlegen. Außerdem kann Kortison zur Beschleunigung der Lungenreifung beim Kind gegeben werden (*siehe* S. 342). Vor der 34. Woche überwiegen die Vorteile einer Verzögerung der Geburt normalerweise gegenüber den Vorteilen einer raschen Entbindung; aus diesem Grunde wird meist die Gabe von wehenhemmenden Medikamenten empfohlen, damit die Wehentätigkeit gestoppt oder abgeschwächt wird. Doch nicht immer sind die Medikamente wirksam. Die Entbindung sollte in diesem Fall rasch und immer unter ärztlicher Leitung erfolgen.

EIN BABY ZU FRÜH ZUR WELT BRINGEN

Wenn die Ärzte die Wehen nicht stoppen können, ist eine normale Entbindung möglich, solange das Baby keine Anzeichen einer Notlage zeigt; in diesem Fall wird ein Kaiserschnitt vorgenommen. Von Vorteil ist, dass die Entbindung wohl etwas kürzer ist als die Geburt eines kräftigen, termingerechten Babys. Der Kopf ist vermutlich kleiner; wahrscheinlich ist kein Dammschnitt erforderlich. Wenn der Einsatz von Zangen erforderlich wird, muss jedoch ein Dammschnitt durchgeführt werden. Mit Hilfe der Zangen kann der druckempfindliche Kopf des Babys beim Durchtritt durch den Geburtskanal geschützt werden. Die Schädeldecke eines frühgeborenen Babys ist weicher als bei einem fristgerecht geborenen Baby. Von der Verabreichung des Schmerzmittels Pethidin wird vermutlich abgeraten, da dieses Medikament auf das Baby übergeht, seine Mitarbeit beim Durchtritt durch den Geburtskanal hemmt und nach der Geburt das Atemsystem beeinträchtigt.

»... die Entbindung ist etwas kürzer als die Geburt eines kräftigen, termingerechten Babys.«

Wenn Ihr Baby in Beckenendlage liegt, wird wahrscheinlich von einer vaginalen Entbindung abgeraten, selbst wenn die Wehen schon eingesetzt haben. Eine vaginale Entbindung gilt in diesem Fall als zu riskant (*siehe* S. 356); stattdessen wird ein Kaiserschnitt vorgenommen. Auch bei Auftreten einer Komplikation, z.B. eine Plazentalösung, eine Blutung der Plazenta oder eine Präeklampsie, ist eine vaginale Entbindung für das Baby zu risikoreich.

Wenn Ihr frühgeborenes Baby vaginal entbunden wird, werden Sie von einem Kinderarzt, einer Hebamme und einem Frauenarzt betreut. Sobald das Baby geboren ist, wird es untersucht und gegebenenfalls künstlich beatmet. Dann wird es auf die Neugeborenen-Intensivstation gebracht. Wenn es keine spezielle Frühgeborenenstation gibt, werden Sie noch vor der Entbindung in die nächste Spezialklinik verlegt oder Ihr Baby wird sofort nach der Geburt in einem Rettungswagen dorthin gebracht.

MÖGLICHE PROBLEME DES BABYS

Die meisten gesunden Babys, die in oder vor der 35. Woche geboren werden, müssen auf der Intensivstation betreut werden, weil die Atmung noch Probleme bereitet und der Saugreflex noch nicht ausgebildet ist. Die Atemprobleme rühren von der unzureichenden Lungenreife, vor allem der mangelnden Elastizität der Lungenbläschen, her.

Wie im ersten Teil des Buches besprochen (*siehe* S. 231), bilden sich in der Lunge im dritten Trimester weiter winzige Verästelungen der Luftwege sowie Lungenbläschen; die Bildung von Surfactant, das die Entfaltung der Lungenbläschen und damit die Ausdehnung der Lunge ermöglicht, beginnt erst in der 26. Woche. Die Lungenbläschen sind platt, solange der Säugling noch nicht eigenständig atmen muss. Mit den ersten Atemzügen füllen sich die Bläschen und werden durch Surfactant stabil gehalten. Bei der Beatmung wird nicht nur der notwendige Sauerstoff zugeführt, sondern der Druck der Beatmungsmaschine verhindert auch ein Zusammenfallen der Lungenbläschen. Surfactant wird über den Beatmungsschlauch direkt in die Lunge zugeführt oder über eine Maske verabreicht. Nach der 35. Woche ist normalerweise ausreichend Surfactant vorhanden, sodass eine Atemhilfe ausreicht.

Bei einer drohenden Frühgeburt vor der 35. Schwangerschaftswoche kann durch ein Kortisonpräparat, das der Mutter ein bis zwei Tage vor der erwarteten Geburt verabreicht wird, die kindliche Lunge »gereift« werden, indem die Bildung von Surfactant angeregt wird. Das Kortison benötigt 24 bis 48 Stunden, um seine volle Wirkung zu entfalten, daher werden die Ärzte bei einer

IN SICHEREN HÄNDEN

Erschrecken Sie nicht wegen der Apparate auf der Intensivstation. Diese Geräte und Schläuche dienen der Überwachung des frühgeborenen Babys und helfen ihm zu atmen und zu trinken, bis es dazu allein in der Lage ist.

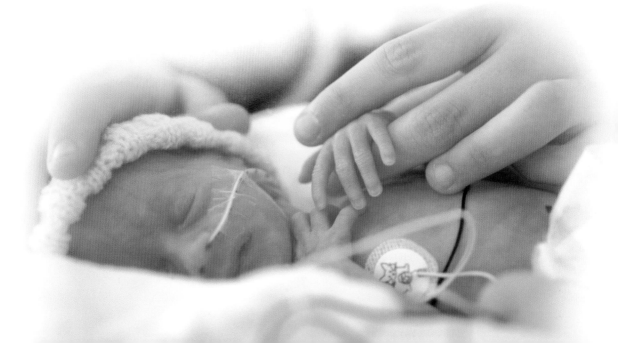

drohenden Frühgeburt versuchen, die Geburt so lange zu verzögern. Auch der Saugreflex des Babys ist vor der 35. Woche nur schwach entwickelt (*siehe* S. 231) und das Verdauungssystem ist meist zu unreif, um eine größere Menge Milch verdauen zu können. Aus diesem Grund erhalten viele Frühgeborene eine Sondenernährung, über die regelmäßig kleine Mengen Milch zugeführt werden (am besten abgepumpte Muttermilch). Wenn ein Baby, das auf der Intensivstation betreut wird, alle drei bis vier Stunden 60 ml aus der Sonde aufnehmen kann, wird man es bald nach Hause entlassen. Denn dann kann es selbstständig an der Brust der Mutter oder aus einer Flasche trinken.

NACH DER GEBURT

Die Geburt eines frühgeborenen Babys verläuft hoch technisiert, am besten in einem Perinatalzentrum, wo ein Team aus Kinderärzten und Kinderkrankenschwestern bereitsteht, um das Frühgeborene sofort zu versorgen, sodass kein für das Kind belastender Transport in eine Spezialklinik erforderlich wird. Modernste Geräte garantieren die Überwachung und die Unterstützung der bei Frühgeborenen noch nicht ausgereiften Körperfunktionen. Geburtshelfer und Kinderärzte wissen, wie belastend diese Situation für die Eltern ist – besonders für Eltern, die ihr erstes Kind erwarten. Alle tun ihr Bestes, um Ihnen dieses Erlebnis zu erleichtern. Unmittelbar nach der Geburt wird ein Foto von Ihrem Baby gemacht, das Sie neben Ihr Bett hängen können. Auch auf diese Weise können Sie die Bindung zu Ihrem Baby fördern. Natürlich wird Ihnen das Krankenhausteam alle Fragen beantworten, die Sie zu den Vorgängen haben. Man wird sich nach Kräften bemühen, Ihnen und Ihrem Baby die Geburt so leicht und sicher wie möglich zu machen.

Auf den Seiten 404 und 405 finden Sie detaillierte Informationen darüber, wie ein Frühgeborenes versorgt und wie es auf der Intensivstation gepflegt wird. Natürlich sind die ersten Tage und vielleicht auch Wochen für Sie sehr belastend. Doch denken Sie daran: Die meisten Frühgeborenen entwickeln sich zu gesunden Babys und Kleinkindern, die später gegenüber fristgerecht geborenen Babys keine Entwicklungsverzögerungen oder -beeinträchtigungen mehr zeigen.

Meine Töchter wurden durch einen Notkaiserschnitt in der 33. Woche entbunden, weil ich Wehen bekommen hatte. Sie mussten beide beatmet und künstlich ernährt werden und blieben vier Wochen lang auf der Intensivstation. Doch zu Hause holten sie schon in ein oder zwei Monaten in ihrem Wachstum auf – heute sind sie größer und schwerer als ihre Klassenkameradinnen und rundum fit.

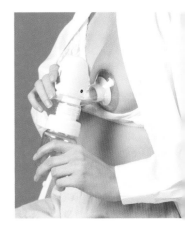

MILCH ABPUMPEN

Wenn Sie die Muttermilch abpumpen, können Sie sich an der Versorgung Ihres »Frühchens« beteiligen. Es erhält dann die beste Nahrung, die es gibt.

MEHRLINGSGEBURTEN

Heute ist in Deutschland etwa jede 70. Geburt eine Mehrlingsgeburt.
Die Zunahme von Mehrlingsgeburten in den letzten Jahrzehnten geht
vor allem auf den Einsatz der künstlichen Befruchtung zurück, bei der
oft mehr als eine Eizelle befruchtet wird. Auch die Tatsache, dass
Frauen immer später schwanger werden, trägt zu dem Anstieg bei; je
älter die werdende Mutter ist, umso häufiger kommt es zu zweieiigen
Zwillingsschwangerschaften.

Bei Mehrlingsschwangerschaften besteht ein größeres Risiko für vielfältige
Komplikationen, insbesondere Frühgeburt, fetale Wachstumsretardierung,
Präeklampsie, Anämie, Plazenta praevia (*siehe* S. 423ff.) und Zwillingstransfusionszwischenfall (*siehe* S. 346). Eine Zerebralparese tritt bei Mehrlingen
bedeutend häufiger auf als bei einer Einzelgeburt. Aus diesem Grund erfolgt
bei Mehrlingsschwangerschaften eine noch intensivere Vorsorge. Die Entbindung wird normalerweise in einer besonders gut ausgestatteten Klinik geplant.

Auch nach einer unkomplizierten Schwangerschaft werden 50 Prozent der
Zwillinge zu früh, vor der 37. Woche, geboren. Diese Babys müssen häufig auf
einer Neugeborenen-Intensivstation versorgt werden. Sie sind in der Regel kleiner als einzelne Babys und ungeachtet ihres tatsächlichen Geburtsgewichts oft
weniger ausgereift als Einzelgeburten. In den ersten Tagen oder Wochen müssen sie oft beatmet und mit der Sonde ernährt werden.

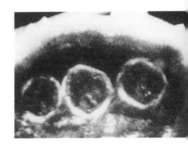

DRILLINGE *Drei Babys sind im Ultraschall sichtbar; sie werden in einem Peri-natalzentrum entbunden, wo im Notfall schnelle Hilfe verfügbar ist.*

ZWILLINGE ENTBINDEN

Die größte Sorge bei einer vaginalen Zwillingsgeburt gilt der Entbindung des
zweiten Zwillings. Selbst wenn das erste Baby in Kopflage liegt und die Wehen
spontan einsetzen und problemlos voranschreiten, kann man nicht vorhersehen, ob der zweite Zwilling rasch genug durch den Geburtskanal gleitet. Wohl
keine Frau möchte Wehen und vaginale Entbindung ihres ersten Zwillings
durchstehen, um dann erfahren zu müssen, dass das zweite Baby durch einen
Notkaiserschnitt entbunden werden muss. Aus diesem Grunde werden heute
immer mehr Zwillinge und alle Drillinge per Kaiserschnitt entbunden. Ein sol-

cher Kaiserschnitt kann ungeplant erfolgen, wenn die Wehen sehr früh einsetzen oder wenn während der Wehen Komplikationen auftreten, oder geplant, weil die Risiken einer vaginalen Entbindung zu groß sind. Wenn keine Gründe für einen vorzeitigen Kaiserschnitt vorliegen, sollte bis in die 37.–38. Woche mit der Geburt gewartet werden, um Atemprobleme beim Neugeborenen vorzubeugen. Eine Kaiserschnittentbindung von Zwillingen wird geplant:

• auf Wunsch der Mutter (wenn sie nicht vaginal entbinden will)
• wenn der erste Zwilling nicht in Kopflage liegt
• wenn im Ultraschall eine Plazenta praevia diagnostiziert worden ist
• wenn eine Wachstumsretardierung (*siehe* S. 428) festgestellt worden ist
• wenn der zweite Zwilling vermutlich 500 g schwerer ist als der erste
• wenn einer oder beide Zwillinge an einer körperlichen Anomalie leiden
• wenn ein Zwillingstransfusionszwischenfall vorliegt. Diese Störung der Blutversorgung von eineiigen Zwillingen betrifft ausschließlich Zwillinge mit einer gemeinsamen Fruchtblase. Dabei versorgen die Blutgefäße in der gemeinsamen Plazenta einen Zwilling oft bevorzugt – eine frühe Entbindung ist dann erforderlich, um das Leben des kleineren Zwillings zu retten.
• wenn die Babys verschlungen oder siamesische Zwillinge sind. Eine Trennung der Zwillinge kann nach der Geburt versucht werden. Der Erfolg ist davon abhängig, welche Organe die Babys gemeinsam haben.

Eine Einleitung der Wehen bei Zwillingsschwangerschaften, bei denen der erste Zwilling in Kopflage liegt, kann in der 37.–38. Woche vorgenommen werden, da für viele Zwillingsmütter die Spätschwangerschaft sehr beschwerlich ist. Nach diesem Termin kommt es auch häufiger zu Komplikationen.

VAGINALE ENTBINDUNG VON ZWILLINGEN

Die frühen Wehenphasen werden sorgfältig aufgezeichnet, um sicherzustellen, dass sich seit der letzten Vorsorgeuntersuchung nichts verändert hat, d.h. die Babys gesund sind und so liegen, dass eine vaginale Entbindung möglich ist. Mithilfe einer Ultraschalluntersuchung werden Größe und Lage der beiden Babys bestimmt. Ist die Gebärmutter infolge eines früheren Kaiserschnitts oder einer Operation vernarbt, kann eine vaginale Entbindung möglich sein, wenn der erste Zwilling in Kopflage liegt.

Da bei einer Zwillingsgeburt viele Helfer anwesend sind (mindestens ein Frauenarzt, ein Anästhesist, zwei Hebammen und zwei Kinderärzte) findet die Geburt in einem Kreißsaal statt, in dem alle Vorrichtungen für einen schnellen medizinischen Eingriff vorhanden sind. Vermutlich wird Ihnen zu einer Periduralanästhesie geraten, sodass jederzeit ein Notkaiserschnitt vorgenommen werden kann. Eine Periduralanästhesie ist auch während der zweiten Wehenphase wichtig, falls eine äußere oder innere Wendung des zweiten Zwillings in eine Kopflage oder eine Zangengeburt bei einer Steißlage erforderlich wird.

Während der Wehen ist eine kontinuierliche elektronische Überwachung der Babys (*siehe* S. 292) ratsam; wenn man die Elektrode am Schädel des ersten Zwillings befestigt, ist gewährleistet, dass die Aufzeichnungen nicht mit denen des CTGs, das auf der Bauchdecke der Mutter den zweiten Zwilling kontrolliert, verwechselt werden. Das erste Wehenstadium ist oft etwas kürzer als bei einer Einzelgeburt. Die zweite Wehenphase, vor der Entbindung des ersten Zwillings, ist im Wesentlichen gleich wie bei einer Einzelgeburt. Sofort nach der Geburt des ersten Zwillings wird die Nabelschnur an zwei Stellen abgeklemmt, damit nun verstärkt der noch nicht geborene Zwilling mit Blut versorgt wird.

Entbindung des zweiten Zwillings

Der Frauenarzt tastet Ihren Bauch ab, um die Lage des zweiten Zwillings festzustellen. Wenn dieser quer liegt, wird durch sanften Druck versucht, ihn in eine Längslage (parallel zu Ihrer Wirbelsäule) zu bringen; die Hebamme wird gebeten, diese Stellung durch sanften manuellen Druck aufrechtzuerhalten.

Wenn Unklarheit besteht, ob das Baby in Kopf- oder Beckenendlage liegt, kann eine Ultraschalluntersuchung vorgenommen werden. Eine äußere Wendung (*siehe* S. 271) ist bei einer Beckenendlage des zweiten Zwillings nicht üblich, da dies häufig zu weiteren Komplikationen führt. Eine vorsichtige, assistierte Steißgeburt (*siehe* S. 357ff.) ist empfehlenswerter.

Es gibt keine strengen Richtlinien darüber, wie lange die zweite Geburtsphase beim zweiten Zwilling dauern darf; wenn die Geburt jedoch nicht innerhalb von 30 Minuten erfolgt, wird wahrscheinlich ein Kaiserschnitt vorgenommen. Da die Geburtswehen nach der Geburt des ersten Babys häufig nachlassen, wird oft Syntocinon verabreicht, sobald die Längslage des Babys bestätigt worden ist, damit der zweite Zwilling schneller ins Becken eintritt.

Im Idealfall ist die Fruchtblase, die das zweite Baby umgibt, intakt geblieben, bis es sich weiter durch den Gebärmutterhals in die Scheide gesenkt hat; dadurch wird das rasche Verschließen des Muttermundes verhindert. Wenn die Fruchtblase springt, sich aber die Geburt verzögert, wird der Geburtshelfer seine Hand in die Scheide einführen, hoch zur Gebärmutter und den Kopf des Babys nach unten führen bzw. das Gesäß oder die Beine fassen und die Vaginalentbindung so voranbringen. Die weitere Geburt kann durch den Einsatz von Zangen oder einer Saugglocke unterstützt werden. Gelegentlich kann es

»Das erste Wehenstadium ist oft etwas kürzer als bei einer Einzelgeburt.«

besser sein, eine Wendung des Babys in der Gebärmutter vorzunehmen; häufiger jedoch wird die Steißgeburt unter Einsatz geburtshilflicher Instrumente (assistierte Geburt, *siehe* S. 357ff.) fortgeführt. Da die Geburtshelfer heute darin jedoch nicht mehr so viel Erfahrung haben, nimmt die Anzahl der Kaiserschnittentbindungen bei zweiten Zwillingskindern zu.

Dritte Phase einer Zwillingsgeburt

Eine aktive, d.h. medikamentöse Unterstützung der dritten Geburtsphase (*siehe* S. 333) ist bei Zwillingsgeburten besonders wichtig, weil das Risiko einer Nachblutung infolge der starken Ausdehnung der Gebärmutter größer ist. Sobald der zweite Zwilling entbunden ist, wird die Oxytocin-Infusion verstärkt und es wird Syntometrin gespritzt. Die Infusion muss möglicherweise noch einige Zeit beibehalten werden, um sicherzustellen, dass sich die Gebärmutter ausreichend zusammenzieht.

Zwillingsgeburten sind etwas Besonderes. Da die Geburt nicht immer reibungslos verläuft und weil Zwillinge oft zu früh geboren werden und sehr klein sind, werden die Babys von den Kinderärzten sorgfältig überwacht und bei Auffälligkeiten sofort in eine Neugeborenen-Intensivstation verlegt. Für die Eltern ist die Trennung von ihren Babys sehr belastend. Natürlich machen sie sich große Sorgen. Doch in den meisten Fällen handelt es sich dabei um einen kurzen, beinahe routinemäßigen Aufenthalt und die Babys können bald gesund nach Hause entlassen werden. Das Krankenhausteam wird Sie umfassend über die Fortschritte Ihrer Babys informieren und alles tun, damit Sie so bald wie möglich wieder vereint sind.

Bei Mehrlingsschwangerschaften und -geburten ist es besonders wichtig, dass die Eltern umfassende Informationen und praktische Unterstützung in der Vorbereitung auf das Leben mit ihren Babys bekommen. Im Geburtsvorbereitungskurs können Sie dazu schon vieles erfahren. Treten Sie nach der Geburt einer Selbsthilfegruppe für Zwillingseltern bei; dort kommen Sie mit erfahrenen Eltern in Kontakt (*siehe* »Nützliche Adressen«, S. 438).

ZWILLINGSGEBURT *Eine Zwillingsgeburt kann komplizierter verlaufen als eine Einzelgeburt. Aber sie ist auch etwas ganz Besonderes – Sie können zwei Babys in Ihre Arme schließen.*

GEBURTSBERICHT

DOROTHEE, 32, ERSTE SCHWANGERSCHAFT

NIKLAS UND PATRICK, GEBOREN IN DER 37. WOCHE + 5 TAGE

NIKLAS WOG 2,25 KG, PATRICK WOG 3,15 KG

In der 12. Woche *wurde bei der Ultraschalluntersuchung festgestellt, dass ich mit eineiigen Zwillingen schwanger war. Die Schwangerschaft verlief gut – trotz meines anfänglichen Schocks. Ich ging regelmäßig zu den Vorsorgeuntersuchungen und es sprach nichts gegen eine vaginale Entbindung.*

Eine Ultraschalluntersuchung *in der 36. Woche zeigte, dass die Babys sich gut entwickelten. Doch bei einer weiteren Ultraschalluntersuchung in der 37. Woche wurde festgestellt, dass ein Zwilling nicht mehr wuchs. Wie alle eineiigen Zwillinge teilten sich die beiden eine Plazenta, aber sie hatten jeder eine eigene Fruchtblase. Man nennt das monochoritische, aber diamniotische Zwillinge. Es wurde sofort ein Kaiserschnitt für den folgenden Vormittag angesetzt. Die Einleitung einer vaginalen Entbindung stand nicht zur Diskussion, vor allem, als der Arzt im Ultraschall sah, dass ein Baby quer lag. Niemand konnte wissen, was während der Geburt geschehen*

würde. Meine größte Angst war bisher gewesen, dass ich ein Baby vaginal entbinden würde und dann doch ein Kaiserschnitt für das zweite erforderlich würde. Jetzt war nur noch eines wichtig: Beide Babys sollten sicher und gesund zur Welt kommen, egal wie. Ich war bei der vaginalen Entbindung meiner Cousine dabei gewesen und mir war nicht klar, was an all den Schmerzen so schön sein sollte. Ich war nicht unglücklich bei der Aussicht auf einen Kaiserschnitt.

lässig hinter dem Ohr. Er wurde fünf Minuten später geboren. Ich ließ mir die Plazenta zeigen: Niklas' Seite war verkrustet und eingetrocknet und Patricks Seite stark durchblutet, rot und gesund. Ich bin so dankbar, dass die Ärzte das Problem erkannt und sofort gehandelt haben.

Das ganze Geburtsteam *war fantastisch, auch wenn ich nach vier Tagen fast aus dem Krankenhaus rausgeworfen wurde, weil man die Betten brauchte. Jetzt*

> »Jetzt war nur noch eines wichtig: Beide Babys sollten sicher und gesund zur Welt kommen, egal wie.«

Die Geburt selbst *verlief völlig reibungslos und ruhig. Mein Mann war im Operationssaal bei mir. Beide Babys kamen ohne Probleme zur Welt. Der kleine Niklas wurde zuerst geboren; er war es, der in Kopflage gelegen hatte, bereit zur Geburt. Aber er war auch derjenige, der nicht mehr gewachsen war. Patrick lag quer, eine Hand*

sind zwei Monate vergangen und ich lerne allmählich, mich zu organisieren. Ich habe einen Monat lang gestillt, aber das war schwierig. Jetzt gebe ich die Flasche und die beiden schlafen nachts schon beinahe durch. Niklas holt mit seinem Gewicht auf und wird bald so schwer sein wie sein jüngerer Bruder.

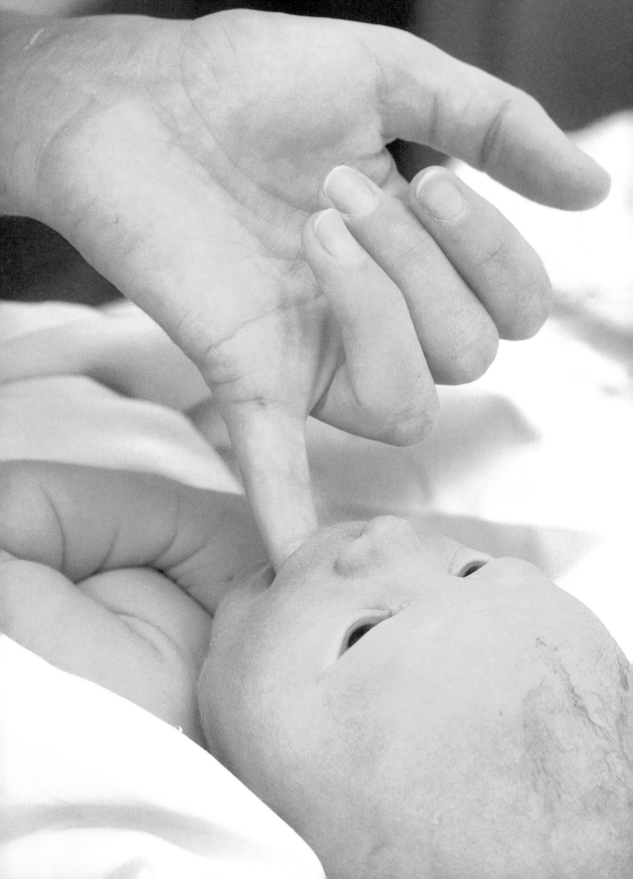

ASSISTIERTE GEBURT

Auch wenn assistierte vaginale Geburten immer seltener vorkommen, möchte ich Sie umfassend darüber informieren. Bei einer »assistierten Geburt« werden geburtshilfliche Instrumente zur Erleichterung der Geburt eingesetzt. Wenn die Wehen sehr lange dauern oder die zweite Geburtsphase nicht voranschreitet, kann die Entbindung z. B. durch Geburtszange oder Saugglocke unterstützt werden.

Die Presswehen während der Austreibungsphase schieben das Baby von oben durch den Geburtskanal. Bei einer assistierten Geburt wird dieser Durchtritt durch Hilfsmittel der Geburtshelfer, in erster Linie Zangen oder Saugglocke, unterstützt. Die Geburtszange oder die Vakuumextraktion (Saugglocke) können das Baby aber nicht allein entbinden. Die meisten assistierten Geburten werden von einem erfahrenen Frauenarzt geleitet, aber auch speziell geschulte Hebammen sind in der Lage, sie durchzuführen. Sowohl bei einer Zangen- wie bei einer Saugglockengeburt ist es von Vorteil, wenn die Beine der Mutter in Beinhaltern hochgelagert sind, damit Ärzte und Hebammen gute Sicht und guten Zugang zum Baby haben. Ob ein Dammschnitt erforderlich wird, kommt auf die Umstände an (*siehe* S. 330f.) Bei Zangengeburten ist meist ein Dammschnitt erforderlich, bei einer Saugglockengeburt nicht unbedingt.

AUSWIRKUNGEN EINER ASSISTIERTEN GEBURT

Babys, die mit Hilfe von Saugglocke oder Zangen auf die Welt kamen, zeigen nach der Entbindung oft Spuren der eingesetzten Instrumente. Doch erschrecken Sie nicht: Diese Blessuren verschwinden innerhalb weniger Tage. Nach einer Saugglockengeburt besteht eine Schwellung am Schädel, wo der Saugnapf angebracht war; manchmal hat das Baby auch blaue Flecken. Nach der Verwendung von Zangen bestehen meist Druckstellen auf Wangen und Ohren bzw. an den Seiten des Kopfes. Der Kopf kann auch leicht verformt wirken. Doch der Schädel eines Babys hält den Druck bzw. die Kompression während der Geburt aus. Zangen oder Saugglocke haben keine längerfristigen Auswirkungen auf das Wohlbefinden oder Aussehen Ihres Babys.

»... der Schädel eines Babys hält den Druck während der Geburt aus.«

SAUGGLOCKENGEBURT

DER EINSATZ EINER SAUGGLOCKE (VAKUUMEXTRAKTION) IST IN DEN LETZTEN JAHREN ALS HILFSMITTEL IMMER BELIEBTER GEWORDEN UND ERSETZT IN VIELEN ENTBINDUNGSKLINIKEN ZUNEHMEND DIE GEBURTSZANGEN.

WIE DIE SAUGGLOCKE FUNKTIONIERT

Eine Saugglocke besteht im Wesentlichen aus einer Metallplatte oder einem konisch geformten Saugnapf aus synthetischem Material, die oder der mit einer Kette oder einem Griff verbunden ist. Die Saugglocke wird auf die Kopfschwarte des Babys gesetzt; sie haftet, indem man mittels einer damit verbundenen Pumpe einen Unterdruck erzeugt. Dabei wird etwas Gewebe des Schädels in den Saugnapf gesaugt und die Beule, die sich dabei auf dem Kopf bildet, schafft eine feste Halterung.

»... die Saugglocke ist oft das Mittel der Wahl bei einer assistierten vaginalen Entbindung ...«

Wenn ein ausreichender Unterdruck erzeugt worden ist, werden die Kanten des Saugnapfes kontrolliert, um sicherzustellen, dass kein mütterliches Gewebe eingeschlossen ist. Durch Ziehen des am Napf befestigten Griffes wird ein Zug ausgeübt, wenn die Mutter während einer Wehe nach unten presst. Sobald der Kopf geboren ist, wird das Vakuum gelöst und der Saugnapf entfernt. Nach kurzer Pause, in der sich der Kopf des Babys drehen kann, erfolgt die normale Geburt von Schultern und Körper. Das Prinzip der Vakuumextraktion besteht darin, dass der Verlauf der Traktion der Beckenkrümmung der Mutter folgt, da dies der Weg des geringsten Widerstandes für den Kopf des Babys ist.

VORTEILE UND NACHTEILE

Der größte Vorteil der Saugglocke besteht darin, dass sich der Kopf des Babys, auch wenn er nicht von vornherein in der vorderen Vorderhauptslage liegt, noch drehen kann, wenn er durch das mütterliche Becken gleitet. Auf diese Weise kann er sich besser an die unterschiedliche Breite des mütterlichen Beckens anpassen (*siehe* S. 328). Ein weiterer wichtiger Vorteil der Saugglocke liegt darin, dass sie, im Gegensatz zur Geburtszange, selbst keinen Platz an den Seiten des Kopfes beansprucht. Daher besteht ein geringeres Risiko einer Verletzung von Scheide und Damm. Bei manchen Frauen ist nicht einmal ein Dammschnitt erforderlich. Normalerweise sind auch weniger Schmerzmittel notwendig; im Idealfall ist allerdings beizeiten eine Periduralanästhesie angelegt worden.

Der Nachteil der Saugglocke besteht darin, dass die Entbindung eher langsamer voranschreitet, weil Zeit erforderlich ist, um die Saugglocke anzulegen und einen ausreichenden Unterdruck zu erzeugen. Es ist auch möglich, dass sich die Saugglocke lockert. Von einem erfahrenen Geburtshelfer kann die Saugglocke jedoch in etwa zwei Minuten angebracht werden, was in etwa dem Abstand zwischen zwei Wehen in der zweiten Wehenphase entspricht. Wenn die Saugglocke sorgfältig angebracht wird, löst sie sich nur in seltenen Fällen.

Wenn der Kopf des Babys nach drei oder vier kräftigen Wehen nicht entbunden ist oder wenn die Saugglocke nach 15 Minuten nicht zur Geburt des Kindes geführt hat, müssen alternative Wege der Entbindung erwogen werden.

MÖGLICHE KOMPLIKATIONEN

Komplikationen bei der Mutter sind nach einer Saugglockengeburt ungewöhnlich; beim Baby kommt es häufiger zu oberflächlichen Schädelverletzungen, wie Quetschungen und Blutungen am Kopf, selbst nach einem problemlos verlaufenden Eingriff. Wenn sich die Saugglocke gelöst hat oder die Entbindung sehr lange dauert, sind solche Beeinträchtigungen häufiger. Eine Beule besteht nach einer Vakuumextraktion immer an der Stelle, wo der Sog ausgeübt wurde. Sie bildet sich aber in kurzer Zeit zurück.

Zu oberflächlichen Schädelverletzungen kommt es bei etwa zwölf Prozent der Saugglockengeburten, doch auch sie ziehen selten langwierige Komplikationen nach sich. Ein Kephalhämatom (ein Bluterguss unter der Schädelknochenhaut) entsteht bei etwa sechs Prozent der Vakuumextraktionen. Die Hämatome lösen sich gewöhnlich innerhalb von zwei Wochen von selbst auf; wenn sie sehr ausgedehnt sind, können sie die Neugeborenengelbsucht verstärken. Außerdem verursachen sie wahrscheinlich Kopfschmerzen.

Eine Hirnblutung (intrakranielle Blutung) ist sehr ungewöhnlich (sie tritt nur in etwa jedem 300.–400. Fall) auf, kann aber sehr gefährlich sein. Diese Blutungen treten aber nicht häufiger auf als nach einer Zangengeburt oder einem Notkaiserschnitt. Dies legt die Vermutung nahe, dass der regelwidrige Wehen- und Geburtsverlauf selber und nicht der Einsatz der Saugglocke ursächlich ist.

SAUGGLOCKE *Der Saugnapf wird am Kopf des Babys angebracht. Im Saugnapf wird ein Unterdruck erzeugt. Dann wird das Baby, synchron mit den Wehen der Mutter, durch den Geburtskanal gezogen.*

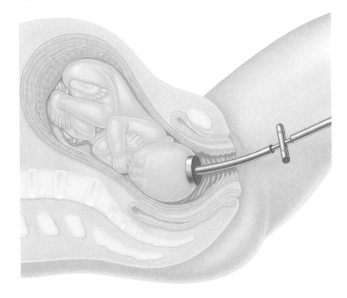

ZANGENGEBURT

ZANGEN WERDEN SEIT BEINAHE 400 JAHREN BEI GEBURTEN EINGESETZT. BIS IN DIE ZWEITE HÄLFTE DES VERGANGENEN JAHRHUNDERTS WAR EIN KAISER-SCHNITT EINE GEFÄHRLICHE OPERATION UND ZANGEN BEWAHRTEN OFT VOR LEBENSGEFÄHRLICHEN GEBURTSSITUATIONEN.

Dank der enormen medizinischen Fortschritte, die durch die moderne Anäs-thesie und die Verfügbarkeit von Antibiotika, Bluttransfusionen und Intensiv-versorgung ermöglicht wurden, ist ein Kaiserschnitt zu einem verhältnismäßig harmlosen Eingriff geworden. Die möglichen Komplikationen einer schwieri-gen Zangengeburt gelten heute als größere Gefährdung für Mutter und Baby.

Die Geburtszange (lat. »forceps« – Forcepsentbindung) ähnelt einer Zuckerzange und ist so konstruiert, dass die beiden Löffel die Kopfseiten des Babys eng umschließen, wobei die Ohren bedeckt sind. Sie schützen den Kopf damit gleichzeitig vor dem Druck innerhalb des Geburtskanals.

Wann wird eine Zangenentbindung durchgeführt? Wenn das Kind wäh-rend der Austreibungsperiode in eine Gefahrensituation gerät, bzw. wenn sich der Kopf des Babys ins mütterliche Becken gesenkt hat, aber nicht weiter-kommt, muss die Geburt möglichst rasch beendet werden, um einen Sauer-stoffmangel zu verhindern. Das Kind steht in dieser Endphase der Geburt unter hohem Druck und damit Stress, der zu einem Abfall der Herzfrequenz führen kann. Eine zangenunterstützte Geburt kann aber auch notwendig sein, wenn die Schwangere, z.B. bei einem Herzfehler, nicht mitpressen darf.

Die Zange wird nur angewandt, wenn der Muttermund vollständig eröffnet ist und der größte Durchmesser des Kopfes zumindest in Beckenmitte steht. Ein Miss-verhältnis zwischen Kopf und Geburts-weg sollte ausgeschlossen sein.

Wie verläuft eine Zangenentbin-dung? Die Beine der werdenden Mutter werden hochgelagert. Der Damm (Peri-nium) wird lokal betäubt. Dann wird der linke Zangenlöffel auf die linke Seite des Kopfes geführt, wobei der Löffel über die eingeführten Finger geschient wird.

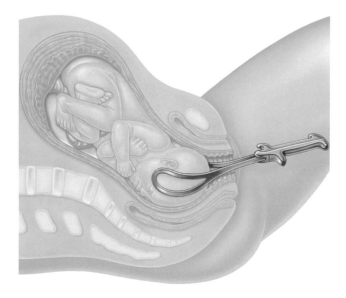

ZANGENGEBURT *Die gebo-genen Löffel der Zange werden nacheinander eingeführt und schmiegen sich um den Kopf des Babys. Dann wird, im Rhythmus der Wehen, das Baby den Geburtska-nal herabgezogen und entbunden.*

Anschließend wird der rechte Löffel auf die rechte Seite des Kopfes geführt. Die Zange wird verschlossen, dann wird ein Probezug vorgenommen und anschließend wird das Kind synchron zu den Wehen herausgezogen. Ein Dammschnitt ist erforderlich, damit der Kopf geboren werden kann. Nach der Geburt des Kopfes wird die Zange entfernt und der Körper des Kindes wie bei einer Spontangeburt normal entbunden.

Formen der Zangenentbindung Es gibt mehrere Arten einer Zangenentbindung: aus Beckenausgang, aus Beckenmitte, aus Beckenmitte mit Rotation, je nachdem, wo der Kopf des Babys im Beckenraum liegt. Eine Zangenentbindung aus dem oberen Beckenraum wird wegen des bedeutenden Risikos einer Verletzung von Mutter oder Baby nicht mehr vorgenommen. Je nach Lage des Kindes

»... Zangen bewahrten viele Mütter und Babys vor lebensbedrohenden Situationen ...«

werden zum Teil unterschiedlich geformte Zangen eingesetzt. Am einfachsten ist eine Zangengeburt aus dem Beckenausgang, wenn der Kopf des Babys schon in der Vulva der Mutter sichtbar ist.

Bei einer Zangenentbindung aus Beckenmitte werden längere Zangen verwendet. Der Kopf des Babys ist mehr als 2 cm unterhalb des Ischiasnervs eingetreten. Meist erfolgt die Geburt nach drei starken Wehen; wenn der Kopf in dieser Zeit nicht deutlich vorankommt, kann das ein Zeichen dafür sein, dass ein Missverhältnis zwischen Kopf und Becken besteht. Bei dieser Form der Zangenentbindung sollte eine Peridural- oder Spinalanästhesie vorgenommen werden.

Bei einer Zangenentbindung aus Beckenmitte mit Rotation wird der Kopf des Babys aus einer Quer- oder Hinterhauptslage mit Hilfe der Zangen gedreht und geführt. Diese Form der Zangengeburt erfordert sehr viel Übung und Geschick; ein Notkaiserschnitt kann dennoch notwendig werden.

ZANGEN ODER SAUGGLOCKE?

Trotz des momentanen Trends, die Saugglocke der Zange vorzuziehen, lässt sich nicht abschließend sagen, welches das bessere geburtshilfliche Instrument ist. Allgemein wird angenommen, dass der Einsatz einer Saugglocke weniger Schaden an Scheide und Damm der Mutter anrichtet. Andererseits könnte die Vakuumextraktion für das Baby traumatischer sein, weil sie eine Schwellung am Kopf zurücklässt.

Ich halte es für sinnvoll, beide Methoden als gleichwertig zu betrachten. Die endgültige Entscheidung, welche Methode zum Einsatz kommt, sollte von den Umständen der jeweiligen Geburt sowie von der Erfahrung und den Fähigkeiten der Geburtshelfer abhängen.

STEISSGEBURTEN

IN DER 28. WOCHE LIEGEN ETWA 25 PROZENT ALLER BABYS IN BECKENEND-
LAGE, ABER DIE MEISTEN DREHEN SICH WÄHREND DES DRITTEN TRIMESTERS
VON SELBST IN EINE KOPFLAGE.

Weniger als vier Prozent der Babys präsentieren sich beim Geburtstermin in
einer Beckenendlage. Dabei gibt es drei Positionen: Bei der reinen Steißlage
sind die Oberschenkel gebeugt, aber die Beine nach oben geschlagen; bei der
Steißfußlage sind die Oberschenkel an den Körper gezogen und die Knie
gebeugt. Bei der Fußlage sind die Oberschenkel nur mäßig gebeugt und die
Füße liegen direkt über dem Muttermund.

Bei einer vaginalen Entbindung aus einer Beckenendlage besteht ein größeres Komplikationsrisiko; am problematischsten dabei ist, dass der umfang-
reichste Teil des Kindes (der Kopf) als Letztes entbunden wird. Außerdem
passt sich das Gesäß dem Becken der Mutter nicht so gut an wie der Kopf,
sodass die Gefahr besteht, dass die Nabelschnur vorfällt oder mit dem Gesäß
oder den Beinen durch den Muttermund tritt (*siehe* S. 429). Ein Nabelschnurvorfall führt unweigerlich zu einer Notlage des Babys, da die Funktion der
Nabelschnur durch den Kontakt zur Luft beeinträchtigt wird und dadurch die
Sauerstoffversorgung des Babys unterbrochen wird.

BECKENENDLAGEN

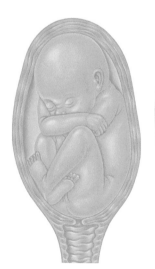

STEISSFUSSLAGE *Das Gesäß
liegt unten, aber die Oberschenkel sind an den Körper
gezogen und die Knie gebeugt.*

REINE STEISSLAGE *Das Gesäß
liegt unten und die Beine
sind nach oben an den Körper
geschlagen.*

FUSSLAGE *Die Füße liegen
unter dem Gesäß des Babys.
Sie fallen nach dem Blasensprung nach unten.*

STEISSFUSSLAGE   REINE STEISSLAGE   FUSSLAGE

VERSUCH EINER ENTBINDUNG

Eine vaginale Entbindung bei einer Beckenendlage wird am ehesten in Erwägung gezogen, wenn das Baby in der reinen Steißlage liegt, bei der das Gesäß (Sakrum) direkt über dem Geburtskanal liegt. Die vaginale Geburt wird als Versuch betrachtet, der fortgeführt wird, solange keine Probleme auftreten. Der Arzt und die Hebamme kontrollieren den Geburtsverlauf kontinuierlich, entweder mithilfe eines externen CTGs oder einer Elektrode, die eingeführt und am Gesäß des Babys befestigt wird (*siehe* S. 292). Vermutlich wird eine Periduralanästhesie empfohlen, damit eventuell notwendig werdende Eingriffe ohne Verzögerung vorgenommen werden können. Ein weiterer Vorteil einer Periduralanästhesie besteht darin, dass der Drang zu pressen erst auftritt, wenn der Muttermund vollständig eröffnet ist.

Steißgeburten verlaufen oft langsamer als Entbindungen aus Kopflagen, weil der führende Teil, das Gesäß des Babys, weicher ist und nicht den gleichen Druck nach unten auf den Muttermund ausübt. Die erste Wehenphase kann länger dauern und stärker ermüden. Da die meisten Geburtshelfer bei einem langsamen Fortschreiten der Geburt kein weiteres Syntocinon geben, ist es möglich, dass man Ihnen schon im ersten Wehenstadium zu einem Kaiserschnitt rät.

ZWEITE GEBURTSPHASE

Vorausgesetzt, der Muttermund ist voll eröffnet, kann man den weiteren Ablauf während der zweiten Phase einer Steißgeburt am besten als Umkehrung einer Entbindung aus Kopflage betrachten. Gesäß und Beine treten als Erstes durch den Geburtskanal, gefolgt von Rumpf und Schultern. Sie werden gebeten, die Beine in Beinhalter hochzulegen, damit die Geburtshelfer ungehinderten Zugang zum Baby haben. Sie kontrollieren die Wirksamkeit der Periduralanästhesie, sodass sie das Baby drehen und zur Entbindung des nachfolgenden Kopfes Zangen einsetzen können bzw. im Notfall unverzüglich einen Kaiserschnitt vornehmen können.

Das Gesäß wird mithilfe der Presswehen als Erstes entbunden. Der Geburtshelfer wird danach vorsichtig die Geburt der beiden Beine führen. Dazu wird häufig das Gesäß des Babys nach links oder rechts gedreht, damit der Arzt einen Finger in die Scheide einführen kann und ihn um das erste, dann um das zweite Bein schlingen und diese entbinden kann.

Wenn Gesäß und Beine entbunden worden sind, kommen allmählich Rücken und Körper des Babys zum Vorschein. Die Schultern müssen normalerweise erst auf die eine, dann auf die andere Seite gedreht werden, damit der Geburtshelfer erneut einen Finger in die Scheide einführen und die oberen

»... das erste Wehenstadium kann bei einer Steißgeburt länger dauern und stärker ermüden ...«

GEBURTSBERICHT

NATHALIE, 34, HAT EINE TOCHTER MIT VIER JAHREN

ZWEITES BABY IST ENZO, IN DER 40. WOCHE GEBOREN, GEWICHT 3,8 KG

GEBURTSDAUER AB DEM EINSETZEN DER WEHEN: 21 STUNDEN

Bei der Ultraschalluntersuchung in der 34. Woche zeigte sich, dass Enzo quer lag, aber später sagte man mir, dass er sich in Kopflage gedreht hätte. Allerdings ist sein Kopf nie ins Becken eingetreten, auch nicht beim Geburtstermin. Ich erinnere mich, wie mich am Tag, bevor die Wehen einsetzten, mein Frauenarzt das Gesäß des Babys oben im Bauch fühlen ließ.

Die Wehen setzten etwa um 1 Uhr nachts mit regelmäßigen, periodenähnlichen Krämpfen ein, die gut erträglich waren, sodass ich sogar ein wenig schlafen konnte. Am nächsten Mittag hörten die Krämpfe völlig auf und begannen erst wieder um etwa 15 Uhr. Ich machte mit meinem Mann die letzten Einkäufe, obwohl die Wehen jetzt alle 10 Minuten kamen. Um 17 Uhr ging der Schleimpfropf ab und ich rief im Krankenhaus an. Man sagte uns, wir sollten abwarten, bis die Wehen länger würden und in kürzeren Abständen kämen. Um 17.30 sprang die Fruchtblase; die Wehen kamen alle fünf Minuten und wurden immer schmerzhafter, sodass wir bald darauf ins Krankenhaus fuhren.

Eine Hebamme untersuchte mich. Beim Abtasten bemerkte sie, wie hart die Stelle war, an der das Gesäß sein sollte. Ich wurde in ein Entbindungszimmer gebracht und wartete den weiteren Verlauf ab. Um etwa 19 Uhr kam ein Arzt, machte eine Ultraschalluntersuchung und eröffnete mir, dass das Baby in Steißlage lag. Was wir für seinen festen kleinen Po gehalten hatten, war in Wirklichkeit sein Kopf. Wir waren schockiert. Er erklärte uns, wie eine Steißgeburt ablief und

informierte uns über die Risiken. Diese Nachricht mussten wir erst einmal verdauen. Inzwischen waren die Wehen sehr stark.

Um 20 Uhr kam ein anderer Arzt, führte eine Untersuchung durch und drängte uns zu einer raschen Entscheidung, weil der Muttermund schon 2 cm eröffnet war. Er riet mir dringend zu einem Kaiserschnitt, weil das Baby groß war. Wir waren sehr enttäuscht, und hatten diese unerwartete Wendung der Ereignisse auch noch nicht wirklich verarbeitet. Kurz danach stimmten wir einem Kaiserschnitt zu – schließlich wollte ich nicht aus Starrsinn und falschem Zögern heraus die Gesundheit des Babys riskieren.

Enzo wurde um 22 Uhr geboren. Obwohl die Geburt gut verlief, erhielt ich in den ersten beiden Tagen starke Schmerzmittel. Ich war deprimiert, weil ich mich nicht richtig um Enzo kümmern konnte. Nach drei Tagen bat ich um meine Entlassung, da ich wusste, dass ich zu Hause mehr Ruhe haben würde.

»... der Arzt erklärte uns genau, wie eine Steißgeburt verlief, und informierte uns über die Risiken ...«

Gliedmaßen umfassen kann, um die Entbindung der Arme zu erleichtern. Entscheidend für eine erfolgreiche vaginale Steißgeburt ist, dass nicht am Baby gezogen oder gezerrt wird, sondern dass man den Verlauf abwartet und nur Führung und leichte Drehung vornimmt.

Den Kopf gebären

Wenn alles gut geht, unterstützt im weiteren Verlauf das Gewicht des Körpers die Geburt und führt dazu, dass der Hals gebeugt ist, damit der Kopf eine optimale Stellung für die Geburt einnimmt. Wenn der Hals gestreckt bleibt und das Gesicht nach oben in die Gebärmutterhöhle zeigt, kommt es mit hoher Wahrscheinlichkeit zu Problemen bei der Geburt des als Letztes austretenden Kopfes. Der Kopf ist der größte Teil des Körpers des Babys; bleibt der Hals gestreckt, müsste sich der Muttermund, der vielleicht durch die Entbindung von Gesäß, Rumpf und Schultern noch gar nicht ganz eröffnet wurde, noch weiter dehnen. Wenn in dieser Situation ein Kaiserschnitt gemacht werden muss, ist das für alle Beteiligten ein Albtraum. Aus diesem Grund wird der anfängliche Geburtsverlauf genau überwacht, damit mögliche Hinweise darauf, dass es zu einem Stillstand der Geburt kommen könnte, frühzeitig erkannt werden. Wenn die Gefahr besteht, dass der Kopf im letzten Moment stecken bleiben könnte, wird umgehend zu einem Kaiserschnitt geraten.

Wenn die Geburt jedoch weiterhin gut voranschreitet, wird der Geburtshelfer den Körper des Babys sachte nach oben über Ihr Schambein schieben, eventuell einen Finger in den Mund des Babys stecken und es vorsichtig nach unten ziehen; dabei beugt er den Kopf vorsichtig. Es ist oft sinnvoll, am Kopf Zangen anzusetzen, um ihn sicher herauszuführen, da er in den Windungen im unteren Teil des Geburtskanals wieder entgleiten kann. Viele Hände sind nötig, um eine Steißgeburt vaginal zu entbinden. Ein Dammschnitt ist meist unvermeidbar.

STEISSGEBURT – VAGINALE ODER SCHNITTENTBINDUNG?

In den letzten Jahren wurden mehrere Studien veröffentlicht, die zu dem Schluss kommen, dass ein Kaiserschnitt bei einer Erstgebärenden die beste Entbindungsmethode für ein fristgerechtes Baby ist, wenn Versuche, das Baby zu wenden, misslungen sind (*siehe* äußere Wendung, S. 271). Zehn Prozent der Frauen mit einer Beckenendlage, die einen Termin für einen Kaiserschnitt haben, entbinden vaginal, weil die Wehen früher einsetzen als erwartet und die Geburt bei der Ankunft im Krankenhaus schon zu weit vorangeschritten ist. Hinzu kommt eine kleine Anzahl von Frauen, bei denen erst in einem fortgeschrittenen Stadium der Geburt erkannt wird, dass ihr Baby eine Beckenendlage einnimmt.

WÄHREND EINER STEISSGEBURT

Das Gesäß des Babys wird zuerst entbunden, gefolgt von den Beinen. Das Baby dreht dann die Schultern und kann entbunden werden. Das Gewicht des Babys zieht den Kopf nach unten; die Beine werden angehoben, um die sichere Geburt des Kopfes zu ermöglichen.

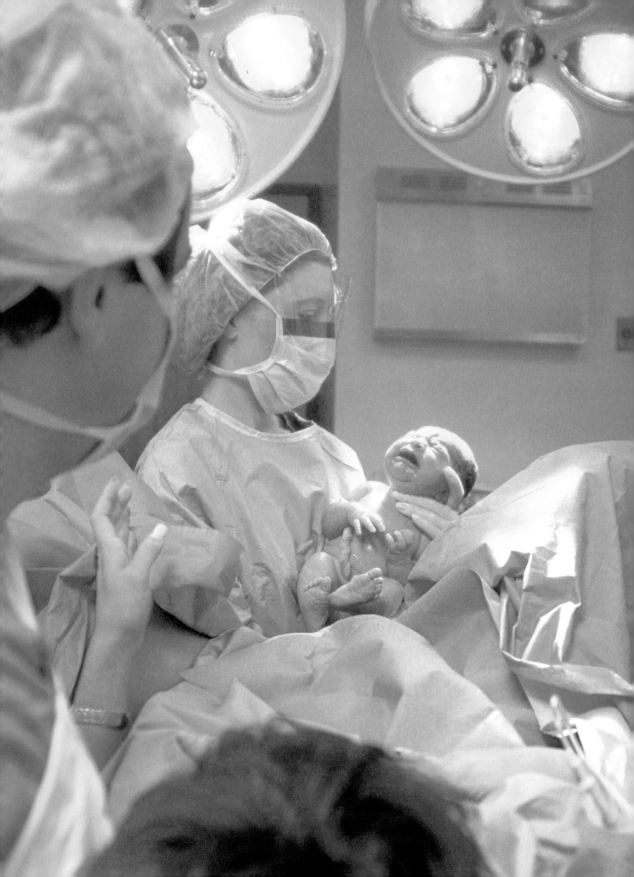

KAISERSCHNITTGEBURT

Ich bin mir darüber im Klaren, dass in Vorbereitungskusen, Schwangerschaftsbüchern und Elternzeitschriften in erster Linie darüber berichtet wird, wie die Geburt im Idealfall verlaufen sollte. Die Realität sieht jedoch anders aus: Heutzutage kommen etwa 20 Prozent der Kinder in Deutschland durch Kaiserschnitt zur Welt. Im Folgenden finden Sie detaillierte Informationen über diese Art der Geburt.

Obwohl mehr und mehr Babys per Kaiserschnitt entbunden werden, gibt es immer noch Menschen, die diese Form der Entbindung eher negativ sehen, sozusagen als eine Art »letzten Ausweg«. Natürlich hat jeder ein Recht auf seine eigene Ansicht; doch solche Einstellungen führen leider dazu, dass Frauen, bei denen ein Kaiserschnitt notwendig war, im Anschluss oft das Gefühl plagt, versagt zu haben und keine natürliche Geburt »geschafft« zu haben.

Doch keine Schwangere sollte wegen der Art und Weise, wie ihr Baby geboren wird, irgendeine Form des Drucks oder der Missbilligung erfahren. Keine Hebamme und auch kein Arzt – und seien sie auch noch so erfahren – können genau voraussagen, wie es einer Frau in den Wehen ergehen wird. Aus diesem Grunde ist meiner Meinung nach eine Bemerkung wie, »wenn alles schief geht, wird eben ein Kaiserschnitt gemacht«, völlig unangebracht und äußerst unsensibel. Jede Geburt ist anders und eine Frau hat keinesfalls »versagt«, wenn sie neun Monate lang ein Baby im Bauch getragen und es danach gesund auf die Welt gebracht hat. Wenn durch diese Form der Entbindung sichergestellt wird, dass das Kind gesund und wohlbehalten auf die Welt kommt, dann ist ein Kaiserschnitt eine »gute Sache« und keineswegs eine »misslungene« Geburt. Wie Ihr Baby auf die Welt kommt ist von zweitrangiger Bedeutung – wichtig ist, dass es Ihnen und ihm gut geht.

Ein Kaiserschnitt kann geplant sein – das bedeutet, dass man sich schon vor Einsetzen der Wehen für diese Entbindungsmethode entschieden hat – oder als Notfalloperation vorgenommen werden, nachdem die Wehen eingesetzt haben. Die Operation selber verläuft in beiden Fällen gleich, egal ob geplant (primärer Kaiserschnitt) oder ungeplant (sekundärer Kaiserschnitt).

»... keine Schwangere sollte wegen der Art der Entbindung Vorwürfe zu hören bekommen.«

PRIMÄRE ODER SEKUNDÄRE SCHNITTENTBINDUNG

VERSCHIEDENE GRÜNDE KÖNNEN ZU EINEM KAISERSCHNITT FÜHREN. NUR WENIGE STELLEN EINE ABSOLUTE INDIKATION DAR; DIE MEISTEN SIND ABHÄNGIG VOM INDIVIDUELLEN WEHENVERLAUF UND DEN UMSTÄNDEN DER GEBURT.

»... ein geplanter Kaiserschnitt wird vorgenommen, wenn eine vaginale Entbindung ein potenzielles Risiko birgt ...«

Die meisten primären, also geplanten Kaiserschnitte werden vorgenommen, wenn medizinische Gründe dafür sprechen, dass eine vaginale Entbindung ein potenzielles Risiko für Mutter und/oder Baby birgt. Das bedeutet nicht, dass eine vaginale Geburt nicht versucht werden kann, aber ein Kaiserschnitt gilt als die sicherere Lösung. Das kann der Fall sein, wenn das Baby in einer Beckenend- oder anderen regelwidrigen Lage liegt; wenn eine Plazenta praevia, eine Zwillingsgeburt oder eine Erkrankung, z. B. der Nieren, der Lunge oder des Herzens, oder ein Diabetes vorliegt, oder wenn sich eine Präeklampsie oder ein schwerer Bluthochdruck entwickelt hat.

Der Begriff Notkaiserschnitt vermittelt vielleicht den Eindruck, dass das Baby in Minuten, wenn nicht Sekunden, entbunden werden müsste, um eine Katastrophe zu vermeiden. Das ist aber nur selten der Fall; in der Regel meint man damit, dass ein Kaiserschnitt innerhalb der nächsten Stunde vorgenommen werden muss. Daher spricht man besser von sekundärem Kaiserschnitt.

Die Indikationen für einen sekundären Kaiserschnitt hängen von vielen Faktoren ab; dazu gehören unerwartete Ereignisse, die während der Wehen eintreten können, z. B. ein Nabelschnurvorfall oder Anzeichen einer fetalen Notlage, eine zu langsam fortschreitende Geburt, aber auch praktische Erwägungen, z. B. ob genügend qualifizierte Geburtshelfer anwesend sind, um die sichere Entbindung eines gesunden Babys zu gewährleisten.

RISIKEN DER SCHNITTENTBINDUNG

Ein Kaiserschnitt wird heute als relativ gefahrlose Operation betrachtet. Wenn Komplikationen auftreten, dann fast immer aus dem Grund, dass der Kaiserschnitt in einer Notsituation erfolgen musste. Dank der medizinischen Intensivversorgung sind die Risiken für die Mutter inzwischen in den allermeisten Fällen von untergeordneter Bedeutung und das Risiko einer körperlichen Schädigung des Babys während der Entbindung ist gering.

Jede Operation birgt aber ein gewisses Risiko. Es gibt Faktoren, die das mit einem Kaiserschnitt verbundene Risiko beträchtlich erhöhen. Wenn die Schwan-

DER ANSTIEG DER KAISERSCHNITT-ENTBINDUNGEN

DIE ANZAHL DER KAISERSCHNITTE HAT SICH IN DEN LETZTEN 10 BIS 15 JAHREN DRAMATISCH ERHÖHT. DIES IST LEICHTER NACHZUVOLLZIEHEN, WENN MAN DIE FAKTOREN BETRACHTET, DIE DABEI EINE ROLLE SPIELEN.

FORTSCHRITTE IN DER ALLGEMEINEN MEDIZINISCHEN VERSORGUNG

Diese Fortschritte ermöglichen es erst, dass auch Frauen, bei denen früher aufgrund bestehender Grunderkrankungen oder Risiken eine Schwangerschaft nicht in Frage kam, heute schwanger werden können und mit Hilfe der Fachärzte eine gesunde Schwangerschaft erleben. Die bestehende Grunderkrankung kann jedoch zur Folge haben, dass ein geplanter Kaiserschnitt die sicherste Form der Entbindung ist. Auch bei Diabetes oder Präeklampsie kann eine frühe Entbindung des Babys durch Kaiserschnitt erforderlich sein.

FORTSCHRITTE IN DER GEBURTSHILFE

Die Betreuung vor und während der Geburt ist viel intensiver geworden. Dank routinemäßiger Ultraschalluntersuchungen kann man oft schon im Vorfeld erkennen, wenn bei der Geburt möglicherweise Probleme auftreten werden – noch bevor es zu ernsten Komplikationen gekommen ist. Auch die Möglichkeit einer lokalen Betäubung (*siehe* S. 311ff.) bei Kaiserschnittentbindungen muss hier besonders erwähnt werden – die Risiken einer Vollnarkose müssen damit nicht mehr eingegangen werden. Es gibt drei weitere geburtshilfliche Gründe, die zum Anstieg der Schnittentbindungen beigetragen haben. Zunächst einmal hat sich die Anzahl der Frühgeborenen im letzten Jahrzehnt beträchtlich erhöht. Zum zweiten werden Mütter in immer späterem Alter schwanger; Komplikationen sind dabei häufiger und dies wiederum wirkt sich auf die Kaiserschnittrate aus. Und zum dritten werden immer seltener Zangengeburten durchgeführt, da die Komplikationsrate hoch ist. Stattdessen wird lieber ein Kaiserschnitt gemacht.

SOZIALE VERÄNDERUNGEN, ANSICHTEN UND VORBILDER

Schwangere haben heutzutage außerdem auch klarere Vorstellungen, auf welche Weise sie ihr Baby zur Welt bringen wollen – aber auch davon, wie sie Alltag, Beruf und Baby vereinbaren können. Auch das hat Einfluss auf die steigende Anzahl der Kaiserschnitte. Viele Frauen wünschen sich unbedingt eine vaginale Entbindung. Andere wollen einen Kaiserschnitt. Nicht zuletzt hat das Vorbild prominenter Mütter, die ihre Babys bevorzugt per Kaiserschnitt entbinden, damit der Entbindungstermin in ihren Terminkalender passt, dazu beigetragen, dass diese Form als »zeitgemäß« betrachtet wird.

RECHTLICHE ERWÄGUNGEN

In seltenen Fällen kommt es vor, dass das Baby bei einer komplizierten Entbindung eine Hirnschädigung oder eine andere körperliche Behinderung erleidet. Vor allem in den USA, aber inzwischen auch in Europa, kommt es dann zu rechtlichen Klagen mit zum Teil immensen Schadensersatzforderungen. Aus diesem Grund gehen die Ärzte lieber auf Nummer sicher und entscheiden sich bei einer komplizierten Geburt im Zweifelsfall für einen Kaiserschnitt.

gere stark übergewichtig ist, wenn sie Raucherin ist, wenn eine Thromboseneigung besteht, wenn eine Schwangerschaftskomplikation, z.B. Präeklampsie, aufgetreten ist, oder wenn keine Periduralanästhesie angelegt werden kann, ist das Risiko, dass sich durch die Operation Komplikationen ergeben, stark erhöht.

VAGINALE ENTBINDUNG ODER KAISERSCHNITT?

Es ist schwierig, einen direkten Vergleich zwischen den möglichen Komplikationen bei einer Vaginal- und einer Kaiserschnittentbindung zu ziehen; aktuelle Zahlen zeigen jedoch, dass Komplikationen nach einem Kaiserschnitt nicht häufiger auftreten. Das Risiko einer Nachblutung liegt nur geringfügig höher ebenso wie das Risiko einer Gebärmutter- oder Harnwegsentzündung. Das Stillen spielt sich nach einer vaginalen Geburt oft schneller ein; das Auftreten einer Wochenbettdepression oder von späteren Schmerzen beim Geschlechtsverkehr ist unabhängig von der Form der Entbindung. Nach einem Kaiserschnitt müssen Sie länger im Krankenhaus bleiben; es dauert länger, bis Sie sich von der Operation erholt haben. Etwas häufiger erfolgt nach einem Kaiserschnitt eine Verlegung auf die Intensivstation oder es werden weitere Operationen notwendig, z.B. eine Gebärmutterentfernung. Andererseits kommt es nach einer vaginalen Geburt häufiger zu Inkontinenz; auch eine spätere Gebärmuttersenkung ist dann häufiger.

EINMAL KAISERSCHNITT, IMMER KAISERSCHNITT?

In der Vergangenheit wurde bei einem Kaiserschnitt meist ein vertikaler Schnitt in die Gebärmutter gemacht, was zu einer Schwächung des Muskels über seine gesamte Länge hinweg führte. Daher rieten Ärzte bei nachfolgenden Schwangerschaften von dem Versuch einer vaginalen Entbindung ab. Heutzutage wird bei einem Kaiserschnitt meist ein horizontaler Schnitt im unteren Bereich der Gebärmutter gemacht, der schmaler ist und gewöhnlich besser ausheilt. Daher ist es weniger wahrscheinlich, dass er während einer späteren vaginalen Geburt aufbricht. Gleichwohl ist das Risiko eines Gebärmutterrisses bei einer Vaginalgeburt nach einem Kaiserschnitt höher und es ist bedeutend größer, wenn die Geburt eingeleitet wird. Allgemein kann man sagen, dass die Wahrscheinlichkeit einer erfolgreichen vaginalen Geburt nach einem früheren Kaiserschnitt etwa 70 Prozent beträgt.

Auch das Vorurteil, dass eine Frau höchstens zwei Kaiserschnitte haben könnte, ist überholt. Natürlich wird die Gebärmutter durch das Narbengewebe geschwächt, doch deswegen sind weitere Schwangerschaften nicht grundsätzlich ausgeschlossen. Jeder Fall muss individuell beurteilt werden.

»Heutzutage wird bei einem Kaiserschnitt meist ein horizontaler Schnitt gemacht ...«

WIE DIE OPERATION VERLÄUFT

WENN ENTSCHIEDEN WIRD, DAS BABY PER KAISERSCHNITT ZU ENTBINDEN, BEREITET DIE HEBAMME SIE FÜR DIE OPERATION VOR. BEI EINEM GEPLANTEN KAISERSCHNITT WERDEN SIE AM TAG VORHER IN DIE KLINIK EINGEWIESEN.

Bei einem geplanten Kaiserschnitt wird die Schwangere einen Tag vorher in die Klinik eingewiesen und gründlich untersucht. Zur Vorbereitung gehört auch ein Gespräch mit dem Narkosearzt. Dann werden Sie meist schon am Abend vorher für den Kaiserschnitt vorbereitet, d.h. rasiert (vom Bauchnabel abwärts). In einigen Klinken ist es auch möglich, dann nochmals nach Hause zu gehen und am nächsten Morgen zu erscheinen.

Am Operationstag werden Sie in den Kreißsaal gerufen. Dort findet ein letztes CTG statt und man zieht Ihnen das OP-Hemd an. Auch die weiteren Vorbereitungen für den Kaiserschnitt bekommen Sie noch hellwach mit, denn die Narkose wird so spät als möglich angelegt, damit die Medikamente nicht mehr über die Plazenta zum Baby gelangen können.

WER BEI DER GEBURT DABEI IST

Viele Frauen sind ziemlich überrascht und auch ein bisschen schockiert über die Tatsache, dass so viele Personen bei einer Kaiserschnitt-entbindung anwesend sind. Doch sie alle sind nur aus einem Grund hier: um sicherzustellen, dass Ihr Baby sicher zur Welt kommt. In der Regel ist das im Folgenden ange-führte Fachpersonal an der Geburt beteiligt; weitere Personen können hinzukommen, wenn Sie Zwillinge oder Drillinge erwarten:

▶ Anästhesist
▶ Anästhesieschwester
▶ Frauenarzt, der die Geburt leitet
▶ Assistenzarzt
▶ Krankenschwester oder Hebamme, die die Instrumente reicht
▶ Krankenschwester für zusätzliche Handreichungen
▶ Hebamme – die das Baby nach der Entbindung in Empfang nimmt
▶ Kinderarzt
▶ Hilfspersonal – das Sie nach der Operation auf Ihr Zimmer verlegt
▶ eventuell Studenten oder Kranken-schwestern in Ausbildung. Ihre Anwesenheit mag Ihnen vielleicht etwas unangenehm sein, doch bedenken Sie: Am meisten lernt man durch prakti-sche Erfahrung.

Ihr Partner kann bei Ihnen blei-ben, Ihre Hand halten und Ihnen auf diese Weise während der Operation Sicherheit und Trost schenken. Er wird allerdings aufgefordert den Operationssaal zu verlassen, falls bei Ihnen eine Vollnarkose erforderlich wird. In diesem Fall sind Sie nicht mehr bei Bewusstsein und Ihr Part-ner kann nicht mit Ihnen kommuni-zieren. Das ist letztendlich gleichbe-deutend damit, dass er auch keine Funktion im Operationssaal mehr hat. Außerdem bedeutet es für ihn vielleicht eine starke Belastung, wenn er nichts für Sie tun kann. In diesem Fall sollte er den Anweisun-gen des OP-Teams unverzüglich Folge leisten.

Als Nächstes müssen Sie sich auf den OP-Tisch legen. Im Anschluss wird Ihnen eine Braunüle gelegt, ein dünner Schlauch, der an ein Blutgefäß angeschlossen wird, um Ihnen auf diese Weise alle notwendigen Medikamente verabreichen zu können. Im Operationssaal sehen Sie neben den vielen Geburtshelfern auch eine Menge medizinische Geräte, Apparate und Instrumente. Am Kopfende des Operationstisches steht ein Narkosegerät, bedeckt von Instrumenten, Monitoren, Skalen, Masken und Zylindern sowie Schubladen voller nützlicher Utensilien.

> »... der Anästhesist wird alles tun, damit Sie sich wohl fühlen, und Ihnen erklären, was geschieht, damit Sie entspannt und zuversichtlich sind.«

Darüber hinaus steht ein Inkubator für das Baby bereit, in dem alle notwendigen Apparate für eine sofortige Intensivversorgung, ein Sauerstoffzelt sowie kinderärztliche Hilfsmittel vorhanden sind. Krankenschwester bzw. Hebamme öffnen sterile Päckchen mit Instrumenten, die sie am OP-Tisch zurechtlegen. Verschiedenes Verbandsmaterial wird vorbereitet. An den Wänden des Operationssaals befinden sich Regale mit steril verpackten Instrumenten, Handschuhen, Kitteln, Spritzen, Nadeln, Tupfern und Fäden.

ANÄSTHESIE BEIM KAISERSCHNITT

Der Anästhesist bereitet die Periduralanästhesie vor. Es kommt häufig vor, dass Frauen in diesem Stadium etwas verängstigt sind. Die Nerven flattern weniger bei der Aussicht auf die Operation, mehr beim Gedanken an die Nadel, die in ihre Wirbelsäule eingeführt wird. Manche haben auch Angst, dass die Narkose nicht ausreichend wirkt und sie während der Operation Schmerzen haben. Alle diese Sorgen sind unbegründet. Der Anästhesist kennt solche Ängste; wenn Sie ihm sagen, dass Ihnen schwarz vor Augen wird, bekommen Sie Sauerstoff über eine Maske zugeführt. Der Narkosearzt setzt die Nadeln schnell und sicher an. Die Haut um die Einstichstelle wird zuvor mit einem Betäubungsmittel unempfindlich gemacht. Das Geburtsteam wird alles tun, damit Sie sich wohl fühlen, und Ihnen erklären, was geschieht, damit Sie zuversichtlich sind.

Da bis zum Wirkungseintritt der Periduralanästhesie rund 30 Minuten vergehen können, ist es nur in einem frühen Geburtsstadium oder bei einem geplanten Kaiserschnitt möglich, dieses Verfahren anzuwenden. Im Notfall muss eine Vollnarkose gemacht werden, die sofort wirkt. Sie schlafen dann während der Operation und werden nach etwa einer Stunde wieder wach. Dann liegt das Baby schon an Ihrer Seite. Allerdings fühlen Sie sich in den ersten Stunden nach dem Kaiserschnitt noch etwas benebelt.

Der Narkosearzt legt in den meisten Fällen auch eine Kanüle für eventuelle weitere Infusionen und bereitet das Blutdruckmessgerät für die Überwachung vor. Dabei überprüft er immer wieder, ob die Narkose bereits eingesetzt hat, z.B. durch Aufsprühen eines Kältesprays auf Ihren Bauch. Die Narkose hat erst dann voll eingesetzt, wenn Sie die Kälte des Sprays nicht mehr spüren.

LETZTE VORBEREITUNGEN

Wenn der Anästhesist überzeugt ist, dass Sie keine Schmerzen spüren, wird ein Katheter in die Blase eingeführt – das tut nicht weh, kann aber etwas unangenehm sein. Mit dieser Maßnahme wird zum einen die Harnblase vor Verletzungen während der Operation geschützt, außerdem wird sichergestellt, dass die Blase während der Operation leer bleibt und das Baby nicht durch eine volle Harnblase behindert wird. Der Katheter bleibt bis etwa 24 Stunden nach der Operation in der Blase, sodass Sie während der ersten Stunden nach der Operation nicht aufstehen und zur Toilette gehen müssen.

Ihr Bauch wird mit einem Desinfektionsmittel eingepinselt und mit sterilen Tüchern abgedeckt. Nur der Operationsbereich wird ausgespart. Vor Ihrem Gesicht wird ein Sichtschutz aufgestellt, damit Sie die Operation nicht sehen – sofern Sie nicht darum bitten, zuschauen zu dürfen.

DIE ENTBINDUNG

Mithilfe eines Querschnitts entlang der Schamhaargrenze werden zunächst die Bauchdecke und dann die darunter liegenden Gewebeschichten sowie die Gebärmutter geöffnet. Dank der tiefen Schnittführung wird die Narbe später nicht mehr sichtbar sein, wenn das Schamhaar nachgewachsen ist. Wenngleich sich die Schnittführung in Form und Länge leicht unterscheiden kann, ist der Schnitt generell etwa 20 cm lang und gerade oder leicht nach oben gebogen.

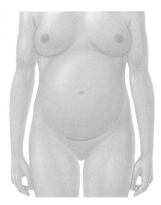

SCHNITTFÜHRUNG

Der Schnitt verläuft knapp oberhalb der Schamhaargrenze. Wenn die Wunde verheilt ist, ist die Narbe kaum sichtbar.

Sobald die Gebärmutter geöffnet ist, wird die Blase gesprengt (wenn nicht zuvor bereits ein Blasensprung stattgefunden hat) und das Fruchtwasser fließt heraus. Aus praktischen Gründen wird die meiste Flüssigkeit vor der Entbindung des Babys abgesaugt, damit die sterilen Tücher und die Kleidung des Chirurgen nicht völlig durchnässt werden. Der Chirurg wird die genaue Position des Kopfes des Babys kontrollieren und eine Hand in die Gebärmutter einführen, um den Kopf zu fassen und ihn vorsichtig herauszuheben. Da die Schnittöffnung in der Gebärmutter relativ klein ist, erfordert das Herausheben des Babys enorme Sorgfalt. Manchmal muss der Assistenzarzt etwas Druck oben auf die Gebärmutter ausüben, um nachzuhelfen. In manchen Fällen ist auch der Einsatz von kleinen Zangen erforderlich, vor allem dann, wenn der Kopf des Babys in einer ungünstigen Position liegt.

Bei einem Notkaiserschnitt, der in der zweiten Geburtsphase vorgenommen wird, kann es sogar notwendig werden, dass die Geburt von einem weiteren Geburtshelfer vaginal unterstützt wird, wobei er den Kopf des Babys den Geburtskanal hochschiebt, damit dieser sanft durch die Schnittöffnung gehoben werden kann. Dieses Verfahren ist für das Baby völlig ungefährlich. Wenn der Kopf vorsichtig aus der Gebärmutter gehoben wurde, werden Mund und Nase des Babys abgesaugt, um sie von Schleim und Flüssigkeit zu befreien. Danach werden die Schultern, gefolgt vom Körper, aus der Gebärmutter gehoben.

NACH DER GEBURT

ERSTER KÖRPERKONTAKT

Ihr neugeborenes Baby wird Ihnen in den Arm gelegt, während der Chirurg die Gewebeschichten vernäht.

Die meisten Babys schreien und protestieren schon laut, noch bevor ihre Beine aus der Gebärmutter befreit wurden. Immerhin wird ein Baby bei einer Kaiserschnittentbindung ja völlig unvermittelt und übergangslos zur Welt gebracht. Die Nabelschnur wird abgeklemmt und durchtrennt. Dann kann das Baby seinen erwartungsfrohen Eltern übergeben werden. Es wird in Handtücher gewickelt, abgetrocknet und warm gehalten. Wahrscheinlich legt die Hebamme bzw. der Kinderarzt es für kurze Zeit in den Inkubator und kontrolliert dort mithilfe verschiedener Geräte seine Atmung und den Herzschlag. Die Käseschmiere wird aus Gesicht und Körper gewischt und der Apgar-Test (*siehe* S. 375f.) durchgeführt. Dann wird Ihnen Ihr Baby gebracht, damit Sie es mit Ihrem Partner in den Arm schließen und ausgiebig willkommen heißen können. Falls der Zustand des Babys Anlass zur Sorge gibt oder irgendwelche Auffälligkeiten aufgetreten sind, wird das Baby unverzüglich auf die Neugeborenen-Intensivstation gebracht. Doch auch in diesem Fall wird man Ihnen Ihr Baby zuvor kurz zeigen.

Vom weiteren Verlauf der Operation bekommen die meisten Frauen kaum noch etwas mit. Die Ärzte entfernen die Plazenta, den Mutterkuchen.

Die Plazenta wird sorgfältig untersucht, um sicherzugehen, dass sie vollständig ist. In der Regel erhält die Mutter eine Syntometrininjektion, damit sich die Gebärmutter zusammenzieht. Dann wird der Chirurg die Gebärmutter säubern, die Gebärmutter und die Muskulatur wieder verschließen und die Haut zunähen. Die Fäden dieser Naht werden während der nächsten drei bis fünf Tage gezogen.

Vom Zeitpunkt der Narkose bis zum Beenden der Nähte dauert ein Kaiserschnitt etwa eine Stunde, wobei die eigentliche Entbindung des Babys gerade einmal fünf Minuten in Anspruch nimmt. Die übrige Zeit wird für die Narkose und das Nähen aufgebracht. Die Periduralanästhesie lässt nach etwa zwei Stunden nach und die Mutter kann dann ihre Beine wieder bewegen. Im Anschluss an die Operation bleiben Sie noch etwa vier Stunden zur weiteren Beobachtung im Kreißsaal.

> »... die Operation dauert etwa ein Stunde, wobei die Entbindung des Babys nur fünf Minuten ausmacht.«

SCHNITTFÜHRUNG

Ein klassischer Kaiserschnitt, bei dem der Schnitt vertikal in die Muskeln des oberen Gebärmutterbereichs geführt wird, wird heutzutage nur noch selten vorgenommen. Bei den meisten Operationen wird ein horizontaler Schnitt im unteren Schambereich gemacht; bei dieser Schnittführung werden die Gebärmuttermuskeln erheblich weniger geschädigt. Auch die oberflächliche Wundnaht heilt bei dieser Technik schneller ab und ist weniger sichtbar. Gelegentlich gibt es jedoch Gründe für eine klassische Schnittführung, meist bei Frühgeborenen von weniger als 30 Wochen; dann kann der untere Gebärmutterbereich noch so eng und schwach entwickelt sein, dass der Versuch, ein so zartes und sich in einer Notlage befindliches Baby durch eine so kleine Öffnung zu entbinden, zweifellos ein körperliches Trauma für das Baby darstellen würde.

Wenn das Baby quer liegt und die Fruchtblase bereits gesprungen ist, kann im Falle eines tief liegenden Schnittes bei der Entbindung des Babys die Gebärmutter oder das Baby verletzt werden. Auch wenn das untere Gebärmuttersegment durch ein Gebärmuttermyom oder Narbengewebe oder Nähte von einer früheren Operation verlegt ist, kann eine klassische Schnittführung notwendig sein. Da das Risiko, dass die Gebärmutternarbe bei einer späteren vaginalen Entbindung platzt, nach einem klassischen Schnitt erhöht ist, wird man in diesem Fall von einer künftigen vaginalen Entbindung abraten.

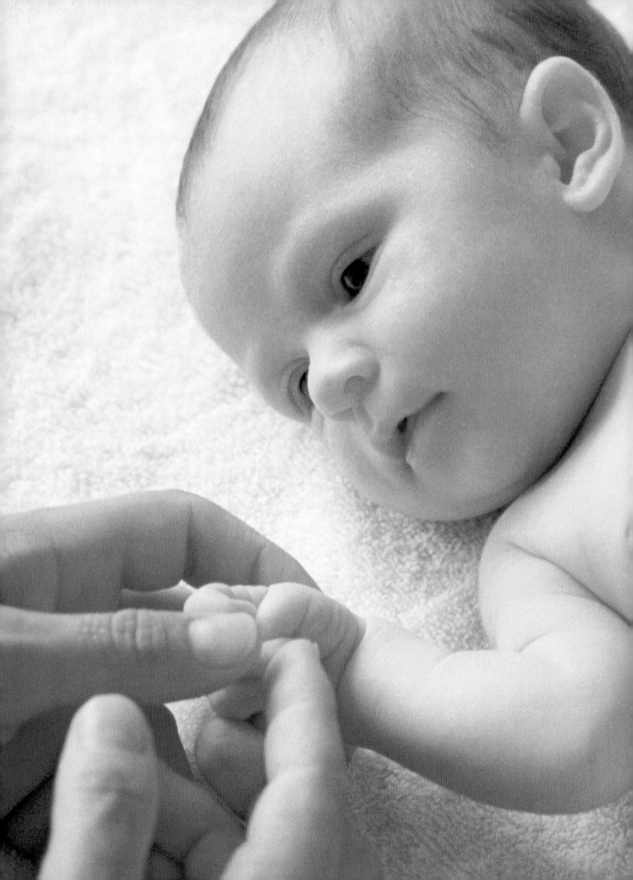

DAS LEBEN NACH DER GEBURT

IHR NEUGEBORENES

Auf die aufregenden Stunden der Wehen und Geburt
folgt eine kurze Phase der Ruhe. Das Geburtsteam
zieht sich zurück und Sie sind mit Ihrem Partner allein.
Nun können Sie Ihr Baby begrüßen, es bewundern und
das Zusammensein genießen. Die Gefühle sind über-
wältigend – nach neun Monaten der Erwartung haben
Sie nun den winzigen Menschen im Arm, den Ihr Partner und Sie zusammen geschaffen haben.

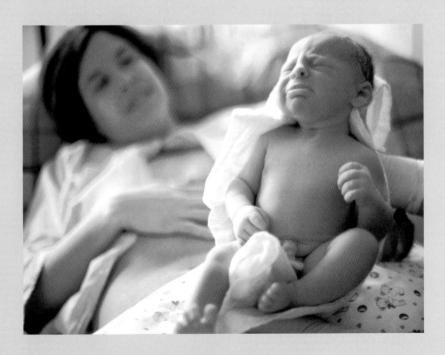

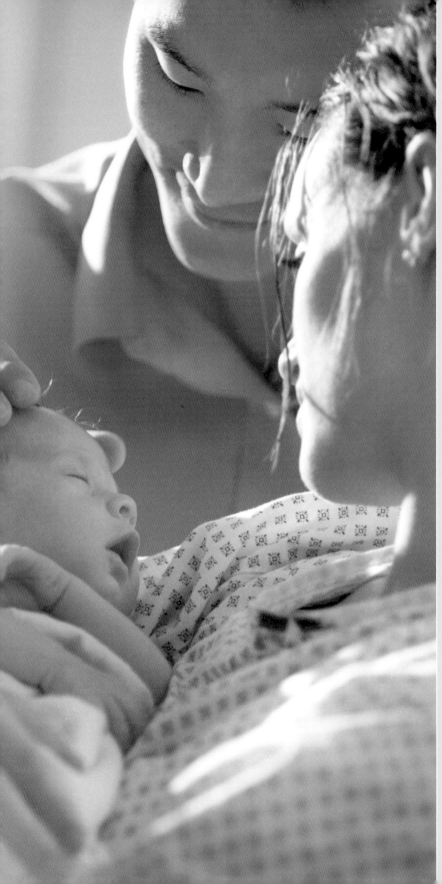

INHALT

DIE ERSTEN STUNDEN

DIE ERSTEN SECHS WOCHEN

DIE ERSTEN STUNDEN

Ein gesundes Baby macht etwa 30–60 Sekunden nach Erscheinen seines Kopfes aus dem Geburtskanal und vor Durchtrennen der Nabelschnur seinen ersten Atemzug. Das Einsetzen der Atmung ist durch die ungewohnte Helligkeit und kältere Temperatur außerhalb des Mutterleibs bedingt. Oft befindet sich die Brust des Babys noch im Geburtskanal. Der erste Schrei ist meist kräftig genug, um die Lungenflügel zu entfalten.

Wenn Ihr Baby seinen ersten Atemzug tut, stellt die Hebamme sicher, dass die oberen Atemwege frei sind, indem sie Schleim und Fruchtwasser aus Mund und Nase absaugt. Sobald die Nabelschnur durchtrennt ist, wird das Baby nicht länger mit Sauerstoff von der Mutter versorgt und dadurch zusätzlich angeregt, selbst zu atmen.

Die Entfaltung der Lunge des Babys wird durch das Vorhandensein von Surfactant in den Alveolen bzw. Lungenbläschen ermöglicht. Mit den ersten Atemzügen füllen sich die Bläschen und werden durch Surfactant stabil gehalten. Kurze Zeit nach der Geburt erhöht sich die Atemfrequenz des Babys, die Nasenlöcher flattern. Wenn beim Ausatmen ein deutliches Geräusch zu hören ist und das Gewebe zwischen den Rippen bei jedem Atemzug nach innen gezogen wird, bezeichnet man dies als Atemnotsyndrom, das bei einer von 100–200 Geburten auftritt. Normalerweise ist es nur leicht ausgeprägt. Frühgeborene brauchen oft Hilfe beim Atem, da Surfactant in ihren Lungenbläschen noch nicht in ausreichender Menge vorhanden ist; oft wird Surfactant zugeführt, um die Oberflächenspannung zu verringern (*siehe* S. 342).

APGAR-TEST

Der Arzt oder die Hebamme beurteilt kurz nach der Geburt und dann nochmals nach fünfminütiger Beobachtung mithilfe des Apgar-Tests den allgemeinen Gesundheitszustand des Babys. Er wurde von der amerikanischen Ärztin Virginia Apgar entwickelt, nach der er benannt worden ist. Die maximale Punktezahl beträgt 10. Für jeden Untersuchungsbereich gibt es maximal zwei Punkte: Hautfarbe (Kolorit), Atmung, Herzschlag/Puls, Grundtonus/

»... der allgemeine Gesundheitszustand Ihres Babys wird mithilfe des Apgar-Tests beurteilt.«

APGAR-TEST

Apgar-Wert	2	1	0
Hautfarbe	Insgesamt rosig	Extremitäten bläulich	Blass/Bläulicher Körper
Atmung	Regelmäßiger Schrei	Unregelmäßig, schwach	Fehlen
Puls/Herzschlag	Mehr als 100 Schläge/Min.	Weniger als 100 Schläge/Min.	Fehlen
Grundtonus/Bewegungen	Aktiv	Mäßige Aktivität	Schlaff
Reflexreaktion	Schreien oder starkes Grimassieren	Mäßige Reaktion	Keine Reaktion

Bewegungen und Reflexreaktion (*siehe* Tabelle). Bei dunkelhäutigen Babys wird die Hautfarbe in Mund, Handflächen und Fußsohlen kontrolliert. Ein Punktewert von 7 oder mehr zeigt, dass das Baby in guter Verfassung ist; ein Wert zwischen vier und sechs bedeutet gewöhnlich, dass das Baby Hilfe beim Atmen braucht; und ein Wert unter vier macht in der Regel Wiederbelebungs- bzw. lebensrettende Maßnahmen erforderlich. Bei der Kontrolluntersuchung nach fünf Minuten bedeutet ein Wert von sieben oder mehr eine gute Prognose; liegt der Wert darunter, muss das Baby sorgfältig überwacht werden.

Der Apgar-Test ermöglicht eine schnelle Diagnose der Befindlichkeit des Babys unmittelbar nach der Geburt. Es ist aber weniger hilfreich für die Beurteilung der langfristigen Entwicklung. Machen Sie sich daher keine Sorgen, wenn der erste Test niedrige Werte ergibt, da diese meist schon beim zweiten Test viel besser sind.

MASSE UND KENNZEICHNUNG

Die Hebamme befreit das Baby von Blut und Flüssigkeit. Die Körpertemperatur eines Neugeborenen fällt unmittelbar nach der Geburt um 1–1,5 °C, weil es über die nasse Haut schnell Wärme verliert; außerdem hat es im Verhältnis zum Körpergewicht eine verhältnismäßig große Körperoberfläche und kühlt schnell aus. Aus diesem Grund ist es wichtig, das Baby nach der Geburt so schnell wie möglich abzutrocknen und es warm einzuwickeln.

Als Nächstes wiegt und misst die Hebamme das Baby und bestimmt seinen Kopfumfang. Am Hand- oder Fußgelenk bringt sie ein Plastikbändchen mit seinem Namen, dem Geburtsdatum und der Station an, um eine Verwechslung auszuschließen Auch das Bett des Babys wird beschriftet; in manchen Kliniken werden Fußabdrücke des Babys genommen, die seinen Daten beigelegt werden.

KÖRPERLICHE UNTERSUCHUNGEN

Die Hebamme nimmt das Baby zunächst äußerlich in Augenschein, um sicherzugehen, dass es keine offensichtliche körperliche Missbildung hat. Sie betrachtet Gesicht und Bauch des Babys, hört Herz und Lunge mit einem Stethoskop ab, dreht es um und untersucht seinen Rücken, fährt mit den Fingern die Wirbelsäule hinunter, kontrolliert, ob der After geöffnet ist und überprüft, ob das Baby Wasser gelassen hat. Später wird der Kinderarzt das Baby nochmals untersuchen und eine gründlichere körperliche Untersuchung vornehmen (*siehe* S. 387). Normalerweise erhalten alle neugeborenen Babys antibiotische Augentropfen, um einer Augenentzündung oder Konjunktivitis, die sich nach der langen Reise durch den Geburtskanal entwickeln könnte, vorzubeugen. Wenn alle Untersuchungen beendet sind, wird Ihnen Ihr warm eingewickeltes Baby überreicht und Sie können es nun in aller Ruhe kennen lernen.

VITAMIN K

Neugeborene erhalten unmittelbar nach der Geburt routinemäßig zwei Tropfen (1–2 mg) Vitamin K in den Mund geträufelt. Unter Umständen wird eine Woche und vier Wochen nach der Geburt zwei weitere Dosen intramuskulär verabreicht. Vitamin K kommt in Nahrungsmitteln vor, vor allem in Leber und manchen Gemüsesorten, und ist unverzichtbar für die Blutgerinnung. Es verhindert auch innerliche Blutungen. Voll gestillte Neugeborene erhalten über die Muttermilch nicht genug Vitamin K. Außerdem ist die Leber des Neugeborenen, die verantwortlich für die Bildung anderer blutgerinnender Substanzen ist, noch verhältnismäßig unreif – daher besteht ein geringes Risiko einer Vitamin-K-Mangelblutung oder Gerinnungsstörung.

Die Ernährungskommission der Deutschen Gesellschaft für Kinderheilkunde empfiehlt aus den genannten Gründen eine generelle Vitamin-K-Prophylaxe in Form von 1 mg Vitamin K für alle Neugeborenen unabhängig von der Ernährungsform und eine weitergehende orale Vitamin-K-Prophylaxe über die ersten drei Lebensmonate.

Eine einmalige orale Gabe bei der Geburt ist nicht ausreichend. In diesem Fall müssen wiederholte Dosen gegeben werden, in der Regel über die ersten drei Lebensmonate hinweg. Besonders wichtig ist dies für voll gestillte Babys. Milchnahrung ist dagegen mit Vitamin K angereichert – daher besteht bei Babys, die mit der Flasche ernährt werden, ein geringeres Risiko einer Mangelerkrankung. Die Vorteile der Muttermilch überwiegen diesen minimalen Nachteil jedoch bei weitem.

»... die Hebamme kontrolliert, ob das Baby eine sichtbare körperliche Missbildung hat.«

ANPASSUNGSLEISTUNGEN BEI DER GEBURT

WÄHREND DER SCHWANGERSCHAFT ERHÄLT DAS BABY SAUERSTOFF UND NÄHR-STOFFE AUS DER PLAZENTA, DIE AUCH ALLE ABFALLSTOFFE DES BABYS ENT-SORGT. BEI DER ENTBINDUNG MUSS SICH DER STOFFWECHSEL IHRES BABYS INNERHALB WENIGER MINUTEN UMSTELLEN UND SELBSTSTÄNDIG ARBEITEN.

Im Bauch der Mutter atmet das Kind nicht selbst. Aus diesem Grund muss seine Lunge nicht richtig durchblutet werden. In der Gebärmutter kommt das Blut direkt von der rechten in die linke Herzkammer und wird dann durch den Körper gepumpt. Statt durch die gesamte Lunge fließt es durch spezielle Blutgefäße. Doch mit der Geburt ändert sich das. Das Baby fängt wenige Sekunden nach der Geburt an, selber zu atmen. Dazu wird der Blut-kreislauf umgestellt – nun wird auch die Lunge durchblutet. Die rechte Herzhälfte ist für die Rückkehr des sauerstoffarmen Bluts aus dem Körper-kreislauf zuständig, die linke pumpt das sauerstoffreiche Blut in den Blut-kreislauf. Beim Fetus sind die beiden Herzhälften durch eine offene Stelle, das Foramen ovale, miteinander verbunden, sodass sich das Blut beider Vor-höfe vermischen kann.

BLUTKREISLAUF VOR UND NACH DER GEBURT

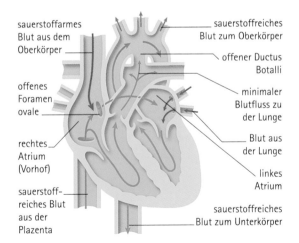

sauerstoffarmes Blut aus dem Oberkörper

offenes Foramen ovale

rechtes Atrium (Vorhof)

sauerstoff-reiches Blut aus der Plazenta

sauerstoffreiches Blut zum Oberkörper

offener Ductus Botalli

minimaler Blutfluss zu der Lunge

Blut aus der Lunge

linkes Atrium

sauerstoffreiches Blut zum Unterkörper

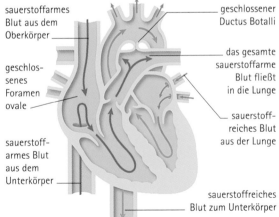

sauerstoffarmes Blut aus dem Oberkörper

geschlos-senes Foramen ovale

sauerstoff-armes Blut aus dem Unterkörper

geschlossener Ductus Botalli

das gesamte sauerstoffarme Blut fließt in die Lunge

sauerstoff-reiches Blut aus der Lunge

sauerstoffreiches Blut zum Unterkörper

VOR DER GEBURT *erfolgt die Blutversorgung des Babys von der rechten zur linken Herzhälfte durch das Foramen ovale.*

NACH DER GEBURT *fließt das Blut durch die Lunge; von dort wird es durch den Körper gepumpt.*

Wenn Ihr Baby seinen ersten Atemzug macht und sich seine Lunge mit Luft füllt, sinkt der Druck in den Blutgefäßen der Lunge. Der Ductus Botalli, der Verbindungsgang zwischen den Herzhälften, schließt sich. Dadurch tritt das Blut aus der rechten Herzkammer in die Lunge ein, um mit Sauerstoff angereichert zu werden. Von der Lunge fließt das Blut zur linken Seite des Herzens und wird von dort durch den Körper gepumpt. Gleichzeitig schließt sich durch den entstehenden Druck das Foraman ovale. Das Baby hat nun denselben Blutkreislauf wie ein Erwachsener (*siehe* Zeichnung).

Infolge dieser kardiovaskulären Veränderungen wird auch die Leber des Säuglings viel stärker durchblutet. Dadurch können die Nahrungsmittel- oder Glukosespeicher, die das Baby in den letzten acht Wochen angelegt hat, allmählich in den Stoffwechsel gelangen, um den Energiebedarf in den ersten Tagen zu stillen, bis sich das Füttern eingespielt hat.

Die Körpertemperatur des Neugeborenen fällt nach der Geburt meist um 1–1,5 °C (*siehe* S. 376). Fristgerecht geborene Babys haben Fett angesetzt, das sie nun für die Wärmeproduktion nutzen können,

DAS AUSSEHEN IHRES NEUGEBORENEN

VIELE PAARE SIND VOM AUSSEHEN IHRES NEUGEBORENEN ÜBERRASCHT. EVENTUELL SIEHT ES DEN BABYS IN ELTERNZEITSCHRIFTEN NICHT SEHR ÄHNLICH. DOCH NACH WENIGEN TAGEN SIND DIE BLAUEN FLECKEN MEIST VERSCHWUNDEN.

Der erste Anblick Ihres Babys kann höchst unterschiedliche Gefühle hervorrufen – positive wie negative.

Alle Babys haben bei der Geburt blaue Augen; die endgültige Augenfarbe steht oft erst mit sechs Monaten oder noch später fest. Die Augenlider sind verquollen – eine weitere Folge des bei der Geburt ausgeübten Drucks. Ihr Baby schielt nach der Geburt vielleicht mehrere Monate lang, doch das hat nichts zu sagen. Bei der Geburt kann es seinen Blick kaum fokussieren; wenn Sie es jedoch in einer Entfernung von etwa 20 cm zu Ihrem Gesicht halten, kann es Sie sehen und Einzelheiten Ihres Gesichts wahrnehmen.

Der Kopf des Babys erscheint oft spitz oder kegelförmig, vor allem nach einer langwierigen vaginalen Entbindung, da sich die Schädelknochen beim Durchtritt durch den knochigen Geburtskanal übereinander schieben, um sich der Beckenform optimal anzupassen. Doch innerhalb von einer Woche

»Alle Babys haben bei der Geburt blaue Augen. Die endgültige Farbe steht erst mit etwa sechs Monaten fest ...«

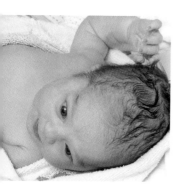

DER KOPF IHRES BABYS *kann nach einer vaginalen Entbindung einige Tage lang kegelförmig oder spitz verformt sein.*

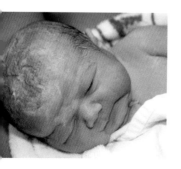

BEI DER GEBURT *kann Ihr Baby mit einer dicken Schicht Käseschmiere bedeckt sein, die seine Haut in der Gebärmutter vor dem Fruchtwasser geschützt hat.*

erlangt der Schädel Ihres Babys seine normale Form wieder. Manchmal verursacht der Druck eine Schwellung an den Seiten des Gesichts; wenn Zangen oder eine Saugglocke eingesetzt wurden, kann das Baby am Kopf Blutergüsse haben. Oben auf dem Kopf können Sie die Fontanelle fühlen, eine weiche dreieckige Stelle, an der die Schädelknochen noch nicht zusammengewachsen sind. Erst mit 18 Monaten hat sich die Fontanelle geschlossen.

Manche Babys werden mit einer dicken Schicht weißer, fettiger Käseschmiere (Vernix) geboren, die ihre Haut in der Gebärmutter vor dem Aufweichen im Fruchtwasser geschützt hat. Bei einigen Babys finden sich nur kleinere Flecken davon. Manche Hebammen wischen die Käseschmiere kurz nach der Geburt ab, während andere sie auf der Haut belassen, bis sie in den nächsten Tagen von selbst abgerieben wird. Die meisten Neugeborenen haben eine fleckige Haut, nicht nur wegen der Mühen der Geburt, sondern auch, weil es einige Zeit dauert, bis die Durchblutung von Armen und Beinen funktioniert. Trockene, schuppige Stellen an Armen und Beinen sind häufig. In der Gebärmutter war das Baby mit feinem Lanugo-Flaum bedeckt. Bei der Geburt haben manche Babys noch Reste auf Kopf und Schultern. Der Flaum wird in den nächsten ein bis zwei Wochen abfallen. Kleine weiße Flecken im Gesicht, Milien oder Hautgrieß genannt, kommen häufig vor. Sie werden durch verstopfte Talgdrüsen verursacht. Die Flecken verschwinden bald nach der Geburt. Die Haarfarbe kann sich in den nächsten Monaten noch verändern.

Manche Babys haben bei der Geburt lange Fingernägel; oft hinterlassen sie Kratzspuren im Gesicht und anderswo, wenn das Baby beginnt, seinen Körper zu erforschen. Schneiden Sie Ihrem Baby die Nägel nicht mit der Schere. Knabbern Sie stattdessen die Nägel vorsichtig ab. Wenn Sie Ihrem Baby Fäustlinge aus Baumwolle anziehen, vermeiden Sie weitere Kratzspuren.

Geburtsmale sind Hautveränderungen, die durch Ansammlungen kleiner Blutgefäße unter der Hautoberfläche verursacht werden. Sie müssen normalerweise nicht behandelt werden. Oft finden sich auf Nase, Augenlidern, Stirn am Schädelansatz und Haaransatz rosafarbene Flecken (Storchenbisse). Die meisten verschwinden innerhalb des ersten Lebensjahres. Ein Blutschwamm zeigt sich als kleine rote Tupfen auf der Haut und kann im ersten Lebensjahr wachsen, klingt aber meist bis zum fünften Lebensjahr ab. Die meisten Babys mit dunkler Hautfarbe weisen so genannte Mongolenflecken auf, bläulich-graue Flecken in der Gesäßgegend. Sie sind harmlos und verblassen meist in den ersten fünf Lebensjahren. Feuermale sind große purpurfarbene Hautmale meist in Gesicht und Nacken. Es sind bleibende Geburtsmale. Sie können sich von einem Hautarzt beraten lassen.

Sowohl weibliche wie männliche Neugeborene haben oft geschwollene Brüste. Manchmal tritt sogar etwas Milch aus. Das ist eine Folge der mütterlichen Schwangerschaftshormone, die erst nach einiger Zeit aus dem Körper des Babys ausgeschieden werden. Die Schwellung und die Milchabsonderung lassen nach wenigen Tagen nach. Oft sind auch die Genitalien geschwollen, ebenfalls eine Folge der mütterlichen Hormone. Bei Mädchen kann der hohe Östrogenspiegel, der von der Plazenta produziert wird, dazu führen, dass sich noch im Mutterleib die Gebärmutterschleimhaut verdickt. In diesem Fall können Sie bei Ihrer Tochter nach der Geburt vielleicht eine leichte Scheidenblutung feststellen, wenn die Schleimhaut ausgestoßen wird. Das dauert nur ein oder zwei Tage. Nicht immer haben sich bei Jungen die Hoden bei der Geburt schon gesenkt.

DAS BABY AN DIE BRUST LEGEN

Sobald Sie Ihr Neugeborenes im Arm halten, können Sie versuchen, es an die Brust zu legen: Die Produktion der Milch bildenden Hormone Oxytocin und Prolaktin wird durch die Berührung oder Stimulation der Brustwarze angeregt. Oxytocin fördert das Zusammenziehen der Gebärmutter, daher ist es, selbst wenn Sie Ihrem Baby die Flasche geben wollen, hilfreich, das Baby bald nach der Geburt an die Brust zu legen. Prolaktin fördert den Milcheinschuss. Auch wenn in den ersten Tagen nur Kolostrum gebildet wird, ist es von Vorteil, wenn der Milchspendereflex möglichst bald funktioniert. Bei diesem ersten Anlegen geht es darum, das Baby mit der Brust vertraut zu machen; machen Sie sich daher keine Sorgen, wenn es am Saugen selbst noch wenig Interesse zeigt. Die meisten termingerecht geborenen Babys besitzen bereits einen Saug- oder Suchreflex (*siehe* S. 387). Das bedeutet, dass das Baby seinen Kopf zu Ihnen hinwendet, wenn Sie seinen Mundwinkel mit dem Finger oder der Brustwarze berühren.

Termingerecht geborene Babys verfügen bei der Geburt über ausreichend Energiereserven. Viele junge Mütter sind besorgt, wenn ihr Baby nicht sofort trinken will. Doch Babys wollen nach der Geburt oft lieber schlafen. Frühgeborene benötigen allerdings schon in den ersten 24 bis 48 Stunden kleine Mahlzeiten mit abgepumpter Milch oder Milchnahrung, weil sie weniger Reserven haben.

ERSTE MAHLZEITEN
Dabei kann sich das Baby mit der Brust vertraut machen; das Saugen regt die Bildung von Hormonen an, die das Zusammenziehen der Gebärmutter bewirken.

DIE ERSTEN SECHS WOCHEN

Nach neun Monaten froher Erwartung, Aufregung und vermutlich auch mancher Zweifel treten Sie und ihr Partner nun in das nächste Stadium Ihres neuen Lebensabschnittes ein: Jetzt entdecken und erforschen Sie beide Ihre Rolle als Eltern. Dieses Kapitel wird Sie durch die ersten Wochen begleiten.

In dieser Zeit vollziehen sich enorme Veränderungen – Sie durchleben unweigerlich ein breites Spektrum an Gefühlen. Angesichts dieses kleinen Menschen, den Sie geschaffen haben, empfinden Sie Verwunderung und Ehrfurcht. Fasziniert lernen Sie die Eigenheiten seiner Persönlichkeit kennen und sind überrascht von seiner Verletzlichkeit und völligen Abhängigkeit von Ihnen.

Zudem müssen Sie sich von den körperlichen Strapazen der Geburt erholen und die Beziehung zu Ihrem Partner überdenken, wenn Sie nach und nach beginnen, sich auf Ihr neues Familienmitglied einzustellen. Es ist eine große Herausforderung, all die praktischen Aspekte der Versorgung eines Babys zu bewältigen und gleichzeitig noch den Haushalt zu erledigen.

SICH AUF DIE VERÄNDERUNGEN EINSTELLEN

Zeitweise mag es den Anschein haben, als gelte es, mit mehreren Bällen gleichzeitig zu jonglieren. Der Druck auf Frauen, keinen dieser Bälle fallen zu lassen, ist heute wohl größer als jemals zuvor. Die Medien suggerieren uns oft, die perfekte Mutter müsse zehn Minuten nach der Geburt ihres Babys wieder in eine Jeans Größe 36 passen, ihren Laptop bedienen und dabei gleichzeitig liebevoll und problemlos ihr Baby versorgen können. Angesichts solcher »Vorbilder« trauen sich viele »normale« Frauen nicht, einzugestehen, dass diese ersten Wochen sehr schwierig sind.

Mutter zu werden ist etwas Wunderbares. Aber gleichzeitig ist diese Zeit, in der Sie und Ihr Partner sich in Ihre Elternrolle finden müssen, auch sehr mühsam. Ich hoffe, dass eine offene und ehrliche Darstellung des Lebens nach der Geburt Ihnen zeigt, dass alle körperlichen und emotionalen Veränderungen, die Ihnen bevorstehen, ganz normal sind. Und denken Sie daran: Sie werden eine gute Mutter sein, egal, was Sie in dieser ersten Zeit tun oder nicht tun.

»... viele Frauen trauen sich nicht, einzugestehen, dass die ersten Wochen des Elternseins sehr schwierig sind.«

KÖRPERLICHE GENESUNG

ALS WOCHENBETT BEZEICHNET MAN DIE AUF DIE GEBURT FOLGENDEN ACHT WOCHEN. WIE RASCH SIE SICH KÖRPERLICH ERHOLEN HÄNGT VON VIELEN FAKTOREN AB, Z.B. VOM GEBURTSVERLAUF, IHREM GESUNDHEITSZUSTAND UND DER UNTERSTÜTZUNG, DIE SIE ERHALTEN.

»Nachwehen sind Gebärmutterkontraktionen, die vom Hormon Oxytocin ausgelöst werden ...«

Im Folgenden werden die häufigsten körperlichen Nachwirkungen der Wehen und der Geburt sowie mögliche Folgeprobleme besprochen.

Wenn die Gebärmutter nach der Geburt allmählich wieder auf ihre Größe vor der Schwangerschaft schrumpft, kommt es zu einem starken blutigen Vaginalausfluss, dem Wochenfluss (Lochien). Der Wochenfluss besteht aus Blut, Schleim und Gewebeteilen, die von der Gebärmutter ausgestoßen werden. Sie benötigen saugfähige Damenbinden und Wegwerfslips, weil vermutlich viel Blut abgeht. Nach der ersten Woche lässt die Blutung normalerweise nach und das Blut ist nicht mehr hellrot, sondern wird bräunlich.

Nachwehen sind periodenähnliche Schmerzen, die viele Frauen nach der Entbindung haben, besonders wenn sie stillen. Es handelt sich um Gebärmutterkontraktionen, die durch das Hormon Oxytocin verursacht werden, das das schnellere Zusammenziehen der Gebärmutter fördert. Da Oxytocin freigesetzt wird, wenn das Baby an der Brust saugt, kommt es häufig vor, dass beim Stillen Nachwehen auftreten oder dabei kleine Blutpfropfen abgehen. Nachwehen sollten nur bis wenige Tage nach der Geburt anhalten; wenn sie sehr schmerzhaft sind, bitten Sie den Arzt oder die Hebamme um ein Schmerzmittel. Je nach Art der Entbindung und Intensität der Beschwerden können Sie zwischen Spritzen, Tabletten oder Zäpfchen wählen.

Ein gewisser Milchstau ist beim Milcheinschuss beinahe unvermeidlich. Die Brüste schwellen an, werden hart und wund; diese leichte Entzündung geht meist mit einem geringen Temperaturanstieg einher. Normalerweise löst sich das Problem spontan innerhalb von ein oder zwei Tagen (*siehe* S. 398).

Wenn Sie genäht worden sind, kann die Naht spannen, sobald der Heilungsprozess beginnt. Dadurch wird das Sitzen sehr unangenehm. In den ersten Tagen kann es hilfreich sein, auf einem Gummireifen zu sitzen, da dadurch direkter Druck auf den Damm vermieden wird. Auch das Auflegen von Eisbeuteln oder das Auftragen lokal betäubender Salben und Sprays auf den Damm lindert die Beschwerden. Beim Wasserlassen kann ein brennender oder stechender Schmerz auftreten, wenn der Urin über die Wunde fließt. Versuchen Sie möglichst im Stehen zu urinieren oder hocken Sie sich mit weit geöffneten Beinen über die Toilette. Waschen Sie den Bereich vorsichtig mit einem kühlen Schwamm oder Waschlappen und tupfen die Wunde trocken. Viele Frauen berichten, dass das Trocknen mit einem kühl eingestellten Föhn angenehm ist.

Die Blase wurde während der Wehen und Entbindung stark belastet; dadurch kann es zu Schwierigkeiten beim Wasserlassen kommen. In diesem Fall muss eventuell ein Katheter in die Blase eingeführt werden; dadurch wird die Muskulatur entlastet, bis sie ihre normale Spannkraft wiedererlangt hat. Auch die Entstehung einer Blasenentzündung kann durch die körperliche Belastung bei der Entbindung begünstigt werden. Eine rasche Behandlung mit Antibiotika und reichlicher Flüssigkeitszufuhr verschaffen gewöhnlich rasche Besserung.

Viele Frauen fürchten, dass der erste Stuhlgang nach der Entbindung schmerzhaft ist. Doch die Dammnaht platzt nicht, auch wenn Sie etwas pressen müssen. Um einer Verstopfung vorzubeugen, trinken Sie viel Wasser und essen ballaststoffreiche Nahrungsmittel, wie Cerealien, frisches Obst und Gemüse und Trockenfrüchte. Auch sanfte Bewegung ist sehr hilfreich.

ÜBUNGEN NACH DER GEBURT

Es ist außerordentlich wichtig, nach einer vaginalen Entbindung möglichst bald Beckenbodenübungen (*siehe* S. 165) durchzuführen, vor allem, wenn die Geburt vergleichsweise lang und anstrengend war und die Muskeln außerordentlich stark gedehnt worden sind. Führen Sie diese Übungen regelmäßig durch. Nehmen Sie sich vor, sie jeden Tag z. B. zur Mittagszeit zu machen. Das ist weitaus effektiver, als nur einmal in der Woche sehr intensiv zu trainieren. Sie können schon am Tag der Geburt das Becken bewusst mehrmals einziehen und dann allmählich ein regelmäßiges Übungsprogramm aufbauen.

BECKENBODENÜBUNG *Die Beckenbodenmuskeln nach innen ziehen und anspannen; einige Sekunden halten, dann langsam entspannen. 10-mal wiederholen.*

BAUCHDEHNUNG *Auf den Rücken legen und Hände um die Knie verschränken. Tief einatmen. Bauchmuskulatur nach innen ziehen – und beim Ausatmen nach außen.*

Die möglichst rasche Rückbildung des Bauches ist vermutlich ein vorrangiges Anliegen. Nach einer vaginalen Geburt können Sie bald nach der Geburt sanfte Übungen der Bauchmuskulatur durchführen. Nach einem Kaiserschnitt wird meist geraten, bis zur Nachsorgeuntersuchung nach sechs Wochen abzuwarten. Ich bin jedoch der Ansicht, dass man auch nach einem Kaiserschnitt einige Übungen probieren kann, wenn man dabei keine Beschwerden hat.

NACH EINEM KAISERSCHNITT

»Die meisten Frauen benötigen während der ersten 48 Stunden nach einem Kaiserschnitt starke Schmerzmittel.«

Der Wochenfluss ist nach einem Kaiserschnitt oft nicht so stark, weil der Chirurg die Gebärmutter ausschabt, bevor er die Gebärmutter zusammennäht; dabei werden Blutklumpen, Teile der Eihäute, Plazenta und anderes Abfallmaterial entfernt. Trotzdem haben Sie einige Wochen lang einen Wochenfluss; dabei können kleine Blutklumpen abgehen. Beim Stillen können Nachwehen auftreten.

Die meisten Frauen benötigen während der ersten 48 Stunden nach dem Kaiserschnitt starke Schmerzmittel. Diese werden je nach Bedarf so lange wie nötig gegeben, entweder als Periduralanästhesie, als Injektion, Infusion, Tabletten oder Zäpfchen (bei Zäpfchen gelangen die Wirkstoffe schnell in den Blutkreislauf; sie dämpfen den Schmerz, lassen aber den Kopf klar). Tabletten sind die am langsamsten wirkende Form der Schmerzlinderung und für die ersten beiden Tage nach der Entbindung weniger geeignet.

Nach jeder Bauchoperation mit anschließender Bettruhe besteht die Gefahr, dass sich eine Thrombose entwickelt (*siehe* S. 423). Bei jungen Müttern besteht ein zusätzliches Risiko infolge ihres speziellen Hormonstatus und der Tatsache, dass die Venen in Becken und Beinen mehrere Monate lang durch das Gewicht des Babys stark belastet waren. Aus diesem Grund ermutigen Hebammen und Ärzte Sie dazu, möglichst bald nach der Operation aufzustehen und umherzugehen. Keine Sorge, wenn Ihnen beim ersten Aufstehen schwindlig wird – Sie werden sich in wenigen Stunden kräftiger fühlen. Je aktiver Sie in diesen ersten Tagen sind, umso schneller wird Ihre Genesung voranschreiten.

Die Bauchwunde wird mit einem sterilen Verband abgedeckt, der normalerweise nach 48 Stunden gewechselt wird. Sie werden vielleicht erst jetzt, wenn die Hebamme zur Wundkontrolle den Verband abnimmt, bewusst wahrnehmen, wie Ihr Bauch genäht worden ist. Klammern werden normalerweise am dritten Tag entfernt, während Fäden meist bis zu fünf Tagen belassen werden. Nur selten bereitet das Ziehen der Fäden mehr als leichtes Unbehagen; wenn die Ärzte stärkere Beschwerden befürchten, erhalten Sie vorab ein Schmerzmittel.

UNTERSUCHUNGEN NACH DER GEBURT

ZWISCHEN DEM 3. UND 10. LEBENSTAG WIRD DIE NEUGEBORENEN-BASISUNTERSUCHUNG (U2)

DURCHGEFÜHRT. AUCH SIE SELBST WERDEN VOR DER ENTLASSUNG AUS DEM KRANKENHAUS

NOCH EINMAL GRÜNDLICH UNTERSUCHT.

Die Hebamme erkundigt sich nach der Stärke des Wochenflusses, fragt, ob es Probleme beim Wasserlassen oder Stuhlgang gibt und wie Sie sich psychisch fühlen. Sie misst Ihre Temperatur, kontrolliert Puls und Blutdruck, untersucht die Brüste, kontrolliert den Damm und versichert sich, dass die Waden nicht berührungsempfindlich oder geschwollen sind. Der Hämoglobinspiegel wird überprüft; eventuell wird Ihnen ein Eisenpräparat verschrieben. Die Hebamme stellt sicher, dass Sie ausreichend mit Schmerzmitteln versorgt sind. Sie bespricht mit Ihnen, welche Form der Verhütung Sie künftig anwenden wollen. Die meisten Frauen haben sechs bis acht Wochen nach der Geburt wieder einen Eisprung, selbst wenn sie stillen.

Die körperliche Verfassung Ihres Babys wird kontrolliert. Kopf, Augen, Haut, Gliedmaßen, Brust und Genitalien werden untersucht, Herz und Lunge mit einem Stethoskop abgehört. Die Hüften werden auf Anzeichen einer Hüftdysplasie untersucht, indem die Beine vorsichtig nach oben gebeugt und in den Hüften nach

außen gedreht werden. Der Bauch wird abgetastet, um eine Vergrößerung von Organen, wie Leber oder Milz, auszuschließen. Dann wird die Wirbelsäule abgetastet, um sicherzustellen, dass alle Wirbel vollzählig sind. Die Hebamme achtet auch auf allgemeine gesundheitliche Probleme, wie Anzeichen einer Infektion, Gelbsucht (*siehe* S. 388) oder niedrigen Blutzucker. Sie kontrolliert Körpertemperatur, Hautfarbe und Grundtonus und achtet auf Lethargie oder Übererregbarkeit.

DIE REFLEXE IHRES BABYS

Neugeborene verfügen über mehrere wichtige Reflexe, die während der Untersuchung getestet werden:

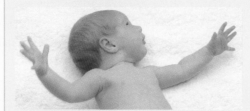

MORO-REFLEX *Das Baby streckt Arme und Beine aus, wenn man seinen Kopf nach hinten kippen lässt.*

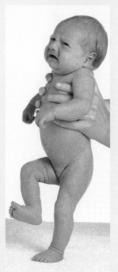

SCHREITREFLEX *Wenn es unter dem Achseln gehalten wird, macht das Baby Schrittbewegungen.*

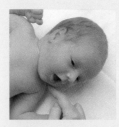

SUCHREFLEX *Es wendet den Kopf zu einem Finger, der seine Wange berührt, dabei öffnet es den Mund.*

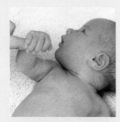

GREIFREFLEX *Die Finger und Zehen Ihres Babys können schon sehr kräftig zugreifen.*

Ihre Narbe ist in dieser Phase rot, erhaben und berührungsempfindlich. Vielleicht möchten Sie sie unter der Kleidung mit einem weichen Verband abpolstern. Die Wunde muss jedoch nicht ständig abgedeckt werden und heilt sogar schneller, wenn sie der Luft ausgesetzt ist. Baden ist völlig unbedenklich – warmes Wasser kann sehr wohltuend sein. Trocknen Sie die Wunde im Anschluss vorsichtig mit einem sauberen Handtuch ab.

Vielleicht stellen Sie fest, dass die Haut im Bereich der Narbe nach einer Woche austrocknet und juckt – das sanfte Einmassieren einer Feuchtigkeitscreme lindert die Beschwerden. Der Bereich um die Wunde kann gefühllos sein, weil die Nerven durchtrennt worden sind. Diese Gefühllosigkeit hält einige Monate an, bis die Nerven wieder zusammenwachsen. Der obere Wundrand kann eine starke Schwulst bilden und beim Stehen über den unteren Rand hängen. Auch das ist normal. Bei der Operation sind mehre Gewebeschichten durchtrennt worden. Es braucht Zeit, bis diese sich wieder verbinden und eine flache Muskelwand bilden.

NEUGEBORENENGELBSUCHT

Eine Gelbsucht tritt bei Neugeborenen häufiger auf, weil sich im Blut des Babys sehr viele rote Blutkörperchen befinden, die abgebaut werden müssen. Bei dem Verarbeitungsprozess entsteht ein gelber Farbstoff (Bilirubin), der von der Leber verarbeitet werden muss, ehe er ausgeschieden werden kann. Da die Leber noch nicht voll funktionstüchtig ist, bereitet dieser Prozess Probleme. Wenn der Bilirubinspiegel hoch ist, wird das Pigment unter der Haut und im Augenweiß abgelagert, die dann gelb erscheinen.

Eine physiologische Gelbsucht kommt häufig, bei bis zu 60 Prozent aller Neugeborenen, vor. Besonders betroffen sind Frühgeborene, weil ihre Leber noch sehr unreif ist. Die gelbliche Verfärbung erstreckt sich auf die gesamte Haut und wird etwa 24 Stunden nach der Geburt sichtbar. Die Gelbsucht erreicht ihren Höhepunkt am vierten Tag und klingt ohne Behandlung innerhalb von zehn Tagen ab. Wenn der Bilirubinspiegel jedoch sehr stark ansteigt, besteht das Risiko, dass sich der Farbstoff im Gehirn ablagert und zu einer bleibenden Schädigung führt (Kernikterus). Um dieser Komplikation vorzubeugen, wird eine Blutprobe genommen und der Bilirubinspiegel bestimmt. Wenn ein bestimmter Grenzwert überschritten wird, bekommt das Baby eine Phototherapie. Dabei wird es einige Stunden am Tag unter eine UV-Lampe gelegt. Das UV-Licht spaltet das Biliru-bin in der Haut auf, das mit dem Urin ausgeschieden wird, ohne von der Leber verarbeitet werden zu müssen. Auch häufiges Stillen unterstützt die Ausscheidung des Bilirubins.

Eine Muttermilch-Gelbsucht tritt etwa bei fünf Prozent der gestillten Babys auf; bei ihnen besteht bis zur 10. Woche eine leichte Gelbsucht, weil die Hormone in der Muttermilch den Bilirubin-Abbau in der Leber beeinträchtigen. Die Gelbsucht klingt ab, sobald die Flasche gegeben wird. Es besteht aber keine Notwendigkeit, das Stillen aufzugeben. Durch Bluttests kann sichergestellt werden, dass Leber und Schilddrüse des Babys normal funktionieren. (Gelbsucht, *siehe* S. 434)

ENTLASSUNG AUS DEM KRANKENHAUS

Die Dauer des Krankenhausaufenthalts hängt von der Art der Entbindung ab. Er kann einige Stunden (normalerweise wird man bei einer ambulanten Geburt frühestens sechs Stunden nach der Entbindung entlassen) oder mehr als zehn Tage dauern, wenn Komplikationen auftreten. Die durchschnittliche Dauer beträgt zwei bis fünf Tage nach einer vaginalen Entbindung und sechs bis zehn Tage nach einem Kaiserschnitt.

Sinn des Krankenhausaufenthaltes ist nicht nur Ihre optimale medizinische Versorgung und körperliche Genesung, sondern auch Rat und Hilfestellung bei der Versorgung des Neugeborenen. Wenn Sie so schnell wie möglich nach Hause gehen wollen, müssen Sie sicher sein, Ihr Baby selbstständig wickeln und baden zu können. Lassen Sie sich im Krankenhaus in die Kunst des Stillens einführen und sich von Kinderkrankenschwestern und Hebammen alles Wichtige über die Pflege des Neugeborenen zeigen.

Organisieren Sie nach Möglichkeit, dass in den ersten Wochen regelmäßig eine freiberufliche Hebamme zur Nachsorge zu Ihnen nach Hause kommt, mit der Sie auch Fragen im Umgang mit dem Baby, z. B. beim Stillen, sowie eigene gesundheitliche Probleme besprechen können und auch praktische Hilfe erhalten. Sprechen Sie schon vor der Geburt mit Ihrem Frauenarzt darüber bzw. erkundigen Sie sich bei Ihrer Krankenkasse hinsichtlich der bestehenden Möglichkeiten.

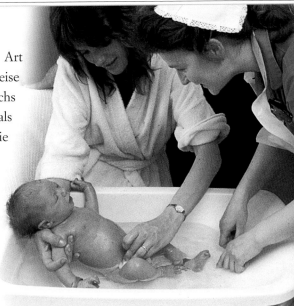

RICHTIG BADEN

Lassen Sie sich im Krankenhaus zeigen, wie man das Baby richtig badet; dann sind Sie vorbereitet, wenn Sie nach Hause kommen.

Unterwegs

Wenn Sie mit dem Auto nach Hause fahren, ist es gesetzlich vorgeschrieben, dass Ihr Baby in einem speziellen Babysitz entgegen der Fahrtrichtung transportiert wird. Wenn am Beifahrersitz ein Airbag installiert ist, muss der Babysitz auf dem Rücksitz angebracht werden. Wickeln Sie Ihr Baby warm ein, weil Neugeborene ihre Körpertemperatur noch nicht so gut regulieren können. Als grobe Richtlinie gilt, dass ein Baby eine Schicht Kleidung mehr tragen sollte als die Eltern; im Winter braucht es eine Mütze und Fäustlinge und im Sommer einen Sonnenhut.

Nach einem Kaiserschnitt sollten Sie sechs Wochen lang nicht Auto fahren, da Sie die Wunde am Bauch stark beeinträchtigt und Sie möglicherweise in Ihrem Reaktionsvermögen eingeschränkt sind.

EMOTIONALE UMSTELLUNG

DIE VERÄNDERUNGEN IM HORMONHAUSHALT NACH DER GEBURT FÜHREN HÄUFIG ZU EMOTIONALEN HÖHEN UND TIEFEN. EVENTUELL BRECHEN SIE IN DEN ERSTEN WOCHEN IMMER WIEDER SCHEINBAR GRUNDLOS IN TRÄNEN AUS.

Ein Kind zu gebären ist eine enorme Leistung; die meisten Frauen sind danach körperlich und seelisch erschöpft. Doch statt den so sehr benötigten Schlaf nachholen und sich in Ruhe von den Ereignissen erholen zu können, müssen sie nun Tag und Nacht für ihr Baby da sein. Die Erkenntnis, dass Sie voll und ganz für dieses hilflose menschliche Wesen verantwortlich sind, trifft Sie nun zum ersten Mal mit voller Wucht. Es stellen sich intensive und problematische Gefühle ein, die bewältigt werden müssen, vor allem nach der Geburt des ersten Kindes. Es ist keineswegs überraschend, wenn Sie deshalb sehr empfindlich und weinerlich sind. Diese Gefühle und Reaktionen sind völlig normal und gehen vorüber. Sie lassen nach, sobald der Hormonspiegel stabiler wird und Sie sich immer besser auf die neuen Anforderungen des Elternseins einstellen können.

ZEIT DER EINGEWÖHNUNG

Die Tage und Wochen nach der Geburt Ihres Babys erfordern eine enorme Anpassung. Lassen Sie sich Zeit, um Ihr Baby kennen zu lernen und sich an Ihre neue Verantwortung zu gewöhnen.

DER BINDUNGSPROZESS

Der Bindungsprozess kann sich auf vielfältige Weise vollziehen. Manche Mütter »verlieben« sich sofort und bedingungslos in ihr Neugeborenes, während andere von der Entbindung so erschöpft sind, dass sie einige Zeit brauchen, um sich an die Tatsache zu gewöhnen, dass sie gerade ein Kind bekommen haben. Auch wenn der so genannte Bindungsprozess dann ein wenig langsamer einsetzt, bedeutet das nicht, dass man eine schlechte Mutter ist oder das Baby einen Mangel erleiden würde. Geraten Sie nicht in die Falle, Schuldgefühle oder Versagensängste zu entwickeln, wenn Sie ein bisschen Zeit brauchen. Sie werden in Ihrem eigenen Tempo eine Bindung zu Ihrem Baby herstellen und Sie können sich viele unnötige Ängste und Sorgen sparen, wenn Sie diese Tatsache in Erinnerung behalten.

Ein anderes häufiges Problem in der postnatalen Phase besteht darin, dass viele Frauen sofort nach der Rückkehr nach Hause alles perfekt machen wollen und schon bald frustriert und gestresst feststellen müssen, dass dies nicht funktioniert. Ihr neues Leben ist nun in weiten Teilen unberechenbar. Ein kleines Baby versteht nicht, wie es sich in Ihre Vorstellung eines idealen Tagesablaufs einfügen sollte. Es braucht Zeit und viel Geduld, bis Sie einen für beide Seiten akzeptablen Kompromiss gefunden haben.

BABYBLUES

Ein Baby stellt viele Ansprüche, doch mit der Zeit werden die erforderlichen Routinetätigkeiten oft langweilig. Viele Frauen haben, besonders beim ersten Kind (weniger bei nachgeborenen Kindern), plötzlich den Eindruck, dass sie im wörtlichen Sinne mit dem Baby allein dastehen. Früher waren Frauen eingebettet in ein breites Netzwerk weiblicher Verwandter, die alle mithalfen, wenn ein Baby geboren wurde (und auch in späteren Jahren immer wieder einspringen konnten). Heute leben Frauen oft sehr isoliert und sind, bis sie vor Ort Freundschaften geschlossen haben, auf sich allein gestellt.

Die meisten Frauen erleben in den Wochen nach der Geburt einen regelrechten »Babyblues«. Dieser beginnt gewöhnlich am vierten oder fünften Tag, genau dann, wenn die Milch einschießt und sie sich körperlich sehr unwohl fühlen. Auch wenn Sie sich auf diese postnatale Phase sehr gut vorbereitet haben und durchaus vorgewarnt worden sind, wird Sie dieser Babyblues unerwartet treffen. Eigentlich sollten Sie doch weiterhin glücklich sein, wo Sie doch ein gesundes Baby geboren haben! Und doch finden Sie sich selbst plötzlich ohne ersichtlichen Grund in Tränen aufgelöst wieder. Besonders unangenehm für Frauen ist es, dass sie diesen Gefühlswallungen gegenüber völlig machtlos sind.

Die Phase des Babyblues klingt normalerweise innerhalb von zwei Wochen von selbst ab. Sie erholen sich körperlich; der Hormonspiegel stabilisiert sich und Sie entwickeln Routine in der Pflege des Babys. Außerdem können Sie vielleicht erste Kontakte herstellen und fühlen sich nicht mehr so allein. Doch bei einigen Müttern bessert sich diese leichte Depression nicht; dann spricht man von einer Wochenbettdepression.

WOCHENBETTDEPRESSION

Wie viele Frauen genau an einer Wochenbettdepression (postnatale Depression) leiden ist schwierig zu bestimmen. Abhängig von den Befragten schwankt die Anzahl zwischen fünf und 20 Prozent aller Frauen im ersten Lebensjahr ihres Babys. Diese unterschiedlichen Angaben rühren daher, dass viele Frauen sich wegen ihrer negativen Gefühle schämen und nicht um Hilfe bitten. Sie ergeben sich aber auch daraus, dass Angehörige, Freunde, Ärzte und Hebamme selten erkennen, wann aus einem Babyblues eine Wochenbettdepression geworden ist. Eine

ANZEICHEN

Wenn Sie einige der folgenden Gefühle bei sich selbst feststellen können, leiden Sie möglicherweise an einer Wochenbettdepression:

▸ lähmende Müdigkeit, gestörter Schlaf und frühes Aufwachen am Morgen

▸ anhaltende Angstgefühle und mangelndes Selbstvertrauen

▸ Konzentrationsmangel

▸ Weinerlichkeit

▸ trockener Mund, Appetitlosigkeit, Verstopfung

▸ Libidoverlust

▸ Ablehnung des Partners

»... Symptome einer Wochenbettdepression können sich jederzeit während des ersten Jahres nach der Geburt entwickeln.«

Wochenbettdepression ist eine Krankheit. Wenn es Ihnen nicht gut geht, fällt es Ihnen schwer, Ihre Probleme objektiv einzuschätzen. Das kann dazu führen, dass Sie sich selbst Ihrer Erkrankung gar nicht bewusst sind.

Die Symptome einer Wochenbettdepression (*siehe* S. 391) werden oft erst nach der Nachsorgeuntersuchung offensichtlich. Sie können sich aber jederzeit während des ersten Jahres nach der Geburt entwickeln. Eine Wochenbettdepression kann kurzzeitig, nur einige Wochen lang, andauern; wenn sie jedoch nicht erkannt bzw. nicht behandelt wird, kann sie sehr langwierig sein und das Lebensgefühl stark beeinträchtigen. Mütter, die eine komplizierte Geburt oder eine Mehrlingsgeburt hatten, sind anfälliger dafür. Bei Müttern von Zwillingen oder Drillingen wird die Diagnose oft noch später gestellt, weil man bei ihnen davon ausgeht, dass ihre Symptome eine Folge der größeren Belastung sind.

In leichteren Fällen einer Wochenbettdepression reicht eine zuverlässige Unterstützung durch die Angehörigen, sowohl in praktischer wie in emotionaler Hinsicht, zur Besserung oft aus. In schweren Fällen kann eine Behandlung mit Antidepressiva erforderlich sein (Stillen ist aber weiter möglich). Beratung und Psychotherapie mit oder ohne medikamentöse Therapie spielen bei der Behandlung eine wichtige Rolle.

Niemand weiß genau, wodurch eine Wochenbettdepression verursacht wird. Es mag sein, dass die plötzlichen hormonellen Veränderungen nach der Geburt eine Rolle spielen, aber die Tatsache, dass manche Frauen davon kaum beeinträchtigt werden, lässt vermuten, dass es noch andere Auslösefaktoren, wie genetische und Umgebungsfaktoren, gibt. Frauen, die schon früher an Depressionen gelitten haben, entwickeln häufiger eine Wochenbettdepression. Wenn nach einer früheren Geburt eine Wochenbettdepression aufgetreten ist, ist auch bei weiteren Geburten das Risiko erhöht. Schilddrüsenerkrankungen, die nach einer Geburt häufiger auftreten, können zu Symptomen führen, die denen einer Wochenbettdepression ähneln. Bei Frauen, die nach der Geburt lethargisch oder überaktiv werden, sollte ein Schilddrüsenfunktionstest durchgeführt werden.

WOCHENBETTPSYCHOSE

Diese akute psychotische Erkrankung unterscheidet sich von einer schweren Wochenbettdepression dadurch, dass sie normalerweise innerhalb von zwei Wochen nach der Entbindung auftritt und von schizophrenen oder manisch-depressiven Symptomen begleitet wird. Sie tritt ungefähr bei einer von 500 Frauen auf; die Rückfallquote beträgt 25–50 Prozent. Gelegentlich ist die Mutter selbstmordgefährdet oder läuft Gefahr, ihr Kind zu misshandeln und muss in einer speziellen Mutter-Kind-Einrichtung behandelt werden.

BEWÄLTIGUNGSSTRATEGIEN

JEDE MUTTER MUSS SICH IMMER WIEDER KLAR MACHEN, DASS SIE IHR BESTES TUT UND
DASS ES – GLÜCKLICHERWEISE – DIE PERFEKTE MUTTER NICHT GIBT, WAS AUCH IMMER
ANGEBLICHE ERZIEHUNGSEXPERTEN UND MITMENSCHEN BEHAUPTEN MÖGEN.

Wenn sich Depressionen einstellen, können Sie verschiedene Selbsthilfemaßnahmen ergreifen, um nicht davon überwältigt zu werden. Machen Sie sich als Erstes klar, dass es die perfekte Mutter nicht gibt. Sie bemühen sich, Ihr Bestes zu geben – mehr kann niemand in dieser schwierigen Zeit von Ihnen erwarten.

Die Erwartungen an frisch gebackene Mütter sind oft unrealistisch hoch. Wenn eine Frau diesem Ideal einer perfekten Mutter nicht zu entsprechen scheint, entweder in ihren emotionalen Reaktionen oder in der Babypflege, führt das oft zu Schuldgefühlen, Unsicherheit und Versagensängsten. Und dann ist der Weg in eine Wochenbettdepression nicht mehr weit.

Als Nächstes sollten Sie daran denken, dass Sie während des Wochenbetts auch ein wenig Zeit für sich selbst brauchen. Immer steht das Baby im Mittelpunkt, und die seelische oder körperliche Gesundheit der Mutter wird oft übersehen. Hier finden Sie einige Tipps, wie Sie praktisch und emotional mit der noch ungewohnten Mutterschaft umgehen können.

▶ **Isolieren Sie sich nicht.** Gehen Sie jeden Tag aus dem Haus.

▶ **Suchen Sie aktiv nach anderen frisch gebackenen Müttern.** Viele erleben dieselben Gefühle wie Sie. Bauen Sie eine Gruppe auf.

▶ **Sichern Sie sich so viel Hilfe im Haushalt wie möglich.** Wenn nötig, stellen Sie eine Haushaltshilfe ein.

▶ **Leiden Sie nicht im Stillen.** Sprechen Sie mit Ihrem Partner, mit Freunden und Angehörigen und versichern Sie sich, dass sie Ihre Gefühle verstehen und Sie praktisch und emotional unterstützen.

▶ **Nehmen Sie frühzeitig ärztliche Hilfe in Anspruch.** Zögern Sie nicht, mit Ihrem Arzt zu sprechen, wenn Sie sich sehr niedergeschlagen fühlen. Manchmal hilft eine kurzzeitige Therapie mit Antidepressiva (die das Stillen nicht ausschließen) und/oder eine Beratung.

▶ **Regelmäßige leichte sportliche Betätigung** und viel frische Luft wirken wahre Wunder für das Wohlbefinden.

▶ **Essen Sie regelmäßig und vernünftig.** Dies ist besonders wichtig, damit sich das Stillen einspielt.

▶ **Junge Mütter sind anfällig für Schuldgefühle.** Sie dürfen sich durchaus beklagen und mit der Situation unzufrieden sein.

▶ **Gönnen Sie sich regelmäßig eine Belohnung** oder eine Unternehmung, auf die Sie sich so richtig freuen. Nehmen Sie Babysitting-Angebote von Freunden oder Angehörigen an, um ein bisschen Zeit für sich selbst zu haben.

▶ **Nehmen Sie Kontakt zu einer Organisation** oder Selbsthilfegruppe auf, um eine Wochenbettdepression zu bewältigen (Adressen finden Sie im Anhang).

»... denken Sie daran, sich nach der Geburt auch Zeit für sich selbst zu nehmen.«

ERSTE TAGE UND WOCHEN ZU HAUSE

NUN SIND SIE MIT IHREM BABY ZU HAUSE. PLÖTZLICH KÖNNEN ALLE MÖGLICHEN ÄNGSTE AUFTAUCHEN. DOCH BABYS SIND SEHR ROBUST. ES GIBT NICHT VIELE DINGE, DIE IHM SCHADEN ZUFÜGEN KÖNNTEN.

ROLLE DER GROSSELTERN
Nehmen Sie alle Hilfs-angebote an. Großeltern sind oft besonders enga-giert und können Sie nach Kräften unterstützen.

Versuchen Sie in den ersten Wochen jemanden zu finden, der Ihnen die Hausarbeit abnimmt, insbesondere Tätigkeiten, bei denen man heben, tragen oder sich bücken muss. Sie brauchen Ihre Energie für das Baby. Je mehr Hilfe Sie organisieren können, umso rascher erholen Sie sich. Ihre Wohnung sollte nach Ihrer Rückkehr aber auch nicht zu einem allgemeinen Treffpunkt werden. Natürlich wollen Angehörige und Freunde das Baby sehen, aber spannen Sie sie bei einem Besuch ruhig für Handreichungen ein.

Auf Antrag wird Sie eine Hebamme zur Nachbetreuung regelmäßig besuchen und nachsehen, wie es Ihnen und dem Baby geht. Sie wird Sie bei Stillproblemen beraten. Wenn die Neugeborenen-Basisuntersuchung noch nicht im Krankenhaus durchgeführt worden ist, müssen Sie sie beim Kinderarzt, den Sie am besten schon während der Schwangerschaft ausgewählt haben, vornehmen lassen. Vereinbaren Sie einen Termin. An den Kinderarzt können Sie sich jederzeit wenden, wenn Sie Fragen oder Unsicherheiten hinsichtlich des Wohlergehens Ihres Babys haben.

Bestimmen Sie Ihr eigenes Tempo

Viele Frauen stellen fest, dass sie anfangs kein Bedürfnis haben das Haus zu verlassen. Die Versorgung des Babys beansprucht all ihre Energie und Gedanken. Viele Frauen haben dann keine Lust, sich der Hektik des Lebens »draußen« auszusetzen. Das ist eine völlig normale Reaktion. Ich kann Ihnen nur raten, nur das zu tun, was Sie wirklich wollen. Nur so können Sie sich von der Geburt erholen und sich die Zeit nehmen, Ihr Baby kennen zu lernen. Während der nächsten Monate werden Sie ständig in Ihrem Schlaf gestört. Bald werden Sie chronisch müde sein, weil Sie rund um die Uhr für Ihr Baby da sind. Leben Sie also von Anfang an nach Ihrem eigenen Tempo. Statt zu versuchen, in den Schlafphasen des Babys rasch die Hausarbeit zu erledigen (es wird am Tag durchschnittlich 16 Stunden schlafen), nutzen Sie die Zeit, um sich selbst ein wenig auszuruhen.

HÄUFIGE PROBLEME BEI KLEINEN BABYS

NABELSCHNUR

Der Nabelschnurstumpf fällt normalerweise etwa zehn Tage nach der Geburt ab. Bis dahin muss der Nabel täglich gesäubert und sorgfältig getrocknet werden, damit keine Infektion entsteht. Von der Hebamme oder in der Apotheke erhalten Sie Puder und spezielle Reinigungstücher.

ERBRECHEN/SPUCKEN

Kleine Babys stoßen häufig Milch auf, besonders, wenn sie beim Trinken Luft verschluckt haben. Dies ist nicht Besorgnis erregend, sofern es sich nicht um ein schwallartiges Erbrechen handelt, das nach jeder Mahlzeit auftritt (siehe Pylorusstenose-Magenpförtnerkrampf, S. 434). In diesem Fall sollten Sie sich an den Kinderarzt wenden.

VERSCHLUCKTE LUFT/BLÄHUNGEN

Verschluckte Luft kann zu Bauchkrämpfen und Schmerzen führen. Da ist es kein Wunder, wenn das Baby schreit und nach einer Mahlzeit schwer zu beruhigen ist. Wenn Maßnahmen, wie das An-die-Brust-Legen des Babys und Rückenmassage, nicht ausreichen, fragen Sie die Hebamme oder den Kinderarzt um Rat.

WEICHER STUHLGANG

In den ersten Tagen scheidet Ihr Baby Mekonium aus (»Kindspech«, eine klebrige, grünlich-schwarze Masse aus Kot und Schleim), danach wird der Stuhlgang gelbbraun. Stillbabys haben meist weicheren Stuhlgang als Flaschenkinder. Wenn Ihr Baby wässrigen, grünlichen Stuhlgang hat, leidet es wahrscheinlich an Durchfall. Kleine Babys können schnell austrocknen. Dies muss als Notfall behandelt werden. Geben Sie Ihrem Baby abgekochtes, abgekühltes Wasser. Bei anhaltendem Durchfall bekommt das Baby einen trockenen Mund und die Fontanelle sinkt ein. Wenden Sie sich sofort an den Arzt.

WINDELAUSSCHLAG

Der Ammoniak im Urin reizt die empfindliche Haut des Babys; die meisten Babys bekommen einen mehr oder minder schweren Windelausschlag, selbst wenn die Windeln regelmäßig gewechselt werden. Ein Windelausschlag kann sich durch parfümierte Hygieneartikel, Salben oder Reinigungstücher verschlimmern. Säubern Sie Babys Po mit Wasser und unparfümierter Babyseife und tupfen ihn trocken. Zink- und Wundschutzsalben, auf den geröteten Bereich aufgetragen, unterstützen die Heilung und schützen vor weiterer Reizung.

VERKLEBTE AUGEN

Ursache ist normalerweise eine leichte Augenentzündung, eine Konjunktivitis. Sie tritt unmittelbar nach der Geburt sehr häufig auf, wenn Blut und andere Flüssigkeiten mit dem Auge in Kontakt gekommen sind. Waschen Sie jedes Auge mit einem frischen, in abgekochtes, abgekühltes Wasser getauchten Baumwolltuch aus. Wenn die Infektion nicht abklingt, kann der Kinderarzt eine antibiotische Augensalbe verschreiben.

PICKEL

Die kleinen weißen Pickel, die das Baby bei der Geburt im Gesicht hat, werden Hautgrieß (Milien) genannt und verschwinden gewöhnlich innerhalb weniger Wochen ohne Behandlung. Wenn sie sich infizieren und röten, waschen Sie sie mit abgekochtem, abgekühltem Wasser ab, bevor Sie eine antiseptische Salbe auftragen.

Wenden Sie sich unverzüglich an den Arzt, wenn Ihr Baby:

▶ anhaltend erbricht

▶ wässrigen, grünlichen Stuhlgang hat

▶ sehr lethargisch ist

▶ reizbar ist und schlecht trinkt

▶ keucht oder Husten bekommt

▶ sehr schnell, sehr langsam oder unregelmäßig atmet

▶ Fieber bekommt

▶ Anzeichen einer Infektion zeigt oder einen Hautausschlag bekommt

DAS BABY FÜTTERN

DIE ENTSCHEIDUNG, DAS BABY ZU STILLEN ODER NICHT, IST EINE GANZ PERSÖNLICHE ANGELEGENHEIT. KEINE FRAU SOLLTE SCHULDGEFÜHLE HABEN, WENN SIE IHREM BABY VON ANFANG AN DIE FLASCHE GEBEN WILL.

Man sollte jedoch wissen, dass das Stillen, selbst wenn es nur wenige Wochen lang erfolgt, für das Baby langfristig gesundheitlich von Vorteil ist. Stillbabys sind weniger infektionsanfällig und allergiegefährdet als Flaschenkinder. Außerdem vermutet man, dass schon zweimonatiges Stillen das spätere Brustkrebsrisiko der Frau senkt. Und ganz praktisch betrachtet: Zum Stillen braucht man keine Fläschchen und keine Sterilisiergeräte; es kann jederzeit und überall erfolgen.

STILLEN

Wenn das Baby an Brustwarze und Warzenhof (der braune Bereich um die Brustwarze) saugt, geschehen zwei Dinge: Zum einen wird die Hirnanhangdrüse (unten am Gehirn) der Mutter angeregt, das Hormon Prolaktin freizusetzen, das für die Milchbildung verantwortlich ist. Zum anderen setzt die Hirnanhangdrüse auch Oxytocin frei, das die Alveolen (Milchbläschen) anregt, sich zusammenzuziehen und die Milch in die Milchgänge und zur Brustwarze zu befördern. Dieser Vorgang wird Milchspendereflex genannt.

MILCHBILDUNG

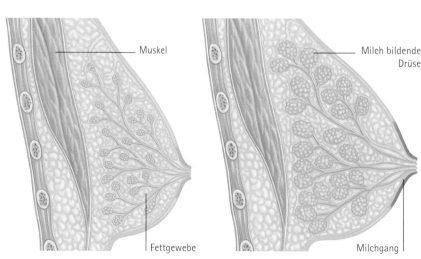

Muskel

Milch bildende Drüse

Fettgewebe

Milchgang

VOR DER SCHWANGERSCHAFT

WÄHREND DER STILLZEIT

AUFBAU DER BRUST

Die Brust besteht aus Fett- und Drüsengewebe. Jede Brust enthält etwa 15–25 Brustlappen, die sternförmig durch die Brust zur Warze hin verlaufen. Sie bestehen aus Drüsengruppen, die die Milch produzieren.

In den ersten Tagen nach der Geburt bilden die Brüste nur kleine Mengen Kolostrum (etwa 3–4 Teelöffel täglich). Kolostrum ist eine konzentrierte gelbliche Flüssigkeit, die das Baby mit aller Nahrung, die es braucht – Wasser, Eiweiß und Mineralstoffe – versorgt, bis die reife Muttermilch gebildet wird. Kolostrum enthält auch große Mengen an mütterlichen Antikörpern und eine Art natürliches Antibiotikum, das Laktoferrin, das zur Bekämpfung von Infektionen beiträgt. Wenn Ihr Baby in den Tagen unmittelbar nach der Geburt aus medizinischen Gründen nicht bei Ihnen ist, versuchen Sie, das Kolostrum abzupumpen, und bitten darum, dass es Ihrem Baby gegeben wird.

Ab dem dritten Tag bilden die Brüste immer mehr Milch. Muttermilch enthält Fette, Kohlenhydrate, Eiweiß und andere Nährstoffe in genau dem Verhältnis, wie es für das gesunde Wachstum Ihres Babys richtig ist. Nachdem die Milch eingeschossen ist, stillen Sie in 24 Stunden bis zu zwölfmal. Bald wird sich ein Rhythmus von etwa 20-minütigen Stillmahlzeiten alle zwei bis vier Stunden einstellen.

ANLEGEN *Ihr Baby sollte die Brustwarze ganz und möglichst viel vom Warzenhof im Mund haben; so bildet sich ein Unterdruck. Wenn es die Brustwarze gegen das Gaumensegel drückt, wird Milch herausgepresst.*

WIE MAN STILLT

Beim Stillen sollte sich der gesamte Warzenhof im Mund des Babys befinden. Dabei hat es den Mund weit offen und Sie sollten im gesamten Warzenbereich die Saugwirkung spüren. Die Oberlippe ist nach oben gestülpt und Sie sehen, wie sich Ohren und Kiefer beim Saugen rhythmisch bewegen. Wenn es nicht richtig angelegt ist, nehmen Sie es nochmals von der Brust. Lassen Sie es nicht nur an der Brustwarze saugen, da sie sonst wund und rissig wird. Ihr Baby sollte bei jeder Mahlzeit eine Brust leer trinken, damit es sowohl die wässrige, Durst stillende Vormilch wie auch die dickere, nährstoffreichere Hintermilch erhält.

Stützen Sie Ihren Rücken beim Stillen ab und schieben Sie ein Kissen unter Ihr Baby, damit Sie sich nicht nach vorne beugen müssen. Ihr Baby sollte so liegen, dass es Sie ansieht. Sie können auch im Liegen stillen. Dabei liegt das Baby längs neben Ihnen.

MUTTERMILCH ABPUMPEN

Sie können Milch mit der Hand ausdrücken oder mit einer Muttermilchpumpe abnehmen. Hand- oder batteriebetriebene Milchpumpen verfügen über einen Trichter, den Sie über den Warzenhof legen und der dort einen Unterdruck erzeugt. Vor dem Ausdrücken müssen Sie die Flasche, in die die Milch fließt, sterilisieren. Im Kühlschrank ist die Milch bis zu 24 Stunden haltbar, in der Tiefkühltruhe bis zu sechs Monaten.

STILLEN

F&A

▶ **Meine Brüste sind übervoll und tun sehr weh. Was soll ich tun?**

Wenn die Milch zwischen dem dritten und fünften Tag nach der Geburt einschießt, ist es normal, dass die Brüste anschwellen und sich wegen der Überproduktion ein Milchstau bildet. Es ist zwar erschreckend, plötzlich Fieber und angeschwollene, harte, pralle Brüste zu bekommen, aber das geht normalerweise nach etwa 24 Stunden vorüber. Sobald Ihr Baby regelmäßig trinkt, wird Ihr Körper genau die Menge Milch bilden, die es braucht.

Bei einem Milchstau ist es wichtig, die Brüste regelmäßig zu leeren, damit die Milch nicht ins umgebende Brustgewebe läuft, was zu einer Mastitis (Brustentzündung, *siehe* S. 423f.) führen kann. Es gibt verschiedene Möglichkeiten, um einem schweren Milchstau vorzubeugen:

• Stillen Sie Ihr Baby oft, sodass die Brüste regelmäßig geleert werden.

• Drücken Sie vor dem Stillen etwas Milch aus – das macht die Brustwarze geschmeidig und das Baby lässt sich besser anlegen.

• Die Brüste müssen auch bei rissigen Brustwarzen geleert werden – versuchen Sie es mit Brustschildern oder drücken Sie regelmäßig Milch aus.

• Wenn Ihr Baby nur wenig trinkt, pumpen Sie die Milch ab. Sie können sie einfrieren oder wegschütten. Die Milchbildung funktioniert nach dem Prinzip von Angebot und Nachfrage. Wenn Sie eine volle Brust nicht regelmäßig leeren, wird zukünftig weniger Milch gebildet.

▶ **Was kann ich gegen blockierte Milchgänge tun?**

Wenn sich ein roter, empfindlicher Fleck auf der Brust entwickelt, kann die Milch nicht richtig abfließen. So können Sie der Ausbildung einer Brustentzündung vorbeugen:

• Beginnen Sie jede Stillmahlzeit an der betroffenen Brust, weil das Baby anfangs am stärksten saugt.

• Legen Sie einen warmen Waschlappen oder ein kaltes Kohlblatt in den Büstenhalter auf die betroffene Stelle.

• Stillen Sie Ihr Baby auf allen vieren, damit Ihre Brüste direkt über ihm hängen, dadurch wird die Brust schneller geleert.

• Pumpen Sie aus dieser Brust Milch ab, um den Stau aufzulösen.

▶ **Meine Brustwarze ist eingerissen und entzündet. Was soll ich tun?**

Zwingen Sie sich, an dieser Brust weiter zu stillen, um einem Milchstau vorzubeugen. Wenn nötig, pumpen Sie Milch an dieser Seite ab, bis die Brustwarze abgeheilt ist, und stillen Ihr Baby an der anderen Seite. Tragen Sie nach jeder Mahlzeit etwas Milch oder Speichel auf die Brustwarze auf und lassen sie an der Luft trocknen. Setzen Sie Ihre Brüste so viel wie möglich der Luft aus und wechseln die Stilleinlagen nach jeder Mahlzeit.

▶ **Mein Baby nimmt nicht genügend zu. Was kann ich tun?**

Stillbabys nehmen oft langsamer zu als Flaschenbabys. Die Wachstums- und Gewichtstabelle im Vorsorgeheft zeigt einen breiten Variationsbereich für das so genannte »richtige« Gewicht. Wenn auch der Kinderarzt die Gewichtszunahme für unzureichend hält, stellen Sie sich folgende Fragen:

• Essen Sie genug? Erfolgreiches Stillen erfordert 500 Kalorien am Tag zusätzlich (1000 bei Zwillingen), damit der Körper genügend Milch bilden kann.

• Trinken Sie genug? Für die Milchbildung wird viel Flüssigkeit benötigt. Sie sollten täglich einen Liter mehr trinken als normal.

• Ruhen Sie sich genügend aus? Wenn Sie erschöpft sind, wird weniger Milch gebildet.

Bei Stillproblemen wenden Sie sich an die Hebamme oder an eine Stillberaterin bzw. eine Stillgruppe, die es in jedem größeren Ort gibt.

ERNÄHRUNG MIT DER FLASCHE

Die Flaschenernährung bietet einige Vorteile, nicht zuletzt den, dass der Vater sich am Füttern des Babys beteiligen kann. Milchnahrung für Säuglinge wird aus Kuhmilch hergestellt (bei einer Kuhmilchallergie des Babys kann Milchnahrung auf Sojabasis gegeben werden). Sie ist mit wichtigen Vitaminen und Mineralstoffen angereichert und so aufbereitet, dass sie der Muttermilch möglichst ähnlich ist.

Wenn Sie zunächst stillen und dann auf die Flasche umstellen, sollte die Umstellung allmählich erfolgen. Beginnen Sie mit einem Fläschchen am Tag, sodass sich Ihr Baby an den Sauger und an den Geschmack der Milchnahrung gewöhnen kann. Auf diese Weise verhindern Sie auch einen Milchstau. Wenn Ihr Baby meckert, hilft es manchmal, wenn eine andere Person das Fläschchen gibt.

Wenn Sie von Anfang an die Flasche geben, stellen Sie vermutlich fest, dass der Milcheinschuss nur schwach ist und die Milch allmählich austrocknet. Flaschenbabys brauchen weniger Mahlzeiten und wachen nachts seltener auf, weil Kuhmilch stärker gerinnt und länger braucht, um verdaut zu werden.

Bei der Flaschenernährung muss auf penible Hygiene und Organisation geachtet werden. Waschen Sie die Fläschchen vor dem Sterilisieren gründlich aus. Bereiten Sie die Mahlzeiten mit abgekochtem Wasser zu. Sie können die für 24 Stunden benötigten Fläschchen im Voraus zubereiten und im Kühlschrank aufbewahren. Flaschenbabys müssen zusätzlich Wasser zu trinken bekommen, da die Mahlzeiten nicht so durststillend sind wie Muttermilch. Abgekochtes Wasser ist dazu am besten geeignet.

Die Temperatur der Milchnahrung ist eine Sache der Gewohnheit. Manche Babys trinken kalte Milch direkt aus dem Kühlschrank. Wenn Sie sie anwärmen, testen Sie die Milch an Ihrem Handgelenk. Wenn Sie sie in der Mikrowelle aufwärmen, schütteln Sie das Fläschchen vor der Temperaturprobe, damit die warme Milch gleichmäßig verteilt wird.

DAS BABY AUFSTOSSEN LASSEN

Gestillte Babys schlucken beim Trinken sehr wenig Luft, vor allem wenn sie die Brustwarze richtig fassen können. Flaschenbabys dagegen schlucken mehr Luft – sie umschließen den Sauger mit dem Mund nicht völlig luftdicht –, daher müssen sie eher aufstoßen. Am besten legt man das Baby dazu über die Schulter oder nimmt es auf den Schoß, wobei man darauf achtet, dass sein Kopf nicht nach hinten bzw. nach vorne kippt. Reiben Sie seinen Rücken; binden Sie ein Lätzchen unter sein Kinn, um die aufgestoßene Milch aufzufangen. Manche Babys müssen häufiger aufstoßen als andere.

DAS BABY AUFSTOSSEN LASSEN

Nehmen Sie es auf den Schoß und stützen Sie mit einer Hand seine Brust und den Hals ab, damit sein Kopf nicht nach vorne bzw. nach hinten kippt, und reiben Sie mit der anderen Hand fest über seinen Rücken.

EINE FAMILIE WERDEN

AUCH WENN SIE SICH – WIE VIELE ELTERN – FEST VORGENOMMEN HABEN, DASS DAS BABY IHR LEBEN NICHT VERÄNDERN WIRD, SIEHT DIE REALITÄT GANZ ANDERS AUS. DAS ERSTE KIND BEDEUTET EINE GROSSE EMOTIONALE, PRAKTISCHE UND FINANZIELLE UMSTELLUNG.

VATER SEIN *Ermöglichen Sie Ihrem Partner, sich intensiv an der Versorgung des Babys zu beteiligen – auch wenn er manche Dinge anders macht als Sie.*

PARTNER

Väter werden in der Angewöhnungsphase nach der Geburt leicht übergangen, weil gewöhnlich das Baby und die Mutter im Zentrum der Aufmerksamkeit stehen. Ihr Partner ist vermutlich ebenfalls erschöpft und doch wird von ihm erwartet, dass er Unterstützung bietet, Verständnis zeigt und gerne all den Anforderungen nachkommt, die das Baby plötzlich an sein Leben stellt. In dieser Situation ist von entscheidender Bedeutung, dass Sie beide offen über Ihre individuellen Bedürfnisse sprechen.

Versuchen Sie Ihren Partner in die Pflege des Babys einzubeziehen; so kann er manche Schwierigkeiten, die Sie selbst erleben, besser verstehen. Sie verhindern dadurch, dass er sich ausgeschlossen fühlt. Das können Sie jedoch nur, wenn Sie zulassen, dass er die Dinge auf seine eigene Weise macht, auch wenn sich das von Ihren eigenen Vorstellungen unterscheidet. Kritisieren Sie nicht, wie er die Windeln wechselt oder das Baby anzieht. Babys sind sehr anpassungsfähig. Und schließlich wollen Sie auch nicht, dass Ihr Partner entnervt aufgibt, weil er sowieso nichts richtig macht.

Vielleicht empfindet Ihr Partner in diesen ersten Wochen auch eine starke körperliche Distanz zwischen Ihnen, vor allem, wenn Sie stillen. Es ist leicht zu verstehen, dass dies weitere Unzufriedenheit mit sich bringen kann. Sie haben eine enge Beziehung zu Ihrem Baby und sind voller Zärtlichkeit ihm gegenüber. Doch für Ihren Partner bleibt wenig Energie übrig. Kein Wunder, wenn er sich etwas vernachlässigt fühlt. Diese Situation wird sich mit der Zeit ändern, doch Sie sollten erkennen, dass auch Ihr Partner weiterhin Ihre Aufmerksamkeit braucht. Versichern Sie ihm, dass Sie um das Problem wissen, und dass er keineswegs ausgeschlossen werden soll.

WIEDERBELEBUNG DER SEXUALITÄT

SEX IST EIN THEMA, DAS VON ELTERN WIE AUCH ÄRZTEN SELTEN OFFEN DISKUTIERT WIRD. MAN SCHÄTZT, DASS MEHR ALS 50 PROZENT DER PAARE AUCH EIN JAHR NACH DER GEBURT IHRES ERSTEN KINDES NOCH NICHT ZU IHRER FRÜHEREN SEXUALITÄT ZURÜCKGEFUNDEN HABEN.

Angesichts dieser Zahl kann man vermuten, dass sehr viele Paare nach der Geburt ihres Kindes eine enorme Veränderung ihrer sexuellen Beziehung erleben. Die Lust lässt nach, Häufigkeit und Qualität der sexuellen Begegnung verändern sich. Es gibt viele Faktoren, die zu dieser Veränderung beitragen können. Wenn Sie herauszufinden versuchen, welche Gründe in Ihrer Beziehung eventuell eine Rolle spielen, können Sie mit Ihrem Partner die Situation diskutieren und hoffentlich verbessern.

▶ **Viele Mütter sind so erschöpft** von der Geburt und den Bedürfnissen ihres Babys, dass sie nur noch schlafen möchten, wohl wissend, dass das Baby bald wieder aufwacht.

▶ **Eine Dammnaht** kann noch Wochen nach der Geburt beim Geschlechtsverkehr sehr schmerzen.

▶ **Eine trockene Scheide** ist eine Folge des Stillens (aufgrund des hohen Prolaktin- und des niedrigen Östrogenspiegels); auch deshalb kann Sex Schmerzen verursachen.

▶ **Manche Frauen fühlen sich unattraktiv,** weil sie in der Schwangerschaft zugenommen haben, weil aus den Brüsten Milch ausläuft, sobald sie berührt werden, oder weil sie nach einem Kaiserschnitt eine große Narbe auf dem Bauch haben.

▶ **Frauen fühlen sich oft allein gelassen,** einsam, machen sich Sorgen oder haben das Gefühl, nicht mehr beachtet zu werden; all dies kann die Lust auf Sex stark beeinträchtigen. Eine Wochenbettdepression kommt relativ häufig vor (*siehe* S. 391). Entsprechende Symptome können nach der Geburt bis zu einem Jahr lang auftreten, was unweigerlich eine negative Auswirkung auf das Sexualleben haben wird.

▶ **Auch Männer können an zeitweiliger Lustlosigkeit leiden.** Ursache kann ganz einfach Müdigkeit sein oder die Tatsache, dass sie sich an ihre neue Vaterrolle gewöhnen müssen, aber es kann auch eine tiefere Ursache haben. Manche Männer z. B. sehen ihre Partnerin nun viel stärker als Mutter denn als Geliebte oder sie haben das Erlebnis der vaginalen Geburt und der Schmerzen, die die Partnerin erlitten hat, noch nicht verarbeitet.

Es ist nicht ungewöhnlich, wenn die Lust auf Sex in den Wochen oder Monaten nach der Geburt nachlässt. Wenn Sie unter körperlichen oder emotionalen Problemen leiden, sollten Sie diese mit Ihrem Partner besprechen.

Die meisten Paare stellen fest, dass sie mit der Situation besser zurechtkommen, wenn sie sich gegenseitig immer wieder versichern, dass sie einander lieben. Regelmäßiger körperlicher Kontakt, und seien es »nur« Umarmungen und Küsse, ist ein weiterer Ausdruck dieser Zuwendung und bestärkt die Tatsache, dass sich auch die körperliche Beziehung wieder intensivieren wird.

Mit der Zeit werden Sie Ihr Sexualleben wiederbeleben. Die sexuellen Begegnungen können seltener sein. Viele Paare stellen jedoch fest, dass die Veränderung ihrer Beziehung und ihres Lebensstils auf lange Sicht eine größere sexuelle Intimität geschaffen hat.

GESCHWISTER

Die Ankunft eines neuen Babys kann für die Geschwister einen Schock bedeuten. Oft können sie die neue Situation nur sehr schwer akzeptieren. Es kann hilfreich sein, ein Kind seelisch darauf vorzubereiten und zu versuchen, es in die praktischen Vorbereitungen für die Ankunft des Babys einzubeziehen. Freunde und Angehörige können die Situation ebenfalls entspannen, indem sie für Geschwisterkinder ebenso ein Geschenk mitbringen wie für das Baby, indem sie mit ihnen spielen oder sie auf einen Ausflug mitnehmen.

Versuchen Sie, so viel Kontinuität wie möglich im Leben der Geschwisterkinder zu schaffen, sodass diese nicht den Eindruck gewinnen, dass sich alles nur noch um das Baby dreht. Nehmen Sie weiterhin an Spielgruppen teil, laden Sie Freunde zum Spielen ein und behalten Sie vor allem das gewohnte Einschlafritual bei.

NEUES FAMILIENMITGLIED

Beteiligen Sie die älteren Geschwister möglichst viel an der Betreuung des neuen Familienmitglieds.

Eifersucht bewältigen

Viele Kinder wollen durch ihr Verhalten auf sich aufmerksam machen; sie sind in den ersten Wochen anhänglicher, weinerlicher oder launischer. Zweifellos verursacht ein neues Familienmitglied Eifersucht bei den Geschwistern. Dies muss angesprochen werden. Ältere Kinder können Sie ermutigen, über ihre Gefühle zu sprechen, und ihnen versichern, dass Sie sie genauso lieben wie bisher. Kleinere Kinder brauchen ein wenig zusätzliche Kuschelzeit und alleinige Zuwendung. Ihr Partner oder enge Freunde der Familie können sich vielleicht um das Baby kümmern, damit Sie jedem Kind die benötigte Aufmerksamkeit schenken können.

Seien Sie nicht überrascht, wenn Ihr erstgeborenes Kind sagt, man solle das Baby doch in die Mülltonne werfen, ins Krankenhaus zurückbringen oder wieder in Mamas Bauch stecken. Es kommt auch häufig vor, dass kleine Kinder »versehentlich« dem Baby wehtun, indem sie es zwicken oder schlagen, wenn sie glauben, dass niemand zusieht. Das sind völlige normale Reaktionen. Ich kann Ihnen versichern, dass Ihre älteren Kinder das Geschwisterchen im Laufe der Zeit lieben werden. Nichtsdestotrotz müssen Sie Vorsichtsmaßnahmen treffen und dürfen Ihr Baby nicht mit einem kleinen Kind unbeaufsichtigt in einem Zimmer lassen.

VOR- UND NACHSORGE

SECHS WOCHEN NACH DER GEBURT FINDET BEIM FRAUENARZT DIE NACH-
SORGEUNTERSUCHUNG STATT. IN DER 4.–6. LEBENSWOCHE DES BABYS WIRD DIE
DRITTE VORSORGEUNTERSUCHUNG, DIE U3, DURCHGEFÜHRT.

Die Vorsorgeuntersuchung Ihres Babys umfasst eine Untersuchung des ge-
samten Organsystems. Die Entwicklungsfortschritte seit der Geburt werden
eingeschätzt:
• Wachstum – Größe und Gewicht werden im Somatogramm eingetragen
• Kopfumfang und Kontrolle der Fontanellen
• Augen, Ohren und Mund (Gehör und Sehvermögen werden bei späteren
Untersuchungen genau kontrolliert)
• Herz, Brust und Atmung
• Bauchorgane und Genitalien
• Beweglichkeit der Hüftgelenke
• Reflexe – Kopfkontrolle, Greifreflex und Grundtonus
   Der Arzt stellt Ihnen Fragen zum allgemeinen Gesundheitszustand Ihres
Babys, zu seinem Trinkverhalten und den Stuhlgängen. Außerdem bespricht er
den Zeitplan für die verschiedenen Impfungen mit Ihnen, da beim nächsten
Vorsorgetermin bereits die ersten Impfungen vorgenommen werden.
Besprechen Sie mögliche Fragen und Bedenken diesbezüglich mit Ihrem Arzt.
Auch wenn die modernen Impfstoffe sehr sicher sind, gibt es leider immer noch
Eltern, die sich gegen eine Impfung entscheiden.

Die Untersuchung beim Frauenarzt soll sicherstellen, dass Sie sich vollkom-
men von der Geburt erholt haben.
• Der Blutdruck wird gemessen.
• Ihr Urin darf weder Eiweiß noch Blut enthalten.
• Sie werden gewogen und erhalten eventuell eine Ernährungsberatung.
• Brüste und Brustwarzen werden kontrolliert.
• Der Bauch wird abgetastet, um zu kontrollieren, ob sich die Gebärmutter
zurückgebildet hat. Wenn ein Kaiserschnitt vorgenommen wurde, wird die
Narbe inspiziert.
• Es wird kontrolliert, ob sich die Gebärmutter gut zurückgebildet hat und
kein Ausfluss oder keine Blutung besteht.
   Jetzt können Sie mit Ihrem Arzt auch über mögliche Schmerzen oder Blu-
tungen bzw. Probleme beim Stuhlgang oder Wasserlassen sprechen.

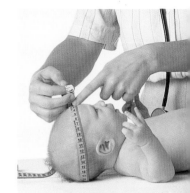

DER KOPFUMFANG *Ihres Babys wird gemessen.*

DER HERZSCHLAG *und die Atmung werden aufgezeichnet.*

DER GRAD DER KOPFKON-TROLLE *wird überprüft.*

DIE PFLEGE EINES FRÜHGEBORENEN

ETWA ZEHN PROZENT DER BABYS WERDEN VOR DER 37. WOCHE GEBOREN UND ALS

FRÜHGEBORENE BEZEICHNET. VIELE SIND ZWAR KLEINER ALS REIFE BABYS, KÖNNEN ABER

NORMAL VERSORGT WERDEN UND BRAUCHEN KEINE BESONDERE PFLEGE. ES GIBT ALLERDINGS

AUCH ZWEI BIS DREI PROZENT TERMINGERECHT GEBORENE BABYS, DIE ZU KLEIN SIND UND

SPEZIELL VERSORGT WERDEN MÜSSEN.

Im Allgemeinen kommt ein Baby, dessen Geburtsgewicht unter 2 kg liegt, auf die Neugeborenen-Intensivstation. Dabei spielt es keine Rolle, ob es zu früh geboren wurde oder termingerecht geboren wurde. Es gibt auch Frühgeborene, die zwar mehr wiegen, aber andere Anpassungsprobleme haben. Ihre Körperfunktionen, vor allem die Lunge, sind noch nicht ausgereift. Meist brauchen sie eine Atemhilfe.

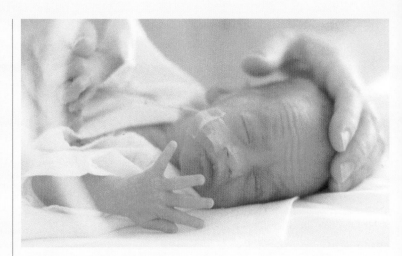

BERÜHRUNG IST SEHR WICHTIG *Studien haben gezeigt, dass Streicheln und Berühren Gewichtszunahme und Wachstum bei Frühgeborenen fördert.*

INTENSIVSTATION FÜR SÄUGLINGE

Hier wird für diese sehr anfälligen Babys in einer bestmöglichen Umgebung gesorgt. Das Baby ist vor Infektionen geschützt, weil nur Fachpersonal sowie die Eltern Zutritt haben. Hier kümmern sich viele Säuglingsschwestern um nur wenige Babys. Das Baby ist an Monitore angeschlossen, die alle lebenswichtigen Körperfunktionen aufzeichnen, sodass mögliche Probleme sofort erkannt und behandelt werden können. Die Eltern werden ermutigt, sich an der Pflege ihres Babys zu beteili-

gen. Das Personal informiert die Eltern umfassend über die erforderlichen medizinischen Maßnahmen, damit sie die Behandlung nachvollziehen können. Außerdem erhalten die Eltern Beratung in allen Fragen, z.B. zum Stillen.

Wenn Ihr Baby auf eine Intensivstation verlegt wird, kommt es vermutlich in einen Inkubator (Brutkasten). Möglicherweise wird es beatmet. Es gibt auch spezielle Reanimationseinheiten für Intensivstversor-

gung. Der erste Besuch auf der Intensivstation ist für die Eltern ein Schock. Es tut ihnen weh zu sehen, wie ihr Baby hilflos im Inkubator liegt, umgeben von medizinischen Geräten und einem Gewirr von Schläuchen. Doch man wird Ihnen zeigen, wie Sie Milch abpumpen und Ihrem Baby füttern können, wie Sie es im Inkubator berühren können, und man wird Sie ermutigen, mit ihm zu sprechen. Sie können mit Ihrem Baby auch schmusen; man wird Ihnen helfen, das Baby aus dem Inkubator zu nehmen.

Sie können ihm die Windeln wechseln, es baden und bei den Mahlzeiten helfen. Sobald es kräftiger ist und nicht mehr beatmet werden muss, können Sie es so lange, wie Sie mögen, im Arm halten. Auf der Intensivstation gibt es keine Besuchszeiten; die Eltern können so lange, wie sie wollen, bei ihrem Baby sein.

EMOTIONALE BEWÄLTIGUNG

Besonders schlimm ist es für die Mutter, wenn sie ohne das Baby aus dem Krankenhaus nach Hause entlassen wird. Das ist schwer zu verkraften, vor allem, wenn das Kind sehr viel zu früh geboren wurde oder krank ist. Doch hüten Sie sich vor Schuldgefühlen. Es ist höchst unwahrscheinlich, dass ihr Verhalten zur Frühgeburt beigetragen hat. Und Sie können gewiss sein, dass Ihr Baby nun die bestmögliche Versorgung erhält, damit es so bald wie möglich nach Hause kann.

Versuchen Sie nach Ihrer Heimkehr wieder zu Kräften zu kommen und stellen Sie sich emotional und praktisch darauf ein, bald für ein Baby sorgen zu müssen. Wenn Ihr Baby mehrere Wochen zu früh geboren wurde, haben Sie sich darauf möglicherweise seelisch noch nicht vorbereitet.

Sie müssen nicht den ganzen Tag im Krankenhaus verbringen, vor allem nicht, wenn Sie schon Kinder haben.

Denn dies könnte bei den Geschwistern einen Groll gegenüber dem Baby auslösen. Die Zeit, in der das Baby im Krankenhaus betreut wird, kann für die anderen Kinder eine hilfreiche Phase der Anpassung sein.

HEIMKOMMEN

Im Allgemeinen wird ein Baby nach Hause entlassen, wenn es in der Lage ist, selber zu trinken, entweder Muttermilch oder Milchnahrung, mindestens 2 kg wiegt und mehr als 34 Schwangerschaftswochen alt ist. Außerdem muss es seine Körpertemperatur selbst regulieren können und kontinuierlich zunehmen.

Es wird auf vielen Intensivstationen gern gesehen, wenn die Mutter vor der Entlassung des Babys mindestens eine Nacht bei ihm im Krankenhaus verbringt. So gewinnt die Mutter die Sicherheit, ihr Baby selbstständig versorgen zu können.

Oft können Frühgeborene in etwa zum Zeitpunkt ihres »normalen« Entbindungstermins nach Hause entlassen werden. Dann kann das Kind, sofern nicht eine Grunderkrankung besteht, wie ein termingerecht geborenes Baby behandelt werden. Man sollte viel mit ihm schmusen, damit es sich geborgen fühlt und Urvertrauen entwickelt. Dann werden sich in seinem Verhalten auch keine Unterschiede zu einem termingerecht geborenen Baby zeigen.

Die Entwicklungsstadien und die Gewichtszunahme eines frühgeborenen Babys werden vom errechneten Geburtstermin an berechnet. Mit zwei Jahren hat es in seiner allgemeinen Entwicklung ein termingerecht geborenes Baby eingeholt.

AUF DER INTENSIVSTATION

BABYPFLEGE *Sie werden angeleitet, für Ihr Frühgeborenes zu sorgen, z.B. indem Sie es wickeln.*

KONTAKT HERSTELLEN *Es gibt viele Wege, eine Beziehung zum Baby herzustellen – auch wenn es im Inkubator liegt.*

KRANKHEITEN UND KOMPLI-KATIONEN

BESTEHENDE GRUNDERKRANKUNGEN

In diesem Kapitel werden Krankheiten beschrieben, die in der alltäglichen Praxis immer wieder auftreten. Wenn Sie an einer chronischen Krankheit leiden oder in der Schwangerschaft eine Krankheit diagnostiziert wird, erhalten Sie eine spezielle medizinische Betreuung.

Epilepsie

Bei einer bestehenden Epilepsie sollte bereits die Schwangerschaft sorgsam geplant werden. Während der Schwangerschaft ist eine strenge ärztliche Überwachung sehr wichtig. Einige Epilepsie-Medikamente können beim Baby Fehlbildungen verursachen, z.B. Schädigungen von Herz und Gliedmaßen, geistige Behinderung oder LIPPEN-KIEFER-GAUMEN-SPALTE. Eine Umstellung auf unbedenkliche Medikamente ist empfehlenswert. Ihr Arzt wird Sie entsprechend beraten. Durch Ultraschallaufnahmen können in der Frühschwangerschaft mögliche Fehlbildungen festgestellt werden. In der Schwangerschaft gelangen die Epilepsie-Medikamente eventuell langsamer in den Stoffwechsel, sodass eine höhere Dosis erforderlich wird. Manche Medikamente beeinträchtigen den Folsäurespiegel; daher sollten Sie schon vor der Schwangerschaft sowie in den ersten zwölf Schwangerschaftswochen ein hoch dosiertes Folsäurepräparat einnehmen, um das Risiko einer Neuralrohrschädigung beim Baby, wie SPINA BIFIDA, auszuschließen.

Jeder Anfall in der Schwangerschaft oder während des Wochenbetts muss sorgfältig untersucht werden, um festzustellen, ob er auf die Epilepsie oder eine Eklampsie zurückgeht. Stillen ist unbedenklich, auch wenn manche Medikamente auf das Baby sedierend wirken können.

Diabetes

Es gibt zwei Formen eines Diabetes in der Schwangerschaft: ein bereits existierender Diabetes mellitus und ein Schwangerschaftsdiabetes. Diabetes mellitus tritt bei etwa drei Prozent der Bevölkerung auf; da eine Schwangerschaft die Erkrankung normalerweise verstärkt, ist eine spezielle Betreuung erforderlich, um mögliche Komplikationen für Mutter und Fetus gering zu halten. Frauen mit bestehendem Diabetes sollten schon vor der Schwangerschaft auf eine optimale Kontrolle ihres Blutzuckerspiegels achten, da eine Hyperglykämie während der Empfängnis und der ersten Schwangerschaftsmonate das Risiko einer Fehlgeburt erhöht und größere Fehlbildungen beim Fetus verursachen kann, z.B. Schädigungen an Herz, Skelettsystem und Neuralrohr. Diabetikerinnen sollten bis ins zweite Trimester hinein hoch dosiert Folsäure einnehmen. Bei der Ultraschalluntersuchung in der 20. Woche wird man auf mögliche Fehlbildungen achten.

Eine sorgfältige Kontrolle des Blutzuckerspiegels muss während der gesamten Schwangerschaft erfolgen, weil mütterliche Glukose, nicht aber Insulin, über die Plazenta zum Baby gelangt. Möglicherweise müssen Sie von Tabletten zu Insulinspritzen wechseln, die besser dosierbar sind. Eine Hyperglykämie bei der Mutter löst die Sekretion von zusätzlichem Insulin aus der fetalen Bauchspeicheldrüse aus, was zu Makrosomie (große Babys), Polyzythämie (zu viele rote Blutkörperchen), unzureichender Lungenreifung und Anpassungsproblemen beim Neugeborenen, wie Hypoglykämie, Atemnotsyndrom, Gelbsucht und mangelnde Temperaturkontrolle, führen kann. Ist das Baby in der Gebärmutter schwankenden Blutzuckerspiegeln ausgesetzt, besteht das Risiko eines intrauterinen Todes und einer Totgeburt. Wachstum und Wohlbefinden des Fetus werden regelmäßig kontrolliert. Das Baby kann auch an einer Wachstumsretardierung leiden.

Diabetikerinnen sind anfälliger für schwangerschaftsbedingten Bluthochdruck, Präeklampsie, Polyhydramnion (Fruchtwasserüberschuss), Harnwegsinfektionen und

Pilzinfektionen der Scheide. Strikte Diät und regelmäßige Anpassung der Insulindosis sind notwendig, um einen stabilen Blutzuckerspiegel in der Spätschwangerschaft zu gewährleisten. Man wird Ihnen zeigen, wie Sie Ihren Blutzuckerspiegel messen und Ihren Urin auf Ketone untersuchen können. Die Entbindung sollte in einer Klinik mit einer Intensivstation für Säuglinge erfolgen. Der Zeitpunkt der Entbindung ist oft vom Auftreten bzw. Ausbleiben von Komplikationen bei Mutter oder Kind abhängig. Die meisten Frauen brauchen während der Wehen und Entbindung Insulininfusionen.

Asthma

Etwa drei Prozent aller Schwangeren leiden unter Asthmasymptomen, die unerkannt bleiben können, weil viele Frauen in der Schwangerschaft über Kurzatmigkeit klagen. Asthma wird oft durch Allergien auf Nahrungsmittel, Chemikalien, Staub, Pollen und Rauch ausgelöst oder folgt auf eine virale Atemwegsinfektion. Nach Möglichkeit sollten Schwangere diese Auslösefaktoren meiden. Tendenziell bessert sich Asthma in der Schwangerschaft dank der erhöhten Produktion von mütterlichem Kortison. Kortisonhaltige Medikamente zum Inhalieren sowie bronchienerweiternde Medikamente haben keine Auswirkung auf den Fetus. Bei der Einnahme von Kortikosteroiden besteht ein höheres Risiko einer PRÄEKLAMPSIE sowie einer WACHSTUMSRETARDIERUNG beim Baby. Wäh-

rend Wehen und Geburt ist meist die Gabe von Medikamenten erforderlich. Stillen ist empfehlenswert, weil es das Allergierisiko beim Baby reduziert.

Entzündliche Darmerkrankungen

Die Entzündung des Dünndarms (Morbus Crohn) sowie des Dickdarms (Colitis ulcerosa) verursacht häufige Durchfälle, die mit Blut und Schleim vermischt sind, und wird von starken Bauchschmerzen begleitet. Diese Symptome können sich während der Schwangerschaft infolge des erhöhten Spiegels an mütterlichen Kortikosteroid-Hormonen bessern. Eine Schwangerschaft sollte erst dann erfolgen, wenn die Symptome unter Kontrolle sind, damit möglichst wenige Medikamente verordnet werden müssen. Nach Möglichkeit sollte vaginal entbunden werden, da ein größeres Risiko an postoperativen Komplikationen besteht.

Herzkrankheiten

Herzkrankheiten sind bei Schwangeren selten, aber potenziell gefährlich und erfordern die Betreuung in Spezialzentren. Eine durch rheumatisches Fieber bedingte Herzentzündung kam früher häufiger vor, ist mittlerweile jedoch selten. Es gibt heute zunehmend Frauen im gebärfähigen Alter, die als Kind eine Herzoperation hatten. Die dramatische Verbesserung der Lebenserwartung dieser Frauen hat dazu geführt, dass viele selbst schwanger werden wollen.

Eine ausführliche Besprechung dieses Themas würde den Rahmen dieses Buches sprengen, daher nur einige Punkte, die beachtet werden müssen: Einem plötzlichen Blutverlust muss vorgebeugt werden, die zweite Wehenphase sollte möglichst kurz sein und bei der Entbindung sollten Antibiotika gegeben werden.

Bluthochdruck

Das Risiko einer PRÄEKLAMPSIE (Schwangerschaftsvergiftung) und anderer schwerer Erkrankungen, z.B. Nierenschädigung, ist größer, wenn der Blutdruck zu Beginn der Schwangerschaft hoch ist. Blutdruck senkende Medikamente sind in der Schwangerschaft nicht geeignet. Sprechen Sie schon vor der Schwangerschaft mit dem Arzt über Ihren Kinderwunsch.

Nierenkrankheit

Gelegentlich manifestiert sich eine Nierenkrankheit erstmals in der Schwangerschaft; sie wird durch die zusätzliche Filterleistung, die die Nieren erbringen müssen, sowie durch andere Probleme, z.B. BLUTHOCHDRUCK und PRÄEKLAMPSIE, ausgelöst.

Bei einer bestehenden Nierenkrankheit kann die Schwangerschaft zu einer deutlichen Verschlechterung der Nierenfunktion und der Notwendigkeit einer permanenten Dialyse führen. Bei fortschreitender Erkrankung sollte man eine Schwangerschaft eher früher planen. Bei einem Arztgespräch sollte die Auswirkung verschiedener Medikamente auf den Fetus und die Fruchtbarkeit der Frau besprochen werden, ebenso die Notwendigkeit früher Kontrolluntersuchungen, eine mögliche Umstellung der Medikamente, eine strikte Blutdruckkontrolle sowie mögliche Schwangerschaftskomplikationen (Frühgeburt, Präeklampsie, IUGR). Nach einer erfolgreichen Nierentransplantation ist eine Schwangerschaft normalerweise möglich. Medikamente, die das Immunsystem unterdrücken, erhöhen das Risiko von Fehlbildungen nur wenig; eine vorzeitige Entbindung durch Kaiserschnitt ist üblich. Das Risiko einer Abstoßung der Niere ist nach der Schwangerschaft kurzfristig erhöht.

Autoimmunerkrankungen

Eine verbesserte medizinische Versorgung der Frauen mit Autoimmunerkrankungen oder Bindegewebskrankheiten hat dazu geführt, dass viele schwanger werden wollen. Lupus erythematodes ist eine Mehrfacherkrankung, die Nieren, Haut, Gelenke, Nervensystem, Blut, Herz und Lunge befallen kann. Die Symptome der Mutter können sich während und nach der Schwangerschaft verschlimmern. Durch bestimmte Antikörper der Mutter kann es beim Fetus zu einer Blockierung der Reizleitung im Herzen (AV-Block) kommen; dabei besteht eine Sterblichkeit des Fetus von 30 Prozent. Eine Prophylaxe mit entsprechenden Antikörpern vor der Schwangerschaft ist möglich. Bei der Niemann-Pick-Krankheit kommt es infolge spezieller Antikörper oder Störungen der

Blutgerinnung zu WIEDERKEHRENDEN FEHLGEBURTEN, Komplikationen in der Spätschwangerschaft und einem erhöhten THROMBOSE-Risiko bei der Mutter. Eine Behandlung mit Aspirin und Heparin verbessert die Aussichten der Schwangerschaft bedeutend. Bei Frauen mit Multipler Sklerose besteht das Risiko schwerer Schwangerschaftskomplikationen, wenn Herz, Lunge oder Nieren beteiligt sind. Eine rheumatoide Arthritis bessert sich gewöhnlich während der Schwangerschaft, im Wochenbett gibt es aber häufig einen Rückfall. Schwangerschaften, die durch eine Bindegewebserkrankung kompliziert werden, erfordern eine spezielle Vorsorgebetreuung, da das Risiko einer PRÄEKLAMPSIE, IUGR, PLAZENTALÖSUNG und Frühgeburt erhöht ist.

Schilddrüsenerkrankungen

Frauen mit einer Schilddrüsenerkrankung müssen in der Schwangerschaft sorgfältig überwacht werden, weil Veränderungen der Schilddrüsenfunktion durch Schwangerschaftssymptome maskiert werden können. Wenn Sie Medikamente für die Schilddrüse einnehmen, kann eine Umstellung auf andere Präparate empfehlenswert. Die Dosis muss mit fortschreitender Schwangerschaft oft angepasst werden. Eine Unterfunktion der Schilddrüse führt beim Baby zu Kretinismus (eine schwere Form geistiger Behinderung); aus diesem Grund wird bei Neugeborenen der Guthrie-Test durchgeführt.

Akne

Bestimmte Akne-Medikamente (Vitamin A und Tetrazykline) können schwere Anomalien beim ungeborenen Baby verursachen und sollten vor der Empfängnis abgesetzt werden. Wenn Sie ungewollt schwanger geworden sind, setzen Sie das Medikament unverzüglich ab.

Psychische Störungen

Psychische Erkrankungen, die bei Schwangeren auftreten, lassen sich in psychotische und depressive Krankheiten unterteilen. Eine Schizophrenie tritt bei einem von 1000 Menschen auf und stellt für Schwangere ein Problem dar, weil sie gewöhnlich allein und sozial isoliert leben und häufig starke Zigaretten-, Alkohol- und Medikamentenkonsumentinnen sind. Die Wirkung antipsychotischer Medikamente auf den Fetus, die oft mangelnde Fähigkeit der Frau, sich selbstbestimmt an der Behandlung zu beteiligen sowie die Wahrscheinlichkeit, dass es nach der Geburt zu einem Rückfall kommt, haben ernste Folgen für Mutter und Baby. Das Problem stellt sich heute zunehmend, da moderne antipsychotische Medikamente die Fruchtbarkeit nicht mehr beeinträchtigen. Bei einer schweren depressiven Erkrankung kommt es während Schwangerschaft und Wochenbett oft zu einer Verschlechterung, die noch verschlimmert wird, wenn die Medikamente plötzlich abgesetzt oder reduziert werden.

INFEKTIONSKRANKHEITEN

Ich werde immer wieder von meinen schwangeren Patientinnen gefragt, welche Auswirkungen Infektionskrankheiten auf ihre eigene Gesundheit und die ihres Babys haben können. Hier finden Sie die entsprechenden Informationen zusammengefasst.

Windpocken

Windpocken werden durch das Varicella-zoster-Virus verursacht und durch Tröpfcheninfektion übertragen. Die Inkubationszeit beträgt zwischen zehn und 21 Tagen. Es treten Fieber und ein juckender Ausschlag aus wassergefüllten Bläschen auf, die aufplatzen und in wenigen Tagen verschorfen. Windpocken sind 48 Stunden vor Auftreten der Bläschen bis zu ihrem Verkrusten ansteckend. Bis zu 90 Prozent der Kinder haben vor der Pubertät Windpocken. Eine Erstinfektion in der Schwangerschaft ist selten (3 zu 1000).

Bei einer Erstinfektion vor der 8. Schwangerschaftswoche ist eine Fehlgeburt unwahrscheinlich. Bei einer Erkrankung zwischen der 8. und 20. Woche kann es beim Baby zu Fehlbildungen der Gliedmaßen, Augen, Haut, Darm, Blase und des Gehirn kommen sowie zu Wachstumsproblemen in der Spätschwangerschaft – aber das Risiko ist gering (1–2 Prozent). Zwischen der 20. und 36. Woche erkrankt das Baby nicht, doch das Virus bleibt im Körper und kann in den ersten Lebensjahren als Gürtelrose aktiv werden. Wenn Sie nach der 36. Woche und bis zu 21 Tagen nach der Geburt Windpocken bekommen, kann auch das Baby erkranken. Es kann sich eine schwere Infektion entwickeln, weil das Immunsystem des Neugeborenen noch nicht ausgereift ist. Diese Komplikationen können vermieden werden, wenn das Baby eine spezielle Antikörper-Injektion (ZIG – Zoster-Immunglobulin) erhält. Das Antivirus-Medikament Aciclovir kann die Symptome abschwächen, wenn es innerhalb von 24 Stunden nach Auftreten des Ausschlags gegeben wird.

Wenn Sie befürchten, mit Windpocken in Kontakt gekommen zu sein, wird der Arzt einen Bluttest zur Überprüfung Ihrer Immunität veranlassen. Wenn Unsicherheit besteht, erhält das Baby bei der Entbindung eine ZIG-Injektion.

Röteln

90 Prozent aller Schwangeren sind gegen Röteln immun, weil sie die Krankheit schon hinter sich haben oder als Kind geimpft worden sind. Von den nicht immunisierten Frauen wird durchschnittlich jede zehnte in der Schwangerschaft zum ersten Mal infiziert, was zu schweren Fehlbildungen beim Fetus führen kann. Röteln werden durch Tröpfcheninfektion übertragen.

Entsprechende Symptome bei der Mutter entwickeln sich ungefähr zwei bis drei Wochen nach dem Kontakt – ein Ausschlag aus hellroten Flecken auf Gesicht und Ohren, der sich auf den Körper ausbreitet, begleitet von Schmerzen und Anschwellen der Gelenke, Fieber und geschwollenen Lymphdrüsen. Die Infektion ist eine Woche vor Ausbruch der Symptome bis einige Tage nach Abklingen der Symptome ansteckend.

Wenn Sie in der Schwangerschaft einen Ausschlag bekommen, kann der Arzt anhand einer Blutprobe feststellen, ob eine Rötelninfektion vorliegt. Wenn die Röteln vor der 12. Schwangerschaftswoche auftreten, besteht für das Baby ein 80%iges Risiko einer leichten bis schweren Missbildung, wie Sehfehler, Taubheit, Herzdefekte oder Lernschwierigkeiten.

Zwischen der 13. und 17. Woche kann eine Erstinfektion beim Baby Taubheit verursachen. Nach der 17. Woche besteht keinerlei Risiko für das Baby. Babys, die mit einer Rötelnerkrankung geboren werden, haben aber oft ein niedriges Geburtsgewicht, einen Ausschlag, eine vergrößerte Leber und Gelbsucht. Sie bleiben einige Monate ansteckend.

Ringelröteln

Die Symptome der Ringelröteln, eine Infektion mit Parvovirus B19, ähneln einer Rötelninfektion, sind aber derart schwach ausgeprägt, dass sie unerkannt bleiben können. Das Virus wird durch Tröpfcheninfektion (Husten und Niesen) und infizierte Gegenstände (Bettwäsche, Kleidung und Teppiche) übertragen. Es verursacht keine Missbildungen. Auch eine Infektion in der Schwangerschaft bleibt meist ohne Folgen. Gelegentlich kommt es nach einer Infektion zu einer späten Fehlgeburt bzw. intrauterinem Fruchttod, normalerweise verbunden mit HYDROPS FETALIS.

Zytomegalovirus (CMV)

CMV ist ein Herpes-Virus und bei kleinen Kindern so weit verbreitet, dass 50 Prozent der Erwachsenen vor dem 30. Lebensjahr infiziert worden sind. Die Infektion erfolgt oft unbemerkt, kann aber grippeähnliche Symptome verursachen, mit Halsschmerzen, leichtem Fieber, Gliederschmerzen und Müdigkeit. Das Virus wird normalerweise durch engen Körperkontakt oder infiziertes Blut, Urin, Speichel, Schleim oder Muttermilch übertragen.

Nur wenige Frauen erleben eine Erstinfektion während der Schwangerschaft. Bei diesen Frauen liegt die Wahrscheinlichkeit einer Übertragung auf das Baby bei etwa 40 Prozent. Bei betroffenen Babys kann es zu geistiger Behinderung sowie Hör-, Seh- und Entwicklungsproblemen kommen. Die Anzahl der betroffenen Babys ist jedoch gering. Da diese Erkrankung die häufigste Ursache geistiger Behinderung ist, wird nach einem Impfstoff gesucht.

Toxoplasmose

Der Großteil der Gesamtbevölkerung ist infolge einer früheren Infektion bereits immun gegen Toxoplasmose. Diese Infektion kann derart leicht verlaufen sein, dass die grippeähnlichen Symptome, das schwache Fieber und die geschwollenen Drüsen unbemerkt bleiben. Eine Erstinfektion in der Schwangerschaft kommt selten vor (1 zu 2000), kann aber schwere Schädigungen des Babys verursachen. Während der ersten drei Schwangerschaftsmonate besteht für das Baby ein niedriges Infektionsrisiko, aber ein hohes Risiko einer schweren Schädigung; dazu gehören frühe oder späte Fehlgeburt oder schwere neurologische Schädigungen (HYDROZEPHALUS, Augenschäden). Gegen Ende der Schwangerschaft ist eine Infektion wahrscheinlicher, verursacht aber kaum noch neurologische Schädigungen.

Eine Infektion kann mithilfe eines Bluttests festgestellt werden. Bei positivem Resultat kann durch eine Behandlung mit Antibiotika das Risiko einer Übertragung auf das Baby reduziert werden. Durch eine Nabelschnurpunktion (*siehe* S. 143) kann festgestellt werden, ob das Baby infiziert ist. In diesem Fall entscheiden sich manche Frauen für eine Beendigung der Schwangerschaft.

Tuberkulose

In Entwicklungsländern tritt diese Krankheit häufig auf. Durch die oftmalige Beteiligung der Beckenorgane führt Tuberkulose zu Unfruchtbarkeit. Aufgrund der zunehmenden weltweiten Migration treten jedoch in den Industriestaaten immer mehr Tuberkulose-Fälle bei Schwangeren auf. HIV-infizierte Frauen sind aufgrund der Immunschwäche anfälliger für Tuberkulose. Eine offene TB in der Schwangerschaft wird normalerweise mit speziellen Antibiotika behandelt. Wenn die TB zum Zeitpunkt der Entbindung nicht akut ist, muss das Baby gegen TB geimpft werden.

Listeriose

Listerien sind Bakterien, die in Nahrungsmitteln vorkommen. Eine Infektion während der Schwangerschaft ist selten, kann aber schwer wiegende Folgen für das Baby haben, einschließlich einer späten Fehlgeburt und intrauterinem Fruchttod. Während der Schwangerschaft besteht eine geringere Resistenz gegen Listerien, die sich in der Plazenta rapide vermehren. Es kommt zu grippeähnlichen Symptomen mit Unwohlsein, Übelkeit, Durchfall und Bauchschmerzen. Penicillin bietet eine wirksame Therapie.

Streptokokken–B–Infektion

Zwischen fünf und 30 Prozent aller Frauen weisen dieses in der Regel im Darm vorkommende Bakterium im oberen Scheidenbereich auf. Meist werden keinerlei Beschwerden festgestellt, es kann aber auch zu Ausfluss oder Harnwegsinfektion kommen. Wenn bei der Geburt eine Streptokokken-B-Infektion vorliegt, kann das Baby angesteckt werden. Zwar entwickeln nur ein Prozent der gefährdeten Babys durch Verschlucken vaginaler Sekretionen eine Streptokokken-B-Infektion, doch diese Infektion kann beim Neugeborenen tödlich verlaufen.

Zwei Tage nach der Geburt treten Anzeichen einer Blutvergiftung und Meningitis auf. Frühgeborene tragen ein erhöhtes Infektionsrisiko, besonders nach einem Blasensprung der Mutter. Ein vorgeburtlicher Test auf eine Streptokokken-Infektion ist zwar zu 100 Prozent zuverlässig, wird allerdings nicht routinemäßig vorgenommen. Durch Verabreichung bestimmter Antibiotika während der Wehen kann das Baby vor einer Infektion geschützt werden.

Sexuell übertragbare Krankheiten

HERPES

Es gibt zwei verschiedene Arten einer Herpes-Infektion. Typ 1 (HSV 1) verursacht Lippenbläschen. Typ 2 (HSV 2), bekannt als Genitalherpes, verursacht schmerzhafte Bläschen an Vulva, Scheide oder Gebärmutterhals. Wenn kurz vor der Entbindung eine Infektion mit genitalem Herpes erfolgt, besteht ein zehnprozentiges Risiko, dass das Baby während der Geburt

angesteckt wird. Eine Infektion kann zu einer Enzephalitis oder Meningitis führen. Aus diesem Grund wird zu einem Kaiserschnitt geraten. Nach der Entbindung erhält das Baby antivirale Medikamente. Nach der Erstinfektion produziert die Mutter Antikörper, die einen späteren Fetus schützen. Zweitinfektionen während der Schwangerschaft sind für die Mutter unangenehm, fügen dem Baby aber keinen Schaden zu.

GONORRHÖ

Gonorrhö (Tripper) ist eine hoch ansteckende, bakterielle Infektion, die normalerweise den Gebärmutterhals befällt, aber auch Harnröhre, Rektum oder den Hals infizieren kann. Sie wird in vielen Fällen von einer CHLAMYDIEN-, TRICHOMONASIS- und SYPHILIS-Infektion begleitet. Ungeschützter Geschlechtsverkehr mit einem infizierten Partner führt in 90 Prozent der Fälle zu einer Infektion. Die Infektion kann unbemerkt verlaufen oder von Ausfluss, Schmerzen und Unbehagen beim Wasserlassen begleitet werden. Sie kann darüber hinaus eine Beckenentzündung verursachen, bei der die Eileiter geschädigt werden, was zu EKTOPER SCHWANGERSCHAFT und Unfruchtbarkeit führen kann. Bei einer Infektion in der Schwangerschaft kann es zu einem vorzeitigem Blasensprung und einer Frühgeburt kommen. Das Risiko einer nachgeburtlichen Beckenentzündung und Ausbreitung der Infektion (schmerzhafte Gelenke und

Ausschlag) ist stark erhöht. Die Diagnose wird mithilfe eines Muttermundabstriches gestellt. Die Behandlung erfolgt mit Penicillin. Während der Schwangerschaft besteht für das Baby zwar keinerlei Ansteckungsgefahr, doch der Kontakt mit den Organismen während der Geburt kann zu einer Bindehautentzündung und in manchen Fällen auch zu einer Blutvergiftung führen.

CHLAMYDIENINFEKTION

Eine Chlamydieninfektion kommt bei Frauen im gebärfähigen Alter überaus häufig vor. Während immerhin 40 Prozent der infizierten Männer Symptome aufweisen, wie Ausfluss aus dem Penis, Hodenentzündung und Beschwerden beim Wasserlassen, treten nur bei 15 Prozent der betroffenen Frauen Symptome auf, wie Ausfluss, Beckenschmerzen oder Probleme beim Wasserlassen. Doch auch ohne Symptome kann eine Infektion von Scheide, Gebärmutterhals, Gebärmutter, After, Harnröhre oder Augen bestehen und ernste Folgen haben. Eine Schädigung der Eileiter erhöht das Risiko einer ektopen Schwangerschaft und kann zu Unfruchtbarkeit führen. Besteht die Infektion zum Zeitpunkt der Entbindung, werden 40 Prozent der Babys angesteckt. Chlamydien sind die häufigste Ursache einer neonatalen Bindehautentzündung, die zu Blindheit oder Lungenentzündung führen kann. Bei einer frühen Diagnose kann die Infektion mit Antibiotika wirksam behandelt werden.

SYPHILIS (LUES)

Eine Syphilis-Infektion wird von dem Bakterium Treponema pallidum übertragen. Die Krankheit ist heute selten, nimmt jedoch in bestimmten Bevölkerungsgruppen wieder zu. Durch eine frühe Penicillinbehandlung kann eine Schädigung des Babys verhindert werden. Im Erststadium der Infektion erscheint ein Geschwür (Schanker), das Herpes ähnelt, aber weniger schmerzhaft ist und drei bis sechs Wochen bestehen bleibt. Unbehandelt schreitet die Krankheit in wenigen Monaten ins zweite Stadium fort mit Fieber, juckendem Ausschlag, geschwollenen Drüsen, Gewichtsabnahme und Müdigkeit. Im dritten Stadium kommt es einige Jahre später zu einer Schädigung von Gehirn, Nerven und anderen Organen. Während der Schwangerschaft kann das Bakterium nach der 15. Woche die Plazenta durchdringen und den Fetus infizieren. 70 Prozent der infizierten Frauen übertragen die Krankheit auf den Fetus. Wenn der Fetus die Erstinfektion überlebt, befindet er sich bei der Geburt bereits im zweiten Krankheitsstadium. Bei 30 Prozent der Babys kommt es zu einer Totgeburt und weitere 30 Prozent leiden bei der Geburt an der angeborenen Syphilis mit Anfällen, Entwicklungsverzögerung, Haut- und Mundgeschwüren, Knochenerkrankungen, Gelbsucht, Anämie und Mikrozephalie. Die Infektion der Mutter kann meist durch eine einmalige Penicillingabe geheilt werden. So kann eine Infektion des Fetus vermieden werden. Gegebenenfalls erhält das Baby bei der Geburt nochmals Antibiotika.

HIV-INFEKTION

Eine HIV-Infektion wird durch Geschlechtsverkehr, die Benutzung infizierter Injektionsnadeln oder über infiziertes Blut und Blutprodukte übertragen. In den westlichen Ländern finden sich die meisten Fälle einer HIV-Infektion bei homosexuellen/bisexuellen Männern und heterosexuellen Drogenabhängigen. In manchen afrikanischen Ländern jedoch sind bis zu 40 Prozent der Schwangeren infiziert.

Eine Schwangerschaft scheint keine Auswirkungen auf die Gesundheit der HIV-infizierten Frau zu haben, hat aber ernste Folgen für das Baby. Annähernd 20 Prozent der HIV-infizierten Neugeborenen erkranken im ersten Lebensjahr an Aids und sterben noch vor dem vierten Geburtstag. Viele andere entwickeln vor dem sechsten Lebensjahr das Vollbild Aids. Ein routinemäßiger Test und eine Behandlung HIV-positiver Schwangerer kann das Risiko einer Übertragung auf das Baby stark senken, die Entwicklung des Vollbildes Aids bei der Mutter verzögern und so ihre Lebenserwartung erhöhen. Das Risiko einer Ansteckung des Babys kann durch die Behandlung mit antiretroviralen Medikamenten in den letzten Monaten der Schwangerschaft von 20 auf zwei Prozent reduziert werden; dabei wird das Baby per Kaiserschnitt entbunden. Das Neugeborene wird ebenfalls behandelt und nicht gestillt.

TRICHOMONASIS

Diese Infektion wird durch den Organismus Trichomonas vaginalis verursacht, der das Harnwegssystem und die Vagina besiedelt. Häufig liegt auch eine Chlamydien- und Gonorrhöinfektion vor. Die Infektion kann symptomfrei verlaufen oder einen dünnen, schaumigen, gelbgrünen Ausfluss mit fischigem Geruch sowie Schmerzen und eine Entzündung von Scheide und Harnröhre verursachen. Eine Infektion in der Schwangerschaft kann eine Lungenentzündung beim Neugeborenen verursachen. Die Diagnose wird durch einen Muttermund- oder Scheidenabstrich gestellt. Die Therapie erfolgt durch die Gabe spezieller Antibiotika.

BAKTERIELLE VAGINOSE

Eine häufige Ursache von Scheidenausfluss, die 10–20 Prozent der Frauen betrifft, aber auch symptomfrei verlaufen kann. Der Ausfluss ist normalerweise dünnflüssig, gräulich mit stark fischigem Geruch. Er juckt nicht. In der Schwangerschaft ist das Scheidenmilieu weniger sauer, was das Wachstum von vielen Bakterien, die bei einer Vaginose beteiligt sind, begünstigt. Die Infektion gilt als Wegbereiter für andere Infektionen, wie Eileiter- und Gebärmutterentzündungen, die durch andere Keime, z. B. Chlamydien, verursacht werden.

In der Schwangerschaft besteht bei einer Infektion ein erhöhtes Risiko für vorzeitigen Blasensprung und Frühgeburt. Trotz Antibiotikabehandlung kann es zu Rückfällen kommen. In der Schwangerschaft sollte auch eine symptomfrei verlaufende Vaginose behandelt werden.

ANOMALIEN BEIM FETUS

Angeborene Anomalien haben oft genetische Ursachen. Andere sind Folge äußerer Einflüsse während der Schwangerschaft oder treten aus unbekannter Ursache auf. Weitere Informationen zu diesem Thema finden Sie im Kapitel über Vorsorgeuntersuchungen (*siehe* S. 134ff.))

CHROMOSOMENABERRATIONEN

Diese Anomalien gehen auf einen Fehler in der Anordnung der 23 Chromosomenpaare zurück; entweder sind zu viele oder zu wenige vorhanden oder ein Chromosom ist anomal. Die häufigste Chromosomenstörung, das Down-Syndrom, wird auf S. 147 beschrieben.

Trisomien

PATAU-SYNDROM (TRISOMIE 13)
Beim Patau-Syndrom, das bei jeder 10000. Lebendgeburt auftritt, erfolgt meist eine Fehlgeburt in der Frühschwangerschaft; von den 20 Prozent, Lebendgeborenen sterben die meisten in den ersten Tagen nach der Geburt. Überlebende Babys haben eine schwere geistige Behinderung. Typisch sind Mikrozephalie und schwere Gesichtsmissbildungen, überzählige Finger und Zehen, NABELSCHNURBRUCH und HERZ- UND NIERENSCHÄDIGUNGEN. Sie werden normalerweise während der Schwangerschaft im Ultraschall erkannt.

EDWARD-SYNDROM (TRISOMIE 18)
Dieses Syndrom tritt bei jeder 7000. Geburt auf. Zu den körperlichen Missbildungen zählen IUGR, ein erdbeerförmiger Kopf, HIRN-PLEXUS-PAPILLON, HERZ- UND NIERENSCHÄDIGUNGEN, ZWERCHFELLBRUCH, NABELSCHNURBRUCH, fliehender Kiefer, niedrig angesetzte Ohren, verkürzte Gliedmaßen, geballte Hände und Füße. DieAnomalien können auf dem zweiten Ultraschall um die 20. Woche erkannt werden. Der integrierte Test (*siehe* S. 138) identifiziert 60 Prozent aller Babys mit Edward-Syndrom. Es besteht eine schwere geistige Behinderung. Die meisten betroffenen Babys sterben im ersten Lebensjahr.

Triploidie

Das Vorhandensein eines zusätzlichen Chromosomensatzes 23 wird als Triploidie bezeichnet. Die Mutation kann entstehen, wenn eine Eizelle von mehr als einem Spermium befruchtet wird oder wenn sich die befruchtete Eizelle nicht teilt. Eine Triploidie tritt in zwei Prozent der Befruchtungen auf. Diese Schwangerschaften enden meist mit einer Fehlgeburt. Wenn das zusätzliche Chromosomenpaar vom Vater stammt, entwickelt sich der Embryo nicht weiter, aber das Plazentagewebe wächst schnell und unkontrolliert. Die Schwangerschaft dauert selten über die 20. Woche an (BLASENMOLE). Wenn die zusätzlichen Chromosomen von der Mutter stammen, kann die Schwangerschaft bis ins dritte Trimester andauern. Der Fetus hat gewöhnlich eine schwere asymmetrische Wachstumsretardierung.

Translokation

Bei einer Translokation hängt sich ein Teil eines Chromosoms an das Ende eines anderen. Menschen, bei denen eine balancierte (d.h. ausgeglichene) Translokation besteht, haben keine gesundheitlichen Probleme, weil das normale Chromosom die Wirkung des anomalen aufhebt. Wenn sie jedoch Eltern werden, gibt es drei Möglichkeiten: Das Baby hat normale Chromosomen; es erbt die balancierte Translokation; oder es erbt eine unbalancierte Translokation. Letztere führt zu einer Fehlgeburt oder einer schweren Anomalie des Babys. Es kommt auch zu mentalen Defiziten. Translokationen sind Ursache für wiederkehrende Fehlgeburten. Es können auch neue Translokationen auftreten, die nicht ererbt sind.

Anomalien der Geschlechtschromosomen

TURNER-SYNDROM (MONOSOMIE X)

Es tritt bei einer von 2500 Lebendgeburten auf; dabei fehlt eines der beiden X-Chromosomen vollständig. Diese Mädchen sind normal intelligent, aber ihr Wachstum ist stark beeinträchtigt. Sie bekommen keine Menstruation und sind unfruchtbar. Andere körperliche Auffälligkeiten sind überzähliges Gewebe am Nacken und ein Cubitis valgus (Fehlstellung des Ellbogens in X-Stellung). Ein hoher Prozentsatz der Feten mit einem einzigen X-Chromosom geht durch Fehlgeburt ab oder wird bei der Pränataldiagnostik erkannt. Anomalien, die im Ultraschall erkannt werden, sind eine Wassergeschwulst am Nacken, HERZFEHLER, HYDROPS FETALIS und Nierenmissbildung.

KLINEFELTER-SYNDROM (XXY-SYNDROM)

Wenn Jungen ein zusätzliches X-Geschlechtschromosom haben, spricht man vom Klinefelter-Syndrom, das bei einer von 1000 Lebendgeburten auftritt. Betroffene Erwachsene sind groß mit verringertem Kopfumfang und schwacher Intelligenz, doch normalerweise nicht geistig behindert. Männer mit Klinefelter-Syndrom sind unfruchtbar und anfällig für Autoimmunerkrankungen, Tumore und Herz-Kreislauferkrankungen.

TRIPLE-X-SYNDROM (XXX-SYNDROM)

Frauen mit einem zusätzlichen X-Geschlechtschromosom besitzen eine normale Fruchtbarkeit. Ihre geistigen Fähigkeiten sind sehr unterschiedlich. Manche haben eine etwas verminderte Intelligenz, doch nur selten im Bereich einer geistigen Behinderung. Das Triple-X-Syndrom tritt bei jeder 1000. Lebendgeburt auf.

SUPERMASKULINITÄT (XYY-SYNDROM)

Manche Jungen verfügen über ein zusätzliches Y-Chromosom. Aussehen, geistige Entwicklung und Fruchtbarkeit sind normal. Als Erwachsene leiden sie verstärkt unter Sprach- und Leseschwierigkeiten, Hyperaktivität, impulsivem und aggressivem Verhalten. Das Syndrom kommt etwa bei jeder 1000. Lebendgeburt vor.

Dominante Erbkrankheiten

FAMILIÄRE HYPERCHOLESTERINÄMIE

Diese relativ häufige dominante Erbkrankheit betrifft etwa einen von 500 Menschen, in erster Linie Männer. Hohe Cholesterinspiegel und eine Verengung der Hauptblutgefäße führen schon in jungem Alter zu Herzinfarkten und Fettablagerungen um die Augenlider. Falls eine familiäre Vorbelastung vorliegt, kann bei der Geburt Nabelschnurblut auf einen hohen Cholesterinspiegel getestet werden. Damit kann eine eindeutige Diagnose schon bei der Geburt gestellt werden und man kann durch vorbeugende Maßnahmen den Schweregrad der Krankheit erheblich reduzieren.

HUNTINGTON-KRANKHEIT

Diese dominante Krankheit betrifft einen von 20 000 Menschen und bricht schleichend im mittleren Alter aus, beginnend mit Persönlichkeitsveränderungen und fortschreitend zu unkontrollierten Bewegungen, aggressivem sexuellem Verhalten und Demenz. Kinder betroffener Eltern erkranken mit 50%iger Wahrscheinlichkeit an Huntington. Es wird keine Generation übersprungen. Neue Studien zeigen, dass das anomale Gen auf Chromosom 4 liegt; eine Analyse der fetalen DNA aus einer Chorionzottenbiopsie liefert eine zuverlässige pränatale Diagnose. Für betroffene Familien ist eine genetische Beratung unverzichtbar.

Rezessive Erbkrankheiten

TAY-SACHS SYNDROM

Diese tödliche rezessive Krankheit wird durch einen Mangel des Enzyms Hexosaminidase A verursacht, der dazu führt, dass Fett in den Nervenzellen des Gehirns abgelagert wird. Erkrankte Babys erscheinen zunächst normal, entwickeln aber mit sechs Monaten eine zunehmende motorische Schwäche und geistige Behinderung. Das Kind wird blind, taub, kann nicht mehr schlucken und leidet an immer schwereren Krampfanfällen, bevor es mit drei oder vier Jahren stirbt. Überträger der Krankheit können durch einen Bluttest vor oder während der Schwangerschaft identifiziert werden. Wenn beide Eltern Überträger sind, besteht in jeder Schwangerschaft ein 25%iges

Risiko, dass das Baby betroffen ist. Durch eine Amniozentese oder Chorionzottenbiopsie kann die Diagnose gestellt werden. Da es keine Behandlung für die Krankheit gibt, entscheiden sich viele betroffene Paare für einen Abbruch der Schwangerschaft.

MUKOVISZIDOSE (ZYSTISCHE FIBROSE)

Dies ist die am häufigsten auftretende rezessive Erbkrankheit; sie kommt bei einer von 2500 Lebendgeburten vor. Die Krankheit geht auf eine Störung der Ausscheidung von Drüsenabsonderungen zurück und führt zu fortschreitenden zystisch-fibrotischen Veränderungen, wobei die Sekretionen von Lunge, Verdauungssystem und Schweißdrüsen dick und zäh werden. Schleim sammelt sich in der Lunge an und führt zu schweren Brustinfektionen. Da die Bauchspeicheldrüse und die Leber ebenfalls betroffen sind, ist auch der normale Fluss der Verdauungssysteme im Darm beeinträchtigt. Dies führt zu einer Mangelernährung, wenn nicht sofort mit der Gabe von Enzympräparaten begonnen wird. Die Krankheit kann unterschiedlich verlaufen. Manche Babys sterben im ersten Lebensjahr, andere überleben bis ins mittlere Alter. Regelmäßige Krankengymnastik kann die Lungenprobleme bessern. Betroffene Männer sind unfruchtbar, weil die Samenleiter blockiert sind.

Etwa einer von 22 Mitteleuropäern ist Träger der häufigsten für Mukoviszidose verantwortlichen Genmutation, die auf Chromosom 7 lokalisiert ist; es ist möglich, eine pränatale Diagnostik durchzuführen. Es gibt jedoch verschiedene Mutationen des verantwortlichen Gens. Mithilfe der heute verwendeten Testverfahren können nur 85 Prozent der Überträger identifiziert werden. Nach einer Untersuchung sollten Paare eine umfassende genetische Beratung erhalten und sich auch der Grenzen der Testmöglichkeiten bewusst sein.

PHENYLKENTONURIE (PKU)

Diese rezessive Erbkrankheit wird durch ein defektes Gen verursacht, das zu einem Mangel des Enzyms führt, das die essenzielle Aminosäure Phenylalanin in Tyrosin abbaut. Das Phenylalanin reichert sich im Blut an und wirkt auf das sich entwickelnde Gehirn toxisch. Wenn bereits in den ersten Lebenswochen eine spezielle Diät begonnen wird, kann einer irreversiblen Hirnschädigung und Lernschwierigkeiten vorgebeugt werden. Alle Babys werden in den Tagen nach der Geburt auf PKU getestet.

SICHELZELLANÄMIE UND THALASSÄMIE

Wenn Sie aus dem Mittelmeerraum oder Afrika stammen, wird Ihnen ein Elektrophorese-Mobilitätstest zur Untersuchung des Hämoglobins angeboten, um festzustellen, ob Sie an einer Veranlagung zu Sichelzellanämie oder Thalassämie (*siehe* S. 424) leiden. Wenn Sie die Anlage tragen, muss auch der Sichelzellstatus Ihres Partners in der Frühschwangerschaft überprüft werden. Wenn das Baby die Anlage von beiden Eltern erbt, kann es an Sichel-

zellanämie erkranken. Diese führt zu einer schweren Anämie, zu Infektionen, Schmerzen und möglichem Herz- und Nierenversagen. Auch wenn Sie die Anlage zu einer A- oder B-Thalassämie tragen, muss Ihr Partner getestet werden. Ein Baby mit voll ausgebildeter Thalassämie leidet an schwerer Anämie und Eisenanreicherung, was zu multiplem Organversagen führt. Wenn beide Eltern Überträger der Sichelzellanämie sind, kann eine Amniozentese oder Chorionzottenbiopsie vorgenommen werden, um festzustellen, ob das Baby betroffen ist.

Geschlechtsgebundene Erbkrankheiten

DUCHENNE-MUSKELDYSTROPHIE

Die häufigste geschlechtsgebundene Krankheit betrifft einen von 4000 Jungen. Im Alter von vier bis zehn Jahren verliert der Junge aufgrund zunehmender Muskelschwäche die Fähigkeit zu laufen. Weibliche Überträgerinnen der DMD konnten bisher nur durch den Nachweis eines erhöhten Spiegels des Muskelenzyms Creatinkinase im Blut identifiziert werden. Dieser Test war unzuverlässig und den meisten betroffenen Paaren mit einem männlichen Fetus wurde daher ein Abbruch der Schwangerschaft angeboten. Inzwischen konnte das DMD-Gen identifiziert werden. In annähernd zwei Drittel der Familien fehlt ein Teil des Chromosoms X. Daher können die meisten Überträgerinnen vor der Schwangerschaft identifiziert werden. Eine Pränataldiagnostik kann auch mit fetaler DNA vorgenommen werden.

HÄMOPHILIE (BLUTERKRANKHEIT)

Diese auf dem X-Chromosom liegende rezessive Störung betrifft einen von 10000 Jungen und geht auf einen Mangel an Blutgerinnungsfaktoren zurück. Aus diesem Grund gerinnt das Blut zu langsam. Es gibt zwei Typen der Hämophilie. Der häufigere ist die Hämophilie A, bei der niedrige Spiegel des Faktors VIII vorhanden sind. Bei Hämophilie B besteht ein Mangel an Faktor IX. Symptome beider Formen sind andauernde Blutungen aus Wunden und in Gelenken, Muskeln und Gewebe bei den geringsten Verletzungen. Die Schwere der Erkrankung hängt davon ab, wie wenig Gerinnungsfaktor im Blut vorhanden ist.

Mittlerweile können Hämophilie A und B mithilfe von Injektionen oder Transfusionen von Plasma, das die fehlenden Gerinnungsfaktoren enthält, behandelt werden. Dank ärztlicher Hilfe können die Betroffene oft ein normales Leben führen. Da Überträgerinnen normale oder niedrige Spiegel der Gerinnungsfaktoren aufweisen, war ein Test vor der Möglichkeit eines DNA-Tests unzuverlässig. In Familien mit familiärer Vorbelastung können Überträgerinnen nun vor einer Schwangerschaft zuverlässig identifiziert werden; bei ihnen kann ein DNA-Test an fetalem Gewebe feststellen, ob ein männliches Baby betroffen ist.

MARTIN-BELL-SYNDROM

Die Störung, die auf dem X-Chromosom auftritt, ist die am häufigsten vorkommende Form einer geistigen Behinderung (die Wahrscheinlichkeit, dass ein Baby daran leidet, beträgt 1 zu 1500 bei Jungen und 1 zu 2500 bei Mädchen).

Die geistige Behinderung kann bei den Überträgerinnen außerordentlich unterschiedlich ausgeprägt sein; heute ist ein DNA-Test zur Bestätigung einer Verdachtsdiagnose möglich. Eine genetische Beratung sollte allen Frauen, in deren Familie Fälle geistiger Behinderung aufgetreten sind, angeboten werden, da jede 200. Frau die Genmutation in sich trägt.

ANDERE ANGEBORENE BEHINDERUNGEN

Im Folgenden werden fetale Anomalien beschrieben, für die es keine bekannte spezifische genetische Ursache gibt, obwohl manche, wie z. B. Neuralrohrdefekte, familiär gehäuft auftreten. Viele dieser Anomalien werden bei Ultraschalluntersuchungen erkannt.

Neuralrohrdefekte

Sie gehören zu den häufigsten und schwersten angeborenen Anomalien. Ohne pränatale Diagnostik ist etwa eines von 400 Babys betroffen. Beim Embryo schließt sich das Neuralrohr während der ersten vier Schwangerschaftswochen nicht richtig, was zu einer unvollständigen Entwicklung des Gehirns und der Wirbelsäule und zu unterschiedlich schweren bleibenden neurologischen Schädigungen führt. Die schwersten Formen sind Anenzephalie (die Schädelknochen sind unvollständig ausgebildet und

das Gehirn unterentwickelt) und Enzephalozele (Hirngewebe tritt durch ein Loch im Schädel). Diese Babys werden nur selten lebend geboren. Bei einer Spina bifida (Meningomyelozele) wölbt sich ein Rückenmarkabschnitt aus der knöchernen Wirbelsäule. Die Vorwölbung kann mit der Membranschicht bedeckt (geschlossen) sein oder frei liegen (offene Meningomyelozele.) Das Ausmaß der Lähmung, Schwäche und sensorischen Beeinträchtigung ist unterschiedlich und reicht von einem Leben im Rollstuhl bis zu leichten Beeinträchtigungen beim

Gehen. Babys mit einer offenen Spina bifida sind jedoch häufig schwer behindert; oft sind operative Eingriffe erforderlich. In schweren Fällen entwickelt sich meist ein HYDROZEPHALUS, was zu geistiger Behinderung mit Lernbeeinträchtigung führt. Die leichteste Form ist Spina bifida occulta mit zweigespaltenem Wirbelbogen und ohne Fehlbildungen; die Fehlbildung bleibt gewöhnlich unbemerkt und liegt bei 5 Prozent aller gesunden Babys vor. Die vorgeburtlichen Möglichkeiten zur Feststellung einer Spina bidifa aperta sind durch routinemäßige Ultraschalluntersuchungen stark verbessert worden. Zusätzlich zum Defekt der Wirbelsäule haben die meisten Babys mit Meningomyelozele muschelförmige Vorderschädelknochen und ein bananenförmiges Kleinhirn. Eine geschlossene Spina bifida hat eine bessere Prognose, weil die Schädigung nach der Geburt operativ leichter behandelt werden kann; sie ist vorgeburtlich allerdings schwieriger zu diagnostizieren.

Spina bifida kann familiär gehäuft auftreten; 95 Prozent der betroffenen Babys werden aber von Frauen ohne familiäre Vorbelastung geboren. Es wird ein Zusammenhang mit ungesunder Ernährung vermutet. Die Einnahme von Folsäurepräparaten drei Monate vor der Empfängnis sowie während des ersten Trimesters beugt in 75 Prozent der Fälle vor.

Hydrozephalus

Diese Erkrankung (oft als Wasserkopf bezeichnet) wird durch ein Übermaß an Liqor cerebrospinalis (Gehirn-Rückenmark-Flüssigkeit) verursacht. Dabei ist entweder der Flüssigkeitskreislauf behindert oder es besteht eine Überproduktion bzw. verringerte Absorption der Flüssigkeit. Hydrozephalus tritt oft in Verbindung mit Spina bifida auf oder folgt auf eine Hirnblutung bei einem Frühgeborenen. Besteht der Hydrozephalus bereits vor der Geburt, kann er im Ultraschall festgestellt werden. Wenn ein Flüssigkeitsstau besteht, kann er nach der Geburt durch einen ins Gehirn eingeführten Schlauch abgesaugt und in die Bauchhöhle oder zum Herzen geleitet werden. Gelegentlich wird ein Wasserkopf als geschlechtsgebundene rezessive Störung vererbt. Eine genetische Beratung ist empfehlenswert.

Mikrozephalie

Bei betroffenen Babys sind Schädelknochen und Gehirn unterdurchschnittlich klein. Die Babys sind beinahe immer geistig schwer behindert. Zu den bekannten Ursachen gehören eine Rötelninfektion im ersten Trimester, ZYTOMEGALOVIRUS, TOXOPLASMOSE und SYPHILISINFEKTION, eine schwere Strahlenschädigung, Heroin- und Alkoholabhängigkeit der Mutter. Nur in wenigen Fällen besteht eine erbliche genetische Störung. Oft kann keine eindeutige Ursache gefunden werden.

Hirn-Plexus-Papillom

Diese Zysten in den Kammern des Gehirns treten gewöhnlich beidseitig auf und werden in einem Prozent aller Ultraschalluntersuchungen in der 20. Woche erkannt. Meist handelt es sich um gutartige Gebilde, die sich in der 24. Woche zurückbilden. Wenn jedoch ein Hinweis auf TRISOMIE 18 besteht, ist eine umfassende Beratung erforderlich.

Anomalien des Darms

DUODENALATRESIE

Bei dieser Störung fehlt das kleine Darmstück (Zwölffingerdarm) zwischen Magenausgang und Krummdarm bzw. ist undurchlässig. Die Störung kann im Ultraschall erkannt werden, weil sich der Mageninhalt staut, da sich der Zwölffingerdarm nicht nach unten entleeren kann (was auch ein POLYHYDRAMNION verursachen kann). Die Blockade kann sofort nach der Geburt durch

eine Operation behoben werden. In 30 Prozent der Fälle liegt auch das Down-Syndrom vor.

SPEISERÖHRENATRESIE

Bei dieser Störung fehlt ein Stück der Röhre, die den Hals mit dem Magen verbindet, was sofort nach der Geburt zu Erbrechen und übermäßigem Speichelfluss führt. Oft besteht eine Verbindung zwischen Speiseröhre und Luftröhre. Daher muss sich im Ultraschallbild nicht unbedingt eine auffällige Stauung zeigen. Wenn ein Verbindungsgang vorliegt, besteht die Gefahr, dass Nahrungsmittel in die Lunge gelangen und das Baby erstickt. Eine Speiseröhrenatresie erfordert eine sofortige Operation.

AUFFÄLLIGKEITEN DES MEKONIUMS

Wenn der Stuhlgang im Ultraschall von weißen Streifen durchzogen ist, kann dies Folge einer Chromosomenanomalie, MUKOVISZIDOSE, einer Stuhlverstopfung, einer fetalen Infektion oder WACHSTUMRETARDIERUNG sein.

Zwerchfellbruch

Diese schwere angeborene Anomalie kommt bei einem von 3000 Babys vor und kann in der 20. Woche im Ultraschall diagnostiziert werden. Das Zwerchfell trennt die Brustorgane (Herz und Lunge) von den Bauchorganen (Leber, Magen, Milz, Därme). Wenn bei der Entwicklung des Zwerchfells ein Defekt auftritt, können diese Bauchorgane teilweise in den Brustkasten treten. Bei etwa

50 Prozent der Feten bestehen weitere Chromosomenanomalien, genetisch bedingte Syndrome oder andere strukturelle Anomalien. Bei der Geburt benötigt das Baby sofortige Intensivpflege und Beatmung, bevor mehrere Operationen durchgeführt werden. In seltenen Fällen wird schon vor der Geburt ein Eingriff vorgenommen.

Defekte der Bauchwand

NABELSCHNURBRUCH (OMPHALOZELE)

Ein Nabelschnurbruch kommt bei einem von 5000 Babys vor und wird durch einen Defekt in der Bauchwand unterhalb des Bauchnabels verursacht, durch den Teile des Dünndarms und der Leber treten, die von der Bauchfellmembran bedeckt sind. Die meisten Fälle werden im Ultraschall während der Schwangerschaft erkannt. Bei etwa 50 Prozent besteht eine assoziierte chromosomenbedingte Anomalie von Herz oder Blase. Eine Chromosomenanalyse und Ultraschalluntersuchungen sind zur Beurteilung des Problems notwendig. Wenn nur ein Nabelschnurbruch vorliegt, hat eine operative Korrektur nach der Geburt eine gute Prognose, auch wenn mehrere Operationen erforderlich werden können.

BAUCHSPALTE (GASTROSCHISIS)

Dabei besteht eine Lücke in der vorderen Bauchwandung, durch die Stuhlgang austritt. In den meisten Fällen handelt es sich um ein isoliertes Problem, das nicht mit einer Chromosomenaberration verbunden

ist. Der Bauchwanddefekt ist normalerweise klein und kann problemlos operiert werden.

Herzfehler

Strukturelle Herzfehler sind die häufigsten schweren angeborenen Fehlbildungen bei Neugeborenen; etwa acht von 1000 Lebendgeburten sind betroffen. Sie sind eine häufige Ursache von Todesfällen nach der Geburt und im Kindesalter. Herzfehler kommen häufiger vor bei Frühgeborenen, bei Babys mit Down-Syndrom, nach Rötelninfektionen oder bei Müttern, die eine angeborene Herzkrankheit, Diabetes oder Epilepsie haben oder aus vorbelasteten Familien stammen. Bei 30 Prozent der Babys besteht neben dem Herzfehler eine weitere strukturelle Abnormität, bei 20 Prozent liegt eine Chromosomenstörung vor.

Viele Herzfehler können im Ultraschall schon um die 20. Schwangerschaftswoche erkannt werden. Bei einem entsprechenden Verdacht werden weitere Untersuchungen veranlasst. Manche Herzfehler erfordern nach der Geburt eine sofortige Operation, während bei anderen abgewartet werden kann.

SEPTUMDEFEKTE

Diese »Löcher im Herzen« machen 50 Prozent der angeborenen Herzfehler aus. Dabei besteht ein Loch in der Scheidewand (Septum), die die beiden oberen (interartiale) oder unteren (interventrikulare) Herzkammern trennt, was dazu führt, dass sich sauerstoffreiches und sau-

erstoffarmes Blut vermischt. Bei einem Atriumdefekt treten oft nur wenige Symptome auf, aber bei einem Ventrikelseptumdefekt kann ein lautes Herzgeräusch zu hören sein, und da das Herz stärker pumpen muss, vergrößert es sich. Unbehandelt kann das Problem sehr ernste Folgen haben, vor allem wenn es durch eine ZYANOSE (Blausucht) verkompliziert wird.

ZYANOSE (BLAUSUCHT)

Diese Störung macht 25 Prozent aller angeborenen Herzkrankheiten aus. Je nach Ausmaß der Schädigung sind die Aussichten für das Baby häufig schlecht. Bei der Fallot-Tetralogie (einem der häufigen mehrfachen angeborenen Herzfehler) bestehen ein schwerer Septumdefekt, eine Aortenanomalie und eine Verengung der Lungenklappe. Wenn Aorta und Lungenklappe falsch miteinander verbunden sind, wird das Blut nicht mit Sauerstoff aus den Lungen angereichert und etwaiges sauerstoffhaltiges Blut gelangt zurück in die Lunge und wird nicht in den Körperkreislauf gepumpt.

OFFENER DUCTUS BOTALLI

Bei zehn Prozent der angeborenen Herzkrankheiten hat sich die Verbindung zwischen Herz und Lunge nach der Geburt nicht verschlossen. Der Defekt tritt bei frühgeborenen Babys häufiger auf. Normalerweise verschließt sich die Verbindung von selbst im Laufe der Zeit, muss jedoch manchmal auch medikamentös oder operativ behandelt werden.

HYPOPLASTISCHES LINKSHERZSYNDROM

Dieses liegt bei acht Prozent der Babys mit angeborenem Herzfehler vor. Die linke Seite des Herzens ist so stark unterentwickelt, dass das Baby nicht genügend sauerstoffreiches Blut erhält, wenn sich der Ductus Botali bei der Geburt schließt. Dieses Syndrom ist oft tödlich.

Hydrops fetalis

Dieses Syndrom kann bei verschiedenen Erkrankungen des Fetus oder der Mutter sowie nach Plazentastörungen auftreten. Im Ultraschall ist eine krankhafte Ansammlung von Flüssigkeit im Körper sichtbar, die zu einem allgemeinem Ödem sowie Flüssigkeitsansammlungen in Herz, Lunge und Bauchorganen führt. Ein Hydrops kann Folge einer schweren RHESUS-UNVERTRÄGLICHKEIT (*siehe* S. 128) sein. Er kann auch mit einer Chromsomenstörung, einer Herz-, Lungen-, Blut- und Stoffwechselstörung, einigen angeborenen Infektionen oder Missbildungen der Plazenta und der Nabelschnur einhergehen. Die Aussichten für das Baby sind schlecht, die Sterblichkeit liegt, je nach Ursache, bei 80–90 Prozent.

Nierenfehlbildungen

Nieren und Blase des Fetus sind bei der Ultraschalluntersuchung um die 20. Woche herum sichtbar. Schwer wiegende Nierenprobleme werden in den meisten Fällen von einem OLIGOHYDRAMNION begleitet, weil die Urinproduktion nachhaltig gestört ist.

POTTER-SYNDROM

Infolge des Mangels an Fruchtwasser fehlen die Nieren (Agenesie) oder sind unzureichend ausgebildet. Die Lunge ist unterentwickelt. Meist treten Gesichtsmissbildungen auf mit weit auseinander stehenden Augen, einer breiten Nasenwurzel, tief sitzenden Ohrmuscheln und kleinem Kiefer. Bei der Geburt wird kein Urin abgegeben und das Baby stirbt innerhalb weniger Stunden an Atemversagen. Das Problem ist selten und tritt eher bei Jungen auf.

HYDRONEPHROSE

Vergrößerte Nieren werden im Ultraschall bei zwei Prozent aller Feten im zweiten Trimester diagnostiziert. Sie gehen normalerweise auf eine Verengung oder Blockade einer oder beider Harnleiter zurück.

Wenn das Problem isoliert auftritt, ist es oft unbedeutend. Es kann jedoch mit einer Chromosomenabweichung zusammenhängen, besonders dem Down-Syndrom. Eine schwere Hydronephrose führt infolge des Drucks des angestauten Urins auf das normale Nierengewebe zu einer Nierenschädigung. Ein Katheter muss eingeführt werden, um ein Nierenversagen zu verhindern.

NIERENZYSTE

Diese rezessive genetische Störung tritt in unterschiedlicher Ausprägung auf. Bei manchen Feten sind im Ultraschall keine Auffälligkeiten der Nieren zu erkennen, doch kommt es im Teenageralter zu Nierenversagen. Bei anderen werden im Ultraschall um die 20. Woche stark vergrößerte Nieren festgestellt.

PRÄNATALCHIRURGIE

Einige wenige Anomalien beim Fetus können schon vor der Geburt operativ behoben werden. Diese Operationen werden in Spezialkliniken von entsprechend ausgebildeten Chirurgen ausgeführt. Bei den im Moment erfolgreichsten Techniken werden unter Ultraschallkontrolle Nadeln bzw. feine Schläuche durch den Bauch der Mutter in die Gebärmutter bzw. den Fetus eingeführt. Bei schweren Fällen einer Rhesusunverträglichkeit kann ein intrauteriner Blutaustausch erforderlich werden. Auch die Verabreichung von Medikamenten zur Korrektur von Herzrhythmusstörungen oder die Zerstörung lebensbedrohlicher Tumore kann direkt am Fetus vorgenommen werden. Gelegentlich wird fetales Gewebe zur Diagnose einer seltenen Erbkrankheit entnommen. In schweren Fällen von HYDROZEPHALUS oder NIERENZYSTE können unter Ultraschallkontrolle Schläuche zum Absaugen von Flüssigkeit eingeführt werden.

Eine offene Operation am Fetus ist unüblich. Sie wird nur im äußersten Notfall, z.B. bei Zwerchfellbruch, in Erwägung erwogen. Dabei wird der Bauch der Mutter geöffnet und ein Schnitt in die Gebärmutter gemacht, um Zugang zum Fetus zu erhalten und die Operation auszuführen. Es muss darauf geachtet werden, den Fetus warm zu halten, das Fruchtwasser zu ersetzen und die Plazenta nicht zu beschädigen. Nach der Operation besteht das Risiko einer Frühgeburt, einer Infektion und des Verlusts von Fruchtwasser.

SCHWANGERSCHAFT UND GEBURT

Zwar verlaufen die meisten Schwangerschaften und Geburten problemlos,
doch gelegentlich gibt es auch Komplikationen. Einige der Probleme,
die auftreten können, werden hier mit entsprechenden Informationen
und zeitgemäßen Behandlungsmethoden beschrieben.

Ektope Schwangerschaft

Bei einer ektopen Schwangerschaft
entwickelt sich das befruchtete Ei
außerhalb der Gebärmutter. Sie wird
auch als Eileiterschwangerschaft bezeichnet. Manche ektopen Schwangerschaften enden mit einer »Fehlgeburt« ohne Komplikationen. Es
besteht jedoch die Gefahr, dass die
Schwangerschaft fortbesteht und
die Wände des Eileiters durch-
bricht. Meist entwickelt sich die
Schwangerschaft in einem Eileiter,
gelegentlich auch im Eierstock oder
der Bauchhöhle.

Die allgemeinen Symptome entsprechen denen einer normalen
Frühschwangerschaft; der Schwangerschaftstest ist positiv. Es können
Schmerzen im unteren Bauchbereich auftreten, beinahe immer vor
Einsetzen einer vaginalen Blutung.
Wenn der Arzt eine ektope Schwangerschaft vermutet, wird eine Ultraschalluntersuchung durchgeführt.
Dabei sieht man, dass sich in der
Gebärmutter keine Fruchtblase
gebildet hat, auch wenn die Gebärmutterschleimhaut verdickt sein
kann. Eine ektope Schwangerschaft
wird durch einen endoskopischen
Eingriff oder eine Operation beendet. Manchmal ist auch ein medikamentöser Abbruch möglich.

Blasenmole

Eine Blasenmole (Blasenpapillom)
ist die häufigste Form eines Plazen-
tatumors. Es gibt eine totale und
eine partielle Blasenmole. Die totale
Blasenmole ist bei Mitteleuropäer-
innen selten (eine auf 1200–2000
Schwangerschaften), aber häufiger
bei Frauen aus Südostasien.

Ursachen sind Störungen der
Zottengefäßbildung oder eine Störung der Blastozystentwicklung. In
diesem Fall ist kein Embryo in der
Fruchtblase vorhanden, sondern
das Plazentagewebe entwickelt sich
rasch in unkontrollierter Weise und
ähnelt im Ultraschall einer Traube.
Oft kommt es zu anhaltenden Blutungen und schwerer Übelkeit. Die
Gebärmutter ist größer als es für die
Schwangerschaftsdauer zu erwarten
wäre. Eine totale Blasenmole kann
in einem kleinen Prozentsatz der
Fälle zu einem bösartigen Tumor
entarten, sodass eine spezielle Behandlung notwendig ist.

Eine partielle Blasenmole tritt
häufiger auf. Man vermutet dabei
meist eine unvermeidbare oder
unvollständige Fehlgeburt. Die
partielle Blasenmole enthält einen
Fetus/Embryo, der statt zwei drei
Chromosomenpaare hat (TRIPLOI-
DIE). Die Plazentazellen schwellen
an und wuchern, jedoch nicht so
stark wie bei einer totalen Blasenmole. Sie kann von einer Fehlgeburt
nur unterschieden werden, wenn
der Pathologe das der Gebärmutter
entnommene Gewebe untersucht.

Myome

Myome sind gutartige Schwülste der
Gebärmutterwandmuskeln von unterschiedlicher Größe (erbsen- bis
melonengroß). Man weiß nicht, wodurch sie verursacht werden. Sie
kommen familiär gehäuft vor. Die
meisten Schwangeren haben keine
Probleme mit bestehenden Myomen;
wenn sich aber der Embryo über einem in die Gebärmutterhöhle ragen-
den Myom einnistet, ist das Risiko
einer frühen Fehlgeburt erhöht.

Myome vergrößern sich oft in der
Schwangerschaft infolge des hohen
Östrogenspiegels und der verstärkten
Durchblutung der Gebärmutter.
Wenn die Blutzufuhr zum Myom unterbrochen wird, stirbt es ab. Eine
späte Fehlgeburt bzw. vorzeitige Wehen können die Folge sein. Große
Myome können zu einer anomalen
Kindslage führen. Ab und an verlegt
ein Myom den Geburtskanal, sodass
eine vaginale Entbindung nicht möglich ist. Myome schrumpfen normalerweise nach der Geburt wieder.

Muttermundschwäche (Zervixinsuffizienz)

Der Muttermund bleibt normalerweise während der Schwangerschaft fest und ist mit einem Schleimpfropf verschlossen. Bei einer Muttermundschwäche verkürzt er sich und öffnet sich im 4. oder 5. Schwangerschaftsmonat; damit besteht die Gefahr eines Blasensprungs und einer Fehlgeburt. Eine Muttermundschwäche ist selten; meist kam es bei einer früheren Geburt, einer Gebärmutterhalsoperation oder einem Abbruch zu einer Schädigung des Muttermundes. Bei einer Zervixinsuffizienz kann der Muttermund mit einer Naht verschlossen werden. Wenige Wochen vor dem Geburtstermin wird die Naht entfernt, sodass eine normale vaginale Entbindung möglich ist.

Venenthrombose

Während Schwangerschaft und Wochenbett ist das Risiko eines Blutgerinnsels oder einer Thrombose in einer Becken- oder Beinarterie erhöht. Eine Venenthrombose tritt jedoch bei weniger als einer von 1000 Geburten auf. Es gibt mehrere Risikofaktoren, die die Wahrscheinlichkeit einer Thrombose in der Schwangerschaft bei Frauen über 35 Jahren erhöhen: Bewegungsarmut, Rauchen, Übergewicht, operative Entbindung, frühere Thrombose, familiäre Vorbelastung, ausgeprägte Krampfadern, PRÄEKLAMPSIE, Dehydrierung, SICHELZELLANÄMIE, eine Infektionserkrankung der Mutter.

Eine Thrombose beginnt für gewöhnlich in den tiefen Beinvenen (tiefe Venenthrombose), kann sich aber unerkannt in die Oberschenkel- oder Beckenvenen ausbreiten. Dabei gelangt ein Blutpfropf mit dem Blutstrom in immer größere Venen. Weil sich vom Herzen weg die Schlagadern verengen, bleibt der Blutpfropfen dann irgendwo in einer Arterie stecken und verstopft das Gefäß. Das damit versorgte Lungengewebe ist plötzlich von der Blutzufuhr abgeschnitten. Das wird als Lungenembolie bezeichnet. Sie tritt nur bei jeder 6000. Geburt auf, kann aber überaus gefährlich sein. Bei Anzeichen einer Venenthrombose oder Lungenembolie sollten unverzüglich gerinnungshemmende Medikamente gespritzt werden.

Symptome sind Schmerzen und Anschwellen der Wade oder der Oberschenkelmuskeln mit lokaler Rötung und Empfindlichkeit des Beines – mit der Ferse kann beim Gehen nicht aufgetreten werden. Zur Behandlung wird ein elastischer Kompressionsverband angepasst. Sie müssen mit erhöhten Beinen liegen, bis sich die Blutgerinnung normalisiert hat.

Die typischen Symptome einer Lungenembolie sind Kurzatmigkeit, Brustschmerzen, Aushusten von Blut, Ohnmacht, Kollaps in Verbindung mit den Symptomen einer Venenthrombose. Eine Röntgenaufnahme und eine Untersuchung der Brust können das Vorliegen einer Lungenembolie bestätigen. Nach einer Lungenembolie erhalten betroffene Frauen noch drei bis sechs Monate lang eine medikamentöse Behandlung.

Cholestase

Diese seltene Erkrankung kann zu Komplikationen in der Spätschwangerschaft, einschließlich Totgeburt, führen. Das wichtigste Symptom ist ein schwerer Juckreiz ohne Ausschlag, am intensivsten in den Handflächen und Fußsohlen, verursacht durch Gallensalze, die unter der Haut abgelagert werden. Ein kleiner Prozentsatz der Frauen bekommt eine Gelbsucht. Der niedrige Gallenspiegel führt zu einer Reduktion der Absorption von Vitamin K, was die Gefahr einer Blutung bei Mutter oder Baby erhöht.

Eine Behandlung mit Ursodeoxycholsäure reduziert den Juckreiz und normalisiert die Leberfunktion. Vitamin K-Tabletten verbessern die Blutgerinnung. Empfohlen wird eine Einleitung der Geburt in der 37.–38. Schwangerschaftswoche.

Anämie

Die roten Blutkörperchen enthalten Hämoglobin (eine Verbindung von vier Eiweißketten, die an Eisen gebunden sind), das den Sauerstoff durch den Körper transportiert. Während der Schwangerschaft ist eine leichte Anämie normal, weil der Hämoglobinspiegel durch die Bedürfnisse des wachsenden Babys fällt und der Flüssigkeitsgehalt des mütterlichen Blutes erhöht ist und damit den Hämoglobingehalt »verdünnt«. Der Hämoglobinwert wird bei den Vorsorgeuntersuchungen regelmäßig gemessen. Wenn er niedrig ist (weniger als 10g/dl) oder Sie blass aussehen, müde oder kurzatmig sind oder Ihnen schwindelig ist, benötigen Sie Eisen- und Folsäurepräparate. Leichter Eisenmangel in der Schwangerschaft ist für das Baby unbedenklich, da es alles Eisen, das es benötigt, aus den mütterlichen Vorratsspeichern abzieht. Wenn sich der Hämoglobinspiegel nach drei oder vier Wochen medikamentöser Behandlung nicht bessert, werden weitere Bluttests vorgenommen, um nach selteneren Ursachen einer Anämie zu forschen. Gelegentlich müssen Eiseninjektionen oder sogar eine Bluttransfusion gegeben werden.

SICHELZELLANÄMIE

Dabei handelt es sich um eine ererbte Abnormität in der Produktion der Hämoglobin bildenden Eiweißketten. Sie führt zu einer Veränderung in der Form der roten Blutkörperchen, deren Durchgang durch die Blutgefäße dadurch erschwert wird. Als Folge werden die Blutkörperchen leicht beschädigt. Die Zerstörung der geschädigten Blutzellen führt zu einer hämolytischen Anämie. Zellteile verstopfen die Blutgefäße; dies führt zu Herzinfarkt, Infektionen und Schmerzen in Knochen, Gliedern, Brust oder Bauch. Bei betroffenen Schwangeren besteht die Gefahr einer Sichellzell-Krise. Diese kann für die Mutter lebensgefährlich sein und beeinträchtigt die Plazentafunktion und das Wachstum des Fetus. Betroffene Frauen müssen in speziellen Kliniken betreut werden.

THALASSÄMIE

Thalassämie (*siehe* S. 417) bezeichnet eine weitere Gruppe von ererbten Hämoglobin-Abnormitäten. Die Alpha-Thalassämie kommt in Südostasien häufig vor, während die Beta-Thalassämie meist bei Menschen aus dem Mittelmeerraum zu finden ist. Bei Trägerinnen der Anlage verstärken sich die Symptome in der Schwangerschaft oft. Bei Thalassämie major (Beta) besteht eine schwere Anämie und ein lebenslanges Problem mit der Ausscheidung des Eisenüberschusses im Kreislauf.

Blutgruppenunverträglichkeit

Sie kann bei Babys mit Blutgruppe A, B oder AB auftreten, wenn die Mutter Blutgruppe 0 hat. Diese Frauen besitzen Antikörper gegen die Blutgruppen A und B. Diese sind zu groß, um die Plazenta zu durchqueren. In der Schwangerschaft gehen rote Blutkörperchen des Fetus in den mütterlichen Kreislauf über und stimulieren die Bildung kleinerer Anti-A oder Anti-B-Körper, die in den fetalen Kreislauf gelangen und die roten Blutkörperchen des Babys angreifen. Werden viele rote Blutkörperchen zerstört, kommt es nach der Geburt zu einer Gelbsucht.

Mütterliche Antikörper

Bei der ersten Vorsorgeuntersuchung wird die Blutgruppe bestimmt und festgestellt, ob atypische Antikörper gegen Ihre roten Blutkörperchen vorhanden sind. Wenn ja, wird dies im Mutterpass vermerkt. Antikörper zu roten Blutkörperchen entwickeln sich normalerweise infolge einer früheren Bluttransfusion oder Schwangerschaft, können aber auch spontan gebildet werden. Es besteht kein Zusammenhang mit einer Krankheit oder Infektion und die Antikörper sind nicht gefährlich. In der Schwangerschaft ist es jedoch wichtig von ihrer Existenz zu wissen, damit bei einer eventuellen Bluttransfusion entsprechende Blutgruppen verwendet werden. Außerdem greifen solche Antikörper gelegentlich die roten Blutkörperchen des Babys an, was zu einer Gelbsucht führt (siehe Blutgruppenunverträglichkeit).

Rhesusunverträglichkeit

Dabei besteht eine Blutgruppenunverträglichkeit im Rhesus-System zwischen Mutter und ungeborenem Kind. Der Rhesusfaktor liegt auf der Oberfläche der roten Blutkörperchen. Er besteht aus drei Teilen, die als Paare auftreten – C, D und E. D ist der wichtigste, weil er zu einer Rhesus-Sensibilisierung (*siehe* S. 128) führen kann. Etwa 85 Prozent aller hellhäutigen Menschen tragen das D-Antigen und sind rhesus-D-positiv, während die 15 Prozent, bei denen es fehlt, rhesus-negativ sind. Bei rhesus-negativen Frauen können Probleme entstehen, wenn sie mit einem rhesus-positiven Baby schwanger sind, weil sie möglicherweise Antikörper entwickeln, die die Plazenta durchqueren und die roten Blutkörperchen des Babys zerstören können. Problemen der Inkompatibilität kann durch Injektionen mit Anti-D-Antikörpern (*siehe* S. 128) vorgebeugt werden. Dabei werden etwaige rhesus-positive Blutkörperchen des Fetus, die in den mütterlichen Kreislauf eingetreten sind,

BLUTDRUCKBEDINGTE PROBLEME

Unkontrollierter Bluthochdruck kann in der Schwangerschaft zu schwer wiegenden Problemen bei Mutter und Kind führen. Die häufigste Form ist ein schwangerschaftsbedingter Bluthochdruck – Präeklampsie oder Schwangerschaftsgestose. Auch Frauen mit bestehendem Bluthochdruck oder Bluthochdruck infolge einer Nierenkrankheit sind gefährdet.

PRÄEKLAMPSIE

Eine Präeklampsie (»Schwangerschaftsvergiftung«) tritt in 5–8 Prozent aller Schwangerschaften auf, meist aber mit leichtem Verlauf. Bei Erstgebärenden entwickelt sie sich normalerweise in der zweiten Schwangerschaftshälfte und klingt bald nach der Geburt ab. In schweren Fällen kann sie aber auch schon früher auftreten. Manchmal kommt es erst während der Wehen oder nach der Geburt ohne Warnsignale zu einer Präeklampsie.

Bei jeder Vorsorgeuntersuchung wird auf Symptome einer Präeklampsie geachtet, ebenso während der Wehen und nach der Geburt. Klassische Anzeichen sind erhöhter Blutdruck, Ödeme (geschwollene Hände, Füße und Beine) und der Nachweis von Eiweiß im Urin. Die Präeklampsie verschwindet erst nach der Geburt des Kindes. Eine leichte Präeklampsie hat keine wesentliche Auswirkung auf Wachstum und Befindlichkeit des Babys. Wenn jedoch Durchblutung und Funktionsweise der Plazenta verringert sind, besteht das Risiko, dass das Baby unterversorgt ist und einen Sauerstoffmangel erleidet. Regelmäßige Ultraschalluntersuchungen und Farbdoppler-Ultraschall zur Messung des Blutflusses und des Wachstums des

Babys sind in diesem Fall üblich und tragen zur Entscheidungsfindung bei, wann der beste Zeitpunkt der Entbindung ist. Bei einer schweren Präeklampsie besteht darüber hinaus das Risiko einer Frühgeburt, einer Plazentalösung und einer verhaltenen Fehlgeburt.

Normalerweise liegt der Blutdruck unter 140/90mm. In der Schwangerschaft variieren die Blutdruckwerte jedoch individuell stark und unterscheiden sich auch in den verschiedenen Stadien. Daher ist es aussagekräftiger, die aktuellen Werte mit den Werten bei der ersten Vorsorgeuntersuchung zu vergleichen, um das Präeklampsierisiko zu bestimmen.

Leichte Präeklampsie – der Blutdruck steigt auf 140/100, mit leichter Ödembildung und klarem Urin. Die Schwangere fühlt sich normalerweise gesund; bei dauerhafter Erhöhung kann eine orale blutdrucksenkende Therapie angebracht sein.

Mittelschwere Präeklampsie – der Blutdruck steigt über 140/100 und wird von ausgeprägter Ödembildung und Eiweiß im Urin begleitet. Meist erfolgt zur Blutdruckregulierung eine Einweisung ins Krankenhaus.

Schwere Präeklampsie – der Blutdruck steigt über 160/110 und es ist viel Eiweiß im Urin vorhanden. Es kann zu einer plötzlichen ausgeprägten Schwellung von Gesicht und Gliedmaßen und starker Gewichtszunahme kommen. Eine sofortige blutdrucksenkende Behandlung ist erforderlich, um Krampfanfällen vorzubeugen, meist gefolgt von einem Notkaiserschnitt.

Die Ursachen einer Präeklampsie sind nicht vollständig geklärt. Ohne Zweifel

besteht eine genetische Komponente, da das Problem familiär gehäuft auftritt. Eine Präeklampsie ist bei Erstgebärenden, bei Zwillingsschwangerschaften, bei Diabetes, bestehendem Bluthochdruck oder Nierenkrankheit häufiger. Vermutlich besteht auch ein Zusammenhang mit Mangelernährung. Auch psychische Gründe, Überlastung oder Stress können eine Rolle spielen.

PRIMÄRE HYPERTONIE

Eine primäre, d.h. ohne nachweisbare Ursache bestehende, Hypertonie (über 140/90) kompliziert 1–3 Prozent der Schwangerschaften und kommt bei Frauen über 35 Jahren häufiger vor. Sie wird eventuell schon vor der Schwangerschaft diagnostiziert. Die meisten Frauen werden bereits mit Blutdruck senkenden Medikamenten behandelt. Diese Therapie muss während der Schwangerschaft immer wieder angepasst werden.

EKLAMPSIE

Bei einer Eklampsie treten Krämpfe mit anschließender Bewusstlosigkeit auf, meist im Endstadium einer schweren unbehandelten Präeklampsie oder primären Hypertonie. Sie ist heute selten, bleibt jedoch ein lebensbedrohender geburtshilflicher Notfall für Mutter und Baby, da alle mütterlichen Blutgefäße spastisch werden, was zu Nieren- und Leberversagen führt und die Blut- und Sauerstoffversorgung herabsetzt, wovon auch der Fetus betroffen ist. Sofortige Maßnahmen sind erforderlich, um die Gehirnfunktionen zu normalisieren, den Blutdruck zu stabilisieren und das Baby per Kaiserschnitt zu entbinden.

eliminiert und die Entwicklung zerstörerischer mütterlicher Antikörper gestoppt. Wenn jedoch Antikörper bei den Blutuntersuchungen in einer folgenden Schwangerschaft entdeckt werden, ist eine besondere Betreuung erforderlich. Alle vier Wochen werden weitere Blutuntersuchungen vorgenommen und das Baby wird regelmäßig auf Anzeichen einer Anämie oder eines Herzversagens kontrolliert. Stark betroffene Babys brauchen eventuell mehrere Blutwäschen in der Gebärmutter, damit die Schwangerschaft fortgeführt werden kann. Bei der Geburt wird das Blut des Babys auf Hämoglobin, Blutgruppenzugehörigkeit, Rhesusfaktor und Bilirubingehalt untersucht. Eine Gelbsucht nach der Geburt muss unverzüglich behandelt werden.

Fruchtwasserprobleme

POLYHYDRAMNION

Dabei handelt es sich um eine pathologische Vermehrung der Fruchtwassermenge über zwei Liter. Der Bauch der Mutter verhärtet sich und es wird schwierig, Teile des kindlichen Körpers zu ertasten. In schweren Fällen treten Sodbrennen, Atemnot und Bauchbeschwerden auf. Ursache kann eine übermäßige Produktion von Fruchtwasser sein, z.B. bei einer Zwillingsschwangerschaft, oder eine erhöhte Urinproduktion des Fetus infolge eines schlecht eingestellten mütterlichen Diabetes. Es kann auch Folge einer Missbildung des Gastrointestinaltraktes des Fetus sein, wodurch er die Flüssigkeit nicht schlucken oder resorbieren kann. Bei

Hydrops fetalis tritt beinahe immer ein Polyhydramnion auf. In vielen Fällen gibt es keine erkennbare Ursache. Das Risiko einer Frühgeburt, eines NABELSCHNURVORFALLS und einer LAGEANOMALIE des Kindes sind erhöht. Möglich ist eine Absaugung von Fruchtwasser durch eine Amniozentese.

OLIGOHYDRAMNION

Eine verringerte Fruchtwassermenge geht meist auf eine intrauterine Wachstumsstörung oder einen Blasensprung zurück, kommt aber auch in übertragenen Schwangerschaften vor. Die Fruchtwassermenge ist in der Spätschwangerschaft ein guter Aussagefaktor für den Zustand des Fetus; daher wird nach einem Ultraschall, der kurz vor dem Geburtstermin eine verminderte Flüssigkeitsmenge zeigt, sofort entbunden. Wird im zweiten Ultraschall um die 20. Woche ein Oligohydramnion festgestellt, besteht meist eine Fehlbildung des Nierentrakts. In der Frühschwangerschaft führt das Syndrom zur Beeinträchtigung der Lungenentwicklung und zu Deformitäten der Gliedmaßen.

Schwangerschaftsdiabetes

Zwischen ein und drei Prozent der Schwangeren entwickeln einen Schwangerschaftsdiabetes (Glukoseintoleranz). Das Risiko ist bei stark übergewichtigen Frauen, bei Frauen über 30, bei familiärer Vorbelastung, bei bestehendem Diabetes, einem großen Baby oder intrauterinem Fruchttod oder Totgeburt erhöht. Während der Schwangerschaft bildet die Plazenta Hormone, die die Wir-

kung des Insulins blockieren. Die Insulinresistenz beginnt normalerweise in der 20.–24. Woche und nimmt bis zur Entbindung zu. Wenn die Bauchspeicheldrüse nicht genügend Insulin produziert, um diese Wirkung zu kompensieren, entwickelt sich eine Hyperglykämie (hoher Blutzuckerspiegel), die als Schwangerschaftsdiabetes diagnostiziert wird. Bei Vorliegen von Risikofaktoren oder mehrmaligem Nachweis von Zucker im Urin wird zwischen der 24. und 28. Woche ein Glukosetest angeboten (*siehe* S. 212). Meist genügen zur Behandlung diätetische Maßnahmen, bei etwa 10 Prozent der Frauen ist eine Insulinbehandlung notwendig.

Bei Schwangerschaftsdiabetes besteht kein erhöhtes Risiko für eine Fehlgeburt oder angeborene Missbildungen, weil die Glukoseintoleranz erst in fortgeschrittener Schwangerschaft auftritt. Häufig sind jedoch Spätkomplikationen, weil die Bauchspeicheldrüse des Fetus verstärkt Insulin produziert, um dem hohen Blutzuckerspiegel der Mutter, der auch die Plazenta betrifft, entgegenzuwirken. Dies kann zu Lageanomalien, Makrosomie (übergewichtiges Baby) und POLYHYDRAMNION führen, die das Frühgeburts- und Komplikationsrisiko während Wehen und Geburt erhöhen. Daher werden regelmäßige Ultraschalluntersuchungen vorgenommen. Eventuell wird zu einer vorzeitigen Einleitung der Geburt geraten. Bei 50 Prozent der betroffenen Frauen entwickelt sich irgendwann ein normaler Diabetes oder Bluthochdruck.

Ante-Partum-Blutung

Als Ante-Partum-Blutung wird eine Blutung aus der Scheide nach der 24. Schwangerschaftswoche bezeichnet. Vor diesem Zeitpunkt spricht man bei einer Blutung von einer drohenden Fehlgeburt. Nach der 24. Woche hat das Baby eine Überlebenschance, daher ist es besonders wichtig, eine Blutung aus der Plazenta (infolge einer PLAZENTA PRAEVIA oder PLAZENTALÖSUNG) auszuschließen, die eine sofortige Entbindung erfordern würde. Gelegentlich wird eine Blutung durch eine Zervixverletzung oder ein Myom verursacht. Bei einer Blutung während der Schwangerschaft ist eine sofortige Untersuchung erforderlich.

Vorzeitige Plazentalösung

Dabei löst sich die Plazenta von der Gebärmutterwand. Die Ursache ist oft unklar, doch sie kommt bei Frauen, die bereits mehrere Kinder geboren haben, bei Raucherinnen, Drogen-Konsumentinnen, bei Mangelernährung, Bluthochdruck oder Thrombophilie (Neigung zu Gerinnselbildung) häufiger vor. Die Blutung kann erkennbar sein, wenn etwas Blut aus der Gebärmutter in die Scheide austritt, oder versteckt, wenn sich das Blut zwischen Gebärmutterwand und Plazenta staut.

Eine Plazentalösung ist schmerzhaft, weil Blut in die Gebärmuttermuskulatur gelangt und eine Reizung und Kontraktionen verursacht. Bei einer geringfügigen Ablösung, wenn die Versorgung des Babys nicht gefährdet und Ihr eigener Zustand stabil ist, werden Sie möglicherweise nach einigen Tagen Beobachtung im Krankenhaus nach Hause entlassen. Bei starker Blutung führt der Blutstau hinter der Plazenta zu heftigen Schmerzen und einem weiteren Ablösen der Plazenta. Wenn die Gebärmutter bei der Untersuchung berührungsempfindlich und hart ist, ist eine Notfallentbindung, meist durch Kaiserschnitt, erforderlich.

Plazenta praevia

Sie tritt in einer von 200 Schwangerschaften auf; dabei liegt die Plazenta im unteren Bereich der Gebärmutterwand, vor dem unten liegenden Teil des Babys. Wenn die Plazenta den Muttermund komplett bedeckt, ist nur eine Kaiserschnittentbindung möglich. In leichten Fällen kann der Kopf des Babys an der Plazenta vorbei in den Gebärmutterkanal eintreten; dann kann eine vaginale Geburt möglich sein.

Bei der zweiten Ultraschalluntersuchung um die 20. Woche liegt die Plazenta häufig unten; in der 32. Woche jedoch hat sich der untere Bereich der Gebärmutter nach unten ausgedehnt und die zuvor tief liegende Plazenta scheint in der Gebärmutter nach oben gewandert zu sein. Eine Plazenta praevia ist in 20 Prozent Ursache einer Ante-Partum-Blutung und tritt häufiger bei Frauen auf, die schon Kinder geboren haben. Die Blutung ist typischerweise schmerzlos, tritt mehrmalig auf und kann sehr stark sein. Dann ist eine Notentbindung und eventuell eine Bluttransfusion erforderlich.

Plazenta accreta

Gelegentlich ist die Plazenta so tief in der Gebärmutterschleimhaut und Gebärmuttermuskulatur verwachsen (in 1 von 1500 Geburten) oder tritt durch die Muskelwand nach außen (Placenta percreta – bei jeder 2500. Geburt), dass sie sich nach der Geburt nicht spontan löst. Versuche, sie manuell zu entfernen, können zu einer Postpartum-Blutung (*siehe* S. 355) und sogar zu einer UTERUSRUPTUR führen. Eine Placenta accreta oder percreta tritt häufig bei Frauen auf, bei denen sich die Plazenta im unteren Gebärmuttersegment angesiedelt hat oder bei denen eine Vernarbung der Gebärmutter besteht.

Uterusruptur

Ursache ist meist ein Geburtshindernis, der unsachgemäße Einsatz von oxytocinhaltigen Medikamenten und das Aufreißen einer früheren Kaiserschnittnarbe. Gelegentlich kommt es bei Frauen mit einer Gebärmutternarbe auch schon vor den Wehen zu einem Reißen der Gebärmutter. Die Narbe eines klassischen Kaiserschnitts platzt eher auf als eine Narbe im unteren Bauchbereich, daher wird in diesem Fall eine Kaiserschnittentbindung empfohlen. Eine Ruptur kann schmerzlos und unbemerkt erfolgen oder mit starken Schmerzen einhergehen und infolge einer Blutung im Bauch zu einem Schockzustand und einer Notlage des Fetus führen. Eine sofortige Entfernung der Gebärmutter kann erforderlich sein.

FETALES WACHSTUM IN DER SCHWANGERSCHAFT

INTRAUTERINE WACHSTUMS-
RETARDIERUNG (IUGR)

In annähernd 3–5 Prozent der Schwangerschaften leidet das Baby an einer Wachs-
tumshemmung, was auch als Mangel-
entwicklung, Dystrophie oder Plazentainsuffizienz bezeichnet wird. Man spricht
von einer Wachstumsverzögerung, wenn
das Geburtsgewicht des Babys unter der
5. Perzentile für die Schwangerschaftsdauer liegt. Eine Wachstumsverzögerung
ist die dritthäufigste Ursache der Säuglingssterblichkeit (nach Frühgeburtlichkeit
und angeborenen Missbildungen). Aus
diesem Grund gehört es zu den Routineuntersuchungen der Vorsorge, gefährdete
Babys zu erkennen.

URSACHEN EINER IUGR

• Zu den allgemeinen Faktoren gehören
ethnische Unterschiede, soziale Faktoren,
Mehrfachgeburten, unzureichende
Vorsorgepraxis und die frühere Geburt
eines Babys, das von ungeklärter Wachstumsverzögerung betroffen war.

• Zu den mütterlichen Gesundheitsfak-
toren gehören ein niedriges Gewicht vor
der Schwangerschaft, eine Gewichtszunahme unter 10 kg in der Schwangerschaft und Mangelernährung. Rauchen
ist weltweit eine wichtige und vermeidbare
Ursache. Der Konsum von Alkohol, Amphe-
taminen, Heroin und Kokain hemmt das
Wachstum des Fetus stark. IUGR tritt oft
wiederholt auf, sodass eine familiäre Veranlagung zu vermuten ist.

• Etwa 5 Prozent der betroffenen Babys
leiden an einer Chromosomenaberration,
wie Down-Syndrom, oder an einer angeborenen Missbildung von Herz, Nieren
oder Skelettsystem. Eine symmetrische

Wachstumsretardierung ist immer ein
Hinweis auf eine mögliche Infektion mit
RÖTELN, ZYTOMEGALIE, SYPHILIS oder
TOXOPLASMOSE.

• Jede Störung, die die Plazentafunktion
oder die Blutzufuhr behindert, führt zu
einer Wachstumsverzögerung, weil der
Fetus dann nur noch unzureichend mit
Sauerstoff und Nährstoffen versorgt
wird. Mögliche Ursache können Anomalien während der frühen Entwicklung
der Plazenta sein; auch wenn es in der
Spätschwangerschaft zu einer Plazen-
tablutung oder -lösung kommt, ist ihre
Funktionsweise eingeschränkt. Bei Mangelernährung oder einer bestehenden
Grunderkrankung entwickelt sich häufiger eine Plazentainsuffizienz. Zu IUGR
kommt es in 20 Prozent aller Zwillingsschwangerschaften, vor allem bei eineiigen Zwillingen, bei denen das Risiko
besteht, dass ein Baby nicht ausreichend
versorgt wird (*siehe* Zwillingstransfusionszwischenfall, S. 346).

IUGR ERKENNEN

Bei Untersuchungen des Bauches werden
etwa 30 Prozent der betroffenen Babys
nicht erkannt. Die Menstruationsdaten
sind in mindestens jeder vierten Schwangerschaft ungenau. Daher ist die Ultraschalluntersuchung im ersten Trimester
zur Datierung der Schwangerschaft ein
so wichtiger grundlegender Messwert.
Weitere Ultraschalluntersuchungen im
zweiten und dritten Trimester (*siehe* S. 214
und S. 257) bieten die beste Möglichkeit,
fetale Wachstumsprobleme zu erkennen
und zwischen einer symmetrischen und
asymmetrischen Wachstumsretardierung
zu unterscheiden.

Wenn eine fetale Chromosomenanomalie
oder Infektion vermutet wird, wird der
Mutter zu einer Amniozentese geraten.
Durch Farbdoppler-Ultraschall zur Messung des Blutflusses im Gehirn des
Babys, in der Nabelschnur und der
Gebärmutter kann das Ausmaß der
Störung bestimmt werden. Gegebenenfalls können dann noch weitere Tests
vorgenommen werden, um über das
künftige Vorgehen zu entscheiden.

MASSNAHMEN BEI IUGR

Wenn eine weitere Ultraschalluntersuchung zeigt, dass das Wachstum des
Babys stagniert oder die Fruchtwassermenge oder die Blutversorgung des
Babys verringert ist, kann eine frühzeitige
Entbindung erwogen werden – natürlich
nur, wenn das Baby ein bestimmtes
Schwangerschaftsalter hat und die Ärzte
der Meinung sind, dass das Baby auf der
Intensivstation besser versorgt wird als in
der Gebärmutter.

Babys mit IUGR geraten während der
Wehen häufiger in eine Notlage, leiden
an Atemnot und haben niedrigere Apgar-
Werte. In schweren Fällen kann ein Kaiserschnitt ratsam sein. Bei einer mäßigen
Wachstumsretardierung kann eine Einleitung der Geburt erforderlich sein, vor
allem bei reduzierter Fruchtwassermenge.
Dank sorgfältiger Geburtshilfe werden
Babys mit leichter Wachstumsverzögerung
oft normal entbunden.

Postnatale Komplikationen treten bei
Babys mit IUGR häufiger auf. Ein Kinder-
arzt ist bei der Geburt dabei, um das
Ausmaß der Wachstumsverzögerung zu
bestimmen und eventuell erforderliche
Maßnahmen einzuleiten.

Nabelschnurprobleme

NABELSCHNURVORFALL

Wenn die Nabelschnur unterhalb des Babys liegt, kann sie nach dem Blasensprung durch den Muttermund fallen oder zwischen Kind und Beckenboden eingeklemmt werden. Dies geschieht in einer von 300 Schwangerschaften, häufiger bei Frühgeburten, Beckenendlagen, Quer- oder Diagonallagen und bei POLYHYDRAMNION. Es handelt sich um einen geburtshilflichen Notfall, weil die Blutgefäße der Nabelschnur verkrampfen, sobald sie kalter Luft ausgesetzt sind, und damit die Sauerstoffversorgung des Babys unterbinden. Eine sofortige Entbindung ist erforderlich.

NABELSCHNURKOMPRESSION

Zu einer leichten Nabelschnurkompression kommt es in etwa 10 Prozent der Entbindungen. Im CTG können Anzeichen einer geringfügigen Stressreaktion des Babys erkennbar sein, doch normalerweise hat das Baby genügend Reserven, um sich schnell von einem kurzzeitigen Sauerstoffmangel zu erholen. Fetaler Stress oder Atemnot infolge einer Nabelschnurkompression tritt bei Risikobabys (z.B. wegen IUGR) oder übertragenen Babys häufiger auf, vor allem wenn auch ein OLIGOHYDRAMNION besteht.

NABELSCHNUR MIT EINER ARTERIE

Die Nabelschnur besteht normalerweise aus drei Blutgefäßen: zwei Arterien und eine Vene. Bei etwa 5 Prozent der Babys existieren aber nur eine Arterie und eine Vene, was eventuell bei einer Ultraschalluntersuchung festgestellt wird. Bei 15 Prozent der Babys geht diese Anomalie mit weiteren angeborenen Anomalien und einer WACHSTUMSRETARDIERUNG einher. Das Problem besteht bei Zwillingen häufiger.

VASA PRAEVIA

Wenn die Nabelschnur vor Eintritt in die Plazenta durch die Membrane der Fruchtblase verläuft (Vasa praevia), besteht die Gefahr, dass beim Blasensprung die Gefäße geschädigt werden und es zu einer Blutung kommt. Dies ist in einem Prozent aller Schwangerschaften der Fall, vor allem bei Zwillingen.

Lageanomalien beim Fetus

Eine Querlage, Schräglage oder Schulterlage des Babys kommt bei Frauen, die schon einmal Kinder geboren haben, häufiger vor. Lageanomalien werden darüber hinaus mit Frühgeburtlichkeit, Mehrlingsschwangerschaften, MYOMEN, Fehlbildungen der Gebärmutter, POLYHYDRAMNION und PLAZENTA PRAEVIA in Verbindung gebracht. Manchmal ist eine vorsichtige Wendung in Kopflage möglich (nach Ausschluss einer Plazenta praevia), doch oft dreht sich das Kind dann relativ bald wieder in die vorherige Lage.

Gesichtslagen kommen in einer von 500 Geburten vor, meist per Zufall, manchmal aber auch, wenn das Baby anenzephalisch ist oder eine Schwellung im Nacken oder eine Verkürzung der Nackenmuskeln aufweist. Eine vorherige Diagnosestellung macht wenig Sinn, da sich das Kind oft beim Durchtritt durch das Becken dreht. Die Wehen dauern in diesem Fall außerordentlich lang und es kann zu einer ausgeprägten Gesichtsschwellung kommen, die einige Tage bestehen bleibt.

Eine Stirnlage ist die seltenste (1 von 1500 Geburten) und ungünstigste aller Lageanomalien, da der führende Teil des Babys zu breit für eine vaginale Entbindung ist. Oft bestehen fetale Fehlbildungen, insbesondere HYDROZEPHALIE.

Schulterdystokie

Hierbei handelt es sich um einen geburtshilflichen Notfall: Der Kopf des Babys ist schon entbunden, doch seine Schultern sind im Becken der Mutter »eingeklemmt« und rutschen nicht nach. Dann ist ein sofortiges Handeln erforderlich, damit es beim Baby nicht zu Atemnot kommt. Die Beine der Mutter werden auf Beinhalter gelegt, damit die Hebamme bzw. der Arzt einen festen, nach unten gerichteten Zug auf Kopf und Hals des Babys ausüben können. Ein Dammschnitt und zusätzlicher Druck auf das Schambein unterstützen die Entbindung. Eine Schulterdystokie kommt bei übergewichtigen Frauen und Diabetikerinnen häufiger vor, ebenso bei Babys über 4 kg und nach einer langen Geburt mit starken Kontraktionen. Wenn bei einer früheren Geburt eine Schulterdystokie auftrat, sollte ein erfahrener Geburtshelfer anwesend sein.

Fehlgeburt

Mit einer Fehlgeburt – die spontane Beendigung einer Schwangerschaft, bevor der Fetus außerhalb der Gebärmutter überleben kann – enden etwa 15 Prozent aller bestätigten Schwangerschaften. Wir wissen jedoch, dass über 50 Prozent aller befruchteten Eizellen abgehen, viele, bevor sie auf dem Ultraschall sichtbar sind. Die überwiegende Anzahl aller Fehlgeburten erfolgt in der Frühschwangerschaft und geht auf Chromsomenaberrationen zurück, die mit einer weiteren Entwicklung und dem Leben nicht vereinbar sind. Eine Fehlgeburt nach der 12. Schwangerschaftswoche ist dagegen selten und kommt nur in 1–2 Prozent der Schwangerschaften vor.

Eine Fehlgeburt ist kein plötzliches Ereignis, sondern ein längerdauernder Prozess. Eine Blutung oder Schmerzen in der Schwangerschaft kann verschiedene Konsequenzen haben. Bei einer drohenden Fehlgeburt lässt sich im Ultraschall kein offensichtliches Problem erkennen und die Blutung hört nach einigen Tagen auf; sie kann erneut auftreten, aber der Muttermund bleibt verschlossen. Wenn der Prozess fortschreitet, beginnt sich der Muttermund zu öffnen, gewöhnlich unter krampfartigen Bauchschmerzen, und eine Fehlgeburt ist nicht mehr aufzuhalten. Die Fehlgeburt kann vollständig sein, wobei Fetus und Plazenta vollständig ausgestoßen werden, oder unvollständig, wobei Reste des Schwangerschaftsgewebes in der Gebärmutter verbleiben. Diese müssen mithilfe von Medikamentengaben oder operativ entfernt werden, um eine Blutung und Infektion zu verhindern.

Manchmal entwickelt sich eine Schwangerschaft nicht weiter, ohne dass es erkennbare Anzeichen eines Problems gibt (verhaltene Fehlgeburt), bis eine Ultraschalluntersuchung zeigt, dass der Fetus abgestorben ist oder sich in der Fruchtblase kein Fetus entwickelt (dann spricht man von enembryonischer Schwangerschaft).

Das Risiko einer Fehlgeburt erhöht sich mit dem Alter der werdenden Mutter sowie nach vorangegangenen Fehlgeburten. Wiederholte Fehlgeburten – so bezeichnet man drei oder mehr aufeinander folgende Abgänge der Schwangerschaft – betreffen allerdings nur ein Prozent aller Paare. Die meisten betroffenen Paare legen Wert darauf, dass möglichst früh untersucht wird, ob eine strukturelle Ursache für die wiederholten Fehlgeburten besteht. In der Mehrzahl der Fälle wird keine Ursache gefunden und die Prognose für eine erfolgreiche Schwangerschaft ist gut. Dennoch kann eine Überweisung in eine auf Fehlgeburten spezialisierte Praxis oder Klinik für betroffene Paare außerordentlich hilfreich sein, da ihnen dort die neuesten Untersuchungsmethoden angeboten werden. Sie haben in diesen Kliniken auch die Möglichkeit, an neu entwickelten Behandlungsverfahren teilzuhaben. Außerdem haben sie in diesem Fall die beruhigende Gewissheit, alles getan zu haben, um eine weitere Fehlgeburt zu verhindern.

TRAUER UND HILFE

Der Verlust eines Babys ist eine schlimme Erfahrung. Die Reaktionen und die Bewältigungsversuche des Kummers sind individuell unterschiedlich, doch bei jeder Fehlgeburt können die Phasen von akutem Schmerz, Trauerarbeit und seelischer Erholung ein langwieriger Prozess sein. Zum ersten Stadium gehören Schock, Ungläubigkeit, Betäubung, Verwirrung und manchmal Verleugnung. Danach kommt die Wut, oft in Verbindung mit Schuldgefühlen, Verzweiflung, Depression und körperlichen Symptomen der Angst, wie Schlaflosigkeit, Schlafprobleme und Appetitlosigkeit.

Mit der Zeit folgt auf den akuten Kummer tiefe Traurigkeit und danach Gefühle des Bedauerns und der Sehnsucht nach dem verlorenen Baby. Mit der Zeit stellt sich Resignation ein und man akzeptiert, was geschehen ist, auch wenn der seelische Schmerz niemals ganz vergeht. Doch man ist in der Lage, kontrollierter damit umzugehen. Während dieser Trauerarbeit brauchen Sie Unterstützung, die von verschiedenen Seiten geleistet werden kann: Familie, Freunde, Klinikpersonal, Ihrem Frauenarzt, anderen Eltern, die eine ähnliche Erfahrung gemacht haben, regionalen oder nationalen Selbsthilfegruppen. In Kliniken oder beim Frauenarzt kann man Sie auch an Beratungsstellen bzw. einen Psychologen überweisen, die Paaren bei der Verarbeitung einer Fehlgeburt helfen.

Totgeburt und Tod des Neugeborenen

Eine Totgeburt folgt auf den Tod des Babys in der Gebärmutter nach der 20. Woche (intrauteriner Fruchttod). Eine Totgeburt kann vorhersehbar sein, weil eine schwere Anomalie in der Schwangerschaft diagnostiziert wurde. 50 Prozent aller Totgeburten erfolgen jedoch ohne jegliche Vorwarnung.

Wenn die Mutter keine Kindsbewegungen mehr spürt und keine kindlichen Herztöne nachweisbar sind, kann ein Ultraschall die Diagnose bestätigen. Wehen setzen normalerweise spontan einige Tage nach dem Tod des Babys ein; oft wird jedoch eine möglichst frühzeitige Einleitung der Geburt gewünscht und gelegentlich lassen Frauen das Baby durch Kaiserschnitt entbinden. Wenn die Geburt nicht innerhalb von sieben Tagen spontan erfolgt, ist eine Einleitung nötig, da eine schwere Blutvergiftung entstehen kann, wenn das fetale Gewebe in der Gebärmutter verbleibt.

Die Gefahr einer Totgeburt ist bei Risikoschwangerschaften erhöht. Dennoch ist die Rate dank der verbesserten Gesundheits- und Ernährungslage der Mütter und der Vorsorgeuntersuchungen in den letzten Jahrzehnten enorm gesunken.

Der Tod eines Babys während der Geburt ist heute dank der verbesserten Geburtshilfe selten, kommt dennoch gelegentlich nach einer massiven Plazentalösung vor. Selbst wenn eine Obduktion vorgenommen wird, kann die Ursache der Totgeburt nicht immer geklärt werden, was für die Eltern besonders belastend ist.

Als Neugeborenensterblichkeit wird der Tod eines Babys innerhalb von vier Wochen nach der Geburt bezeichnet. Sie betrifft etwa 3–4 von 1000 Babys, die meist in der ersten Lebenswoche sterben. In 25 Prozent der Fälle besteht ein schwerer genetischer Defekt, eine Chromosomenaberration oder eine Strukturanomalie, meist das Herz betreffend. Es besteht auch ein Zusammenhang mit Frühgeburtlichkeit; gelegentlich ist der Tod des Neugeborenen Folge einer Infektion während der Schwangerschaft, einer Notlage oder eines Sauerstoffmangels unter der Geburt. Wenn das Baby nach der vierten Lebenswoche stirbt, spricht man von Säuglingstod.

Der plötzliche Säuglingstod ist selten, er betrifft etwa 1 von 1600 Babys. Er ist häufiger bei Frühgeborenen, stark wachstumsretardierten Babys, Jungen und bei Mehrlingen.

Schwangerschaftsabbruch

Die Entscheidung, wegen einer fetalen Fehlbildung einen Schwangerschaftsabbruch vornehmen zu lassen, ist eine der schwierigsten Entscheidungen überhaupt (*siehe* S. 138). Wenn Sie sich in dieser schwierigen Situation befinden, benötigen Sie möglichst umfassende Informationen über alle für Sie infrage kommenden Möglichkeiten und Maßnahmen.

Vor der 12. Woche kann eine Schwangerschaft entweder operativ oder medikamentös beendet werden; nach der 12. Woche ist es in der Regel sicherer, die Geburt durch Medikamentengabe einzuleiten und den Fetus vaginal zu entbinden.

Bei der operativen Methode wird die Gebärmutter unter Vollnarkose ausgesaugt. Der Eingriff geht relativ schnell vonstatten und ist schmerzlos, da die Frau eine Vollnarkose erhält. Bis zu einer Woche nach dem Abbruch können Blutungen auftreten; möglicherweise bekommen Sie Antibiotika verordnet, um der Entstehung einer Infektion vorzubeugen.

Bei einem medikamentösen Abbruch werden in der Regel zwei verschiedene Medikamente eingesetzt: zunächst eine einmalige Gabe eines oralen Progesteron-Antagonisten (eine antihormonell wirkende Tablette); danach Prostaglandin, das gewöhnlich als Scheidenzäpfchen 48 Stunden später verabreicht wird. Eventuell können weitere Zäpfchen verabreicht werden, bis der Abbruch beendet ist. Eine Blutung und krampfartige Bauchschmerzen setzen gewöhnlich kurz nach Einführen des ersten Zäpfchens ein; in den meisten Fällen ist der Fetus innerhalb von 24 Stunden ausgetrieben. Sie erhalten Schmerzmittel zur Linderung möglicher Beschwerden. Eine leichte Blutung besteht etwa eine Woche lang.

Wenn der Verdacht besteht, dass Schwangerschaftsgewebe in der Gebärmutter verblieben ist, wird eine operative Ausschabung unter Vollnarkose nötig – dies sind jedoch seltene Ausnahmefälle.

NACH DER GEBURT

Die Tage und Wochen nach der Geburt werden oft von kleineren
Problemen getrübt. Allgemeine Ratschläge dazu finden Sie im Kapitel
»Das Leben nach der Geburt« (*siehe* S. 370ff.); im Folgenden werden
Erkrankungen, die bei Mutter oder Baby auftreten können, beschrieben.

PROBLEME BEI DER MUTTER

Wenn Symptome der beschriebenen Krankheiten auftreten, wenden
Sie sich unverzüglich an den Arzt. Die meisten Probleme können durch
die richtige Behandlung rasch behoben werden; in einigen Fällen ist
fachärztliche Hilfe erforderlich.

Wochenfieber/ Puerperalfieber

Als Wochenfieber oder medizinisch
Puerperal oder Postpartum pyrexia
bezeichnet man einen Anstieg der
Körpertemperatur auf 38 °C oder
darüber, am ersten bis zum 10. Tag
nach der Entbindung, gewöhnlich
verursacht durch eine Infektion.
Dank der verbesserten medizinischen
Bedingungen ist die Häufigkeit einer
Infektion nach der Geburt heute
auf etwa drei Prozent gesunken und
kaum noch lebensgefährlich. Am
wahrscheinlichsten ist eine Infektion
der Gebärmutterhöhle (Endometritis) oder des Damms oder eine
Harnwegs- und Brustinfektion. Eine
Thromboembolie kann ebenfalls
Wochenfieber auslösen und tritt nach
einem Kaiserschnitt und nach Brust-
oder Wundinfektionen häufiger auf.

GEBÄRMUTTERENTZÜNDUNG

Meist wird eine Gebärmutterent-
zündung durch eine aufsteigende
Infektion aus dem Gebärmutterhals oder der Scheide verursacht.
Die Organismen infizieren den
Bereich, wo sich die Plazenta
befand bzw. möglicherweise
zurückgebliebene Reste der Plazenta oder Membranen. Wenn der
Wochenfluss unangenehm riecht
oder Schmerzen und Empfindlichkeit im Unterbauch auftreten, ist
eine Endometritis wahrscheinlich.
Sie muss unverzüglich diagnostiziert und behandelt werden, um
Komplikationen zu vermeiden,
z.B. eine Schädigung der Eileiter.

Der Arzt wird die inneren
Organe untersuchen und Abstriche
nehmen. Wenn die Untersuchung
ergibt, dass Gewebe in der Gebärmutter verblieben ist (der Muttermund ist teilweise geöffnet, die
Gebärmutter vergrößert und empfindlich), werden Antibiotika verordnet. Unter Umständen wird
eine Absaugung der Gebärmutter
zur Entfernung des Gewebes
(unter Vollnarkose) angeraten.

HARNWEGSENTZÜNDUNG

Harnwegsinfektionen kommen
bei Frauen, denen während der
Entbindung ein Katheter gelegt
wurde oder die eine schwierige
Geburt hatten, besonders häufig
vor. Bei jedem Temperaturanstieg
nach der Geburt sollte unverzüglich der Urin untersucht und sofort
Antibiotika gegeben werden. Nach
Therapieende muss eine Kontrolluntersuchung erfolgen.

MASTITIS (BRUSTENTZÜNDUNG)

Der Milcheinschuss führt fast immer
zu einem Milchstau. Die Brüste
schwellen an, werden hart und
wund, und meist steigt dadurch die
Körpertemperatur leicht an. Das
Problem löst sich spontan nach ein
oder zwei Tagen, sobald sich das
Stillen eingespielt hat. Wenn Sie
aber Fieber bekommen und sich
nicht wohl fühlen, müssen die
Brüste auf Anzeichen lokaler oder
fleckiger Rötung und Verhärtung
untersucht werden. Diesen Zustand
nennt man Mastitis (Brustentzündung). Die Entzündung kann außerordentlich schmerzhaft sein, weil
sich die gestaute Milch in einem blo-
ckierten Milchgang schnell infizie-

ren kann. Es handelt sich dabei meist um einen Staphylokokken-Keim, der auf der Haut vorkommt und über entzündete oder rissige Brustwarzen in die Brust eintritt und sich ins Brustgewebe ausbreitet.

Bei frühzeitiger Diagnose spricht eine Mastitis rasch auf Antibiotika an. Leichte Schmerzmittel und das Aufrechterhalten des Milchflusses durch regelmäßiges Stillen oder Abpumpen der Milch lindern den Druck. Wird eine Mastitis nicht frühzeitig erkannt und behandelt, kann sich daraus ein Brustabszess entwickeln. Neben allgemeinem Unwohlsein mit hoher, schwankender Temperatur bildet sich ein heißer fester Knoten in einer Brust, der Eiter enthält und operativ geöffnet werden muss.

Probleme mit dem Damm

Bei annähernd 50 Prozent aller Frauen, die vaginal entbinden, muss der Damm genäht werden. Wenn in den ersten Wochen nach der Geburt eine Entzündung des Damms auftritt – er »pocht«, heiß ist oder Flüssigkeit absondert –, wenden Sie sich an die Hebamme oder den Arzt. Es kann sich um eine Wundinfektion handeln, die normalerweise rasch mit Antibiotika behandelt werden kann. Manchmal werden auch ein oder zwei Stiche der Naht entfernt, um den Druck im entzündeten Bereich zu lindern und die Reinigung der Wunde zu erleichtern.

Nach einer schwierigen vaginalen Entbindung kann gelegentlich in der Scheidenwand ein Hämatom anschwellen. Dieses muss operativ entfernt werden, um der Entwicklung einer Infektion vorzubeugen.

Manche Frauen haben mehrere Wochen lang Probleme mit der Dammnaht oder der Dammwunde. Frauenarzt oder Hebamme können Sie gründlich untersuchen, um mögliche Anzeichen einer Infektion auszuschließen. Eventuell erhalten Sie Schmerzmittel verschrieben.

Stressinkontinenz

Viele Frauen leiden im Anschluss an eine vaginale Entbindung an einer leichten, vorübergehenden Blasenschwäche, weil sich der Blasenhals durch den Druck, den der Kopf des Kindes beim Durchtritt durch den Geburtskanal ausgeübt hat, gedehnt hat und nach unten gezogen worden ist. Aus diesem Grund kommt es zu einer Schließmuskelschwäche, die sich als Stressinkontinenz äußert, wobei beim Lachen, Husten, Niesen oder bei einer schneller Bewegung Urin abgeht.

Beckenbodenübungen verbessern die Schließmuskelkontrolle entscheidend – je früher Sie damit beginnen, umso schneller werden Sie Erfolge feststellen.

Wenn Sie allerdings trotz regelmäßiger Übung weiterhin an Blasenschwäche leiden, die Sie entscheidend in Ihrem Alltags-leben beeinträchtigt (Angst aus dem Haus zu gehen, aus Angst vor unkontrolliertem Harnabgang oder nicht rechtzeitigem Erreichen einer Toilette), sollten Sie sich an den Arzt wenden.

Stuhlinkontinenz

Nach einer vaginalen Entbindung, vor allem, wenn die zweite Geburtsphase vergleichsweise lange dauerte und ein großer Dammschnitt vorgenommen wurde, kann die Funktion des Afterschließmuskels beeinträchtigt sein. Normalerweise reguliert sich die Funktion mithilfe von Beckenbodenübungen relativ schnell wieder. In seltenen Fällen kommt es jedoch zu einem vollständigen Verlust der Stuhlkontrolle. Dann ist fachärztliche Hilfe notwendig, da meist der Schließmuskel und die Haut des Rektums gerissen sind.

Anämie

Eine so genannte symptomatische Anämie nach der Geburt kann auf einen akuten Blutverlust zurückgehen (sie tritt nach langer Wehenphase, Kaiserschnittentbindung oder nachgeburtlicher Blutung häufiger auf).

Eine weitere Ursache für die Entstehung einer Änämie liegt darin begründet, dass die Eisenspeicher der Mutter während der Schwangerschaft infolge Mangelernährung, Probleme der Eisenresorption, Zwillingsschwangerschaft oder rasch aufeinander folgende Schwangerschaften aufgebraucht sind. In schweren Fällen kann eine Bluttransfusion notwendig sein, meist genügt jedoch die Einnahme von Eisen- und Folsäurepräparaten. Die Behandlung sollte allerdings nach Möglichkeit sofort erfolgen.

PROBLEME BEIM BABY

Die meisten der folgenden Erkrankungen werden bei der Neugeborenen-Basisuntersuchung entdeckt. Eine Lippen-Kiefer-Gaumen-Spalte ist manchmal schon im Ultraschall sichtbar, eine Alkoholembryopathie wird vielleicht bei einer Wachstumsretardierung vermutet.

Zerebralparese

Der Begriff Zerebralparese beschreibt ein ganzes Spektrum von Anomalien der Bewegung, des Grundtonus, der Körperhaltung, der Sprache sowie des Seh- und Hörvermögens, die durch eine Schädigung des Gehirns in einem oder mehreren Bereichen verursacht werden.

Eine Zerebralparese kommt bei einem von 400 Kindern vor und ist häufiger bei Frühgeburten, IUGR und nach Infektionen in der Schwangerschaft. Es gibt, je nach betroffenem Hirnsegment, drei Formen der Zerebralparese. Meist besteht eine Kombination zweier oder aller drei Formen. Es gibt keinen vorgeburtlichen Diagnosetest.

Alkoholembryopathie

Regelmäßiger Alkoholkonsum während der Schwangerschaft kann, in Abhängigkeit von der Menge, zu einer teratogenen (frühen) und toxischen (späten) Schädigung des Fetus führen. Die wichtigsten Merkmale einer Alkoholembryopathie (fetales Alkoholsyndrom) sind IUGR, Gedeihschwäche nach der Geburt, Schädigung des Nervensystems und Wachstumsstörungen in der Kindheit. Aufmerksamkeitsstörung,

Sprachverzögerung und leichte geistige Behinderung werden nach und nach offenbar. Charakteristisch sind auch die Gesichtszüge mit Mikrozephalie, flachem Nasenrücken, unterentwickelter Gesichtsmitte, kurzer, nach oben gebogener Nase und dünner Unterlippe.

Pathologische Gelbsucht

Gelegentlich kann eine Neugeborenen-Gelbsucht (*siehe* S. 388) ein Hinweis auf eine schwerere Grunderkrankung, z. B. eine durch Blutgruppenunverträglichkeit verursachte Anämie, eine Leber- oder Schilddrüsenerkrankung oder eine ererbte Enzymstörung, die die roten Blutkörperchen zerstört, sein. Diese seltenen Formen der Gelbsucht werden als pathologische Gelbsucht bezeichnet. Notwendig sind eine Phototherapie und möglicherweise ein Blutaustausch, manchmal auch Medikamente, die die Ausscheidung des Bilirubins unterstützen.

Lippen-Kiefer-Gaumen-Spalte

Bei der Entwicklung der oberen Lippe und des Gaumens müssen sich die Gewebeschichten in der Mittellinie des Gesichtes verbinden.

Wenn dies nicht vollständig erfolgt – bei einem von 750 Babys – entsteht eine Spalte in der Lippe (Hasenscharte) oder im Gaumen. Die Fehlbildung kann vor der Geburt im Ultraschall erkannt werden. Betroffene Babys haben Probleme beim Trinken; eine operative Korrektur ist nach der Geburt möglich. Eine Lippenspalte wird normalerweise etwa im dritten Monat verschlossen, eine Gaumenspalte meist nicht vor dem 12. Monat, wenn der Gaumen voll entwickelt ist.

Pylorusstenose

Eine Pylorusstenose, Magenpförtnerkrampf, kommt bei einem von 500 Babys vor. Jungen sind häufiger betroffen. Sie wird durch eine Verdickung des Magenpförtners verursacht, dem Muskel zwischen Magenausgang und Dünndarm. Da sich Nahrung staut, zieht sich der Magen bei dem Versuch, die Nahrung in den Darm zu zwingen, stark zusammen. Das Problem zeigt sich bald nach der Geburt durch anhaltendes schwallartiges Erbrechen während und direkt nach dem Füttern. Dadurch hat das Baby bald wieder Hunger, wirkt gereizt und leidet unter Dehydrierung und Gewichtsabnahme. Die Diagnose erfolgt durch Abtasten des verkrampften Muskels und Ultraschall- oder Röntgenkontrastaufnahme. Eine Operation zur Weitung des Muskels verspricht vollständige Heilung.

Nabelbruch

Ein Nabelbruch wird durch eine Schwäche der Bauchmuskulatur verursacht, an der Stelle, wo die Nabelschnur in den Bauch eintritt. Eine kleine Wölbung um den Nabel, die einen Darmabschnitt enthält, kommt etwa bei 10 Prozent aller Babys vor. Der Nabelbruch verschließt sich normalerweise im Laufe der Zeit von selbst.

Leistenbruch

Bei dieser Schwäche der Bauchwand in der Leistenregion hat sich der Leistenkanal nach der Geburt nicht geschlossen (bei etwa 3 Prozent der Neugeborenen). Meist sind beide Seiten betroffen. Ein Leistenbruch kommt bei Frühgeborenen, bei Babys mit MUKOVISZIDOSE und bei Jungen mit HODENHOCHSTAND häufiger vor. Solange die austretenden Gewebeteile in die Bauchhöhle zurückgeschoben werden können, besteht wenig Anlass zur Sorge. Gelegentlich jedoch verfängt sich eine Darmschlinge in der Bruchpforte und führt zu einem Darmverschluss. Ein solcher eingeklemmter Bruch ist ein Notfall, der sofort operiert werden muss.

Hypospadie

Diese relativ häufige Fehlbildung kommt bei einem von 500 Jungen vor. Die äußere Öffnung der Harnröhre liegt an der unteren Seite des Penis statt an seiner Spitze. Der Penis kann nach unten gewölbt sein, mit schürzenförmig herab-

hängender Vorhaut. Manchmal liegt die Harnröhrenöffnung weit hinten im Hodensack oder auf der Oberseite des Penis (Epispadie). Eine operative Korrektur kann erfolgen, wenn das Kind ein Jahr alt ist.

Hodenhochstand

Bei einem von 125 neugeborenen Jungen haben sich die Hoden bei der Geburt noch nicht gesenkt. Meist senken sich die Hoden spontan bis zum neunten Lebensmonat; wenn nicht, wird eine Behandlung, meist in Form eines operativen Eingriffs, empfohlen. Hodenhochstand kann zu Hodenkrebs, anomaler Spermienbildung und Unfruchtbarkeit führen.

Fehlende Analöffnung

Im Falle eines Anus imperforatus ist der After verschlossen, entweder durch eine dünne Hautschicht über der Analöffnung oder der Analkanal, der Rektum mit After verbindet, hat sich nicht entwickelt (Analatresie). Der untere Darmabschnitt vergrößert sich und schwillt gegen Ende der Schwangerschaft an, was auf dem Ultraschall sichtbar ist. Jedes Baby wird routinemäßig nach der Geburt auf diese Fehlbildung untersucht.

Hüftgelenksluxation

Diese angeborene Fehlbildung wird bei jedem 200. Baby bei der Neugeborenen-Basisuntersuchung festgestellt (*siehe* S. 387). Sie kommt häu-

figer bei Mädchen vor, bei Mehrlingsschwangerschaften und bei Babys, die in Steißlage geboren werden oder eine weitere Anomalie aufweisen, wie Down-Syndrom oder NEURALROHRDEFEKT.

Die betroffene Hüfte ist instabil und erzeugt ein charakteristisches »Plopp«-Geräusch, das man spürt, wenn die Beine gespreizt und die Oberschenkel angezogen werden. Durch orthopädische Maßnahmen und das Anlegen einer Spreizhose ist normalerweise eine Korrektur möglich. Manchmal ist auch eine Operation erforderlich.

Klumpfuß

Wenn ein so genannter Klumpfuß vorliegt, sind die Füße des Babys einwärts (Equino varus) gedreht, sodass die Fußsohlen gegeneinander gerichtet sind. Seltener sind die Füße nach außen gedreht (Calcaneo valgus). Klumpfüße können auf dem Ultraschall schon vor der Geburt erkannt werden und treten oft familiär gehäuft auf.

Die leichteste Form wird durch eine abnorme Stellung der Füße während der Schwangerschaft verursacht und korrigiert sich gewöhnlich während der ersten Wochen nach der Geburt von selbst. Wenn die Füße nicht mühelos in die richtige Position gebracht werden können, ist regelmäßige Krankengymnastik erforderlich und das Baby wird vermutlich mehrere Monate Gipsschienen tragen müssen. Extreme Klumpfüße erfordern über Jahre hinweg mehrere Operationen.

NÜTZLICHE ADRESSEN

**SCHWANGERSCHAFT
UND GEBURT**

GfG
*Gesellschaft für Geburtsvorbereitung,
Familienbildung und Frauengesundheit*
Bundesverband e.V.
Antwerpener Str. 43
13353 Berlin
Tel. 030/45026920
Fax 030/45026921
www.gfg-bv.de

Bundesverband der Frauenärzte e.V.
Postfach 200363
80003 München
Tel. 089/244466-0
Fax 089/244466-100
www.bvf.de

Bund Deutscher Hebammen e.V. (BHD)
Gartenstr. 26
76133 Karlsruhe
Tel. 0721/981890
Fax 0721/ 98189-20
www.bdh.de

**Bund freiberuflicher Hebammen
Deutschlands e.V.**
Kasseler Str. 1a
60486 Frankfurt
Tel. 069/79534971
Fax 069/79534972
www.bfhd.de

Netzwerk der Geburtshäuser e.V.
Geschäftsstelle
Kasseler Str. 1a
60486 Frankfurt
Tel. 069/71034475
Fax 069/71034476
www.geburtshaus.de

Wassergeburt
www.hebinfo.de

ABC-Club e.V.
*Internationale Drillings- und
Mehrlingsinitiative*

Bethlehemstr. 8
30451 Hannover
Tel. 0511/2151945
Fax 0511/2101431
www.abc-club.de

Cara e.V.
*Beratungsstelle zur vorgeburtlichen
Diagnostik*
Große Johannisstr. 110
28199 Bremen
Tel. 0421/591154
Fax 0421/5978495
www.cara-beratungsstelle.de

**Schatten und Licht
Krise nach der Geburt e.V.**
Obere Weinbergstr. 3
86465 Welden
Tel. 08293/965864
Fax 08293/965868
www.schatten-und-licht.de

**Initiative Regenbogen –
Glücklose Schwangerschaft e.V.**
www.initiative-regenbogen.de

**Berufsverband der Kinder-
und Jugendärzte e.V. (BVKJ)**
Mielenforster Str. 2
51069 Köln
Tel. 0221/6890990
Fax 0221/683204
www.kinderaerzte-im-netz.de

**Deutsche Akademie für
Akupunktur und Aurikulo-
medizin e.V. – DAAAM**
Oselstr. 25 A
81245 München
Tel. 089/8145252
Fax 089/8911026
www.akupunktur-information.de

**Verband der Osteopathen
Deutschland e.V. – VOD**
Untere Albrechtstr. 15
65185 Wiesbaden
Tel. 0611/9103661

Fax 0611/9103662
www.osteopathie.de

**Arbeitsgemeinschaft
Gestose-Frauen e.V.**
Kappelener Str. 67 a
47661 Issum
Tel. 02835/2628
Fax 02835/2945
www.gestose-frauen.de

**Deutsche Liga zur Bekämpfung
des hohen Blutdruckes – Deutsche
Hypertonie Gesellschaft e.V.**
Berliner Str. 46
69120 Heidelberg
Tel. 06221/411774
Fax 06221/402274
www.hochdruckliga.info

STILLEN

**Arbeitsgemeinschaft Freier
Stillgruppen (AFS)**
Bornheimer Str. 100
53119 Bonn
Tel. 0180/57845536
www.afs-stillen.de

La Leche Liga Deutschland e.V.
Geschäftsstelle
Dannenkamp 25
32479 Hille
Tel. 0571/48946
Fax 0571/4049480
www.lalecheliga.de

ERNÄHRUNG

**Aktionsgruppe Babynahrung
e.V. – AGB**
Untere Masch-Str. 21
37073 Göttingen
Tel. 0551/531034
www.babynahrung.org

**Forschungsinstitut für Kinder-
ernährung Dortmund e.V. – FKE**
Heinstück 11
44225 Dortmund
Tel. 0231/7922100
Fax 0231/711581
www.fke-do.de

**Deutsche Gesellschaft für Ernährung
(DGE)**
Godesberger Allee 18
53175 Bonn
Tel. 0228/3776600
Fax 0228/3776800
www.dge.de

FRÜHGEBORENE

**Bundesverband »Das
frühgeborene Kind« e.V.**
Kurhessenstr. 5
60431 Frankfurt /Main
Tel. 01805/875877
www.fruehgeborene.de

»Das Frühchen e.V.« Heidelberg
www.dasfruehchen.de

**Förderkreis Neonatologie für
das frühgeborene und kranke
neugeborene Kind e.V.**
Taubenheimstr. 91
70372 Stuttgart
Tel./Fax 0711/5006640
www.neonatologie-foerderkreis.de

UNTERSTÜTZUNG FÜR ELTERN

Deutscher Familienverband – DFV
Luisenstr. 48
10117 Berlin
Tel. 030/30882960
Fax 030/30882961
www.deutscher-familienverband.de

**Verband alleinerziehender
Mütter und Väter – VAMV**
Hasenheide 70
10967 Berlin
Tel. 030/6959786
Fax 030/69597877
www.vamv.de

Mütterzentren Bundesverband e.V.
Geschäftsstelle
Müggenkampstr. 30 a
20257 Hamburg
Tel. 040/40170606
Fax 040/4903826
www.muetterzentren-bv.de

**Bundesverband Elterninitiativen
(BAGE e.V.)**
Einsteinstr. 111
81675 München
Tel. 089/4706503
Fax 089/41902838
www.bage.de

**Bundesministerium für Familie,
Senioren, Frauen und Jugend**
11018 Berlin
Tel. 01888/555-0
www.bmfsfj.de
(Hier können verschiedene Broschüren
zum Thema Schwangerschaft und
Elternsein angefordert werden.)

Nakos
*Nationale Kontakt- und Informationsstelle
zur Anregung und Unterstützung von
Selbsthilfegruppen*
Wilmersdorfer Str. 39
10627 Berlin
Tel. 030/31018960
Fax 030/31018970
www.nakos.de

FAMILIENPLANUNG /
FRAUENGESUNDHEIT

Pro Familia
*Deutsche Gesellschaft für Familienplanung,
Sexualpädagogik und Sexualberatung e.V.*
Stresemannallee 3
60596 Frankfurt/Main
Tel. 069/639002
Fax 069/639852
www.profamilia.de

Arbeitskreis Frauengesundheit e.V.
Knochenhauerstr. 20–25
28195 Bremen
Tel. 0421/4349340
www.akf-info.de

BETREUUNG

**Aktionskomiteee Kind im Kranken-
haus e.V. – AKIK**
Nordendstr. 32 a
60318 Frankfurt / Main
Tel. 0180/5254528
www.akik-bundesverband.de

**Tagesmütter Bundesverband
für Kinderbetreuung in Tagespflege
e.V.**
Moerser Str. 25
47798 Krefeld
Tel. 02151/1541590
Fax 02151/1541591
www.tagesmuetter-bundesverband.de

KINDER MIT BESONDEREN
PROBLEMEN

GEPS Deutschland e.V.
Bundesverband gemeinsame Eltern-
initiative plötzlicher Säuglingstod e.V.
Rheinstr. 26
30519 Hannover
Tel./Fax 0511/8386202
www.geps-online.de

**Kindernetzwerk e.V. für
kranke und behinderte Kinder
und Jugendliche**
Hanauer Str. 15
63739 Aschaffenburg
Tel. 0180/5213739 oder 06021/12030
www.kindernetzwerk.de

**Arbeitsgemeinschaft
Down-Syndrom e.V.**
Am Schäferhof 27
27308 Kirchlinteln
Tel. 04236/94101
Fax 04236/94102
www.down-syndrom.org

**Arbeitsgemeinschaft Spina bifida
und Hydrocephalus e.V.**
Bundesverband
Münsterstr. 13 D
44145 Dortmund
Tel. 0231/861050-0
Fax 0231/861050-50
www.asbh.de

Bundesverband herzkranke Kinder e.V.
Kasinostr. 84
52066 Aachen
Tel. 0241/912332
Fax 0241/912333
www.herzkranke-kinder-bvhk.de

Mukoviszidose e.V.
In den Dauen 6
53117 Bonn
Tel. 0228/987800
Fax 0228/9878077
www.mukoviszidose-ev.de

Aktion Sonnenschein – Hilfe für das mehrfach behinderte Kind e.V.
Heiglhofstr. 63/II
81377 München
Tel. 089/71009312
Fax 089/7193610
www.theodor-hellbruegge-stiftung.de

Arbeitskreis Kunstfehler in der Geburtshilfe e.V.
Münsterstr. 261
44145 Dortmund
Tel. 0231/525872
Fax 0231/526048
www.arbeitskreis-kunstfehler-geburtshilfe.de

Leona
Verein für Eltern chromosomal geschädigter Kinder e. V.
Auf dem Klei 2
44263 Dortmund
Tel. 0231/4271737
Fax 0231/4271736
www.leona-ev.de

Die Schmetterlinge e. V. – Selbsthilfeorganisation für Kinder mit Schilddrüsenerkrankungen
Langeoogweg 7
45149 Essen
Tel./Fax 0201/8718451
www.die-schmetterlinge.de

Aktion Benni & Co. e. V. – Verein zur Förderung der Muskeldystrophie Duchenne Forschung
Margaretha-Flesch-Str. 42
56589 Niederbreitbach

Tel. 02638/946403
Fax 02638/946698
www.abc-online.org

Selbsthilfevereinigung für Lippen-Gaumen-Fehlbildungen e. V.
Wolfgang Rosenthal Gesellschaft
Hauptstr. 184
35625 Hüttenberg
www.lkg-selbsthilfe.de

ADRESSEN IN ÖSTERREICH

Bundesministerium für soziale Sicherheit, Generationen und Konsumentenschutz
Stubenring 1
1010 Wien
Tel. 01/711000
www.bmsg.gv.at

Nanaya
Beratungsstelle für natürliche Geburt und Leben mit Kindern
Zollergasse 37
1070 Wien
www.elternforum.at/nanaya

Österreichisches Hebammen-Gremium
Postfach 48
1060 Wien
Tel./Fax 01/5971404
www.hebammen.at

La Leche Liga Österreich
www.lalecheliga.at

Österreichische Gesellschaft für Kinder- und Jugendheilkunde
Auenbruggerplatz 30
8036 Graz
www.docs4you.at

Lebenshilfe Österreich
Bundesvereinigung für Menschen mit geistiger und mehrfacher Behinderung
Förstergasse 6
1020 Wien
Tel. 01/8122642
Fax 01/8122685
www.lebenshilfe.at

ADRESSEN IN DER SCHWEIZ

Forum Geburt Schweiz
Herrengasse 4
7000 Chur
Tel. 081/2528866
Fax 081/2571866
www.forum-geburt.ch

Pro Familia Schweiz
Marktgasse 36
3011 Bern 23
Tel. 031/3819030
Fax 031/3819131
www.profamilia.ch

Schweizer Hebammenverband
Rosenweg 25 C
3000 Bern 23
Tel. 031/3326340
Fax 031/3327614
www.hebamme.ch

Berufsverband Schweizerischer Stillberaterinnen
Postfach 686
3000 Bern 25
Tel. 041/6710173
Fax 041/6710171
www.stillen.ch

La Leche Liga Schweiz
www.lalecheliga.ch

Schweizerische Vereinigung der Elternorganisationen
Fliederstr. 9
8908 Hedingen
Tel. 01/7618323
Fax 01/7618342
www.sveo.ch

Behindertenforum
www.behindertenforum.ch

REGISTER

DANK

Dank der Autorin

Es war für mich eine große und lohnende Herausforderung, dieses Buch zu schreiben. Es hatte eine lange Reifungsphase, während derer ich mit sehr klugen Menschen arbeiten durfte. Ich möchte ihren Anteil an diesem Buch ausdrücklich würdigen und ihnen für ihr Fachwissen, ihre Führung, Ermutigung und praktische Unterstützung danken. Es sind zu viele, um alle namentlich zu nennen. Einige jedoch müssen besonders hervorgehoben werden. Maggie Pearlstine sprach mir Mut zu, mich an dieses Projekt zu wagen; sie überzeugte mich davon, dass es geschrieben werden könnte, sollte und würde. Debbie Beckerman, Autorin und Mutter zweier kleiner Kinder, opferte zahllose Stunden, um sicherzustellen, dass wir alle Themen aufgreifen, die in anderen Schwangerschaftsbüchern nicht besprochen werden. Dass sie zu einer engen Freundin geworden ist, ist eine unerwartete, besondere Freude. Esther Ripley hat mehr als nur mit ihren redaktionellen Fähigkeiten zu diesem Projekt beigetragen. Ihre Begeisterung für das Thema wurde nur noch übertroffen von ihrer Geduld und Nachsicht, wenn ich wieder einmal einen Abgabetermin verpasst hatte. Zusätzlicher Dank gilt Angela Bayham, Liz Coghill und dem kreativen Team von Dorling Kindersley. Ich danke auch meiner Kollegin May Backos, die das gesamte Manuskript las, und meinen Kollegen – Ärzten und Hebammen – am Krankenhaus St. Mary für ihre Hilfe und ihren Rat, und den vielen Patientinnen, die mir über alle die Jahre so freimütig von ihren Gefühlen, Gedanken, Ängsten, Befürchtungen und Freuden berichteten.

Ohne die Unterstützung meiner Familie wäre dieses Buch nie aus seinen Anfängen herausgekommen, geschweige denn fertig geworden. Mein Mann John verdient besondere Anerkennung. Ich habe großes Glück, immer auf seine Unterstützung zählen zu können; er blieb konstruktiv kritisch und tolerant. Ein großer Dank gilt auch meinen Zwillingstöchtern, die außerordentlich verständnisvoll und rücksichtsvoll waren. Clare und Jenny machen mir jeden Tag aufs Neue Freude – diese Freude war zweifellos die Inspiration und der eigentliche Grund für das Schreiben dieses Buches.

Dorling Kindersley dankt Julia North, Katie Dock und Isabella Jones für ihre redaktionelle Unterstützung.
Zusätzliche Fotos: Ruth Jenkinson
Zusätzliche Illustrationen: Debbie Maizels
Zusätzliches DTP-Design: Julian Dams, Grahame Kitto
Koordination der Bildrecherche: Carlo Ortu
Zusätzliche Bildrecherche: Franziska Marking
Bilddokumentation: Romaine Werblow
Korrektorat: Constance Novis; Register: Hilary Bird

Bildnachweis

Die meisten Abbildungen in diesem Buch stammen von Embryos und Feten im Mutterleib, aufgenommen mithilfe von Endoskopie- und Ultraschall-Technologie. Weitere Fotos wurden uns von angesehenen Medizinern, die sie im Rahmen ihrer Forschungsarbeit oder zur Förderung des allgemeinen Gesundheitsbewusstseins machten, zur Verfügung gestellt.

Dorling Kindersley dankt folgenden Personen und Institutionen für die freundliche Genehmigung zum Abdruck ihrer Fotos: (Abkürzungen: o = oben; u = unten, r = rechts, l = links, m = Mitte)
Umschlag: vorne: Mother & Baby Picture Library/Indira Flack (ur); **Science Photo Library**/Dr. Yorgas Nikas (ul); Ian Hooton (uml); Simon Fraser (umr); **Creatas Images** (m). **Buchrücken: Zefa Visual Medial Masterfile**/Rommel. Hinten: **Camera Press**/ Richard Stonehouse (or); **Science Photo Library**/GE Medical Systems (ul).
Hintere Klappe: Pippa Allen.
1: Prof. J. E. Jirasek MD, DSc./CRC Press/Parthenon; **2–3: Corbis**/Ariel Skelley; **5: Corbis**/LWA-Dann Tardif (ur); LOGIQlibrary (ol), (om), (or); **6: Professor Lesley Regan** (ol); **7: Photonica**/Henrik Sorensen (ur); **8: Science Photo Library**/ Edelmann (ol); **9: Corbis**/Susan Solie Patterson (or); **10–11: Getty Images**/ David Oliver; **12: Mother & Baby Picture Library**/ Ian Hooton (u); **13: Getty Images/**Bill Ling; **14: Science Photo Library**/ D. Phillips (mru), Prof. P. Motta/Dept. Of Anatomy/University »La Sapienza«, Rom (mla), VVG (mlu); **15: Science Photo Library**/ Edelmann (m), Prof. P. Motta/Dept. Of Anatomy/University »La Sapienza«, Rom (mra); The Wellcome Institute Library, London: Yorgos Nikas (mvr); **16: Science Photo Library**/Richard Rawlins/ Custom Medical Stock Photo; **18: Science Photo Library**/ Prof. P. Motta/Dept. Of Anatomy/ University »La Sapienza«, Rom (ur); Prof. P.M. Motta & Prof. J. Van Blerkom (ul); **19: Science Photo Library**/D. Phillips (ur); Dr. Yorgos Nikas (ul); **20: Science Photo Library**/Edelmann (ol), (mla), (mvl); **24: Mother & Baby Picture Library**/Ruth Jenkinson (ol); **26: Alamy Images**/Camera Press Ltd; **30: Getty Images**/Gibson (m); **31: Mother & Baby Picture Library**/ Ian Hooton (ur); **33: Science Photo Library**/ CNRI(or), Dr. Gopal Murti (mvr); Moredun Scientific Ltd (mru); **36: Bubbles**/Lucy Tizard (ul); **37: Mother & Baby Picture Library**/Ian Hooton (or); **38: Mother & Baby Picture Library**/ Ian Hooton; **44: Getty Images**/Tom Mareschal (ul); **46: Getty Images**/Chris Everard (ul); Prof. J. E. Jirasek MD, DSc./CRC Press/Parthenon (ur); **47: Alamy Images**/ foodfolio (ul); Science Photo Library/Ian Hooton (ol), Tissuepix (ur); **51: Getty Images**/Anthony Johnson (ur); **56: Mother & Baby Picture Library**/Ruth Jenkinson (ol); **57: Mother & Baby Picture Library**/ Ruth Jenkinson (ur); **58: Mother & Baby Picture Library**/Ian Hooton; **60: Getty Images**/Garry Wade (ml); **62: Mother & Baby Picture**

Library/Ian Hooton (ol); **65: Getty Images**/Chronoscope; **66–71: Prof. J. E. Jirasek MD, DSc**/CRC Press/Parthenon; **74: Science Photo Library**/Zephyr (ul); **75: Getty Images**/Peter Correz (or); **76: Corbis**/Ariel Skelley (ul); **80: Professor Lesley Regan; 83: Mother & Baby Picture Library**/Ian Hooton (Mvr); **84: MIDRIS**: (ul); **88: Mother & Baby Picture Library**/Ruth Jenkinson (ul); **89: The Wellcome Institute Library, London**/Anthea Sievekind (or); **90: Mother & Baby Picture Library**/Ian Hooton (ul); **92: Prof. J. E.Jirasek MD, DSc.**/CRC Press/Parthenon (ol); **94: Life Issues Institute** (ul); **Science Photo Library**/Edelmann (um), (ur); **Prof. J. E. Jirasek MD, DSc.**/CRC Press/Parthenon (ol); **96: Bubbles**/Jennie Woodcock (mvl); **96: Mediscan**/Medical-On-Line (mlu); **99: Getty Images**/Ericka McConnell (or); **100 Mother & Baby Picture Library**/Ian Hooton (ul); **105: Mother & Baby Picture Library** (or); **106: Science Photo Library**/Edelmann; **107: Science Photo Library**/Edelmann (mra); **108: LOGIQlibrary** (ol); **109: Science Photo Library**/Edelmann(or); GE Medical Systems (u); **110: LOGIQlibrary; 111 Science Photo Library**/BSIP (mla); **115: Getty Images**/Daniel Bosler(o); **118: Mother & Baby Picture Library**/Ian Hooton (u); **121: Mother & Baby Picture Library**/ Ian Hooton (ur); **123: Mother & Baby Picture Library**/Eddie Lawrence; **124: LOGIQlibrary; 125: LOGIQlibrary; 126: Mother & Baby Picture Library**/Ian Hooton; **137: Professor Lesley Regan** (m), (mvr); **141: Professor Lesley Regan** (mvr); **149: Mother & Baby Picture Library**/ Ian Hooton; **150: Getty Images**/Steve Allen (l); Prof. J. E. Jirasek MD, DSc./CRC Press/ Parthenon (u); **150–151: Getty Images**/Ranald Mackechnie; **151: Prof. J. E. Jirasek MD, DSc.**/ CRC Press Parthenon (ur); **Life Issues Institute** (or); **152: Getty Images**/Steve Allen; **153: Getty Images**/Steve Allen (mr); **154: Science Photo Library**/Professor P.M. Motta & E. Vizza (mvl), **VVG** (ol); **155: Science Photo Library**/GE Medical Systems (u); **Getty Images**/Steve Allen (or); **158: Science Photo Library**/CNRI (um); Edelmann (ul); **159: Alamy Images**/Janine Wiedel (um); **Photonica**/Henrik Sorensen (ul); **162: Bubbles**/Angela Hampton; **163: Alamy Images**/Camera Press Ltd.; **166: Science Photo Library**/Neil Bromhall; **167: Science Photo Library**/Neil Bromhall (mvr); **168: Oxford Scientific Films** (ul); **Science Photo Library**/Neil Bromhall/ Genesisi Films (ur); **169: Science Photo Library**/Neil Bromhall (or); **171: Science Photo Library**/DR P. Marazzi (mvr); **The Wellcome Institute Library, London** (ur); **172: Mother & Baby Picture Library**/Ruth Jenkinson (u); **175: LOGIQlibrary** (ol), (l); Professor Lesley Regan (m), (mvr); **176: Mother & Baby Picture Library**/Ian Hooton (o); **177: Alamy Images**/Camera Press Ltd (ur); **179: Getty Images**/Juan Silva; **180–183: Prof. J. E. Jirasek MD, DSc.**/CRC Press/Parthenon (or); **185: Mother & Baby Picture Library**/Ruth Jenkinson; **187: Corbis**/Cameron; **189: LOGIQlibrary** (or); **190: Mother & Baby Picture Library** (u); **193: Alamy Images**/Bill Bachmann; **195: Powerstock**/Super Stock (u); **196: Mother & Baby Picture Library**/Dave J. Anthony (u); **197: Alamy Images**/Dan Atkin (o); **199: Corbis**/ Jim Craigmyle; **200: LOGIQlibrary** (m), (l); **Science Photo Library**/Dr. Najeeb Layyous (u); **200–201: Getty Images**/Jim Craigmyle; **201: LOGIQlibrary** (or), (ur); **202: Life Issues Institute; 203: Life Issues Institute** (mru); **204: Science Photo Library**/BSIP, MARIGAUX (ol); **205: Life Issues Institute** (or); **205: Professor Lesley Regan** (ul); **211: Mother & Baby Picture Library**/Ian Hooton; **223: Mother & Baby Picture Library**/Ian Hooton; **225: Alamy Images**/Camera Press Ltd (o); **227: Corbis**/Roy McMahon; **228: Getty Images**/Ross Whitaker; **230: Science Photo Library**/GE Medical Systems; **231: Science Photo Library**/GE Medical Systems; **232: LOGIQlibrary** (ur); **Science Photo Library**/GE Medical Systems (ul); **233: Alamy Images**/Nick Veasey X-ray (o); **236: Mother & Baby Picture Library**/Ian Hooton; **243: Alamy Images**/Stock Image; **246: Science Photo Library**/Colin Cuthbert; **248: Science Photo Library**/Mark Clade; **249: Bubbles**/Moose Azim; **253: Alamy Images**/David Young-Wolff; **255: Powerstock**/Jesus Coll; **256: Mother & Baby Picture Library**/Caroline Molloy; **257: Professor Lesley Regan** (ma), (mra); **260: Science Photo Library**/GE Medical Systems; **261: Science Photo Library**/GE Medical Systems (u); **262: Science Photo Library**/ GE Medical Systems (ol); **263: Science Photo Library**/ Mehau Kulyk (u); **265: Mother & Baby Picture Library**/Ian Hooton (o); **277: Bubbles**/Loisjoy Thurstun; **278–279: Alamy Images**/Shout; **280: Corbis**/Jules Perrier; **281: Alamy Images**/plainpicture/ Kirch,S; **282: Mother & Baby Picture Library**/Ian Hooton; **284: Corbis**/Anne W. Krause; **288: Mother & Baby Picture Library**/ Ruth Jenkinson; **290: Mother & Baby Picture Library**/Moose Azim (ul), (um); Getty Images/Photodisc Green (ur); **293: Mother & Baby Picture Library**/Ruth Jenkinson (ur); **297: Mother & Baby Picture Library**/James Fletcher (or); **309: Mother & Baby Picture Library**/Moose Azim (r); **314: Alamy Images**/Janine Wiedel (ul); **318: Mother & Baby Picture Library**/Ruth Jenkinson (ur); **322: The Wellcome Institute Library, London**/Anthea Sieveking; **324: Angela Hampton**/Family Life Picture Library; **329: The Wellcome Institute Library, London**/Anthea Sievekind (or); **332:Mother & Baby Picture Library**/Moose Azim (ul); **334: Science Photo Library**/CNRI (mmu); **336: Corbis**/Annie Griffiths Belt; **337: Alamy Images**/Peter Usbeck; **342: Corbis**/Tom Stewart (u); **343: Mother & Baby Picture Library** (or); **344: Corbus**/ER Productions; **345: Professor Lesley Regan** (r); **348: Mother & Baby Picture Library**/Indira Flack (ul); **360: Alamy Images**/ Yoav Levy; **368: Alamy Images**/Janine Wiedel (ul); **370–371: Getty Images**/Kaz Mori; **382: Powerstock**/ Super Stock; **372: Alamy Images**/plainpicture/ Kirch, S. (u); **373: Getty Images**/ Rubberball Productions; **374: Mother & Baby Picture Library**/ Moose Azim; **380: Alamy Images**/Shout (mvl); **Mother & Baby Picture Library**/Ruth Jenkinson (ol); **381: Mother & Baby Picture Library**/Ruth Jenkinson (ur); **389: The Wellcome Institute Library, London**/Anthea Sieveking; **390: Bubbles; 394: Corbis**/Don Mason; **397: Getty Images**/Roger Charity; **399: Bubbles**/Loisjoy Thurstun; **402: Mother & Baby Picture Library**/Ian Hooton; **404: Alamy Images**/Janine Wiedel; **405: Alamy Images**/Peter Usbeck (mur); **Science Photo Library**/ Joseph Nettis (mru); **406–407: Corbis**/Norbert Schaefer.

Alle anderen Abbildungen © Dorling Kindersley
Weitere Informationen unter: www.dkimages.com